國語 形態史 研究

李承旭 著

太學社

머리말

국어의 文法史, 그 중에서도 形態史 분야의 공부를 해 온 것이 이럭저럭 40년을 넘겼지만, 진작에 뜻을 둔 공부를 제대로 이루지 못하여 부끄럽다. 그렇기도 하지만, 제 한 밑과 님의 한 밑이 분명하게 가려지고, 얼마간의 생명력도 있는 책이라면 몰라도, 부질없이 혼란만 일으킬 글을 엮어볼 만용은 부릴 일이 아닌 성싶어, 그간에 쓴 논문을 모아서 책으로 낼 생각은 처음부터 없었다. 막연하게나마 한권의 책을 엮을 수 있는 필생의 蘊蓄을 쌓으려는 의욕은 있었지만, 타고난 재능이 남같지 않을 뿐더러 게을러 제 할 바를 다하지 못하였으니 못내 뒷맛이 쓰다. 그럼에도 불구하고, 이 책을 엮는 구실을 대란다면, 간혹 이 분야를 공부하는 후학들이 참고하려 여기저기 흩어져 있는 조각을 찾아야 하는 번거로움과 불편을 다소나마 덜어 주는 친절에 인색하지 말자는 寸心이라고나 할까?

이 책에 실린 논문은 1956년에서 1973년에 이르는 기간에 쓴 논문을 엮어서, 「國語文法體系의 史的研究」를 출간한 이후에 발표한 논문 18편이다. 이왕이면 이 기회에 앞서 책을 싸잡아 單券冊으로 하는 것이 어떻겠느냐는 제의도 있었으나, 선뜻 마음이 내키지 않았다. 문법의 체계나 각 단위항목간의 연관성을 감안한다면 그렇게 하는 편이 한결 整然할 것이나, 기왕에 낸 책까지 들먹여 되뇌기가 어쩐지 계면쩍다는 생각이 들었기 때문이다.

이 논문들은 미리 짜여진 편집계획이 따로 있어 처음부터 쓰여진 것이 아니므로 이 책에 붙인 표제에 꼭 부합하는 것만으로 체계에 맞게 엮을 수는 없었다. 다만 이들 논문이 담고 있는 주제의 공통분모를 가린다면, 역시 국어의 형태사 문제가 되겠기에 붙인 꿔題라는 점을 밝히면서 이해를 구한다.

　전체를 4부로 나누고, 1부는 마지못해 한편의 논문만으로 채워야 하는 허술함이 드러날 수밖에 없었다. 이것은 여기에 들어갈 글의 성격이 비교적 총론적인 내용에 걸맞는 것이라야겠다는 제약 때문에 불가피했던 일이다. 그리고 2, 3, 4부 안에서의 논문배열은 주로 발표한 때의 차례를 따랐다.

　형태사분야의 연구에 손을 대면서부터 시종 변함없이 고집하고 있는 원칙이 있다면, 문법에 관련하는 모든 형태의 변화는 우연한 동기에서 각각의 형태항목이 제나름의 요구를 따라, 단지 현상의 층위에서 일어나는 움직임이 아니라는 가정아래, 변화를 보다 근원적인 기저의 內在律의 실현으로 이해하려는 생각이 그것이다. 말하자면, 변화를 構造論的인 체계의 원리로 俯瞰하여, 전체와 부분, 부분과 전체간의 平衡과 牽制를 도모하려는 內向의 힘과 체계가 부단히 추구하는 경제적 能率과 效用性을 끌어올리려는 外向의 힘이 서로 어떻게 작용하는가를 객관화함으로써 변화의 유기적 관계를 설명하려는 태도다. 이런 생각은 2, 3부에 실은 논문들의 밑바닥에 깔려 있음은 물론이고, 이들 논문을 쓰도록 부추긴 장본이기도 하다.

　그리고 4부는 거듭된 망설임 끝에 끼워 넣기로 한 그야말로 '落穗'라 하겠다. 그러니만큼 미련이 남지만, 넓게 보아 전혀 이질의 것은 아니라고 여겨 자위로 삼는다. 특히 이 가운데 북한의 국어문제를 다룬 3편의 논문이 있다. 1986년에 西江大 東亞研究所와 관계하면서 자의반 타의반 이 분야에 손을 대어 오면서 쓴 8편의 글에서 가린 것이다. 이런 군더더기를 다는 까닭은 지금으로는 뒤를 기약하기도 어렵거니와 그간의 한 일을 마무리하고, 그 흔적만이라도 남기려는 소박한 생각에서다.

　한편, 이 책의 논문의 내용은 발표된 당시의 원형을 존중하여 일체의 수정이나 改稿를 하지 않았다. 지금에 되새겨보면 미처 생각이 미치지 못한 것도 있고, 뒤에 와 생각이 달라진 부분도 있으며, 잘못이 지적되어 바로잡힌 것도 있으나, 굳이 원형대로를 고집한 것은 그 당시의 저자의 생각을 그대로 살려 두는 것이 옳겠다 싶었기 때문이다. 다만 맞춤법을 바로잡고 한자를 크게 던 것말고는 별로 달라지지 않았다.

이 책을 내게 된 데는 李哉仁, 姜明允, 韓東完교수의 발의에 힘입었고, 특히 출판사를 정하는 일부터 논문의 수합, 편집 그리고 입력에 이르는 벅찬 일들을 주간했을 뿐만 아니라, 정년의 때에 맞추느라 애를 태운 韓東完교수의 힘이 컸다. 한편 三伏의 더위에 시달리면서 입력작업과 교정 그리고 색인작성의 일까지 맡아 한 鄭彦鶴군과 金南美양, 吳敬淑양을 비롯한 여러 대학원생들의 도움도 무거운 부담으로 남는다. 이 책에 나타나는 모든 잘못은 전적으로 저자의 책임질 몫이려니와, 혹시 이 분야를 연구하는 사람들에게 조금이나마 기여하는 바가 있다면, 그것은 오로지 위의 여러분의 공으로 돌리겠다.

이 책의 출판은 상업성의 이윤만을 추구한다면 손댈 수 없는 책이다. 그럼에도 불구하고 선뜻 이 일을 맡아 주신 太學社 池賢求 사장께 감사할 따름이다.

1982년 초여름, 나는 한 刹那에 아내 金泰玉을 잃었다. 이제야 이 책을 그의 영전에 받치며, 그 세상의 기쁨이 되기를 삼가 빈다.

1996년 8월
著者 씀

目 次

Ⅳ. 餘稿

引用文獻 略號

<金剛>	金剛經諺解	<三遺>	三國遺事
<金剛三>	金剛經三家解諺解	<釋詳>	釋譜詳節
<金三>	金剛經三家解	<禪龜>	禪家龜鑑諺解
<南明>	南明泉繼頌諺解	<小諺>	小學諺解
<內訓>	內訓	<新類(羅)>	新增類合羅孫本
<蘆溪>	蘆溪集	<新語>	捷解新語
<老諺>	老乞大諺解 重刊本	<永嘉>	禪宗永嘉集諺解
<老初>	老乞大諺解 初刊本	<龍歌>	龍飛御天歌
<杜重>	分類杜工部詩諺解 重刊本	<圓覺>	圓覺經諺解
<杜初>	分類杜工部詩諺解 初刊本	<月釋>	月印釋譜
<楞嚴>	楞嚴經諺解	<月印>	月印千江之曲
<蒙法>	蒙山和尙法語略錄諺解	<六法>	六祖法寶壇經諺解
<朴重>	朴通事諺解 重刊本	<字會(叡)>	訓蒙字會叡山本
<朴初>	朴通事諺解 初刊本	<訓諺>	訓民正音諺解本
<飜小>	飜譯小學	<訓解>	訓民正音解例本
<法華>	妙法蓮華經諺解		

文法史의 몇 問題

I. 序 言

I-1. 문법은 形態素 및 文 構成素의 대립체계다. 이것은 언중들의 언어행동이 우연한 순간마다의 反射로 되는 일이 아니라 엄격한 통제의 기구를 거침으로써 보편화되고 능률화된다는 뜻도 된다. 언어는 궁극적으로 의사의 소통을 목적으로 하는 方便的인 행동이지만, 그 방편의 효율적인 수행을 위해 구조적 체계를 가지고 있다.

이로 말미암아 언어는 각층위에 걸쳐 辨別的 示差關係의 기능화가 가능해지고 나아가 언어의 경제적인 운용을 기할 수 있게 되는 것이다.

체계의 원리는 본시 경제성을 기반으로 하는 것이지만, 그 자체는 언제나 均衡과 效率의 증대라는 두 가지의 상충하는 요구에 직면하고 있다. 그러므로 체계는 때로는 구조의 균형을 위하여 整齊하는 일을 해야 하며, 한편으로는 효율을 높이기 위해 기존의 것을 허무는 일을 해야 할 때도 있다. 결국 체계는 이러한 이유에서 不斷한 變遷이 繼起하는 생리를 본질적으로 가진 것이다.

그렇기 때문에 어떠한 문법의 요소가 주어진 체계 안에서 대립항이 된다고 할 때 그것의 변화는 체계의 원리에 따라 일어나는 것임에 틀림없다.

I-2. 구체적인 자료를 통하여 연구할 수 있는 시대의 문법사실은 물론이려니와 전혀 자료를 가지고 있지 않거나, 혹은 불완전한 殘片만을 가지고 있는 시대의 문법문제에 대해서는 더욱 체계의 관계에 의존하는 연구방법이 불가피해진다.

이른바 문법의 再構는 문법을 구조적인 대립체계로 보는 한, 여러 개별항의 부분적인 문제가 될 수 없으며, 그 시대의 언어상태가 適正한 機構로서 채택한 체계의 究明이라야 한다. 이와 같은 의미의 체계는 결코 偶有的인 것이거나 史

的으로 단절된 부산물이 아니다. 그것은 重言할 필요도 없이 史的인 繼起性에 말미암은 것이다.

어떤 특정한 시기의 체계는 선행단계로부터 발달한 것이며, 다시 이것은 쉴새 없이 다음 단계로 지향하는 기반이 되는 것이다. 그러나, 이와 같은 체계의 단계적 발달은 저절로 되어 나가거나 또는 별로 목적하는 바도 없이 전전하는 것은 더욱 아니다. 이것을 이끌거나 미는 것은 역시 어떠한 힘이 작용하기 때문이라고 생각하며, 그 힘은 필경 위에서 말한 체계의 질서를 지배하는 욕구일 것이다. 이것은 끊임없이 계기하며, 거기에는 그 나름의 법칙이 있다. 이 법칙을 찾아 확인한다고 하는 것은 그리 쉬운 일이 아님은 周知하는 바이거니와 그러므로 우리의 연구는 여기에 집중되지 않을 수 없다.

I-3. 주어진 문법체계가 共時的으로 운용되는 안에서도 이 법칙성은 유용하겠지만, 체계의 계기관계가 어떠한 역학적 법칙성에 의해 因果된다고 할 때, 未知項의 체계를 窺視하는 데는 더없는 最適의 길잡이가 될 것이다. 그렇기 때문에 우리는 기지의 시대에 실현된 여러 범주의 체계적 기술을 도모하는 가운데서 이들의 발달에 작용한 법칙성을 探知하는 일을 소홀히 할 수 없다. 그것은 바로 미지항을 밝히는 捷徑이 될 것이기 때문이다.

한편, 이러한 힘의 원리에는 언제나 保守와 改新의 서로 牽制하는 요구가 작용하게 된다. 그러므로 어떤 특정시기의 상황은 이 가운데 어느 것이 보다 강하게 작용하느냐 하는 것이 그 시기의 특성이 되는 것이다.

I-4. 文法史라고 해서 특수한 연구방법이 별도로 있는 것은 아니겠으나 무엇보다도 문법에 관계하는 여러 범주의 체계를 史的으로 관찰하는 관점의 확립이 있어야 하겠다. 부분적으로 일어나는 現象的인 사실에 대하여 표층적인 관찰에 머무를 것이 아니라 그들의 심층에 계기적으로 작용하는 史的인 力學의 법칙성을 찾아내고자 하는 노력이 있어야 하겠다. 물론, 문법사는 체계의 변천사라는 大前提下에서 체계의 원리에 부합하는 법칙이 될 것이다.

본고는 비단 旣知의 시대에 속하는 한두 가지의 문법범주를 검토하는 일이 되겠지만, 그것이 궁극적으로 목적하는 바는 역시 미지항의 것을 추적하는 일이 된다.

이런 문제의 고찰은 당연히 새로운 법칙성을 찾는 일도 중요하지만, 그것에 못지 않게 이미 밝혀진 사실에 대하여 體系 變遷의 史的 意味를 어떻게 부여하느냐는 문제도 매우 중요하다. 그것은 史的 判斷과 해석이 정당할 때 그에 관련되는 모든 사실이 바르게 파악될 것이기 때문이다. 이러한 이유에서 필자는 기왕의 연구가 거둔 이 방면의 지식을 근거로 하여 체계의 원리에 照準된 史的 관점을 확립하는 데 주력해 보고자 한다.

I-5. 文法史의 시대구분은 아직은 시도조차 한 일이 없다. 그것은 원칙적으로 국어사의 시대구분과 別系로 있어서는 안 될 일이지만, 그렇다고 현재의 시대구분과 반드시 일치하는 것인지는 매우 의심스럽다. 물론 국어사의 시대구분이 音韻·文法·語彙 등의 변천단계에다가 근거를 두는 것이기 때문에 마땅히 일치관계에 있어야 할 것이다. 그러나 현실적으로는 음운, 문법, 어휘의 변천 단계가 동시적으로 일어나고 발달하는 것이라고 할 수는 없는 것이므로, 音韻史, 文法史, 語彙史의 어느 쪽을 主導的인 것으로 보는가에 따라, 그것은 달라질 수 있다. 그러나, 이들 三者가 橫的으로 무관할 수 없는 것도 사실이다.

국어사는 이들을 보다 높은 차원에서 종합·해석하여 자체의 시대구분의 근거로 삼아야 할 것이다. 그러므로 문법사의 시대구분에 대한 문제는 縱으로 국어사에 直結하며, 橫으로는 음운사 및 어휘사와의 관계를 가지지만, 스스로는 어느 것에도 예속될 수 없는 獨自的 歷史의 문제가 되어야 한다. 그것은 일차적으로 문법의 各項目이 속해 있는 체계의 발달이 기술되고 그들의 史的인 의미가 집약되어야 할 것이다. 여기에는 어떠한 전제된 제약이나, 先入觀念에 의해 왜곡되는 일이 있어서는 안 된다.

I-6. 본고가 어느만큼 이러한 바탕을 助成하는 일에 도움을 줄 수 있을지는 앞으로의 성과에 기대하는 것이나, 당면한 문제의 초점은 고대와 중세가 계기하는 문법사의 문제가 될 것이다. 가능하다면 범주 전반에 걸친 체계의 기술과 이

의 발달이 網羅될 때 강력한 논거를 확보하는 일이 될 터이나, 여기에는 일시에 극복할 수 없는 장애가 많다. 앞으로 이런 연구가 진전함에 따라 그 障碍는 輕減할 것이 확실하며, 이제 본고는 造語와 曲用, 그리고 活用 가운데 관심을 끄는 한두 사항에 대해 拙見을 펴는 것으로 위의 임무에 부응하려 한다.

Ⅱ. 造語와 屈折

Ⅱ-1. 언어의 발달 과정에 있어 조어법의 형성과 그것이 차지하는 비중은 매우 크다. 그것은 각 언어의 내적 요인에 의한 것이거나 혹은 외부로부터의 요구에 酬應하기 위해서건 간에, 그 언어가 불가피하게 겪어야 했던 발전적 수단이기 때문이다. 그러므로 그 안에는 비교적 순수하고 고유한 어휘 의식이나 문법 의식이 투사되어 있을 것이며, 그것을 통하여 이들 의식이 언어화되고 다시 문법화되는 史的 狀況을 알 수 있는 것이다. 이렇게 볼 때 造語의 발달에 대한 고찰은 그 자체만으로 중요한 의의를 갖는 것이지만, 보다 근본적인 문법사의 원리를 誘導해 보는 데도 유익한 정보를 줄 것이 확실하다.

흔히 造語란 語彙論과 形態論에 걸쳐 일어나는 語辭의 확장을 凡稱하는 듯 하나 이들이 엄연히 다른 층위의 일임에는 틀림없다. 다시 말해서 넓은 의미의 조어를 뜻하며, 그것은 어휘의 확충에 관계하는 語幹形成(意味構成部, composante sémantique)과 어형의 굴절(統辭構成部, composante syntaxique)까지도 포괄한다. 전자는 어휘항목에 관여하는 일이며 후자는 문법항목의 일이 된다.

그러나 여기서 조어 관계의 문제를 提論하게 되는 이유의 하나가 그 자체의 문제보다도 이를 통하여 문법사의 底邊에 작용하고 있는 문법 개념의 형성이나 발달을 살피고자 하는 데 있기 때문에 굳이 원칙에 구애될 필요가 없을지 모르나, 역시 어휘항목과 문법항목, 그리고 이 두 가지 면이 겹치는 부위에 대해 검토하는 것이 순서일 것이다.

II-2. 名詞語基形態

　명사 어기의 형성도 단순 어기를 빼고는 모두 合成法이나 派生法에 의해 조어된다. 그 구성의 動機는 대부분의 경우 형태상의 동기에 따라 주어지는 경우(motivation morphologique)이며 이것은 기초의 語彙素 또는 합성 요소로 되어 있는 어휘소의 의미를 앎으로써 가능해지는 조어와 형태상의 동기에 의한 어휘 단위와 그 기초에 있는 어휘소 사이에 있는 語形上의 차이는 양자간의 내용면에 여러 가지 관계를 제기하며 이러한 관계가 어휘를 구조화하는 것이다.

　합성이나 파생의 어휘 구조에 참여하는 어휘소(어휘 항목)라 하더라도 여러 가지 범주의 것들이 있을 것이지만 그 가운데서도 특히 명사와 동사류가 어떠한 자질로서 명사 어기의 구성에 관여하는가가 여기서의 관심사다.

1) 名詞+名詞

　이것은 명사류의 어휘소를 複合하는 구조로서 가장 기초적이며 生産的인 것이다.

　　a) 눈ㅈ싀<字會. 上 13叡>, ㄱ르비<月釋. 一, 36>, 쇠손(鏝)<字會. 中, 16>, 쁘눈<字會. 上, 2>, 밤낮<月印. 上, 13>, 손발가락<月釋. 十八, 45>, 다숨ㅈ식<內訓. 三, 24>, 柴曰孛南木, 荢布曰毛施背, 粟曰田菩薩<雞類>
　　b) 눖ㅈ쇼<月釋. 一, 13>, 눖믈<龍歌. 91>, 믌결<釋詳. 十三, 9>, 빗복<月釋. 二, 29>, 돐뼈<訓解>.

　이러한 語例는 일일이 列記할 필요가 없으리만치 일반적인 것이다. 그러나 합성에 관여하고 있는 명사항의 관계는 a)와 b)가 다르다. a)는 명사어휘소의 단순한 竝置에 지나지 않으며 이로써 의미상으로는 主從, 혹은 대등의 관계를 구성하고 있는 語例다. 흔히 두 항 이상의 명사 간의 관계는 어떠한 형태론적인 절차 없이도 선행 어항이 후행 어항을 수식하는 관형어의 자질을 띠는 것이 常例이며,[1] 때로는 대등한 병치(손발, 밤낮…)의 관계를 가지기도 한다. 이것은 전혀 형태론적인 동기에 의하는 것이 아니라 의미론적인 동기에 따라 구성되는 것이다. 즉 후행 어휘소가 선행 어휘소에 내포될 때 전자와 같은 내적 구조를 이루게 된다. 그러므로 이 때에는 절대로 語彙素列을 바꿀 수 없는 것이 특징이지만, 병치관계의 구조에서는 語彙素列을 바꾸더라도 아무런 저항이 되지 않는다.

한편 그 구조에 있어서는 위와 다를 바 없으나 문법적인 절차에 의해 두 어휘소의 관계를 나타내는 경우가 있다. b)의 어례가 그것이며, 屬格의 接尾辭 {ㅅ}에 의해 두 어휘소 간의 통사 관계가 지시되는 것으로 엄격한 의미에서는 복합어라 할 수 없다.

명사 간의 합성법이 이와 같이 零統辭의 병렬 구조와 속격 구조로 나타남은 주지하는 일이다. 그러나 이 두 구조가 아무 차이가 없는 것인지, 있다면 어떠한 것인지, 그리고 史的인 의미는 무엇인지 아직도 분명해진 것은 아니다. 첫째의 의문에 대한 답은 역시 曖昧할 수밖에 없을 듯하다. a), b)의 실질적인 차이는 의식되지 않으며, 오직 b)에서는 절대로 두 語彙素列을 바꿀 수 없는 점이 다르다. 이것은 의미론적인 조건이 表層의 형태론적인 현실로 나타나 문법화되고 있기 때문에 주어진 제약이다. 그러나 a), b)의 선택은 비교적 임의로 하였던 것 같다.2) 특히 합성법에 쓰이는 사이시옷의 職能이 비단 통사적인 것만이 아니라 음운론적인 사실이기도 하다면(李熙昇 1955), 그것은 합성 과정에 작용되는 어휘소 의식의 疎密度를 반영한 것으로도 해석된다.3) 따라서 이것은 史的인 문제

---

1) 이와 같은 語構成은 관형사와 명사의 어원적인 연관을 암시하는 일이 될 것이다. 우리는 15세기의 일부 명사가 관형사로 轉移한 사실을 알고 있다.

　　　다시 새롤 비허(更雨新者) <法華. 三, 94>

「孤島 외셤」<龍. 五, 42>의 <외>도 관형사라 함이 상례이나, 가령 '-롭다'로 파생하는 형용사의 前接語項이 명사라는 점을 감안할 때 '외롭다'의 '외'는 명사였을 개연성이 크다.

2) 15세기 자료에 이들이 실현된 상황으로 미루어 볼 때 이러한 추정을 할 수 있다. <눈ᄌ쉬/눉ᄌ쇼>, <눈믈/눉믈/눖믈>, <블곶/븘곶/븟곶>…… 따위의 어례에서 보듯이 이들이 同價의 語項임에는 틀림없다. 그럼에도 불구하고 a), b)가 모두 유효하다는 것은 명사항의 語彙素列이 속격의 개념을 포함하고 있기 때문이다.

3) 다음과 같은 어례에서는 선행 어휘소의 형태 속에 사이시옷이 나타내는 음운론적인 효능을 충족시킬 수 있는 조건을 갖추고 있기 때문이다. a)의 것으로 실현된 것인지 혹은 본시부터 a)의 구조인지 판단하기 어렵다. 그러나 어느 쪽으로 보든 합성의 가치를 덜지는 않는다. 「입시울」<訓諺>, 「목숨」<龍歌. 51>, 「거줏말」<釋詳. 六, 10>……

와 관련한다. 둘째의 의문은 바로 문법사에서 가장 관심을 가져야 할 문제다. 그러나 이 경우도 병렬 구조와 속격 구조 가운데 어느 것이 보다 본질적인 것인지 語例에서는 전혀 속격 구조를 확인할 수가 없다.[4] 그것은 자료가 가진 특수성 때문인지 모를 일이지만 鄕歌 자료가 주는 정보와는 대조적이다. 향가는 속격 자체가 명사항의 병렬 관계로 표시되고 있는 것이 매우 적으며, 대부분이 {矣}系와 {叱}系의 형태소로 표시된다. 물론 속격 구조가 될 것은 확실하다.[5] 속격 구조에 관한 한 향가에 나타난 標準 意識은 15世紀보다도 엄격하다.[6] 그 이유가 무엇인지 객관화하기는 어려운 상황이다. 추정컨대 고대 국어는 {叱}계의 속격 구조가 형성되어 고정 의식으로 硬化되어 가는 史的 段階의 상황이라고 생각한다. 이런 단계의 현상이란 강한 표준 의식 때문에 구조가 같은 유형의 것일 때 무비판하게 되어 既往의 병렬 구조까지도 영향을 받은 것으로 풀이된다. 향가 자료의 어례에서 속격 구조가 지배적으로 압도하고 있다 하더라도, 그 사실만으로 명사 합성법의 형성이 마치 속격 구조로부터 비롯되는 것으로 보기는 어려우며, 오히려 기존의 병렬 구조에만 의존하고 있던 것이 문법화에 따르는 속격 구조로 말미암아 유추된 현상이라 여겨진다. 그렇기 때문에 명사 합성법의 기본 구조가 단순한 語彙素(零統辭의 명사 어기)의 병렬 구조가 될 것이라는 가설의 전제를 위협한다고는 할 수 없다.

---

4) 표기 상의 난점 때문인지도 모르나 속격 형태소로 보이는 借字는 없다. 그러므로 명사의 합성에는 모두 병렬 구조만이 있을 뿐이다. 「裩曰安海珂背」, 「柴曰孛南木」, 「苧布曰毛施背」, 「粟曰田菩薩」, 「農曰宰把指」 등. 그렇다고 해서 당시의 상황을 속단할 수는 없겠지만 하나의 특징으로 주목할 일이기는 하다.

5) 향가에 나타난 속격 형태소의 목록은 별도로 정리한 바가 있다(李承旭:1973. pp.10~11). {矣}계가 합성법과 전혀 무관하다고 할 수는 없으나(가량 15세기의 것이기는 하지만 「둘기 알」<蒙法. 44>과 같은 어례도 있다). 역시 {叱}계가 압도적이다. 이와 같은 경향은 {矣}계와 {叱}계의 소성을 확인하는 데도 유효하겠지만, {矣}계보다는 {叱}계가 어휘소 간의 합성에는 일반적이었으니, 이로 미루어 보면 합성은 선행어가 無情物일 때 흔히 일어났다고 하겠다.

6) 오히려 15세기는 병렬 구조가 일반형인 것까지도 향가에서는 {叱}을 삽입한 것으로 나타난다. 「栢史叱枝次」<讚耆婆郎歌>, 「千手觀音叱前良中」<禱千手觀音歌>. 그러나 {叱}의 소성 상에 잘못이 있는 것은 아니다.

2) 名詞+接尾辭

이 구조형은 명사 파생법의 한 주류를 이루는 것이며, 파생의 접미사를 문법화의 측면에서 볼 때 상당한 것들이 어휘소의 자질을 가진 것이었을 蓋然性이 많다. 이것이 사실로 용인된다면 이 구조는 前項의 합성법과 그 어원에 있어 다를 바 없다.

> 홍졍바지<月釋. 二, 45>, 노릇바치<字會. 中, 2(叡)>
> 활와치<朴初. 上, 59>, 씌와치<朴通. 上, 18>

여기 <바지(바치)>가 명사 어휘소의 자질을 가진 것임은 당시의 자료 목록에서 확인되는 일7)이려니와 15세기는 이들이 이미 접미사화되었거나 혹은 변하는 과정에 있었다. 그렇기 때문에 선행 단계의 어원적인 구조는 「명사+명사」의 병렬 구조이었을 것이 확실하다. 이러한 사실은 전항에서 「명사+명사」의 합성의 형성을 속격 구조가 아닌 병렬 구조로 추정한 배경을 굳히는 일이 되기도 한다. 「三國遺事」에 의하면 語彙項 「童」에 해당하는 國語音의 記寫를 <福, 卜, 巴, 伏> 등의 借字를 하고 있는 것을 볼 수 있다.8) 이와 함께 「三國史記」의 "四月淸海大使弓福姓張氏一名保皐"9)로 미루어 보아 흔히 戱談에서 호칭으로 쓰이는 <놀부, 울보, 떡보, 바보> 따위의 <-보(부)>가 본시 명사의 자질을 가진 어휘소였음을 알 수 있다. 물론 <-보(부)>의 명사 자질의 여부보다도 이러한 사실을 통하여 명사 파생의 구조가 형성되는 단계는 합성의 형성 단계를 선행하여 이루어졌을 가능성이 희박함을 알게 하는 것으로 주목된다. 이것을 문법 항목에 속하는 형태소류가 거쳐온 발달의 원리에도 부합한다. 결국 「명사+접미사」의 파생 구조는 합성 구조가 발달한 分派枝에 지나지 않으며, 그것은 역시 명사 어휘소의 병렬 구조에 淵源한다는 데 집약된다.

---

7) 「匠ㆁ 바지라」<法華, 序, 21>. 한편 계림유사에서는 「匠曰把指」라 하고 「農曰宰把指」라 한 「把指」는 <바지>와 일치한다.
8) 蛇童下或作蛇卜又巴又伏等皆言童也<三遺, 四. 蛇福不言>
9) 三國史記, 十, 16 興德三年

3) 動詞語幹+接尾辭

동사 어간이 명사 어기를 형성할 경우 취하는 구조에는 두 가지의 다른 형성을 가진다. 그 하나는 문법적인 절차 즉 굴절법에 의해 品詞 轉成이 이루어지는 형식이며, 다른 하나는 순수한 조어의 특수한 접미사를 가지고 이루어지는 파생법의 형식이다. 전자의 것은 비교적 규칙적인 어형 변화의 형식을 따르지만 후자의 경우는 前接動詞의 어간이나 또는 이에 접속하는 형태소가 모두 한정된 제약을 받고 있는 한편, 역사성이 강하게 작용하고 있다. 그렇기 때문에 이 兩者 중 本項에서 관심을 가지고 살피고자 하는 것은 후자의 경우가 된다.

[甲類]
벼개(枕)<法華. 二, 73>, 집게(鉗)<字會. 中, 8(叡)>
놀애(翼)<月釋. 十, 78>, 둘애(輪)<月釋. 八, 13>

접미사 <개/게/애/에>10)는 동사의 어간과 零統辭의 관계를 가지면서 동사의 의미론적 동기에 따라 器具名의 명사로 파생하는 특징을 가진다. 이와 같은 파생 구조는 결코 生硬하거나 드물게 있는 일이 아니지만 이들 내부에서 동사 어간과 접미사 간의 접속하는 논리에 대해 관심을 나타낸 일은 없었다. 이것은 동사 어간 형태소의 文法史上의 문제, 즉 어간 형태소의 형태론적인 자질을 史的 側面에서 透視할 때의 명사 형태소와의 관계 혹은 굴절 형식의 형성과 발달 등에 지배적으로 관여했을 어간 범주의 표준 의식을 알아 보는 데는 중요한 자료라 아니할 수 없다. 그렇기 때문에 위의 예의 구조를 다만 「동사 어간+접미사」로 기술하는 데 그칠 일이 아니라, 이들의 接續 論理를 살펴 보는 데서 어느 정도 原初的으로 작용했을 의식의 구조를 드러낼 수 있다고 믿는다.

위의 것과 同系의 접미사를 가진 구조로 보이는 일부의 語類가 前接하는 어

---

10) 이것을 포함한 일련의 파생어군에 대한 형태론적인 기술은 충분히 논의된 바 있다.(李崇寧:1961. pp.13~178; Ramstedt:1939. pp.174~179) 한편 이런 類의 접미사에 대해 형태론상의 대응 관계를 밝힘으로써 알타이 제어 간의 共通素地를 이루고져 하기도 했다. (Ramstedt:1952)

휘 항목이 동사가 아니거나, 동사라 하더라도 어간 형태소가 아닌 것이 있다.

[乙類]
　오좀째(膀)<字會. 上, 14(叡)>, 구돌고래(炕洞)<漢淸. 九, 73>, 쁠게(膽)<字會. 上, 14>, 벌에(虫)<字會. 下, 2(叡)>, 번게(電)<字會. 上, 1(叡)>

　이 乙類의 것은 甲類의 것에 비해 質量 어느 쪽으로도 劣勢하다. 그렇기 때문에 乙類를 강조하게 될 때 牽强附會될 우려가 없지도 않다. 그렇다고 해서 이들을 단순한 例外者視하여 버릴 때 의외의 失機를 당할 수 있음을 경계해야 하겠다. 乙類의 것을 가능한 선에서 분석 기술하여 보면 대략 다음과 같은 점이 드러난다. <개>류의 접미사에 전접되는 어휘 항목이 획일적으로 동사 어간에 한정되는 것은 아니다. 語例 중 <오좀·골> 따위는 분명히 명사이며11) <쁠>은 <쓰-(苦)>의 명사 혹은 冠形詞 相當의 語項이다. 이와 같은 전접 어항의 구조적인 관계나 통사의 논리로 추리되는 <개>類의 자질은 명사 상당의 것임을 알게 된다. <벌, 번>12)의 경우는 좀 난해한 것이긴 하지만 위의 사실을 부인할 만한 비중을 갖지는 못한다.

　본시 기구명이 단순한 音相的인 동기로 된 것이 아니라면, 의미론적인 동기가 있을 것이 확실하며, 이 때 그 동기는 일반적으로 그 기구류가 쓰이는 動的 의미를 따라 일어난다. 가령 <마개, 덮게> 따위가 <막다, 덮다>의 동사 의미를 동기로 하여 이루어지는 器具名임은 贅言을 요치 않거니와 이것을 역으로 해석한다면, 기구명은 그 용도에 관계하는 동사 의미에 의해 기억된다고 할 수 있다. 그렇기 때문에 甲類의 구조가 지배적으로 압도하는 사실이 절대로 우연한 일이

---

11) <오좀째>에서 <오좀>이 명사로 분리 가능한 항이 됨은 물론이지만, 따라서 <째>의 해석은 접미사 <째>, 또는 사이시옷 <ㅅ>과 「개」로 볼 가능성도 있다. 전자는 「개」의 이형태에 지나지 않지만 후자를 따를 때는 속격 구조로 이해되므로 <개>의 어원적인 자질을 추정하는 동기가 될 듯하여 주목할 만하다.

12) <벌>은 동사 어간 <벌(羅)>에 동기되는 것으로 볼 가능성도 있으나 속단은 어렵다. 이것은 접미사 <-어지>를 가진 <벌어지><杜初. 十五, 17>로도 나타나며 <-어지>가 접미사로서 요구하는 경향은 <-개>류와는 달리 명사 상당의 어항이 된다. 그렇다고 <벌->을 명사항이라 하기도 쉽지 않다.

아님을 알게 되며, 뿐만 아니라 <-개>의 자질도 이러한 底邊에서 보다 쉽게 드러나는 것이다.

生成 意味論의 입장에서 볼 때 이 구조는 그 深位에 <-개>류의 어원적인 의미, 즉 <기구(용구), 물건(것)>이 중심을 이루고 있으며, 여기에 그것의 경험적인 용도에 관계하는 전접 어항을 취하여 파생되는 <…하는 기구>의 구조형으로 기술이 된다. 비단 어떠한 어휘항이 접미사화되어 추상적인 관념을 나타나게 되었다 하더라도 그 深位의 의미 구조에는 그것의 동기적인 관계의 의미가 작용하는 것이다.

<-개>類의 특성을 浮揚하기 위하여 또 하나의 접미사 <-아지>類와 대비하여 보는 것도 유익할 듯하다. <-아지>류의 어원적인 자질은 충분히 추정될 수 있는 것이러니와13) <-개>류와 더불어 명사 범주의 어항임이 확실하다. 그러나 이 <-아지>류의 의미 특성은 <-개>와 다르다. 전접 어항으로 어떠한 동적 의미의 配意 관계를 필요로 하지 않을 뿐더러 오히려 거부하는 구조형이다. 따라서 그 심층의 의미는 <…의 아지>로 기술되며 전접어는 명사에 相當하는 것이 된다.14) 그러나 이 경우에 있어서도 역시 <-개>와 마찬가지로 위의 구조 관계로 이해하기 어려운 것이 있다. 물론 극히 한정된 어례에 지나지 않는 것이지만 <남어지> 따위가 그것이다.15)

다시 <-개>류의 문제로 돌아와 볼 때 이들의 발생적인 구조는 두 개 語項의 합성으로 추정되었거니와 두 어항 사이에는 통사론적인 논리가 동기가 되어 결합이 이루어지는 것이었다. 따라서 이들 두 어항은 통사 구조에 있는 것이므로 그 구조 관계는 마땅히 형태론적인 층위에서 示顯되어야 할 것이다. 그러나 실

---

13) 접미사의 발달을 설명할 경우 흔히 인용된 자료로서, 그 어원은 「三國遺事」에 의해 확인되어 왔다. 閼智卽鄕言小兒之稱也<三遺. 一, 17(金閼智)> '…, 姊妹曰寶姬小名阿海妹曰文姬小名阿之…<三遺. 一, 27(金庾信)>

14) 「쇠야지」(犢)<杜初. 廿五, 51>의 어례에서는 이러한 문법 관계가 단적으로 실현되어 있다. 이것은 아직도 <-아지>의 어원 의식이 작용하고 있는 단계의 어형이지만 점차 「송아지, 송아지」로 되어 정착한다.

15) 이것은 동사 어간 <남-(餘)>과 <-아지>의 결합임이 분명하다. 그러므로 여기에서는 의미론적인 동기가 설명될 수 없으나, 동사 어간이 명사 상당의 어기로 의식된 것이라면 매우 주목할 만한 것이다. 이밖에도 이에 준하는 어례로 <벌어지>가 있다.

현된 어형은 그러한 분포를 기술할 수 없는 것이었다. 그것은 전접의 動詞 相當 語項이 語根 혹은 語幹 形態素만으로 나타나기 때문이다.16) 하물며 전술했듯이 <-개>가 어원적으로 명사 상당의 어항을 이루는 것일진댄 前接語의 형태론적 자질이 다시 문제되지 않을 수 없다.

명사의 합성법이 두 어항의 병렬 구조에 기초를 둔 것이었으며, 한편 파생법의 史的 측면이 합성법의 발달에 근거가 있다고 할 때 「동사 어간+접미사」의 파생 구조는 그 형성이 합성법에 의한 것이었으며, 두 어항 간의 관계는 병렬 구조에 있다는 논리에 이른다. 그리하여 결국에는 「동사 어기+명사 어기」라는 脫規範의 이례적인 구조형으로 집약되는 셈인데 문제는 문법사의 어느 단계에서 동사 어간 형태소가 명사 어기의 형태소와 동일 범주로 의식되었을 것인지 확증을 얻는 데서 해결되는 일이겠다.

II-3. 이상 명사 어기 형태를 이루는 일부의 특징적인 어례를 통하여 합성 또는 파생에 관여하는 각항의 구조적인 논리와 아울러 그들의 형성이나 발달을 문법사의 입장에서 추적해 보았다. 물론 명사 어기의 구성을 전반에 걸쳐 형태론적으로 분석하거나 기술코저 한 것은 아니다. 상당한 古代로 遡及하는 문법사의 어느 단계에 있어 어휘소를 나타내는 형태 범주가 어떠한 문법 의식으로 수용되었을지를 살피기 위하여 의외로 보수성이 강하고 직접적으로 그 의식이 반사된다고 믿어지는 조어법 상의 내재적인 구조 논리에서 찾고자 한 것이다. 아직도 잠정적인 결과이긴 하지만 일부 명사 어기의 형성에 전접 어항이 되는 동사 어간은 굴절법을 이루는 어간의 자질과 다르며 발생적으로는 뒤에 오는 어항과 병렬되어 단순한 어휘소의 표상에 쓰일 뿐 의미나 형태의 어느 쪽으로도 전혀 명사 상당의 것과 다르지 않다.

이제 이러한 논거를 보완하고 보다 본질적인 斷面에 접근하기 위하여 동사 어간 형태소에 대한 검토를 하기로 한다.

---

16) 굴절법으로는 당연한 것이며 조금도 이론이 있을 수 없는 일이다. 그렇지만 본고에서의 이의는 전제된 분석에 따라 <-개>항을 명사 상당의 語彙素項으로 하게 되는 사적 관점에 설 때 제기되는 것이다.

II-4. 動詞語幹 形態素

알타이語 比較 文法에서는 이미 오래 전부터 알타이 諸語의 동사 어간 형태소를 史的으로 기술하면서 본시 이들은 의미나 형태, 어느 면으로 보더라도 그 스스로 완결된 自立 形式의 자질을 가진 것으로 提論되었다(Ramstedt, 1912). 국어의 경우도 이와 관련되는 동사 어간 형태소의 문제가 관심의 표명과 아울러 제기되었으니, 그것은 15세기 자료의 語項 가운데 이례적으로 쓰인 일부의 어간 형태소에 대해 史的인 의미를 붙여 적극적인 검토를 함으로써 비롯된 것이었다 (李基文, 1961). 비록 그들은 어항의 수로 보아 결코 많은 것은 아니지만 그렇다고 그들이 지니고 있는 문법사에서의 의미를 깎을 이유가 되는 것은 아니다.

1) 名詞·動詞 共通의 動詞語幹形態

15세기 자료에 나타나는 일부 어류에는 명사나 동사의 변별이 적어도 형태면에서는 자립과 의존의 차이가 있을 뿐 일치 관계에 있는 것들이 있음은 주지의 일이다. 그것을 우연히 일치하고 있는 것이라고 하기는 너무나도 質量에 있어 큰 비중을 가진다. 다음은 흔히 예시되는 것이지만 편의상 甲·乙 兩類로 나누어 그 주요 목록을 보이기로 한다.

[甲類] 「너츨」<楞嚴. 一, 119/月釋. 一, 43>, 「굿」<杜初. 卄二, 33/法華. 三, 156>, 「ᄀ물」<月釋. 二, 50/龍歌. 2>, 「두텁」<訓諺/訓解>[17]
[乙類] 「신」<杜初. 七, 21/訓解>, 「씌」<龍歌. 112/杜初. 十六, 49>, 「비」<月釋. 八, 81/月釋. 二, 24>

갑류의 어례에는 어형은 물론 聲調形까지도 완전한 일치를 보이는 것들이며 을류는 성조형만 다른 어례이다. 이 밖에 어형의 일부가 修飾 당한 어례(결코 파생법의 것은 아님)도 있으나 이들도 역시 같은 유형일 것은 확실하다. 비록 이

---

17) 이 예시 방법은 가령 <A>/<B>라 할 때 <A>는 동사, <B>는 명사로 쓰인 典據를 예시한다.

들이 공시적인 단면에 나타난 일부의 어항들이긴 하지만 이러한 분포의 특수성은 史的인 동기에 의한 것으로 해석하는 것이 마땅할 것이며, 그럴 경우 이러한 상황을 바탕으로 하여 예견되는 몇 가지 발달의 논리가 이끌어지기도 하였다(李承旭, 1974). 그것은 먼저 동사의 語群 範疇(品詞論的인 자질)가 경험적인 발달에 따라 형성하였다는 전제 밑에서 유도된 史的 논리였다.

일반적으로 굴절 형식을 취하는 모든 어항들이 통사론적인 관계 개념을 지니고서야 文中에 실현되는 것이지만 동사의 경우는 이것이 義務 條件이다. 우리가 가진 자료에서는 이미 동사의 형태론적인 자질이 이러한 조건을 반영시켜 고정 관념화된 상황을 알려줄 뿐이다. 다시 말해서 활용 형식에 의존되기 이전의 동사에 대한 정보를 정상적인 자료를 통하여 얻기는 불가능한 것이다. 따라서 앞에서의 史的 논리도 旣知의 사실로 소급해 가는 발달의 추리가 될 수밖에 없다. 위의 어례들은 이러한 논리 위에다 놓고 볼 때 매우 시사적인 의미를 함축한 것이 된다.

동사가 自律的인 意味體, 즉 어휘소의 자질만을 표상하는 零統辭의 動詞 形態素라 한다면, 그것은 이른바 어간(혹은 어근) 형태소를 이르는 것이 되며 이들이 그 자체만으로 완결되는 어휘항이 된다는 것은 조금도 비약된 논리가 아니다. 다만 직접적으로 실증할 자료를 갖지 못했다는 것이 흠이다. 비록 퇴조해 가는 간접의 것이긴 하나 「너츨」類가 시사하는 의미는 바로 零統辭의 동사 형태소를 보수(保守)하고 있는 橋頭堡가 되는 셈이다.

이와 같이 일부 15세기 자료에서 발견되는 명사·동사 공통 형태소를 어군 범주의 분화 과정에서 빚어지는 사실로 이해함에 따라 그 발달의 단락을 대략 세 단계로 구분하게 된다.

그 1단계는 語群 範疇가 형성되기 전의 상태다. 그것은 都是 동사·명사의 구분이 필요치도 않거니와 만약 未分化된 굴절법이 남아 있었다 한다면 그것 역시 대립된 것은 아니었을 단계다. 때문에 이 단계에서 어군을 예측하는 것은 잘못이며 어군 분화의 原形質을 명사 아니면 동사의 하나로 본다는 것도 의미가 없거니와 오히려 분화를 바르게 이해할 수 없는 요인이 될 것이다. 특히 동사 형태소는 자립 형식으로서의 형태론적인 자질을 가지고 零統辭의 의미 표상에 아무 하자도 없었다.

2단계는 점차 동사와 명사의 어군 범주가 형성되고 이들의 굴절 양식도 대립하는 것으로 발달하여 가는 단계다. 그러나 先段階의 의식이 완전히 없어진 것은 아니어서 일부 어항에서는 이를 유보하고 있는 상태다. 우리는 이 단계에서 일어날 수 있는 여러 가지 문제에 대해 깊은 관찰이 있어야 할 것으로 생각한다. 종래 이 방면의 연구가 그랬거니와 앞으로도 이 단계의 연구가 문법사의 숨통을 여는 지상 과제일 것이 확실하다. 그것은 활용 체계를 비롯하여 모든 굴절 형식이 이루어져 나간 시기가 되기 때문이다. 짐작컨대 중세 국어는 이 단계의 말기에 걸친 상황으로 보인다.[18]

다음, 3단계는 이미 前段階에서 안정을 얻은 範疇 意識들이 체계로 정착하는 시기다. 그리하여 어군 간에는 엄격한 형태론상의 징표에 의해 제약이 있게 되며「너츨」類는 견딜 수 없게 되었다.

2) 動詞 語幹+名詞 構造의 動詞語幹形態

3단계의 의식 가운데 있는 우리가 일단계의 잔류항으로 보이는 명사·동사 공통 형태소를 볼 때 생경함은 당연하지만 결코 불가해의 것은 아니었다. 그것은 그 심층에 의미론적인 동기가 있기 때문이며 하나로 綜合 表象되었던 어휘소가 文中에서 통사하는 관계에 따라 명사와 동사가 부득이 형태론상으로 특수화될 수밖에 없었던 발달의 논리는 알 만한 것이다. 이러한 사실에 관한 한, 3단계는 旣知의 단계이며 2단계는 部分知, 그리고 1단계는 未知의 것이다. 문법의 당면한 과제가 미지의 단계의 구명에 있음은 물론이려니와 그러기 위해서는 部分知의 확대가 바람직한 것이다. 앞에서 명사·동사 공통 형태소나 명사 파생법 가

---

18) 중세 국어를 2단계의 末期로 보는 이유는 물론 자료로부터 귀납된 것이라야 하겠지만 또 하나의 배경은 국어사에서 하나의 전환기가 되는 개성 중앙어의 형성을 여기에 연관시켜 보지 않을 수 없다. 경주 중앙어 시대와 이 문제에 있어 어떻게 다른 것인지 알 수 없으나 아무튼 당시의 개성 방언은 경주 방언의 영향권 내에서 상당한 적응 현상이 있었을 것이지만 이제 그것으로부터 벗어난 상황에서 자체의 정리가 이루어지기까지는 적지 않은 시간이 걸렸을 것이다.(李承旭:1973. pp.266~296참조)

운데 동사 전접어에 대해 검토하게 된 것도 이 작업에 이르기 위한 것이었으며, 본항도 여기에 歸一하는 일이 될 것이다.

「동사 어간+명사」의 복합 구조로 된 조어는 국어의 경우 보통으로 있는 것이 아니다. 그러나 앞에서 추론했듯이 명사·동사 공통 형태소의 단계를 기정 사실로 할 때 일반 논리상으로는 「동사+동사」나 「명사+명사」와 다를 것이 없는 구조다.[19)]

그렇다고 국어의 복합 구조에 이러한 것이 보편화되었을 것을 強辯하는 것은 결코 아니다. 부분적으로나마 이러한 구조형이 당시의 문법 의식으로는 容惑無怪 했으리라는 가능성을 잡아내자는 것이다.

이러한 문제를 위해 자료, 「弗矩內」[20)]는 매우 시사하는 바가 크다. 이것의 구조가 「동사+명사」라는 점에서는 異議가 없을 것이다. 여기서 難解의 項은 선행 어항인 「동사」다. 그것은 보통의 문법 상식으로 하면 후행 명사항에 종속되는 수식의 관계에 있을 것이다. 그러므로 <弗矩>로 記寫된 이 어형이 관형사형으로 활용된 것으로 읽힐 수 있다면 전혀 문제될 것이 없다. 그러나 <弗矩>를 그러한 어형의 기사로 보기는 어렵다.[21)] 이것이 난해하다는 배경은 이것을 굳이 관형사 상당의 활용 어형으로 읽으려는 집착이며 자료의 객관성을 해치는 일이라고 생각한다. 이러한 선입관에서 벗어나 <弗矩>를 사실대로 볼 경우 동사 어근에 접근하게 됨에 <붉-/붉->의 再構形을 <pʌlkʌ->로 한다면 바로 이 어형의 기사일 것이 확실해 진다. 이것은 결국 동사 어근(어간)이 零統辭의 자율적 의미체로서 명사 상당의 어항과 임의로 합성할 수 있었던 상황을 알리는 일이 될 것이다. 향가인 <處容歌> 중의 「明期月良」에서 분석되는 「明期」의 기술도 위와 같은 관점으로 보게 되면 굳이 그것이 동사 어형이 아니라 하더라도 그 구성의

---

19) 만약 이러한 논리로 일관한다면 이 구조에 참여하는 어항을 굳이 명사, 동사로 범주화할 필요가 없게 되며 다만 의미론적으로 동기가 주어지는 配意性만이 原初의 조어를 규제한 것이 된다. 자칫하면 황당하고 모호한 논리가 될 우려도 없지 않으며 오히려 사실을 호도하는 결과가 되어서는 안 된다.

20) ……因名赫居世王(蓋鄕言也 或作弗矩內王 言光明理世也…… <三遺. 一, 12>

21) 중세어에서 기술되는 이들의 어미는 {ㄴ/ㄴ}이며, 이로써 관형사형으로 활용하든가 특정의 접미사를 가지고 명사 상당의 자질이 될 때 이들의 통사 관계는 무난해진다. 冷水曰時根沒 <雞林遺事>, 去隱春 <慕竹旨郎歌>

논리는 설명될 것이다.22) 한편 다음의 어형들도 위의 사실을 뒷받침하는 적절하고 유익한 암시가 될 것 같다.

「붉쥐(蝙, 蝠)<字會. 上, 12(叡)>, 「두디쥐」(鼢)<字會. 上, 10(叡)>

이들은 분명히 합성어이며 선행 어항 「붉-, 두디-」는 그 어군 범주가 동사인 것도 알 만하다. 「붉-」의 어휘소에 대해서는 약간 주저스러운 면이 있기도 하지만 「두디-」와 더불어 어근 형태소일 것이 확실하다.23) 이 조어는 우연히 생긴 것이 아님은 위의 「弗矩內」, 「明期月良」과의 史的 관계로 미루어 알게 된다. 이러한 어례는 量에 있어 많은 것은 아니지만24) 質적인 면에서는 경시할 수 없는 외미를 가지고 있다.

3) 「動詞 語幹+動詞 語幹」 구조의 動詞語幹形態

중세어의 동사 어간 형태에 있어 特記할만한 사실은 합성법이 매우 광범하게 이루어지고 있었던 일이다. 이에 대한 例證은 별로 의미가 없는 것이지만 본고가 지향하고 있는 논지를 유도하는 데는 중요한 정보가 된다. 이 구조의 발달도 역시 앞에서의 경우와 같이 단계적으로 설명될 수 있을 것 같다. 그것은 중세어에서 이 구조가 일반 어형이었던 대부분의 동사가 근대 이후에는 점차 통사론적인 구조로 변하는 추세에 미루어 볼 때 필연적으로 그러한 설명을 하게 되는 것이다. 가령 「딕먹-」(啄)<字會. 下, 4(叡)>의 경우만 보더라도 조만간 「딕어 먹-」과

---

22) <明期>가 <불근> 따위로 읽힐 수 없음은 물론이거니와 <볼긔> 혹은 <볼기>의 讀法이 있으나, 이것이 단순한 동사 어휘소 형태의 표기라는 점을 강조한다면 <볼ㄱ>에 접근하는 것이 아닐까 한다.(李基文:1972)

23) 이 합성법에서 「붉-」이 音相에서 동기된 어항이 아니라 의미론적인 동기에 따라 주어진 것이라고 할 때 이것의 어휘소가 무엇일까 하는 의문이 간다. 확실히 「明」에 대응하는 어형이라고 단정하기 어려울지 모르나, 그 이상의 동기가 있을 것 같지 않다. 오히려 이보다는 「두디쥐」(鼢)의 「두디-」는 그 동기가 명확하다.

24) 이제 준하는 것으로 생각되는 어례의 목록에는 대략 다음과 같은 것이 추가된다. 누비중 <龍歌. 21>, 흘긔눈, 비븨질, 가리쩨, 후리그믈 등.

같이 선행 어항이 후행 어항에 부사적으로 통사하는 관계의 구조로 발달함은 주지의 일이다. 이 발달은 단순한 표면상의 변화만이 아니며 문법사의 입장에서 볼 때는 매우 심각한 통사 체계의 발달로 해석된다. 이것은 역의 논리로 하면 적어도 「動詞 相當의 語項(動詞 語幹+副動詞 語尾)~動詞」의 구조의 일부는 중세어의 단계에서 「동사 어간+동사 어간」의 합성법임은 확인된 일이거니와, 다시 중세어에서 이미 「부사 상당의 어항~동사」로 나타나고 있는 것들 가운데는 그 선행 단계로 소급할 때 역시 「동사 어간+동사 어간」으로 실현되었을 가능성이 엿보이게 된다. 여기서는 편의상 「동사 어간」이라고 하였지만 그 단계에 있어서는 단순한 語彙素項으로서의 자질이었을 것임은 전술한 바와 같다.

II-5. 이상 특이한 구조 관계로 실현된 동사 어간 형태를 정보로 하여 어군 범주가 형성되는 문법사적 측면을 검토하였다. 그것이 집약되는 要點은 명사 어기 형태를 검토하여 얻어진 결과와 부합되는 것이다. 가장 직접적인 자료라고 할 수 있는 명사·동사 공통의 형태는 물론이려니와 「동사 어간+명사」, 「동사 어간+동사 어간」의 구조에 일관하여 동사 어간의 자질이 순수한 어휘 항목으로서 그 스스로 자율적 의미체가 되는 것이었다. 비단 이러한 자질은 동사만이 가지는 특유의 것은 아니며 문법사의 어떤 단계(적어도 고대 국어 이전의 단계)에 있어서는 명사류를 비롯하여 몇몇 어군들25)과 형태 또는 의미의 어느 쪽으로도 未分化된 상황일 것으로 추정된다. 다시 말해서 모든 어휘항에서 통사를 배제할 때 이들의 문법적 자질은 같은 어휘소 표상의 개념 위에 있게 된다.

II-6. 屈折法의 形成

위의 논술에서 어휘 범주(품사적 자질)가 분화되기 이전 단계의 자율적 의미

---

25) 여기에는 부사어류나 관형사어류가 더 추가될 수 있을 것으로 믿는다. 중세의 어례에서 발견되는 동사, 부사의 공통 형태(「그르」, 「니르」, 「바르」, 「닫」 등), 명사, 부사의 공통 형태 「오눌」, 「처엄」, 「아니」 등), 그리고 명사·관형사의 공통 형태(「새」, 「어느」 등) 따위가 암시하고 있는 문법사상의 의미를 근거로 했을 때 그 귀결은 명사, 동사의 경우와 상응할 것이다(李承旭:1973. pp.169~173).

체는 零統辭의 어휘 형태로 표상되며 그것은 스스로 完結體가 되는 것이라고 기술하였다. 이것이 실증적으로 認定될 경우, 국어의 굴절법은 名詞項들에게 통사 관계가 형성되는 계기에서 그 동기가 있다고 하겠다. 그렇기 때문에 어군 범주가 형성되고 분화되는 일과 어휘소가 특정의 통사 관계를 가지게 되는 것은 서로 계기되는 일로서 표리를 이룬다. 이러한 관계는 명사든 동사든 다를 이유가 없다. 그러나, 이것은 발생적인 동기에 대한 문제이고, 경험적인 발달에 의해 형성되는 자질에 있어서는 물론 명사와 동사의 경우가 다르다.

굴절의 동기가 어휘 항목 자체의 내적 요구에 있는 것이 아니라 文이 지배하거나 혹은 다른 어휘 항목에 의해 지배되는 통사 관계의 문법화에 있는 것이다. 따라서 어군 범주는 통사 관계의 유형에 따라 모이게 되는 어항의 집합이다.26)

결국 이것은 「統辭→屈折→語群」의 경험적인 발달의 과정이라 할 수 있다. 어군은 굴절 체계의 특수화, 그리고 이 굴절은 통사 관계의 類型性을 동기로 하여 발달하였다는 논리에 도달하며, 그러므로 어떠한 어군이 고유의 굴절 양식을 가지게 된 史的 배경은 통사에 있어서의 특수한 관계 때문일 것이 확실하다.

국어의 명사와 동사는 그 굴절의 양식이 각각 다른 것으로 기술된다. 즉, 곡용과 활용이 그것이려니와, 한편 곡용의 어기 형태소와 활용의 어간 형태소가 형태론적으로 자질이 다른 것이라는 점도 주지의 일이다. 그런데 전술했듯이 문법사의 어떤 단계에 있어서는 소위 명사・동사라는 어군 범주로 분화되지 않았으며, 따라서 이들의 형태론적인 자질이 대립하여야 할 이유가 없었다. 다시 말해서 이 단계의 어휘 항목들의 형태소는 모두 자립 형식이었을 개연성이 큰 것이다. 그렇기 때문에 문제는 동사 어휘소의 통사 능력이 동사 형태소로 하여금 그 자체만으로는 완결할 수 없게 하였다고 하는 데 있다. 동사 어휘소의 의미 자질에 동기된 것이기도 하지만 零統辭의 어휘소만으로는 文中에 실현될 수 없게 된 경험적 발달이 동사 어간을 依存化시켰다. 동사 의미는 무엇을 지배하거나, 혹은 무

---

26) 이와 같은 관계는 마치 한 개인(完結된 자립의 개체)이 사회 구조(어떠한 목적을 실현하기 위한 직능의 구조체)의 구성원이 될 경우에 규제되는 관계와 비슷하다. 그 때의 개인은 구조의 지배 하에 있게 되며, 직능(타인과의 대립)에 따라 그 자질이 특징지워질 것이다. 이러한 자질은 구조에 따라 한정된다. 따라서 개체가 이 자질을 가짐으로써 범주화되는 것이다.

엇으로부터 지배되는 관계에 있을 때 비로소 현실화되며, 同一의 동사 의미 내에서의 대립되는 상황이 분화되는 것이다. 이것은 굴절법의 형성에 있어 매우 중요한 요인으로 강조되어야 할 것 같다. 그것은 가장 상식적이면서 가장 기본적인 것이기 때문이다.

이렇게 하여 하나의 동사 의미는 이 어항의 모든 의미에 우선하여 1차적인 것이지만 그것은 포괄적이고 추상적인 것이어서 경험적인 현실의 요구에 酬應할 수 없게 되며, 점차 2차적인 의미를 첨가함으로써 그 동사 의미가 실천되는 과정의 내적 대립 관계가 규제되어 간 것이니만큼 이것이 동사 의미의 형태소(어간)만으로 完結體를 이룰 수 없게 된 이유다.

동사 활용과 명사 곡용의 형성 과정이나 그 발달은 형태론적인 동기에서 볼 때 別系의 것이 아니었다. 그것은 대체로 알타이 諸語의 경우에 있어서도 공통되는 사실로 지적된다. 비록 假說的인 것이라 하더라도 未知의 史的 사실이 논리의 추리만으로 밝혀지는 것은 아니다. 그것은 추리에 의해 유도되는 사실이 반드시 一義的인 것만이 아니기 때문이다. 적어도 고대 이전의 단계에서 경험했을 이런 문제는 어느 정도의 推理는 불가피한 것이지만 가능한 한 이것을 합리적으로 설명할 수 있는 자료의 검토가 있어야 할 것은 물론이다. 그러므로 추리 그 자체가 무의미한 것은 아닐지라도 결코 그것에서 시종하는 것이 되어서는 안 될 것이다. 이 방면의 문제 해결을 위하여 앞으로 당분간은 이러한 장애를 극복하는 일이 우리의 관심사가 될 것이다.

향가 자료는 이러한 문제에 접근하는 면에서도 最古의 자료임에는 틀림없다. 향가 전반에 걸쳐 매우 빈번하게 借字된 것의 하나는 <良>이다. 또한 이것이 音讀으로 일관된 借字인 점도 특징이다. 그러나 어떠한 음의 記寫인지는 약간의 주저가 따른다. 이의 讀音에 대하여는 뒤로 미루고 우선 이것이 形態素列에 나타나는 분포 상황을 보면, <良>을 借字한 의식이 뚜렷함을 알게 된다. 그것은 모두가 굴절 어미 형태소의 부위에 쓰이고 있으며, 곡용이나 활용에 따라 다르지 않다.

곡용 접미사의 분포에 있는 {良}은 처격 표시에 借字된 것이었다. 이러한 語例는 모두 15항에 달하며 이들의 독법에는 약간의 저항이 없지 않지만, 그 表意

性만은 일관된 것으로 보인다. 향가의 借字法에는 대체로 규칙성이 있었던 것 같다. 그것은 表音面에서 일정한 음과 일정한 문자의 대응 관계에 나타나는 규칙성과 表意面에서 일정한 의미(어휘적 의미든 문법적 의미를 막론하고)에 일정한 문자를 대응시키는 借字의 규칙성이다. 표의성은 다시 그 내부에 있어 두 가지 다른 면이 있다. 즉 어휘소의 表意와 문법소의 表意이니, 전자의 借字는 한자의 釋을 동기로 하며, 후자는 音을 동기로 하는 것이 일반이다. 그러나 일정한 문법소의 記寫가 비록 그 음이 같다고 해서 임의의 字로 되었던 것은 아니다. 固定 文法素에 고정 문자를 대응시키는 규칙에 따라 借字되는 경향이었으니, 이것은 釋에 근거한 표의와는 다르지만 그러한 借字法의 밑바탕에는 하나의 표의 의식이 작용하고 있었던 것이 확실하다. <良>의 借字法은 바로 이러한 사실을 확인하는 데 유효하다.

　「月良」<處容歌>, 「枝良」<祭亡妹歌>에서 {良}이 處格 相當으로 통사함은 문맥상 뚜렷하며, 비록 이것이 釋으로부터 동기된 借字는 아니지만, 그렇다고 단순한 음차도 아니다. 물론 이 借字의 동기는 그 음에 있으나, 그와 더불어 형태소의 표의성을 가지게 된 것이다. 그렇기 때문에 처격 상당의 형태소 기사에는 고정적으로 <良>을 쓰게 되었다. 이와 같은 借字法은 아마 향가 전반에 걸쳐 음차로서 주요 형태소를 기사할 경우, 적용되었을 규칙일 것으로 생각한다. 종래 흔히는 {良}이 표음자라는 점, 따라서 이의 독음이 무엇일까 하는 논의가 중심이 되었던 것이지만 그것이 다만 표음자의 동기에 그치는 것이 아니라, 表音과 동시에(釋을 동기로 한 借字일 경우는 전혀 그 문자의 음은 고려치 않음) 형태소 의미의 표의성(이 표의성은 형태소의 音相이 동기가 되어 어떠한 고정자를 배정한 관계 의식이다.)을 부여한 의식적 借字法이라고 보는 것이다. 이것이 향찰 표기법의 기본적인 규칙이었다고 생각한다. 이러한 관점의 설정은 앞으로 향가의 문법 자료를 기술할 경우 이제까지의 연구가 거둔 것과는 다른 결과를 기대할 수 있는 여지가 있게 할 것이며, 또한 문법사의 문제 해결을 위해서도 크게 작용할 것으로 믿는다.

　다시 {良}의 문제로 돌아가 이러한 관점에서 보면, 1차적으로는 우선 {良}의 記寫音을 밝혀야 하겠지만, 그에 못지 않게 이의 표의성이 강조되어야 할 것이 이해된다. 아마 이러한 관점 때문에 향찰 표기법에서 이형태를 충실하게 區分 記寫하지 않게 된 것일지도 모른다. 그것은 형태소 의미의 면에서는 단일 어형 만으로 표시될 성질이기 때문이다. 만약 몇 개의 이형태가 있다고 할 때, 어떠한 것을 기본으로 선택하게 되었는지도 알 수 없는 일이나, 그보다도 음운론적으로 조건된 이형태의 문제뿐만 아니라 史的인 발달 과정에서 생기는 이형태의 문제 도 있게 된다. 문법사에 있어 어떠한 단계의 교체기에는 흔히 구형과 신형의 공 존 현상이 빚어진다. 이미 구형은 표면상 없어진 것이라 하더라도 어떠한 어형이 전단계의 어형으로부터 변화한 것일 경우, 그 심층에 깔려 있는 文法 관념에는 전단계의 것이 쉽사리 消却되지 않는 상태로 잠재한다. 이럴 때 新形보다는 舊 形을 또는 표층의 것보다는 심층의 것을 기본적인 의미 표상의 형태로 의식하는 경향임은 매우 주목되어야 할 문제다. 그러므로 {良}에 있어서도 굳이 이것이 借 字되고, 일관하여 이것으로써 처격이라는 형태소 의미를 표시하게 된 의식의 저 변에는 혹시 위와 같은 상황의 것이 깔린 것일지도 모를 일이다.27) 그것은 애매 한 가능성만이 아니라 어느 정도의 확증을 얻을 수 있는 사실이다.

<良>의 表音은 <r(l)ʌ>형으로 보이며, 비록 그렇다 하더라도 <良>으로 기 사된 모든 어항을 <r(l)ʌ>로 읽어야만 할 구속력은 그리 크지 않은 것으로 생각 된다. 이것은 심층의 처격 관념을 나타낸 형태소적 표기인 동시에 그 기본 어형 을 史的인 어원형으로 취한 것이라고 할 수 있기 때문이다. 따라서 「月良」, 「枝 良」 등의 <良>을 반드시 <r(l)ʌ>로 읽고, 이것이 당시의 현실적인 처격 형태소 라고 강변할 명분이 별로 없다. 때로는 일부에 잔류하고 있는 구형이 {良}으로 借字되었을지도 모르는 일이라면, 당시의 실제형은 달랐을 것이다.

그러한 측면에서 「花良」<兜率歌>, 「手良」<廣修供養歌> 등으로 기사한 의 도가 무엇인지를 알게 된 것 같으며, 한편 「前良中」<禱千手觀音歌>, 「舌良衣」 <稱讚如來歌> 등의 {良中}, {良衣}는 처격 형태소의 발달 과정을 알리는 史的 인 의미가 잘 나타나 있는 것으로 해석된다.

여기서 살피고자 하는 것은 본격적으로 격형태소의 문제를 究明하자는 것이

---

27) 이에 대한 세부의 검토는 다음 항으로 미루려니와 필자는 이미 내향계 격형태소의 분화 발달에 대하여 拙見을 보고한 바 있다(李承旭, 1975).

아니므로, 위에 언급한 사실들을 활용과 곡용이 이루어지는 형성 단계의 상황으로 이끌어 보기로 한다. 그러기 위해서는 곡용의 형태소 {良}만으로는 그 실마리를 잡을 수 없는 것이며, 우선 활용의 형태소에도 {良}이 借字된 語例를 통하여, 이 양자 간의 대조를 하는 것이 순서에 맞을 것 같다.

활용의 형태소 기사에 借字된 {良}은 대체로 세 유형의 것으로 분류된다. 그것은 (1) 副動詞 語尾의 {良}, (2) 定動詞 어미의 {良}, (3) 어간의 일부 혹은 어미의 일부를 단순히 표음한 <良>으로 구분되며 그 어례도 적은 편은 아니다 (李承旭:1974). 그런데 위의 곡용에서 굳이 {良}이 借字된 이유를 지적한 바가 있거니와, 그것은 우연히 임의로 택하게 된 것이 아님을 강조하였다.

첫째는 어형과 {良}의 讀音의 대응하는 동기에 의한 것이며, 둘째 {良}이 형태소 의미와 대응하는 관용적 表意字가 되었다는 점이다.

첫째의 경우 그 어형은 실제형이었을 것으로 생각하는 것이 상식이겠지만, 그럴 때 이형태의 문제, 특히 당시의 史的인 상황이 신·구 어형의 교체기라고 가정한다면, 어떤 어형이 기본형으로 택해졌을지 의심스럽다. 가정되는 현실에서 그것이 표기화되는 어형은, 아마 구형이 될 것이라고 보았으며, 그렇기 때문에 {良}은 史的인 표의성까지도 내포한 借字가 된 것으로 보인다. 그것은 형태소 의미와 일체가 되어, 하나의 형태소에 固定字를 배정하는 配意性에 의한 표기였다. 이러한 표기 체계가 비단 {良}에 한할 것도 아니려니와 또한 {良}의 경우라 하더라도 곡용의 형태소 표기에만 그럴 이유가 있는 것은 아닐 것이다. 만약 활용 어미 가운데 그 형태소 의미가 곡용의 것과 同源的인 동기로 이루어진 것이 있다면 당연히 그것은 같은 자로 차용되었을 것이 거의 확실하다. 그렇기 때문에 활용 어미에 借字된 {良}에 대해 비상한 관심을 가지게 되는 것이고, 나아가 곡용과 활용이 형성되는 한 단면을 알 수 있지 않을까 하는 기대를 갖게 하는 것이다. 이러한 탐색에 유효한 것은 위에 든 세 유형 가운데서도 특히 부동사 어미에 借字된 {良}의 경우라 하겠다.

이에 해당하는 語例는 대략 16項에 이르며, 중세어의 형태소 목록에 비추어 보면 그들은 다시 두 가지로 類別된다. 즉, {라}와 {아/어}로 나타나는 부동사 어미다.28)

功德修叱加良來如 <風謠>

여기에 {良}은 <보라·빌머그라> 따위의 {라}와 대응한다. 한편 이와 더불어

道修良待是古如 <祭亡妹歌>

의 표기가 있는 것은 어떠한 의미를 나타낸 것인지 매우 의심스럽다. 중세어의
분포를 미루어 <修叱加良>를 <닷ㄱ라>, <修良>를 <닷가> 정도로 읽어 {良}
을 {라/아}의 기사로 보는 것이 보통이지만, 위에서도 지적했듯이 {良}자의 借字
의도에 부합하지 않는 어려움이 있다.
　<修叱加良>, <修良>의 경우도 {良}의 借字 의도는 지켜진 것이며, 그 뿐만
아니라 곡용 형태소의 {良}과 대응하는 형태소 의미를 의식한 표기로 해석해야
겠다는 것이 필자의 생각이다. <修叱加良>과 <修良>의 표면상의 차이는 <修
叱加>와 <修>이며, 이것은 다만 어간 형태 표기의 技巧에 지나지 않을 뿐 동
일 어휘소의 기사형일 것이 확실하다. 다만, 전자 <修叱加>는 어휘소 표기에
釋과 音을 같이 빌어 보다 설명적인 기법에 의한 것이고, 후자 <修>는 그 釋만
으로 借字한 기법에 지나지 않는다. 따라서 이 두 표기 어형은 완전히 하나의
것을 다른 기교로 표기한 것이다. 그것은 결국 <修叱加良>과 <修良>으로 확
대될 경우도 같은 논리가 되며, 이 내부의 조건으로는 {良}에 다른 자질의 형태
소가 될 이유를 찾을 수 없다. 만약 이들이 다른 자질이 되어야 할 이유가 있다
면, 그것은 <來如/待是古如>와의 통사 관계에 있을 것이다. 그러나, 그것 역시
15세기의 標準 意識으로 볼 때의 관계이지 당시에 직관되는 현실일지는 단언키

---

28) ⅰ) 어마님이 毗藍園을 보라 가시니 <月釋. 二, 27>
　　　나라해 빌머그라 오시니 <月釋. 一, 5>
　　ⅱ) 精舍밍ᄀᆞᆯ오 ᄒᆞ오ᅀᅡ 안자 잇더시니 <月釋. 一, 6>
　　　ᄯᅩ 鐵圍山이 물어 잇ᄂᆞ니 <月釋. 一, 28>
　이들은 전혀 특이할 것이 없는 평범한 어례다. 그러나 <라>의 경우 이형태 <러>를 허용
하지 않는 점이나, 비록 {아/어}의 이형태가 있기는 하지만 일부 어항에서는 이를 어기고
{아}가 쓰이고 있는 경향은 주목할 일이다.
　一間茅屋도 업사 움 무더 사ᄅᆞ시니이다 <龍歌. 111>

어렵다. 굳이 이것을 <닷ㄱ라>, <닷가>와 같이 二元的으로 읽어야 한다는 근거는 15세기의 표준 의식에 따르는 것으로 반드시 이들이 같은 차원의 사실로 기술되어야 할 이유는 분명치 않다. 오히려 15세기와 같은 차원의 사실로 보는 데는 적잖은 모순이 있어 자연스럽지 못하다. 이와 같이 旣知의 선입관 때문에 사실을 그르칠 우려가 있음을 경계하면서 이를 직관할 때 이 두 표기 어형은 동일 어형에 대한 표기법 상의 차이에 불과하며 대략 <닷ㄱ라>로 읽혀질 듯하다.29) 이에 따라 문법사의 한 문제로 15세기의 副動詞 語尾 {라} 對 {아/어}의 대립은 古代 혹은 그 이전에는 없었던 것이 되며, 결국 {良}으로부터의 분화, 발달이라는 것이 제기된다.30)

이상 전항의 곡용 접미사 {良}에 이어 활용 어미로 나타난 {良}에 대해 그 자질을 기술해 왔다. 그 결과는 {良}의 借字 논리나 그 所記的인 자실에 있어 공통되는 일치 관계이었다. 이들 굴절 관계에서 이제 남은 문제는 {良}에 선행된 전접 어항이 명사와 동사라는 차이뿐이다. 그러나 이에 대하여는 앞에서 비교적 자세한 검토를 거쳤거니와 거기서 집약된 결과에 따라 문제를 유도하는 것이 마땅할 것이다.

어휘소 형태가 단순한 零統辭의 것일 때 굳이 語群으로 묶이어 범주가 다른 형태론적 구성을 가졌을 이유가 없기 때문에 그러한 단계에 있어서는 명사나 동사 따위의 類別이 무의미한 일이 된다. 그들은 모두 동질의 어휘소였을 것이며, 어형상으로도 스스로 완결되는 자율적 형식이었을 것이다. 아직은 이것이 확인된 사실로 단정할 일은 못되나, 가설적인 전제로 용납한다면 굴절의 형성도 이에 따라 기술될 문제이다. 다시 말해서 동사 어간 형태는 명사 어기와 같은 것이었으며, 그들의 굴절도 활용과 곡용이라는 전혀 異系의 체계로 이루어졌을 것 같지 않다는 논리다. 그렇게 될 때 국어 굴절법은 그 형성의 동기가 오직 하나의

---

29) <修良>만으로는 <修>의 釋을 알기 어렵지만 <修叱加>의 기사로 미루어 <닷ㄱ>임이 거의 확실해진다.

30) 여기서 '고대 혹은 그 이전'이라 한 것은 앞에서도 지적한 일이지만 고대에는 이미 능기면 (能記面)에서 {라} 대 {아}의 관계가 있었을지도 모르며(대립항으로의 소성은 아직 형성되지 않은) {良}은 표의적인 형태소 표기로 前段階 어형의 留保形일 수도 있기 때문이다.

系에 따라 일어났을 뿐, 활용과 곡용이 각각 다른 系로부터 비롯된 것이라 할 수 없다.

그렇기 때문에 이들이 체계가 다른 굴절법을 가지게 된 것은 동기가 다르다기 보다 경험적인 발달 과정에서 이루어 온 것이라 하겠다.

결국, 이러한 관점에서 곡용과 활용에 나타난 접미사 {良}을 해석한다면, 그 借字 의식이나, 형태소 의미의 동질성들에 걸쳐 일관된 이해가 있게 된다. 따라서 <月良>과 <修良, 修叱加良> 등의 굴절을 곡용과 활용으로 구분하여 {良}을 다르게 기술하는 것은 오히려 잘못이려니와 이 兩者는 동일의 동기에 의해 형성된 굴절형이라야만 옳은 것이 된다.

한편, 이 단계의 {良}의 所記가 곡용의 것이냐, 혹은 활용의 것이냐를 묻는 것은 마치 명사와 동사의 어군 범주가 형성되기 이전의 단계에서 명사나 동사를 묻는 것과 같은 일이므로 별로 의미있는 일이 아니다. 그러므로 {良}은 史的인 遡及形이라는 당위에 이르게 되며, 그 能記의 어형은 <r(l)ʌ>로 추정된 것이다.31) 그리고 그 형태소 의미는 공간적인 장소 관계의 지시였으니, 명사 상당의 어항과의 관계는 물론이지만, 동사 상당의 어항에 관계한다 하더라도 큰 모순은 없다.

<月良>을 「<月>, 그것에 지향하여…」로 확대한다면 <修良>도 「<修>, 그것에 지향하여…」와 같이 해석되는 의미의 內的 構造를 이룬다. 즉 {良}이 관계하는 통사적인 의미 구조가 <月>이나 <修>에 있어 전혀 동일하다. 이 관계는 대략 {良}형의 副動詞 상당의 구조에는 일률적으로 기술되는 것이다.

이것으로 미루어 굴절법 전반에 대하여 언급한다는 것은 過慾일지도 모르나 문법사의 당면한 문제는 이러한 정보를 그 질이나 양에 있어 확보해 가는 일일 것이며, 그 목록이 추가됨에 따라 전모가 드러날 것으로 믿는다.

II-7. 조어법에 나타나는 여러 사실이 문법사에 때로는 매우 중요한 문제를

---

31) 중세어에서 분석되는 副動詞 語尾 {라}가 {良}으로 소급되고 이것이 본문에서의 설명과 같은 자질의 것이라 할 때, 종래의 입장과는 달라진다. 그것은 {라}를 동명사의 파생 접미사 {l}과 알타이 공통어의 여격 접미사 {a}로 기술하기 어렵게 하기 때문이다.

던져 주므로 주목된다. 그것은 조어 자체의 발달도 그러하지만, 그것보다도 造語構造의 관계 속에 잠재하고 있는 문법성이 의외로 문법 자료에는 일반화되지도 않았거니와 추정하기도 어려운 上古의 정보를 가지는 경향이 있기 때문에 오히려 굴절이나, 통사의 발달을 알아보는 데 크게 도움을 준다.

위의 고찰은 이와 같은 점에 착안한 것이며, 본격적으로 조어의 문제를 살펴 자는 것이 아니었다.

국어의 명사와 동사는 어휘 항목의 범주로 하더라도 다른 것으로 기술되며, 형태 범주의 면에서도 특이한 系를 이룬다는 것이 우리의 고정된 관념이다. 그것은 적어도 자료를 가지게 된 이후의 사실들이 설명해 주는 바와 같다. 그러므로, 旣知의 시대에 대해 과민할 것은 없지만 과연 발생적인 동기가 그와 같이 특이한 것이기 때문에 이들의 범주가 갈라 시게 된 것인지는 확실치가 않다. 흔히 이와 같은 의문을 풀기 위하여 비교 방법에 의존하는 것이 통례처럼 되어 왔으나, 본고는 국어 내부에 潛在 掩蔽되고 있는 정보를 찾고 그것을 저층의 원리적인 체계로 접근시켜 내적인 재구의 길을 열고자 하였다. 그 결과는 만족할 만한 것도 못 될 뿐더러, 극히 개괄적인 것이 되었으나, 대략 다음과 같은 몇가지 점을 지적할 수 있다.

1. 합성이나 파생에 관계하는 동사 상당의 語項을 조어 내부의 구조 논리로 기술할 때 그 어휘소 형태가 가지는 형태론적인 자료는 매우 특징있는 것이 된다.

그것은 零統辭의 어휘소 형태만의 병렬 구조에 참여한 한 어항에 지나지 않으며, 명사라든가 하는 어군 범주의 의식이 미분화된 상황의 동사의 자질이 된다. 조어의 내부에서 작용한 구조 논리는 형태론 또는 통사론의 구조 논리보다도 보수성이 강하다. 그것을 확대하여 보면, 퇴화해 버린 어떤 단계의 각 어항의 자질을 推理할 수 있다. 이러한 관점에서 주로 동사 어항이 조어 관계에 어떠한 자질로 관여하고 있나를 다음과 같은 구성형을 통하여 살폈다.

　가. 名詞 語基 形成에 참여하는 동사 어간.
　나. 명사·동사 공통의 동사 어간.
　다. 「動詞 語幹 + 名詞」의 구조에 참여하는 동사 어간.
　라. 「動詞 語幹 + 動詞 語幹」의 구조에 참여하는 동사 어간.

이들의 기술을 집약하여 얻은 결과는 미처 문법적인 語群 範疇로 묶이기 이전 단계의 동사 어간은 명사 어기와 다를 바 없는 단순한 自律的 意味體였다는 사실이다.

2. 동사의 어간 형태가 명사류와 함께 그 스스로만으로도 자립하여 완결되는 자질을 가졌던 것이라면, 그것의 依存化나 屈折은 경험적인 발달일 것이 확실하다.

그 발달의 동기는 語彙素 形態가 통사관계를 가지게 되는 데 있다. 그것은 대체로 「統辭의 賦與 → 屈折→ 語群 形成」으로 발달하였다고 보이며, 통사의 부여나 굴절의 단계에서는 그 동기적인 요인에 있어 곡용이나 활용이 역시 같은 기반 위에 있었을 것이다. 그러나 곡용과 활용이 同系의 동기에 의한 발달임을 확증할 근거는 쉽사리 찾아지는 것이 아니다.

우선 이러한 문제 의식에서 역시 향가 표기에 借字되고 있는 <良>에 대해 그 분포와 素性을 기술하여 보는 것으로 그 裏面을 밝히고자 한 것이다.

가령 <月良/枝良>과 <修叱加良/修良>의 {良}에 대하여 旣知의 상식에서가 아니라 위의 前提를 존중할 때, 같은 굴절의 동기가 나타난 표기로 해석된다. 그것은 당시의 借字 의식으로 보더라도, 비록 <良>이 音借字임에는 틀림없지만 일정한 형태소의 表音과 더불어 그 의미에 일정한 字를 대응시키고 있는 점에서 일종의 表意的 借字法이라는 측면에서도 일치점에 이른다.

그리하여 音借字로서의 表音은 <r(l)^>를 기사한 것이었으며, 그 表意는 공간적인 장소 관계의 지시였다. 따라서 {良}이 가지는 통사적인 의미 구조는 <月>과 <修>의 구별없이 완전히 동일한 관계에 있게 된다.

결국 이러한 사실은 국어의 굴절이 이루어지는 동기가 곡용과 활용의 二元的인 바탕에 있었던 것이 아니라, 공통적인 필요에 있었다는 데 歸一하며, 그러한 동기를 굳이 곡용 또는 활용의 어느 쪽의 범주적인 것으로 설명할 것이 못된다.

다시 말해서 굴절의 발달을 곡용으로부터 활용, 혹은 활용으로부터 곡용의 분화로 볼 성질의 것이 아니며, 그것은 凡語彙素의 基盤에서 이루어지는 합성 파생의 조어 구조로부터 發源하여 경험적인 과정에서 통사 능력에 따라 곡용과 활용의 체계로 分派되어 발달한 것으로 추정하는 것이다.

　　그렇기 때문에 앞으로 고대어의 굴절 체계를 기술함에 있어 곡용과 활용의 형태소 간에는 상당한 부분에 걸쳐 대응되는 관계가 찾아질 것으로 기대된다. 비단 {良}의 문제가 극히 제한된 것이기는 하나, 매우 중요한 사실로 확대 해석코자 한 뜻은 그것이 암시하고 있는 眞相이 있을 것으로 예상했기 때문이다.

Ⅲ. 疑問法의 體系와 發達

　　Ⅲ-1. 동사는 굴절 방법에 의해 주어진 범주의 문법적 관계를 나타내게 되며, 각기 그 범주에는 특정의 체계가 있어 변별되는 것이 일반이다. 이들 가운데 定動詞의 굴절 형식에 관계한 형태소類에는, 선어말어미와 어말어미가 있으며, 이들은 다만 形態論上의 부위에 따른 구분만이 아니라 어떤 범주가 어떤 위치의 어미에 의해 표시되는가 하는 면에서 볼 때 논리의 단락으로 볼 수도 있는 한편 이들의 저층에는 史的인 의미가 있는 것이다(李承旭:1973). 筆者는 이전에 선어말어미류에 대해서는 一端의 검토를 거친 일이 있었다. 여기서는 어말어미가 나타내는 문법 범주에 대하여 그 체계와 발달 관계를 알아보는 하나로 의문형의 굴절법을 기술하기로 한다.

　　의문법이란 敍法의 하나이며, 서법 가운데서도 유독 의문법을 다시 문제로 삼는 데는 그럴만한 이유가 있어서다.[32] 다른 서법에서도 전혀 그럴 가능성이 없다고는 할 수 없지만 특히 의문법의 경우는 그 구조가 대립 관계의 체계로 이루어질 개연성이 뚜렷하기 때문에 이를 통하여 文法史는, 곧 文法 體系의 變遷史라는 命題를 다시 확인하는 한편, 이런 입장을 강조할 수 있으리라고 믿는다.

Ⅲ-2. 疑問法의 體系的 特徵

　　15세기 자료를 통하여 유도되는 의문법 체계는 두 가지 系列의 대립 관계의

---

32) 필자는 전자에 의문법의 대립 체계에 대한 拙見을 제언한 바가 있었으며, 이에 이어 安秉禧 교수의 연구에 의해 그 일부가 수정 또는 보완되어 의문법의 전반적인 체계가 확실해졌다.

것이었다. 그 하나는 질문자와 상대자 간의 對立 關係에 의하는 것이다(李承旭:1973).

의문의 구성에 있어 질문자와 상대자의 관계가 1인칭과 2인칭의 관계일 때, 그 의문은 적극적인 질문이 되며, 이러한 의문을 직접 의문이라 한다. 이 경우의 상대자는 어떠한 형식으로든 질문에 답할 의무를 가진다.

그러나, 이와는 달리 질문자와 상대자의 관계가 모호하거나 임의적이어서 그 대립 관계가 매우 消極的인 의문이 있으니, 이러한 의문은 흔히 주관적인 懷疑나 疑懼, 그리고 인용된 의문 등을 나타내는 간접 의문이다.

이렇게 볼 때 이 계열의 대립은 「直接 對 間接」의 것으로 집약된다. 한편, 이러한 대립에 종사하는 형태론적인 징표는 다음과 같은 것이다. 즉, 직접 의문은 {다}로 간접 의문은 {가/고}로 표현된다.

定動詞 語尾 {다}로써 示顯되는 기능에는 이밖에도 說明法의 경우가 있다. 이 두 서법상의 대립이 {다}만으로는 변별할 수 없는 것이니, 이것이 대립하기 위해서는 별도의 辨別 徵表가 있어야 한다. 그러므로 이 때의 대립 징표는 {다}가 된다 할 수 없으며, 이에 선행되는 형태소와의 관계에 있었으니, 의문법의 경우 {다}는 반드시 前接 形態素 {는/ㄴ/ㄹ(ㆆ)}을 가진 {는다/ㄴ다/ㄹ(ㆆ)다}로 실현되었다.

이와 같은 특징을 어떻게 해석할 것인가에 대하여는 꼭 一義的으로 볼 것은 아닐 것 같다. 위의 분석 기준에 따라 의문법 정동사 어미 {는다/ㄴ다/ㄹ(ㆆ)다}로 단락을 짓는 방법도 있지만(安秉禧, 1965), 이때 {다}에 전접된 요소가 엄격히 제한된 특수의 것이라는 점을 주목하게 된다. 즉 時制性을 兼務한 동명사 어미 {는/ㄴ/ㄹ(ㆆ)}(중세의 일반적 기술에 있어서는 冠形詞形 語尾다)만을 전접할 수 있는 특수한 구성 조건인 것이다. 이와 같은 조건은 {다}의 경우에 한하지 않고, 용언어간과 관계하는 {가/고}에 있어서도 같다. 이 {가/고}에 대하여는 따로 검토할 것이지만, 그것의 자질은 체언만을 전접어로 하는 添辭로 기술된다. 그러면서 의문의 서법에 종사하고 있는 것이다. 이런 橫的인 관계도 이 문제를 바르게 파악하는 데 하나의 要諦가 된다고 생각하여 필자는 후자의 입장을 가지게 되었다. 다시 말해서 설명법과 의문법의 대립을 일반적인 {다}와 명사 상당의 전접어를 가지는 {다}의 대립 관계로 보았던 것이다.

한편, {가/고}는 매우 독특한 자질의 형태소다. 이것이 의문법에 종사한다는 점에서도 그러하지만, 특히 前接的 添辭(enclitic particle)의 특징을 가진다는 점에서 그러하다. 15세기만 하더라도 이들 형태소가 가지는 統辭的인 관계는 단순한 편이 아니다. 그것은 {가/고}가 통사하는 범주로 보아, 첫째 名詞 語基를 전접하는 경우와, 둘째 動詞 語幹을 전접하는 경우로 크게 나뉜다.

(1) 名詞 語基를 직접으로 전접하여 순수한 名詞文을 이루는 일은 {가/고}의 특권에 속한다.

  a) 이 ᄯᆞ리 너희 죵가 <月釋. 八, 94>
  b) 이 엇던 光明고 <月釋. 十, 7>

(2) 동사와 관계하는 {가/고}는 다시 다음과 같이 구분된다.

 ⅰ) 앞의 {다}의 구성과 대응하는 {가/고}. 즉, 이것이 동사 어간에 직접으로 연결되지는 못하나 특수한 자질의 어미 {ᄂᆞᆫ/ㄴ/ㄹ(ㆆ)}(동명사 혹은 관형사형 어미)을 선행 형태소의 조건으로 하는 구성이 그것이다.

  a) 비론 바볼 엇뎨 좌시ᄂᆞᆫ가 <月印. 上, 44>
    遮陽ㄱ세쥐 녜도 엇더신가 <龍歌. 88>
    어엿브신 ᄆᆞᅀᆞᆷ애 나가싫가 저ᄒᆞ샤 <月印. 上, 17>
  b) 六師이 무리……므슷 이롤 겻고오려ᄒᆞᄂᆞᆫ고 <釋詳. 六, 27>
    어ᅀᅵ 아ᄃᆞᆯ 離別이 엇던고 <月印. 上, 52>
    뉘 能히……妙法華經을 너비 니롤꼬 <法華. 四, 134>

 ⅱ) 특정의 선어말어미 {니}, {리}를 선행 형태소의 조건으로하는 {녀(냐), 려(랴)/뇨, 료}.[33]

---

[33] 이와 같은 형태소의 연결형으로서 {녀/려}의 존재는 약간 의심스럽다. 당시의 경향으로 볼 땐 {냐/랴}가 되는 것이 마땅할 듯하나, 굳이 {녀/려}가 된 데는 필경 그럴 이유가 있었을 것이다. 아직 이에 대한 확실한 동기가 밝혀진 것은 없으나, 제기될 수 있는 문제로

이 경우 {가/고}는 異形態 {아/오}로 교체한 것이다.

a) 네 아논 ᄆᅀᅮ미 ᄯᅩ 안해셔 나ᄂ녀 밧ᄀᆯ 브터 드ᄂ녀(汝所知心이 爲復內出<u>아</u> 爲從外入<u>가</u>) <楞嚴. 一, 64>

이 ᄆᅀᅮ미 體 ᄯᅩ 둘헤 兼ᄒ려 둘헤 兼티 아니 ᄒ려(此之心體ㅣ 爲復兼二<u>아</u> 爲不兼二<u>아</u>) <楞嚴. 一, 71>

b) ᄇᆞᄅ미 어느 方올브터 부처 뮈여 이에 오ᄂ뇨(豈이 自誰方ᄒᆞ야 鼓動하야 來此<u>오</u>) <楞嚴. 三, 85>

네 心中에 므스그로 鼻롤 사ᄆᆞ료(則汝心中에 以何로爲鼻<u>오</u>) <楞嚴. 三, 43>

그런데 이 연결형 가운데서 분석되는 {가/고}의 조건은 前項의 것들과 매우 다르다. 위에서 보아 온 바로는 {가/고}의 전접 조건이 명사 또는 名詞 相當語이어야 했다. 이와 같은 조건이 이들의 경우에도 일관성있게 적용되기를 기대하는 것이지만 쉽게 납득할 수 있는 구성이 아니다. 비록 특정의 선어말어미이기는 하지만, 이들이 {니/리}를 선행시키고 있는 {가/고}로 분석하는 한, 도저히 前接 語項으로 명사 상당의 것을 받고 있다 할 수는 없기 때문이다. 이런 사실은 「{니오/리오}>{뇨/료}」인 것처럼 「{니아/리아}>{냐/랴}」가 되지 않고, {녀/려}가 되는 것과 더불어 어떠한 특정 시기의 斷面 속에 실현하고 있는 상황의 기술만으로는 분명히 難解의 것이다. 그러한 기술의 합리성은 {가/고}의 전접 조건으로 두 가지의 다른 면을 긍정하는 도리 밖에 별로 妙策이 없다.

<第1 前接 條件> : 명사 또는 명사 상당어를 전접 어항으로 제한하는 {가/고}

<第2 前接 條件> : 동사 어간에 특정의 선어말어미 {니/리}를 전접하는 조

는 첫째 이것이 음운론적 요구에 의한 것이냐? 둘째 형태론적인 당위냐? 하는 것이 될 것이다. {뇨/료}가 나타나는 것으로 미루어 전자의 이유[母音調和의 규칙성 가운데 소위 中性母音 /i/를 선행시키는 조화 관계에 있어 ᄋ系列의 것을 요구하는 /i/류가 있는 한편, 으系列을 요구하는 /i/류가 있음을 주시하여 이를 音韻史적인 필연성으로 그 규칙이 설명되고 있다(李基文, 1972)]로 용인되기도 어려우며, 그렇다고 이를 둘러 싼 15세기의 상황이 후자에 의한 것이라고 하기도 어렵다. 더욱 의아스러운 일은 15세기를 거치면서 이 {녀/려}가 {냐/랴}로 교체되는 일이다. 오히려 이와 같은 교체는 이것의 逆順일 때 수긍이 갈 수 있는 것이다. 결국 이러한 것은 문법사의 문제가 될 듯하며 이들에 선행된 단계의 추적에 의해서만 어느 정도 그 사실이 드러날 것으로 믿는다.

건의 {가/고}.

이로서 15세기의 상황은 어느 정도 선명해졌을는지 모르나, 제1 조건과 제2 조건 간의 관계로 미루어 볼 때 {가/고}에 관한 원칙적인 규정은 제1 조건이라야만 할 듯하며, 제2의 용법은 파생적인 것으로 짐작된다. 이들은 필시 15세기보다도 훨씬 앞선 단계에 있었을 어떤 사실로부터 발달한 것이라고 한다면 그의 바른 해석은 문법사의 의미에 따를 때 가능하리라 믿는다.

다음 의문의 대립 체계의 또 하나의 系列은 <判定> 對 <說明>의 변별에 관계하는 계열이다(安秉禧:1965). 이 계열의 징표는 {가/아}와 {고/오}이다. 따라서 형태론적인 징표만으로 볼 때, 이 대립의 계열은 <間接疑問> 內에서만 확인할 수 있을 뿐이며, {다}로써 표시되었던 <直接疑問>의 경우는 전혀 圈外의 일처럼 여겨진다.

{가/아}와 {고/오}의 대립을 기술하기 위한 文例는 새삼 열거할 필요를 느끼지 않거니와, 앞에서 예시한 것만으로도 충분할 듯하다. 앞의 문례에서 a)項의 것들은 {가/아}의 것이었으며, b)項은 {고/오}의 것들이었다. 결국 a)항은 <判定疑問>이 되며, b)항은 <說明疑問>이다.

<判定> 對 <說明>의 대립은 이와 같이 {가/아} 대 {고/오}의 관계로 나타남은 물론이나, 또 하나의 徵表는 이른바 의문사의 有無 관계다. 그렇지만 의문사의 유무가 위의 계열과는 관계없는 별도의 계열을 이루어 대응하는 관계에 있는 것은 아니다. 이 {가/아}와 {고/오}가 관계하는 통사의 한계는 다만 전접 어항에 미칠 뿐만이 아니라 文中의 의문사를 지배하는 데까지 이른다. {가/아}는 의문사를 지배할 능력이 없으며, 그렇기 때문에 <判定>으로 그치며, {고/오}는 이와 달리 의무적으로 의문사를 요구하는 통사 구조를 가지게 되어 <설명>을 요하는 것이다. 따라서 이들 첨사와 의문사의 문제는 일치 관계의 것이다. 이와 같은 규칙이 {뇨/료}의 경우도 그대로 유효함은 물론이다. 특히 그 의미가 未知의 의문성을 나타내는 명사로서 의문문의 서술어가 될 때 당연히 添辭 {고/오}만으로 제한되는 일은 바로 이 관계를 입증하는 것이라 하겠다.[34] 이것은 확실히

---

34) 이런 류의 용례는 일일이 列記할 필요가 없는, 당대의 구문 관계의 일반형이다.
　　大師ㅣ 무로디 부톄 <u>누고</u> <月釋. 廾一, 195>

{고/오}의 특권에 속하는 일이다.

한편, 이와는 달리 <직접의문> {다}의 경우, 위와 같은 대립 관계는 나타나지 않는다. 그렇다고 {다}로써 표현되는 <직접의문>에는 <판정>과 <설명>의 대립 계열이 없는 것은 아니다. 다만 <간접의문>처럼 {가/아} 대 {고/오}와 같은 형태상의 징표를 가지지는 않는다.

여기서, 다시 의문법의 의미론적인 구조의 素性을 분석하여 이들이 형태나 또는 통사상의 대립 관계로 시현되는 심층의 문제를 파악하고자 한다.

의문은 일종의 요구 행위다. 그러므로 일차적으로는 요구자의 태도가 드러나야 할 것이며, 이것이 문법화하여 대립 관계로 나타난 것이 <직접> 對 <간접>, ({다} 對 {가/고})이었다고 해석된다. 다음 二次的으로는 要求者가 요구하는 내용의 규제다. 이것은 입장을 被要求者 쪽으로 돌려 보면 이 규제는 요구에 응하는 피요구자의 태도를 제시하는 것이라 할 수 있다. 다시 말해서 <판정>이다 <설명>이다 함은 요구되는 사실의 지시이기도 하지만, 응답자가 요구에 임하는 태도의 지시도 된다. 이러한 대립의 징표로는 {가/아} 대 {고/오}의 것이었다.

결국, 이들은 어떠한 행위의 요구자와 그 요구에 응하는 被要求者, 그리고 요구되는 사실의 3자간의 구조 관계로 집약된다. 다시 이것을 요구든 응답이든 그 태도의 指示性이라는 규준으로 보면 (1) 요구자의 태도(직접 대 간접), (2) 응답자의 태도(판정 대 설명)로 그 系가 나뉜다.

그런데, 위에서 본 바에 의하면 적어도 형태론상의 징표에 있어 응답자의 태도가 지시되는 것(2)은 요구자의 태도(1)의 어느 경우에나 있는 것은 아니며, 다만 그 가운데서 <간접>의 경우에만 있는 셈이었다. 그러나 그 논리성으로 보아서도 이것은 요구자의 태도의 어느 경우라 하더라도 응답자의 태도가 문법화되고 있는 이상 있어야 할 이유가 있다. 이렇게 볼 때 실은 <직접>의 경우 응답자의 태도 지시가 없는 것이 아니다. 그것은 비단 {다}의 부위에서의 대립은 아니지만 별도 대립 관계에 의해 수행된다.

阿難ᄃ려 무르샤ᄃ 이 일후미 <u>므스고</u>(示阿難言ᄒ샤ᄃ 此名何等고) <楞嚴. 五, 18>
連叔이 닐오ᄃ 그 마리 <u>엇뎨오</u> <法華. 二, 27>
무로ᄃ …이젠 <u>몃고</u>(今엔 幾何也오) <法華. 五, 178>
그러나, 이러한 구문에서 {가/아}로 통사하는 일은 전혀 없다.

a) 너희들히 <u>엇뎨</u> 瞿曇이롤 請호려 <u>호논다</u> <月釋. 二十一, 200>

b) 阿難ᄃ려 무러 니ᄅ샤ᄃ 네 이제 <u>듣논다</u> 몯 <u>듣논다</u> <楞嚴. 四, 125>

위 문례에서 의문법의 조건으로 찾아지는 특징은 의문사의 有無 對立이다. a)에는 의문사 <엇뎨>가 있는 데 반하여 b)에는 그럴 만한 것이 없다.

이로써 응답자는 a), b)의 경우 그 태도를 달리해야 한다. a)의 경우는 설명이 되어야 하며, b)의 경우는 <판정>으로 만족한다. 이것은 결국 {가/아} 對 {고/오}에 의해 수행된 대립 관계와 전혀 同値의 대립이다.35)

이것은 <판정>과 <설명>의 대립이 비단 {가/아} 對 {고/오}의 對立 徵表만으로 표시되는 관계만은 아님을 알리는 일이 된다. 통사적인 구조의 대립에다가 이러한 자질이 주어지고 있었으니, 의문사의 유무 관계가 바로 그것이다.

이상 살펴 온 의문법의 체계를 이루는 두 계열의 대립 관계와 이들이 상관하는 관계를 개괄하여 집약하면 대략 다음과 같이 된다.

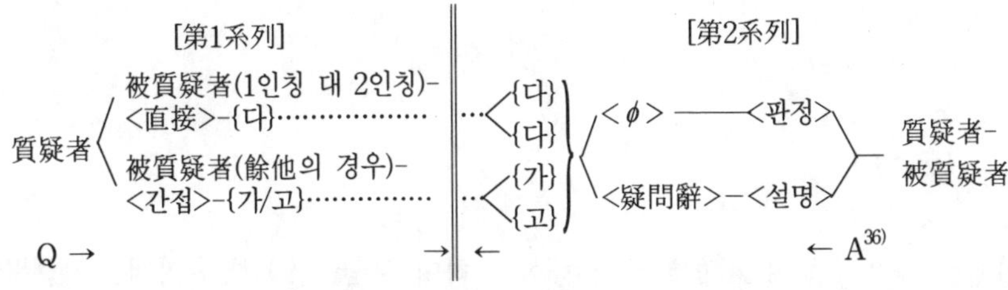

이러한 도식이 어느만큼 要領을 얻은 것인지는 모르나, 의문법의 대립 체계를 이루고 있는 <제1계열>과 <제2계열>의 특징과 이 두 계열 간의 관계를 간략히 해 보고자 한 것이다. 이것을 다시 對立의 構造圖로 그리면 다음과 같다.

---

35) 비록 {가/아}라 하더라도 언제나 의문사와 배타의 관계에 있는 것은 아니다. {다}의 경우 의무적으로 선행시켜야 했던 요소 {ᄂ/ᄂ/ᄅ(ᄒ)}은 {가}에도 적용되며, 이럴 경우 의문사와의 관계가 임의적인 점은 {다}의 경우와 같다.
　　　a) 비론 바불 엇뎨 좌시ᄂ가 <月印. 上, 44>
　　　b) 부뎨 道場애 안ᄌ샤 得ᄒ샨 妙法을 닐오려 ᄒ시ᄂ가 授記를 호려 ᄒ시ᄂ가
　　　　　<釋詳. 十三, 25-6>
36) <Q→>는 質疑者, 즉 행위의 요구자를 능동적인 주체로 한 질의 태도의 지향선이고, <A

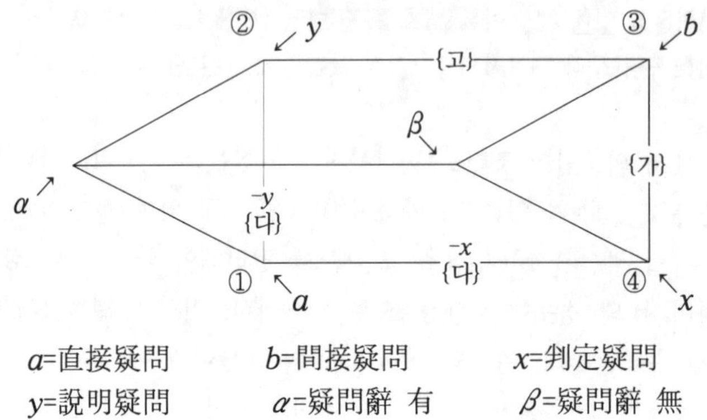

a=直接疑問 b=間接疑問 x=判定疑問
y=說明疑問 α=疑問辭 有 β=疑問辭 無

위 구조도는 저변의 네 점, ①②③④ 위에 각기 특징을 가진 네 측면으로 구성되어 있다. 네 측면을 편의상 A, B, C, D로 한다면 각 측면의 특징은 다음과 같이 기술된다.

$$A=ax=\beta+\{-x\text{다}\}$$
$$B=ay=a+\{-y\text{다}\}$$
$$C=bx=\beta+\{\text{가}\}$$
$$D=by=a+\{\text{고}\}$$

이해를 돕기 위하여 A面에 대한 해석을 하여 보면, (i) 直接의 判定 疑問에 관계하는 측면이며, (ii) 이러한 의문의 징표는 의문사와 호응하지 않는 {다}에 의해 표시된다.

다시 A, B의 관계에서 대립의 징표는

$$a\begin{cases} x \longrightarrow -W^{37)} \cdots\cdots A \\ y \longrightarrow +W \ \cdots\cdots B \end{cases}$$

→>는 피질의자, 즉 응답자 쪽에서의 응답 태도의 지향선을 가리킨 것이다. 그리고 <ϕ>는 의문사가 없는 의문문을 뜻한다.

37) $-W$=疑問詞 없음(β)
　　$+W$=疑問詞 있음(a)

와 같이 되며, 직접 의문에 <판정>과 <설명>의 대립이 구성되는 동시에 그 징표는 <-W> 대 <+W>만이 있을 뿐이다. 이와 아울러 C, D의 관계에서는

$$b \begin{cases} x \rule[0.5ex]{1em}{0.4pt} -W가 \cdots\cdots C \\ y \rule[0.5ex]{1em}{0.4pt} +W고 \cdots\cdots D \end{cases}$$

가 되어 역시 간접 의문에도 <판정>과 <설명>이 대립하고 그것의 징표는 <-W가> 대 <+W고>로 나타난다.

한편, a, b의 대립은

$$Q \begin{cases} a \rule[0.5ex]{1em}{0.4pt} \{다\} \\ b \rule[0.5ex]{1em}{0.4pt} \{가/고\} \end{cases}$$

와 같은 징표로 나타나는 것이 확실하다.

Ⅲ-3. 의문법 체계의 발달

위에서 15세기 국어의 의문법에 대하여 구조적인 체계의 원리에 따라 그 특징을 기술하여 왔다. 그 결과, 임의로 택한 특정 시기의 사실이기는 하지만, 의문법은 그 자체 내에 정연한 체계의 질서를 가지고 있었으며, 그 규칙에 따라 운영되고 있는 것을 확인할 수 있었다.

그렇기 때문에 모든 문법의 사실이 그러하듯이 의문법을 구성하는 여러 對立項도 그들의 체계 안에서 변천의 과정을 겪어 왔을 것이 확실하다.

그러나 그 의문법의 내부 구조가 특유한 체계인 이상, 그 변천은 각기 대립항의 개별적 요구에 의하거나, 또는 괴리된 관계에서 진행되었을 성질이 아니며, 따라서 그것은 體系의 變遷 原理로 해석되어야 할 것이다. 이런 이유에서 의문법의 발달을 문법사의 측면으로 구명하려 할 때, 그 요체가 되는 것은 의문법 체계의 변천을 기술하는 일이 된다.

앞에서도 지적한 바이지만, 의문법 체계가 문헌 자료에 의해 기술되는 上限의 時代는 15세기다. 그러므로 의문법을 문법사의 문제로 검토한다고 할 때 발달의 동기가 되는 기반을 얻는다는 의미에서도 먼저 15세기의 체계를 밝히는 일이 우

선되었다. 발달의 동기가 되는 기반이라 함은 과학적 자료에 의해 유도된 旣知의 체계가 어떻게 改變하는지를 내리살피는 始動點이 된다는 의미도 되지만, 그 보다도 그에 선행된 단계로 소급하여 볼 수 있는 발판이 된다는 의미가 되는 것이다. 그런 뜻에서 위에 논증한 15세기의 체계는 문법사의 전개를 위해 매우 중요한 위치에 있게 된다.

당대의 체계가 아무리 안정된 상태의 것이라 하더라도 이는 그 전단계의 체계로부터의 발달형이라는 면에서 역사성을 갖는다. 체계의 理想은 均衡의 安定을 기대하나, 현실은 이것만을 용인하리만치 단순하지는 않다. 그 내부의 사정에 의하거나 혹은 외부로부터의 압력 때문에 언제나 어느 정도의 불안정의 요인을 내포하게 마련이다. 그래서 체계는 부단히 계기하는 변천의 흐름 속에 있는 것이다.

15세기의 체계는 비교적 안정된 균형을 유지하고 있는 상황의 것으로 기술되었다. 그러나 그러한 상황에 머물러 있을 수 없게 하는 요인에 직면하였으며, 이 때문에 그것은 곧 이어 피할 수 없는 혼란에 빠지게 된다. 이 요인이 疑問法 體系 內部에 동기가 있을 때, 보다 체계적인 원리로 발달하는 것이 되겠지만, 15세기의 체계적 안정을 어지럽히는 것은 내부의 사정이 아니라 오히려 외부로부터의 강한 압력 때문이었던 것이다.

본시 {ᄂ다} 對 {ㄴ다/논다}는 시제를 동반한 <설명> 對 <의문>의 敍法體系上의 대립 징표였다. 그러나 이미 16세기의 자료에 나타나고 있는 바와 같이 과거 표시의 선어말어미 {앗/엇}의 형성에 따라 현재 표시의 {ᄂ}가 위협을 받게 되었으며, 마침내는 그 素性을 잃게 되었고, 현재 표시의 형태소는 {ㄴ/는}으로 轉移하여 안정을 얻게 된다. 이러한 일련의 연쇄적인 변동은 의외의 영역에까지 파급되어 갔으니, 즉 {ᄂ다} 對 {ㄴ다/논다}로 변별된 敍法 體系에 異變을 가져오는 일이 그것이다. 다시 말해서 현재형의 설명법 어미 {ㄴ/는다}가 新興의 勢로 그 위를 덮치게 되는 상황이며, 비록 일부에 있어 {ㄴ다/논다}가 의문법으로 남아 있다 하더라도 그것은 관용적인 것일 뿐, 대세는 {ㄴ다/논다}로부터 본연의 소성을 거세하는 데 이른다.

이와 같이 이들 對立項 間에는 서로 침해할 수 없는 형태상의 배타성에 의해 오랜 동안 그 素性이 유효한 것이었지만, {ᄂ}의 전이로 해서 형태상의 징표가 모호해졌고, 이를 동기로 하여 근대국어 이후의 의문법의 대립 체계에서 {ㄴ다/는다/(ㅭ)다}系가 쇠퇴의 길을 밟아 마침내는 그 素性을 완전히 상실하게 되었다(李承旭, 1973). 이것은 의문법의 체계 개편을 不得已하게 하는 심각한 동기를 갖다 주는 결과가 되었다.

다시 重言할 필요도 없이 국어의 의문법 체계에서 <직접의문>과 <간접의문>의 대립 의식이 붕괴되고 이에 대한 文法的 示差 관계가 무분별해지고 마는 것이다.

위에서 이러한 일련의 변천은 외부적인 요인에 따라 일어난 것이라 하였으나, 흔히 그럴 경우 能記上의 전이만으로 대처할 수 있으며, 素性의 消滅이나 體系의 改編에까지 파급되지 않을 수도 있다는 점을 감안한다면 단순한 외저 요인만은 아니라고 하는 것이 옳을 일이다.

물론 외적 요인에 동기된 것임에도 틀림이 없으나 체계 자체에도 개편의 요인이 내재하고 있었으니, 그 하나의 사실이 {는가/는고}系의 등장이라고 하겠다.38)

명사문의 의문법에서 기술되는 첨사 {가/고}의 素性이나 <직접>, <간접>의 대립항 {는다}系와의 관계로 볼 때 확실히 {는가/는고}系는 납득하기 어렵다. 한편 {는가/는고}系가 15세기에 드물게나마 쓰이고 있다는 사실은 전항에서 기술한 의문법 체계를 어지럽게 하는 일이 되기도 하나, 그것은 표층의 현상일 뿐 당시의 체계를 근본적으로 뒤흔드는 것이었다고 볼 수는 없다. 그러나, 표층의 현상에 불과했던 {는가/는고}系는 {는다}系의 약화에 따라 그 뒤를 잇는 강력한 후보가 되었다. 즉 一角에서 일기 시작한 <직접> 대 <간접>의 중화 작용이 {는다}系의 변동으로 가속화되어 그 체계의 붕괴에 이르는 내적 동기가 있었던

---

38) 이 系가 {는다}系에 비해 매우 열세에 있었던 것은 부인할 수 없지만, 15세기에 이미 이 系가 보임은 중시할 일이다.

　　비론 바볼 엇뎨 좌시<u>ᄂᆞ가</u> <月印. 上, 44>
　　투구 세 사리 내도 잇더<u>신가</u> <龍歌. 99>
　　므슴 이롤 겻고오려 ᄒ시<u>ᄂᆞ고</u> <釋詳. 六, 27>
　　어시아둘 離別이 엇<u>던고</u> <月印. 上, 52>
　　天縱之才롤 그려ᅀᅡ 아ᅀᆞ<u>볼까</u> <龍歌. 43>
　　뉘 能히 이 經을 너비 니<u>를꼬</u> <法華. 四, 124>

것이다.

　이렇게 하여 의문법 체계는 <판정> 對 <설명>의 대립으로 單面化되는 것이지만, 여기에도 역시 본질적인 변화가 일어났다. {가/아} 對 {고/오}의 대립과 더불어 의문사의 유무 징표가 이 체계의 주축이었던 것인데, 이젠 다만 의문사의 유무만이 징표에 머무르는 결과를 낳는다. 다시 말해서 통사와 형태의 이중적인 징표이던 것이 통사만의 징표로 단순화되었다. 그렇기 때문에 점차 {논가} 대 {논고}의 시차성이 없어지면서 {논가}系가 우세하여짐에 따라 의문사의 有無라는 통사관계가 <판정> 대 <설명>의 對立 徵表가 되고 만 것이다. 이로써 의문법 내부의 대립 관계는 통사 구조의 대립 위에 그 기반을 굳히게 되었다.

　이와 같이 15세기로부터 展望的인 관점에서 검토할 수 있는 체계의 발달 문제는 문헌 자료에 계기적으로 나타난 여러 共時態의 사실을 연결하는 것으로써 기술되는 일이지만, 要는 그 이전의 시대를 밝힌다고 하는 것이 큰 문제다.

　15세기 이전의 문법 자료는 매우 零星하다. 극히 한정되고 불완전한 것이기는 하나, 그래도 상당한 연대에까지 소급할 수 있는 일부 자료를 가지고 있음은 다행한 일이다.[39] 그렇기 때문에 이 단계의 문법사는 자료면에서 완전히 암흑한 상황은 아니다. 위에서 불완전한 자료라 한 것은 漢字로 記寫된 것임을 뜻하며 비록 자료로서의 자질은 인정되나 이직은 그 讀法에 자신있는 답을 내릴 수 없는 것이 사실이다.[40] 이제 그러한 불완전성을 긍정하면서 종래의 독법에 따라 의문법의 상황을 엿보기로 한다.

---

39) 이러한 자료들은 물론 漢字로 記寫된 것이며, 그 대부분은 향가에 나타난 것들이다.「鷄林類事」와「朝鮮館譯語」에도 문법 자료의 조각들이 전혀 없는 것은 아니지만, 극히 한정된 것이고, 특히 의문법에 관계된 것으로 볼 수 있는 것은 殆無하다. 이밖에도 이두 표기 가운데 드러난 자료들이 있다.

40) 한자를 이용한 표기법은 체계적으로 밝히는 일은 당대의 모든 분야에 걸쳐 절박하게 요구되는 일이며, 특히 국어학은 이를 밝힐 의무가 있다. 그러므로 일찍부터 이에 대한 연구가 있었으며, 그 체계의 윤곽은 李崇寧 先生의 論考로써 확립되었다(李崇寧, 1955).
　그러나 이들이 한자로 표기된 이상, 당대의 한자음 체계의 해명이 이들의 바른 해답을 얻게 하는 요체일 것은 틀림없다. 따라서 이 방면의 논의도 활기를 띠었으며, 近者에는「朝鮮館譯語」(姜信沆:1972)를 비롯하여「鷄林類事」(陣泰夏:1974)의 한자음 체계를 기술하는 데 이르렀다. 아직도 羅代의 한자음 문제는 많은 어려운 점을 가지고 있는 듯하며, 비록 두 首의 향가이기는 하나 어학적인 측면에서 해독한 보고도 있었다.(鄭然粲, 1972)

麗謠에 나타난 문법 자료는 신중한 비판을 거쳐서 取捨할 일이지만, 의문법의 정동사형의 경우, 전적으로 15세기 이전의 규칙이 透射된 것이라 믿기는 어렵다. 가령 「鄭瓜亭」의 문례만 보더라도 <버기더시니 뉘러시니잇가>와 <니미 나를 하마 니즈시니잇가>에서 기대되는 것은 이 두 정동사어미는 대립하는 징표를 가졌어야 하며 따라서 전자는 <뉘러시니잇고>가 되어야 마땅한 文이다.

그것은 <판정> 대 <설명>의 대립으로 기술되기 때문이며, 한편 「둘흔 뉘해어니오」<處容歌> 따위의 용례가 있는 것으로 미루어 볼 때 이 대립 자체에 회의를 가질 일은 아닐 것이다. 그것은 「鷄林類事」의 「儛箇」도 이를 대변하는 것이라 할 수 있다.41) 명사문의 의문 형식도 일부에서 엿보이는 것은 다행한 일이다.

> 어디라 더디던 돌코 누리라 마치던 돌코 <靑山別曲>

麗謠 全般을 통하여 <간접 의문> 내부의 <설명>, <판정>의 대립 징표가 일관성을 결여하고 있음은 부인할 수 없다.

그리고 <직접 의문>의 {ᄂᆞ다}系가 찾아지는 것은 매우 주목할 일이다.

> 여흘란 어디 두고 소해 자라 온다 <滿殿春>
> 믈아래 가던 새 본다 <靑山別曲>
> 비내여 노혼다 / 널 비예 연즌다 <西京別曲>

만약 이것이 고려의 어느 시기에 실재한 그대로의 문례라면, 아마 {ᄂᆞ다}系의 자료로는 最古의 것이 될 것이기 때문이다. 「鷄林類事」의 어례에서는 물론이려니와 향가의 문례에서 이 계열의 것은 일절 찾아지지 않는다. 그것은 향가가 일

---

41) 問稱汝誰何曰儛箇

問物多少曰密翅易成

의문의 정동사라 할 만한 것을 「鷄林類事」에서 찾는다면, 이 정도의 것밖에 없다. <儛箇>의 경우는 전적으로 수긍이 가는 것이지만 <密翅易成>(며치이셔)의 경우는 약간의 의문이 인다. <설명> 대 <판정>이 엄격한 것이었다면, 여기도 {고/오}가 나타나야 할 文項이기 때문이다. 이러한 것들이 어느 만큼의 실증성이 있는 것인지 예측하기 어렵지만, 이것으로 해서 당시의 체계의 구조를 설명하기는 어려운 일이다.

반문이 아니라는 특수성 때문에 청자와의 대화 구조를 바탕으로 하는 <직접 의문>이 문례로 나타날 것을 기대하는 것 자체가 지나친 일이다. 오히려 향가와 같은 문례에서 {는다}系의 용법이 없다는 사실이 당시에 {는다}系가 실재해 있었다는 논리도 될 수 있다. 이것이 반드시 眞이 아님은 물론이니, 실재하면서도 여건이 닿지 않기 때문에 나타나지 않을 수도 있지만, 아무리 그렇다 하더라도 실재하지 않을 수도 있기 때문이다. 그러므로 이런 논리를 강조할 수는 없으나, 체계의 역사성으로 미루어 본다 하더라도 향가의 문례 가운데서 찾아지지 않는 것만으로 {는다}系의 실재를 부인할 일은 역시 아니다. 아직은 이런 類의 문제가 當, 否, 어느 쪽으로도 단정할 수 없다는 것밖에 밝힐 수 없는 실정이다.

그렇지만 간접의문의 定動詞形은 어느 정도는 그 상황을 전개할 수 있는 일이기는 하나 역시 체계의 전모를 기술하기에 족한 것은 못된다.

「何如 爲理古」(ᄒ리고)<處容歌>에서 <古>{고/오}의 素性이 15세기의 「說明疑問」이라고 했던 것에 대응함은 우연한 일이 아니며, 「不冬喜好尸置乎理叱過」42)(두오릿가)<隨喜功德歌>에서는 <過>{가/아}가 기술되기도 하는 것이다.

<過/去/故/遣>따위는 그들이 배치된 문법 의미로 보아 {가/아}의 표기에 借字된 것이라 할 수 있으나, 그럴 경우, {고/오}가 <古>43)로 固定 借字된 점을 강조하는 데는 유리하지만, 그것에 반하여 {가/아}의 借字가 어째서 이와 같이

---

42) <過>를 흔히 <고>로 읽는 것 같으나, 문법 의미로 볼 때 이것은 당연히 <가>로 읽는 것이 옳다. 이와같은 소성을 표시하는 데 차자된 것으로는 이밖에도 <去/故/遣>을 들 수 있다.

    四十八大願 成遣賜去 <願往生歌>

    彗叱只 有叱故 <彗星歌>

    西方念丁 去賜里遣 <願往生歌>

여기에도 어려운 문제는 있다. <過/去/故/遣>을 동일 소성의 형태소 표기라고 할 때 「願往生歌」, 「隨喜功德歌」 등에서 과연 두 가지를 뒤섞어 借字할 만큼 일관성이 없었는지는 매우 의심스러운 일이다.

    嫉妬叱心音 至刀來去 <隨喜功德歌>

앞으로 보다 정밀한 검토가 있어야 할 일이다.

43) 이러한 것들은 모두 동사문의 활용어미를 분석하여 얻은 것이었고, {가 : 고}를 添辭로 하는 명사문의 의문을 알아 볼 수 없음은 애석하다. 그러므로 이 첨사의 발달에 대하여 15세기에서 기술되는 것 이상의 史的 지식을 더 보탤 수 없는 것이 사실이다.

안정되지 못하였는지 難解의 것이 된다. 만약 이들의 借字가 同一形態素의 기사임이 확실하다면 향가의 借字法 가운데서 이만큼 혼란스러운 것도 없다. 그러므로 어느 쪽으로도 간단하게 처리될 성질의 것이 아니며, 앞으로의 해명을 기다릴 일이로되, 여기서는 다만 문법 범주의 측면에서 이들의 형태소 의미를 기술하는 것으로 그칠 뿐이다.

비단 의문법의 문제에 한하는 사실이 아니기 때문에 군이 지적할 것도 아닐지 모르나, 의문법에 관계된 이상의 주요 사항만으로 당시의 체계를 기술할 수는 없다. 그러나 한 가지 뚜렷한 사실은 15세기의 체계와 크게 다른 점이 발견되지 않는다는 것이다. 그것은 부분적인 조각들을 줍는 일에 불과하였지만 그러한 조각들이 기능할 수 있다는 것은 그것을 지배하는 체계의 유효성을 뜻하는 것이기 때문에 이른바 고대 국어의 의문법 체계를 획기적인 것으로 再構할 가능성은 희박하다.

Ⅲ-4. 서두에서도 밝힌 바이지만, 비교적 정연한 체계의 구조 원리에 의해 효율적으로 운용되어 온 의문법을 중심으로 하여 그 발달을 살펴 보고자 하였다.

중세 이후의 체계 발달은 그 원인적인 것으로부터 표면상의 현상에 이르기까지 그 흐름을 관측할 수가 있는 것이었으나, 그 선행 단계의 실태를 기술하기는 어려운 것이었다. 앞으로 이러한 난해의 문제를 풀기 위해서도 그렇거니와 문법사의 일반성으로 보아서도 15세기의 체계 기술은 매우 중요한 의미를 가지는 것이기도 해서, 본고는 자연히 이 시대의 체계 기술에 역점을 두었던 것이다.

그 결과 다음과 같은 몇 가지의 체계적인 구조의 관계로 의문법이 운용되고 있다는 것을 밝힐 수 있었다.

1. <직접 의문>과 <간접 의문>의 대립 체계가 定動詞 語尾 {눈다}系와 {가/고}系의 형태상의 징표로 示顯되었다.

2. 이 두 대립 계열은 각각 그 내부에 다시 <설명 의문>과 <판정 의문>의 대립이 있었으니,

ⅰ) <직접 의문> {눈다}系는 정동사 부위에서는 이들의 변별 징표가 없으며, 다만 의문사의 유무에 의한 통사적 의미 구조가 그 징표였다.

ii) <간접 의문>의 경우는 의문사와 {고/오}의 일치 관계로 <설명>, {가/아}만으로서 <판정>의 징표가 되었다.

3. 그리하여 의문법은 네 가지의 대립하는 측면을 가진 것이었다.

α) 직접·설명의 의문 ; +의문사 {는다}系

β) 직접·판정의 의문 ; ―의문사 {는다}系

γ) 간접·설명의 의문 ; +의문사 {고/오}系

δ) 간접·판정의 의문 ; ―의문사 {가/아}系

4. 근대어의 단계에서 <직접>과 <간접>은 中和 現象을 일으킨다. 이것은 형태상의 징표 {는다}계가 변질함에 따라 그 素性을 잃게 되는 데 말미암은 일이다.

5. <설명>과 <판정>의 대립 징표이었던 {고 : 가}가 무력해지며, 따라서 <의문사>의 유무 징표만이 이의 대립에 관여하게 된다. 이와 같은 발달은 결과적으로 의문법의 체계를 평면화하고 마는 것이 되었다.

6. 중세 이전 단계의 의문법 체계는 15세기의 것과 大差가 없이 대응하는 것으로 짐작된다. 그것은

i) <직접>, <간접>의 대립이 유효했던 것 같으며

ii) <설명>, <판정>의 대응도 실재했던 것으로 보인다.

한편, 이상의 사실과 더불어 15세기의 체계에서는 볼 수 없었던 어떠한 것이 발견된다면 모를 일이로되 전혀 그렇지 않은 상황으로 미루어 본다 하더라도 중세에 선행했을 단계의 체계를 엿볼 수는 없는 일이다.

참고 문헌

姜信沆(1972), "「朝鮮館譯語」연구", 「대동문화연구」 8집, 「어학연구」 8-1 所收論文 合本.

安秉禧(1965), "후기중세국어의 의문법에 대하여", 「學術誌」 Vol.Ⅳ, (建大)

———(1968), "중세국어의 屬格語尾 'ㅅ'에 대하여", 「李崇寧博士頌壽記念論叢」.

李基文(1961), 「국어사개설(초판)」, 민중서관.

———(1972), 「국어음운사연구」, 한국문화연구총서 13.

李崇寧(1955), "신라시대의 表記法體系에 관한 試論", 「論文集」(서울大) 2輯.

———(1961), 國語造語論攷, 「韓國文化叢書」 15輯.

李承旭(1973), 「국어문법체계의 史的 研究」, 일조각.

———(1974), "動詞語幹形態素의 발달에 대하여", 「진단학보」 38호.

———(1975), "內向系 格形態素의 분화", 「東洋學」 5집(동양학연구소).

李熙昇(1955), "挿腰語(音)에 대하여", 「論文集」(서울대) 2輯.

鄭然粲(1972), "鄕歌 解讀 一般", 「인문연구논집」(西江大) 4輯.

陣泰夏(1974), 「鷄林類事研究」, 광문사.

Ramstedt, G.J.(1912), *Zur Verbstammbildungslehre der Mongolischtürkischen Sprachen.* Hersingsfors.

Ramstedt, G.J.(1952), *Einführung in die altaische Sprachwissenschaft II.* Formen-lehre, Helsinki.

<國語學 제4집, 국어학회, 1977>

內向系 格形態素의 分化
- 對·造·處格의 再構에 대한 試考

I. 序 論

I-1. 문법연구에 있어 格에 대한 문제는 일찍부터 여러 측면으로 그 성격이 검토되어 왔으며, 그 성과도 매우 주목할 만한 것이었다. 그것은 많은 전통적 연구에 의해 다양한 격의 운용을 얼마간의 의미적인 항목으로 분류, 이해하려는 경향을 비롯하여, 격형태소를 어형 변화표상의 분포에 의한 체계로 기술하는 일들이었다. 이때 각 언어의 특성에 따라서는 形態素와 槪念間의 여러 문제가 제기되기도 하였으니, 격의 형태소와 개념과의 관계는 결코 一義的인 것만은 아니다. 이들은 서로 1對 1의 대응을 기반으로 하고는 있으나, 때로는 한 형태소가 몇몇 개념을 包括하여 나타나는 경우도 있으며, 이와 逆의 경우도 있기 때문에 이러한 운용의 관계에 일관성 있는 합리성을 가지고 설명하기란 그리 쉽지 않은 일이었다.1)

격의 이러한 측면을 검토하게 된 형태론상의 기술은 표층의 여러 격형식을 변별하거나, 그 機能들을 聚合하는 일에 충실할 수는 있었지만, 격형태소들이 意味나 機能에 의해 구속당하는 관계를 확실하게 할 수 있었던 것은 아니다.

그리하여 격의 체계적 연구는 각각의 격들에서 단일화된 의미를 검출하려고

---

1) 이에 대한 論難은 오랜 동안에 걸쳐 매우 다양하게 전개되어 왔다. Fillmore(1968)는 대표적인 것으로 다음 몇 가지를 例示하고 있다.

Fillmore, Charles J. "The Case for Case", In; *Universals in linguistic Theory,* New York, 1968.

de Groot, A. willem "Classification of uses of a case ellustated on the genitive in Latin", In; *Lingua* 6:8-66, 1956.

Redden, James E. "Walapai II : Morphology", In; *International Journal of American linguistics* 32:141-163, 1966.

하였으며, 이것을 辨別의 對立徵表로 설명하게 되었다. 그 한 예로서 장소적인 지향 관계를 意義要素로 추출하여 이것을 辨別的 對立으로 하는 격체계2)를 제의하기도 하였으며, 한편 語形變化表와 같은 構圖的인 對照概念을 기능상의 대립항으로 하는 체계를 내세우는 일도 있었다.

그리고 생성문법에 있어서는 格徵表를 深層과 表層의 여러가지 통사적 관계에서 이끌어 내는 규칙으로 설명하려 하였으며, 格意味論의 전개에 따라 格文法3)은 한층 촉진되었고 격의 관계적인 機能概念(…의 주어, …의 목적어 따위)에 대하여 이들이 의미론적으로 가지는 의미를 懷疑하게 되었다. 마침내는 격의 징표를 통사론적 심층구조에 나타나는 몇 쌍의 범주간의 관계 개념으로 설명하게 되었다.

이것은 통사론적인 심층 개념만으로는 그것들에게 起動者(Agent), 被動者(Patient) 따위의 해석을 추정할 수 없기 때문이었다.4)

한편, 격의 연구에서 빼놓을 수 없는 하나의 경향은 그것의 역사적 연구였다. 이것은 격의 발생적인 의미를 규명한다든가, 격형태소의 형성을 통사적인 機能語, 혹은 파생적인 형태소로부터의 발달에서 찾고자 하는 태도다.

그것은 흔히 語辭의 발달에 있어 具象(有形)의 대상으로 지시되던 것이 추상적인 사고의 관계 양식을 나타내는 개념으로 되어 갔으며, 이러한 過程이나, 傾向을 遡及하여 밝히는 일이 된다.

---

2) Jakobson, Roman: "Beitrag zur allgemeinen Kasuslehre.", In: *TCLP* Ⅵ, Prague 1936. Reprinted in Hamp, Householedr, and Austerlits(1966, pp.51–89)
Milka lvic, "The system of Serbocroatian cases denoting spatial relations.", In: *Acta Linguistica Hafniensia* Vol.Ⅸ, No.1, Copenhagen, 1965.

3) Fillmore, Ch.J: Toward a modern theory of case. In: *The Ohio State University Research Foundation Project of linguistic analysis.* Report No.13, 1966.
The Case for Case. In: *Universals in linguistic theory.* New York, 1968.
Garnes, Sara: A case grammar analysis of five verb-dative relationships in Old Icelandic, In: *Acta Linguistica Hafniensia* Vol, ⅩⅣ. Copenhagen, 1973.

4) Fillmore類의 격문법에서는 심층구조에 격을 도입할 경우 ≪주어≫, ≪목적어≫ 또는 ≪副詞的 規定語≫ 따위의 구별을 배제하고, 그 대신 격의 기능을 Agentive(起動格), Benefactive(受益格), Dative(被動格), Ergative(能格), Instrumental(具格), Locative(處格) 등의 개념으로 파악하였다.

격의 발달은 여러 개별항의 변천을 밝히는 일만으로 이해될 수 없을 뿐 아니라 이러한 방법으로는 개별항의 究明 自體도 한계점에 이르게 된다. 여기에서 격의 사적 연구는 體系史的인 접근 방법에 따라 언어학적인 발전의 기반을 均衡과 效率의 원리에 의해 설명하는 데 이르렀다. 이와같은 체계의 원리는 旣知의 체계를 정보로 함으로써 전단계의 가능한 체계를 재구할 수 있는 根據를 확실히 할 수 있었다. 그 기반은 다름아닌 심층의 구조를 이루는 것이 되며, 그렇기 때문에 표층구조에 나타나는 여러 형태소의 어원추정이 심층의 형태적 동질성에 의해 논증되는 것이 보다 설득력을 가지는 것이기는 하나, 다만 그것이 어떻게 달라졌나 하는 것만으로 이끌어지는 것은 아니다.[5]

I-2. 필자는 국어의 격의 개념에 대해 開陳한 바가 있었거니와[6], 여기서노 그 입장에는 변함이 없다. 즉, 격은 주어진 격체계의 構成項이 되며, 그것은 關係的 槪念을 徵表로 하는 對立項이다. 그러므로, 격의 형성이나 발달은 곧 격체계의 역사가 된다.

본고는 역시 이러한 관점에 서서 일부 격의 재구와 아울러 그 분화 과정을 추정하는 일이 될 것이다. 이 재구는 15세기 자료에서 기술되는 몇몇 격형태소들의 同源性을 찾아 밝히고자 하는 일이 될 것이며, 이것은 물론 內的 再構(IR)의 방법[7]에 의존한다.

모든 동사(용언)란 그것에 참여하여 聯合하는 하나 또는 둘, 혹은 세 개의 명사(체언)항을 가져야만 하는 문법적 자질을 가진 것이다.[8] 動作, 狀態, 性質 따위가 그 의미특질로 볼 때 공간과 시간의 繼起的인 제약을 가지게 됨은 물론이

---

5) Fillmore(1968), pp.13-14 참조.
6) 이승욱, 「國語文法體系의 史的研究」, 1973.
7) Marchand, James W. "Internal reconstruction of phonetic split", In: *Language* 32. 245-253, 1956.

   Chafe, wallace L. "Internal reconstruction in Seneca", In: *Language* 35. 477-495, 1959.
8) Diver, William, "The system of agency of the Latin noun" In: *Word* 20:178-196. 1964.
   Tesnière, Lucien: *Élèments de syntaxe structurale*, Paris, 1966, 일정수의 actants를 가지는 동사의 능력을 Tesnière는 여기에서 原子價에 비겨 동사의 結合價 또는 動詞價(Valence)라고까지 하였다. (p.238)

려니와 동사류에 연합되는 명사항은 이러한 요구에 따르는 문법적 구조항이며 이것은 격에 의해 구체적으로 示顯된다. 따라서 국어의 격의 개념도 이러한 본질에서 규정되는 것이 당연하다고 생각한다. 그리하여 국어의 격은 場所性이나 空間性의 지시를 변별의 자질로 한 몇 가지 對立系列의 體系로 보는 데 귀결된다.

Ⅰ-3. 체계 안에서의 대립은 각 대립항들이 개별적인 고유 의미로 구별되는 기능만을 이르는 것은 아니며, 이들이 변별되는 징표를 原因的으로 볼 때 대립항들은 어떠한 계열의 구성항이 되어야 한다. 다시 말해서 공통의 기반 위에 있는 영역을 다시 관계의 개념에 의해 再分한 계열의 대립에 끼는 구성항이 될 때 그 징표가 주어지는 것이다. 이제 이러한 기반이 場所 혹은 空間的인 지시 관계에 있음을 다시 들출 필요를 느끼지 않거니와, 이 기반 위에서 재분되는 계열의 對立域은 다음과 같이 된다. 즉 그것은 (1) 內部指向性, (2) 外部指向性, (3) 汎指向性인 것이다.9)

어떠한 명사항이 話線上에서 동사항에 연합할 때 주어지는 격은 명사 상호간의 횡적 관계가 아니라 동사의 의미특질에 가담하는 종적 지향 관계에 놓인다. 이것이 관계의 대립항으로 징표를 가지게 되는 이유다. 한편 이와 같은 지향 계열은 각각 그들의 의미특질을 外延으로 한 內包의 징표를 增加시킴으로 해서 대립항의 특수화를 圖謀한다. 그것은 (i) 歸着性 (ii) 經過性 (iii) 滯留性 (iv) 始發性과 같은 것이며, 外向系와 始發性, 內向系와 歸着性은 相應하며 經過性, 滯留性은 세 계열의 어느 것에도 용인된다.

이와 같이 격을 관계적인 대립 체계로 이해하여 거두어지는 소득은 격의 共時的인 實態와 그 機能의 有機的인 把握을 適正하게 하는 데 있기도 하지만 보다 유효한 성과를 期待해 볼 만한 것은 格의 사적인 발달의 원리를 얻는 데 있다.

격의 발달은 격체계의 변천사다. 결코 어떤 개별항의 격이 독자적인 상황에서 任意로 변천하는 것이 아니다. 따라서 그 변천의 요인이나 결과는 체계의 원리

---

9) 이승욱, "現代國語의 格의 相關性", 「國語文法體系의 史的研究」, 1973. pp.69-86 참조.

에서 필연적으로 진행되는 것이지 우발적이거나 단절된 상태의 것이 아니다. 특히 문법사의 막중한 숙제라고 할 수 있는 격의 再構 문제를 해결하기 위해서는 오직 이 방법이 최선의 要諦가 될 것으로 믿는다.

II. 對格의 剩餘機能

II-1. 격의 운용은 비단 15세기에만 있는 현상은 아니지만 일견 매우 복잡하고 다양하여 對立의 徵表라든가 系列의 有效度 같은 것을 측정하기가 용이하지 않다. 때문에 흔히들 체계라고 하면서도 다만 격 개별항들의 聚合이나 이들을 의미론적으로 분류하는 일에 머물러야 했던 것 같다.

격 文法素들의 理想的 상태가 한 형태소에 한 기능이 내응하는 관계에 있을 때라고 한다면 격은 皮相的으로 볼 때 여기에서 먼 관계에 있는 성 싶다. 즉, 한 형태소가 반드시 한 기능만을 갖거나 혹은 하나의 기능을 부담하는데 반드시 한 형태소만으로 한정되지 않는 상황이다. 그러나 이러한 운용이 단순한 錯綜性에서 기인한 것만은 아니며, 여기에는 그 나름대로의 질서의 한계가 있었다. 가령 어떠한 기능을 부담하는 형태소에는 교체 가능한 것이 있는 한편 절대로 이를 인정하지 않는 엄격한 제한이 있기도 하므로 필경 여기에는 이들의 관계를 調整 統制하는 기구가 있어서 유지되는 질서가 예상되는 것이다. 이것이 다름 아닌 격의 구조체계다. 교체 가능하다고 하는 것은 같은 계열의 지향성으로 기술되는 형태소 간의 외연상의 상응에 기인되는 것이며 교체 불가능하다는 것은 異系列 間의 배타성에 의한다는 것을 그 용례를 통해 논증하게 된다.

15세기 자료에서 기술되는 대격의 경우 비교적 이러한 여러 가지 문제성을 풍부하게 노출하고 있기 때문에 그 내용을 펼쳐 보는 동시에 이의 문법사적 의미를 찾아 보기로 한다.

II-2. 對格의 형태소는 主題格과 나란히 다섯 異形態를 가진 것으로 나타난다.10) 이 대격을 일반적으로 규정하는 일은 반드시 용이하지는 않다. 이 격이 드

---

10) 격접미사는 대체로 일정한 수의 異形態를 가지고 자동적으로 교체된다. 그러나 그 음운

러내는 전형적인 素性은 動作·行爲가 직접으로 지향하는 대상물의 지시에 있다. 그러므로 원칙적인 논리로 볼 때 타동사와의 통사 관계만이 용인되는 것이지만 구체적인 문례 가운데는 이러한 규범을 벗어난 예가 드물지 않다. 이제 15세기의 대표적인 문헌 가운데 示顯된 대격 관계의 특징적인 용법을 종합 검토하여 그 素性의 適正한 기술을 기해 보기로 한다.

II-3. 대격의 기본적인 통사의 素性은 動作의 過程(process)이 지향되는 대상을 지시하는데 있다. 따라서 대격은 직접 목적어를 이루는 격이 되기도 한다.

兄ㄱ쁘디 일어시늘 聖孫을 내시니이다(兄讓旣遂 聖孫出兮) <龍歌. 8>

이러한 용례는 대격의 가장 일반적인 용법에 속하며, 當面한 행위가 지향되거나, 거기에서 실현되는 사물 또는 관념을 나타내는 소성이다. 그러므로 대격어를 가지는 構文의 서술은 타동사화되는 것이 원칙이다. 그러나 국어의 대격은 이러한 직접적인 관계 개념의 지시뿐만 아니라 훨씬 확장된 영역에 걸쳐 매우 다변적인 용법을 가지기 때문에 그 어원적인 소성을 이해하기 위해서는 다음의 여러 경우를 주의깊게 살펴야 할 것 같다.

II-4. 대격어의 구문이 반드시 타동사와 일치 관계에 있는 것은 아니다. 본시 타동사화라는 것도 신축성이 있는 개념이며, 대격어가 <직접적인 관계>를 지시한다 하더라도 그 자체가 의미하는 영역은 매우 넓기 때문에 근대적인 개념으로 보면 다른 격이나 다른 어법이 기대되는 서술 용언의 경우도 있는 구문이다.

론적 제약 조건은 반드시 일률적인 것은 아니다. 즉 그 상황은 (1) 체언 말음절의 모음의 계열에 제약을 받는 이형태만을 가지는 경우(속격, 처격 따위). (2) (1)의 조건과는 무관하며 다만 체언 말음절의 開·閉關係에 제약되는 이형태를 가지는 경우(공동격 따위) (3) (1), (2)의 두 조건의 제약을 받는 이형태들을 가지는 경우(주제격, 대격, 조격 따위) (4) 이상의 어느 제약도 받지 않는 경우(주격) 등으로 나타난다. 무슨 원인에서 이와 같은 제약의 조건들을 달리하게 되었는지 아직도 그 이유가 확실치 않다. 이들 가운데 대격은 가장 세분된 이형태를 가진 셈이며 특히 {-ㄹ}만으로 표시되는 환경은 {-ㄴ}의 경우와 더불어 선행 모음이 1:1일 때가 지배적이다.

ⅰ) 差梨尼迦애 가샤 <u>加趺座롤</u> 안ㄷ시니 <月印. 上, 31>

　　오눐 나래 <u>至德</u>을 우숩ᄂᆞ니(于今之日 至德感涕) <龍歌. 56>

　　홍졍바지돌히 길홀 몯녀아 天神ㅅ긔 비더니이다 <月印. 上, 31>

ⅱ) <u>恩惠롤</u> 니ㅈ샤 親近히 아니ᄒᆞ샤 路人올 ᄀᆞ티ᄒᆞ시니 <月印. 上, 51>

　　바ᄅᆞ늘근 쥐 골 <u>너흐로몰</u> ᄀᆞ티ᄒᆞ야(直如老鼠ㅣ 咬棺材ᄒᆞ야) <蒙法. 16>

ⅲ) 努度差의 幻術이 漸漸 와야갈ᄊᆡ <u>돗가비롤</u> 제 몸이 ᄃᆞ외니 <月印. 上, 59>

　　즐겨 說法ᄒᆞ야 <u>菩薩올</u> ᄃᆞ외오며 <釋詳. 十三, 21>

　　<u>舍利弗을</u> 和尙이 ᄃᆞ외오 目蓮이 闍梨ᄃᆞ외야 <釋詳. 六, 10>

문례 ⅰ)과 같은 경우는 대격어를 배제하는 자동사의 서술인 데도 불구하고 대격어를 취하고 있으며, ⅱ)의 경우 서술동사를 <ᄀᆞ티ᄒᆞ->로 한다 하더라도 前項 (Ⅱ-3)의 規範的인 용법과는 다르며, 오히려 공동격의 <-과/와>와 대응하는 관계다.[11] 또한 ⅲ)도 이례적인 점은 같으며 주격어에 대응한다.[12] 그러나

---

11) 형용사 <ᄀᆞᇀᄒᆞ->의 의미특질이 두 개 이상의 사항을 비교하는 데 있기 때문에 공동격어로 統辭하는 것이 상식으로 생각되는 것이지만 15세기의 용법은 반드시 그렇지만은 않았다. 오히려 공동격어와의 관계보다도 주격어를 統辭하는 것이 일반적이었으며, 체언의 語基形만으로도 그 관계는 유효했다.

　　　① 오직 如來는 生死流를 거스려나샤 衆生과 ᄀᆞᇀᄒᆞ시고 <月釋. 二, 61>

　　　　無上慧롤 니ᄅᆞ와다 如來와 ᄀᆞᇀᄒᆞ릴ᄊᆡ <月釋. 十七, 33)

　　　② 몸 오ᅌᆞ로 도라보샤미 象이 ᄀᆞᇀ시며 <月釋. 二, 56>

　　　　ᄃᆞ리 즈믄 ᄀᆞᄅᆞ매 비취요미 ᄀᆞᇀᄒᆞ니라 <月釋. 一, 1>

　　　③ 世間앳 煩惱 만호미 바ᄅᆞᆯ믈 ᄀᆞᇀ니 <月釋. 一, 11>

　　　　擧動ᄒᆞ야 돋니샤미 象ᄀᆞᇀ시며 <月釋. 二, 57>

　그러나 문례 ⅱ)의 <ᄀᆞ티ᄒᆞ->를 타동사로 기술한다 하더라도 <路人/너흐로몰>이 현대어 <배와 운명을 같이 한다>의 <운명을>과 同値의 관계라고 하기는 어렵다. 이를 단적으로 설명할 수 있는 예로서 문례 ⅱ)의 내용이 서술된 「釋譜詳節」의 같은 부분을 제시하는 것이 유익하겠다.

　　　나라해 도라오샤도 ᄌᆞ올아비 아니ᄒᆞ샤 아랫 恩惠롤 이저ᄇᆞ리샤 길넗 사람과

　　　ᄀᆞ티 너기시니 <釋詳. 六, 5>

　이와 같은 統辭의 교체 관계는 매우 암시적인 내용을 가진 것으로 짐작되는 것이다.

　홍윤표, 「十五世紀 國語의 格硏究」, 국어 연구 21호, 1969 참조.

12) 자동사 <ᄃᆞ외->는 그 의미특질로 보아 적어도 두 체언항을 요구하며, 15세기는 이미 두 어항을 일반적으로 주격어로 示顯하고 있었다.

　　　山이 草木이 軍馬ㅣ ᄃᆞᄫᅵ니이다(山上草木 化爲兵衆) <龍歌. 98>

이것의 문법사적인 의미는 매우 含蓄性 있는 것으로 관찰된다. 이것은 <두외->(化)의 意味構造內部에 오는 변화로 인해 일어나는 격의 轉移라고 하기는 어려우며, 대격 자체의 발달과정에서 빚어지는 剩餘機能(residue)으로 해석함이 옳을 듯하다.

일반적으로 격의 발달 과정에서 찾아지는 것이지만, 종합적이고 포괄적인 기능의 부담, 즉 機能倂合(Syncretism)의 영역이 넓었던 단계로부터 점차 관계 설정의 대립 의식이 분화하면서 격의 특수화가 일어나는 경향은 비단 이 경우만에 한한 논리는 아니다. 15세기는 이미 대격의 소성이 그의 어원적인 外延을 減縮시키는 한편 內包가 증가하는 단계를 거쳐 어느 정도 특수화된 지시 관계를 가지게 된 시기이었다고 본다. 그러므로 위의 문례와 같은 대격의 운용은 조만간 스스로의 논리에 맞는 다른 격으로 정착해 가거나 일부는 殘留하여 관용되게 마련이다. 그러나 대격의 기능병합에 있어 다른 격과의 관계가 매우 다변적이었다는 것은 그것의 어원적인 소성을 밝히거나 이보다 선행된 단계의 격체계를 窺視하는 데는 유리한 정보를 제공한다고 보겠다. 앞에서도 지적했듯이 국어의 격체계는 공간적인 지향 관계의 지시성이 각 대립항의 징표가 되었던 체계이었다. 그러므로 격기능의 倂合關係에 작용하는 심층의 논리도 필경 同系의 지향 관계일 때 가능했을 것이 확실하다. 이를 逆理로 본다면 어떠한 격의 대립하는 소성을 기술하는 데 있어 이미 그 격의 개념이 抽象化되었다 하더라도 倂合關係에 있는 격들의 소성을 통하여 지향 관계의 특성을 찾아낼 수도 있을 것이다. 그래서 대격의 소성을 확실하게 하는 일에 있어서도 이러한 방법을 따르는 것이 헛되지 않을 것 같다.

결국 규범적인 대격의 운용(前項 Ⅱ-3)의 경우에 있어서는 물론이지만, 여기 이례적이라고 한 몇몇 系(Ⅱ-4- ⅰ), ⅱ), ⅲ)의 문례들)의 대격어들도 궁극적으

그렇기 때문에 문례 ⅲ)의 <月印>과 같은 내용인 「釋譜詳節」을 대조하여 보면 <돗가비 롤>과 <夜雨 ㅣ>가 대응한다.

　　勞度差 ㅣ ᄒ다가 몯ᄒ야 제 모미 夜雨 ㅣ 두외야 <釋詳. 六, 32>

한편, 한 어항은 語基形만으로도 統辭하는 문례를 볼 수 있기는 하나, 대격어를 취하는 용법은 매우 劣勢하게 나타난다.

　　授記는 네 아모저거 부텨 두외리라 미리 니르실 씨라 <月釋. 一, 16>

로는 同一系의 지향 관계를 기반으로 하여 관계된다는 전제가 용이하게 이끌어
내진다. 그러나 이러한 전제적인 가정은 가장 상식적인 판단이기도 하나 要는
各系의 대격어들이 과연 같은 논리의 지향성으로 기능하고 있는가를 확인하여
그 논거를 굳힌다는 것은 그리 단조로운 것 같지는 않다. 필자는 이미 대격의 지
향 관계를 내적 지향계로 기술한 일이 있다.13) 그것은 모든 술어의미의 수행을
구조적으로 분석할 때, 의미 수행이 진행되거나, 被動하는 場의 지시가 곧 대격
이 될 것이기 때문에 그 지향성은 자연히 內向系일 수밖에 없다고 보았다. 이러
한 관점은 위 문례의 대격어에도 適應된다. 가령, ⅰ)의 <加趺座롤>은 <앉->
의 동적 의미가 遂行, 被動되는 場이 되며, ⅱ)의 <路人올>은 <ㄱ티ㅎ->, 그
리고 ⅲ)의 <돗가비롤>은 <두외->의 내향계의 지시 관계로 해석하여 큰 무리
가 없는 것이다. 석어노 문법사의 어느 단계에서는 이것이 결코 이례적인 格운
용이라고 느낄 수 없었을 것이다. 이것은 지향성의 外延만이 뚜렷한 반면, 그 內
包는 거의 未分化된 상태에서 포괄적인 機能倂合이 시현되었던 관계를 추정하
는 데 유력한 자료가 될 것이다. 그러나 이들과 같은 관계로 분석되는 대부분의
구문이 오히려 대격의 관계에서 벗어난 상황으로 나타나는 것이 15세기의 현실
이니, 이것은 이미 앞선 단계에서 내향계 안에 내포가 증가하여 그 지시 관계의
특수화가 진행되어 왔으며, 이 시기는 그러한 분화가 단락을 짓는 때라고 할 수
있다. 그러므로 아직도 일부 선행 단계의 잔류형들을 가지고 있는 이 시기의 대
격의 분화는 이들이 일반화되어 있던 때의 대격, 넓게는 격 전반의 대립 관계를
재구하는 데 매우 유익한 情報源이 될 것으로 믿어 깊은 관심을 가지게 된다.
이러한 가능성을 더욱 굳히는 의미에서 다음의 구문들도 소홀히 할 수 없는 것
들이다.

Ⅱ-5. 이른바 이중대격의 문제는 국어에도 일찍부터 慣用되어 온 기미가 뚜
렷하다. 하나의 술어동사가 이중의 대격어를 가진다 함은 언뜻 용인되는 논리는
아니지만 이러한 구문이 15세기만 하더라도 頻繁하였으며, 추정컨 대 年代를 遡
及할수록 이러한 경향은 보편성을 가졌을 것으로 보인다.

---

13) 이승욱, "曲用의 體系와 變遷", 「國語文法體系의 史的研究」, 1973. pp.35-43.

父母 l <u>나롤</u> 북방싸르몰 얼이시니 <月釋. 十, 23>
<u>사해롤</u> 년글 주리여(維彼四海 肯他人錫) <龍歌. 20>

이것은 이중대격의 구문 가운데서도 가장 흔한 것이며, 비록 같은 대격어이지만 술어동사의 의미수행에 참여하는 관계는 다르다. 그 관계의 다름을 알아보는 한 방편으로 술어동사를 관형어로 한 대격어의 허용 여부를 검토하여 보는 것은 유익하다. 즉 <나롤>과 <四海롤>은 각각 <얼이신 나/줄 四海>로 그 직접적 관계개념이 이루어지지만 <사르몰/년글>의 경우는 모호하다. 물론 후자의 대격어 <사르몰/년글>은 실질적으로 여격의 지시 관계를 내용으로 하고 있는 것이다. 또한 이들 서술의 동사의미를 受動으로 바꿀 경우 하나의 대격어는 주어의 관계를 띄우며 다른 하나는 그대로 잔류한다. 국어의 여격은 대격과 기능병합의 관계에 있음을 알겠거니와(이것을 대격의 주제화라고 해석하는 견해도 있다.) 적어도 중세국어 전기의 단계에 있어서는 별도로 여격의 形態範疇를 가지고 있지 않았을 것이 확실하다. 이들의 소성은 내향계의 공간적인 지시 관계를 포괄적으로 가진 것이었으며, 이러한 공간성이 구체적으로 인지되는 것은 대격의 관계보다도 오히려 여격의 경우가 직접적이다. 혹시 대격의 문법사적 측면을 엿보는 일에 있어 오히려 대격의 범주가 문법화되기에 앞서 여격과 같이 공간관계의 지시가 直觀的이었던 단계가 앞선 것일지도 모른다. 만약 이러한 가정이 용인된다면 여격의 형성을 15세기의 몇몇 후치사들에게서 기술되는 形態範疇의 구성에다가 두는 일은 다시 생각할 일이다. 이것은 내향계의 의미특질의 내포가 증가함에 따라 특수화된 지시 관계를 시현하는 새로운 기호구성이라고 생각할 수 있기 때문이다. 이럴 때 의외로 어원적인 의미특질의 것이 본래의 형태를 버리고 별도의 형태를 찾아 머무르는 일은 흔히 있었던 일이다.14)

한편 二重對格의 구문은 이러한 대·여격의 관계만이 아니라 다음과 같은 것도 있다.

---

14) 가령 <듕싱>(A), <즁싱>(B)의 경우 (A)가 구개음화에 의해 (B)와 동형이 됨에 따라, 본래의 (B)는 <즘승>과 같은 어형으로 밀리게 됐으며, <믈>과 <물>의 경우도 비슷한 현상이 일어났다.

亭上牌額을 세 사룰 마치시니(亭上牌額 三中不錯) <龍歌. 32>

　동사 <마치시->에 참여한 두 개의 대격어 <亭上牌額을>과 <사룰>은 각각 다른 방법으로 실현되는 행위와 관계한다. 만약 서술동작이 <맞->이라면 <亭上牌額을>은 주어로, <맞히->라면 실질적인 주어는 <사룰>이 되는 것이지만, <맞히시->의 구문관계에서는 그렇지가 못하다. 결국 <사룰>은 具格의 지시 관계에 접근되며 나머지 대격어는 제자리에 잔류한다. 이러한 격의 병합은 또하나의 중요한 정보를 알리는 자료라고 생각된다. 그것은 본시 대격과 조격의 同源性을 추정하고자 하는15) 문법사의 한 과제를 밝히기 위해서도 그러려니와 이들 격의 素性을 획일적으로 이해하는 데도 그러하다. 향가 자료의 일부 구문 관계에서도 이러한 경향은 나타나 있으며16) 이들의 이러한 대응을 가능게 하는 것은 역시 지향 관계가 同系이기 때문일 것이다. 혹시, 이러한 논거를 보완하는 일도 될 듯하여 蛇足을 단다면 내향계의 소성을 가진 형태소류에는 비교적 {ㄹ}을 가진 경우가 많은 사실이다. 이와 같은 특징은 결코 우연한 일로 지나쳐 버릴 일이 아니라고 믿는다. 어원이 同系로 보이는 語群들의 語根形態素 속에 공통의 중심적인 요소를 보유하고 있는 일은 흔히 있는 일이다.17) 그러므로 혹시 몇몇 격형태소와 副詞形態素 내에서 분석되는 {ㄹ}을 이러한 방면에서 기술할 수 있는 근거는 충분히 있을 것이다. 그렇게 볼 때 앞의 대·여격의 倂合關係에 비해 造格과의 관계는 同指向系로부터의 분화가 훨씬 앞선 단계에 있었던 것으로 추정되는 한편 造格 內部의 개괄적인 의미특질18)의 일관성도 이해될 듯하다.

　이중대격의 유형은 이에 그치지 않으며 다음과 같은 구문에서는 대격어의 하나가 從屬部의 주어에 相當하는 관계를 나타낸다.

---

15) 이승욱, 前出書, p.32 참조.
16) 間王冬留 讚伊白制 <稱讚如來歌>
17) 가령 <붉-/븕-/블>, <묽-/믉-/믈> 혹은 <무ㄹ/마리/머리…> 등의 語類 사이에서 그런 사실들이 찾아지지 않을까 한다.
18) 조격의 형태소가 가진 관계의 內包는 비교적 넓은 것이다. 대체로 器具, 原因, 向進 등으로 기술되었다.

千別室 百鏡室을 莊嚴을 다ᄒ고 王舍城에 님금말로 술ᄫᅳ니 <月印. 上, 62>
　말ᄊᆞᆷ 邪正을 아디 몯ᄒ야 因果롤 쓰러 ᄇᆞ리린댄 至極한 큰 害니라(語롤 不知
邪正ᄒ야 撥無因果ᄒ리린댄 極爲大害니라) <蒙法. 47>

　　이와 같은 통사관계의 특징은 일찍부터 지적되어 왔거니와 분명히 앞에 예시
한 어느 경우와도 같지 않은 관계가 기술되는 것이다.
　　한편 이 때의 이중대격의 통사관계는 다른 측면으로 해석될 수 있는 여지도
있는 것이다. 즉 하나의 서술동사가 同時的이거나 혹은 繼起的으로 행위하는
목표로서 두 개의 대격어를 대등하게 요구한다고 보아도 큰 무리는 없을 것 같
기 때문이다.[19]
　　다음의 예는 그러한 관계가 훨씬 구체적으로 나타나는 것의 하나이다.

　　話頭롤 ᄒᆞᆫ두 소리롤 擧ᄒ야(提話頭一二聲ᄒ야) <蒙法. 27>

　　만약 이러한 입장으로 해석하는 한 엄격한 의미에서 이들은 이중대격의 관계
와는 별도의 것으로 처리하는 것이 옳을 듯하다. 그러나, 비단 이중적인 구성이
아니더라도 대격어가 종속절의 주어에 상당하는 예는 흔히 있는 일이다.

　　㉮ 大迦葉이 五百弟子 ᄃᆞ려와 부텻모몰 보ᅀᆞᄫᅩ려 훨씬 브를 아니 븓게 ᄒᆞ시ᄂᆞ
　　　니라 <釋詳. 卄三, 39>
　　㉯ 나롤 닐웨만 王이 ᄃᆞ외에 ᄒᆞ쇼셔 <釋詳. 卄四, 50>

　　흔히 이 경우 의미의 연결관계는 文의 基幹部 서술동사에 통사될 때와 從屬
部의 서술동사에 통사되는 두 가지가 설정된다. 즉 <브를/나롤>의 통사상의 구
조가 각각 <ᄒᆞ->와 <븓-/ᄃᆞ외->에 걸릴 수 있는 관계인 것이다. 물론 위 문례
에서 <브를/나롤>과 같이 대격으로 나타났음은 基幹部 서술동사와의 통사를
지시함은 분명하다. 그러나 이 대격어 자체만으로는 基幹部 서술동사와의 관계
가 불완전하며 종속부 서술동사와의 관계를 隨伴하는 데서 의미는 완벽해진다.

---

19) 이와는 반대로 하나의 대격어가 두 가지 행위에 관계하는 구문도 있어 대조가 된다.

결국 이 때 대격의 기능부담은 이중적인 구조다.

또한 이와는 같은 유형의 것이기는 하나 약간 변형된 것으로 보이는 문례가 있다.

밧고로셔 이어도 뮈디 아니ᄒ며 가온듸 괴외ᄒ야 이어디 아니 홀씨 坐ㅣ오 光을 두르혀 도라 비취여 法의 根源을 알쏠 禪이오(外搖ᄒ야도 不動ᄒ며 中寂ᄒ야 不搖ㅣ 謂之坐ㅣ오 廻光返照ᄒ야 徹法根源은 謂之禪이오) <蒙法. 64>

위 구문의 통사관계에서는 <씨>와 <쏠>이 대립하여야 할 조건이 없다. 그런데도 불구하고 각각 주격어와 대격어로 표시된 것도 이례적이거니와 특히 위와 같은 等式文, 다시 말해서 넓은 의미의 명사문의 경우 대격의 통사관계란 매우 難解의 것이다. 이때의 대격을 주격과 기능병합이 된 것으로 기술해야 할지는 매우 주저스럽다. 만약 대격과 주격의 대응관계가 이러한 측면에서 찾아진다면, 대격의 지향 관계를 밝히는 데는 要緊한 據點이 될 법도 하다. 그러나 이러한 대격어의 성질은 다음의 문례에서 기술되는 한 유형으로 보는 것이 정상일 듯도 하다.

君位를 보비라 홀씨 큰 命을 알외요리라(位曰大寶 大命將告) <龍歌. 83>

구문관계에서 間接話法의 引用文이나 단순한 揷入文의 주어는 흔히 대격어로 시현된다. 위의 문례는 이것이 드러난 것이며 <君位를>의 통사관계는 앞의 문례 ㉮의 경우와 같다. 다만 삽입문의 문형이 等式文인데도 불구하고 역시 그것의 주어는 대격어로 표시되었다는 정도의 차이다.

Ⅱ-6. 행위가 수행되는 空間的 領域이나 時間的 限定을 나타내기 위하여 쓰이는 地形, 數量, 時日 따위의 체언은 대격어로 표시된다. 이와 같은 것은 擴張(Extension)의 對格이라고 할 만한 것들이다.

아니한 스싀예 천하롤 다 도르시ᄂ니 <月釋. 一, 26>

    各各 셜흔 여슷 <u>디위를</u> 오른느리시니 <月釋. 一, 20>
    이바딜 머구리라 새옴 무숨올 낸대 <u>닐웨롤</u> 숨엣더시니 <月印. 上, 39>

    이들 대격어는 매우 넓은 영역에 걸쳐 공간적인 관계와 시간적인 관계를 지시하게 되며, 전자는 주로 距離, 通過하는 空間, 그리고 후자는 期間, 持續, 經過 時間 등의 대격관계다. 이와 같은 상황의 대격들도 본시 서술동사에 대한 직접적인 관계의 지향성을 나타낸 것임에는 틀림이 없을 것이며, 따라서 그 소성의 공통기반은 역시 내향계의 지시 관계로 기술되는 것이다.

    Ⅱ-7. 다음은 이른바 <內容의 對格>이 있다. 이것은 동작이 집중되는 장을 나타내기 위하여 원칙적으로는 자동사가 그와 同語源의 명사를 대격어로 가지는 경우다.

    ᄒᆞ오ᅀᅡ <u>우ᅀᅮ믈</u> 우ᅀᅡ 精舍ㅅ功德 니른고 <月印. 上, 61>
    내 어저ᄢᅴ 다숫가짓 <u>ᄭᅮ믈</u> ᄭᅮ우니 <月釋. 一, 17>
    믄득 ᄯᅡ해 ᄂᆞ려 두ᅀᅥ열 <u>거르믈</u> 거러(便下地ᄒᆞ야 行數十步ᄒᆞ야) <蒙法. 3>

    이런 類의 예는 비단 이에 그치는 것이 아니지만, 결국 동작이 집중 내지는 歸着하는 場의 지시라는 점으로 보아 이때의 지시 관계도 역시 내향계를 벗어나지 않음을 안다.

    Ⅱ-8. 이상에서 대격의 意味的 外延이 비교적 넓어 복잡하리만치 다양한 지시 관계에 대격을 참여시키고 있는 15세기의 상황을 살펴 보았다. 아울러 이들의 모든 경우에 공통되는 사실은 미리 예측했듯이 공간적인 지시 관계에서 내향계의 소성을 底邊에 깔고 나타난 현상적 상황임을 알 수 있었다. 그렇지만 15세기의 상황은 그보다 앞선 단계의 소성이 내적으로 분화가 일어나 그 외연이 관계의 분화와 더불어 減縮되는 반면, 일부의 內包가 증가되는 현상이 진행되고 있었거나, 또는 이미 새로운 범주를 파생시켰던 시기라고 해석되는 것이다.
    그것은 몇 가지 문례를 제시했듯이, 내향계의 지시범주를 이탈하지 않는 한,

서술동사와의 여러 의미구조의 관계를 종합 지시하여 왔던 대격이 점차 필요에 따라 제약의 조건이 강화되고 적극적인 동작(他動詞)에 직접적으로 관여하는 대상의 지시 관계를 주류로 하는 歸着性의 소성으로 특수화되는 경향을 보인다. 다시 말해서 내향계 내에 개념의 분화 현상이 일찍부터 일어났던 것으로 추정되며 그것이 문법의식으로 굳어져 대립의 관계를 가지게 됨에 따라 마침내는 形態範疇의 파생 혹은 새로운 조어로서 완전한 문법단위의 자질을 갖추게 된다. 결과적으로는 체계의 개편이 이루어지는 셈이다. 이러한 추정은, 첫째로 아직도 일부에 그 운용이 잔존하고 있는 기능의 倂合關係, 둘째는 내향계의 각 대립항의 형태간에 공통되는 요소가 분석되는 점, 셋째로는 새로운 形態範疇의 구성과 기능의 분담현상 등 15세기의 문례를 통하여 엿볼 수 있었던 상황을 근거로 하는 것이다.

첫째의 경우는 주로 處·與·造格 등과의 병합된 기능관계이며, 이에 대해서는 再論을 要치 않거니와 둘째의 경우는 약간의 검토가 있어야 할 것 같다.

III. 內向系格의 分化와 再構

III-1. 대격 형태소의 主要素는 {르}이다. 한편 조격 형태소 {로}의 어원적인 구성을 분석할 때 역시 그 主要素를 {르}로 볼 가능성은 있을 듯하다. 이것은 대격과 조격의 기능병합에 있어 原因的으로 구실하는 類義概念이 형태면에서 무관할 수 없을 것이라는 이유에서도 그렇거니와 同一系의 形態範疇로부터 파생됐을 확률은 많다. 다만 우리에게 주어져 있는 자료로서는 아직도 이들의 파생 과정을 입증할만치 충분한 내용을 알아 볼 수 없는 것이 유감이다.[20] 향가 자료의 {留}가 조격 형태소로 기술됨은 거의 확실한 것이며, 그렇게 될 때 15세기의 형태와 매우 흡사한 관계에 있는 것도 사실이다. 이로 미루어 본다면 향가 자료

___

20) 15세기 자료가 이들의 파생관계를 시사하지 못함은 물론이다. 또한 鷄林類事에는 이들 형태소가 노출돼 있지 않으며, 따라서 향가 자료의 단계로 직접 소급되는 수밖에 없다. 그러나 현재까지 밝혀진 바로는 이들의 형태론적인 특징이 15세기의 그것과 크게 다르지 않은 것으로 기술된다. 향가 자료에서는 조격 형태소가 {留}로 借字되어 있다. 이의 용법은 <로/루> 또는 <르>로 읽히는 경향이지만 단정하기는 아직 이르다.

와 15세기 자료 사이에는 적어도 수세기간의 괴리가 있음에도 불구하고 이 기간에 있어 대격과 조격의 분화가 일어났을 증거는 얻을 수 없다. 따라서 이러한 분화를 겪었을 年代는 훨씬 앞선 단계로 소급되어야 할 것으로 추정된다. 결국 향가 자료에서는 {乙}로 차자된 대격과 조격의 {留}는 체계상의 대립항으로 그 소성을 뚜렷이 하고 있다.

그러나 뜻밖에 {乙留}의 구성 형식이 쓰이고 있는 문례21)가 있으니 이는 전술한 對·造格의 관계를 이해하는 데 매우 유익한 구실을 할 듯하다. 이 {乙留}는 종래 {으루} 혹은 {ᄋ로} 따위로 읽혀 왔지만22) 역시 이것의 表記意識 속에는 두 요소를 나타내고자 한 의도가 읽혀진다. {乙留}와 {留}가 대립하는 소성으로 기능상 변별의 필요 때문에 이러한 어형을 가지게 되었는지, 혹은 단순한 이형태의 표기이었는지 단정은 어려우나, 비록 이형태라 하더라도 음운론적인 조건에 의한 것은 아닐 것이다. {乙留}와 {留}가 대립항으로서의 가치를 가지지 않는다고 할 때 우리의 관심은 더욱 커진다. 그것은 {乙}과 {留}의 문법사적 자질을 암시해 줄 수 있다는 이유에서다. 만약 {乙}과 {留}가 전혀 이질적인 소성을 가진 이형태라면 {乙留}의 구성자체도 疑訝스럽거니와 그것이 {留}와 同値關係로 統辭한다는 것은 예측할 수 없다. 한편 {乙}과 {留}가 同源의 형태소로서 아직도 그 소성의 대립이 뚜렷하지 않은 史的인 단계를 가정할 때는 비단 구성 형식이 「{乙}(대격 형태소) + {留}(조격 형태소)」와 같은 관계에 있다 하더라도 이의 기능은 {留}와 同値일 수 있다.

이러한 양자의 가능성은 결국 문제의 문례에 나타난 {乙留}가 통사상 {留}와 어떠한 관계로 통사되느냐에 따라 어느 하나로 기울어질 것이다.

手良每如 法叱供<u>乙留</u> 法界滿賜仁佛體 <廣修供養歌>

---

21) 이 {乙留}형이 나타나는 문례는 향가 자료를 통하여 유일하게 「廣修供養歌」에 있을 뿐이다.

　　　手良每如 法叱供<u>乙留</u> 法界滿賜仁佛體

22) 양주동 박사는 {乙}은 「을」, {留}는 「루」의 音借라고 하면서도 이 {乙留}는 「으루」로 읽고 있으며, 小倉進平은 <ᄋ로>로 읽었다.

　　양주동, 「古歌研究」, 1946, p.729.

　　小倉進平, 「鄕歌及 吏讀研究」, 1929, p.73.

이 {乙留}가 비록 구문관계와 일치하지는 않는다 하더라도 다음 문례의 {留}
와 대립하는 소성으로 기술될 이유가 있을지 의심스럽다.

心米 筆留 慕呂白乎隱 佛體前衣 <禮敬諸佛歌>

이 두 문례의 {乙留}와 {留}의 통사관계에서 찾아지는 특징은 이들의 서술동
사가 전자는 자동사(滿-'차-')인데 대해 후자는 타동사(慕呂-'그리-')라는 정도
의 것뿐이다. 이 조건이 이들 형태소의 대립을 가져 왔으며, 소성을 달리 하여야
할 이유가 되었다고 하기는 어렵다. 이 경우 {乙留}와 {留}는 대립할 만한 징표
가 달리 없다.

따라서 {乙留}를 해석하는 두 가지 가능성 가운데 후자의 견지에 서는 것이
적절할 것으로 생각된다. 즉 이 형식의 {乙}과 {留}는 同系의 어원으로부터 분
화된 형태소로서 그 사적인 의미가 노출된 표현으로 간주된다.

Ⅲ-2. 言語形式의 발달은 여러 가지 과정으로 설명되는 것이지만 그 가운데
하나로서 다음과 같은 모형의 과정도 제기될 법하다.

모든 언어형식의 발달은 필요에 의해 일어나며, 그것은 크게 보아 새로운 형
식의 조어 작용과 기존 형식의 분화 작용이라는 二大 主流에 따라 수행된다.
이 중 후자의 분화에 대한 과정만 하더라도 매우 복잡할 것이나 다음의 유형도
그 하나가 될 것이다. 가령 同一系 소성의 언어 형식들이 어느 단계에 있어서
는 단일 형식이었을 것을 추정하여 이를 X라 하고, 필요한 내포의 증가를 a, b,
c로 할 때 다음과 같은 도식으로 이들의 발달을 槪略할 수 있는 유형이 예상된
다.23)

---

23) 이러한 유형의 발달은 인간 생활에 작용해 온 작업과 도구, 그리고 기능의 분화 관계에서
도 확인할 수 있는 일이다. 가령 파는 작업에 공통으로 관여한 도구와 기능 X가 특수화
된 작업 a, b, c로 분화됨에 따라 이에 적응되는 도구 a_1, b_1, c_1로 각각 그 형태를 분화
개조하고 마침내는 기능 a_2, b_2, c_2로 정착하게 된다. 이때 도구 a_1, b_1, c_1에는 X의 기본적
인 요소를 배제하지 않은 것이 될 것은 확실하다.

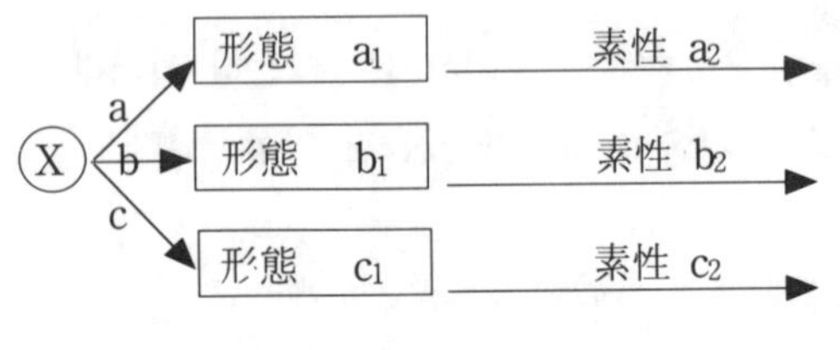

<圖式 Ⅰ>

한편 이것을 기본 과정으로 하여 다음과 같은 발달의 도식도 있을 수 있다(도식Ⅱ).

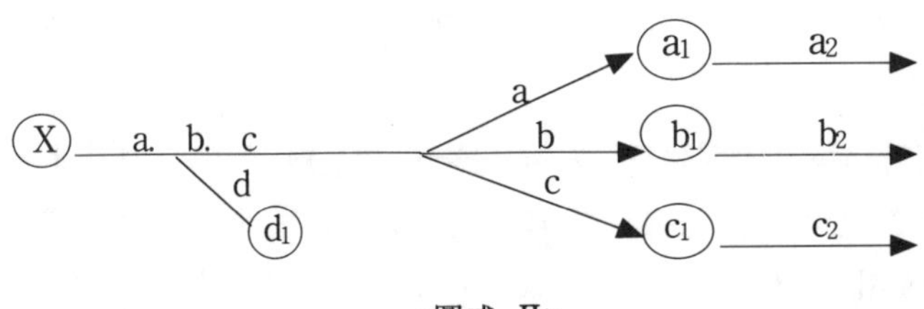

<圖式 Ⅱ>

이때 d의 내포는 'ab', 'ac' 또는 'bc'일 수도 있는 것이다. 따라서 d_1은 a_1, b_1, c_1의 정착을 굳히기 前段階의 형태이며, 소성의 대립항 d_2를 이룰 수는 없는 상태의 것이다.

Ⅲ-3. 그러면 다시 {乙留} 문제로 돌아와 볼 때 위의 발달 과정의 유형은 충분히 이를 해석할 수 있다고 믿는다. 즉 {乙留}의 형태는 d_1에 해당하며[24] 다음 {乙}은 a_1, {留}는 b_1과 같은 식으로 대입시킬 수 있다. 그러나 아직도 X의 단계는 미지수이지만 감히 추정하여 $\{^*\sqrt{r(l)-}\}$을 재구하여 내향계의 지시성으로 기술하였던 것이니 결국 이들의 관계는 다음과 같은 도식을 그리게 된다.

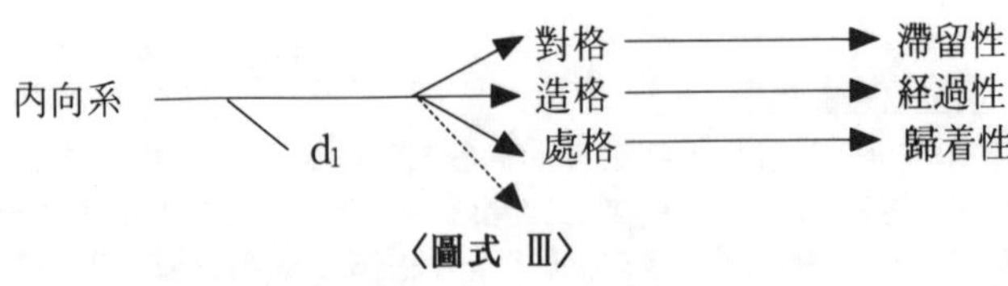

〈圖式 Ⅲ〉

---

24) 이와 같은 현상은 후술할 처격 형태소의 발달 과정에서도 매우 흡사한 것으로 나타난다.

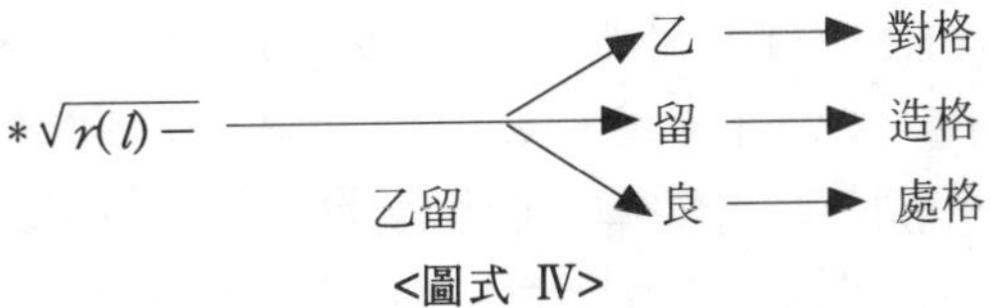

<圖式 Ⅳ>

Ⅲ-4. 처격의 경우는 전혀 논증을 거치지 않은 채 대립항의 자질을 용인하고 있는 바지만 이것이 내향계의 지시 관계를 나타낸다 함은 재론할 여지가 없다.[25] 그러나 15세기의 처격형태소는 <애/에>로 대표되며, 이것이 어원적으로 *√r(l)−이었을까 하는 데는 쉽게 그 系가 찾아질 것 같지는 않다. 그렇다고 그 가능성이 전혀 없는 것도 아니니, 향가 자료의 일부에 있어 처격 형태소가 {良}으로 借字되고 있는 사실은 이 문제에 매우 암시적인 시사를 준다.

종래 {良}은 15세기의 처격 이형태소 <애/에>와 대응하는 표기로 읽이 왔다.[26] 향가에서 처격 상당의 통사관계에 있다고 짐작되는 형태소의 차자가 오직 {良}으로만 되어 있지는 않다.[27] 이에 대한 검토는 달리 본격적인 고증이 있어야 할 것으로 생각하며, 여기서는 다만 <良>의 표기 의식이 결코 <애/에>의 기호에 있지 않았을 것이라는 의문을 제기하는 바이다.

비록 {良}이 <애/에>로 읽혀야 할 확실한 근거가 있다 하더라도 구태여 <良>으로 借字하게 된 의식 속에는 선행 단계의 형태소로 차자된 *√r(l)−이 그 밑에 깔려 있다고 보는 것이 옳을 것 같다. 하물며 {良}이 <애/에>로 읽혀져야 할 典據가 뚜렷하지 않으며, 오히려 <l−>이 될 개연성이 크고 보면 앞의 추정은 매우 유력한 거점을 가지게 된다.[28]

---

25) 이숭욱, 前出書, pp.22-26 참조.

26) {良}은 향가의 차자 가운데서 매우 다양하게 읽혀 온 것의 하나다. 격형태소로서의 {良}은 단독으로 쓰인 경우 격형태에 상당하는 것으로 기술되었으며 이의 15세기 어형 <애/에>를 비판없이 직접 결부시키고 만 것이었다.

양주동, 「古歌硏究」, 1946. p.395.

小倉進平, 「鄕歌及 吏讀硏究」, 1929. p.182.

27) 이것은 매우 복잡한 차자의 표기로 나타나지만 정리해 보면 (1) <良>계를 비롯하여 (2) <希>계, (3) <中>계, (4) <衣>계 따위로 구분된다.

28) 일찌기 이숭녕 선생님은 이 <良>이 <야, 여>를 비롯하여 雜多하게 읽히고 있는 잘못을 지적 비판하면서 "원칙으로 r(l)ang, r(l)a로 읽음이 옳다"고 하였다.

한편 처격의 표시는 {良} 이외에 {中, 衣(矣), 希} 등 몇가지 系의 차자로서 행해졌다. 물론 이들 계의 어느 것에서도 /ㄹ/의 흔적은 찾아지지 않는다. 이와 같은 상황은 이 연대의 처격형태소의 사적 의미가 반영된 것으로 보인다.

아직도 {良}을 처격의 어원적인 형태로 단정할 단계에는 未及하지만 대체로 그러한 결론에 접근되고 있음은 확실하다. /ㄹ/을 殘留하고 있는 <良>계와, /ㄹ/을 소실한 형태 <中, 衣(矣)…>系가 전혀 대립되지 않는 관계로 처격에 쓰이고 있는 사실은 분명히 사적인 단층을 말하는 일이 될 것이다. 이와 같은 A, B 등 복수의 계열이 공존하고 있는 史的인 斷層은 (1) A계의 형태 단계이거나 (2) 先段階의 유효항 A계가 무력화되고 새로운 유효항 B계로 轉階되는 단계의 현상이다. 즉 B계가 형성기를 지나 A계의 자리에 정착되는 교체기의 상황이 될 것이다. 향가 자료에서 <良>계의 처격 표시와 아울러 또하나의 系가 나타남은 바로 이러한 상황의 노출인 것이다. 그것은 결코 (1)의 단계를 의미하는 것이 아니다. 그 이유는 繼起되는 다음 단계에서 A계, 즉 <良>계로 볼 수 있는 처격 형태소는 潛跡하고 B계만으로 나타나기 때문이다.

Ⅲ-5. 한편 위의 <乙留>형을 고찰하는 데서도 언급한 바이지만 <良>계의 형태소 가운데 {乙留}에 대조되는 {良中}, {良衣}형이[29] 있음은 매우 흥미있는 일이다.

역시 이 경우도 {良}이 <中>, {衣}류의 형태로 변천하는 과정에서 일어난 混沌形으로 이해하여 무관할 것이다. 내향계의 $^*\sqrt{r(l)}-$로부터 분화된 처격 형태소 <良>은 필시 처격내의 독자적인 조건에 따라 <中衣> 따위의 것으로 변화

이숭녕, 新羅時代의 表記法 體系에 關한 試論. 「논문집」(서울대 인문사회과학) 제2집 1955. p.148

29) 이들의 문례는 각각 하나씩 나타난다.
　　千手觀音叱前<u>良中</u>祈以支白屋尸置內乎多 <禱千手觀音歌>
　　南无佛也白孫舌<u>良衣</u><稱讚如來歌>
이들이 처격 형태소를 시현하고 있음은 별 異議가 없을 듯하나 독법에 있어 <아희>(良中), <아이>(良衣)類로 읽는 것은 옳지 않다. 역시 이것은 /r(l)/을 留保하고 있는 <良>이 표면에 나타났어야 할 형태일 것이다. 따라서 단정할 수는 없으나 이들은 각각 <래/레>류의 記寫 形式으로 추정하여 둔다.

하고 마침내는 <애/에>에 이른다. 이와 같은 처격내의 변천을 개략하여 보면 아래와 같이 되어 <良中/良衣>형이 나타나는 의미를 문법사의 입장에서 충분히 이해할 수 있게 된다.

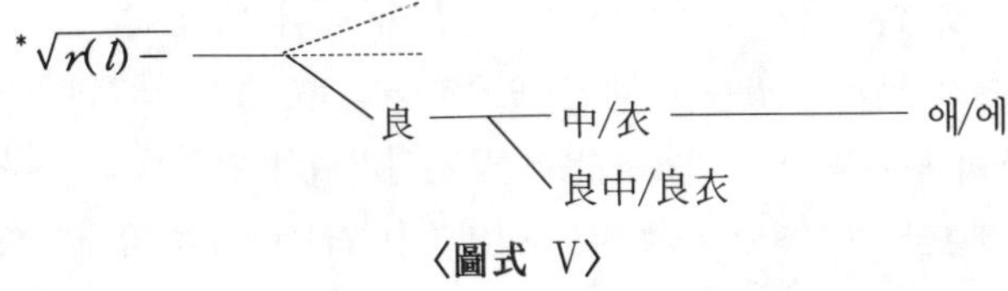

〈圖式 V〉

Ⅲ-6. 이상 몇 가지에 걸쳐 {良} 주변의 문제에 대한 논증을 하였거니와 이로 미루어 향가 자료에 선행된 시대의 처격 형태소는 {良}으로 記寫된 것, 다시 말해서 <*r(l)->형을 재구하는 데 귀결되었다. 그리하여 내향계 지시의 재구형 *√r(l)−형의 한 分派枝로서 處格 形態素項이 있게 되는 論據를 굳힌 셈이다.

그러나 아직도 문제는 남았다. 그것은 내향계 내의 대립항으로 나타난 對·造·處格의 분화관계에 있어 어떠한 시간차가 있었는지 하는 것이다. 이에 관한 자료도 물론 향가를 더 遡及할 수 없고 보면 불완전하나마 향가 내의 정보로써 내적인 재구 방법에 의하여 추정되는 수밖에 없다.

가령 α로부터 분화 발달된 언어 형식으로 추정된 세 가지 항의 형태 a, b, c가 있고, α에서 a, b, c까지 오는 과정에 대하여 아는 바가 없다고 할 때 그 과정이 재구될 수 있는 系圖에는 다음과 같은 두 가지가 예상된다.[30]

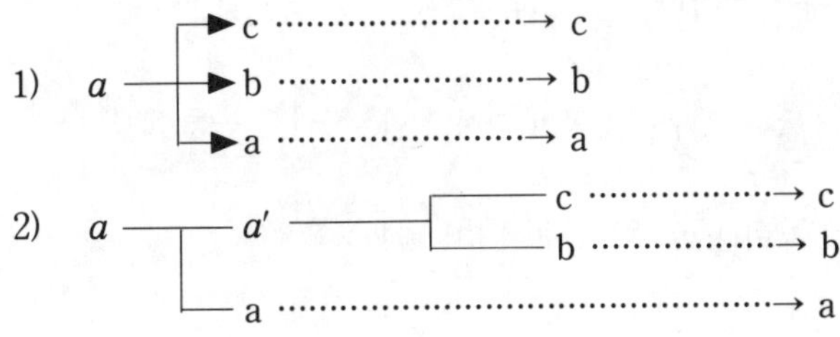

---

30) a, b, c의 分化枝가 증가하면 따라서 추정되는 系圖는 는다. 그것은 미분화의 공통 소성의 단계(α', α''…)가 보다 많이 설정될 가능성이 있기 때문이다. 그리고 系圖2)의 a의 자리에 b가 올 경우와 c가 올 경우도 예상할 수 있으니, 2)의 내용은 세 가지가 된다.

　어떤 구체적인 분화관계가 이 양자 중 어느 것에 의한 것이냐 하는 것은 특정 시기에 시현된 a, b, c 상호간의 친근성을 측정하는 비교의 방법에 따르는 것을 원칙으로 한다.31)

　향가에 구현된 對·造·處格들 사이의 親疎關係는 素性 面에도 있었을 것이지만 이를 가늠하기는 쉽지 않거니와 전술했듯이 대격과 조격은 각각 그 형태면에서 매우 친근한 관계에 있음을 알 수 있었다. 그것은 對·造格의 공통 소성을 시현하던 형태의 일부를 공유하고 있음은 물론이거니와 아직도 그 정착이 굳혀진 상황이 아닌 것으로 기술되었다. 이것은 이미 {中/衣} 따위의 형태로 상당한 변화를 겪은 처격의 경우와는 대조적이다. 그리고 {乙留}형의 사적 의미는 바로 對·造格의 未分化 내지는 中和를 드러낸 證左로서 충분하였다.

　이러한 몇 가지 여건만으로는 부족한 감이 없지는 않지만, 對·造格의 分派 枝의 系圖가 2)일 것만은 확실하다. 여기에 구체적인 사항을 配置시켜 보이면 다음과 같다.

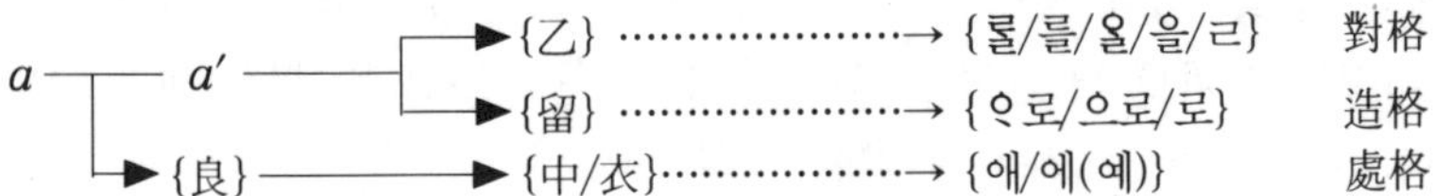

　또한 a는 $*\sqrt{r(l)}-$로 추정했으며 결국 이것이 내향계의 어근적인 기본 형태를 이루는 것으로 파악하였다. 다음은 이러한 논거를 굳히는 일에 보탬이 되리라고 생각하는 몇 가지 예를 첨가하여 두기로 한다.

　하눌해셔 飮食이 自然히 오나든 夫人이 좌시고 아모드라셔 온동 모ᄅ더시니
　　<月釋. 二, 25>
　어듸라 더디던 돌코 누리라 마치던 돌코 <靑山別曲>

---

31) 이러한 방법론에 대한 설명은 비교적 다음의 것에 잘 정리되어 있다.
　　Marchand, James W. : Internal reconstruction of phonetic split. 17: *Language* 32, 1956.
　　Chafe, Wallace L. : Internal reconstruction in Seneca. In: *Language* 35, 1959.

위 문례에 드러난 <-라>와 같은 것은 15세기의 형태소 목록에 일반성을 가진 것으로 들어가 있는 것은 아니었다. 다만 극히 제한된 조건하에서 몇 가지 유형으로 나타났을 뿐이다.[32]

이 {-라}가 가지고 있는 특성을 이해하는 데는 오히려 일반성에서 벗어나고 있다는 점이 관심을 끈다. 그것은 어떠한 형태든 그 의미가 열세에 있거나, 이미 퇴화되어 버린 상태에서 흔히 일어나는 일이거니와, 관심을 갖는 이유는 이와 같은 예외자를 통하여 잊혀지고 있거나 벌써 잊혀졌을 原意를 확인하는 情報源이 될 수 있으리라는 기대 때문이다.

위 문례의 {라} 이외에도 동질의 {라}를 留保하고 있는 형식은 몇 가지 더 있으며 어느 형식에 있어서나 공통되는 의미의 특질은 공간관계, 즉 場所의 지시에 있음을 안다.[33]

한편 이와 같은 유사한 형식간의 대응 관계가 비교의 기반을 벗어나 남용될 경우는 매우 황당한 臆說이 될 가능성도 없지 않다. 물론 이 경우도 약간의 비약이 없지 않음을 自認한다. 그러나 이러한 동계 부류의 語辭가 분화 발달하는 과정에 있어 개념의 有緣關係를 보존하려는 노력과 더불어 능률적인 어형의 供給을 위해서라도 흔히 있는 要諦로 같은 어원적인 형태 요소를 공통으로 가지는 현상이 있다. 앞에서도 언급했듯이 이러한 현상은 비단 언어에만 있는 것이 아니며 인류의 생활에 관계하는 모든 도구류의 분화 발달에서는 구체적으로 확인될 수 있는 일이기도 하다. 문법사나 어휘사의 先史 단계를 밝히는 일에 있어 음운사에서 거두어지는 지식을 가지고 素性과 형태의 대응 관계를 찾는 방법은 매우 유효하다고 믿는다. 다만 旣知의 단계에 실현된 어떤 언어 형식이 그 소성

---

32) 비교적 빈번하게 쓰이고 그 소성도 선명했던 형식으로는 <-라와>형이 있다.

　　功德이 노파 븘비츠로 莊嚴호미 日月<u>라와</u> 느러 <釋詳. 九, 4>

　　널<u>라와</u> 시름 한 나도 <靑山別曲>

한편 다음 문례의 <-러>와 같은 것도 이의 변형일 것이다.

　　날<u>러</u>는 엇디 살라ᄒ고 ᄇ리고 가시리잇고 <가시리>

33) 前註 32)에 예시한 {라와}, {러} 따위의 {라/러}에 있어서도 구체적인 장소 지시의 의미소가 불완전하지만 잔존하고 있다. 한편 지시대명사에 연결되어 장소 지시의 부사가 된 {-리}의 경우도 같은 소성으로 이해된다.

　　머리에 지 무티고 ᄂ치 흙 무텨 이<u>리</u> 오샤(灰頭土面伊麽來ᄒ샤) <金三. 二, 49>

과 형태의 사적 의미가 너무 疎遠하게 되어 있을 때 자료로서의 取捨가 애매해지는 것이 하나의 난점이다. 위의 경우 이러한 회의가 없지 않다는 것이 되며 이것을 보완하기 위해서는 보다 넓고 정밀한 검토가 있어야 할 것이다.[34]

Ⅳ. 結 語

Ⅳ-1. 이상의 몇 가지 거론은 결국 국어의 格의 본질을 체계상의 制度를 파악하려는 趣意에서 각 대립항들의 시차적인 징표를 추출하여 과연 계열 관계를 이루고 있는가의 여부를 검토하여 본 일의 일부에 지나지 않는다. 이러한 일 가운데서도 우선 본고에서는 내향계의 소성으로 기술되는 격, 즉 對·造·處格들을 중심으로 하여, 그 소성과 더불어 형태면에서의 계열성을 사적인 측면에서 타진하여 보았다.

이것은 기능상의 소성이 계열간의 관계로 나타난다고 할 때 필시 형태상의 同源性과 긴밀한 연관이 있는 것으로 짐작되기 때문이다. 이를 역으로 하여 만약 어떤 기능 범주의 형태들의 어근적인 요소가 사적으로 같은 形態範疇에 속하는 관계의 것이라고 한다면 각각 시현되는 소성은 같은 계열로부터 분화된 것이라 할 수 있다는 논리다.

---

34) 경우에 따라서는 주저스러운 여건이 개재된다 하더라도 대담한 추정을 가설로서 제기할 필요도 있다. 물론 그 가설의 당위성이 문제될 것이지만 이미 음미해 본 15세기 자료에서 {-라}류에 대한 사적인 의미와 아울러 사족을 달아 다음과 같은 <-다>의 용례도 계를 같이 하는 것으로 추정하여 본다.

　　　　어느이다 노코시라 <樂軌, 井邑詞>

여기 <이다>의 문법적 자질에 대한 해석은 난해한 것이다. 그 한 이유로 당시의 자료에서 이런 류의 예가 따로 없다는 데도 있거니와 <이>와 <다>의 관계도 모호하다.

흔히들 현대어의 <-에다(가)>형의 선입관 때문이라고 생각하지만 <이>를 처격의 본체라 하고 여기에 <다>가 연결된 것으로 보는 듯 하나 납득하기 어렵다. 이에 대한 詳考는 다른 기회로 미루려니와 필자의 졸견으로는 「어듸라 더디던 돌코」<靑山別曲>의 <-이라>와 동질의 것으로 이해되며 그 어원적인 구성은 <이(이)>를 지시대명사로 보는 한편 <다(라)>는 역시 장소 표시의 意味質을 가진 형식으로 기술됨으로써 그 합리성이 어느 정도 용인될 것 같다.

　　　　양주동, 「麗謠箋註」, 1947, pp.59-60.

흔히 기능적인 소성은 본래의 의미보다 상당히 추상화된 관계 개념으로 발달되는 것으로 이러한 가운데서 대립의 계열 관계를 찾아 밝히기는 그리 쉬운 일이 아니며, 오히려 형태면에서 가능한 한 사적으로 추적하여 그들 가운데 잔류시키고 있는 특징적인 요소를 통해 그 同源性을 알아 보는 일이 보다 유효할 것 같다. 한편 이 양면의 고찰을 상응시켜 서로의 유기적인 사적 의미를 파악해 나가는 방법도 있을 것이다. 역시 對·造·處格의 체계적 파악에 있어서도 이와 같은 문제는 매우 절실한 것으로 제기되었으며, 주어진 자료의 上限으로 소급하면서 형태면의 어원적인 단계를 재구하는 데까지 이끌어 갔다. 그것은 재구 그 자체에 목적이 있기보다도 여기서는 이들 세 格이 체계상의 계열을 이룰 수 있는 개연성이 있는 것인지를 타진해 보기 위한 것이었으며, 이로서 격체계의 성격을 확실히 하고자 한 것이다. 그렇게 하는 길만이 국어의 격의 기술은 물론이려니와 변천의 원리가 무엇인지도 알 수 있게 될 것이기 때문이다.

Ⅳ-2. 위의 작업에서 거둔 성과가 이러한 목적에 어느만큼 부합되는가는 남은 계열의 문제가 밝혀져야 확실해질 것 같지만 격체계가 다만 격 상호간의 대립뿐만이 아니라 몇 가지 계열의 관계로 구조되었다고 하는 사실은 어느 정도 확실해졌다고 믿는다.

그러므로 아직도 이 방면의 결론을 단정하여 매듭할 단계는 아니지만 논의된 몇 가지를 요약하여 정리하는 것으로 그치려 한다.

1) 국어의 격은 서술용언이 이에 관여된 체언에 대하여 작용하는 공간적인 지시 관계를 구조적으로 변별한 대립의 체계다. 그러므로 격의 변천에 관계되는 모든 현상은 여러 격들의 개별적인 영역에서 일어나는 것이 아니며 체계의 변천 원리에 의한 것이다.

2) 격체계는 몇 갈래의 지향 계열의 대립으로 구성되며 그 가운데 내향계의 징표를 확인하였다. 내향계에 속하는 각항의 격은 對·造·處格이었으며, 이들은 내향적인 지향성을 공통의 기반으로 하는 分派枝로서 각기 특징적인 대립항의 소성을 가지게 되었다. 15세기의 문법 현실에 노출되는 일부 이들의 교체 관계나 잉여격의 관계는 이러한 이유에서 납득할 수 있었다.

3) 내향계의 계열성을 확인하기 위한 일로서 對·造·處格의 형태 구성과 그 분화에 대하여 내적인 재구 방법에 의한 사적 고찰을 하였다. 그 결과, 내향계의 형태적 징표는 {r(l)-}로 추정되었으며, 그의 어원형을 *√r̄(l)̄- 로 재구하여 다음과 같은 분화의 系圖를 제시하게 되었다.

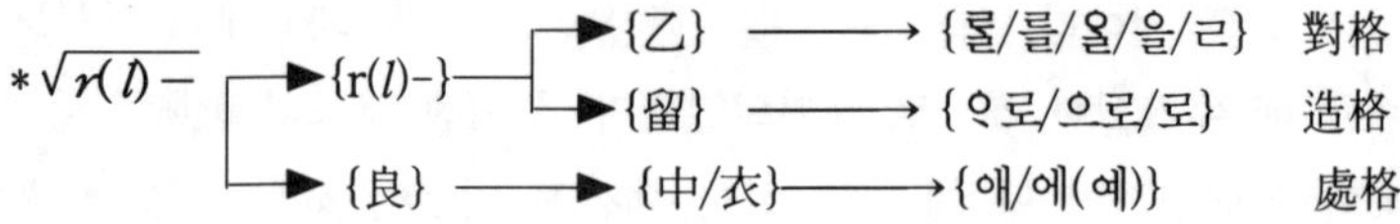

4) 한편, 이들 각 격의 대립하는 소성을 기술하기 위한 일로 15세기의 대격을 중심으로 한 그 운용상의 특징을 분석한 나머지 국어의 대격은 흔히 말하는 동작의 직접 대상의 지시 관계뿐만이 아니라 매우 포괄적인 내향계의 지시 영역을 가진 것으로 나타났다. 이와 같은 상황은 위의 분화도가 의미하는 것처럼 對·造格의 未分化 단계나 또는 對·造·處格의 미분화 단계에 있어서는 훨씬 광범위했겠지만 15세기에도 이들의 殘痕은 나타나는 상황이다. 특히 15세기에는 대격 형태로 지배되던 與格이 고유의 형태를 가지고 그 특징을 굳혀 가는 때였다.

5) 향가 자료에 示顯된 문법사의 단계에 있어서는 처격 형태소가 {良}類로부터 {中/衣}類로 전이되는 현상이 엿보여 주목을 끈다.

6) 결국, 격의 변천은 각 대립항들의 개별적인 변화가 아니며 이들이 구성항의 자질로 소속되어 있는 계열, 또는 이들 계열의 구조 관계인 체계의 변천 원리에 의한 것임을 강조하게 되었다.

<東洋學 제5집, 동양학연구소, 1975>

主語와 述語

I

　문법의 설명은 엄격한 규칙의 적용으로 이끌어질 때 객관성을 가지게 되며, 이로써 효과적인 설득력을 가지게 된다. 이와 같은 규칙의 간결한 논리로 귀납되는 한편, 가능한 영역안에서 그 효능은 일관성을 가진 것이어야 한다. 어떠한 규칙이 복잡한 附帶條件을 필요로 한다든가, 혹은 같은 범주안의 일인데도 그 효능이 미칠 수 없는 부분이 있다면 그것은 큰 결함이 아닐 수 없다.

　국어의 主語에 대한 문제는 그 동안 관점이나 방법에 있어 여러가지로 多邊化하였으며, 매우 심화된 논의를 제기하는 데 이르렀다. 이들이 주어의 본질에 접근하는 데 크게 기여하고 있음은 사실이지만, 아직도 이들 사이에 가로놓인 미궁의 錯綜性을 풀 수 있는 원리를 찾았다고 하기는 어려운 현실이다. 극단으로는 서구제어의 경우와는 달리 국어의 주어가 역할하는 범주적 자질에 대해 회의와 반성을 가진 나머지 이의 폐지를 주장하는 경우도 그렇지만, 긍정하는 측면에서 주어가 운용되는 세부 목록을 밝히는 경우 역시, 완벽한 해답을 기대할 수 있는 단계는 아니다. 그것은 기왕의 어떤 규칙을 가지고서는 소위 주어의 전반적인 실태를 일관성있게 설명하기란 쉽지 않은 일이기 때문이다. 이렇게 될 수밖에 없는 원인적인 측면에는 두 가지의 근본적인 문제가 있다고 생각한다.

　첫째로는 소위 주어의 직무 자체가 과연 어떤 하나의 규칙에 의해 수행되는 자질의 것인지의 여부이며,

　둘째는 아직도 주어의 영역을 통할하고 있을 것으로 믿어지는 규칙을 찾아내지 못한 것으로 생각되는 점이다. 만약 전자의 회의에서 주어가 본시 매우 포괄적인 문맥의 관계에 종사하며, 따라서 범주상의 모호성을 가진 것이라 할 때, 이것을 일률적인 규칙으로 설명한다는 것은 憧錯을 면치 못할 일이 될 것이다. 그

러므로 이런 차원에서는 주어의 존폐론이 제기됨직한 것이며, 설사 주어를 용인한다 하더라도 획일적인 규칙을 강요하는 일이 있어서는 안 된다. 후자는 주어를 긍적적으로 이해하려고 할 경우이며, 이와 같은 전제 밑에서 주어를 이끌고 있는 몇 가지의 규칙이 보고되기도 하였지만, 자칫 일부분에 유효한 규칙을 가지고 무리하게 전체를 설명하려고 한 잘못이 없었던 것도 아니다.

Ⅱ

이제 문제의 제기를 위해, 국어의 주어에 대한 몇 가지 주요사항들을 약술하여 보기로 한다. 文의 기본구조에 있어 주어가 의무적인 구성소냐 하는 문제는 주어를 규정하거나, 이에 관계하는 여러 현상을 설명하는 데 있어 가장 근본적인 관점을 결정하는 일이 된다. 그럼에도 불구하고 이러한 문제가 깊이 검토되었던 것 같지는 않다. 그것은 모든 文이 「주어+술어」를 기본구조로 한다는 관점이 하나의 고정관념처럼 되어 왔기 때문에 술어만으로 된 文에 대하여는 예외자처럼 생각한 데서 말미암은 일이었다.

이것은 극단에 치우친 一義的 주장이었으며, 설사 그렇다고 할 경우라도 많은 난제에 직면하게 된다는 반성이 차츰 일게 되었다. 흔히 있는 無主語文이나, 이른바 주어생략문, 또는 이중주어문 따위는 모든 文을 「주어+술어」의 구조로 규칙화하려는 논거를 위협하는 장애였다. 한편 이와같은 장애를 且置하고라도 주어와 주격의 관계를 비롯하여, 주어가 다른 격으로도 지시되는 관계 따위는 주어와 격들 사이의 보다 근본적인 측면을 드러내기도 한다. 이러한 세부의 사항들에 일관하여 유효한 주어 혹은 주격의 지위를 확고히 할 수 있는 규칙이란 용이하게 찾아지지가 않는다.

특히 주어와 주격의 관계에서 빚고 있는 錯綜性은 과연 이들을 다른 격들과 층위를 달리하여 구별할 이유가 있는 것인지 의문스러워지는 것이다. 전통적인 고정관념을 깬다는 의구에 사로잡힐 일이 아니라, 차라리 주어를 포함하여 이들의 문제를 술어에 관계하는 다른 격들과 같은 층위에서 병렬되는 관계로 해석하는 것이 보다 본질적인 것이 아니겠느냐는 관점을 제기하게도 된다. 격의 병렬에 관한 문제는 후항에서 언급하려니와, 그보다도 먼저 주어와 주격의 일반적인 성격을 一瞥하는 일이 순서일 듯하다.

비단 주어에 한한 일은 아니지만, 주어의 이해는 술어와의 관계를 떠나서 독자적으로 완결될 수는 없다. 다만 이들 간의 관계가 대등한 상호규정의 것이냐, 또는 종속적인 한정의 관계냐 하는 문제는 매우 중요한 결과에 직결되는 것이기 때문에 속단하기 어려울 뿐이다. 그러나, 주어가 술어를 전제로 하여 상호규정하는 것이라 하더라도 그 문법적인 자질이 단순하게 집약되지는 않는다.

아리스토텔레스 논리학 이래의 전통적인 해석에 있어서도 심리주어, 논리주어, 형식주어(비인칭주어), 문법주어 혹은 표층주어 등 일견 복잡하리만치 논의가 거듭되어 온 이유도 주어 자체의 특질에 기인하는 것이기도 하지만, 역시 술어와의 상호관계에 작용하는 錯綜性 때문인 것이다.

이와 같은 관계를 [주술관계](subject-predicate relation)라 한다면, 이것은 마침내 형식과 의미의 문제라는 두 가지 다른 면에 입각하여 관찰하게끔 되었다. 의미를 배제한 형식적인 분포에 의해서만 이 관계가 이해되어야 한다는 견해(Fries, 1975)에 따르면 [주술관계]는 [S+V]의 분포를 기본으로 하며, 피동문일 경우에도 역시 피동체가 주어가 됨은 물론이다. 따라서, 이 때 주어는 이른바 표층에서 취해지는 것이 될 것이다.

한편, 생성문법에서는 句構造規則에 따라 文에 의해 직접 지배되는 N P와 V P를 각각 주어·술어라 하여(Chomsky, 1965) 이를 核文으로 하는 以上 주어생략문과 같은 경우 변형규칙을 도입하게 되었지만, 무주어문에까지도 일관된 파생으로 설명되기는 어려웠다. 결국, 이 주어는 심층 주어가 되는 것으로 논리주어와 대응한다 할 수 있으며, 소위 문법주어(Jespersen, 1924)와는 다른 것이었다. 이에 따르면, 피동문에서의 주어는 전자의 경우와는 달리 피동체가 아니라 동작체가 되며, 역시 그것은 다른 격에 대해 우위에 서는 것이 되어 있다.

이와 같은 관점에서 强迫되는 한, 국어의 무주어문에 대한 미궁은 풀릴 길이 막연하다. 비단 주어생략문의 경우 변형규칙에 의해 심층의 주어를 찾아 세울 수 있다고는 하지만, 국어와 같이 주어와 술어 사이에 수, 인칭 따위의 호응관계가 전혀 없는 경우 그 근거는 모호하며, 文外의 환경까지도 이것의 객관적 기술을 위해 참여시키게 될 때 문법의 한계는 매우 넓어진다.

한편, 이와같이 주어가 없다거나, 소거된다는 사실과는 달리 오히려 몇 개의 주어가 거듭됨으로써 규칙에 일관할 수 없는 궁지에 몰릴 때도 있다. 주술의 二肢的 構造를 기본문형으로 고집하는 한, 이른바 주격중출이나, 이중주어는 난해일 수밖에 없다. 그렇기 때문에 종래 국어의 주어문제가 여기에 초점이 모아졌던 것도 사실이다. 그러나 이에 대한 논평이나 대책은 이미 적정한 논증을 거쳐 [主題解釋](편의상 [題述關係]Topic-comment relation이라 하기로 함)의 구조론으로 주목할 보고가 있었다.(임홍빈, 1972, 1974)

이것은 [주술관계]의 구조와 본질적으로 系를 달리하는 것이 아니며, 文이 직접으로 지배하는 것이 주어가 아니라 [주제]라는 것이다. 그렇다고 해서 종래의 주어를 주제로 빠짐없이 치환할 수 있다거나, 혹은 주어를 성분론에서 완전히 배제해야 한다는 강변같지는 않다. [제술관계]의 문구조가 국어에 있어서도 하나의 고유한 문형이 될 것은 틀림없는 일이라 하더라도, 그것이 주어와 더불어 양립하는 것이든 혹은 주제로써 주어를 포용하는 것이든 간에 주어의 정립이 주어의 통사론적 지위와 어떻게 다른 것으로 기술되는 것인지는 석연치 않다

題述이거나 主述이거나 이 가운데 있는 주제와 주어는 모두 술어와 같은 층위에서 文이 직접 지배하는 성분이라는 점에서 그들의 통사론적인 자질은 전혀 다를 바 없다. 다만 주제는 주제화의 절차에 따라 여러 명사항의 격을 대행 또는 지배하는 힘을 가지고 있어서 주어보다는 통할영역이 넓으며 의미론적 특징을 가질 뿐이다.

    (1-a) 돈은 선물을 사는 데 듭니다(주격)
    (1-b) 돈이 선물을 사는 데 듭니다
    (2-a) 이 꽃은 그가 꺾은 것이 틀림없다(주격, 대격)
    (2-b) 이 꽃이 그가 꺾은 것이 틀림없다
    (2-c) 이 꽃을 그가 꺾은 것이 틀림없다
    (3-a) 영호는 어제 돈이 생겼다(주격, 여격)
    (3-b) 영호가 어제 돈이 생겼다.
    (3-c) 영호에게 어제 돈이 생겼다.

(4-a) 會場은 여흥이 시작되었다.(주격, 처격)
(4-b) 會場이 여흥이 시작되었다.
(4-c) 會場에서 여흥이 시작되었다.
(5-a) 비빔밥은 전주가 본고장이다.(주격, 속격)
(5-b) 비빔밥이 전주가 본고장이다.
(5-c) 전주가 비비밥의 본고장이다.

위 예문은 (1-b)의 경우만을 제외한 b의 것들에서도 확인되는 일이려니와, 주제가 첨사 {은/는}에 의해서만 표시되는 것은 아니다. 주격의 {이/가} 혹은 대격의 {을/를}들도 주제화에 의해 주제가 된다 함은 결코 생소한 일이 아니다.(임홍빈, 1972;이광호, 1972)

그리하여 주제는 엄격한 통사관계에 있는 격의 차원을 포용하여 술어와 호응하는 관계에서 문을 완성하기 때문에 주어보다도 술어에 대한 의미론적인 지위가 강화되는 셈이다. 그렇지만 이러한 관계에 종사하는 것이 첨사 {은/는}만의 특권이 아니라는 점을 간과해서는 안 된다. {도}나 {마다} 따위의 이른바 특수조사류에게서도 인지되는 일로서, 일련의 이들 간의 문제를 확실히 하는 일이 주어와의 관계에 못지 않게 중요하리라 믿는다. 여기서는 문제의 범위를 좁히는 뜻에서 다만 提議하는 뜻만으로 그치려니와 피상적이기는 하나 주제와 격 사이에 나타나는 관계의 일면을 엿보기로 한다.

위의 예문은 {은/는}으로 주제화된 것(1~5의 각 a항)과 {이/가}로 주제화된 것(2~5의 각 b항), 그리고 이들이 주제화되기 이전의 격으로 표시된 것(1-b와 2~5의 각 c항)을 대조하여 보인 것이다. 이 가운데 (3-c), (4-c)의 {에게/에서}는 다시

(3-d) 영호에게는 어제 돈이 생겼다.
(4-d) 會場에서는 여흥이 시작되었다.

와 같이 {은/는}의 연결이 가능하지만, (1-b), (2-c), (5-c)의 경우는 이를 거부한다. 설사 (1-b), (2-c)의 예는 이미 {이/을}이 주제화 되었다는 이유로 설명될

수 있을지도 모르나, (5-c)의 경우는 그럴 수 없다.

이와 같은 주제가 일의적으로 격을 결정짓는 데 역할을 하는 것이 아님은 확실하며 초논리적인 관계에 있게 되는 한편 의미적으로는 항상 旣知의 정보(old information)에 속하는 사항을 지시한다. 그러므로 주제는 일차적으로 통사관계에 있어 술어와 호응하여 문을 완성하는 基幹成分이 되며, 이차적으로는 구체적인 격을 兼務하는 이중의 직능을 가진 것으로 파악된다.

국어의 기본문형을 [제술]관계에 두는 한, 주제의 일차적인 능력에까지 회의를 가질 수는 없으나, 이차적인 것에 대하여는 반드시 긍정적일 수만은 없을 것 같다. 그것은 비록 주제가 특정의 격을 대행할 수 있다는 입장에 선다 하더라도 주제 그 자체가 격의 임무를 띠었다고 하기는 어려우며, 대행이라는 개념도 모호하다.

    (6) 이 책은 아버지가 사 주셨다.

이때 <책은>이 주제이면서 대격으로 통사하고 있음은 다 아는 바이지만, 주제가 직접으로 격을 지배하고 있다거나, {은}의 능력 속에 대격을 포용하고 있다고 보기는 어렵다.

    (7) 이 책은 아버지가 사 주신 것이다.

이 경우의 <책은>은 전자 (6)의 것과는 구별된다. 물론 이것은 주격 혹은 대격의 어느 것으로도 용납될 수 있는 것이다. 이와 같은 현상은 {은/는}이 격을 대행한다고 보는 입장을 약화시키는 일이 될 것이 확실하다.

(6)과 (7)에서 <책>이 표시하는 격은 통사관계에서 내재적으로 작용하는 문맥에 의해 규제되는 사실이지, {은}으로 해서 주어지는 것은 아니다. 가령 <-에는, 에게는…> 등의 경우 {는}은 다만 격에 얹히는 첨사에 불과하다.

격과 이 첨사는 각각 관계하는 지향성이 다르다. 격은 先行語項의 어휘적인 의미의 내부에 관여하는 것이 아니라 선행어가 문중의 다른 어항과 어떠한 관계에 있는가를 지시하는 것으로, 결국에는 술어에 참여하는 명사항의 자질을 나타내는 것이 된다. 이것을 외향적인 통사기능이라고 한다면, 첨사 {은/는}류는 전접어휘항목의 의미에 관여하는 내향성을 가졌다고 할 만하다. 그러므로 격은 관계하는 어항간의 상호규제가 매우 강하게 작용하며 선행어항만에 의해 자의로 결정되는 것은 아니다. 즉 예문 (7)에서 <책은>이 격으로 기술될 때 주격 혹은 대격 어느 쪽으로도 용인된다는 것은 이러한 이유에서이다. 주격이든 대격이든 간에 그것을 결정하는 것이 <책>이나 {은}의 어느 쪽도 아닌 것이다. 그것은 직접적으로는 <책>이 <사 주신>에 통사하느냐, 혹은 <것이다>에 호응하느냐에 따르며, 간접적으로는 나머지 명사항 <아버지가>와의 대립관계에 의한 것이다. 마치 주제의 첨사 {은/는}이 몇 가지 격을 대행 혹은 포용하는 능력이 있는 것으로 해석하는 일도 있는 듯하나, 그것은 잘못 이해된 것이라 생각한다. 오히려 {은/는}이 관여하는 문법적인 층위는 격의 층위와는 다르며, 따라서 {은/는}이 첨가되기 전에 이미 주어져 있는 격의 관계에다가 이것이 얹힌다 하더라도 아무런 이상이 일어나지 않는 것이다.

다음은 특정문에서 이중주어 또는 속격과의 관계에 나타나는 목록을 보기로 한다.

(8) 코끼리는 코가 길다.

이것은 <A는 B가 길다>로 하여, A, B가 직접으로 <길다>에 관여하거나, A, B항간의 관계에 있어 부여되는 격의 허용도를 보면 다음 面의 표와 같다.

이 표의 분포가 뜻하는 바는 여러 가지가 있겠지만 일목요연한 사실은,

1) 어순이 <A～B> 혹은 <B～A>라 하더라도 A, B 각 항에 관여하는 {는, 가}의 허용도는 무제한 임의적이라는 것이다. 이러한 경향은 {은/는}과 {이/가}의 동질성에서 기인하는 것처럼 보이기도 하나, 역시 {은/는}이 격과의 관계에 있어 초논리적인 중립성을 띠는 것이기 때문이라고 믿는다.

		先 行 語 項					後 行 語 項		
		는	가	의			는	가	의
A	x	+++			B	x	+	+	−
	y		+++			y	+	+	−
	z			+++		z	+	+	−
B	x	+++			A	x	+	+	−
	y		+++			y	+	+	−
	z		−−−			z	−	−	−

2) {의}는 두 어항 사이의 소속개념에 관계하는 외연과 내포에 따라 그 허용도는 半減(Az는 가능하나, Bz는 불가능)하며 술어와의 통사는 零으로 기술된다.

주제론의 정립이 종래 주어론만으로는 해석하기 어려웠던 주격중출의 현상을 비롯하여 주변의 몇 가지 문제에 매우 효과적으로 대처할 수 있게 된 것은 사실이다. 주어론에서 難解일 수밖에 없었던 요인의 하나는 주어·주격의 대응을 고정관념으로 하는 데 있었다. 이 대응이 기본적인 것이기는 하지만, 반드시 이것으로 일관하는 것만은 아닌 데서 무리한 해석이 내려지는 것이었다. 이것은 형태 위주의 극단론이 국어의 주어 또는 주격의 모든 상황을 설명하는 데 드러낸 결함이었다. 물론 이것의 타개만을 위한 것은 아니었으나, 이에 관련하여 주로 두 가지의 提論이 있었으니, 하나는 위에서도 말했듯이 주제론의 도입이었으며, 다른 하나는 주어 또는 주격의 폐지론이다.

결국 국어의 문의 원형을 二肢的인 구조([主述]이든 [題術]이든)에 바탕을 두느냐, 아니면 單肢的인 술어문의 구조를 원형으로 하여 二肢的인 것은 이로부터의 派生文型으로 기술하느냐의 문제에 집약되는 셈이다.

III

필자는 앞서 주어의 통사관계에 대한 졸견을 개진한 바가 있었다.(이승욱, 1969). 부분적인 첨삭으로 보완할 여지가 전혀 없는 것은 아니나, 주장되었던 논지는 여기서도 별로 다름이 없다. 기왕의 소신을 재론하여 번거롭게 할 필요는 없지만, 그 요점만을 간추려 보고자 한다.

국어의 주어는 문이 직접으로 지배하는 술어와 等位관계에 있지 않다. 따라서 술어와 상호규정하거나 호응하는 관계를 의무화하고 있지 아니하다. 즉 이것은 국어의 기본문형이 [主述]이거나, [題述]의 구조라는 일의적인 관점과는 다른 것이었다. 전통적인 문법관념으로는 당혹할 일이 될지 모르나, 문이 직접으로 지배하는 성분은 오식 술어만이라는 주장이었다. 그렇다고 해서 주어 또는 주제를 완전히 배제하는 데 귀결되는 것은 아니었다. 다만 그것은 문이 지배하는 관계에 있는 것이 아니라 술어에 의해 지배되는 관계에 있는 것이기 때문에 술어와 등위구조의 관계에 있지 못하며, 그것보다는 下位階에 있어야 한다는 것이다. 이렇게 될 때 주어나 주제는 술어에 의해 규정되며, 결국은 술어에 참여하는 하나의 주요항이 될 따름이다.

술어는 이에 관여하는 모든 어항들을 종적으로 통할하여 문을 완결하는 능력을 가진 문의 핵심체이다. 이러한 통제에 따라 부여되는 受任事項이 문중에서의 각어항이 가지는 기능이 될 것이다. 술어가 이러한 능력을 행사하게 되는 밑바탕은, 물론 그것의 의미론적인 특질에 기인하는 논리에 따라 형성된다. 이것을 술어논리라 한다면, 주어 또는 주제의 문제도 이 술어논리에서 유도되는 것이다. 문의 구조적 분석은 술어로부터 출발한다. 술어에 의해 직접 지배되는 성분은 다시 共起的인 것과 狀況的인 것으로 구분되는 것이 일반이며, 전자는 직접, 또는 의무적으로 술어에 참여하는 성분으로 주어 혹은 주제도 이에 속한다(Tesnière, 1966). 이와 같이 볼 때 주어는 문중에서 특수한 지위를 가져야 할 이유가 없게 되며 다른 공기적 성분들과 병렬하는 관계에 있게 되어 전통적으로 주어라든가 목적어 따위의 의미론적인 대립에서 벗어나게 되는 것이다.

술어를 문말에 두고 특정항의 격은 그 앞에 온다. 그들 격이 놓이는 자리는 하나의 경향에 따라 정해지는 것이지만, 물론 절대적인 것은 아니다. 그것은 격 접미사의 지시에 의한 것이라 할 수도 있으나, 술어의 의미특질에 내재적으로 작용하고 있는 제약 때문에 비교적 자유로운 편이다. 오히려 주어보다도 시간, 처소 따위의 상황을 표시하는 격이 선행하는 것이 보통이다.

(9-a) 어제 부산에서 연락선은 폭풍우에 갇혔다.
　-b) 부산에서 연락선이 폭풍우에 갇혔다.
　-c) 어제 연락선이 폭풍우에 갇혔다.
　-d) 어제 부산에서 폭풍우에 갇혔다.
　-e) 어제 부산에서 연락선이 갇혔다.

이와 같이 술어가 문말에 오는 일 이외, 이에 통사하는 다른 어항들의 순위가 자유로움을 알겠거니와, 한편 'b, c, d, e'에서는 'a'에 있는 어순 중 어떤 임의의 항을 소거하더라도 문이 성립하는 사실을 알게 된다.

그러나, 어떠한 경우도 술어의 소거란 허용되지 않는다. 술어와 이에 참가하는 명사 어항 간에는 상호규정의 관계가 아니라 이들이 술어논리에 종속하여 이를 보족하는 관계로 병행될 뿐이다.

(9)의 문례에서 <갇혔다>의 起動者(agent)는 없으며, 被動者(patient)는 <연락선>이다. 피동문에서 피동자가 주어가 됨은 당연하다. 이의 능동문 <가두었다>를 규정할 때 <폭풍우>가 기동자가 될 듯하지만

가) 폭풍우가 연락선을 가두었다.
나) 김군이 돼지를 울안에 가두었다.

의 경우를 비교해 보면 <폭풍우>가 기동자 혹은 주어가 될 수 없음을 알겠다. 그것은 다만 원인물의 지시에 불과하기 때문이다.

기동자와 피동자의 어느 쪽이 문법적으로 우위에 있어야 한다고 하기는 어려우나, 이들이 소거되고도 문이 성립되는 'd, e'의 경우를 대조하여 보는 것으로도 이들의 등위관계가 확인될 것 같다. 다음과 같은 경우도 그 결과는 같다.

가 — i) 바람이 방문을 열었다~바람에 방문이 열렸다.
나 — i) 김군이 방문을 열었다~김군에 방문이 열렸다.

술어에 관여하는 능력상, 전혀 대행될 수 없는 <김군>과 <바람>이 표층의 문법주어의 자질에 있어서는 등위의 관계로 나타나나, 심층의 논리로는 가)의 것과 나)의 것은 다르다. 즉, 가)의 것은 무주어문인 것이다. 이런 사실을 역으로 본다면 실질적으로 주격어와 다른 격의 어항이 각각 다른 지위에 있어야 할 이유가 발견되지 않는다.

한편 현대논리학에서는 하나의 술어에 대하여 복수의 변항을 가질 수 있는 술어논리가 발전하였으며, 이 형식을 언어기술의 형식에 유도하는 생성의미론(McCawley(1970), Lakoff(1970))이 대두하게 되었다. 이러한 술어논리와 격의 관계에서 소위 격문법(Fillmore(1968))이 이루어졌던 것이니, 하나의 술어에 대하여 몇 개의 격을 병렬시켜 그것을 문의 기본구조로 하는 것이다. 여기에서 술어는 그에 참가하는 격의 틀(frame)에 의해 기술된다. 말하자면 이러한 관점에 입각한 주어의 개념은 논리적인 주어를 바탕으로 한 것이었다.

국어의 주어 문제에서 가장 큰 장애는 어떠한 규칙으로도 일관된 해석을 내리기 어렵다는 데 있다. 특히 [主述] 또는 [題述]을 위협하는 것은 무주어문이 일반화되어 있는 현실에 있다.

(10) 少數意見도 무시해서는 안 된다.

이런 類의 문은 흔히 우리 주변에 있는 것이며, 이 가운데서 특정의 주어를 찾는다는 것은 직관에서 멀어지는 일이 된다.

(11) 참, 좋은 날씨다.
(12) 몇 시에 출발이냐? 세 시입니다.
(13) 무슨 병이냐? 독감입니다.
(14) 아직도 조용하다

　자연의 현상, 일반적인 상황 또는 감각을 나타낼 경우 구체적인 주체를 굳이 문법화하지 않는 것이 국어의 예사로운 文이다.

　비단 문법적으로 주어가 분할되어 있다 하더라도 그 존재의 상황 또는 이루어지는 일 따위가 본질적으로 주체와 그것의 존재, 속성, 동작을 분리시킬 수 없을 경우 이들이 과연 주어를 가진 것이라 할지는 의문이다.

　　(15-a) 종이 울린다.
　　(15-b) 종을 울린다.

　<울리다>와 <울다>의 대립이 正이라면 (15-a)는 적정한 文이 될 수 없다. 이때 <종이>가 (15-b)의 것과 같은 <종을>의 주제화라고 설명되기도 하지만 역시 의미론적으로 일치하는 관계는 아니다. 이것은 마치 <비가 오신다>에서 <비가>에 비길 수 있으며, 특히 <오신다>의 {-시-}는 <비>에 대한 존대가 아니라 비를 오게 하는 주체에 관계한다고 할 때 <비가>의 문법적 지위는 <오다>와 분리하여 있는 것이 못 된다. 또한 앞에 예시했듯이 <문이 열렸다>와도 상응하는 관계다.

　이와 같은 사실은 표준이론만으로 기술하기는 어려운 일이다.

　　(16-a) 나는 물이 먹고 싶다.
　　(16-b) 나는 물을 먹고 싶다.

　이 경우도 <물이>와 <물을>의 관계가 (15)의 것들과 비슷하게 해석될 법하나, 사실은 다르다. 즉, <물이>(16-a)는 술어 <먹고 싶다>와의 관계에서 <싶다> 혹은 <먹고 싶다> 전체에 의해 지배되는 격이 되지만, <물을>(16-b)의 경우는 다만 <먹->에 지배될 뿐, <싶다>나 <먹고 싶다>와는 그 관계가 비교적 소원하다. 이러한 구조적인 통사관계가 국어에 있어 그리 드물게 있는 일이 아니다.

　이와 같은 측면에서도 주격(주어)을 포함한 모든 격이 그 자체는 물론이려니와 전접의 명사항만으로 각각의 존재 이유가 설명될 수는 없음이 드러난다. 그것은 술어의 의미특질이 구조적으로 요구하여 지배하는 명사항이 이에 酬應하는 관계다. 그렇기 때문에 각각의 격은 술어를 求心域으로 하여 그 주위를 공전하는 것과 같은 명사항들의 좌표라고 할 수 있다. 다시 말해서 단순한 어휘항목에 불과한 명사항이 문의 구성원이 될 때는 이들에게 필연적으로 통사개념(格)이 부여되게 마련이며, 이것은 언제나 술어를 향하여 병렬하는 관계로 일관하는 것이다. 이러한 관점은 반드시 주어나 주제의 추방에 귀결되어야 할 구속을 갖는다고 생각되지는 않는다.

이상 주어에 관련된 여러 논의의 주요사항을 지적하는 동시에 이에 대처하는 필자의 졸견을 피력하였다. 아직도 細目에 있어 정밀한 검토가 있어야 하겠지만, 우선 기본적인 관점을 뚜렷이 하는 데 그쳐둔다

국어의 수어가 가진 통사론적인 사질은 서구제어의 그것과 다르다. 그러므로 일반 문법의 표준이론에 의한 고정관념이나 선입견에 따라 어떠한 틀에 억지로 맞추려는 해석방법이 있어서는 안 되겠다. 어디까지나 국어라는 자연언어의 직관에다가 바탕을 둔 기술이어야 함은 아무리 강조해도 지나치지 않을 것이다. 국어의 주어는 술어이론에 의해 지배되는 종속성분이며, 따라서 주격은 다른 격들과 더불어 병렬하는 관계에서 통사한다. 이러한 관점에 설 때 비로소 무주어문이라든가, 주어와 다른 격 사이의 관계 또는 주어를 포함한 여러 격과 술어와의 잡다한 관계에 대해 일관성있는 해석이 가능해진다고 믿는다.

참고 문헌

이광호(1972), "중세국어의 대격연구-대격주제화의 試論으로-", 「국어연구」 29호.

이승욱(1969), "주어의 통사에 관한 고찰", 「국문학논집」 3집.

임홍빈(1972), "국어의 주제화 연구", 「국어연구」 28호.

─────(1974), "주격중출론을 찾아서", 「문법연구」 1집.

Chomsky(1965), *Aspects of Theory of Syntax.*

Fries(1957), *The Structure of English.*

Fillmore(1968), "The case for case". Bach and Harms(eds), *Universals in liguistic theory.*

Jespersen(1924), *The philosophy of grammar.*

Lakoff(1970), "Linguistics and natural logic", *Synthese*, xxii

McCawley(1970), "Where do noun phrases come from?", Jacobs and Rosenbaum (eds), *Readings in English transformational grammar.*

Tesnière(1966), *Éléments de syntaxe structurale.* Paris.

<姜馥樹先生華甲紀念論文集, 1975>

體言의 用言化에 대하여

I

存在詞와 體言의 活用論은 「一石文法」 體系의 한 특징이다. 「일석문법」은 用言의 범주에서 동사, 형용사 외에 의미·기능상 별도의 범주를 이루는 존재사의 설정을 적정힌 당위로 하고 있는 한편, 이른비 指定詞 문제에 있어 그것의 文法記述이 왜곡되고 있는 비과학성을 지적하면서 體言의 用言化에 말미암은 그것의 활용론을 국어문법의 특질로 기술한다.[1]

이러한 「일석문법」을 이루고 있는, 그 이상의 논리를 가지고 있지 못한 우리로서 체언활용의 문제를 재론한다는 것은 아무 의미도 없는 일이 될지 모르나, 비록 학교문법에서 지정사가 부인된 상황이기는 하지만, 아직도 여전히 엇갈리는 주장이 문제로 남아 있는 현실에서 그것이 再檢과 확인의 정도를 넘지 못하는 것이 될지라도 적극적인 논의의 필요는 있다.

더욱이 그것이 한두 語項의 지엽적 문제가 아니라, 우리 문법의 기본체계를 특징짓는 기술, 바로 그것이라고 할 진댄 관찰의 깊이나 정밀도, 그리고 그것이 파급되는 영역도 훨씬 넓혀져야 할 것이 요구되며, 굳이 본고의 목표를 따진다면 역시 그러한 요구에 부응함에 있다고 하겠다.

「체언+{-이}-」 구성에 나타나는 '{이}-'에 대한 기왕의 여러 주장을 집약하면, 대체로 (1) 指定의 品詞說, (2) 敍述의 助詞說, (3) 活用의 語尾說, (4) 調音素說 등으로 개괄된다. 이처럼 하나의 대상에 대한 異見이 드러나면서 저마다 주장하는 근거나 논리에서 부분적으로나마 정당성이 용인되는 까닭은 그만큼

---

1) 李熙昇, 「國語學槪說」, 民衆書館, 1955, p.381.
　　———, "韓國語 體言의 活用에 대하여", 「朝鮮學報」 第 86輯, 朝鮮學會, 1978, pp.272
　　～275.

「체언+{이}-」 자체의 문법적인 성질이 錯綜하기 때문이라고도 하겠다. 그러나 「체언+{이}-」 구성으로 나타나는 모든 현상을 기술하는 公理는 그것의 논리적 정당성은 물론이려니와, 전체를 유효경계로 하는 하나의 논리 기준이 될 것을 강력히 요구한다.

그러므로 어떠한 公理가 일부 현상만을 지배할 뿐 전체에 미치지 못하거나 그래서 부득이 제 2, 제 3의 규칙으로 이루어지는 것이라면, 그것은 공리의 가치를 잃거나, 약화를 면할 수 없을 것이고, 그것으로 기술되는 체계는 정당성의 기반을 유지하기 어려울 것이다.

우리가 여기서 당면한 관심의 초점은 이 구성을 가장 명시적으로 기술할 수 있는 공리를 찾아 세우는 일이 되겠지만, 그것을 바르게 추출하기 위해서는 이 구성의 형태·의미·통사 등, 여러 층위의 辨別的 資質을 밝히는 일이 우선 되어야 할 것이다. 그런 이유에서 비단 재검의 성격을 넘지 못하는 결과가 될지 모르나 이 문제를 다시 살피고자 하는 것이다.

II

기왕의 諸說들이 「체언+{이}-」 구성에 개재한 '이'의 범주적 기술에서 보이고 있는 異見의 첫번째 分岐點은, 그것이 (1) 음운론적인 요소냐, 아니면 (2) 문법적인 요소냐 하는 문제였고, 다음 두번째 분기점은 '이'를 문법적 범주로 규정하고 (즉, (2)의 시각에서) 그 하위구분으로 (2)-ⅰ 어휘적인 요소냐, (2)-ⅱ 형태적인 요소냐 하는 견해차로 나타났다. 그런데 문제는 성격상 이에 머물 수 없었으며 다시 (2)-ⅱ, 즉 형태소기술의 문제로 이어져 (2)-ⅱ~ㄱ) 格助詞說, (2)-ⅱ~ㄴ) 活用語尾說로 전개됐고, 지금의 상황은 더 이상의 발전적 논의도 없이 정체된 상태다.

우리의 논의는 이 문제가 이들과 系를 달리하는 범주논리를 따로 가질 성질의 것이 아니라는 인식에서 이 중 어느 한 分岐를 논거로 삼고 진행될 것이며, 그를 위해 전제하는 假說的 命題로 '국어의 체언은 용언에 준하는 활용체계를 가진다'는 규정을 (2)-ⅱ~ㄴ)에 근거하여 제안한다.

「체언+{이}-」 구성에서 '체언'은 '-{이}-'의 存立에 관여하는 최상위의 필요조건에 따른 범주항으로서 {이}는 직접 그 앞에 체언의 어휘항을 가짐으로써만 존립하는 특성을 갖는다. 이 특성은 {이}의 실체가 무엇인지를 가리는 모든 자질의 元素를 이룬다. 따라서 {이}의 고유한 형태·의미, 그리고 통사의 諸相은 이로부터 緣由하며, 또한 여기에 歸結한다. 이런 이유에서 이 특성을 논의의 기반으로 삼는 데 주저치 않으며, 이 기반 위에서 다음은 형태, 의미, 통사의 차례로 「체언+{이}-」 구성 가운데서 {이}가 包有하고 있는 여러 국면의 諸相을 기술해 보기로 한다.

1. 形態上의 特性

우리는 위에서 {이}를 「체언+{이}-」구성내의 한 요소로 파악한다는 인식기반을 확인했다. 이로써 {이}의 형태론적 자질이 미치는 한계는 이미 規制된 것이나 같다. 즉,

첫째로 {이}에 선행하는 어휘범주는 반드시 체언이라는 것이다. 체언도 屈折하나[曲用], 용언의 어간형태소와 판이해서 스스로가 완결된 자립형태라는 것은 다 아는 일에 불과하지만, 이 조건은 {이}가 용언의 활용어미와 다르다는 것을 강력히 시사한다.

둘째로 {이}는 그 앞의 체언과 분리해 자립할 수 없는 구속된 의존성의 요소라는 점이다. 이와 같은 속성은 일반적인 접미사류의 형태범주와 전적으로 일치하나, 이미 지적한 첫째 조건, 즉 자립적인 語基形態素와 통합하는 성질에 있어 활용어미와는 다르다.

{이}의 분포에서 기술되는 이 두 가지 규제는 서로 關與的이면서, 결국 {이}를 용언의 활용어미와 辨別케 하면서 비록 그것과 系列은 다르나 굴절범주의 한 형태소일 수밖에 없다는 잠정적인 규정에 이르게 한다. 다시 말할 필요도 없이 이러한 규정을 받는 것들은 우리의 곡용 형태소(격접미사 혹은 조사로 불리는 것)로 분류하며, 따라서 {이}를 여기에 귀속시키는 데 별 무리가 없을 듯하지만 일단 통합된 「체언+{이}」에게 적용되는 後接條件이 이것을 부정하는 심각한

문제를 제기하고 있는 사실에 부딪힌다.

한편 {이}는 선행요소와의 발음조건 때문에 생략 내지는 매몰되는 현상이 있다고도 하나, 원칙적으로는 불가능하며, 중세어의 용례는 물론이며 현대어의 경우도 형태소를 일정한 깊이의 추상범주의 개념으로 규정하는 입장에서 비록 표면에는 나타나지 않는 경우라 하더라도 內在形으로 작용하고 있어 언제나 끌어내서 再現시킬 수 있기 때문에 이 문제는 {이}의 형태소 기술에 있어 결정적인 조건이 되지 않는다.

셋째, 「체언+{이}」는 「체언+{이}」의 단계에서 거의 완벽한 용언의 활용형식을 취한다. 즉, 「체언+{이}」는 활용에 있어 어간 상당의 자질을 가지는 形態部位가 되며, 따라서 활용능력 혹은 서술성을 가진 용언어간과 달라야 할 이유가 없다. 만약 달라야 할 이유가 있다면, 그것은 적어도 형태론적인 사실에 기인하는 것이 아니라 다른 층위의 문제일 것이다.

우리는 여기서 「체언+{이}-」의 구성과정에서 매우 중대한 문법적 자질의 轉化現象을 보게 된다. {이}의 전반부에서는 정상적인 곡용형식이 상정되는 상황인데 반해 후반부는 활용형식을 취하는 탈바꿈의 변화가 일어난 것이다. 이러한 轉化의 原因子는 필시 「-{이}-」일 것이 확실하며, 따라서 {이}의 기술도 분명해진 듯하나, 의미나 통사의 검토를 기다려 결정적인 규정은 유보한다.

이상에서 우리는 {이}를 기준하여 대강이나마, 그 전후의 규제조건을 살폈거니와 그 결과의 핵심을 지적한다면, 그것은 바로 {이}가 곡용의 개연성밖에 없는 체언에다가 활용기반을 부여하는 轉換子로 관찰된다는 것이겠고, 그리하여 「체언+{이}」는 「[[체언]自立語基 + {이}]依存語幹-」의 轉化段落을 확인할 수 있다.

그러나 이들의 활용은 동사와 다른 몇 가지 국면이 있어서, 명령법과 청유법의 定動詞語尾와 排他的 관계를 이루며, 선어말어미 '-느-', 관형형 어미 '-는', 그리고 피동·사동파생이 불가능한 것 등이 그러하다. 결국 이러한 제약은 이것이 형용사와 매우 동질적이라는 것을 암시한다.

2. 意味上의 特徵

{이}는 그 스스로 실질적인 의미내용을 지닌 어휘항목이 아니다. 그것은 이미 지적됐거니와, 특히 형태와 의미의 대응관계에 비추어 볼 때, {이}의 분포를 규제하고 있는 여러 조건으로 미루어 {이}의 어휘적 의미는 공허한 것일 수밖에 없다. 그러므로 {이}의 의미문제는 어휘적 측면은 해당되지 않을 것이고, 따라서 통사관계의 기능적 측면의 대상이 됨으로써, 결국 「체언+{이}-」 구성의 서술용법을 구별하는 논리문제가 될 것이다.

「체언서술」은 주어와의 사이에서 보통 다음과 같은 논리의 관계를 이룬다.

(1) 두 개의 대상항을 同一化(*identification*)한다. a = b의 관계로 표시되며, 가령, '그 아이가 영남이다' 따위의 文의 경우나.

(2) 類成員(*Class-membership*) 또는 類包攝(*Class-inclusion*) : 文에서 제기된 대상이 類槪念의 측면에서 규정되면 체언서술을 취한다. 즉, b∈c의 관계인 '영남이는 대학생이다' : C⊂D의 관계인 '개는 동물이다' 따위가 그러하다. 그러나 이 類成員과 類包攝의 구별은 통사상 별로 중요한 의미를 갖지는 아니한다.

그런데, 이런 규정의 바탕에는 知覺世界의 존재물을 어휘상의 규약에 따라 하나하나의 개체로서 이름을 붙이거나, 類別(*Sort*)할 수 있게 하기 위한 동일화와 분류의 諸原則의 의식을 그 존재물에다가 결부시킬 수 있는 재현적 속성의 인식의 문제가 있다. 이런 논리성 때문에 이 유형의 체언서술은 이른바 「特徵附與的」(*Characterizing*) 文과 구별되는 「類的」(*Sortal*) 文[2]의 특징을 가진다 할 수 있고, 이것을 보다 포괄적으로 이해한다면, 속성적이라 할 수 있는 것이지만, 그렇다고 국어의 체언서술이 언제나 類的 文만을 이루는 것은 아니다.

그런데, 체언서술로 되는 類的 文의 논리구성이 곧 {이}의 의미자질에 연유한다 하고, 더더욱 그것을 '무엇이 무엇이라고 잡는(指定하는) 뜻'[3]으로 규정하는 것은 마치 '꽃이 곱다'를 '무엇이 무엇하다(어떠하다)라고 잡는(지정하는) 뜻'이라 하는 것과 크게 다를 바 없다. 그러므로, {이}를 어휘론적 단위로 잡는 일과 더

---

2) John Lyons, *An Introduction to Theoretical Linguistics*, Cambridge Univ. Press, 1968.
3) 최현배, 「우리말본」, 정음사, 1955, p.185.

붙어, '잡는(指定하는) 뜻'으로 그 의미를 기술하는 데는 많은 어려움이 있다. 설사 그 주장을 받아들인다 하더라도 그것은 체언서술의 한 국면에 유효할 뿐이지, 일반적인 것이 되지 못함은 확실하다. 그 이유는 국어의 체언서술이 一義的으로 類的 文만을 이루는 것이 아니기 때문이다. 즉, 체언서술로 이루어지는 文도 때로는 유개념의 논리적 관계 외에 주어에 대한 어떤 행동이나 상태를 나타내는 특징부여적 문도 이룬다. 다음의 文例는 이의 정당성을 지지하는 근거로 충분할 것이다.

① 순이의 진단결과가 매우 걱정이다.
② 네가 오늘은 왜 이렇게 야단이냐?
③ 가마니(가만히) 있지 뭘 그다지 참견이오.
④ 영남이는 제 일에 열성이다.
⑤ 이 시대에 사는 우리는 행복일세.
⑥ 막차를 놓쳤으니 큰일이구나.

이들 '걱정·야단·참견···/ 열성·행복·큰일···' 등과 같이 명사의 의미가 어떤 행동이나 상태와 관련되는 것일 경우, 이들이 구성하는 「체언+{이}」는 일반적인 의미적 관계를 넘어서서 이례적이라고 할 만한 서술의미, 다시 말해서 주어에 대하여 특징부여의 논리를 이룬다. 물론 모든 명사에 해당하는 현상은 아니며, 그 규제의 자질은 전적으로 의미의 특수성에서 추출되는 것으로 ① 어떤 행동을 대상으로 파악한 의미의 명사(걱정·야단·참견·말썽·근심·극심··· 등), ② 어떤 상태를 대상으로 파악한 의미의 명사(열성·행복·엉망·마찬가지··· 등)에 한해 그 일부가 여기에 해당한다. 특히 '-的'형의 명사들은 모두 이 특성의 용법을 가진다. 이런 특수한 의미적 제약은 다음에 검토할 통사적 특성과 상관하면서 「체언+{이}-」 구성내에서 {이}가 부담하는 기능의 의미자질이 무엇인가를 암시하는 데 충분하다.

그것은 체언서술의 유적 문의 것이건, 또는 특징부여적 문의 것이건 그 서술논리의 기반이 {이}에 있지 않다는 것을 강력히 말해 준다. 이것은 앞에서 본 형태론적인 사실과도 상합한다. 그리하여 우리는 아직도 잠정성에서 완전히 벗어난 것은 아니나 전제가설, 즉 체언의 용언화에 대한 확증에 한층 접근했다.

3. 統辭上의 特徵

명사서술의 문이 유적 문과 특징부여적 문으로 구분되는 당위성이 드러났다. 그것은 「체언+{이}-」 구성의 형태범주 중에 있는 체언의 어휘적 의미 특질이 구분 지표가 된다는 것도 확인했다. 다시 말해서 명사서술은 그 명사가 어기를 이루며, 그것을 동기로 하여 명사서술의 특수한 문법적 諸相이 석명된다는 것이고, 따라서 {이}의 문법성 기술도 압축되는 셈이다.

원칙적으로 명사는 부사와 통사관계를 맺을 수 없으나,4) 명사서술로 된 일부의 것, 즉 특징부여적 문의 경우5)는 얼핏 보기에 통사의 파격과 같은 일이 일어난다. "순이의 진단결과가 매우 걱정이다." 이 문에서 '매우'와 '걱정'의 관계가 그렇다고 할 만하다. 사실은 전혀 원칙에서 벗어난 것도 아니며, 따라서 통사의 파격일 수도 없다. 그 까닭은 '매우'와 '걱정'만의 관계는 여전히 배타적일 뿐, 어떠한 논리도 이 통합을 합리화하지 못하기 때문이다. 그러므로 이 관계는 '매우'와 '걱정'의 직접관계가 될 수 없고, 오직 '매우'는 '걱정이-'의 통합이라야만 하고, 실제가 그러한 것이다. 다시 말해서 '매우'는 '걱정'이나 {이}와는 직접통합이 불가능하지만 「체언+{이}-」 구성의 '걱정이-'와는 통합관계의 합리성에 아무 무리도 생기지 않는다. 다만 「체언+{이}-」(걱정이-)에 대한 문법성의 해석의 문제가 있을 뿐이다.

이제 우리는 「체언+{이}-」의 문법성을 어떻게 규정하느냐는 문제를 더 유보해 둘 이유가 없다. 그것에 대한 형태·의미상의 특성을 살피는 과정에서 드러난

---

4) 그러나, 특수한 경우에 한하는 일이나, 일부에는 異例的 현상이 나타나기도 한다. '앞·뒤·위·아래…'와 같은 方位指示의 명사의 경우 '훨씬 앞/ 아주 뒤/조곰 위/…' 따위의 용법이 있으며 이들은 「체언+{이}-」 구성과는 무관하다는 데서 특이하다. 그러나, 이 현상이 우리의 논지를 위협하지는 못하나, 역시 의미·통사의 해명은 있어야 할 문제로 후고키로 한다.

5) 일반적으로 同一化나 類的 文에는 부사의 통사론리가 침투하지 않는 것이 원칙이나, 여기에도 일부 이탈현상이 보인다. 가령, '눈을 뜨니, <u>어느덧</u> 아침이다/ 영희의 손은 <u>온통</u> 흙이었다/ <u>벌써</u> 가을이다/…'와 같은 경우이며 이들은 별도의 고찰이 있어야 할 것이다.

특수한 제약들이 마침내 통사상의 특성으로 집약되어 나타나는 것으로 인식되기 때문이다. 그리하여 각각의 특성은 서로 무관한 것일 수 없다는 것을 알게 되고 그들을 총괄하는 최상위의 논리로 「체언+{이}-」를 "체언의 용언화6) 또는 용언화한 名動詞語幹"이라 규정하기에 이른다. 그리고 이와 같은 문법적인 範疇轉成의 지표로 {이}의 기능을 인식하게 된다. 그리하여 명사서술의 구성논리도 일반적인 범주전성의 유형적인 절차와 같이(동사의 명사화 등) 체언어기가 동사전성 접미사 {이}를 취함으로써 활용할 수 있는 기반, 즉 어간이 형성된다고 할 수 있다. 그 결과 체언어기에는 동사적 자질이 부여되고, 그 자질 부여의 因子는 바로 {이}가 된다는 것은 매우 타당한 논리다. 이러한 원리만이 '매우 걱정이다'의 통합을 정당화할 뿐만 아니라 부사와 명사 간의 의미·통사 관계를 오도할 우려도 해소시킬 수 있다.

명사의 동사형 「체언+{이}-」가 모두 그 앞에 부사를 허용하는 것은 아니다. 거기에는 특수한 의미적 제약이 전제된다. 즉, ① 명사의 어휘적 의미가 '걱정·야단·마찬가지·행복…' 등과 같이 행동이나 상태와 관련된 것이라야 하는 조건(특징부여적문)과, ② 그 명사가 용언화된 것이라야 하는 조건(名動詞의 활용형)을 갖춘 경우에 한해 주로 정도부사와 통합할 수가 있다.

이와 함께 「체언+{이}-」의 용언화논리를 지지하는 또하나의 측면이 있어 눈길을 끈다. 「체언+{이}-」의 통사능력은 일반 동사술어가 그러하듯이 일정한 대격어나 부사격어를 거느릴 수 있는 특징이 있다.

가면 됐지, 그까짓 일을 그렇게 수선이냐?
감독은 밥 먹는 일에도 참견이다.
영희는 학교에 간다고 아침부터 야단이다.

이 경우도 보통 부사와의 통사에 적용된 조건들을 전제로 함은 물론이고, 따라서 같은 자질의 실현에 불과하다. 그렇다고 하는 것은 결국, 「체언+{이}-」의 문

---

6) '動詞化'라 해도 무방하다. 동사의 하위구분으로 動作動詞(동사)와 狀態動詞(형용사)를 나누는 데 따라 더 구체화시킨다면, '狀態性의 動詞化'(形容詞化), 한걸음 나아가 動名詞化와 對比하는 것으로 '名動詞化' 등으로 指稱돼도 無理가 없을 듯하다.

법성 인식이 '체언' 또는 '{이}'를 분리시킨 어느 쪽만으로는 정곡을 찌를 수 없음을 말한다.

Ⅲ

이상 「체언+{이}-」 구성의 문법적 자질을 규정하여 '체언의 용언화' 현상의 가설을 논증하는 작업으로 그것이 형태·의미·통사의 각 층위에서 실현되는 몇 가지 국면의 특성을 관찰했다.

그것은 모든 국면의 특성이 相互規制의 일관된 논리성을 이루는 것이었으며 '체언의 용언화'에서 이끌어지는 필연성과도 일치했다. 그 결과 우리 문법체계는 체언의 용언화와 그 활용을 수용하지 않을 수 없는 입력에 직면한다.

이러한 「체언+{이}-」 구성의 인식은 형태·의미·통사, 어느 쪽으로도 '체언'과 '{이}'를 따로 떼어 별개 대상으로 규정할 이유나 필요가 없을 뿐만 아니라 그 때문에 빚어질 체계적 오류까지도 경고한다.

<語文研究 13-2·3, 1985>

體言竝列句構成의 {-과/와}

I

　단어가 문법적으로 結束하는 수법을 接續과 結合으로 구분할 때, 接續은 연결되는 각 어항의 통사 기능이 같아야 하는 조건을 전제로 하며, 그러므로 그들은 일정한 문장 성분에 대하여 같은 관계로 통합할 의무가 따른다. 결국 접속으로 이루어지는 각 항(2개 또는 그 이상)은 동족 관계의 문성분을 이룬다. 한편 결합은 두 개의 어항이(이 조건은 접속의 경우와 다른 특징이다) 서로 상관 관계를 가지면서 통사 기능에 따라 主要素와 依存語의 관계로 통합하는 일종의 확대 방식이다.

　단어로부터 문계층에 이르는 과정에서 이루어지는 문법 형식들의 접속 관계는 의미기능상 매우 다양하고 복잡하며, 국어는 이와 같은 관계의 기능을 분담하는 데 필요한 형태소들이 특수하게 分化 發達하여 왔으며, 그 결과 풍부한 형태소 목록을 구성하였다. 이른바 共同格接尾辭 {-과/와}도 그런 것의 하나이며, 이것을 일반적으로 규정하여 체언과 체언 간의 병렬하는 접속 관계를 나타내는 형태 지표로서 비교적 단순할 뿐만 아니라 기능적으로도 단순한 자질을 가진 것이라는 것이 보통이다.

　그러나, 이 {-과/와}의 顯示的인 성질은 그와 같이 단순하게마는 가져질 수 없는 모순을 內在하고 있는 중요한 국면이 있다. 기왕의 연구에 의해 상당한 부분이 지적되기도 했으나, 귀결의 주된 문제는 形態論的인 分布 規則의 多元性이라든가, 意味·機能的 측면의 重義性과 같은 매우 본질적인 문제에 부딪힌다는 데 있다. 다시 말해서, {-과/와}의 분포가 언제나 동일한 성질의 형태론적인 환경 조건의 지배하에 있어야 한다는 원칙을 벗어나 상이한 환경 조건에서도 실재하는 문제, 또는 {-과/와}가 부담하고 있는 의미 내지는 통사 기능을 하나의 범주로 묶는 데 상당한 무리가 따른다는 사실 등이다. 이것은 곧 記號의 能記와 所記의 대응 관계에서 최우선적으로 적용되고, 또 지켜져야 하는 원칙을 위배하고 있는 것이 된다. 모순을 용인하는 원칙이 없다는 것은 자명하거니와, 그렇기 때문에 {-과/와}를 둘러싼 문제에서 만약 이러한 징후가 있다면 그것은 일차적으로 극복해야 마땅하며, 그런 기반 위에서 {-과/와}는 형태나 의미·통사 등, 모든 층위에 걸쳐 單一 範疇의 자질을 가지고 운용되는 문법 단위임을 실증적으로 논증하는 것이 순서일 것이다. 그리하여 우리는 {-과/와}는 능기건 소기건 그들이 대응하는 어느 쪽에도 복수의 범주를 인정할 수 없다는 보편적 원칙을 가설로 상정하는 한편 이를 사실로 검증함으로써 {-과/와}의 규정에 있어 제기된 문제들의 혼미에서 벗어날 수 있으며, 결국 모든 경우에 일관하여 적용되는 규칙을 새로 찾거나 혹은 기왕의 규칙을 재확인하는 일이 될 것이다.

그러기 위하여 우리는 {-과/와}가 文內의 여러 가지 맥락 관계에서 어떻게 나타나고 어떠한 작용을 하는지 그 갈피를 포착하는 일을 하게 될 것이다. 특히 본고는 현대어의 직관 능력을 보장하며, 그 근거를 이루는 사적인 성격을 파악하는 데 집중될 것이며, 그 가운데서도 中世語의 文獻 資料에 기초한 {-과/와}의 分布 實態를 조감하는 일이 될 것이다.

Ⅱ

앞에서 {-과/와}의 쓰임이 記號의 기본 원리에서 벗어난 변칙적 국면을 가진다 하였거니와, 그것은 첫째로, {-과/와}가 분포하는 환경 조건이 하나의 범주가 취하는 한계를 벗어난다는 것과, 둘째로는 {-과/와}가 몇 가지의 다른 뜻을 지니는 중의적인 모호성을 내장하고 있다는 것[1]이고, 뿐만 아니라, 그것을 사실로 인정해야 하는 모순을 전제한다는 것이다. 그러나, 만약 {-과/와}가 絕對 範疇에

---

1) 崔鉉培, 「우리말본」, 정음사, 1955. pp.635-636를 참조. '…한 가지 꼴의 토가 여러 가지의 뜻으로 쓰이는' 것들 중의 하나로 {-과/와}를 들고 있으며, 다음과 같이 분석 배당하였다.

```
┌─자리토씨(格助詞)─어찌자리토─┬─견줌자리(比較格助詞) {-과/와}
│                              └─함께자리(與同格助詞) {-과/와}
└─이음토씨(接續助詞) {-과/와}
```

속하는 문법 형식이라면 이와 같은 모순은 극복되어야 마땅하며, 결국 그것은 객관적인 反證을 거쳐 그것에 대응하는 부정의 논리를 찾는 일이 될 것이다. 그러기 위해서는 먼저 {-과/와}의 객관적 물증이라 할 여러 가지 징후적 상황들을 있는 대로 直觀하여 분석하고 그것에 내재된 원리가 무엇인지 정밀하고 다각적인 검토가 따라야 하겠다.

{-과/와}의 分布 特性

1. 體言의 竝列 構成과 {-과/와}의 分布

　　(1)-ⅰ) 구룸 올옴과 새 ᄂᆞ롬과 ᄇᆞᄅᆞᆷ 뮈윰과 드틀 니룸과 나모와 뫼콰 내콰 프성귀와 사룸과 즁ᄉᆡᆼ괘 다 物이라 너 아니니라(雲騰鳥飛風動塵起樹木山川草芥人畜이 咸物이라 非汝ㅣ니라) <楞嚴. 二, 34>

　　　　ⅱ) 果實과 믈와 좌시고 <月釋. 一, 5>

　　　　ⅲ) 밤과 낮과 法을 니르시니 <月印. 16>

이상은 {-과/와}에게 배당되는 모든 분포 조건이 거의 망라되어 있는 典型的인 용례이다. 음운론적인 조건에 의해 制約된 異形態 문제[2]는 차치하고 형태론적인 분포 조건을 따져 보면 다음과 같다.

　(1) {-과/와}는 반드시 名詞 또는 補文 構成의 名詞句와 아무런 제약의 간섭을 받지 않고 통합하며, 이 통합형은 竝列 構成을 할 수 있다. 그리고 구성에 병렬되는 어항의 수는 구애받지 않는다((1)-ⅰ), ⅱ)). 즉, 이것은 다음과 같이 정리된다.

$$[[N(NP)\_]^1, [N(NP)\_]^2, \cdots [N(NP)\_]^n] \ (\text{‘\_’} : \text{‘+과/와’})$$

---

2) 이에 대한 검토와 논의도 보다 심화시킬 여지가 있다. {-와}는 母音과 ‘ᄅ’末音 아래라는 조건의 지배를 받지만, 이와 비슷한 관계로 異形態를 구성하는 活用語尾 {-게/에}나 {-고/오}와는 상당한 부분에서 다른 성질이 드러나 눈길을 끈다. {-에}, {-오}의 경우 先行 母音은 반드시 前部系 母音에 한한다는 조건에서 {-와}와 다르며, 다음 시기에 오면서 {-에}, {-오}는 {-게}, {-고}로 합류하여 이형태 관계를 상실한다. 이에 반해 {-와}는 ‘-ᄅ’末音의 조건에서는 {-과}에 합류하지만, 母音下의 조건에서는 이형태 관계를 유지하였다.

(2) 竝列 構成의 끝자리 어항도 [N(NP)__]를 원칙으로 취하나, '__'를 매몰하기도 한다((1)-iii)).

(3) [N(NP)__]의 통합형 속에 있는 '__', 즉 {-과/와}는 다시 일정한 格接尾辭를 그 뒤에 취하는 통합을 이룬다. 단, 이 통합은 일반적으로 병렬 구성의 末尾 語項에서 실현된다. 이럴 경우 그 格은 그 앞에 병렬된 각 어항 모두에게 배당된다.

[[N(NP)__]ⁿ+CM] (CM : 格接尾辭)
(2)- i) ᄌ오람과 雜念괘 다 ᄆᆞᆫ매 드러 <蒙法. 2>
저와 놈과롤 어즈려 <釋詳. 九, 16>
부텨와 즁싱과롤 <釋詳. 六, 16>
믈와 묻과애 다 나ᅀᅡ 가리라 <蒙法. 38>
옷과 뵈와로 佛像ᄋᆞᆯ ᄭᅮ미ᅀᄫᅡ도 <釋詳. 十二, 52>
臘ᄋᆞᆫ…새와 녜와의 交接이라 <月釋. 十一, 5>
智와 定괘 히미 <法華. 二, 153>
믈와 묻과ᄂᆞ 事理俱通ᄒᆞᆯ 씨라 <蒙法. 38>
ii) 三寶ᄂᆞᆫ 佛과 法과 僧괘라 <釋詳. 序, 6>
사ᄅᆞ미 눈ᄌᆞᅀᅳ와 骨髓왜니이다 <釋詳. 十一, 19>
iii) 經과 佛像과란 깊 西ㅅ녀긔 노습고 <月釋. 二, 73>
王ᄃᆞᆯ과 頻邪와 夜迦와란 門겨틔 펴 左右에 두고 <楞嚴. 七, 19>

(4) (3)에서 이루어지는 末尾 語項의 {-과/와}와 격접미사의 통합은 逆構成도 가능하다.[3] 竝列 構成의 각 어항의 格은 역시 같은 範疇의 것이라야 한다.

---

3) 이와 같은 可逆的 통합 관계는 {-과/와}가 어떠한 성질을 가진 문법적 형태인지를 밝히는 데 시사하는 바가 클 것 같다. 이것이 제한 없는 開放的 규정이 될 수는 없을 듯하며 우선 속격과의 관계에서 [N(NP)+이/의(ㅅ)__]은 찾을 수 없으며, ii), iii)은 단순한 격접미사가 아니기 때문에 이에 해당하지 않음은 물론이다. 그러나 이와 같은 可逆性이 전적으로 수의적인 현상인지, 아니면 어떠한 의미를 지니는 것인지는 면밀한 검토가 있어야 할 문제이다.

[[N(NP)+CM＿]

(3)- ⅰ) 四衆이 울워러 仁과 <u>날와</u> 보ᄂ니 <釋詳. 十三, 25>

世尊이 <u>날와</u> 俱絺羅롤 ᄀᄅ치샤 <楞嚴. 五, 56>

아버넔긔와 아ᄌ마넔<u>긔와</u> <釋詳. 六, 1>

ⅱ) ① 봀비츠로 莊嚴호미 日月<u>라와</u> 느러 <釋詳. 九, 4>

② 그 뫼히 구룸 ᄀᆮᄒ야 ᄇᄅᄆ<u>라와</u> ᄲᆞᆯ리 古仙山애 가니라 <月釋. 七, 32>

그뒷 짚 ᄒᆡᆫ 盞ㅅ비치 서리와 누니<u>라와</u> 더으니 <杜初. 十六, 60>

ᄲᅥ러듀미 蒲柳ㅣ<u>라와</u> 몬졔로다 <杜初. 十八, 18>[4]

이상 (1)~(4)는 體言이 並列 構成을 이루는 데 있어 {-과/와}가 어떠한 분포의 특성을 가지는지 그 모형을 점검한 것이며, 이것들을 하나로 묶으면 대체로 다음과 같은 통합 관계가 확인된다.

---

4) 格接尾辭를 前置한 {-과/와}이 용례는 모든 格을 확인할 만큼 많은 資料를 남기지 못했다. 그러나 이 통합의 구성 논리를 충분히 보증할 수 있는 근거는 된다. 그런데 ⅱ)의 예들은 당시로 보아서도 特異形에 속한다. 이들을 굳이 분석한다면 [N(NP)+$\left\{{{\circ}/{\underline{\circ}}}\atop{\circ}\right\}$+라＿]가 된다. 이 가운데 '$\left\{{{\circ}/{\underline{\circ}}}\atop{\circ}\right\}$+라＿'를 무엇으로 규정하느냐에 따라 ⅱ)를 이 例에 두는 것의 옳고 그름이 가려진다. 或說은 '-이'를 繫辭라 하고 이것을 定動詞語尾 '-다/라'와의 활용형으로 봄으로써 이것이 {-과/와}와 통합하는 논리를 일관되게 하지 못한다. 여기서 이들을 ⅱ)의 예에 놓게 된 데에는, 비록 분석은 위에서와 같이 하되, 그 앞의 '-이'는 繫辭가 아니라 主格 接尾辭이고, 그것에 후첨된 '-라'는 일부 잔류한 場所指示性의 添辭로서 다음과 같은 용례와 系를 같이하는 特異 形態로 보았기 때문이다.

하ᄂᆞᆯ해서 飮食이 自然히 오나ᄃᆞᆫ 夫人이 좌시고 아모ᄃᆞ라셔 온동 모ᄅ더시니
<月釋. 二, 25>

어듸라 더디던 돌코 누리라 마치던 돌코 <靑山別曲>

比丘ㅣ 어드러셔 오뇨 <釋詳. 十九, 30>

妙房이 釋迦란 보ᅀᆞᆸ고 多寶란 몯 보ᅀᆞᆸ다ᄒᆞ니 <月釋. 十八, 81>

이밖에도 '어드리, 아ᄆᆞ리' 등 이와 同系로 추정되는 것들이 있으나, 이 '라'는 극히 한정된 凝縮形으로 남아 있을 뿐 일반성을 잃은 것임에 틀림없다. 이에 대한 검토는 별도로 있어야 할 일이겠지만, 이상의 근거만으로도 '-라'가 定動詞語尾 {-다/라}가 아니라는 것은 확실하다. 나아가 '(ᄋᆞ/으)라'가 實在하는 것만으로도 그것은 反證된다. 그리하여 '-이라'는 [主格 '-이'+添辭 '-라'], '-ᄋᆞ/으라'는 [(-ᄋᆞ/으-) 添辭 '라']가 됨으로써 그 뒤에 {-과/와}를 취할 수 있는 것이다. 결국 이것은 [格接尾辭(CM)+＿]로서 [＿+格接尾辭(CM)]의 逆 構成이 된다.

$$[[N(NP)\_]^n \; ; \; N(NP)^n(\_)+CM+(\_)]$$

다음은 여기에 덧붙여 {-과/와}와 체언이 통합하는 어열의 문제는 아니지만, 變則的인 굴절 방식을 취하는 이른바 특수 명사라 하더라도 {-과/와}와 통합할 경우만은 異例的으로 온전한 規則性을 지켜내고 있는 현상이 눈길을 끈다. 가령, '나모'와 '낡', 'ᄒᆞᄅᆞ'와 '홀ㄹ' 등, 일련의 非自動的 交替形을 가지는 명사가 {-과/와}와 통합할 경우는 예외없이 규칙적으로 '나모와, ᄒᆞᄅᆞ와…' 등으로 되는 사실이다. 이와 같은 交替의 조건은 단독으로 쓰였을 때나 자음으로 시작된 후치사의 앞, 그리고 {-과/와}의 앞에서는 단독형의 '나모, ᄒᆞᄅᆞ…'로 나타난다고 규정되나, 이 가운데 {-과/와} 앞에서 굳이 단독형을 요구하는 까닭은 쉽게 이해가 가지 않는 부분이다. 여기서 이 문제를 주목하는 이유는 變則 語形 그 자체에 대해 따지자는 데 있지 않으며, 비록 변칙이지만 그 하위에서 작용하는 규칙마저도 어기면서 유독 {-과/와}와의 통합만이 단독형을 요구하는 것이 필시 {-과/와}가 가지는 어떤 자질의 간섭 때문에 지워지는 필요 조건이 아닐까 하는 회의 때문이다. 그리하여 이러한 부분의 문제도 {-과/와}의 基本 資質을 암중모색하는 檢證 資料로서 중요한 역할을 할 수도 있을 것이며, 그것은 단순한 형태 문제만이 아니므로 구체적인 검토는 뒤에서 이루어질 것이다.

2. 用言의 接續 構成과 {-과/와}의 分布

용언의 接續 構成을 이루는 어미는 매우 발달하여 다양하게 분화되었으며, '-니'는 그 중의 하나이다. 그런데 이 '-니' 가운데 일부가 그 뒷자리에 다시 {-과/와}를 취하여 통합하는 용법이 있어 {-과/와}의 일반성에 비추어 관심을 끈다. '-니'와 '-니와'는 물론 대립하며 따라서 {-과/와}는 분리 가능하다. 原理的으로는 '-니' 構成의 모든 동사구가 {-과/와}와 통합할 수 있어야 마땅하나, 반드시 그렇지는 않다. 극히 제한된 용례지만, 用言 語幹과 직접 통합한 '-니와'도 없지는 않으나, 주로 이루어지는 구성은 특정의 선어말어미를 개재시키는 조건으로 이루어진다. 따라서 {'-니'와 '-과/와'}의 통합 조건은 '-니'에게 직접 있는 것이 아니라 일차적으로는 그것에 선행하는 특정의 선어말어미와의

制約 關係가 관여하는 것으로 보인다.

여기서는 이러한 가정을 논증하기에 앞서 우선 이들의 分布 特性을 파악해 보기로 한다. '-니'가 지시하는 動詞的 接續의 통사·의미적 기능은 매우 복잡하여 모든 문맥에 일관된 관계를 적용시키기가 어렵거니와 다음과 같은 용례에서는 '-(으)니… (으)니 ㅎ—' 構成으로 動詞句 竝置가 이루어지는 사실을 확인하게 된다.

(4) 그 後에ᅀᅡ 외니 올ᄒᆞ니 이긔니 계우니 홀 이리 나니라 <月釋. 一, 42>
    一切天과… 人非人等이 다 모다 길 잡ᄉᆞᆸ거니 미조ᄍᆞᆸ거니 ᄒᆞ야 ᄂᆞ려 오시더라
    <月釋. 卄一, 203>

이것은 動詞句 竝置라 하여 어휘 범주가 다를 뿐, 名詞의 경우와 같은 관계가 작용하고 있을 가능성이 예측되지만 역시 부분적으로는 명사구 병렬의 {-과/와}와 동질의 용법을 가졌다 하기 어려워, 가령 {-과/와}로써 竝列 可能한 어항의 無制限性과는 달리 대체로 '-니'로써 竝置 可能한 어항은 相反 關係에 있는 두 어항의 對稱的 竝置라는 제약이 작용하는 것도 그것의 한 측면이다. 그러나 形式論理上으로는 '-니'가 動詞句 竝置의 기능을 담당할 개연성은 충분히 인지된다 할 수 있다.

(5) 이 말 니르싫제 十方無量分身諸佛이 寶樹下 師子座上애 안자 <u>겨시니와</u> 多
    寶佛와 上行等無邊阿僧祇菩薩大衆과 舍利弗等聲聞四衆과 一切世間天人
    阿脩羅等이 부텨 니르샤ᄆᆞᆯ 듣ᄌᆞᆸ고 다 ᄀᆞ장 歡喜ᄒᆞ니라 <月釋. 十八, 20>

'-니'가 다시 {-과/와}와 통합하는 데 관여하는 조건이 '-니'의 문제만이 아니라, 그 앞의 선어말어미 '-거/나, 가, 아/어-'와 共起 關係를 이룬다고 할 때, 위의 용례 '…안자 겨시니와'는 분명히 이례적인 통합형이다. 그러나 만약 여기의 {-과/와}가 名詞句 竝列의 것과 같은 형태 범주의 것이라면 오히려 (5)의 통합형은 합리적5)이고, 따라서 생산적이었을 터인데 그 용례가 零星한 것은 무슨 이

─────────

5) 예시한 (3)의 용법으로 미루어 {-과/와}는 일부 副詞格을 前置하는 통합의 논리를 가지거

유가 있을 것이다. 가정되는 이유 중 하나는, 비록 同形을 이루는 {-과/와}이지만, 그것은 각기 다른 범주의 두 형태소로서, 그렇기 때문에 그들의 分布 條件도 各異하다는 이유이고, 다른 하나는 본시 {-과/와}는 하나의 형태소로서 竝列的 接續 關係의 기능을 가질 뿐 先行語句의 어휘 범주 제약은 받지 않던 것인데, 점차 動詞句 統合形이 일반성에서 벗어나 특수화되면서 그것이 폐쇄적인 慣用形으로 굳어져 형태적인 불구성을 가지게 되었다는 측면이다. 여기서 굳이 '-니와'를 거론하고, '-와'를 분리하여 {-과/와}와의 관련을 따지는 것은 전적으로 후자의 관점을 적용하여 분석하려는 것이지 전자의 관점에 설 경우는 그럴 이유가 없다. 그러므로 다음에 예시하는 일반적인 통합형보다는 (5)의 통합 구성이 이러한 관점의 근거를 확보하는 데는 오히려 시사하는 바가 크다. 그러나 일부 드물게 보이는 (5)의 예를 빼면, {-과/와}는 반드시 선어말어미 '-거/나, 가, 아/어-'를 가지고 통합하는 '-니'에 한하여 접미되는 것이 특징이다.

      (6)- ⅰ) 뭀 사ᄅ미 오히려 讀誦을 어려비 너기거<u>니와</u> 우리 나랏 말로 옮겨 써 펴면 <月釋. 序, 23>
             처섬브터 마ᄎ뼈 證ᄒ야 가져오<u>나니와</u> <金剛三. 二, 57>
        ⅱ) 듣줍고 깃거ᄒ<u>가니와</u> <月釋. 八, 93>
        ⅲ) 國人ㅅ疑心이 ᄒ마 업서<u>니와</u> <月印. 上, 137>
             ᄒᆫ 願을 일우면 져그나 기튼 즐거부미 이시<u>려니와</u>[6) <月釋. 二, 5>
             그 스싀예 고텨 드외요믈 ᄯ또 열희옴 그슴ᄒ<u>야니와</u> <楞嚴. 二, 6>

    {-과/와}는 用言接續句構成의 어말어미 가운데서 '-니'와만 통합하며 따라서 '-니'는 이례적으로 體言竝列句構成의 접미사 {-과/와}를 덧붙여 '-니와'를 이룬다고 할 수 있다. 그리고 이것을 제약하는 조건은 1) 원칙적으로 '-니와'가 어간과 직접 결합할 개연성과 예증도 있으나((5)의 예), 그 빈도는 낮으며, 2)일반적으

    니와, 이 자질을 확대 적용할 때 부사어적인 기능에 있어 공통성이 인지되는 이유에서 모순되지 않는다.
6) 이 {-려니와}는 '-리-어-니-와'로 분석되어, 역시 '-어니와'의 통합형이며, 이와 혼동하기 쉬운 것으로 '-리-거/어-니-와'가 있으나, 이것은 대체로 '-려-'로 축약하지 않는 '-리어니와'로 나타나 구별을 유지하였다.

로 '-니와'는 그 앞에 선어말어미 '-거/나, 가, 아/어'를 가진 용언 어간과 통합하는 특징이 있다. 결국 이들의 구성은 다음과 같이 개괄된다.

$$[[Vst.+(X)+\begin{Bmatrix}\phi\\ 거/나\\ 가\\ 아/어\end{Bmatrix}+(X)+니]\_]$$

Ⅲ

{-과/와}의 統辭·意味的 機能

근래 {-과/와}의 文法性에 대한 반성과 검토가 再論되는 것은 역시 이것의 重義性에 연유하여 일어나는 당연한 추세라 하겠다. 이것은 문맥상의 분포적 특성으로 인해 {-과/와}의 통사·의미가 다르게 지시되는 현상에서 기인한다. 물론 일찍부터 이 문제는 현안의 대상이 되었지만 대부분 重義의 해결은 접어둔 채 의미 기능에 드러나는 차이를 자질로 인정하고 그 자질에 따라 각기 다른 범주의 문법 단위로 규정하여 기술하는 데 그쳤다. 그리하여 {-과/와}는 적어도 '格'과 '接續'이라는 두 가지 기능 범주에 배당되는 異義語的 특성을 가지게 되는 데 대하여 이의없이 당연한 것으로 받아들인다.[7]

이에 대하여 본고는 깊은 회의를 가질 뿐만 아니라 표출된 {-과/와}의 착종성

---

7) 崔鉉培의 '토씨'(助詞) 分類에 나타난 {-과/와}의 처리를 대표적으로 볼 때, (1) 자리토씨(格助詞)의 하나인 어찌자리토에 속하는 견줌자리(比較格助詞)와 함께자리(與同格助詞)에다가 '하고'와 더불어 '-과/와'를 넣는 한편, (2) 자리토씨와 같은 계층에서 分枝된 이음토씨(接續助詞) 가운데 낱말이음토(單語接續助詞)로서 '-ㄹ/이고, 며/이며, 랑/이랑, 하고, 하며, 에' 등과 함께 {-과/와}를 포함시켰다. 결국 분포나 통사의 문제를 논외로 한다면, {-과/와}는 比較格, 與同格, 그리고 單語 接續의 조사로 배당되어 마치 3役의 일을 안고 있는 꼴이 되는 것이다.
許雄(1975)도 이에 준거하여 분석하였으며, 李翊燮·任洪彬(1983)도 대체로 이를 수용하고 있다. 그런데 어떤 경우는 소위 接續助詞가 부담하는 기능을 오히려 共同格(Comitative)의 본유적인 것으로 인식함으로써 그것까지를 格範疇에 포괄하여 共同格 혹은 共格으로 처리함에 따라 매우 다른 체계를 이루기도 한다. 이와 같이 {-과/와}의 문제가 의외로 복잡한 착종성을 빚는 것은 바로 {-과/와}가 내재하고 있는 특성 때문이다.

은 반드시 극복된다는 가정을 논증해 내는 일이 되겠지만, 우선은 {-과/와}의 의미 기능에 있어 부분적으로 겹치거나, 구별되는 관계가 있는 것이 사실이며, 그것을 귀납하여 추상할 경우, 그 기능은 역시 格과 接續 關係로 기술된다는 것을 잠정적인 기반으로 하여 逐條 檢討해 보기로 한다.

　體言은 일정한 통사 의미를 부여받기 위하여 굴절을 하거니와 {-과/와}는 그 屈折語尾表의 한 성원이며, 따라서 문구성의 계층적 과정에서 체언과 통합하여 일정한 통사·의미를 지표한다. 그것은 곧 {-과/와}의 문법적 자질이라 할 수 있고, 그것이 지표하는 일차적인 자질은 체언을 병렬적으로 접속하는 기능이다. 다시 말해서 이 {-과/와}는 문중에서 동일한 격관계를 이루는 여러 체언들의 내부적 관계를 지표할 뿐이다. 그렇기 때문에 {-과/와}로써 竝列 接續된 체언들은 성분상 同格語 構成을 이루어 그들이 다른 성분들과 어떠한 관계를 가지느냐 하는 것은 별도로 格指標의 절차가 있어야 하는 것이다. 이것이 바로 앞에서 {-과/와}의 형태론적인 분포가 다른 문법적 격접미사들의 경우와는 판이하게도 그 뒤에 다시 격접미사를 원칙적으로 가지거나,8) 혹은 특정한 일부의 후치사, 또는 격접미사를 그 앞자리에 취할 수도 있는 특성을 부여받은 중요한 근거다.

　형태의 분포 특성은 의미 기능을, 그리고 의미 기능은 분포 특성을 전제로 하면서 서로 상응하는 관계를 이룬다고 할 때, {-과/와}의 분포는 그것이 기능과 무관하지 않을 뿐만 아니라, 분포가 곧 기능의 객관적 징표라 해도 지나치지 않을 것이다.

　이와 같은 구성의 논리를 역으로 풀면, 결국 {-과/와}는 格을 지표하는 형태소가 아니라는 命題에 이른다. 한편 이것은 동일 문맥에 있는 동일 체언에게 배당되는 格은 하나뿐이라는 규칙에 의해서도 보장을 받는다. 그리고 중세 후기의 일반적인 용법이 병렬 구성의 終端 語項인 체언까지도 {-과/와}를 갖도록 하는 것이 지배적이라는 사실도9) {-과/와}의 고유 기능으로 보아 그 적정성이 확인된다.

---

8) 몇 개의 체언들이 {-과/와}로 이어지는 구성일 경우, 맨 끝에 온 체언항에서 이 통합은 이루어진다. 그러나 그 格은 병렬된 모든 체언항에 같은 값으로 배당된다.

9) 중세 후기만 해도 이러한 특성이 우세하게 나타나나, 점차로 終端 語項의 {-과/와}는 매몰되는 추세로 변화한다. 그리하여 직접 격접미사를 붙이게 되지만, 물론 매몰된 {-과/와}는 복원 가능하다.

결국, 중세 후기에 나타난 {-과/와}의 분포 특성에서 유도되는 사항들, 즉 1) 원칙적으로 {-과/와}는 그 뒷자리에 格接尾辭를 갖는다.[10] 2) 일부 일정한 격 또는 후치사는 체언과 {-과/와} 사이에 개재할 수 있다. 3) 1)과 2)는 統辭 意味가 같다. 4) {-과/와}에 의해 이루어지는 並列 構成의 終端 語項도 {-과/와}를 취한다. 5) 先行 語末 母音의 대립을 조건으로 하는 異形態를 갖지 않는다는 등의 여러 조건은 한결같이 {-과/와}가 격지표의 형식이 아니라는 것을 보장하는 데 유효하다. 다시 말해서 {-과/와}는 동일한 통사 의미로 되는 여러 체언들을 내부적 관계로 並列 接續할 뿐이지, 그밖의 어떠한 動詞項과의 지배나 피지배의 관계를 나타내지는 못한다. 그 지배 관계의 표시는 별도의 형태론적 절차에 의존한다.

이로써 우리는 흔히 共同格 혹은 共格, 同伴格, 羅列格 등으로 불리어 관념화되어 있는 잘못을 적어도 중세 후기어의 문법 현실에서는[11] {-과/와}의 本有的인 자질을 바르게 인식하는 수정이 불가피하게 된다.

{-과/와}가 격접미사가 아니라는 것은 자명하거니와, 그러면 그것은 어떠한 문법 단위로 규정되는가가 문제이다. 필자는 이것을 체언이 문성분을 이루는 데 나타나는 특수한 유형으로 이해하면서 체언의 並列句 構成의 문법 요소로 규정하며,[12] 굳이 분류한다면 후치사(특수조사, 보조사)의 일종으로 보는 견해를 가

---

10) 때로는 {-과/와}만으로 語末 構成을 이루는 용례도 있다.

　　　　果實와 믈와 좌시고 <月釋. 一, 5>

　　　　龍과 鬼神과 爲ᄒ야 說法ᄒ더시다 <釋詳. 六, 1>

　　그렇다 하더라도 {-과/와}가 직접 格을 지표하는 것은 아니며, 동사구 구성 내의 格支配 관계에 따라 주어지는데 이 때 형태는 영범주로 나타나는 것일 뿐이다. 따라서 그것은 복원 가능하다.

11) 현대어까지도 일관된 논지로 적용되는 것이 원칙이나, {-과/와}가 겪은 그간의 변화를 감안할 때 유보해 두기로 한다. 그것은 {-과/와}의 용법의 다른 하나의 측면을 의식하기 때문이다. 중세 후기어에서도 '견줌자리토씨'(대비격조사)(許雄:1975)라 하여 '연결토씨'와 따로이 助詞를 인정하는 경우도 있으나, 이것의 부당성은 뒤에서 논의될 것이다. 그러나 그 부당성이 오늘에도 적용될지는 상당한 검토가 있어야 하겠기 때문이다.

12) 李崇寧(1961)은 역시 이러한 문제에 대하여 깊은 회의를 제기한다. {-과/와}를 共同格으로 규정하지만, 註에서 다음과 같이 첨언하고 있다. "共同格(Comitative)이라고 하면 본시 同伴格의 機能을 말함이어서 {-과/와}는 차라리 羅列格이란 述語가 妥當할 것이나, 從來의 慣習에 따라 그대로 共同格이라고 하여 둔다. 事實인즉, Comitative는 '-과로, -와

진다.

여기서 竝列句는 體言句, 用言句… 등과 함께 같은 문법적 계층 가운데서 구별되는 하나이며, 句階層 자체는 문의 직접 성분이 되지 못하지만, 그러나 단어 계층도 물론 아니다. 국어의 문법 형식들의 계층적 기술은 상찰이 요하는 문제이거니와 다만 결과론적으로 말한다면, 여기서의 句는 文의 직접 성분, 이것을 文節이라 할 때 文節에 직접 포함되는, (따라서 文節이 아닌) 單語가 아닌 文法 形式, 즉 文節과 單語의 中間 階層에 드는 문법 형식을 두고 이른다. 따라서 句는 일정한 통사의미를 부여받아서 文節이 된다고 할 수 있고, 竝列句의 경우, 그것은 일정한 격접미사를 다시 취하는 절차를 거쳐 이루어진다. 물론 文節과 句, 句와 句 사이의 包含, 被包含 등 여러 가지 문제가 복잡하지만, 이와 같은 계층적 분석에 준거하여 도출된 竝列句와 {-과/와}의 문법적 자질은 정확하게 맞아 떨어지는 것이다.

병렬은 접속의 한 방법이다. 체언의 병렬적 접속의 특징은 접속하는 여러 체언들이 동격이므로 의존 관계가 성립하지 않으며, 접속된 전체가 제3의 文法要素에 이어지는 절차는 竝列의 끝자리에서 포괄적으로 표시될 뿐, 접속되는 체언 사이에서는 접속의 기능만이 표현되는데 그 일을 {-과/와}가 담당한다.

그런데 이와 같은 {-과/와}의 규범성이 지켜지기 위해서는 극복해야 할 문제가 있다. 사실은 이 문제가 {-과/와}를 하나의 범주로 묶는 일에 엇갈리면서, 가로막는 주요인이기도 한 것이다. 그것은 {-과/와}가 전술한 대로 竝列 接續의 문법 형태일 뿐만 아니라, 그것과는 다른 系의 이른바 共同格, 同伴格(與同格), 比較格 등으로 불리는, 즉 동사구 구성 내에서 '-와 함께' 또는 '서로'의 의미를 지표하는 별도의 문법 형태로 기술된다는 것이다. 결국 이렇게 될 때 {-과/와}는 각기 다른 통사 의미를 가지는 同音異義의 두 형태소라야 하는 것이 된다. 가령, 다음과 같은 예에서 {-과/와}는 순수한 병렬적 접속의 기능으로 볼 수 없다는 것이 그 근거이다.

로'가 맞는 것이고, '-과, -와'는 소위 Bindewort란 Poppe式 述語가 더 近似할 것이다. 이것은 이미 {-과/와}의 착종성을 확인하는 한편 그것을 푸는 방향도 바로 제시해 주는 것으로 본 논지의 기반이 된다.

(7)- ⅰ) 七寶로 이러 이쇼미 또 西方極樂世界<u>와</u> 곧ᄒᆞ야 <釋詳. 九, 11>
　　　　楊雄의 집<u>과</u> 가줄비ᄂᆞ니 <杜初. 七, 1>
　　　　一切有情이 나<u>와</u> 다ᄅᆞ디 아니케ᄒᆞ오리라 <月釋. 九, 14>
　　　　늂양ᄌᆞᄂᆞ 아힛 時節<u>와</u> 엇더뇨 <楞嚴. 二, 5>
　　ⅱ) 請으로 온 예<u>와</u> 싸호샤 투구 아니 밧기시면 나랏小民을 사ᄅᆞ시리잇가
　　　　 <龍歌. 52>
　　　　日光 낧 저긔 어드봄<u>과</u> 어우디 아니ᄒᆞᄂᆞ니 <月釋. 十八, 48>
　　　　房杜<u>와</u> 다 사괴더니라 <杜初. 八, 54>
　　　　天<u>과</u> 혼디 잇ᄂᆞ니라 <月釋. 一, 34>

위의 여러 문맥의 {-과/와}는 병렬 접속의 비의존 관계에 나타날 경우와는 다르게 동사구 구성 내의 지배 관계의 영향하에 놓여 '-와 함께', '-와 너불어' 혹은 '서로'의 의미를 가지면서, 소위 比較格((7)-ⅰ)의 예), 同伴格 또는 與同格((7)-ⅱ)의 예)의 기능을 지표하는 것이라야 文理에 맞는다는 해석이다.

그러나, 중세어의 용법이 매우 변화된 모습으로 나타나는 현대어의 피상적인 직관으로는 혹시 그 타당성이 용인될는지 모르겠으나, 적어도 중세 후기어의 문법적 상황에 서서 보면, 역시 {-과/와}는 본유적인 竝列 接續의 句構成에 관여하는 하나의 형태소일 뿐, 그 자체로서는 어떠한 格의 기능도 부여받지 못한다는 논지를 바꿀 수 있는 반증들이 있다.

우선 '곧ᄒᆞ-'의 지배하에 있는 명사항이 어떠한 형태를 접미하고 있나를 살펴보자.

(8)- ⅰ) ᄃᆞ리 즈믄 ᄀᆞᄅᆞ매 비취요<u>미</u> 곧ᄒᆞ니라 <月釋. 一, 1>
　　　　부텨는 醫師ㅣ 곧ᄒᆞ시고 敎는 醫方<u>의</u> 곧ᄒᆞ시고 <月釋. 十七, 16>
　　　　法이 펴디여 가미 믈 흘러 녀<u>미</u> ᄀᆞᄐᆞᆯᄊᆡ <釋詳. 九, 21>
　　ⅱ) 商德이 衰ᄒᆞ거든 天下ᄅᆞᆯ 맛ᄃᆞ시릴ᄊᆡ 西水ㅅᄀᆞᅀᅵ 져재 곧ᄒᆞ니 <龍歌. 6>
　　　　짰기르미 나니 마시 수을 곧더라 <月釋. 一, 43>
　　ⅲ) 衆生 利케 ᄒᆞ샤ᄆᆞᆫ 如來<u>와</u> 곧거니와 오직 如來ᄂᆞ 生死流ᄅᆞᆯ 거스려 나샤
　　　　衆生<u>과</u> 곧ᄒᆞ시고 <月釋. 二, 61>

‘ᄀᆞᆮᄒᆞ-’는 ⅰ)과 같이 주격의 ‘-이’와, ⅱ)와 같이 零形態, 그리고 ⅲ)과 같이 {-과/와}와 통합하는 세 가지 구성이 공존하며 이것들 사이의 통사의미는 같은 관계의 것으로 검증된다. 그리고, 특히 이들 가운데에서도 ⅰ)이 당시의 규범적 문법 형식인 데 대하여는 이미 잘 알려진 사실이지만 이례적인 통사의미를 지배하던 것으로, 본시 ‘ᄀᆞᆮᄒᆞ-’는 주격형을 그 동사구 구성에 있어 지배하는 것이었다. 따라서 ⅱ)의 ‘져재’, ‘수을’이나, ⅲ)의 ‘如來와’, ‘重生과’의 어말에는 주격형 ‘-이’를 상정할 수 있을 뿐만 아니라, 그것의 복원형 ‘져재(이), 수을(이), 여래와(이), 중생과(이)’의 개연성도 충분히 유도해낼 수 있다.13) 그렇기 때문에 ⅲ)에서처럼, 비록 ‘…如來와 ᄀᆞᆮ거시니와, …衆生과 ᄀᆞᆮᄒᆞ시고’로서 그 실현형이 ‘-와, -과’라 하더라도 내재적 실재형은 ‘…如來왜 ᄀᆞᆮ거시니와, …衆生괘 ᄀᆞᆮᄒᆞ시고’가 되어야 마땅하다는 遡及論까지도 무리가 없다.

여기서 이 문제를 제기하는 까닭은 이러한 실태, 그 자체보다도 이 사실을 근거로 할 때 겉에 나타나 있는 그대로의 {-과/와}만을 보고 그것을 소위 比較格 등으로 직접 규정하는 것은 사실과 다르다는 것을 지적하기 위해서이다. 이것은 {-과/와}가 어원적으로 직접 동사구 구성 내에 관여할 수 없기 때문에 필요할 때는 원칙적으로 별도의 곡용 형태소를 가지는 특성과도 부합한다. 다시 말해서 ‘ᄀᆞᆮᄒᆞ-’가 지배하는 것은 主格形이지, 결코 {-과/와}가 아니라는 것이다. 이 논거를 한층 굳히는 것으로 다음과 같은 검증도 가능하겠다.

　(9) ᄆᆞᅀᆞ미 境과 사화(心與境用) <釋詳. 九, 14>

여기서도 물론 文意가 바뀌지 않는 조건에서 ‘ᄆᆞᅀᆞ미’의 ‘-이’와 ‘境과’의 ‘과’를 서로 바꾼 ‘ᄆᆞ슴과 境이 사화’로 하더라도 아무 충돌도 일어나지 않는 원리는 역시 交互性을 가지는 對稱動詞가 직접 지배하는 격형식은 {-과/와}가 아니라는 것을 확인하게 한다.14) 다시 이것은 ‘ᄆᆞ슴과 境괘 사화’로 환원시키더라도 그

---

13) 가령 다음과 같은 예에서 ‘象이 ᄀᆞᇀ시매’와 ‘象 ᄀᆞᇀ시매’의 同義性에서 ‘象이’=‘象’ ; ‘이’=‘∅’가 도출되는 것 등, 이들의 방증 자료는 많다.

　　열ᄒᆞ나차힌 몸 오ᄋᆞ로 도라보샤미 **象**이 ᄀᆞᇀ시매 <月釋. 二, 56>

　　스물닐굽차힌 **擧動**ᄒᆞ야 ᄃᆞ니샤미 **象** ᄀᆞᇀ시며 <月釋. 二, 57>

적격성은 확보된다. 이러한 관계는 대표적으로 '곹ᄒ-'의 경우를 주목했을 뿐이지만 이것은 확대 적용이 가능하며, 이른바 對稱動詞가 직접 지배하는 {-과/와}의 경우 나타나는 일반적인 속성이다.

(10) 이숌과 업숨괘 다른디 아니홀씨 <月釋. 二, 53> ∽ 내 受와 달오라 혜며 <法華. 一, 189>
    眞과 俗괘 어울며 智와 悲왜 혼 가지에 홀 씨 이 일후미 廻向이며 <月釋. 二, 61> ∽ 日光 낧 저긔 어드봄과 어우디 아니 ᄒᄂ니 <月釋. 十八, 48>
    請으로 온 예와 싸호샤 <龍歌. 52>
    房杜와 다 사괴더니와<房杜俱交友> <杜初. 八, 54>
    請드른 다대와 노니샤 <龍歌. 52>
    楊雄의 집과 가줄비ᄂ니 <杜初. 七, 1>

이러한 일련의 {-과/와} 구성에서 이끌어내어지는 규칙은 {-과/와}의 통사의 미적 기능이 결국 體言 接續을 이루는 병렬구 구성의 내부 관계를 지표한다는 앞서의 가정을 확인하는 데에 이르게 한다.

이 사실들은 {-과/와}가 동사적 구성 내에서 지배받는 格을 지표하는 形態部가 아니라는 것을 확인하고도 남는다. 따라서 {-과/와}는 竝列句의 內部的 結束에 작용하는 連結辭(Bindewort)일 뿐, 竝列句를 이끌어 보다 상위층의 문법 관계에 결속시킬 수 있는 자질은 본유적으로 없었다. 여러 개의 병렬구로 이루어지는 접속일 때 마지막 병렬구까지도 '體言+과/와' 구성을 취했던 관용은 우연히 생긴 일이 아니라는 이유도 여기에 있다. 뿐만 아니라, '-라와'의 '-와'도 여기에서 벗어나지 않음을 물론이고, 훨씬 소원하게 느껴지는 용언의 接續法語尾의 하나인 '-니와, -거/어니와, -려니와' 속에 있는 분리 가능한 '-와'도 같은 맥락의 논리로 그 통합의 합법칙성이 획득된다고 하겠다.

이상의 논의들의 結集은 결국 가정으로 전제했듯이 중세 후기어 문법에서의 {-과/와}는 그것이 추상적이든, 아니면 구체적이든 간에 격범주의 굴절 형태소가

---

14) 만약 그렇지 않다면, '深山에 드러 果實과 믈와 좌시고 <月釋. 一, 5>'와 같은 많은 例에서 '믈와'의 '-와'는 比較格, 同伴格, 與同格이 아니라 무엇이라 할는지 난감하다.

아니라는 것이 확실하다는 데 모아지며, 따라서 이것을 共同格이니 同伴格, 與同格, 또는 比較格 등으로 규정함으로써 {-과/와}를 多義的 模糊性이 있는 형태로 남게 한 기왕의 주장들은 시정되어야 마땅할 것이다.

IV

이것은 체언의 곡용어미들 가운데 별로 눈길을 끌지도 않았거니와, 기왕의 전통적인 관용으로 굳혀져 있는 것 중의 하나인 {-과/와}에 대하여 기본적으로 재검토하는 일이었다. 특히 {-과/와}의 본질을 보다 연원적으로 파악하기 위해서도 중세 후기어에 나타난 문법 실태만을 대상으로 하였다. 그리하여 유도할 수 있었던 성과는 역시 종래의 관용과는 달리 {-과/와}는 形態와 統辭 意味에 있어 각각 단일 범주에 속하며, 따라서 이들 사이에는 1對1의 대응 원칙이 적용한다는 규범을 확인한 것이었다.

결국, {-과/와}는 어떠한 범주의 格이 되든 格을 지표하는 곡용 형태소는 아니라는 것과 여기에 입각하여 국어 문법에서 특수하게 설정해야 할 체언의 접속 구성에서 그 단위 형식이 되는 병렬구의 실재와 그것을 이루는 형태, 즉 連結辭의 자질을 {-과/와}의 형태론적인 분포와 통사의미의 측면에서 확인하게 되었다. 이와 같은 논증의 과정을 간추려 정리하는 것으로 맺는 말로 한다.

{-과/와}로써 구성하는 竝列句는 체언과 용언이 두루 가능하다. 그러나 거기에는 각기 다른 분포의 특성이 작용한다.

체언의 병렬 구성의 경우, {-과/와}와 통합하는 先行語 條件은, 1) 모든 체언(N) 또는 補文 構成의 명사구(NP)에 적용되며, 2) 竝列 語項의 수는 제한이 없다. 3) 竝列의 每 語項마다 {-과/와}를 접미하며, 4) 竝列의 終端 語項도 이에 준할 뿐만 아니라, 여기에는 다시 격접미사(CM)를 취한다. 그리고 특수한 경우, {-과/와}와 격접미사의 결합 관계는 가역적일 수 있다.

다음 용언의 경우는, 1) 용언의 接續法語尾 '-니'의 뒤에 한해 {-과/와}는 통합한다. 2) 뿐만 아니라, 어간과 '-니' 사이에 개재하는 선어말어미의 제약을 받는데, 즉 '-거/나, 가, 아/어-'와 통합한 '-니'에 한한다.(일부 '語幹+니와' 구성도 보이나, 그럴 경우 竝列 語項의 수는 제한되며, 일반성에서 벗어난다.)

　이와 같은 {-과/와}의 분포 특성을 기초로 하면서 이것의 통사의미를 따지어 규정하면, 1) {-과/와} 자체는 어떠한 格의 기능도 부여받을 수 없으며, 2) 따라서 格은 별도의 격지표의 절차에 의해 竝列 接續 構成 內의 每 語項에 동일하게 배당된다. 3) 그러므로 {-과/와}는 격접미사가 아니다. 4) {-과/와}의 본유적 자질은 체언을 병렬구 구성으로 접속함을 지표할 뿐이며, 우리는 이것을 일종의 後置詞, 혹은 連結辭(Bindewort)로 잠정 규정한다.

　국어의 文構成의 문법적 계층에 있어 竝列句, 즉 句層位의 분석 문제는 통사 구조의 체계 인식에 관련되는 문제이다. 본고는 文構成의 직접 성분의 층위를 文節이라 함에 따라, 單語와 文節 간에 想定되는 또 하나의 中間 層位를 句로 규성하였으며, {-과/와}는 그 중 接續·竝列句 構成의 내부적 관계를 지표하는 형식으로서 본유적으로 竝列句를 이끌어 보다 상위층의 문법 관계에 결속시킬 수 있는 자질은 없으며, 다만 竝列句 내부의 결속에 작용하는 連結辭의 기능을 담당함을 확인했다.

參考 文獻

李崇寧(1961), 「中世國語文法」, 乙酉文化社.
李翊燮·任洪彬(1983), 「國語文法論」, 學研社.
崔鉉培(1955), 「우리말본」, 정음사.
許　雄(1975), 「우리 옛말본」, 샘문화사.

<霽曉李庸周博士回甲紀念論文集, 한샘, 1989>

吐文法의 沿革

Ⅰ. 吐와 토

토에 대한 논의는 일찍부터 있었고 그간 많은 진전과 성과도 있었다. 그런데, 토라고 통칭되는 대상이나 개념은 明示的인 것이 못되어 상당한 혼선을 빚어 왔다. 우선 토라는 말은 기본적으로 다른 두 가지의 대상개념을 含意하는 것으로 쓰인다. 하나는 漢字를 이용한 借字表記法에서 吏讀, 口訣, 鄕札과 함께 제기되는 吐를 뜻하는 것이고, 다른 하나는 토가 실질적으로 지시하는 언어내용, 즉 일정한 문법의 형태범주를 지칭하는 그것이다(이하 이것을 구별하여 앞의 것을 '吐'로, 뒤의 것을 '토'로 표기한다).

이 개념의 정리는 단순히 분별의 의미만이 아니라 이로부터 그들이 속하는 영역이나 접근방법 등도 각각 班列을 달리하기 때문에, 여기서는 그 대상을 미리 제한하여 후자의 '토'에 초점을 맞추기로 한다. 그렇다고 할 때 토는 문법의 대상이 되며, 특히 屈折形態論의 핵심적인 문제로 떠오른다.

말의 표출이 대상과 표현의 대응이 있고서야 가능하고, 표현의 전제가 대상인 만큼, 吐의 출현은 토의 認知가 선행된 표기라는 想定을 유도하는 데 무리가 없다. 따라서, 借字表記法上의 吐의 출현은 상당한 수준의 문법의식이 형성되었다는 증거이고, 엄밀한 개념은 아닐지라도, 말을 構造體로 객관화하여 분석 가능한 부분을 식별한 결과로 나타난 현상이다. 이렇게 보면, 토는 국어의 문법의식이 이루어지는 초기단계부터 일정한 形態範疇를 지시한 문법용어로 규정할 수 있다. 그리고, 그것의 지시대상은 그 범위는 꼭 같지 않으나, 吐나 토 모두가 우리말의 구성에서 첨가되는 接尾部의 형태요소인 것이다. 그러므로 토의 분석 능력은 국어의 구조적 특질이 전적으로 接尾法에 의존하는 형태론적인 절차에 있다는 것을 숙지한 데서 연유하고, 그 능력은 借字表記法이 이루어지는 선행

단계에 이미 축적됐을 것이다. 그렇다고 문법이론의 성립이나 전개를 이런 단계로까지 끌어 올려야 한다는 것은 아니다. 축적된 잠재력에 의해 그것을 표출하는 수단으로 借字表記法을 창안해 실용하기는 했으되, 토 자체에 대해서는 더 이상의 성찰이 이어지지 않았으며, 학문적인 전개도 없었기 때문이다. 그런 가운데서 이 토의 개념은 吐와 혼용되면서 倒錯現象을 빚었고, 그러한 상황은 20세기 초 국어의 초기문법이 이루어지는 과정에서 보인 난맥상이 잘 말해 준다. 그것은 종래의 통속적인 개념과 새로 부여하는 문법용어 사이의 相衝으로, 그것이 지시하는 문법대상과의 대응관계가 여러 가지로 나타난 혼란이었다. 따라서 이 시기의 특성도 우연하게 이루어진 것이 아니라 진작에 그 요인을 잉태하게 된 史的인 脈絡에 의해서만 그 성격을 옳게 규명할 수 있을 것으로 믿는다.

이런 이유에서 이 작업은 토의 개념이 정립되기까지의 과정과 그간에 벌어졌던 일들을 다시 짚어보려고 하며, 그것의 연장선상에서 오늘의 상황을 직시해 보려는 데 목적이 있다. 초기문법에서 토를 규정하고 일정한 형태범주의 문법요소를 가르는 데서 보인 異見들의 문제가 그러하며, 그것이 어떻게 가닥을 잡아갔는지, 그리고 그것이 한 시기의 經過的인 현상으로 그치지 않았으며, 지금까지도 兩大分되어 있는 현실의 문제가 바로 그러한 것이다. 혹자는 이것을 단순하게 보아 文法用語의 선택문제라고 할는지 모른다. 그러나, 이들을 둘러싼 史的인 전통성이나 文法體系를 구성하고 전개하는 데서 갖게 되는 位相 등으로 보아 皮相的인 평가로 지나칠 일이 아니라는 입장에서 본고는 토의 바른 인식을 끌어내기 위해, 그것을 기초적이고 원론적으로 확인하는 성격을 가지기도 할 것이다.

Ⅱ. 借字表記法의 吐와 토의식의 형성

吐에 대한 논의는 주로 漢字를 이용한 借字表記法의 한 대상 측면에서 이루어졌다. 그것은 吐의 유래부터가 吏讀, 口訣, 鄕札과 밀접히 관련된 借字表記의 한 유형이기 때문이다.

吐는 吏讀 등과 함께 이미 그 자체는 신라시대에 실재했던 것으로 확인되지만 그것에 붙여진 명칭이 吐 혹은 吏讀라는 것은 李朝初에 와서야 확인된다. 잘 아는 바와 같이, 吐라는 말은 『世宗實錄』 10년(1428) 閏4月 己亥條의 기사 가운데 처음으로 나타나며, 그러므로 그 語源도 확실치 않다. 그러나, 小倉進平 (1929)가 여러 문헌에서 산견되는 일련의 '吏讀, 吏道, 吏頭, 吏吐'는 同義異音 의 記寫이며, 따라서 '讀=道=頭=吐'의 관계라 하여 결국 吐의 語源을 吏讀 의 '讀'으로 추정한 뒤로 '讀=吐'에 대하여는 별다른 제안이 없었다. 그러나, 安 秉禧(1977)은 '讀=吐'는 수용하되, 비록 '吏讀', '句讀'의 '讀'이 같은 글자지만 吐의 개념과의 대응성을 감안할 때, 그것은 '吏讀'가 아니라 '句讀'의 '讀'이라야 한다는 修正提案을 하면서 吐와 口訣은 同義語라고 했다. 여기에 대하여 南豊 鉉(1979)는 '讀=吐', 그리고 그 '讀'은 '句讀'의 '讀'이라는 견해는 安秉禧(1977) 과 같이 하였으나, 吐와 口訣이 동의어라는 주장에는 이의를 제기했다. 그것은 口訣을 鄕札, 吏讀와 대등한 개념으로 보아야 한다면서, 그들간의 차이는 언어 적 표현양식의 문제인 데 반해 吐는 鄕札, 吏讀, 口訣에 공용되는 표기양식이 라고 했다. 결국 鄕札, 吏讀, 口訣과 吐의 관계는 '表現'과 '表記'의 문제로서, '표기'는 '표현'의 수단인 만큼 모든 '표현'에서 실현되므로 이들이 속하는 층위는 각각 다르다는 것으로 이해된다.

(1) 우리는 앞에서, 이들의 관계가 어떻든, 그것이 借字表記法의 문제라면, 본고의 일차적인 대상에서는 논외로 한다고 했다. 그렇다고 할 때, 흔히는 뒷전 으로 밀려 있는 문제로 이들이 지시하는 언어적 대상이 무엇이냐 하는 문제가 떠오른다. 다 아는 일이나, 재확인하는 뜻에서 巨視的으로 규정한다면, 그들이 표기든 표현이든 간에 그 언어적 대상은 고유한 우리말이라는 것과, 그 중에서도 문법적 구성을 이루는 특수한 부위의 형태요소만이라는 특성을 지적할 수 있다. 다시 말해서, 鄕札, 吏讀, 口訣 그리고 吐로써 나타내지는 부위의 언어요소는 모두 漢字, 漢文이 아닌 고유어이며, 특히 그것은 단어가 형태론적으로 확대될 때에 덧붙이는 요소라는 말이다. 이에 대하여, 이미 앞에서 吐의 경우를 들어 어 떠한 표기법이냐 할 때의 吐라는 것과 어떠한 문법요소냐 할 때의 토는 엄격히 구획되어야 하며, 그것을 각각 '吐'와 '토'로 구별하여 摘示한 바 있다. 바로 여기

에 거론한 것은 그 중 '토'의 문제다. 그러므로 이 부분은 이 논고와 직접 관련하는 중요한 의미를 가지며, 위에서 살핀 내용과는 영역이 다르다.

小倉進平(1929)는 '吐'를 논증하는 가운데서 '토'에 대하여 "朝鮮語의 助動詞, 助詞 등을 의미하는 것"(p.276)이라 했으며, 南豊鉉(1979)는 "이 韓國式句讀處에 들어가는 機能語를 '讀'와 관련시켜 t'o(to) 또는 t'u(tu)라고 말하였고, 이것을 音假字로 표기한 것이 '吐'라고 추정"(p.154)한다고 했다. 여기서는 보다 정밀한 記述은 留保하거니와 대체로 토의 특성을 집약할 수 있는 기반은 이러한 데 있을 것이다.

(2) 그런데, 이러한 토의 自覺이 (口訣이 먼저냐 吐가 먼저냐 혹은 동시냐 하는 문제는 차치하고) 客觀化되는 시대나 상황은 추정할 뿐이지 구체적으로 논증하지는 못한다. 그러나 아득한 시대에 이미 토에 대한 의식이 있었다는 것은 위의 사실로 미루어 입증되거니와, 이것만으로도 토의 문제는 우리 文法史나 學史에 있어서 중요한 의미를 가진다. 그것이 비록 체계적인 이론을 갖춘 것은 아니라도 국어를 構造의 대상물로 인식하여 분석적인 시각으로 보았다는 문법적 의식이 토의 자각으로 이어질 것이기 때문이다. 이것을 逆으로 보면, 토는 우리말이 성질이 다른 일정의 구성요소들의 결합으로 이루어지며, 내부적으로는 구조라는 특성으로 통합되어 있다는 의식이 형성되는 첫단계에서 분석된 문법형태였다고 할 수 있다. 그러므로 토는 우리 문법에서 최초로 분석된 형태개념인 동시에 최초의 문법용어가 된다.

이러한 자각이 우연히 일어났을 리는 없으며, 그것은 역시 언어적 계통이나 구조가 다른 한자, 한문과의 접촉이 있으면서 두 언어의 대조는 불가피했을 것이고, 그것은 필연적으로 서로의 차이점을 가리어 대응시키려는 省察이 있었으리라는 추리에서 그 원인을 찾을 수 있을 것같다. 우선은 한자가 1字 1義로 대응하는 특성과 그것을 단위로 하여 문구성을 이룰 때의 語順이나, 또는 구성단위들의 결합관계를 指標하는 방식이 전혀 다르다는 異質性을 깨닫는 단계가 상정된다. 그 단계에서 자연스럽게 자신들의 언어를 돌아보게 되었고, 그러한 對照의 과정에서 두 언어 사이에 개재하는 가장 현격한 차이, 즉 특질로 떠오른 것이 바로 토였다고 보인다. 결국, 한자, 한문과의 접촉은 뜻밖에도 우리말을 構造的으로 인식하게 한 동기가 되었고, 나아가 그것을 분석적이고, 결합적인 관계의 조직으로 이해하는 시발점이 되기도 했다.

이와 같은 단계에서 파악된 토는 각기 다른 하나하나가 한 덩어리의 개체로서 그것은 다시 분해할 수 없는 단위로 인지됐을 것이고, 따라서 直觀에 대한 반응 이상의 어떤 기대도 할 수 없을지 모른다. 물론 그것만으로도 중요한 의미가 있지만, 그보다는 오히려 이것으로 해서 우리 문법을 엮어낼 수 있는 잠재적인 가능성의 기반이 확보되었다는 면에서 큰 의미를 찾아야 하겠다. 그러나, 그것은 잠재된 능력이었을 뿐이었지 토의 문제는 더 이상의 전개나 진전이 없었다. 반면, 그것은 토의 문제를 벗어나 吐의 문제로 이어졌던 것이다. 어떻게 보면, 이것은 당시 또는 후로 이어지는 시대의 성격이나, 절실하게 필요로 하는 요구가 없었던 상황으로 보아 당연한 귀결이었다. 물론 이것은 토 자체의 失踪은 아니며, 현실적이고 실용적인 요구로 나타난 吐의 勢에 밀려 잠복한 상황이다. 吏讀, 口訣은 요구하는 수요를 충족시키는 방향에서 발달의 단계를 이어오면서, 이와 같은 두 흐름이 함께 공존하는 관계로 토와 吐의 문제가 제대로 갈피를 잡지 못한 혼선을 빚은 것도 사실이다.

(3) 訓民正音의 창제는 이 분야에 있어서도 큰 의미가 있다. 즉, 이로써 토의 문제뿐만 아니라 문법연구의 길이 트였기 대문이다. 그것은 그간의 국어생활의 모순이나 혼선을 극복할 수 있는 기반을 제공하는 필요조건이 되기에 충분했으나, 기대되는 획기적인 변화는 일어나지 않았다.

그런데, 마침내 그것은 20세기 초를 전후하는 시기에 이르러 새로운 思潮의 물결에 밀려 오랜 潛伏의 덮개를 걷어 올린다. 그것은, 비단 토에 한한 일이 아니지만, 적어도 토가 직면했을 현실은 아득히 먼 시기에 이미 자각됐던 대상의 재발견이며 확인이었다. 이에 따라, 토는 본연의 제자리에 회귀하게 되었고, 오랫동안 積滯되어 온 국어생활의 모순과 혼선도 해소된다. 그 반면에, 吐의 문제는 마침내 소멸되어 역사의 유물로 물러 앉는 변화를 겪었다.

이상 논의한 변천의 과정을 略記해 보면 이러하다.

(漢文과의 접촉) - (古代, 中世, 近代)　- (現代)

[未分化期] - [토의 自覺]　→ ['토']……[潛伏]　…… [토의 回歸] → [토]

↘ ['吐'의 創案] → [吐] → [消滅]

Ⅲ. 吐文法의 展開

위에서 토에 대한 재인식이나 확인이 있었다고 했으나, 그 개념을 바르게 규정하고 어떤 屬性이나 分布의 특성을 가진 것으로 기술되기까지는 결코 간단한 일이 아니었다. 사실 우리 초기문법에서 도입한 回歸된 토가 전술한 당초의 토와 어떤 관련이 있는 것이냐 하는 것도 깊이 살펴야겠지만, 한마디로 말해서 그것이 단절됨이 없는 가운데 최소한의 전문적 개념이나마 含意한 것이었다 하기는 어렵다. 그러나, 토라는 말이 의미의 확대로써 일반적인 通俗語가 되었다지만, 그것이 지시하는 것이 어떤 전체의 基幹部가 아니라, 副次的인 보조부분이라는 것은 확실하며, 그것은 시종 堅持되고 있었기 때문에 금세기 초 문법연구가 胎動하는 시기, 즉 문법에 대한 아무 준비단계도 없었던 상황하에서도 토를 특정의 형태단위의 문법용어로 지정하는 데 별 異議가 없었던 것으로 본다.

토에 대한 본격적인 논의는 물론 근대문법의 이론이나 체계가 이루어지면서 전개된다. 그리하여 토의 개념도 분명해지고 체계상의 位相도 제대로 찾아지는 연구의 성과도 있었다. 그러나, 모든 연구가 적정했다고 할 수 없으며, 언어의 구조와 분석에 대한 관점의 차이라든가, 또는 형태·의미론적인 문법단위의 개념이 표준화되지 못한 것 등으로 해서 시행착오같은 경험도 있었다.

우리의 초기문법을 이루는 핵심부문은 單語論, 즉 品詞分類論이었고, 그 가운데서 가장 이견이 많았던 부분도 역시 토와 관계된 문제였다고 본다. 그것을 확대해석하면, 연구자의 文法觀과 토의 記述은 하나의 함수관계로 서로가 대응하는 관계에 있었다. 그렇다고 할 때, 토에 대한 문제의 전개 및 정리과정은 곧 문법연구의 발전단계와 軌를 같이 하여 그 단락을 결정짓는 요인으로 작용했으며, 그러므로 그것은 우리 문법학사를 이끌어 온 주요 論題의 하나임에 틀림이 없었다.

다음은 본격적인 논의에 앞서, 그 대상범위나 논의의 초점에 대한 前提的인 조건을 제시하기로 한다.

1) 이 작업은 初期文法書를 기점으로 하여 최현배(1930)에 이르는 기간에 있었던 토문제의 推移狀況을 살피되, 對象文法書는 토에 대하여 독창적인 견해가 반영된 것으로 한다.

2) 토라는 品詞名과 그것으로 指標되는 형태범주 간의 對應關係를 살피고, 그 추이를 확인하는 일이 주목적인 만큼, 첫째, 토라는 품사명의 浮沈關係와 토에 상응하는 여타의 품사명, 둘째, 토의 형태범주로 규정되어지고 있는 일단의 형태요소들이 연구자의 視角差로 인해 어떻게 분류되고 있는가 하는 문제에 초점이 놓일 것이다. 대체로 이러한 주제를 사항별로 따져 토와 관련된 주요관심사를 정리하기로 하겠으나, 우선 문제제기를 위해 兪吉濬의 문법체계에 반영된 토의 실태를 살피기로 한다. 그 이유는 오직 이것이 우리나라 사람이 펴낸 文法書로는 최초의 것이라는 데 있고, 그러므로 그것이 갖는 의미는 여러 면에서 클 것이기 때문이다.

(1) 兪吉濬은 「朝鮮文典」, 「大韓文典」을 저술했으며, 이 둘의 관계는 실질적으로는 같은 책의 異本이라고 하겠지만, 부분적으로는 큰 차이도 있어 草稿와 改訂의 관계라 하겠고, 그 異本만 하더라도 「朝鮮文典」이 筆寫本 2종과 油印本 1종, 그리고 「大韓文典」도 유인본과 활자본이 각각 1종씩 있어 그 경위가 논란되기도 했다. 역시 그의 완정본은 1909년 漢城 隆文館發行의 「大韓文典」이다. 그런데, 토에 해당하는 부분이 「朝鮮文典」과 「大韓文典」이 크게 달라 눈길을 끈다. 그것을 1906년으로 추정되는 유인본 「朝鮮文典」과 1909년의 「大韓文典」(이하 「朝鮮」과 「大韓」으로 약칭)을 가지고 대조검토해 보기로 한다.

兪吉濬의 문법에서 토라는 용어는 쓰이지 않았다. 그러나, 「朝鮮」은 그에 상당하는 '後詞'를 言語分類(8品詞)의 하나로 나누었고, 夾註에서 '토다는 말'이라 하여 비록 문법용어로 쓴 것은 아니나, 토를 의식하고는 있었다. 이에 반하여 「大韓」은 겉으로는 8품사의 골격을 유지하나, 안으로 後詞가 빠지고 대신 助動詞가 들어간 것으로 改編된다. 이것은 물론 그것들의 대상인 문법요소가 달라졌기 때문에 일어난 변화는 아니며, 같은 대상에 대한 관점의 轉移다. 그러므로 그것은 어떠한 품사의 有無에 그치는 문제가 아니라, 그것을 구성하고 있는 요소들의 특성기술이나, 그에 따른 분포체계를 달리한다는 문법의 기본적인 문제가 된다. 사실, 이것은 後詞를 助動詞로 이름만을 바꾼 차이가 아니다. 그렇기는커녕, 後詞 즉 토라는 품사범주는 없어지고, 새로운 품사범주, 助動詞를 설정했다. 그러면서 기존의 後詞에 속했던 문법요소들은 일괄해서 接續詞 속에 귀속시키는 큰 개편이 있었다. 국어문법에서 이들 後詞, 助動詞, 接續詞를 품사로 나누는 것이 옳으냐하는 품사론적인 적정성을 따질 계제는 아니다. 다만, 연구자가 몇 년 사이에 자신의 문법체계 구성과 토의 특성기술에 있어 얼마나 고심했던가를 아는 것으로 충분하다. 당시의 상황에서 일반적으로 俗稱 되고 있던 토의 개념과 그것이 부담하고 있는 기능이 일치하지 않는다는 판단에서 주로 分布位置의 특성에 준거하여 정한 '後詞'를 부당한 것으로 처리하고, 그것의 관계적 기능을 接續으로 보게 되는 변화가 반영된 것이다. 이것을 逆으로 풀이하면 그만큼 토의 문법적인 속성이 단순치가 않다는 것을 연구자는 알고 있었음을 말한다. 결국, 兪吉濬의 문법에서 토는 당초 後詞라 하여 '이, 가, 은, 는/에, 에는, 에다, 으루/으로, 을는' 등을 예시했으나, 마침내는 接續詞(가, 온, 를, 에, 의, 로, 면, 브터, 나, 도) 안에 귀속시켰다. 여기에 덧붙여 눈길을 끄는 것이 助動詞다. 조동사라는 용어는 「朝鮮」에도 나타나나, 그것은 독립한 품사로서가 아니라, 동사를 下位分類한 하나였으며, 특히 그 대상은 대체로 동사의 활용어미들이었다. 그런데, 그 조동사를 「大韓」에서는 동사와 대등한 품사로 格上시켰다. 그로써, 曲用의 格接尾辭類와 함께 활용의 屈折語尾類가 품사론의 對象語類로 전면에 나선 결과가 되었다. 앞에서도 지적했듯이 이러한 분류에다가 지금의 단어 및 품사론의 원리를 적용시켜 비판한다는 것은 무리이고, 또 그럴 이유가 있는지도 의문이나, 그보다도 중요한 것은 그 밑바닥에 깔려 있는 연구자의 문법적 직관이나, 潛在되어 있는 의도를 읽어내는 일이라고 생각한다.

이상 兪吉濬의 토문법의 顚末을 가려 보았다. 그것은 史的 측면에서 우리 문법의 시발이며, 앞으로의 展開基盤이 된다는 의미에서 시사하는 바가 크다. 이것을 다시 총괄하면, 그는 문법을 이루는 직접단위를 모두 '語'라 했고, 그것은 다분히 臨意的인 기준으로 규정되었으며, 言語連鎖 속에서 그것을 검출하는 데는 분석적인 방법을 적용했다. 그리고, 검출한 語는 모두 품사범주의 대상이 되었다. 그렇기 때문에 모든 接尾辭類나 語尾類까지도 품사의 序列에 오르게 되었다. 결국 이것이 국어의 품사분류론에 있어 한 유형이 되었던 분석적 分類法의 시초를 연 것인 동시에 우리 문법체계는 이 분류법으로부터 출발한다는 것을 확인케 하면서, 그 要諦는 역시 토의 문제에 있음을 유추케 한다.

(2) 다음은 周時經文法의 토論을 개괄하기로 한다. 周時經의 품사용어법은 「國語文法」(1910)을 전후로 하여 그 앞은 漢字語, 그 뒤는 고유어에 근거를 둔 新造語를 썼다. 그러나 전후를 통하여, 토를 품사명으로 끌어 들이지는 않았다. 그의 토개념과 함께 그것이 품사명으로 不適格하다는 생각을 암시적으로 드러내 보이는 것으로 다음의 규정이 있다. 즉 筆寫稿本「말」(1908?)에서 '關係部'를 규정하고 있는 다음과 같은 내용이다.

引接·間接·助成의 職責은 長語式의 關係를 들어내(說明하)는 것이니…此三體(引接·間接·助成)는 長語式에 關係部니라(前에는 此三體를 다 吐라 하엿나니라).

바로 이 부분이 周時經의 토論에 해당한다는 것은 그 夾註의 설명이 입증한다. 引接·間接·助成의 3體는 품사상당의 단위들인데, 이들은 다시 그 상위에서 '職責'의 資質을 공유하는 하나의 문법범주로 묶이며, 이것이 곧 '關係部'라는 것이다. 그리고, 그것이 바로 俗稱의 吐라는 것이다. 夾註 속의 '前에는'은 기존의 문법, 혹은 문법서를 이른다기보다는 '속칭'의 뜻으로 이해된다.

이 규정문을 확대해석하면, 變化語가 문장의 구성요소가 되려면 「原體部+關係部」의 形態論的인 機制의 적용을 받는데 그 關係部의 형태범주가 곧 토라는 것이고, 그 토에 속하는 품사가 引接·間接·助成이라는 것이다. 한편, 이 機制는 周時經(1910)에서 비록 構文論(짬듬갈)의 문제로 다루었지만, 屈折法의 典型을 획기적으로 적출하고 있다.

결에를 난호고자 하면 임, 씀, 남 세 이를 줄기결(莖部 或 原體部)이라 하고 웃듬

결이라고도 하며, 빗과 금은 다 가지결(枝部 或 枝葉部)이라도 하고 붙이결이라고도
함. 가지결은 다시 둘로 난호아 세 빗은 만이결(關係部 곳 職權部)이라 하고 세 금은
금이결이라고도 하고 엇더함이결(如何部)이라고도 함(결은 결에나 갈래와 한 뜻이라).
<pp.38~39>

　　이것은 그대로 「語彙意味部+機能形態部」, 「語幹部+語尾部」에 대비되며, 따
라서 토는 枝部(枝葉部), 關係部(職權部), 機能形態部, 語尾部 등에 상당하는
형태부위를 지칭하는 개념으로 유추된다. 여기서 그 적정성 여부는 차치하고, 적
어도 周時經의 토의식은 품사층위의 문법단위가 아니었다는 데 주목하게 되며,
이것은 兪吉濬(1906)이 後詞를 ‘토다는 말’이라고 한 토와도 일치한다. 周時經
文法의 한 특징은 屈折形態論과 品詞論(씨난틀)의 관계를 품사론의 상위단계
에서 굴절형태론이 繼起하는 것으로 체계화된 것이며, 이것을 ‘分析’과 ‘統合’의
특징으로 풀이해 보면, 품사론은 오직 ‘분석’된 형태범주의 분류만으로, 그리고
構文論은 분석된 문법단위들의 통합관계로 본 二段的 체계였고, 그렇기 때문에
굴절형태론은 어쩔 수 없이 통합관계의 단계에서 수용될 수밖에 없었다. 그렇다
고 할 때, 그 構文論 즉 짬듬갈은 그 기초단계로서 굴절형태론을 가지게 되는
것은 당연하다. 이런 시각에서 보면, 토는 품사론의 단위도 아니며, 더더욱 構文
論의 단위도 아닌 굴절형태론의 고유한 형태범주라는 결론에 이른다. 이와 같은
周時經의 토論은 그 자체로서 始終하지 않으며, 뒤를 잇는 문법 연구에 큰 영
향을 미친다는 점에서 중요한 의미가 있다. 그리하여 이것이 사실상의 토論이
우리 문법에 등장하는 시초였다는 데 귀결된다.
　　당초 關係部의 3體, 즉 引接, 間接, 助成은 油印 「高等國語文典」(1909)에서
‘關聯, 接續, 完句’로 改稱되고, 다시 「國語文法」(1910)에 이르러는 ‘겻, 잇, 긋’
으로 변하나, 그것은 이름일 뿐, 대상은 그대로이며, 한편 이것은 대체로 兪吉濬
의 後詞, 接續詞, 助動詞와도 일치하는 관계가 유지되었던 것으로 이해된다. 그
런데, 兪吉濬 「大韓」은 오히려 後詞를 없앰으로써 토의 근거를 약화시킨 데 반
하여, 周時經은 비록 토를 앞에 내세우지는 않았지만, 실질적으로는 토의 범주
관념이 뚜렷했을 뿐만 아니라, 그 체계는 하위범주로 세 품사를 거느리는 골격을
始終 堅持하고 있었다. 이것 또한 우리 문법연구의 한 系派를 가르는 특징의

하나로 작용하게 된다는 것이 다음 시기의 연구들에서 확인된다. 여기서 '곗'은 屬格의 '의'를 제외한 모든 조사, '잇'은 共同格의 '과'와 대등성을 띤 연결어미 '고', 그리고 부사형어미 '어', '끗'은 종결어미를 거느리는 것으로 되어 있다.

(3) 위에서 보았듯이 周時經의 토는 품사나 文成分, 어느 쪽의 단위로도 적당치 않으며, 그것은 屈折形態論上으로 분석되는 語尾類의 속칭으로 이해됐다. 그런데, 국어의 形態論的인 절차가 屈折, 즉 接尾法을 본질로 하여 이루어진다는 이해의 정도가 낮았던 당시로는 토의 문법적 位相이 모호했으며, 또한 단어를 엄격히 정의하지 못했던 상황도 그 혼란을 부추긴 한 요인이었다.

이와 같은 토개념은 金枓奉 「조선말본」(1916)에도 그대로 계승되었다. 즉, 다음의 규정문이 바로 그러히다.

겻씨와 잇씨와 맺씨는 일이나 몬(物)을 바로(直接) 이르지 아니하고 다만 으뜸씨의 사이에 매임(關係)을 맺는 말이므로 토(吐)씨라 하나니라. <p.59>

여기서 이르는 '씨'(詞)는 품사가 아니며, 전후를 미루어보아 모든 문법단위를 통칭한 것으로 풀이된다. 그의 품사분류도 전의 것과 같아서 용어는 다르나 1차분류의 문법단위를 이뜸씨(元詞), 토씨(吐), 모임씨로 3分하고, 다시 2차분류, 즉 품사층위에서 9품사로 분류한 체계였다. 따라서 토씨는 으뜸씨와 같은 班別이면서, 그 아래에 3품사, 겻씨, 잇씨, 맺씨를 두고 있으며, 이들의 특성을 '매임(關係)을 맺는 말'이라 했다. 이것은 再言할 필요도 없이 接尾法의 語尾類가 바로 그에 상당함을 알 수 있다.

이 원칙은 金枓奉『깁더조선말본』(1922)에서도 그대로 유지된다. 그런데, 周時經에서는 '토'라는 말이 夾註에 나타날 뿐, 본문에서는 쓰이지 않는 데 반하여, 金枓奉은 '토'(吐) 혹은 '토씨'를 공식용어로 쓰고 있어 그것은 토에 대한 문법적 인식이 재평가되고 있는 징후가 아닌가 한다. 뒤를 잇는 문법에서 이것들이 어떻게 受容되었던가를 미루어 이러한 추정은 충분한 이유가 있다. 그러나, 이 단계에서 토 자체에 대한 兩者間의 이견은 발견되지 않는다.

이상 검토한 周時經으로부터 金枓奉에 이르는 토論의 구성원칙을 정리해 보

면, 첫째, 당시의 문법체계는 국어의 구조적 특질을 이루고 있는 屈折形態論의
개념을 바탕으로 하지 못했다. 原體部(으뜸씨)와 關係部(토씨), 즉 意味部와 形
態部를 각기 다른 분할체로 기술하기는 했으나, 그들을 이루고 있는 문법단위
모두는 서로 대등한 자격으로 문구성에 관여한다는 인식이었으므로 형태변화,
즉 接尾法의 機制를 고안하지 못했다. 결과적으로 의존형식과 자립형식의 특성
을 문법의 체계화에 반영시키지 못했다. 둘째, 토는 품사와 문장성분, 그 어느 쪽
에서도 고유한 位相을 부여받지는 못했으나, 어느 쪽에서도 배제할 수 없는 관
련성을 가진 형태론의 범주로 다루어졌다. 전통적인 토개념이 屈折形態論의 구
조적 특성을 바탕으로 한 것임에도 불구하고, 그 바탕의 分化意識이 없었던 관
계로 토의 문법적 위상은 모호할 수밖에 없었다. 셋째, 토는 曲用과 活用을 망
라한 변화에 관여하는 接尾辭類를 통칭했다. 따라서, 그것은 활용의 語幹部를
제외한 모든 의존형식을 이르는 말이기도 하다. 넷째, 토의 고유기능을 '關係'(매
임)라 하고 이 기준에 부합하는 모든 형식을 한 범주로 묶고 그 안에서 다시 분
류하여 세 '기'(씨)를 두었다. 즉, 겻(겻씨)[대체로 曲用接尾辭類, 助詞] ; 잇(잇
씨)[接續詞에 對當시키고 있으나, 그 내용은 일부의 接續助詞와 활용의 連結
語尾類] ; 끗(맺써)[助成, 完句, 終止吐 라고도 한 활용의 終結語尾類]. 결국 세
부적으로 약간의 加減이 있으나, 廣義로 본 토의 골격은 다음과 같다 하겠다.

$$
\text{토}\begin{cases} \text{曲用의 } 接尾辭類 \\ \text{活用의 } 連結語尾類 \\ \text{活用의 } 終結語尾類 \end{cases}
$$

(4) 崔鉉培(1930)은 金枓奉의 분류법이 너무 분석적이라면서 자신은 종합적
설명법에 입각한 분류를 원칙으로 할 것을 천명했다. 그러면서 당시로는 周時經
문법에 대한 일종의 이단으로까지 여기던 用言의 活用論을 도입했다. 그럼으로
써 앞에서 활용의 終結, 連結語尾를 품사로 분류하여 각각 '맺'과 '잇'이라 하고,
이 모두를 토로 규정했던 체계를 굴절의 원리, 즉 語幹의 어미변화로 설명하게
되는 전기가 되었다. 그리하여, 우리말의 本性에 맞는 形態論의 機制를 고안해
냈을 뿐만 아니라, 그것은 필연적으로 토의 개념이나 분포특성도 다시 검토해야
할 큰 변화로 이어졌다.

일찍이 洪起文(1927)은 국어를 '主要部分'과 '添加部分'으로 대별하고, 그 첨가부분을 토라 했으며, 이 토를 객관적인 기준으로 삼아 語類를 나누는 시안 가운데서, 토는 "완전한 一個語를 이루지 못하고 他語를 보좌해서만 쓰는 것"이라 했고, 용언은 "토의 보좌를 받지 않고 쓰지 못하는 것"이라 하여, 用言과 토의 형태론적 특성을 옳게 기술했다. 그럼에도 불구하고, 이것을 활용이라는 형태론적인 機制로 풀어내지 못한 한계성을 안고 있었다. 이러한 한계성을 극복한 것이 바로 崔鉉培(1930)이었으니, 그 기본원리는 역시 單語論에 기초한 것으로 "소위 토란 것과 形容詞와 動詞를 서로 떼지 말고 한 덩이 씨로 푸는 것"이라 하여, 활용의 어미를 어간과 대등한 자격으로 평가하여 독립한 단어 내지는 품사로 풀어온 기왕의 고정관념에서 벗어난 개혁이었다. 이것은 언어의 과학적 기술의 필연적인 귀결이며, 이로써 국어문법이 선뜻 다가서지 못했던 屈折形態論의 새로운 시각과 방법을 끌어들이어 문법을 객관적으로 체계화할 수 있게 했다. 이것이 기왕의 단어 및 품사론의 基調를 다시 정립하게 했음은 물론인데, 그런 가운데서도 특히 토의 범위가 축소되어 '끗'(맺)의 전부와 '잇'의 대부분, 그리고 '겻'의 일부분을 제외하는 '잇'의 일부분과 '겻'의 대부분만이 '토씨'(助辭)로 남게 되는 큰 개편이 있었다. 이것을 집약해 보면, 曲用의 접미사류와 활용의 語尾類는 문법적인 속성이 같지 않기 때문에 같은 層位의 班列에다 놓고 대비하는 관계로 볼 수 없다는 것이고, 따라서 토는 殘留하는 曲用의 접미사만을 거느리는 품사로 낙착한다. 이와 같이 토의 이름 자체는 그대로이면서 그 개념이나 대상이 달라지는 일은 이 밖에 앞에서도 있었던 일이며, 이런 일이 거듭할 때마다 그 내부는 대응관계의 혼란이 따르는 부작용이 가중되었다. 지금까지도 이러한 혼란이나 문법용어로서의 模糊性이 말끔히 해소되지 않고 있는 까닭도 이러한 배경에 연유한다. 다시 말하자면, 崔鉉培文法에서 통용된 토 혹은 토씨는 그 개념이나 대상에 있어 周時經文法의 용어법과 일치하지 않으며, 周時經文法의 그것은 속칭이라고 한 '吐'와 같지 않아 별도의 조건을 달지 않고 토라고 할 때 그 摘示性에는 불가피하게 相値하여 혼란스러워지는 문제가 일어날 여지를 안고 있다. 학술용어는 전문성과 정밀성을 제일로 삼으니만큼 이러한 현상은 지양되어야 할 일인데, 아직도 통일된 정론을 세우지 못한 상황이기 때문에 새삼 주목되는 일이다.

한편, 崔鉉培(1936)은 비단 用語法의 문제는 아니지만, 이미 단어로서의 독립성을 인정하여 토씨(助詞)라고 한, 曲用의 接尾辭類에 대하여 과연 그들에게 그와 같은 자격이 있는가 하는 의문을 제기했다. 결국 그 의문을 克明한 논리로 해소하지 못한 채 토씨의 품사적 단위성을 다시 인정하는 근거로서 西歐語의 冠詞나 前置詞의 예를 援用하였으니, 그것은 자신있는 조치가 아니었으며, 양론을 통합한 성격의 절충안이었다.

屈折形態論의 기본원리가 되는 語形變化의 기제로 볼 때, 活用과 曲用은 가장 추상적인 단계에 있어 동일한 모형에 의해 이루어진다. 그런 공통기반 위에서 구체적인 조건들의 구속을 받는 다음 단계에 내려와 활용과 곡용은 각각 다른 제약들의 간섭을 받게 됨으로써 독특한 체계를 구성하게 되고, 그 체계에 의해 구속되는 제 2, 제 3의 모형으로 분화된 결과가 활용과 곡용인 것이다. 그렇기 때문에 形態音韻論이나, 意味統辭論的인 실현에 있어서 활용의 어미든, 곡용의 접미사든, 그들의 특성이 꼭같이 의존적인 종속성을 공유하게 되는 까닭도 자명하다. 오직 다른 점은 意味形態論的으로 활용의 語幹部가 의존형식이어서 非分離性의 것인 데 반해, 곡용의 語基部는 자립형식으로서 분리성이 있다는 차이다. 그렇다면, 활용의 語尾와 곡용의 접미사에다가 굳이 다른 자격을 준다는 것(추상적 단계에서)은 그 자체의 특성에 근거하는 것이 아니라, 각기 범주가 다른 先行語幹(語基)部의 意味形態論的 資質에 따라 부여하는 것이 된다. 물론 굴절부의 이 두 가지 구별은 반드시 있어야 한다. 그러나, 그것은 屈折形態論의 체계에 있어 어느 단계의 조건을 지표로 하느냐가 중요한 조건이 된다. 이 원칙을 堅持한다면, 활용의 어미와 層을 달리 하여 유독히 곡용의 접미사에만 품사적 단위성을 부여해야 할 정당성은 설득력을 잃는다. 나아가, 그것은 本有的인 개념을 위협하는 본질의 왜곡과 변질을 선행시킬 때만 가능하다. 그렇기 때문에 崔鉉培文法의 屈折形態論의 體系原理에서는 비록 곡용의 접미사를 품사단위로 인정하는 한에 있어서도 최소한 그것을 토 또는 토씨로 명명하는 것만은 피했어야 했다. 이러한 측면으로 보면 오히려 어미류와 접미사류를 통칭한 종전의 용어법이 옳았다.

Ⅳ. 北韓 文法의 토

　南北韓의 분단은 言語現象에도 심각한 離合集散의 혼란상을 빚고 있다. 그것은 문법분야에도 예외는 아니며, 그 가운데서도 토에 대한 인식의 차이는 현격하다. 북한의 국어문법을 주도하였던 체계나 이론은 적어도 초기에 있어서는 金枓奉(1916, 1922)이었으며, 특히 토에 관한 부분은 전적으로 그의 것을 답습한 것이었다. 즉, 「조선어문법」(1961)은 토를 "단어의 문법적 형태를 조성하는 형태부"(p.124)라고 정의하면서, 그것은 형태조성의 접미사—상(사역, 피동)의 접미사, 존칭의 접미사, 시칭(과거, 미래)의 접미사, 체언형을 만드는 접미사—와는 달리 "문장론적 기능과 관련된 문법적 의미"를 나타내는 특성을 가졌다고 한 것이 그러하다. 다시 말해서 曲用과 活用을 망라한 語末語尾를 총칭하는 용어로 토가 쓰였으며, 특히 눈길을 끄는 것은 先語末語尾(존칭의 접미사, 시칭의 접미사)를 '형태조성의 접미사'라 하여 토에서 제외시킨 사실이다. 이것은 물론 金枓奉(1916, 1922)을 답습하였다는 점에서도 특기할 일이 못되나, 다음 시기의 문법에서 이들 先語末語尾를 토의 범주 속에 포함시키게 되는 바 그것은 그들이 전통적으로 지켜온 형태론의 범주체계를 바꾸게 되는 큰 변화라는 면에서 學史的인 의미를 가지기 때문이다.

　「조선문화어문법」(1979)는 단어들이 문장 속에서 다른 단어들과 맺게 되는 시간적인 연계관계나 예절적인 연계관계, 즉 時制나 敬語法의 개념을 語彙的인 것이 아니라 "순수 문법적인 연계관계이며 추상성으로 특징지어지는 문법적인 뜻"(p.219)이라 규정함으로써, 종전의 고정관념에서 벗어나게 되었고, 그에 따라 시간, 존경, 상과 같은 범주를 나타내는 형태들은 '형태조성의 접미사'로부터 밀려나, 결국 '문법적 형태를 조성하는 형태부'에 배당하는 체계로 바꾸었다. 한편 이러한 改編은 屈折形態論에서 先語末語尾를 인정하지 않는 동시에 그것을 造語法의 형태범주로 고집해 온 전통을 깼다는 점에서 충격적인 일일 뿐만 아니라, 이로 인해 문법적 형태의 형태론적 분포체계가 달라지고, 나아가 토의 개념이나 영역에도 연쇄적으로 작용하여 문법체계 전반의 문제로 이어지는 변화가 뒤따라야 했던 하나의 사건적인 일이었다.

  그리하여, 마침내 문법적 형태는 (1)문법적 형태를 마무리하는 범주(語末語尾)와 (2)문법적 형태를 마무리지 못하는 범주, 즉 先語末語尾까지를 포괄하는 것이 되었고, 시간, 존경, 상범주가 이에 해당한다. 이것은 기왕의 토를 확대적용시켜 先語末語尾를 그 안에 포함시킴으로써 曲用과 活用을 망라한 모든 屈折形態素, 즉 語尾를 일괄하여 토로 규정하는 원칙을 확보하는 결과가 되었다. 그러므로 그들의 문법은 소위 토씨 혹은 助詞로 불리는 품사를 인정치 않으며, 다만 토를 형태론적 분포의 특성이나 기능에 따라 대상토와 서술토로 구분하고, 그것을 다시 하위분류하는데 대상토는 격토, 도움토, 복수토가, 서술토에는 맺음토, 이음토, 규정토, 상황토, 상토, 존경토, 시간토가 內屬한다.

  이로써, 남북의 문법기술에 드러난 토의 인식차이는 그 대상의 본질을 다르게 파악하고 있는 대립된 주장이 아님을 확인할 수 있거니와, 오히려 屈折形態論의 분석원리로는 그 당위성을 인정하면서도 아직도 曲用의 語尾(대상토)를 助詞(혹은 토씨)로 묶어 놓고 있는 우리의 현실은 비록 토라는 문법용어를 쓰든, 안 쓰든 본래의 토문법에서 벗어난 체계이며, 이와 같은 모순을 배제하면 대체로 우리문법의 屈折形態論에서 분절되는 語尾와 북한의 토는 일치한다.

참고 문헌

金枓奉(1916), 「조선말본」, 京城 : 新文館.

______(1922), 「깁더 조선말본」, 上海 : 새글집.

南豊鉉(1979), "口訣과 吐", 「國語學」 9, 國語學會.

安秉禧(1977), 「中世國語口訣의 研究」, 一志社.

兪吉濬(1906?), (油印本) 「朝鮮文典」.

______(1909), 「大韓文典」, 漢城 : 隆文館.

周時經(1908), (筆寫稿本) 「말」.

______(1910), 「國語文法」, 京城 : 博文書館.

______(1913), 「朝鮮語文法」, 京城 : 新舊書林, 博文書館.

崔鉉培(1930), "朝鮮語文研究", 「延禧專門學校文科研究集」 第1輯, 京城 : 延禧專
        門學校出版部.

______(1936), "토씨(助詞)의 品詞的 單位性에 對하야", 「한글」 第4卷 第3號・第4
        號, 朝鮮語學會.

洪起文(1927), "朝鮮文典要領", 「現代評論」 創刊號, 京城 : 現代評論社.

「조선어문법(어음론・형태론) 1」(1961), 과학원언어문학연구소, 東京 : 학우서방.

「조선문화어문법」(1979), 과학백과사전출판사.

小倉進平(1929), 「鄕歌及び吏讀の研究」, 京城帝國大學法文學部紀要第一.

<한국학연구백년사(1), 일조각, 1992>

中世語의 '-(으)ㅁ', '-기' 構成 動名詞의 史的特性

I

I-0. 언어는 끊임없는 변화의 연속 위에 있으며, 그 중 어휘구성도 그 需給의 증폭과 新舊語의 生滅轉移에 대처하는 조어기능에 따라 그 변화가 빈번히 반영된다. 그러한 조어기능을 수행하는 기구는 여러 가지가 있지만, 본연의 신조어란 거의 없으며, 대개는 기존하는 단어들을 동기로 삼아 확대, 파생하는 재생성의 방법에 주로 의존하는 것이 보통이다.

이것이 곧 조어 자체나 그 재료가 단조롭다는 말은 아니다. 도리어 그 재생성의 방법은 의외로 다원적인 재료나 절차로 되는 복잡한 양상의 것임을 알게 되며, 또한 그 모두는 그 말의 고유한 내재율이 지배하는 제약을 받는다는 것이 특징이다. 한편 이와 같은 재생성의 조어규칙은 기본적으로 서로 다른 지향성을 가진 두 방향의 견제를 받는 것으로 이루어지는데, 하나는 형태론적인 구성형식을 일원화하려는 데 따라 일정한 조성모형에 견인 혹은 유추되는 구조적 단순화이고, 다른 하나는 생성되는 단어의 형태적 변별지표를 특징적으로 하기 위해 조어방식이나 형태목록을 다원화하려는 경향으로서 앞의 것과는 상반하는 방향의 견제다. 이 두 방향의 견인작용은 어느 쪽도 배제될 수 없는 양면성의 것으로서 그들 간의 상충은 일정한 시대와 대상에 따라 수의적으로 조절되고 선택되는 특성을 띠면서 공존한다. 다시 말해서 이 일원화, 다원화의 편향성은 형태와 의미의 지향관계로부터 기인하는 일반적 원리의 결과가 나타나는 현상이라 할 수 있다.

국어의 명사재생성에 적용되는 지배원리도 이것을 벗어나는 것이 아니라는 전제는 정당할 것이며, 다만 일원화든 다원화든 그것의 조어규칙을 비롯하여, 그들이 어느 정도로 조절되고 선택되는 기구로 하느냐는 것은 순전히 일정 시기의 국어문법이 가지는 재량에 따를 문제다.

Ⅰ-1. 국어의 명사재생성은 형태론적 범주가 다를 뿐만 아니라 조성된 명사의 어휘적 가치도 같지 않은 파생법과 굴절법의 이원적 기제를 가지는 것이 특징이다. 다시 말해서 명사의 재생성이 이 두 계열의 기제를 필요로 하는 이유는 단순히 조어의 방법에 있어 형태론적인 역할을 분담하기 위한 것이 아니며, 그보다도 절실한 것은 생성되는 결과물의 어휘·문법적 자질에 변화를 주어 각기 다른 특징의 어휘적 가치를 부여하기 위한 문법적 절차라는 데 있다. 그러므로 파생법과 굴절법이라는 형태론의 문제는 결국 재생성되는 명사의 어휘적 가치와 대응하는 관계를 지표하는 방편으로 이해된다. 즉 전자를 파생명사, 후자를 동명사로 구분하여 규정하게 되고, 각각 이들에게는 엄격한 의미·통사적인 배타성이 내장되어 있어서 문법적으로 다른 지위가 보장된다는 것도 잘 아는 사실이다.

그런데 중세후기어의 형태소목록에 등재된 이들 파생법접미사는 대략 '-(ㅇ/으)ㅁ, -기, -이, -개/게(애/에), -애/에(의/의)…'와, 굴절법의 동명사 어미는 '-(오/우)ㅁ, -기, -디, -ㄴ, -ㄹ…'[1] 등으로서 이와같은 분지현상은 다시 그들 간의 내부적 구조가 단순치 않다는 예측을 자아내게 하기도 한다. 특히 이들 가운데서 눈길을 끄는 것은 '-ㅁ'과 '-기'이며, 이들은 표면상 파생과 굴절 양쪽에 두루 관여하는 것으로 등재된다. 그러나 '-ㅁ'과 '-기'가 내부적으로 요구하는 분포조건은 아주 다르다. 이미 공인된 사실로서 '-ㅁ' 구성의 명사재생성은 (1) $[V+[(으/으)+ㅁ]_{suf}]_N$와, (2) $[V+[오/우+ㅁ]_{end}]_N$로 이루어지는 두 구조를 가지며, (1)은 파생법에 따른 명사전성, (2)는 굴절법에 따른 동명사구성의 형태론적 기제가 되어 비록 '-ㅁ'을 공유하는 것이나, 그 선행요소에 의해 대립의 조건이 되는 것이었다. 가령, (1) '사룜, 어름, 여름, 그림…'에 대하여, (2) '사롬, 어룸, 여룸, 그룸…'은 同語根이 앞의 기제의 적용을 받아 대립하는 두 어항을 산출하게 된 전형적인 예다. 이렇게 해서 산출된 (1),(2)의 대립어항은 동사의 어휘통사적 자질을 어근으로 공유할 뿐만 아니라, 기능적으로도 동질성이 확보되어 있는 것이지만 (공통의 형태요소 '-ㅁ'에 의거하여), 이에 반하여 이들은 각기 다른 어휘적 가치를 가지면서 서로 대립하여 배타적 통사관계를 구성한다. 결국 이 대립의

---

1) 이들의 형태소 분석이나 분포기술은 그 간의 검토와 확인을 거친 것으로 별로 이의가 없는 것으로 그 細目에 대하여는 허웅(1975), pp.229~239, 627~639를 참조.

형태론적인 조건은 구성내의 ‘-오/우-’의 유무로 기술된다. 다시 말해서 (1)은 파생법 구성의 접미사가 관여하는 명사파생으로서 그 어휘적 가치도 전형적인 대상성이 보장된다. 그러나 (2)는 그렇지 않은 굴절법의 기제의 적용을 받아 동명사 어미(혹은 명사화 보문소)를 취하게 되며, 그 결과 어휘적 가치가 동사의 서술성과 명사의 대상성을 함께 함의하는 동명사의 특수한 자질을 취득하게 된 것이다. 그리하여 형태기능의 국면에서는 (1), (2)가 동질성을 함께 띠지만, 의미통사적으로는 대립하면서 서로 다른 관계에 작용한다. 그렇다면 파생과 동명사의 형태지표는 ‘-오/우-’의 유무성에 귀결한다. 그리하여 (1), (2)의 ‘-ㅁ’은 同源同質의 단일형태소라야 할 원칙을 어기지 않게 된다. 그것은 곧 ‘-ㅁ’의 본유적인 素性이 파생법의 형태범주에서 기술된다는 것을 입증하는 것이 된다. 그리하여 결국 ‘-ㅁ’은 적어노 중세어의 단계에서는 (적극적으로 적용한다면 어원적으로는) 고유한 단일자질을 가진 하나의 형태소이지 결코 同形異義體가 아니라는 일반론을 확보하게 된다.2)

  I-2. 한편, ‘-ㅁ’은 같은 범주의 형태소 ‘-ㄴ’, ‘-ㄹ’과 더불어 동사기원의 명사 조성을 주도하였으니, 그것은 이미 고대어 시기의 상황에서도 확인된다. 그러나, ‘-오/우-’의 유무로써 동명사와 파생명사를 산출하게 되는 기제가 어느 시기까지 소급적용되는지는 확실치 않다. 다만 중세후기의 추세로 볼 때 그것은 상당히 오랜 시대까지도 유효했을 것으로 추정된다.

  그런데 이 ‘-오/우-’3)가 15세기는 이미 그 분포규칙이 흔들린 시기였고, 16세

─────────────────

2) 이 원칙은 다음 시대, 즉 근대나 현대어의 문법현실에서는 유지하기 어렵다. 그것은 ‘-오/우-’의 소멸에 기인하여, (1)과 (2)의 형태지표가 무효화되는 결과를 낳으며, 따라서 ‘-ㅁ’의 역할은 重義性을 강요당하는 상황으로 밀려, 파생과 굴절에 두루 관여하는 同形異義의 두 형태소로 기술하지 않을 수 없게 된다. 그런데 여기에 특기할 일은 이 시기 이후에는 ‘-ㅁ’구성의 파생법은 거의 원용되지 않는다는 사실이다. 즉, (1)과 (2)의 두 기제가 유효했던 시기에 조성된 것을 유지할 뿐 새로운 조어가 이루어지지 않는 상황이 벌어지는 것이다. 그것은 필시 ‘-ㅁ’의 중의성을 극복하려는 문법적인 처방일 것이 확실하다.

3) 의도법의 선어말어미 ‘-오/우-’와 동명사 구성의 ‘-오/우-’가 동일형태소인지에 대해서는 많은 회의가 따르지만, 이들이 사적으로 겪는 변화의 성격은 온전히 같은 맥락 위에서 이루어진다. 표편상으로 보아 동명사가 의도법의 ‘-오/우-’를 필수자질로 요구할 이유는 이해하기 어려우며, 만약 그렇다면 동명사는 주관적 의도가 개재한 명사형이 될 것이고, 과연

기 후반은 '-오/우-' 자체가 소멸함으로 해서 기존의 엄정했던 동명사 지표가 없어지고 만다. 그리하여 파생과의 示差指標를 잃은 混條를 피할 수 없게 하였다. 이와 같은 '-오/우-'의 동요와 소멸은 의도법의 '-오/우-'와 전적으로 같은 軌의 일이며, 그렇기 때문에 동명사 구성의 '-오/우-'와 의도법 '-오/우-'를 기술함에 있어 큰 의문을 제기하기도 하나, 이것이 곧 동명사와 의도법이 동지표의 형태자질을 필수조건으로 취하는 근거라 하기도 어렵다.

그러나, 어떠한 상응할 이유가 없는데도 불구하고 이 두 '-오/우-'는 동시적으로 변했고, 그 때문에 '-ㅁ'은 파생과 동명사까지도 함의하는 의미통사의 중의성을 떠맡게 된다. 한편, 이와 같은 변화와 그 결과는 단순히 그것만의 영역에 한정되지 않는 구조적 연대성에 의해 또다른 변화의 요인으로 작용하는 국면도 배제할 수 없기 때문에 다음 시기에 일어날 명사구성의 추이를 파악하는 데 중요한 단서가 되기도 한다. 따라서 이 문제가 이 논의의 직접대상은 아니라 하더라도 근대 이후에 있어서의 '-ㅁ'파생법의 閉鎖를 비롯하여, '-기'의 활성화나, 그 밖의 迂言的 표현으로 전이하는 현상 등, 많은 변화를 동기적으로 이해하는 데 있어 적극적인 정보를 줄 것이기 때문에 주목할 값이 있다.

I-3. 다음은 '-ㅁ'의 명사구성 능력이 單義냐 重義냐 하는 문제와 함께, 이것과 對를 이루는 또하나의 접미사 '-기'와 어떤 관계를 이루면서 공존하는가의 문제다. 만약 '-ㅁ'과 '-기'가 동의라면, 그들은 이형태 관계에 있을 뿐이고, 따라서 음운론이나 형태론적으로 적정한 이유가 설명되거나, 서로의 교체조건을 밝히면 되겠지만, 이들이 의미통사적으로 대립하는 관계에 있다면 그것은 마땅히 별개의 형태소로 규정해야 좋을 것이다. 원론적으로는 단순하고 명쾌하게 분별되는 것이나, 실재하는 현상은 반드시 그렇지마는 않다. 한편으로는 동질성이, 또 다른 편에서는 이질성이 드러나는 양면성을 내재하고 있기 때문에, 어느 한 쪽만으로는 전체를 다 보았다고 할 수 없는 성질의 것이다. 그렇기도 하거니와, '-ㅁ' 구성이 파생과 동명사에 두루 관여하는 것이었듯이 '-기'구성도 똑같은 관계를 이루고 있어서 중의적인 모호성을 갖고 있는 점에서도 이 '-ㅁ'과 '-기'의 문제는

그러한 동명사가 있을 성싶지 않다.

따로 떼어 생각하기 어렵다.

가령, 동사기원의 명사조성 형태소 '-ㅁ', '-기'와 그로부터 조성되는 파생, 동명사의 관계에서 상정되는 합리적 대응은 ① '-ㅁ'은 파생, '-기'는 동명사, ② 혹은 그 역이라고 하는 식의 둘 중 하나면 명쾌할 터인데 사실은 그 어느 것도 아니라, '-ㅁ'구성으로도 파생, 동명사가 가능하며, 그것은 '-기' 구성도 마찬가지다. 그리하여 만약 이 두 구성이 의미통사에 있어서도 같은 성질을 갖는 것이라면 그것은 별로 요긴하지 않은 이중구성으로 잉여적이라 할 수 있다. 그러나, 이 두 구성이 어느 층위에서든 대립하는 것이라면 '-ㅁ'과 '-기'에다가 그 指標資質을 부여하면 될 문제지만, 끝내 '-ㅁ', '-기'가 각각 파생에도 동명사에도 동형으로 쓰이어 결국 형태지표로서의 모호성은 여전히 남는다.

다음은 동사기원의 명사조성 중에서 주로 굴절법에 의한 동명사 구성을 대상으로 하여 특히 '-ㅁ'과 '-기'구성을 두 축으로 하는 이들의 사적 추이 관계에 대하여 중세후기와 근대에 걸쳐 나타난 상황을 짚어 봄으로써 제기된 문제들에 접근하기로 한다. 그리고 이러한 작업은 그 자체만으로도 이유가 있지만, 아직도 명쾌한 해답을 거두지 못한 현대어의 '-ㅁ', '-기' 문제를 바로 보기 위한 기반을 확보하는 측면에서도 그 이유는 타당할 것이다.

II

II-0. 중세후기어에 있어 '-ㅁ'구성과 '-기'구성의 조성실태는 전자가 압도적으로 우세하다고 할 정도가 아니라, 역으로 '-기'구성이 극히 제한된 부분에서 겨우 그 용법의 존재를 확인할 정도로 그 사용빈도가 낮다. 현재의 조어의식으로 볼 때 이것은 이상한 상황이며, 거기에는 필시 그에 부합하는 이유가 있을 것이다. 그리고, 그 이유를 이루는 직접대상은 곧 '-기'의 자질문제겠지만, 그 밖에도 일정 시대의 조어성향을 이루는 고정관념의 작용이 클 것이다. 여기서 가상되는 몇 가지 추측은, (1) '-기'의 의미통사적 자질이 근대 이후의 것과 다를 것이라는 점, (2) 기원적인 자질에는 변함이 없으나, 어떤 특정시대의 추세가 '-기'구성의 발달을 가로막아 축소적용케 하지 않았는가 하는 점, (3) '-기'구성은 본시 어떤 특정지역 혹은 특정의 사회적 계층에서는 벌써부터 일반화된 것이나 그 시대의 문헌어의 위상까지는 이르지 못한 것이 아닌가 하는 점 등이다. 이러한 측면에서도 '-기'구성과 '-ㅁ'구성이 대칭적인 함수관계에 있음을 알 만하다. 결국 '-기'의 萎縮 또는 活性化를 유도하는 큰 요인은 그것의 변항의 하나인 '-ㅁ'구성의 지배영역이라 해도 좋을 것이다. 그러므로 '-기'의 운용을 검토하는 것은 곧 '-ㅁ'의 조어능력이나 성향을 파악하는 일에 이어진다 하겠다. 그런데 '-기'와 이러한 관계를 이루는 것이 비단 '-ㅁ'이 아니라 '-이', '-디'구성의 것도 있어 의외로 복잡한 양상을 띠고 있는 것이 특징이다.

Ⅱ-1. 중세후기에 있어 동사기원의 명사조성의 다원성의 일면이 확인되는 다음 예문을 보자.

(1) 열가짓 戒논 산 것 <u>주기디</u> 마롬과 도죽 마롬과 媛亂 마롬과 거줏말 <u>마롬</u>과 수울고기 <u>먹디</u> 마롬과 모매 香기롬 ㅂㄹ며 花鬘瓔珞 <u>빗이기</u> 마롬과 놀애 츔 마롬과 노폰 平床애 <u>안찌</u> 마롬과 時節 아닌 저긔 밥<u>먹디</u> 마롬과 金銀 보비 <u>잡디</u> 마롬꽤라 <釋詳. 六, 10>

(2) <u>집지싀</u>롤 처엄 ㅎ니 그제삭 <u>아기나히</u>롤 始作ㅎ니라 그 後에삭 놀애 브르며 츔 츠며 롱담ㅎ야 남진 <u>어르기</u>롤 ㅎ며 몬져 瞻婆城을 쓰니 城 싸 <u>사리</u>롤 始作ㅎ니라 <月釋. 一, 44>

(3) 그림 <u>그리기</u>에 늘구미 쟝ᄎ <u>오몰</u> <u>아디</u> 몯ㅎᄂ니(丹靑不知老將至) <杜初. 十六, 25>

이들을 갈래로 정리하면 다음과 같다.

	'-ㅁ'	'-기'	'-디'	'-이'
派生法	그림, 춤			집지싀, 아기나히, 사리
屈折法	마롬, 늘굼, 옴	어르기, 빗이기, 그리기	주기디, 먹디	

‘-ㅁ’은 모든 동사에 적용되는 개방적 생산성이 있을 뿐만 아니라, 다시 파생과 굴절의 示差指標를 가짐으로써 적법한 기제가 구비된 것이었고 그에 대해서는 이미 앞에서 언급되었다. 위 예 중 (1)은 ‘열가짓戒’, 즉 열 가지의 ‘마롬’구성이 병렬구로 이루어진 명사서술문이다. 굳이 이런 특이형에 관심을 두는 까닭은 동명사 ‘마롬’이 내포문구성의 특성을 가질 뿐만 아니라 ‘말-’이 이끄는 동사구 내에 대격상당의 명사항을 충족조건으로 요구하는데, 그 자리에 나타난 명사 혹은 명사상당의 어구성이 단조롭지 않기 때문이다. 즉 그것은 ‘① 명사 : 도죽, 媒亂, 거즛말, 놀애 춤, ② 동명사 : 주기디, 먹디, 안찌, 잡디, 빗이기’ 등이다. 동사 ‘말-’의 의미특질이 동작성 행위를 금지 내지는 부정하는 구조의 것이며 그 동작성 행위를 지시하는 것이 바로 ‘말-’ 동사구구성 내에 있는 위의 명사들이다. 그렇기 때문에 이들 명사는 의미통사상 같은 범주로 묶이는 것으로 상정된다. 그리하여 ‘말-’이 직접지배하는 대격어가 ①과 같은 명사라 하더라도 단순한 대상성의 개념어는 배제되며, 동작성의 행위를 드러내는 것이라야 한다. 이러한 성질을 가장 적절하게 반영하는 것이 실은 ②의 동명사다. 그러므로 ①의 명사들은 차라리 그것을 확대해석하는 ‘도죽, 媒亂…ㅎ~디/기’구성이 적격한 것이 된다. 비록 어휘적 가치는 명사와 동명사가 다를지 모르나, 적어도 ‘말-’구성에 관여한 명사와 동명사는 같은 범주의 의미통사관계에 있으며, 따라서 이들에게 등가성을 부여하는 것은 정당하다. 단 이 때의 명사가 동작성행위를 표상하는 것이라야 함을 조건으로 한다. 그것은 ‘말-’이 직접지배하는 금지, 부정의 대상이 동작성행위라야 할 의미제약 때문이다. 이와 같은 통합제약의 내재율은 ‘말-’과 통합하는 명사의 의미특질을 규정하는 일 못지 않게 ②의 동명사가 띠고 있는 속성을 이끌어 내는 데도 중요한 시사가 된다. 여기서 기대하는 것도 사실은 그것을 통해 특정의 동명사어미의 指標資質을 기술하는 데 있는 것이다.

우선 위의 예문에서 동명사어미 ‘-디’와 ‘-기’를 확인하게 된다. 즉 ‘주기디 마롬’과 ‘빗이기 마롬’과 같은 것이며, 이들을 대비컨덴 동일구성 안에 분포하는 동명사가 각각 다른 형태지표, ‘-디’와 ‘-기’로 나타난다는 차이뿐이다. 따라서 ‘-디’든 ‘-기’든 ‘말-’에 직접통합함에 있어 아무 거부반응도 일어나지 않는 면에서 이들은 공통의 자질을 가졌다 할 수 있다. 그것은 곧 그들 동명사의 의미지표가 동작성 행위라는 것이었다. 그런데 문제는 단일 의미를 지표하는 형태라면 굳이 '-디', '-기'로 분립할 이유가 무엇인지 하는 의문을 피할 수 없다. 그런 측면에서 '-디', '-기'가 '말-'에 통합되는 상위범주의 자질을 공유한다 함은 기정 사실이지만, 그 안에서의 하위범주화에 있어 대립하는 示差資質의 지표로 나뉜다는 상정은 가능할 것이고, 그런 차원에서 이들이 분립되는 타당성은 검토되어야 할 것이다. 그리고 이와 같은 구성관계는 앞에서 말한 ①의 명사들과도 일정한 관계가 성립된다.

Ⅱ-2. 앞절의 (2)의 예문은 '-이'구성과 '-기'구성이 같은 문맥 속에 나타나는 것으로서, 그들을 대비하여 '-기'의 특징을 추정하는 기반을 확보할 가능성에 대해 따져 볼 수 있다.

접미사 '-이'는 이 시기에 있어서도 동사기원의 명사조성에 있어 파생법으로만 專用되어 우선 그런 면에서 '-기'와는 판이하다. 그런데 전후의 맥락에서 '-이'구성의 분포가 지배적인 것을(집지싀, 아기나히, 사리)[4] 감안한다면 유독 '남진어르기'만 '-기'구성으로[5] 쓰인 데 대해, 그것이 문법적인 요구인지, 아니면 임의적인 선택인지를 논의하기에 앞서 우선 '-이'구성에 대한 偏向性으로 보아서는 적어도 일반형은 아니었을 것이 확실하다. '-기'구성을 갖지 않은 문법이라면 몰라도 그것이 가용된 상황이며, 만약 거기에 근대 이후 오늘과 같은 '-기'구성의 조어영역이 일반화된 상황이라면 비단 '남진어르기'뿐만 아니라 '-이'구성의 '집지싀, 아기나히, 사리'도 '집짓기, 아기나키, 살기'가 됐을 문맥이다. 다시 말해서 중세후기와 현재의 '-이', '-기'의 分布勢는 뒤바뀐 것이라 해도 좋을 정도다. 이것은 결국 어떤 특정 시대의 문법이 채택하는 造語意識의 가변성을 말하는 것으로, 바꿔 말

---

4) 六師ㅣ 王ㅅ긔 닐어 舍利弗을 업시봐 새 집지싀 몯게 호려터니 <月印. 上, 155>
　　글지싀는 國風을 닛놋다(詞場繼國風) <杜初. 卄一, 1>
　　가야미 사릴 뵈오 몸 닷길 勸ᄒᆞ야눌 <月印. 上, 170>
5) 다음과 같은 용례로 미루어 '남진어르기'도 文中의 '집지싀, 아기나히, 사리'와 同系의 '남진얼리' 혹은 '남진어리'로 쓰일 수 있는 蓋然性은 인정된다.
　　간듸마다 겨집어리 ᄒᆞᄂᆞ니 <朴初. 上, 36> = 간곳마다 겨집을 어르니
　　<朴諺. 上, 34>
　　제 그 남진어리 ᄒᆞᄂᆞᆫ 겨지비둔 말라 됴ᄒᆞᆫ 말로 <朴初. 上, 35>

하면, '-이'와 '-기'에 부여된 의미통사적 자질의 지배영역이 전이했다는 史的인 含意性을 말하는 것이다. 아직은 당시의 '-기'구성의 어휘의미의 자질을 확인한 입장이 아니나, 이 '-기'구성은 앞에 제기한 '-다'구성, 그리고 '-이'구성과 상관관계에 있으면서 각각 그들이 대립하는 경계를 구획하는 데 적용되는 제약의 자질이 애초부터 고정된 것은 아니며, 어떤 사적인 조건이 주어진다 할 때 그것에 밀려 상당한 변질까지도 감당해야 했던 것으로 보인다.

　기왕의 여러 提論들이 다같이 중세후기의 특징으로 '-기'구성의 두드러진 열세를 지적하고는 있지만, 왜 그래야 했는지에 대해 적정한 해명이 거의 없다. 그 해명은 무엇보다도 '-기' 자체에 대한 여러 면에서의 정밀한 검토가 있어야 함은 물론이다. 그러나, 그밖에도 '-기'가 자리하는 造語機構 內에서의 특성, 즉 그와 대립관계에 있는 다른 어항들과 相關하는 판계를 살펴야 될 十조성을 가진다는 측면에서 '-ㅁ', '-다', '-이' 등과의 사이에 빚어지는 함수적 대응도 이의 사적 발달과 함께 그 소성을 규정하는 중요한 기반이 된다는 것을 지적했다. 그러므로, '-기'의 문제는 '-ㅁ' 등이 변수가 되는 만큼 이들과 따로 떨어져 자체로서 완결성을 가지는 문제가 아니라는 데 각별한 주의가 요한다. 그렇다 하더라도 그것은 역시 각 형태들이 지표하는 특질로부터 부여받는 능력 밖의 것일 수는 없다.

　예문 (3)에서 확인되는 동사기원의 명사조성어, 즉 '그림, 그리기, 늘굼, 옴, 아디' 등만 보더라도 그들의 어휘적 가치에 관여하는 질적인 문제와 더불어 그에 대응하는 형태의 분화가 다원적으로 구성되어 있음을 한 눈에 알 수 있다. 가령 '그리-'로부터 조성된 '그림, 그리기'에다가 '그룸/륨, 그리디'6)까지 배당되는 이들 내부의 구조는 그들의 의미통사적 기능의 특수화와 직결하는 지배와 제약의 조건지표로서 매우 중요한 의미를 갖는다. 따라서 이들을 한 묶음으로 포괄하여 파생이니 동명사, 혹은 명사화라 하여 추상화하는 데는 이들의 고유한 개별적인 특질들이 매몰되어 誤導될 우려도 있다 하겠다.

---

6)　　　　그룸 내에코져 ᄒᆞ실시 <月下. 三之二, 60>
　　　　　形像을 그류몰 <杜初. 卄, 53>
　　이 경우 '-이'구성은 '-ㅁ'구성에 의해 밀려나 용인되지 않는다. 이러한 선택의 조건이 무엇인지도 사적인 측면을 이해하는 데는 상당한 의미가 있다 하겠으므로 검토가 있어야 할 문제다.

이상에 提起된 문제를 배경으로 하고 다음은 그 중의 한 형태범주인 '-기'구성에 대해 그 분포와 어휘의미, 통사에 걸친 특질을 살피기로 한다.

Ⅱ-3. '-기'구성을 이루는 선택 또는 통합적 관계의 여러 分布條件은 문법사의 여러 시기마다 상당히 달랐다. 특히 중세후기의 상황과 현대어를 견주면 그 量과 質에 있어 현격한 차이가 있다.

첫째로 현대어는 이 '-기'구성의 명사조성을 가장 생산적인 수단으로 적용시킴으로써, 모든 動作動詞나 狀態動詞는 '-기'구성의 명사형태로 재생성될 수 있는 潛在的 어휘로 되어 있다. 이러한 '-기'구성은 그 語根要素로서 동작동사와 상태동사, 즉 동사만을 용인하지만 그 어근의 형태나 구조에 대해서는 아무 제약도 없는 것이 특징이다. 즉 어근이 단일 또는 복합이냐에 제약되지 않으며, '-하다'가 붙거나 않거나, 그리고 開音節, 閉音節, 單音節, 多音節에 따른 어떠한 제약조건의 구속도 없다.

이에 반하여 중세후기의 문법에 적용된 '-기'구성의 조어능력은 매우 제한된 것이었다. 문헌자료에만 의존해야 하는 제한성 때문에 이 시기의 전체적인 상황을 분석·기술하기란 용이하지 않으나, 앞에서도 지적했듯이 우선 '-기'구성어의 용례를 찾아 내기 어려울 정도로 그 적용영역이 좁다는 사실만[7]으로도, 그 단면을 드러낸 證左라 하겠다. 따라서 그것의 어휘적 가치의식도 오늘의 보편화된 통념과는 달랐던 것으로 상정된다. 그것은 '-기'구성에 대한 의식이 그것만으로 이루어지는 것이 아니라, 그와 공존관계에 있는 다른 구성의 것들과 상대적 기울기에 따라 이루어지는 편향성의 문제[8]일 가능성도 타진됐다. 이와같은 '-기'구성

---

7) 그것은 같은 중세후기어에서도 15세기는 16세기보다도 훨씬 폐쇄적인 것이었다. 다음 시기에서 '-기'구성의 것으로 일반화되는 것들이 대부분 '-ㅁ' 또는 '-이'구성의 형태구조를 취하고 있었다. 그러던 것이 16세기만 해도 점차 그 적용영역이 확대되어 가는 움직임이 완연하게 드러나는데 가령 「飜譯小學」의 일부에서 확인되는 '-기'구성의 용례만 하더라도 그 이전의 자료에서는 찾아지지 않는 것들이 많다.

　　　　말ᄒ기<八, 17>, 벼슬ᄒ기<八, 24>, 효양ᄒ기<八, 25>, 글빅호기<八, 25>, 일ᄒ기<十, 12>, 디졉ᄒ기<八, 21>, ᄉ양ᄒ기<九, 82>, 녹티기<九, 91>, 곳갈스기, 혼인ᄒ기<九, 95>, 글닐기<九, 78>, 거동ᄒ기<九, 13>

8) 형태나 의미의 구조가 일부 비슷한 관계에서 수의성이 작용한 것으로 보이는 '-ㅁ', '-이', '-

의 비생산성은 일차적으로 당시의 문법에 기인하는 문제일 것이다. 그러나 막상 그 핵심적 요인이라고 할 만한 특징은 형태나 의미의 구조에서 명쾌하게 드러나는 것 같지 않아 난감하기도 하나, 다음에 그런 문제에 접근해 본다.

II-4.

    (4) 차바눌 머거도 自然히 스러 <u>몰보기</u>를 아니ᄒ며 <月釋. 一, 26>
       이 比丘ㅣ 經典 닐거 외오몰 專主ᄒ야 아니ᄒ고 오직 <u>절ᄒ기</u>를 ᄒ야 <釋詳.
       九, 30>
       後에 사ᄅ미 ᄠ디 漸漸 거츠러 제여곰 바톨 눈홀씨 有德ᄒ 사ᄅ몰 셰여 <u>받ᄂ</u>
       <u>호기</u>롤 決케 호니 <釋詳. 九, 19-20>
       업스신 아비 丹川ㅅ고올 원가 겨시거늘 뫼ᄉ와실제 <u>글ᄒ기</u>롤 일우디 몯호모로
       고기 몯 먹게 ᄒ더시니 <飜小. 九, 78>

이들 용례는 중세후기에 나타난 '-기'구성의 典型的인 보기의 일부다. 우선 이들의 형태구조에 나타난 특성은 '-기'가 요구하는 語根의 충족조건, 또는 '-기' 구성의 格制約 등이 후대의 것과는 상당히 달랐으리라는 추정을 낳게 한다. 즉 그 기본적인 조건은 이러하다.

1) '-기'의 어근이 되는 어휘범주는 최소한 동사라야 하며, 그 중에서도 狀態 動詞는 배제된 것이었다. 뿐만 아니라 동작동사 가운데서도 모두에게 해당한 것이 아니었으며, 적어도 기원적으로는 動詞句構成 內의 對格語를 반드시 요구하여 통합하는 구조의 他動詞構成에 제한적으로 '-기'구성이 가능했던 것이다. 그렇기 때문에 '-기'구성의 전형은 [[대격어+동사]$_V$+접미사 '기']$_N$가 되는 [N+V]$_V$+suf]$_N$라 할 수 있다. 이 구조가 물론 형태적 모형이 틀림없으나, 접미사 '-기'의 단순한 형태자질이 '-기'구성 내부의 통합능력까지도 지표한다 할 수는 없으며, 역시 이것을 기저에서 지배하는 힘은 의미구성의 필요조건에 연유하는 것이라 하겠다.

그런데 이 구성 내에 있는 대격어는 그 格指標의 접미사를 별도로 갖지 않는

디' 등과의 관계를 상기하게 된다.

零形態의 것으로만 나타난다. 가령 '몰보기, 절ᄒ기' 등이 '몰(을) 보기, 절(을) ᄒ기'와 같이 나타날 개연성은 있으나, 그런 예가 없거니와, 만약 그럴 경우라면 대격어는 '-기'구성 밖으로 밀려 구조적인 推移現象을 빚게 될 것이고, 따라서 동사어근만으로 '-기'구성이 되는 동시에 의미적으로도 명사적 기능이 확보된 것이 될 것이다.[9] 그리하여 이런 단계에까지 이른 '-기'구성은 對格語, 또는 對格 相當語를 매몰시키고도 불완전하지 않다. 물론 15세기 자료는 이런 용례를 확인 하지 않으나, 역시 다음 시기는 이와같은 '-기'구성의 다른 한 면을 확인케 한다.

　(5) 다룬 디 <u>쓰기</u>를 아니ᄒ노라 <飜小. 八, 39>
　　　 사ᄅ미 <u>빌이기</u>를 아쳐러 아니ᄒ더라 <飜小. 八, 39>
　　　 청컨딘 <u>골ᄒ기</u>란 말오 <飜小. 九, 16>

　이들의 형태구조는 (4)와는 달라서 $[(N)+[V+suf]_N]_N$가 되며, 이 때 (N), 대격 또는 대격상당어는 수의적인 구성요소[10]를 나타낸 것이다.

　2) '-기'구성의 어휘적 가치에 대해서는 별도의 검토가 있겠으나, 그것은 어디까지나 명사범주 안에서의 문제가 될 것이다. 따라서 이 '-기'구성이 단순한 보통명사라면 曲用形式이 불구적일 이유는 없다. 그러나, 당시 그 어례 자체도 의외로 드문 상황이지만, 나타난 '-기'구성의 曲用分布를 보면 매우 제한적으로

---

9) 사적 발달의 측면에서 상정가능한 '-기'구성의 형성과정의 논리는 오히려 이것과는 반대의 역순이라야 옳겠다는 생각이 든다. 원칙적으로 대격의 형태지표를 취하나, 때로는 문맥적으로 지표되는 영형태의 것이라 하더라도 일차적으로는 엄격한 동사구구성의 통사구조로 서술동사와 대격어의 관계로 통합했을 것이 확실하다. 그것이 점차 의미적 긴밀성이 더해짐으로 해서 내부적으로 재구조의 현상이 일어나 분리됐던 층벽이 무너져 마침내는(비록 그 관념적 흔적은 내재된 형식이라 하더라도) 격형태의 消去와 더불어 마치 보조적 접두어와 같은 위상의 요소로 추이됐으며 그런 상태의 동사어근을 명사화하는 데 이른 것이다. 여기서 다시 그 의미를 한층 더 추상화한 경우에는 이러한 접두어적 대격어를 분리해 내는 작용이 있게 되는 것으로 보인다.

10) '-기'구성의 어근동사는 단일어근만이 아니라 복합어근일 경우도 같은 구조에 속한다.
　　거름거리며 <u>붏드릐기</u>를 모로매 안셔히 상심ᄒ야 ᄒ면<飜小. 八, 16>
　　<u>긁빗기기</u> 너무면 머리 앏프리라 <杜初. 上, 44>
　결국 이들은 $[(N)+[[V_1+V_2] v+Suf]_N]_N$ 이다.

편향된 일부 격만을 요구하는 不具性을 가졌던 것으로 보인다. 제한된 몇몇 格 가운데서도 특히 (4), (5)와 같은 '-롤/를'을 접미하여 대격어를 구성한 것이 지배적이었으니, 필시 '-기'구성의 의미특질이 서술동사의 지배 아래서 배당되는 格 가운데 가장 적절한 기능을 담당할 수 있는 자리가 곧 對格이었을 것으로 추정된다. 따라서 이 사실은 '-기'구성의 의미자질과 결코 무관하지 않다는 뜻이 되며, 뿐만 아니라 '-기'구성의 확장발달의 거점으로 중요한 의미를 가진다. 다시 말해서 '-기'구성의 名詞的 意味의 특질에는 서술동작의 직접대상이 되기에 가장 적합한 요인이 있으며, 그 때문에 문구성소로서의 분포를 제한하는 불구성을 가진 문법을 이루었던 것이다. 만약 그렇지 않다면 굳이 '-기'구성을 따로 가져야 했던 문법적인 이유가 무엇이었는지, 또는 중세후기문법이 이것을 보편적인 운용체계 속에 수용하지 않은 이유에 대해 해답할 국면이 거의 없다. 이것을 역으로 환언하면, '-기'구성은 어휘나 형태상의 구조적 이유가 동기가 됐던 조어로 보기 어렵다는 시각이다. 그것이 이미 확립되어 보편화되어 있는 당시의 조어체계로 볼 때는 분명히 생소한 일부의 특수형이었을 것이고, 그것이 체계내에 定位置되는 데에는 그 형성동기가 그러하듯이 어휘나 형태의 층위의 문제가 아니라 통사적으로 특정의 구조의미를 가지는 담당자를 요구했던 통사적 지지기반이 작용했기 때문이다. 이와 같은 견해는 2차적 단어조성의 원인 가운데는 어휘나 형태의 구조적 요인 밖에도 통사적 특수조건이라는 또하나의 국면의 문제가 비록 그것이 제한된 용법의 것이라 하더라도 제3의 원칙으로 제기될 배경을 이룬다.

Ⅱ-5. 이 논거의 정당성을 뒷받침하는 또 하나의 특성은 '-기'구성이 主格을 배당받는 예가 보이지 않는다는[11] 것이다. 어떠한 의미특질의 제약이었든지 간에 주로 근대이후에 있어 주어 자리에 오는 동명사가 서술동사 '어렵-, 둏-, 쉽-'과 통합할 경우 그 동사는 '-기'구성의 것을 요구하는 것이 통례다. 그럼에도 불구하

---

11) 이 용법이 전적으로 배제된 것이었는지는 속단할 수 없으나, 필자가 살핀 15세기 자료에서는 그 예를 확인할 수 없었다. 만약 더 정밀한 조사를 해서 찾아진다 해도 역시 이 지배적인 추세를 부정하기는 어렵다. 물론 그 이후의 문법은 이 특성을 잃어가는 쪽으로 변하는 추이현상이 반영된다.

고 중세어의 경우는 이들 동사의 주어로 배당된 동명사라 하더라도 '-기'구성과
共起關係를 이루지 않는다. 그만큼 '-기'구성의 자질은 보편화되지 못했다. 그러
한 통사구조에도 역시 '-ㅁ', 또는 '-디'구성12)이 쓰였는데, 특히 '-디'구성의 것은
오늘의 직관으로는 용인하기 어려운 이질성을 드러낸다. 하기는 이러한 국면이
'-기'구성이 오늘과 같은 문법적 지위를 얻게 되는 초기단계에서 '-디'구성과의
사이에서 빚어진 관계를 탐지하게 하는 중요한 단서를 제공할 수도 있기 때문에
주목을 요한다.

> (6) ⅰ)<-ㅁ 어렵->: 부텨 맛나미 <u>어려보며</u> 法 드로미 <u>어려보니</u> <釋詳. 六, 11>
> 사르미 몸 드외요미 <u>어렵고</u> 三寶를 信ᄒᆞ야 滿放호미 ᄯᅩ <u>어렵고</u> <釋詳. 九,
> 28>
> <-ㅁ 쉽->: 定中에 힘 어두미 <u>쉬보니</u> <蒙法. 26> 어즈러운 ᄆᆞᅀᆞᄆᆞ로 부
> 텨 일쿨ᄌᆞ오미 <u>쉬오디</u> <法華. 一, 223>
> <-ㅁ 둏->: 우수미 <u>됴커늘</u> 面을 當ᄒᆞ야 諱ᄒᆞ도다 <金三. 三, 16> 보라
> 가미 <u>됴탓</u>다 <杜初. 上, 37>
> ⅱ) <-디 어렵->: ᄆᆞ술히 멀면 乞食ᄒᆞ디 <u>어렵고</u> <釋詳. 六, 23> 내 겨지비
> 라 가져가디 <u>어려볼씨</u> 두 줄기롤 조쳐 맛디노니 <月釋. 一, 13>

---

12) 표면상 같은 형태로 나타나는 '-디'는 그것이 분포하는 통사구조의 특징이 다른 별개의
형태소로 기술된다. 이에 대해서는 면밀한 검토가 요하나, 크게 나누어서 대체로 다음과
같은 두 형태소로 구분하게 된다. 여기서 말하는 '-디'구성이란 물론 그 중의 하나인 다음
분석의 2)에 해당하며, 곧 그것은 '-ㅁ'이나 '-기'구성과 함께 [V+Suf]$_N$의 구조로 되는 동
명사구성인 것이다.
1) 형식명사 '디' 「[동사어간+ ㄴ/ㅭ]~디」
妻春ᄃᆞ외얀 디 三年이 몯차 이셔 <釋詳. 六, 4>   그ᄣᅢ 人間애 이셔 부텨 몯보ᅀᆞ반
디 오라더니 <釋詳. 十一, 10> 隨喜功도 그러ᄒᆞ곤 圓特功을 아ᇙ 디로다 <月釋.
十七, 54>
2) 동명사어미 '-디' [동사어간+디]
  ⅰ) 부정구조
    ᄉᆞᄆᆞ디 아니홀씨 <訓諺> 塵相이 더디 몯홀씨 <楞嚴. 一, 84> 됴ᄒᆞᆫ 고즈란 픈디
    말오 다 가져 오라 <月釋. 一, 9> 그르멧 ᄃᆞ리 本月에 다ᄅᆞ디 아니호몰 아디 몯
    ᄒᆞ야 오직 그르멧 ᄃᆞ롤 잡ᄂᆞ니 <南明. 下, 10>
  ⅱ) 「-디~어렵-/둏-」 본문 文例 (6) ⅱ)

<-디 둏->13): ᄀ장 보디 됴ᄒ니라 <朴初. 上, 5> 닙기 됴ᄒ며 먹디 됴
ᄒ며 쓰디 됴ᄒ 거시 <七大萬法. 14>

(6) i)은 ‘-ㅁ’구성이 ‘어렵-, 쉽-, 둏-’와 主述構造를 이룬 文例다. 이들은 오
늘날 ‘-기’구성으로도 적격문을 이룬다. 물론 ‘-ㅁ’과 ‘-기’구성의 의미특질의 時
差問題를 배제하는 전제에서 보면 이 두 구성은 同一構造文의 주격어로서 형
태나 통사의 어떠한 제약도 받지 않을 뿐만 아니라, ‘-ㅁ’보다는14) ‘-기’구성이
훨씬 보편성을 띤다. 이러한 성향으로 보아 적어도 ‘-기’구성의 주격어와 특수한
관계에 있는 ‘어렵-, 쉽-, 둏-’와 주술관계를 이루는 구조에서(이 밖의 서술동사
와 통합하는 관계에 있는 상황보다는 그 가능성이 더 많은) ‘-기’구성은 일찍부
터 제자리를 확보할 수 있었을 것이고, 따라서 ‘ 기’주격이도 이떤 특수한 구조
문에서 先次的으로 확인됨직하나, 그렇지 않은 것이 오히려 기이하다. 결국 상
대적으로 확률이 높은 것으로 여긴 ‘어렵-, 쉽-, 둏-’의 주격어로도 ‘-기’는 나타
나지 않았으니, 이 밖의 서술동사관계에서는 기대할 일이 못 될 것 같다.

그런데 특기할 일은 (6) ii)에서 보듯이 ‘어렵-’15)과 통합하는 주격어 자리에 ‘-디’
구성이 분포하는 사실16)이다. 오늘의 문법으로 직관하여 볼 때, (6) i)의 ‘-ㅁ’구성
은 그것을 비문이라 하여 ‘-기’구성으로 바꿔야 정문이 되는 상황은 아니다. 그러나,
(6) ii)의 경우는 판이하여 만약 ‘-디 어렵-’의 변화형 ‘-지 어렵-’을 그대로 적용시

---

13) 15세기에도 실재했을 가능성은 충분히 인지되나 그 자료를 제시치 못했으며, 여기서는 16
    세기 자료로 충당한다.
14) ‘-ㅁ’구성의 실현이 좀 어색한 이질성같은 느낌을 갖게 하는 것도 사실이지만, 그러나 비
    문이라고 하여 배제할만치 엉뚱하지는 않다. 오히려 ‘-기’와는 구별되는 의미특질이 있는
    이상 그것을 경계로 하는 이들의 존재는 가치를 가질 것이나, ‘-기’에 비해 훨씬 열세인
    것만은 사실이다.
15) ‘-디’와 통합하는 서술동사는(부정구조는 제외) 대체로 ‘어렵-/ 쉽-/ 둏-/ 슳-/아쳗-’ 등에
    제한된 것이었다. 특이하게도 이들로 표시되는 행동이나 평가의 객체 또는 대상을 지표하
    는 데는 ‘-디’구성이 배치되고 그 표면상의 격형태는 주격형을 취하는 성향이 있다. 따라
    서 이하 ‘어렵-’으로 제시하는 내용은 ‘-디’구성과 통합하는 서술동사를 일괄하는 것이 될
    것이다.
16) ‘-디’구성이 ‘어렵-’과 통합하는 자질이 있을진댄 (6) i)에서 확인할 수 있었던 통합논리
    를 보더라도 마땅히 ‘쉽-’과 통합한 예도 있음직하다. 그러나 여기서는 찾아 밝히지 못했
    다.

킨 통합을 가정한다면 물론 그것은 비문이 되고 따라서 문법에서 배제된다. 최소한 그것은 (6) i)과 같은 맥락에서 용인됐던 것과 같은 '-ㅁ'구성으로 바뀐 용법이 허용은 되나, 역시 자연스럽고 적법한 것은 '-기'구성이다. 그럼에도 불구하고 당시가 '-기'구성 자체를 갖지 않았던 상황이라면 몰라도 이미 확인된 대로 상당한 제약하이기는 하나, 이미 '-기'구성은 형태, 의미, 통사적으로 독자적인 자질을 가지고 상응하는 문법의 기능을 담당하고 있는 현실에서 '-디'가 지지를 받으면서 '-기'를 완강히 거부하고 있는 것은 분명히 '-디'구성에 대한 우리의 선입견을 떨쳐 버리게 하는 문법사적 의미를 드러낸다.

Ⅱ-6. '-디'구성의 분포는 폐쇄적이며, 주로 부정문구성「-디+ 아니ㅎ-17)/몯ㅎ-/말-」속의 특정위치에만 실현한다. 이것은 '디>지'의 음운변화가 있었을 뿐, 구조의 가치는 그대로 유지되어 있다. 그런데 여기서 '-기'구성에 못지 않게 '-디'구성의 곡용도 불구적이었다는 점에 주목한다. 표면상으로는 형태지표 '-롤/를'을 접미하지 않은 상태지만, 통사구조의 논리로 보아 그것이 대격에 상당한다는 데는 異論이 없을 것이다. 그것은 마치 다음 문례를 통하여 '아니ㅎ-/ 몯ㅎ-/ 말-'의 직접지배 아래에 있는 일정한 명사항18)이 배당받고 있는 격이 바로 대격인 점으로도 분명하다.

---

17) 그런데 '-디'는 '아니ㅎ-' 부정뿐만 아니라 '아니' 부정에도 쓰인다. 가령, '뎌 無明이 실로 體잇논 디 아니라<月釋. 二, 22 之 2> 行온 癡ㅎ시논 디 아니라<月釋. 十七, 42>와 같은 용례가 그것이다. 그러나 이런 경우 '아니ㅎ-'와 통합하는 '-디'는 註 12에서 분석한 동명사어미 '디', 즉 '-디'구성이라야 하지만, '아니'와 통합하는 '디'는 형식명사, 즉 관형어구를 충족조건으로 하는 '디'의 구조를 띤 것이다. 그러므로 후자의 구조는 이것과 전혀 다른 범주의 문제가 된다.

18) 명사를 다시 일정한 어휘의미의 범주를 나누어 묶는 일은 그 준거의 자질을 무엇으로 하느냐의 문제이기도 하나, 그와 대응하는 형태, 통사적 분포특질을 도출하는 과정의 문제이기도 하다. 그러므로 범주의 규범성을 강조하여 그 분류를 제약할 것은 아니지만, 역시 문법에 적용되는 범주의 수는 그다지 세분화되지는 않을 것이다. 여기서 말하는 '일정한 명사항'이란 일정한 범주로 묶은 명사어군을 뜻하며 그것은 대체로 時有性이나 過程性을 가지는 행동이나 작용을 나타내는 명사가 된다. 가령 '일, 공부, 사랑, 생각…'과 같은 어군이며 편의상 '동작명사'라 하기로 한다.

(7) ⅰ) 구틔여 다시 塔寺 세며 僧坊지어 衆僧供養 아니ᄒᆞ야도 <月釋. 十七, 40>
　　　 그러나 이제 實로 滅度 아니호ᄃᆡ 곧 보온 滅度호리라 ᄒᆞ노니 <月釋. 十
　　　 七, 13>

　　ⅱ) 五年을 改過 몯ᄒᆞ야 虐政이 날로 더을ᄊᆡ <龍歌. 12> 내 겨지비론 전ᄎᆞ
　　　 로 出家 몯ᄒᆞ야 슬허 ᄒᆞ노라 <月釋. 十, 18>

　　ⅲ) 츨히 說法 마오 湦槃애 어셔 드사 ᄒᆞ리로다 <釋詳. 十二. 58> 願ᄒᆞᄃᆞᆫ
　　　 分別 마르쇼셔 <月釋. 十三, 48> 내 네 아비ᄀᆞᆮᄒᆞ니 ᄂᆞ외야 시름 말라
　　　 <月釋. 十三, 23>

　　(7)은 곧 「동작명사+(대격접미사 '롤/를')~아니 ᄒᆞ-/ 몯ᄒᆞ-/ 말-」이고, 결국
이것은 「-디구성+(대격접미사 '롤/를')~아니ᄒᆞ-/ 몯ᄒᆞ-/ 말-」과 같은 통합구조
라는 사실을 알 수 있다. 그렇기 때문에 이 두 구조가 동질의 것이라면, 그것에
내장되어 있는 '동작명사'와 '디'구성이 동질성[19]을 가져야 한다는 추리는 정당할
뿐만 아니라 그들이 다같이 격의 음운형태를 매몰하는 성향을 띠는 것도 우연한
일이 아니다.
　　그리고 이것이 이어지는 연장선 위에는 '-기'구성이 있으며, 그것이 또한 불구
적인 곡용형식을 이루면서 통사분포가 주로 대격이 배당되는 동사구구성 내의
위치였던 특성과도 일치함을 확인하게 된다. 이에 반해 '-ㅁ'구성의 동명사는 거
의 예외없이 '-올/을'을 접미한 어형으로 나타나는데 그 점은 '-기'구성도 같은
성향이어서 '-디'구성과는 엇갈린다.

(8) ⅰ) 天人濟渡호ᄆᆞᆯ 썰븨 아니호미 당다이 나 ᄀᆞᇀᄒᆞ리라 <月釋. 一, 17>
　　ⅱ) 제도호ᄆᆞᆯ 몯홇 ᄃᆞᆺ 의심ᄃᆞ왼 젼ᄎᆞ로 <楞嚴. 一, 26>
　　ⅲ) 四坐ㅣ 敢히 喧笑호ᄆᆞᆯ 마라리아 <杜初. 八, 25>

(9) 차바ᄂᆞᆯ 머거도 自然히 스러 ᄆᆞᆯ보기를 아니ᄒᆞ며 <月釋. 一, 26> 다ᄅᆞᆫ ᄃᆡ 쓰
　　 기를 아니ᄒᆞ노라 <飜小. 八, 39>

---

19) 이것은 뒤에서 살피게 될 '-디'구성과 '-기'구성의 의미특질을 기술하는 문제에 있어 구체
　　 적이고 분명한 傍證의 한 국면을 이룰 것으로 보기 때문에 유의할 만하다.

'-ㅁ'구성의 곡용형식은 물론 '-디'나 '-기'구성과는 판이하여 보편성을 가지며 그런 면에서 이 3자 간의 관계는 같지가 않다. '-ㅁ'과 '-디', '-ㅁ'과 '-기'의 관계는 '-디'와 '-기'의 관계와 대비해서 보다 異質的이며 따라서 이들의 관계는 일차적으로 '-ㅁ'과 '-디/-기', 즉 '-디/-기'를 하나의 單位項으로 해서 대비해야 할 성질임이 확실하다.

'-디'와 '-기'의 전반적인 분포특질을 밝히는 데는 미치지 못했지만 이 정도의 검토로도 '-디'와 '-기'의 친근성은 인정된다. 다만 이 친근성이 한 걸음 나아가 동의성으로까지 볼 수 있는지는 아직도 객관적인 검증을 요할 문제로 남는다.

그런데 '-디'구성의 곡용관계에서 '主述構造의 主語位置에 오는 異例的 용법'이 있다는 것은 이미 지적했다(문례(6) ii). 그것은 「-디~어렵-」형으로서[20] '-디'를 주격지배하는 서술동사는 '어렵-'뿐이기도 하지만 또하나의 특이성은 '-디'구성이 부정구조가 아닌 조건의 관계에서 통합할 수 있었던 유일한 구조라는 것이다. 그리고 '-디'구성의 부정구조는 지금까지도 유효한 데 비하면 「-디~어렵-」의 '-디'구성은 무슨 이유인지 다음 시기에 '-기'구성으로 바뀜으로써 만약 그것이 '-디'구성으로 실현하면 비문이 되는 문법으로 변했다. 그리하여 '-디'구성의 명맥은 소위 長形否定文構造에만 이어질 뿐이고, '-기'구성으로의 移行이 있었다. 그 이행은 물론 일시에 일어나는 성질의 것이 아니기 때문에 그 시기를 긋는다는 것도 간단치 않으며 자료를 정밀조사하여 검증할 일이지만, 대체로 근대초기 이후에 활성화됐다는 데 별 이의가 없다.

(10) <u>닙기</u> 됴ㅎ며 <u>먹디</u> 됴ㅎ며 <u>쓰디</u> 됴흔 거시 <七大萬法. 14>

---

20) 이것은 '-디'구성이 주격을 취하는 사실을 입증하는 방법의 하나로 특수하게 주격지배의 서술동사 '어렵-, 쉽-, 둏-' 등과의 통합형을 택한 것이고, 그 가운데 일부의 용법만이 확인된 것이다. 그러므로 이밖의 동사와의 통합에서 '-디'구성이 실현될 가능성을 배제하는 것은 아니다. 그렇다 하더라도 '-디'구성이 주격배당되는 일은 매우 제한된 특정의 동사와의 통합에 있는 표면적인 현상이다. 그러나, 한편 '法喜로 겨집 <u>삼디</u> 흐시니라 <圓覺. 三, 77>'를 비롯하여 '가지 노프니 <u>듣디</u> ᄀ장 새롭도다 <杜諺. 十七, 18>', '甚히 고기의 비류믈 <u>먹디</u> 아쳗노라 <杜諺. 十九, 35>' 등의 용례로 미루어 상정되는 상황은 '-디'의 분포역이 훨씬 넓었을 가능성도 있다.

 (10)과 같은 용례는 ‘-디’ > ‘-기’의 이행과정이 간명하게 노출한 단적인 예다. 한편 「飜譯小學」에 드러난 ‘-기’용법의 확산으로 보면 그 이행이 일제히 일어났을 일 같기도 하지만 다음과 같은 「重刊杜詩諺解」의 예나 그 밖의 사례들은 여전히 ‘-디’의 건재를 알리고 있어 서로 엇갈리는 상황을 알리고 있다.

 (11) 가지 노푸니 듣지 ᄀ장 새롭도다(枝高聽轉新) <杜諺. 十七, 18> 甚히 고기의 비류를 먹디 아쳗노라(若厭食魚腥) <杜諺. 十九, 36> 높뵈디 그러 <恩重. 15>

 그러나 이것은 이미 ‘-기’의 대세가 결과로 기정된 것이었고, 다만 그 과정에서 빚게 되는 교차현상으로 보이며, 아무튼 이 이행은 상당한 기간 동안 이러한 현상을 거치면서 진행됐을 것이다.

 Ⅱ-7. 이상에서 우리는 살피게 된 동기는 어디에 있었든 간에 15세기문법에서 전개된 ‘-기’와 ‘-디’의 형태론적인 특징으로 볼 때 이 두 구성은 서로 무관하게 따로 있어야 할 이유에서 이루어진 것이 아님을 알 수 있다. 그것은 공시적인 분포의 상태가 그럴 뿐 아니라, 그와 같은 분포특징은 결국 ‘-기’와 ‘-디’의 어원적인 형성과 직결된 문제라는 시각에서 사적인 발달의 원리에서도 그러하다. 이 두 어미의 어원이 밝혀졌다고 할 수는 없으나, 梁柱東(1940)의 추론[21]은 시사하는 바가 크다. 해당어구의 해독이나 논증의 기제가 옳으냐 그르냐는 논외로 하더라도 동사기원의 동명사어미 ‘-디’의 실재를 고대어 단계에서 확인하고 있는 면은 적정한 통찰이며, 알타이 어의 형태론에서 기술되는 동사기원의 명사어미 ‘-ti’[22]와의 대응가능성도 배제할 수 없다. 그런데 ‘-기’와의 관계를 梁柱東(1940)에서 ‘디-기’의 ‘相通’ 혹은 ‘互轉’으로 보는 데는 수긍할 수 없다. 상당한 고증을 요하

---

21) 慕竹旨郎歌의 ‘逢烏支惡知作手下是’ 중 ‘惡知’의 고증에서 그 독법이나 설명의 기제가 옳으냐 그르냐를 떠나 여기서 취하고자 하는 문제의 초점은 이른바 ‘不定法名詞’라고 한 ‘디’의 문제다. 즉, ‘惡知’를 ‘읻디’로 읽는 한편 그 발달에까지 미쳐 ‘읻디> 읻기> 악기’의 과정으로 보면서, 결국 부정법명사 ‘디’를 ‘기’의 원형이라 했다.

22) G.J.Ramstedt, Einführung in die Altaische sprachwissenschaft. Ⅱ Formenlehre. pp.154-167.

는 문제나 '-기'가 문법에 등재되는 선행단계에 '-디'는 기존했을 것이며, 그럼에
도 불구하고 그것이 상당한 부분에서 동질성을 가진 또 하나의 '-기'를 성립시키
는 것은 중세후기의 분포특징으로 볼 때 중세어 시기에 와서의 일로 추정된다.
그러므로 '디'가 '기'로, 또는 그 역방향으로 변해서 어느 하나가 이루어졌다는 논
리는 정당치 않다. 비록 이 두 어미가 많은 부분에 공통되는 자질을 가진 것이기
는 하나, 이들의 어원 기반은 엄연히 달랐으며, 또한 時差性을 가지고 이루어진
것이다. 이 문제 또한 추정을 면할 수 없는 것이지만 통상 문법요소의 형성이 우
연히 이루어지는 것이 아니라 기존하는 형태기반에서 전이되는 일이 많다는 것
을 감안할 때 '-기'의 형태기반이 된 것으로 부동사어미 가운데 이른바 도급형
(마침법) 어미인 '-게(에)/긔(의)/기(익)/거'[23)와의 유관성에 주목하게 된다. 그
까닭은 첫째 형태상의 개연성이라 할 수 있고, 둘째로는 이들의 이형태분포가 특
이하다는 것이다. 그리고 셋째로는 의미면에서 이 둘 사이에는 상당한 공통자질
을 함의한 것으로 보이는 점이다.

II-8. 유독 이 부동사어미의 이형태 구성 조건은 이례적으로 특이하다. 원칙
에 따른다면 '게(에)/개(애)'거나, '긔(의)/기(익)'[24) 중 어느 한 쌍의 것으로 족하
다. 그런데 무슨 이유에서 형태론적으로 잉여적인 이중구성을 갖게 되었는지 공
시적 분석만으로 해명하기는 난감하다. 결과론이지만, 다음 시기에 오면서 이 혼
돈은 정리되어 '-게'계에 합류될 뿐만 아니라 그 안에서의 변이형식도 상실하게
되어 '-게'만 남는다. 그러면 왜 없어도 될 '-긔'계가, '-게'계와 널리 병존하면서
「임의로 변동」[25)하여 무원칙한 관계를 빚었는지도 현안의 문제지만, 그에 못지
않은 의혹은 일단 이들의 이중구성을 수긍하는 기반에서 보면 거기에는 마땅히
'-게'와 교체하는 '-개'가 있어야 할 텐데 '-개'는 그 실재형이 없다. 이 두 측면
의 이례성은 최소의 기본적인 형태분포의 원리를 어기는 일이며 그렇기 때문에
정상적인 시대의 균형이 잡힌 문법에서는 좀처럼 볼 수 없는 현상이다. 그렇다면
앞에서 '-게'계와 '-긔'계의 이중구성이라 했지만, 본시 이것들은 다른 형태범주

---

23) 이들 어미에 대한 분포조건이나 문례는 許雄(1975), pp.602-605 참조.
24) 이하에서 편의상 '게(에)~개(애)'를 '게'계, '긔(의)~기(익)'를 '긔'계로 부르련다.
25) 許雄(1975), p.602.

에 속했던 어미로서 '-게'계는 모음조화의 조건에 따라 이형태를 생성하지 않는 구성이었을 가능성도 있다. 그러면 이들 중 어느 계가 어원적으로 이 도급형어미의 자질을 가진 것이냐는 문제에 직면하는데 그 논증은 쉽지 않다. 사적인 맥락으로 미루어 필시 '-게'계가 어원적 정통성을 가진 것이고[26] '-긔'계는 아류적 성격(가령 특정지역 혹은 특정계층의 방언)의 것이거나 또는 체류 상태에 있는 '-긔'를 견인하여 제 3의 문법요소로 전용하는 과정에서 빚어진 交錯일런지도 모른다. 즉, '-기'구성의 기원형태를 고유한 제 자리가 보장되지 못하고 표류하고 있는 '-긔'를 추적하는 데서 찾을 수 있다는 가설의 제기다. 아직은 이 가설이 그대로 유보될 수밖에 없는 입장이지만, 이것을 뒷받침하는 또 하나의 중요한 시사는 李基文(1985)가 처용가의 '明期'를 해독하는 가운데서 '期'(긔)를 쓴 것은 이것이 후실모음어로서 ㅡ 모음이 ᆞi를 표기[27]한 것이라고 한 봉찰이다. 그렇다면 '긔>기'의 변화는 자연스러운 것으로 이해하게 되고, 따라서 「동사어근+ 긔'(부동사구성)> '동사어근+기'(동명사구성)」의 변천논리에 한걸음 다가서게 된다.

한편 이와 함께 '-기'구성과 '-긔'부동사구성 사이에서 어떤 의미적 有緣關係를 걸러낼 수 있다면 그것은 또 하나의 사실확인의 디딤돌이 될 것이다. 흔히 '-게', '-긔' 부동사구성을 '마침법'이라 하여 '어떤 상황(경지)에 미침(이름)을 나타내'[28]는 어미로 규정한다. 그러나, 이것을 어근동작의 의미특질 중 시간성에 관여하여 그것을 규제하는 관계의 시각에서 보면 '-게', '-긔'는 분명히 後時性, 즉 미래성을[29] 지표하는 것이 된다.

(12) 그듸 가아 <u>아라듣게</u> 니르라 <釋詳. 六, 6>
　　　홀론 조심 아니ᄒᆞ샤 브를 <u>ᄢᅳ긔</u> ᄒᆞ야시ᄂᆞᆯ <釋詳. 十一, 26>

---

26) 당시 文中에 사용된 頻度의 의미가 전적으로 이것에 직접 이어진다고 하기는 어렵지만, 이형태 중 '게'와 '긔'가 빈번히 쓰였으나 그 중에서도 '게'가 우세했다.

27) 李基文(1985), p.82. 독법과는 별도로 '明期'의 형태분석을 '붉-의'로 하느냐, '붉-긔'로 하느냐의 문제가 있다. 물론 후자의 것이 본 논리와 맞아떨어지나, 속단하기는 어렵다.

28) 許雄(1975), p.602.

29) G.J. Ramstedt(1939)도 이러한 관점에서 국어의 '-게'(-ke)를 'converbum futuri', 'converbum posterioris'로 규정했으며 적정한 지적이었다. pp.91-92.

가령, (12)에서 '아라듣-'과 '니르-'의 두 동작이 이루어지는 시간성의 문제에 있어 부동사어미 '-게'는 '아라듣-'는 동작이 '니르-'는 동작에 후행함을 나타내며, 그러한 후시성 혹은 미래성이 함의하는 양태적인 국면까지 넓혀 본다면 그것은 '희망'(…도록)이 될 것이다. 여기서는 이러한 문제에 본격적으로 접근하지 않으려니와, 다만 '-게, -긔'의 의미자질로써 시간성을 확인하는 것만으로도 '-기'구성의 동명사가 다른 구성의 것과 변별되는 示差資質로서 동작적 의미, 즉 시간적 과정성을 함의한다는 특징을 일단 '-게, -긔'와 '-기'의 어원적 동질관계로 연계시키기에 족하다고 생각한다. 이상의 개괄적인 검토가 제기한 가설을 완전하게 논증하였다고 보기는 어려우나, '-기'구성의 어미 '-기'의 어원형태로 부동사어미 '-긔'가 전용됐을 가능성에 대해 주목하는 데는 충분하다.

Ⅲ

Ⅲ-0. 이상에서 중세후기어에 나타난 동사 기원의 동명사구성어미 '-ㅁ', '-기', '-긔'의 형태론적 분포특성을 살폈다면, 이제는 그와 표리의 균형을 위해서도 그들의 의미적 특성을 살펴야겠다. 흔히, 현대어의 '-ㅁ'과 '-기'를 의미적으로 대조할 경우, 이들은 같은 문법기능의 역할에 쓰이나, 각기 고유한 의미를 지니면서 그에 따라 문구성에 참여하여 대립하는 상보적 관계를 이룬다고 한다. 즉 기능적으로는 동질성을 갖지만, 의미적으로는 이질성을 갖는다는 것이다. 의미적 이질성이란, '-ㅁ'과 '-기'가 제각기 고유한 의미자질을 가진다는 뜻이고, 그간 이에 대한 많은 논의가 있었으며, 상당한 성과[30]를 거둔 것도 사실이다. 그것은 단적으로 말해서 자질검출의 기준설정의 시각에 따라, '-ㅁ'과 '-기'가 함축하고 있는 의미국면이 여러 가지로 갈린 양상을 빚음으로써 매우 다양하게 나뉘어 규정되었다.

'-ㅁ'과 '-기'의 의미자질은 기본적으로 규제되어진 공통의 기반 위에서 示差對立되는 성질을 띤다. 그것은 형태론적으로도 대응하며, 즉 어근형태부의 의미가 그 공통기반이다. 그렇기 때문에 그들에게서 어떠한 자질이 析出되든지 간에 그

---

30) 여러가지 의미분석의 검증을 거쳐 도출된 '-ㅁ'과 '-기'의 의미특질은 매우 다양하다. 이들을 정리한 것으로 우형식(1984) p.153을 참고할 것.

것은 어근의 의미범주를 벗어난 것이 될 수 없다. 따라서 '-ㅁ', '-기'의 자질은 '동작'을 내포로 하고 그 동작의 여러 속성을 외연으로 한다. 원칙적으로 '-ㅁ'과 '-기'의 자질을 따로 析出하여 규정하는 것이 돼야 하나, 여기서는 '-기'에 대한 문제에 치중하여 몇 가지 특성을 살핌으로써 그와 대조관계에 있는 '-ㅁ'에 간접적으로 접근하는 것에 머물기로 한다.

Ⅲ-1. 그런데, 중세어에서 시현된 이들의 의미특질은, 곧 근대나 현대어와 일치하지 않을 수도 있다는 점에 유의해야 한다. 그것은 우선 '-기'의 어근제약조건이 다르며, 중세어, 혹은 기원단계에서는 동작동사만이 어근요소가 되는 조건이었다. 사실 이 제약조건은 '-기'의 어원적인 소성을 밝히는 데 있어 그 본질의 문제에 접근하는 가장 핵심적인 문제다. 본시 굴절법으로 조성되는 동명사는 넝사석인 대상성보다도 동사의 특성이 강하게 殘留한 상태의 것이기 때문에 문맥에 개재할 때는 적격하지만, 단독형일 경우는 명사로서의 命名的 기능이 불완전하다.[31]

동사의 특성은 다름아닌 동작성을 가리키며, 그것은 필연적으로 시간성이나 그 내부를 구성하는 과정성을 함의한다. 그러므로 동명사의 기저에는 정도의 차이는 있을지라도 동작의 과정적 성격을 함의하며, 특히 그것이 이루어지는 초기단계는 시간적 과정성이 강한 반면, 대상화의 정도는 상대적으로 약했을 것이 확실하다. 그러나 이러한 편향이 언제까지나 고정불변하는 현상은 아니다. 그 가운데는 점차 대상화의 정도가 심화하여 결국 기원은 동명사지만 그 제약에서 벗어나 命名的 기능을 획득할 수 있는 변화의 국면도 열려진 장치이다. 그러므로 동사기원의 명사상당어는 그 의미특질이 변화하는 양상에 따라 (1)동명사$_i$ → 동명사$_i$, (2)동명사$_{ii}$ → 명사, (3)동명사$_{iii}$ ⎡→ 동명사$_{iii}$[32] / ⎣→ 명사 를 상정할 수 있는 것도 여기에 근

---

31) 파생법을 따로 두고 또 하나의 명사조성의 굴절법을 가지는 데는 그럴만한 이유와 필요 때문일 것이다. 명사는 원칙적으로 대상성을 가진 것이라야 하는데 어떤 부류의 명사구성에는 대상성을 일부 가지고 또 한편으로는 동작이나 과정성을 가지는 양면성을 요구하기도 한다. 동명사는 이와 같은 조성원리에 근거한 것으로 이해된다.

32) (1)은 어느 특정의 동명사가 동명사로만 繼起하는 경우이며, (2)는 본시는 동명사였지만 그 어원을 잊어버리고 명사가 되고 만 경우, (3)은 특정의 동명사가 (1)과 (2)의 두 자질을 함께 가지는 경우다.

거가 있다.

중세어 이후의 어휘구성에 '-기'구성의 것 가운데는 동명사만이 아니라 命名的 기능을 수행하는 명사로 바뀐 것이[33] 많이 있게 되는 것도 이러한 변화에 따른 것이고, 그렇게 되기까지는 상당한 기간이 소요되기도 한다.

Ⅲ-2. '-기'의 의미특질은 이와 같은 동작구성의 시간적 과정성을 기저에 깔고 있는데, 그것은 '-기'에 한하는 것이 아니라 사실은 '-ㅁ'도 이 특질을 기층으로 하는 것이다. 그렇기 때문에 '-기'와 '-ㅁ'의 시차자질은 이보다는 한 차원 낮은 하위범주의 것이 돼야 한다. 그리하여, '과정성'은 내적으로 구성하고 있는 국면의 특성을 분석함으로써 '선시성 : 후시성'을 상정하게 되는데 이것이 바로 '-ㅁ'과 '-기'의 변별자질이 되는 논리기반이다.

가령, '안씨'와 '안좀'을[34] 대조하면, 이들은 모두 동작의 과정성을 함의하며, 그것은 '앉-'의 어휘자질이다. 그러나, 이들은 동작과정 내부의 구성이 다르다. 그것으로 해서 이들은 대립하는데 전자 '-ㅁ'은 '선시성'을, 그리고 후자 '-기'는 '후시성'을 지표한다. 즉 '안좀'은 '안씨'와 대립하지만, 동작의 양태가 다른 것은 아니며 '앉-'는 과정의 분할이 다를 뿐이다. '안좀'은 이미 동작이 완료된 하나의 결합체적 성격을 가짐으로써 인식점으로 볼 때 그 동작은 선시적이라 할 수 있으며, '안씨'는 그 동작이 끝나지 않은 미완료상태에서 결과를 기대하는 뜻을 함의함으로써 그 동작은 후시적이다. 그러므로 '안좀'은 진행이나 지속의 개념은 없었던 것으로 이해되며, 완료적 특성이 외연적으로 함축하는 여러가지 양태성을 내재시킬 수 있다.[35] 결국 '-ㅁ'의 선시성은 완료성에 이어지며, 그것은 적어도

---

33) '-ㅁ'구성의 경우는 이미 중세어단계에 동명사와 명사조성의 두 기제가 있었음을 전술했거니와 그런데 특이할 것은 다음 시기에 동명사 조성의 기제만이 남고, 이미 이루어진 것 외에 새롭게 명사를 이루는 기능은 없어지고 만다. 사실 이에 대처하는 조치로서 '-기'의 활성화가 가속화되었다고 보는 것이 옳은 시각일 것이다.

34) 샹녯 양ᄋ로 안조미 맛당ᄒ니라 <蒙法. 2> / 안씨롤 둣씌 가논대 아니ᄒ며 <小諺. 二, 10>

35) 여기서 거론되는 시간적 과정의 분석은 시상법의 기제는 물론 아니다. 그것의 논리와 전혀 무관하지는 않으나 그것에 직접 지배되는 국면은 아니라고 생각하므로 이해가 있어야 할 것이다.

시상적으로는 중립성을 가진 것이 된다.

이와 대조하는 ‘-기’는 동작의 과정분할에서 그 동작의 수행이 ‘후시성’을 띠는 것이 특징이라[36] 했거니와, 그렇기 때문에 그 동작은 완료되지 않은 미완성에 연유하는 지속 또는 반복의 의미를 내재하면서 기대성(anticipative)과 같은 미래의 豫期 혹은 희망 등의 양태성을 함의한다. ‘-기’의 의미자질에 대한 그간의 논의가 여러 갈래로 나타난 것도 따지고 보면 ‘-기’의 미완적 후시성의 특질에 따르는 외연적 성격을 벗어나지 않는 것이었다.

Ⅲ-3. ‘-기’의 이 미완적 후시성의 특질은 우연히 자의적으로 부여된 것인지, 아니면 따로이 어원적인 동기가 있어서 그로부터의 轉化인지에 대한 의문이 제기된다. 이미 앞에서 이에 대한 형태론적 대응의 가능성을 부동사어미 ‘-긔’와의 관계에 접근하면서 타진했다. 비록 그것이 기능범주가 판이하다 할 것이나, ‘-기’ 구성의 통사분포의 제약특징 등으로써 그것은 어느 정도 극복되는 문제였으며, ‘-기’가 부동사어미 ‘-긔’로부터 전화됐을 합리성은 충분히 인지됐다. 이와같은 형태론적 대응은 그대로 이들의 의미자질에도 상관하는 것이 상식인데, 역시 그 관계는 확인된다. 즉, 부동사어미 ‘-긔’가 내포하는 의미자질이 정동사 동작과의 계기관계를 제약함에 있어서 ‘미래적 후시성(converbum futuri, converbum posterioris)’을 지표하는 것이고, 이것은 곧 ‘-기’로써 지표되는 의미특질과 同源同質임을 드러내기에 족하다.

Ⅳ

Ⅳ-0. 이상에서 중세어문법에 실현된 ‘-ㅁ’과 ‘-기’구성의 동명사류에 대해 사적인 한 국면을 살폈다. 이 두 구성은 대체로 대조된 관계에 있었지만, 중세후기까지만 해도 ‘-기’구성은 그 고유성이 관념화된 階梯가 아니었으며, 그렇기때문에 매우 선택적으로 제한된 분포상황에 있었다. 그래서 당시 동명사어류를 이루

---

36) ‘-기’ 구성이 지각동사 ‘보다, 듣다, 알다, 깨닫다…’ 등의 대격어 자리에 오면 비문이 되는 이유도 이 후시성 내지는 미완성 때문이다.

는 데 있어 보편성을 가진 '-ㅁ'구성의 문제보다는 발달의 사적인 움직임이 있었던 '-기'구성에 치중하였고, 그것은 결국 상대적 관계에 있는 '-ㅁ'구성을 이해하는 일이 된다 하겠다.

Ⅳ-1. '-기'의 의미특질은 당시도 '-ㅁ'과 대립하는 것으로 기술되나, '-ㅁ'으로 시현됐던 자질의 내포는 근대 이후의 것에 비하면, 훨씬 넓은 것이어서 '-기'의 영역까지도 포괄하는 것이었다. 여기에 '-기'와는 별도의 어원형으로 추정될 뿐만 아니라 '-기'보다도 먼저 형성된 것으로 보이는 '-디'가 특정한 분포위치에서 '-기'에 상응하는 용법을 가진 사실도 '-기'의 사적 성격을 파악하는 데 빼놓을 수 없는 한 측면이다.

'-기'는 어근동작의 과정성을 '미완적 후시성'으로 지표하는 대립자질을 가지면서 동명사를 조성하는 어미인 데 대하여, '-ㅁ'은 '완료적 선시성'을 의미자질로 하는 동명사어미다. 그리고 '-기'는 그와 형태나 의미의 형질에 있어 동질성이 인정되는 부동사어미 '-긔'에 소급하여 그 기원의 원리를 상정하는 데 이르렀다. 그것을 도식화로써 간추리면 대체로 다음과 같다.

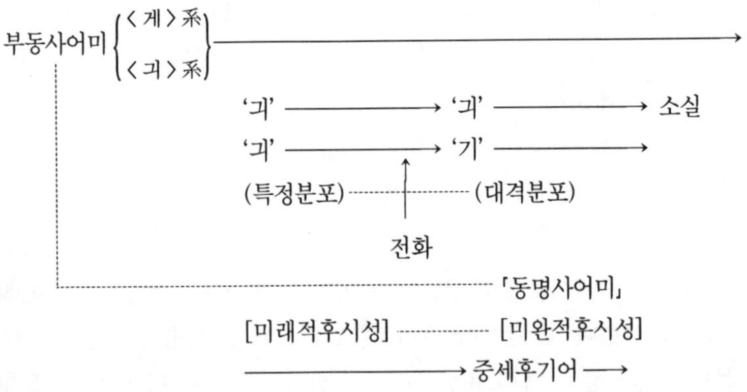

이에 대한 논증이 자료의 제약 때문에 미진한 문제를 유보하고 있음은 自認하며, 특히 여러가지 통사적 제약조건을 이끌어 내고 그것을 규칙으로 公理化하는 것이 논거를 정립하는 要諦라고 믿으면서 통사론적인 검증을 한 과제로 남긴다.

Ⅳ-2. 다음으로 '-ㅁ'과 '-기'는 형태적으로도 대조관계에 있었던 바, 각각의 분포특성은 이러하다.

(1) 이들은 어근제약의 조건에 있어 各異하다. '-ㅁ'은 모든 동사에게 그 어근이 되게 할 잠재적 가능성을 부여하지만, '-기'는 동작동사에 한정할 뿐만 아니라, 그 가운데서도 동사구구성 내에 대격어를 요구하는 타동사어근만을 지배했다. 이 제약조건은 결국 '-기'구성의 동명사를 [[대격어+ 동사]$_V$ +접미사 '-기']$_N$, 즉 [[N + V]$_V$ + suf]$_N$의 구조형('물보기, 절ᄒᆞ기…')이 되게 하는 사적 동기가 되며, 다음 단계에서 일부는 구조내에 있던 대격어가 잠적하는 변화를 겪기도 하여 개념의 추상화가 일어난다. [(N) + [V+ Suf]$_N$]$_N$: ('쓰기, 빌이기, …')

(2) '-기'구성의 동명사가 곡용하는 특성은 매우 폐쇄된 불구성에 있다. 원칙적으로는 서술동사의 대격어 자리에 한정되며, 특히 주격어 자리에 올 수 없다. 이러한 특성은 다음 시기의 분포성과는 다르다.

(3) '-디'구성의 통사분포의 특성은 부정구조 「-디~아니ᄒᆞ-/ 몯ᄒᆞ-/ 말-」의 피부정항을 이루는 자리가 그의 고유위치다. 그 밖에 이례적으로 특정의 서술동사구 내의 대격어 자리에 오기도 하며, 특히 「-디~어렵-/ 둏-」구성에서는 주격 상당어의 자리에도 오는 것이 '-기'의 경우와는 다르다. 그리고 어느 경우든 격접미사는 영형태다.

(4) 부정구조의 '-디'는 그 정통이 오늘에 이르지만, 그 밖의 곡용분포 '-디'는 '-기'로 이행되는 변화를 겪는다. 이것은 '디>기'의 변화가 아니다.

(5) '-ㅁ'의 곡용은 일반적 보편성을 확보한 것이었다.

(6) 이러한 '-ㅁ, -기, -디'의 분포특성을 대비하면 다음과 같다.

			-ㅁ	-기	-디
어근동사	동작동사	자동사	+	−	+
		타동사	+	+	+
	상태동사		+	−	+
대격어	X+ ᄅᆞᆯ/를		+	+	−
	X+ ∅		+	−	+
주격어	「-X ~어렵-/ 쉽-/ …」		+	+	+
부정구성	「-X ~아니ᄒᆞ-/몯ᄒᆞ-/ 말-」		+	+	+

참고 문헌

김홍수(1975), "中世國語의 名詞化硏究", 「國語硏究」 34.

梁柱東(1940), 「朝鮮古歌硏究」, 博文書館.

우형식(1984), "명사화소 '-(으)ㅁ, -기'의 분포와 의미기능", 「말」 12.

李基文(1985), 「國語史槪說」, 탑출판사.

임홍빈(1974), "名詞化의 意味特性에 대하여", 「국어학」 2, 탑출판사.

채 완(1979), "名詞化素 '-기'에 대하여", 「국어학」 8, 탑출판사.

許 雄(1975), 「우리 옛말본」, 샘문화사.

G. J. Ramstedt(1939), *A Korean Grammar*, Helsinki.

<二靜鄭然粲先生回甲紀念論文集, 탑출판사, 1989>

動詞語幹形態素의 發達에 대하여

I. 序 言

I-1. 文中에서 단어가 부담하는 文法的인 능력과 語形變化 사이에는 일종의 함수관계에 의한 대응이 형성된다. 이때 두 대립항의 어느 쪽이 값을 결정하는 구실을 하느냐는 차치하고 어형과 기능의 변화관계는 어느 임의의 항이 변함에 따라 이에 대응하는 항도 추종치 않을 수 없는 것이니 이것은 가장 평범하면서도 기본적인 원리다.

국어에 있어 이러한 관계의 어형변화는 대체로 1) 語幹形成과, 2) 屈折의 것으로 구분된다. 前者는 語彙的 記號素를 구성하는 조어관계의 것이며, 後者는 어휘적 기호소들이 문의 구성원으로 종사할 때 제한되는 관계를 示顯하기 위해 특정의 문법적 기호소를 접미하는 변화의 유형이다. 한 어휘적 단위는 自律的 意味體가 되어야 하며, 거기에는 의미의 핵이 있고 이것을 구심으로 하는 힘이 작용한다. 어간형성은 이 힘의 지배하에 있거나, 혹은 여기에 참여하는 形態範疇의 것이기 때문에 이들은 모두 핵을 바라본 內向의 것이 된다.

그러나 이러한 單位形式들은 보다 큰 단위의 층위에서 통합되며 마침내 文으로 완결하는 데 이른다. 따라서 한 단위의 핵은 자립하는 의미만으로 머무를 수 없으며, 다른 핵과의 연결관계를 가짐으로써 文構成에 적극성을 띤다. 결국 굴절은 이러한 관계에 종사하는 어형변화이니 外向性을 가진 것이 된다.

I-2. 굴절의 변화유형을 취하는 어군 가운데서 명사와 동사[1]는 각각 다른 범주의 屈折形式을 가진다. 다시 말해서 명사는 曲用, 동사는 活用의 굴절체계에

---

1) 본고 전반에 걸쳐 '명사'와 '동사'에 대한 용어법은 전통문법의 것과는 그 내용을 달리한다. 물론 일치될 경우도 있으나, 대체로 곡용어류를 명사, 활용어류를 동사라 하기로 한다.

의한다. 이와 같이 곡용과 활용을 따로 구분하여 고유한 範疇로 용인하게 되는 당위성은 마치 본질적인 것처럼 여겨 왔으며, 그것은 또한 현존하는 文法資料 모두를 史的으로 洞觀한다 하더라도 쉽사리 부인될 근거를 찾기는 어렵다.

이와 같은 곡용과 활용은 오직 接尾法에 의한 굴절이라는 점에서는 동질성이 인지되나, 이들의 문법적 능력이 統轄하는 영역이나 어간(혹은 語基) 및 어미형태소의 형태론적 범주는 같은 자질의 것이 아니다.

명사와 동사가 굴절관계에서 범주를 달리 하는 系의 것으로 수용되는 특질은 각각 그들의 어간(어기)과 어미가 형태론적인 고유성을 가진다는 데 기반을 둔다. 우선 어간형태소의 경우, 명사가 자립형식인 데 반하여 동사는 의존형식의 특질을 가진다. 그러나, 이같은 의존성은 형태론상의 문제일 뿐, 의미범주면에서는 명사와 더불어 실질적으로 自律하는 것이다.

명사와 동사가 이러한 고유형식이 된 緣由를 흔히는 이들 어군이 선험적으로 異質關係를 가졌던 것처럼 설명되어 오지만, 기실 동사가 원초적으로 의존형식이 되었어야 할 이유는 매우 불투명하다. 그것은 위에서 지적했듯이, 동사어간도 의미론적으로는 당연히 自律하는 자질을 가진 것이었으며, 그렇기 때문에 하등 형태상의 의존성으로 구속되어야 할 이유가 없다. 그럼에도 불구하고 동사의 어간형태가 의존형식으로 발달하였다는 것은 필시 상당한 이유가 있었을 것이다. 아마 그것은 기왕의 설명처럼 先驗的인 旣定形式은 아닐 듯하다. 오히려 發生的으로 볼 때 두 語群의 어간형태는 모든 층위의 자질이 相符했을 蓋然性이 짙다.

그렇다고 할 때 동사의 어간형태가 명사와 더불어 의미의 핵을 이루는 實質形態素이면서도 그것과는 달리 스스로 자립하는 형태의 자질로부터 멀어지게 된 것을 史的인 측면에서 검토하여 보는 것은 매우 타당한 일이 될 것이다. 명사와 동사의 내재적인 의미특질은 결코 같은 차원의 것이 아니기 때문에 그들의 의미특질에 충실하기 위한 경험적인 진화를 거쳐 만족스러운 형식으로 安住하게 된 것인지도 모른다. 결국, 본고는 이러한 史的 觀點에 서서 동사형태론의 일면에 대한 고찰을 하게 될 것이다.

I-3. 어휘적인 의미에 대응하는 형태부위가 어간형태소—비록 그것이 자립형식이든, 의존형식이든 간에—임에는 명사, 동사를 가릴 것 없이 다 같다. 그러나 우리는 현존의 모든 문법자료를 통하여 명사와 동사를 각각 이질적인 형태범주로 분석하는 것이 상식처럼 되어 있다. 위에서도 지적했듯이 이것은 필경 어떠한 내용적인 요인이 작용하여 결과되었으리라 생각된다.

명사와 동사의 의미특질 가운데 가장 특징적인 것은 전자가 平面的인 靜態의 것임에 반하여, 후자는 입체적 動態에 바탕을 둔 지향적인 과정의 것인 데 있다. 단적으로 동사어간이 명사와는 달리 의존성을 가지게 된 이유에는 바로 이러한 動態的 意味特質이 요구하는 구성조건을 문법화하기 위한 史的 의미가 작용했을 것으로 추정된다. 용언이 단지 추상적 개념의 표상만으로 그 意味特質을 구현하기는 어려우며, 된다 하더라도 불완전하다. 현실적으로 움식이는 동작의 내용과 그것이 문법화되었을 때의 의미가 반드시 동일차원에 있어야 되는 것은 아니지만, 그러나 전혀 무관한 것도 아니다. 어떠한 동작이 다른 동작과 대립하는 外延의 의미는 다만 개념표상의 어형만으로도 변별이 가능해지나, 한 동작 안에서 내포적인 대립에 역할하여 제약된 구체성을 시현하기 위해서는 동작의 유형적 변별만으로 만족할 수 없기 때문이다. 이를 위하여 국어는 외연적인 어휘항목에다가 동작의 意味特質 가운데 문법화한 특정의 범주형식을 덧붙이는 방법을 채택하게 되었던 것으로 생각된다. 이와 같은 추정의 타당성이 容認될 때 동사어간이 의존의 관계를 가져야만 했던 원인을 進化의 측면에서 검토할 수 있게 될 것이다.

국어의 굴절하는 語群이 두 가지 범주의 어간형태소로 변별되는 동시에 그것이 각각 명사와 동사에 대응되는 관계에 대하여 우리는 이미 주어진 필연성으로만 생각해 왔을 뿐, 별로 문제를 제기한 일이 없었다. 이것은 이들에 대한 관심의 유무를 따지기에 앞서 주로 共時的인 文法記述의 흐름이 그러했지만, 전개된 문법적 상황에서 그를 구성하거나 통할하는 규칙을 究明하는 일 이상의 어떠한 문법형식들의 語源的인 본질이나 史的인 進化의 필연성 같은 것은 疏外되어 왔다. 본고가 목적하는 바는 이상에서 언급한 체언과 용언의 어간형태소의 異質性에 대하여 문법사의 관점에 서서 그들 사이의 通時的인 聯關關係를 추적하고자 하는 데 있다.

Ⅰ-4. 동사어간에 대한 그간의 연구목록은 빈약한 편이다. 우선 공시적인 기술면에서의 연구만 하더라도, 일찍이 安秉禧 敎授에 의해 15세기 국어의 활용어간 전반에 걸친 硏究 報告(安秉禧, 1959)가 있은 이후 沈滯된 느낌이며, 이의 史的인 분야는 한층 더하다. 사적인 연구의 대부분은 15세기를 기반으로 한 展望的인 것이었으며, 어간형태소의 造語上의 관계를 古代의 단계까지 이끌어 올리는 문제를 다룬 일은 거의 없다. 그러나, 알타이語學에서는 일찍부터 이러한 문제에 적극적인 發言이 있어왔다.2) 그런데도 국어의 경우 주저치 않을 수 없게 한 데는 적지 않은 이유가 있기 때문이었다. 그것은 주로 15세기 자료를 분석, 종합하여 기술되는 동사어간형태소의 자질은 그것이 자립형식으로부터의 발달이라고 추리하기조차 어려운 것이었다는 것이 이유의 하나일 것이다. 따라서 국어는 이미 고대 이전에 동사어간의 어휘적인 자질에 큰 변화가 일어났을 것이라는 추정을 낳게 하였다.

그런 가운데 주어진 자료에서 오히려 소외되었던 異例的인 語項에 대해 관심이 쏠리게 되었으며, 일부 합성관계에 숨겨져 있을 동사어간의 原初的인 자질을 추구하려는 측면에서 국어의 이 문제도 提論되었던 것이다.3)

한편 필자는 「鷄林類事」의 語項 가운데 매우 이례적인 동사형태들에 대해 文法史的인 해석을 내린 일이 있었다(李承旭, 1973). 즉, 그것은 동사형태의 記寫法이 零變化의 어간형태소만으로 되어 있는 몇몇 어항들에 관한 이해를 위한 것이었다. 이들은 15세기의 문법의식으로는 납득하기 어려운 난해의 것이었지만,

---

2) G. J. Ramstedt : *Einführung in die altaische Sprachwissenschaft.* Ⅱ. Formenlehre. Helsinki, 1952. J. Benzing : *Die tungusichen Sprachen.* Wiesbaden, 1955.
3) 李基文敎授는 그의 「國語史槪說」(1961)에서 '동사형태는 어간 그 자체뿐'이라는 알타이 동사형태론의 특징을 지적하면서 "국어에서는 고대이전에 이러한 용법을 잊어버리고 말았다."(p.38)고 하였다.
한편 일부의 특수한 명사어간과 동사어간이 동일형태로 나타나는 것을 전성관계로 설명하고 있다. 그러나 改訂版(1972)에 와서는 이에 대한 회의를 가지게 된 듯하며, 그리하여 문법사의 중요한 문제로 제의하면서 "국어의 동사어간은 본래 어미와 유리될 수 있었음을 암시하는 듯"하다는 시사를 하게 되었다.

그렇다고 우연한 誤記라 할 수만은 없으니 그것은 오히려 사실을 외면하는 일이 되기 때문이다. 이러한 소극성을 止揚하여 국어의 동사어간의 범주형식이 문법사의 어느 단계에서 매우 심각한 변화를 입은 것으로 보아 본시 동사도 명사류의 어기처럼 어미형태소와 자유로이 遊離될 수 있는 자질의 語類였다는 추정을 세웠던 것이다.

결국 본고는 이러한 論旨를 발전적으로 정리하고 보다 정밀화하여 국어 문법사에 있어 매우 중요한 한 문제의 구명을 위한 작업이 될 것이다. 문법사연구의 전반에 걸쳐 불가피한 난관이기도 하지만, 이러한 작업의 성패는 역시 자료의 질량에 비례하는 일이라 해서 지나칠 것이 없다. 물론 그 자료의 질량에 있어 가장 바람직한 상태는 문법사의 情報源이 되기에 손색이 없는 가치가 있는 것이 될 것이며, 그것은 시대적으로 전과정에 걸친 여러 변천단계의 특징이 풍부하게 반영된 것을 의미한다. 그렇지만 이러한 가치의 정보원을 확보하고 있는 경우란 쉽지 않으며, 다만 정도의 차이가 있을 뿐, 극히 한정된 年代上의 제약과 빈곤성은 면키 어렵다. 그렇기 때문에 흔히 이런 類의 연구가 지니는 취약점은 비록 최대의 가능성을 찾아 이를 기반으로 한 작업이지만 그 歸結은 대개 소극적인 가설의 한계를 벗어나기 어렵다는 데 있다. 그 추정이 다만 虛構物이 아니라, 史的인 원리에 근거를 두고 추적되는 再構形이 되게 하기 위하여는 비단 추정이라 하더라도 지금의 상황에서 취할 수 있는 최선책이 될 것이다.

국어 문법사 연구가 이제까지 거둔 대부분의 목록이 이런 성격을 가진 것이었으며 본고 역시 이 임무에 충실하고자 하는 것이다. 이러한 연구의 기반을 이루는 年代的 上限은 餘他의 史的 연구도 그러하듯이 15세기가 된다. 그러나 아직은 완전한 직접자료로 받아들이기는 주저할 수밖에 없는 漢字利用의 자료가 디딤돌처럼 전래되고 있음은 주지의 일이거니와 이들의 연구의 진전에 따라 그 연대는 수세기를 더 소급할 수도 있다.

이와 같은 제약된 여건에 따라 일차적으로는 이미 그 殘影마저도 찾기 힘든 형편이지만, 15세기의 자료들을 면밀히 검토함으로써 기원적인 동사형태의 명맥을 확인하고자 하며, 다음으로 몇몇 漢字로 記寫된 자료들로부터 가능한 정보를 얻어내는 데 힘써야 할 것으로 믿는다.

Ⅱ. 統辭 零의 動詞語幹形態素

Ⅱ-1. 동사어간형태소의 자립성에 대해 알타이 比較文法에서 제론되기는 오래 전의 일이다. 그 최초의 발언을 詳述하기는 어려우나, 그것은 이미 금세기 초반에 蒙古, 土耳其 諸語의 동사어간형성에 관한 연구에서 구체적으로 제기되고 있다(Ramstedt, 1912).[4] 그러나 이와 같은 논거는 일부 동사류의 사적인 추적에 의해 검출된 것을 기반으로 한 추정일 뿐, 아직도 그의 보편성이 확인되었다고 할 수는 없다.

국어의 경우도 이 문제는 주목을 끌었다(李基文, 1961).[5] 그리하여 점차 문법사의 중요한 논제의 하나로 의식하게 되었으니, 우선 그것은 15세기의 문법사실 가운데 일부 특이한 자질을 가지고 나타난 語類들에 대해 다만 異例視하여 관심을 모았던 정도를 지양하여 사적인 의미로 해석하려는 적극성을 가지게 된 것이다. 비록 數的으로 빈약한 편이지만 이들 이례적인 어류가 문법사의 중요한 일면을 밝히는 데 결정적인 역할을 할 것으로 기대한다.

그 기대가 큰 데도 불구하고 아직도 효과적인 사실구명을 다하지 못한 것은 극복하기 어려운 여러 가지 장애가 있기 때문이다. 그 가운데서도 가장 심각한 장애는 비단 이 문제에 한한 것은 아니나, 前項에서도 지적하였듯이 자료의 빈곤이다. 이러한 난관을 전제로 할 때 직접적인 자료는 물론이려니와 간접적인 자료의 발굴과 이의 해석을 통하여 최대의 가능성을 도출하는 것이 당면한 일이라

---

4) Ramstedt는 동사어간의 어원적인 자질을 자립어류(ursprünglich selbständige Wörter)의 것으로 보았으며, 이미 그것은 Radloff에 의해 土耳其語의 형태론에서 지적된 일이라 하였다. 이와 같은 견해는 그 뒤에도 별다른 저항없이 동사론에서 의례히 언급되어 왔지만 개별적인 구체성을 가지고 확인된 것은 아니었다(Ramstedt : 1952). 특히 Tungus 諸語에 있어서는 명사어기와의 동질관계가 검토되어 왔으며, 이로써 동사활용의 성립을 구명해 보려는 일면도 엿보였다.(Benzing:1955 ; 村山・大林:1973).

5) 이에 대한 발언은 비교적 최근의 일이었다. 李基文(1961)에 의해 "특기할 만한 사실"로 제기된 이후 그것을 발전시킨 보고는 아직 없는 듯하다. 비단 이 문제만을 본격적으로 살핀 것은 아니었으나, 「계림유사」를 문법자료의 면에서 분석정리하는 가운데서 필자는 매우 특이한 동사어간의 문법적 대우에 대해 문법사적인 해석을 시도한 일이 있다(李承旭: 1973).

고 생각하며, 이제 이에 따라 기대에 부응코자 한다.

Ⅱ-2. 동사어간이 직접으로 명사어기와 동질관계로 쓰이고 있는 예는 15세기에도 비교적 많은 것은 아니지만, 확실히 근대 이후의 상황과는 다르다. 이미 지적한 어례들의 예시가 반드시 필요한 것은 아닐지 모르나, 그 목록을 확인하는 뜻에서 열거하면 다음과 같다.

甲類
「너출-」 <楞嚴. 一, 19> / 「너출」 <月釋. 一, 43>
「굿-」 <杜初. 卄二, 33> / 「굿」 <法華. 三, 156>
「ㄱ물-」 <月釋. 二, 50> / 「ㄱ물」 <龍歌. 2>
「길-」 <月印. 上, 60> / 「길」 <月釋. 八, 12>6)
「빗-」 <杜初. 卄二, 1> / 「빗」 <杜初. 卄, 45>
「누비-」 <內訓. 一, 50> / 「누비」 <月釋. 八, 92>
「뭇-」 <杜初. 十六, 73> / 「뭇」 <月釋. 八, 99>7)
「미-」 <月釋. 序, 3> / 「미」 <杜初. 十五, 31>
「짓-」 <訓諺> / 「짓」 <蒙法. 1>8)
「곫-」 <訓諺> / 「곫」 <楞嚴. 四, 84>9)
「아니-」 <月釋. 序, 12> / 「아니」 <楞嚴. 二, 61>10)
「누리-」 <龍歌. 110> / 「누리」 <字會(叡). 中, 1>
「비븨-」 <楞嚴. 二, 27> / 「비븨」 <字會(叡). 中, 7>

---

6) 닙마다 너븨와 길왜 다 스믈다솟 由旬이오 <月釋. 八, 12>
7) 미 <u>무슨</u> 사르미 紅粉이 하니(結束多紅粉) <杜初. 十五, 31>
　 딥동 세 <u>무슬</u> 어더 쯰로 어울워 미야 므레 쯰오고 <月釋. 八, 99>
8) 眞實ㅅ 무슨매 疑心올 發ㅎ논디 아니라 <u>짓</u>와 괴요매 屬ㅎ니라 (非眞心發疑라 屬做作ㅎ니라) <蒙法. 1>
9) 이런 드로 第一 <u>곫비</u> 드외니라(故로 爲第一重ㅎ니라) <楞嚴. 四, 84>
　 한편 「곫ㅎ-」형의 용례도 보인다.
　　 열히 百에 <u>곫</u>프며 百이 千에 <u>곫</u>ㅎ야(十疊百ㅎ며 百疊千ㅎ야) <楞嚴. 四, 96>
10) '아니'의 문법적 자질은 매우 殊異하다. 此項과 같은 조어관계도 그렇거니와 후술할 (Ⅲ항 참조) 부사와의 관계도 있어 문법사에서 궁금히 생각하는 몇몇 범주 간의 분화에 대해 중요한 암시가 될 것으로 믿어 주목을 끈다.

「두텁-」 <訓諺> / 「두텁」(蟾蜍) <訓解>

위의 것들은 비록 어항수에 있어 매우 빈약한 것이기는 하나, 聲調形까지도 완전히 일치하는 관계의 것이다. 이런 類의 어항은 앞으로 새로운 자료의 발굴이나 기존자료의 정밀한 조사에 따라 그 목록이 추가될 것으로 기대된다. 그러나 목록의 加增과는 관계 없이 위의 어례만으로도 본고의 논지를 이끄는 기반을 구축하기에는 족하다고 생각된다. 한편 이에 준하는 것으로 성조를 포함한 일부 변형된 어형으로 나타나는 어례가 있다.

乙類

a; 「신-(R)」[11] <杜初. 七, 21> / 「신(H)」(履) <訓解>

　　「씌-(L)」 <龍歌. 112> / 씌(H)」(帶) <杜初. 十六, 49>

　　「비-(L)」 <月釋. 八, 81> / 「비(H)」(腹) <月釋. 二, 24>

　　「안-(R)」 <月印. 上, 9> / 「안ㅎ(H)」(內) <龍歌. 53>[12]

b; 「비ㅎ-(LL)」 <法華. 五, 6> / 「비ㅎ(LH)」(習) <月釋. 八, 52>

　　「자히-(LH)」 <杜初. 卄五, 50> / 「잫(H)」(尺) <龍歌. 83>

　　「비취-(LH)」 <月釋. 八, 53> / 「빛(H)」(光) <月印. 上, 38>

　　「긏-(L)」 <釋詳. 十一, 21> / 「귿(L)」(末) <訓諺>

a의 어항들은 성조가 동사어간과 명사어기의 示差關係에 역할하는 것으로 파악되는 것들이다. 이러한 성조의 대립이 과연 두 어간형태소의 선험적인 語形 範疇에 작용하여 어원적인 무관성을 나타내었던 것인지는 확언키 어렵다. 이와는 달리 이것이 어휘범주의 분화나 조어과정에 있어 요구되는 음운적인 구조의

---

11) 간편을 위해 성조 표시를 다음과 같은 약호로 대신한다. 平聲=L(low), 上聲=R(rising), 去聲=H(high).

12) '抱'와 '內'의 의미 대응이 타당한 것인지 회의가 전혀 없다고 할 수는 없지만, 광의로 볼 때 능히 용인될 수 있을 것으로 본다. 그런데 양어항 간의 성조형이 다르게 시현되고 있음은 충분한 검토가 있어야 할 일이거니와, 우선 「안ㅎ」(內) 그 자체도 성조형이 불안정했던 것으로 나타나기에 지적해 둔다. 즉, 「龍飛御天歌」에서는 일률적으로 '평성'인데 반하여 여타의 일반형은 '거성'으로 나타나고 있다.

변개에 따른 것일지도 알 수 없는 일이며, 만약 그렇다면 굳이 甲類의 어류들과 구분할 이유가 없는 것이다. 그러나 성조체계의 기원적인 본질을 가늠할 만한 정보를 전혀 가지고 있지 않은 현재의 사정으로는 이 두 가지 추정 가운데 어느 쪽에도 기울기 어렵다.13) 이와 같이 이를 확증적으로 논단할 시기는 물론이지만, 이 두 어간류의 형태·의미가 가지고 있는 대응성에서 이끌어지는 同源性이 다만 중세의 성조에 의해 배제될 성질의 것이 아니라고 믿어지기 때문에 이들의 조어상의 특질을 갑류와 同系의 것으로 간주하게 된다.

b의 어례들은 a류의 것보다도 소원한 듯이 보이기는 하나, 역시 그 同源性이 모호할 정도로 변형된 것은 아니다. 즉, 이들은 일부가 변개된 것으로 보이는 어형을 가진 것이며 성조도 다르다. 그러나 그 어형의 변개가 조어상의 어떤 형태론적인 절차에 의해 이루어진 것으로 보기는 어려울 듯하다.

비록 어례들을 갑류와 을류로 구분하고는 있으나, 결국 이들은 同系의 어휘형식으로 처리한다 하더라도 이상의 논거로 볼 때 큰 무리는 없다 하겠다. 한편 본고의 문제의식으로 미루어 막상 을류의 것들을 배제하는 한이 있다 하더라도 논지를 흐리게 할 걱정은 없다.

Ⅱ-3. 이와 같이 하여 이들은 당시의 일반적인 경향과는 달리 동사와 명사의 어간형태소가 같은 형식으로 이루어져 있음을 확인케 한다. 이것은 결코 우연한 시대의 부산물이 아니며, 매우 중요한 사적인 의미를 담고 있는 것으로 여겨진다. 어떤 두 가지 이상의 실현된 사실이 사적으로 同源性을 가진 것이라고 여겨질 때 이들의 공통단계나, 분화발달에 있어 예상될 수 있는 관측은 여러 가지가 있을 수 있겠지만, 다음의 것은 그 중의 하나가 될 것이다.

우리는 현재 문법적인 語群範疇14)가 어떻게 이루어지고, 분화 발달하여 왔는

---

13) 중세어의 성조체계나 그 이후 이들의 발달과 붕괴에 대한 연구는 결정적인 성과를 거두고 있으나 아직도 고대국어의 경우는 그렇지 못하다. 근자 국어한자음의 성조와 중국어성조의 관계에 대한 연구를 통해 성조체계의 서술을 한자음성립의 시기까지 소급시킬 수 있다는 보고가 있었다(金完鎭, 1973). 그러나 此項에서 문제되는 성조의 관계는 보다 발생적인 지식이 되어야 할 것이기 때문에 막연한 추상에서 벗어날 수 없다.

14) 대체로 기왕의 전통적인 용어에서 이르는 '品詞'의 개념에 해당한다. 그러나 굳이 '品詞'라 하지 않는 이유는 그렇게 획일적으로 규범화되지 못한 관계의 어군류를 가상하기 때

지를 알기에는 매우 어려운 여건에 있다. 그렇기 때문에 이런 류의 문제에 직면할 때 흔히 발달의 논리에 호소하여 도출되는 가능한 가설적 추정을 내리는 것이 고작이다. 음운이나 형태의 변천은 내적으로 작용하고 있는 체계의 원리가 그 究明의 要諦가 되기도 하지만 기능적인 어군범주의 형성이나 발달은 그렇게 될 성싶지도 않다. 이들은 각 어사의 어휘적인 의미가 통사적인 능력을 가질 때 부여되는 관계의 유형이기 때문에 통사적인 능력이 배제된 통사 零의 상황에서의 어휘의식과 통사관계를 가질 때의 어군의식 간에는 상당한 괴리가 있었을 것이 예상된다. 따라서 이것을 逆으로 생각한다면, 어떠한 語辭든 그것이 통사관계와 무관한 관계에서는 개념의 표상만으로 그치며 그것은 자율적인 의미체로서 같은 형태류에 속했을 것이 추리되는 것이다. 다시 말해서 동사건 명사건 간에 그들이 자율적인 의미체가 되는 어휘적 자질에 있어서는 하등 구분되어야 할 이유가 없을 것이 된다. 어떠한 현실적인 동작이나 상태일지라도 그것이 일단 언어적인 분절에 의해 개념화된 의미체가 되었을 땐 이미 그것은 현실의 동작이나 상태는 아니다. 그것은 마치 여러 가지 사물에다가 임의의 이름을 붙여 표상한 형식과 같다. 결국, 모든 의미체들은 어떠한 어군으로서의 범주화가 있기 이전의 단계를 예상할 수 있는 것이며, 그 단계의 자율적 의미체는 모두 동질의 觀念單位가 되었을 것이 확실하다.15) 이것은 가령, A를 동사어군의 집합, B를 명사어군의 집합이라 할 때 이들의 집합관계가

$$\text{“A} \subset \text{B이면서 B} \subset \text{A} \Leftrightarrow \text{A=B”}$$

이었던 사적인 단계를 의미하는 것이 된다. 보다 명확하게는 A=B의 관계를 Q로 바꾸어 놓는 편이 혼란을 예방하는 데 유익할 듯하며, 이 단계의 상황은 A, B가 형성되기 이전의 것, Q가 되는 것이다. 관점에 따라서는 이러한 단계를 발생적인 混沌이라 할지도 모르나, 오히려 통사가 零인 상황에서의 자율적 의미체가 가지는 본질일 것도 같다.

문이다. 따라서 이 두 가지의 내포가 일치하는 경우도 있겠으나, 때로는 그렇지 못할 경우도 있다. 고대로 소급할수록 이런 경향은 심할 것으로 여겨진다.

15) 비교적 이러한 성격의 구조적인 특질로 지적되는 중국어와 같은 경우는 매우 시사적이라고 생각한다. 그리고 한자어를 차용어로 받아들일 경우 국어의 어휘나 문법에서 그들을 어떠한 자격으로 수용했을까를 검토하는 일도 이것을 돕는 것이 된다.

　그런데, 이러한 관계에 이르기까지에는 몇 가지 회의에 대한 배려가 있어야 할 것 같다.

　첫째로, 위의 관계식에 지적하고 있는 바 과연 이 단계의 A, B의 포함관계가 'A⊂B이면서 B⊂A'의 것인가, 혹은 'A⊂B 또는 B⊃A' 아니면 'B⊂A 또는 A⊃B'가 될 만한 가능성은 전혀 없는가 하는 점이다. 기실, 이 가능성을 배제하는 데 필요한 충분한 조건을 제시하기는 매우 어렵다. 즉, 이것은 다음과 같이 圖解되며, 만약 이렇게 된다고 할 때는 A가 되든, B가 되든 어느 한 쪽이 다른 쪽의 內延的인 관계에 있어야 한다.

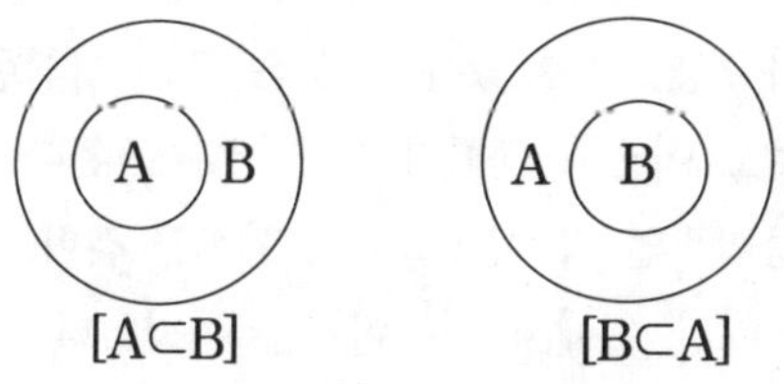

[A⊂B]　　　　　[B⊂A]

　다시 말해서 動詞類든, 名詞類든 어느 한 쪽이 다른 한 쪽의 內延에 속해야 하는 것이다. 이것은 통사 零의 자율적인 의미체의 집합과 어군범주의 집합을 史的인 단계로 파악하지 않을 경우라면 당연히 제기될 문제다. 그러나 이 두 집합의 관계는 결코 共時的인 평면상에 놓여질 성질의 것이 못 된다. 통사 零의 단계에서는 어군범주는 배제되며, 한편 이것은 逆이 될 경우도 성립되는 것이다. 결국 통사 零의 단계에 속한 관계일 때 위와 같은 포함관계는 거부되는 것이 마땅하다.

　둘째로는 'A∩B'의 관계에서 나타나는 공통부분의 집합 x를 'A=B'로 볼 우려가 있다는 점이다. 이들의 관계는 下圖와 같다.

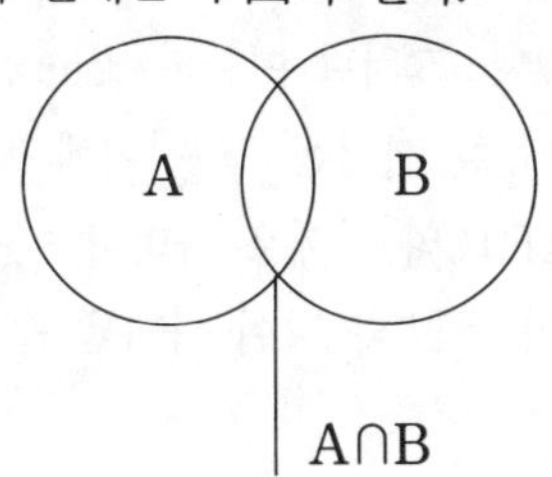

A∩B

이 때 'A∩B'는 {x ; x∈A 그리고 x∈B}가 되는 공통부분이 되며, 이 x는 A에도 B에도 들어 있는 요소의 전체집합이다. 앞에서 열기한 中世語例의 甲類, 乙類 모두는 바로 이러한 관계의 집합일 것으로 이해된다. 그러나 이 경우도 역시 위의 경우(첫째의 것)와 마찬가지로 統辭 零의 단계에서 이미 어군 A, B의 성립을 전제하지 않고는 납득할 수 없는 것이 된다. 오히려 이 집합관계가 나타나는 史的인 단계는 後考할 Q(A=B)로부터 A, B의 형성 및 분화단계에서 일어나는 부분집합의 것이라 생각한다.

II-4. 이상 중세국어의 일부 어항들에 있어 어군범주의 형성단계 이전의 사적 의미를 찾아낼 수 있는 가능성을 엿보았다. 그것은 모든 어휘항목들이 통사적인 관계를 가지게 될 때 비로소 어군의 範疇化가 일어나게 된다는 전제를 두고 있으며, 이와 같은 어군의 문법적인 자질은 결코 선험적인 것이 아니라 경험적으로 얻어지는 발달형식이라는 기반 위에서 이루어지는 논리였다. 다시 말해서 統辭 零의 어류는 가장 기본적인 자율적 의미체의 집합으로 原木 상태의 일차적인 완결체이고 이것을 언어표현의 단위로 수용할 때의 의식은 모두 동등한 조건에 의해 구성되었을 것이다. 그러한 관점에서 문법사의 소급된 어떤 시기에 있어서는 일부 중세국어의 어항들 가운데 잔류하고 있는 'A∩B'와 같은 관계를 보편적인 상황으로 용인하고 있었을 것으로 납득된다. 이런 현상을 명제 Q라고 할 때 이의 집합 관계는 'A=B'로 보여지는 공통관계로 추정하게 되었다. 그렇기 때문에 이 단계의 語群들에 대하여 그 어원적인 것을 명사 (A)로 본다든가 혹은 동사 (B)로 본다고 하는 것은 의미가 없을 뿐만 아니라 분화발달의 사실을 왜곡하는 것이 될 것 같다. 이것은 마치 혈연의 系譜나 언어의 계통을 이해하는 것과도 같다. 두 손자 A, B의 할아버지 Q는 결코 A도 아니며 B도 아니다. 동시에 A, B가 각각 Q 자체일 수도 없다. 그러나 이들의 史的인 관계는 엄격하다. 여기서 굳이 손자와 할아버지로 비유한 까닭은 그 사이에 '아버지'의 단계를 생각해 보자는 뜻이다. 바로 이것이 'A∩B'의 관계로 나타나는 집합 x인 것이다. 따라서 이들의 史的인 단계를 간추리면 下圖와 같이 나타낼 수 있다.

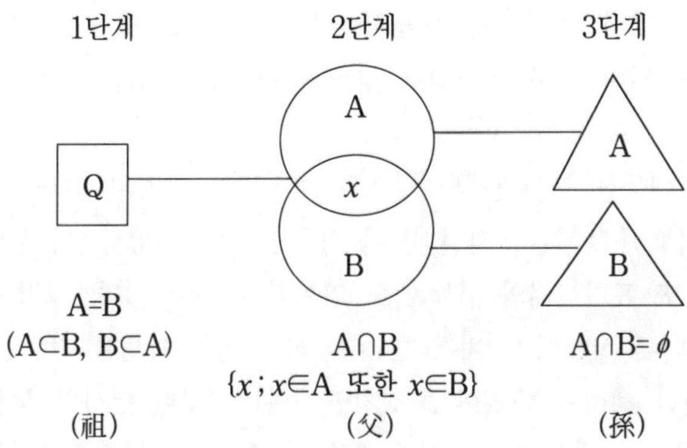

Ⅱ-5. 중세국어자료에서 찾아진 "너츨- : 너츨"류의 諸語項에 대해 문법사의 의미를 부여할진댄 <2단계>의 것으로 판단되는 것이지만 그의 구체적인 연대를 추정하기는 어렵다. 우선 우리가 알고 있는 문법사의 가장 오랜 단계에서도 <1단계>의 상황은 찾을 수 없다. 비록 전반적인 사실은 그렇다 하더라도 연대를 소급할수록 그 경향, 즉 'x'(A∩B)의 영역은 확대되고 있는 것이 확실한 것 같다.

이에 대한 측면은 다음 몇 가지 어항을 통해 예증하기로 한다.

Ⅱ-6. 動詞語幹 + 名詞

주지하는 바와 같이 弗矩內[16]의 해독은 이미 오래 전에 그 正鵠을 얻은 것이었으며, 특히 그 표기에 있어 "赫居世=弗矩內"를 "釋讀=音讀"의 관계로 본 것(李基文, 1972)은 한층 진보된 견해였다. 그러나 이것의 조어관계가 특이한 점에 대해서는 아직도 거론된 예가 없다.

위의 대응 "釋=音"이 "赫=弗", "世=內"에서는 거의 완벽하게 표기되었다 할 수 있지만 "居=矩"의 경우는 兩項이 모두 音讀表記라는 데에 이의가 없을 듯하다. 그러나 이 말의 조어구조를 <동사-명사>로 보는 한 "居=矩"의 문법적인

---

16) 身生光彩 鳥獸率舞 天地振動 日月淸明 因名赫居世王(蓋鄕言也 或作弗矩內王 言光明理世也……) <三遺. 一, 12>

이해는 容易치 않다. 흔히 <동사-명사>의 조어구조일 때 이들 간에는 통사상의 관계를 가지게 되며 동사는 관형어 상당의 활용된 어형을 가지는 것이 상례의 일이다.17)

한편 이와 대등한 통사관계의 구조로 확신되는 향가의 어례가 있다. 그것은 處容歌의 "明期月良"類의 것인데, 이 경우는 <명사-명사>의 통사관계로 이해되고 있으며 또 표기형태의 借字에도 명확히 나타나 있다. 그러나 "弗矩內"의 경우 이와는 다른 상황이며, 비록 "居=矩"의 적정한 독법을 기다린 연후에 이것에 대해 문법적 해석을 내려야 하겠지만 과연 이것이 명사와 통사하는 어미에 상당하는 것인지는 매우 의심스럽다. "赫=弗"의 15세기 어형이 "붉-" 또는 "붉-"인 것으로 미루어 "居=矩"는 그 일부에 어간말음 "-ㄱ"을 드러내게 하는 한편, 어떠한 모음이 記寫된 것으로 분석된다.

그리고 이 어항이 알타이 諸語에 대응하는 관계18)에 의거하여, 가령 그 再構形을 "pʌlkʌ-"19)類로 볼 수 있다는 전제가 선다면 그 형태소 경계는 "赫=弗"이 아니라 마땅히 "赫(居)=弗矩"20)로 분할되어야 할 것인 동시에 이것은 동사어간 형태소가 될 것이다. 이와 같이 "赫(居)=弗矩"를 동사어간형태소 "pʌlkʌ-"로 읽는 것을 주저케 하는 가장 큰 장애는 <동사어간-명사>의 통사구성이 가능하냐에 있다. 이것은 확실히 15세기의 통사관계에 준하여 볼 때는 쉽게 용인될 일이 아니다.

그러나 위에서 밝히고 있듯이 "pʌlkʌ-"가 문법사의 어느 단계—Q(A=B)의 상황—에서는 단순히 統辭 零의 어휘적 의미체의 자질을 가진 문법적 단위였을 것으로 보는 논거에 따라 "弗矩-內"의 통사관계를 이해한다면 이것은 비록 <동사어간-명사>의 구조라 하더라도 합리성을 갖게 된다. 그것은 바로 <명사-명사>나 <동사-동사>가 同値의 관계를 이루기 때문이다. 다만 이것이 虛構的인

---

17) 이러한 통사론상의 제약은 15세기 국어에서는 물론이려니와 「계림유사」, 그리고 鄕歌에서도 일반화되어 있는 사실이다. 冷水曰時根沒<계림유사>, 去隱春皆理米<慕竹旨郞歌>
18) 만주 fulgiyan(붉은), 몽고 ularan, 중세몽고 hula'an (李基文, 1961)
19) 이것은 음운론적인 근거를 토대로 한 것은 아니다. 記號 'ʌ'는 임의의 모음요소를 나타낸 것이다.
20) '赫'이 석독자인 데 반하여 '居'는 음독자, 즉 석음독 혼용이라는 점에서 '弗矩'와 다르기에 '(居)'로 표시했다. 이러한 표기는 그리 드문 일이 아니다. cf. 明期月良 <處容歌>

당착이 되지 않기 위해서는 이런 類의 어례가 질량의 면에서 효과적으로 추가되는 것이라 하겠다.

Ⅱ-7. 예상했듯이, 위와 같은 관계의 어례는 15세기의 용법에서는 異端的인 것으로 일반적인 통사운용에 나타나지 않음은 물론이려니와 합성관계의 조어에서도 매우 특이한 편이다.

그러나 다음 몇 가지 어항들은 매우 암시적인 것이라 믿는다.

누비즁(LHH) <龍歌. 21> 누비옷(LHH) <月釋. 上, 44>

이런 류의 어례는 물론 一義的으로만 해석되는 깃은 아니다. 그 이유는 "누비(LH)"가 前引語例의 "甲類"에서 보였듯이 동사어간과 명사어기가 同一 語形으로 나타나기 때문이다.21) 따라서 "누비즁" 따위는 <동사어간-명사>, 또는 <명사-명사>의 어느 쪽으로도 볼 수 있다. 그러나 "누비즁"과 "누비옷"의 경우 "누비"가 후행하는 명사에 관계하는 深層의 의미구조는 다르다.22) 혹시 이와 같은 의미구조상의 특징이 이들의 語群的인 성격을 가늠하는 기준이 될 수 있지 않을까 하는 관심도 있으나 다음 기회로 미루려 한다.

흘긔눈

비단 중세어의 자료목록에서는 찾아지지 않는 語項23)이지만 동사어간 '흘긔-' <法華. 七, 184>와의 합성관계는 다음의 '붉쥐'와 다를 바 없다. 단 어간말음의 조건이 다른 점은 지적되어야 할 일이거니와, 혹시 이 가운데 형태음소로서의 {-i}가

---

21) a) 比丘ㅣ <u>누비</u> 닙고 錫杖디퍼 <月釋. 八, 92>

　　　니분 <u>누비</u> 뎌르며 좁고 귀믿터리 실 곹호라(被褐短窄鬢如絲) <杜初. 十五, 37>

　　b) 바눌애 실 소아 깁 <u>누븨</u>몰 請홀디니(紉箴호야 請補綴호리니) <內訓. 一, 50>

22) 가령 '누비'를 명사라 할 때 전자는 '누비를 입은 즁'이 될 것이며, 후자는 '누빈 옷'이 된다.

23) 흘긔눈에 안팟 꼽장이고쟈 <靑丘永言. 741>

내재된 것인지는 확실치 않다.

비븨질[24]

이 어항은 '비븨#질'로 분할되며, 前置 語項 '비븨'는 前引 甲類에 속했던 것
이므로 '누비줌'의 경우에 준한다 하겠다. 그러나, '비븨'가 동사어간[25]의 자질을
가지는 한편, 직접 명사어기가 되기도 하며 명사의 전치 어항으로 종사하고 있다
는 점에서는 그러하지만, 합성 관계의 내적인 의미구조로 볼 때는 오히려 '누비
옷'류처럼 동사적으로 작용한다. 이밖에도 이에 해당할 어례는 다음과 같은 것을
더 추가할 수 있다.

> 가리#쎠 <同文類解. 上, 16>[26]
> 두디#쥐 <字會(叡). 上, 10>[27]
> 후리#그물 <物譜>[28]
> 붉#쥐 <字會(叡). 上, 12>

모든 합성어의 語源的인 구조를 분석함에 있어 지나친 先入見이나 무리한
추리가 가져오는 오류는 往往이 있는 일이려니와 이 어항의 경우도 주저스러운
점이 없지 않다. 이것을 "붉#쥐"로 분석함에 있어서는 그 객관성이 확실한 것이
니 이의가 있을 것 같지 않다. 그러나 이 두 분할체 가운데 이해의 난관은 '쥐'쪽

---

24) 비븨질찬, 비븨찬(鑽) <新類(羅). 下, 46>
 '비븨질'은 후대의 조어일지도 모르겠다. 동일류의 漢字가 「訓蒙字會」에서는;
 비븨찬俗呼鑽-又牽-활비븨 <字會(叡). 中, 7>로 釋讀되었다.
25) 鑽온 비븰 씨니 <法華. 二, 173>
26) 가린여흘(岐灘) <龍歌. 一, 44>
 眞實ㅅ 修行ᄒ리 가린 길흘 맛나디 아니콰뎌 ᄒ실씨(眞修行者ㅣ 不遭枝岐ᄒ실씨)
 <楞嚴. 一, 22>.
 한편 '거리-'로 나타나는 예도 있어 특이하다. 岐거릴기 <字會(叡). 上, 3>
 이와 같은 형식으로 된 어항으로 '가리#딜, 가리#묫(맏)'도 있다.
27) 一猪子ㅣ와 座롤 두디거눌 <禪龜. 上, 18>
28) 刧후릴겁 <字會(叡). 中, 2>

이 아니라 '붉'에 있다. 이에 대해 예상되는 구성상의 관계는

(1) 造語上의 派生接辭, 아니면

(2) 복합어를 합성하는 전치 어항의 자질을 가진 것이 된다. 그러나 '붉'이 前者의 범주에 속하는 것이 아님은 접두사의 목록으로 미루어서도 분명할 듯하니 결국 후자의 자질을 가진 것이어야 할 것 같다.

가령 '붉'이 접두사라는 기준에 드는 것이라면 오히려 이에 대한 논란의 필요가 別無하지만, 이것이 복합어의 前置語項이 되기 때문에 문제가 생긴다. 여기서 복합하는 두 어항간의 관계를 전반적으로 검토할 여유는 없지만, 그것은 문법적인 관계뿐만이 아니라 내부적인 의미구조의 조정이 작용하는 것이어서 결코 단순한 것이 못 된다. 우선 여기서는 통사상의 제약관계를 볼 때 後置語項 "쥐"는 문법적으로 旣知의 項, 즉 명사에 속하는 것이기 때문에 未知項 "붉"이 가지는 통사의 관계는 제한적인 것이 된다. 다시 말하면 전치어항과 후치어항의 관계를 1) 對等관계와 2) 主從관계로 볼 때 "붉#쥐"의 경우 旣知項의 素性에 따라 다음과 같은 제약 조건이 적용된다.

첫째 : 이들이 대등관계로 복합된 것이라면 미지항인 "붉"은 명사의 素性에 귀착되어야 하며,

둘째 : 이들이 주종관계로 된 것이라면 관형어 상당의 소성을 가진 것이라야 한다.

그런데 실제에 있어 "붉"은 이 두 가지 중 어느 편이라고 하기도 어렵다. 왜냐하면 이것이 드러내고 있는 형태·의미의 모호성 때문이다. 당시의 형태소 목록으로 보아 "붉"이 명사 또는 관형어 상당의 자질을 가진 것이라 하기도 어려우며, 또한 어떤 의미를 가진 것인지도 확실치 않다.

이 경우 비록 우리의 어휘·문법의 관념상 친숙치 못한 논리이긴 하지만 역시 "붉"은 앞에서 논증해 온 동사어간의 原形으로 보는 것이 바람직하며, 이로써 구조관계의 諸條件을 만족시키는 일이 될 듯하다.

이러한 논리에도 취약점은 尙存한다.29) 그러나 비록 聲調는 다르다 하나 굳

---

29) 이런 류의 의견을 전개함에 있어 단정의 위험도는 매우 큰 것이다. 이것을 최소한으로 줄이는 길은 일반성을 찾는 일이며, 그것이 엄격한 증거에 바탕을 둔 것이어야 함에는 贅言을 요치 않는다. 이것은 바로 이 추정의 跪弱點이 된다는 것을 자인하지 않을 수 없다. 그러나 사적인 추적에 있어 때로는 일반성보다도 예외자의 특수성이 선행단계의 일반성

이 "붉#쥐"와 같이 형태론적인 표기를 하고 있는 점 등은 위의 추정을 돕는 일이라고 믿는다.

II-8. 動詞語幹 + 動詞語幹

중세어의 동사어간 형성에 있어 특기할 만한 하나의 사실은 합성형식이 매우 광범하게 일반화된 조어법이었다는 것이다. 이에 대한 어례는 이루 다 열거할 필요조차 없을 듯하여 가장 비근한 예를 골라 이들의 문법사적인 의미를 검토하기로 한다.

하놄 香이 <u>섯버므러</u> 곧곧마다 붌비치 나더라 <月釋. 二, 52>

위의 예는 "섯#버믈-"30)로 분할되며 두 어항이 모두 동사어간임이 확실하다. 이와 같이 "섯"을 前置語幹으로 하고 있는 합성형식은 이밖에도 여럿이 있으니, 섯긁-(交絡), 섯둗-(交橫馳走), 섯느리-, 섯닐-, 섯돌-, 섯듣-, 섯미-(交), 섯몯-(交遇), 섯배-(交喪), 섯블-, 섯흘리-(交墮)와 같이 매우 생산적이었다. 이러한 경향은 물론 이에 한한 것은 아니다.31)

한편 합성에 있어 하나의 後置語幹이 여러 전치어간을 가지게 되는 유형도 있으니 "니-(行)"와 같은 것이 이에 속한다. 즉 "노니-, 느니-, 우니-, 걷니-, 사니-…"가 그것이다.

을 유보하고 있는 것일 수도 있다는 사실에 역점을 두기로 한다. 여기 '원형'이란 용어는 형태론의 것은 아니다. 미분화된 단계의 어휘, 즉 Q의 상태의 것을 가리킨 것이다. 한편, 이 추정을 주저케 하는 하나의 일은 이들의 성조가 대립하는 사실이다. 즉, 'R(붉쥐) 對 L(붉-)'로 나타나며, 과연 이 조건의 시차관계가 원형과 어떠한 관계가 있는 것인지는 알 수 없으니, 後攷를 기다리기로 한다.

30) 그 말쏘미 工巧코 微妙ᄒ야 오ᅌᆞ로 <u>섯근</u> 거시 업서 <釋詳. 十三, 28>
   繞ᄂᆞᆫ <u>버믈</u>씨라 <月釋. 二, 32>

31) 논거를 굳히기 위하여 한 예만 더 추가해 두고자 한다. '거두-'를 전치어간으로 한 합성형식 :
   軫은 … 짐 <u>거두는</u> 거시라 <月釋. 序, 24>
   거두들-(把) ; 거두불- ; 거두쁠-(拂) ; 거두잡- ; 거두쥐- ; 거두추-(撩) ; 거두혀-…

그런데 이렇게 보편화되어 있던 합성형식이 근대 이후에 이르면서 점차 쇠퇴하여 갔으며 현대에는 일부 化石化된 것만이 쓰이고 있을 뿐이다.[32]

이러한 쇠퇴는 단순한 廢棄가 아니었으며 이들의 대부분은 전치동사가 후치동사를 한정하는 관계의 구성으로 발달하게 되었다. 기왕의 「동사어간+동사어간」을 계승한 「前置동사어간+{아/어}~後置동사」의 구조가 대표적인 것이었으니, 가령 "셧#버믈-"의 경우도 「셤+어~버믈-」이 되었던 것이다. 그것은 旣成의 질서가 붕괴되고 새로운 질서의 통사적 관계로 改變하게 되는 계기가 되는 것이다. 특히 이 전환은 統辭 零의 어간 집합이 통사의 가치를 가진 구조로 발달한다는 점에서 지대한 관심을 모으게 한다. 그렇기 때문에 중세 단계에서 생산적으로 나타났던 동사어간의 합성은 조어상의 특징일 뿐만 아니라 각 구성 어간, 넓게는 동사어간 선반에 걸친 어휘항목으로시의 자질의식을 알 수 있는 좋은 지표가 될 것이다.

일부 동사어간의 합성에 대해 세심한 관찰을 하게 되는 이유는 합성 그 자체보다도 이들의 형성 발달에 保守하고 있는 잊혀진 단계의 문법사실의 遺形을 탐지하는 데 있다. 이러한 측면에서 볼 때 위의 사실은 어군의식의 형성과 더불어 통사 관계가 구성되어 가는 문법사의 문제가 合留된 것으로 해석할 수 있게 된다.

위에 밝힌 전환에 작용했을 요인 가운데는 물론 의미의 관계도 컸을 것이다. 두 어간 간의 의미관계는 일반 합성의 경우와 다를 바 없을 것이며 그것은 (1) 對等한 並列關係, (2) 主從의 關係에 의한 限定과 被限定, (3) 통합된 단일의 미체의 형성 등으로 구분되는 것이다. 이것은 공시적인 상황이기도 하지만, 縱的인 繼起性과의 관계를 이 가운데서 구한다면 그것의 主流는 (1)의 단계로부터 (2)의 단계, 그리고 다시 (3)의 단계로 계기되어 온 것이 아닌가 한다. 그러나 발달의 내부에는 언제나 一義的인 주류만이 容許되는 것만은 아니다. 가령 (2)의 단계라 해서 (1) 또는 (3)의 것이 전적으로 배제되는 것은 아니지만, 상대적으로 볼 때 (2)의 것이 압도한다는 뜻에 지나지 않는다. 그러므로 때로는 (1)에 속한

---

32) 비록 일부의 어항이라고 했지만 결코 드문 것은 아니다. 그러나 중세어의 상황에는 비할 바 못 된다. 가령 '엿보다, 설익다, 돌보다, 얽매다…' 따위는 그 전통이 역연하다.

어느 것이 (3)의 단계까지 하등의 침해를 받지 않은 상태로 流轉되는 일도 있게 되며, 이것은 그리 추궁할 일이 못 된다. 오히려 이미 모호해진 (1)의 단계를 밝히고자 할 때는 중요한 암시를 주는 일이 된다.

이미 앞에서 언급하였듯이, 동사어간의 합성관계에 나타난 중세와 근대 이후의 다른 상황을 위의 발달 단계에 맞추어 본다면, (1)의 단계와 (2)의 단계에서 일어나는 특징이 현현된 것이라 할 수 있다. 즉 매우 생산적이었던 중세의 합성에 관여한 각 語幹項은 統辭 零의 의미체에 지나지 않은 것이었지만 기실은 전후한 의미체 간의 내부적 의미구조에 主從關係<(2)의 단계의 것> 또는 統合關係<(3)의 단계의 것>의 것을 含攝한 것이었다. 그러나 이러한 상황이 안정된 것이 아님은 물론이려니와 점차 분화가 요구됨에 따라 (2)의 단계에서와 같은 현상으로 나타나게 되었다. 그렇지만 (3)의 단계에 관계되는 문제는 특이하다. 그들은 표면상의 형태면에서는 선행된 (2), (1)의 단계로 소급하여 전혀 동질의 것이기 때문이다.

그러나 그들의 내부적인 의미의 관계는 그렇지 않았으리라고 믿는다. 다만 이 경우는 (1)의 단계에서 (2)의 단계를 거친 것이 아니라, (3)의 것으로 化石化되는 과정을 밟는다. 따라서 (2)의 단계 안에서의 (3)의 것은 이미 통합된 단일의 미체가 되었거나 두 項 간의 긴밀도가 증가되고 있던 것으로 짐작된다.

Ⅱ-9. 名詞語基 + 動詞語幹

「명사어기+동사어간」의 일반형은 「명사어기+ㅎ-」이며, 이러한 구성은 우리가 알 수 있는 문법사의 全時代에 걸쳐 동사를 수급하는 수단이었다. 그런데 여기에는 그 구성처럼 단순한 것만은 아니며 여러 가지 복잡한 문제가 예상되는 것이지만 본고가 필요로 하는 측면만을 검토하는 것으로 그치기로 한다.

우선 집약될 결론을 앞세운다면, 문법사의 어느 단계에 있어 이것은 前項의 「동사어간+동사어간」의 구조형과 본질적으로 같은 것이었다고 보여진다.

흔히 "ㅎ-"에 전치되는 명사를 對格語 상당의 통사구조를 가지는 것으로 분석되기도 하지만 그 본질이 반드시 그런 것은 아니다.33)

 "스숭ᄒ-, 아니ᄒ-, 爲ᄒ-, 化ᄒ-…" 등과 같은 일부 동작동사의 예도 그러하지만 특히 "無心ᄒ-, 香ᄒ-, 重ᄒ-, ᄀ독ᄒ-, 므던ᄒ-, ᄌᄌᄒ- …"류의 상태동사의 경우는 도저히 통사상의 규칙성으로 이해하기는 어렵다.34) 다만 중세 이후의 어떤 특정 시기 안의 공시태로 분석 기술하는 일이라면 몰라도 史的인 발달 사실로 파악하려 할진댄 구태여 그러한 무리를 범할 필요가 없다. 그것은 역시 두 어항 간의 내적인 의미구조상의 관계도 없는 바 아니나, 「前置語項+ᄒ-」에서 "前置語項"이 가지는 자질은 어떠한 語群槪念(品詞)으로서가 아니라 統辭 零의 意味體의 것이 될 때에 일관성 있는 설명이 가능해지기 때문이다. 가령 15세기만 하더라도 화석화된 상황으로 나타나는 "곧ᄒ-"의 경우를 반성해 보는 것은 위의 사실을 확인하는 데 유익할 것 같다.

 우선 이것이 환경에 따라 교체를 示顯한 이형태는 /곧ᄒ-/, /ᄀ트-/, /곧-/ 등35)이었으며 이때의 기본형은 "곧ᄒ-"가 된다.

 그러나 우리의 관심은 이러한 분석에만 있는 것이 아니다. 이 가운데의 전치

---

33) 조어법상 이러한 구조형이 요구되는 이유는 어휘항목의 수요가 증가되는 데서 오는 현상이다. 어원적으로 유한한 항목만으로는 분화발달하여 다양화되는 개념을 표시하기 어렵다. 따라서 기왕의 항목을 합성하는 방법에 의존하게 되는데, 특히 이 경우는 이질적인 한자어를 차용하게 된 상황에서 불가피하게 대처하게 된 결과인 것 같다. 중세어의 어항 가운데 흔히 쓰이고 있는 '願ᄒ-, 行ᄒ-, 得ᄒ-…' 등을 위시하여 '現ᄒ-, 香ᄒ- …' 따위와 같이 생경한 것에 이르기까지 매우 생산적이었던 이유도 알 만하다. 이러한 합성관계에서 '議論ᄒ-' 류의 경우와 '스숭ᄒ-, 香ᄒ-, 爲ᄒ-…'류의 경우는 전치명사의 통사관계가 현저히 다르다. 따라서 이런 류의 합성을 어항 간의 통사적 당위로 분석해서는 안 될 것이다. 가령, '그지업스-'의 경우 '그지-'의 자질이 모호해진 것 같으나, '그지잇-'으로 미루어 명사에 상당함은 자명하다.

34) 굳이 'ᄒ-'에 전치되는 어항을 통사적으로 합리화하려는 입장에서는 부사 상당의 것으로 보는 경향도 있다. 가령 'ᄀ독, 므던, ᄌᄌ…'류와 같이 불완전한 어항들에 대해 문법적인 소성을 부여할 때 취해지는 논리다.

35) 여기에는 약간의 설명이 있어야 할 듯하다. 파생부사의 어형 'ᄀ티'의 경우 흔히는 '곧-히'로 분석하는 것이지만 역시 이것도 'ᄀ트-이'의 발달일 것으로 믿는다. 따라서 'ㅌ'이 나타나는 모든 경우의 어형을 'ᄀ트'로 일관할 수 있다. 그런데 특이한 것은, 가령 어미 '-거늘' 따위와의 활용어형이 '곧거늘'과 같이 됨은 의문이다. 일반으로 볼 때에는 적어도 '곧커늘'이 되어야 할 것이나, '곧거늘'이 됨은 이와 더불어 전치어항의 말음이 '-ㄷ'(몯)이거나 '-ㄱ'(ᄀ독)일 때 이에 준하는 활용형식을 취하게 된 음운론적인 층위에서의 문제가 있던 것으로 믿는다.

어항 "곧"의 자질이 무엇인지 궁금한 것이다. 특히 15세기어에서 이것은 자율적인 의미체의 자질을 가진 용법으로 나타나기도 한다.

하눖벼리 눈곧(R)디니이다(維時天星 散落如雪) <龍歌. 50>
妻眷이 ᄃᆞ외ᅀᆞ바 하눌곧(R) 셤기ᅀᆞᆸ다니 <月印. 上, 51>

즉 上記 예와 같은 용법은 일단 이례적인 것이라 여겨지는 것이지만 15세기만 하더라도 "곧"의 의식은 "ᄒᆞ-"에 전치된 어항이 가지는 일반성에 대해 별로 저항없이 수용된 명사 상당의 것이었다고 이해된다. 이런 類의 어항으로는 다음 몇 가지를 추가할 수 있다. 그것은 否定의 의미특질을 가지는 "아니ᄒᆞ-, 몯ᄒᆞ-"의 경우다. 이 가운데 "몯"의 자질은 모든 층위에 있어 "곧"과 완전히 일치하지만, "아니"의 경우는 좀 다르다.[36]

한편 "곧"이 "ᄒᆞ-"와 긴밀하게 융합하여 단일 의미체가 된 것과는 달리, "몯"과 "아니"는 분리된 자율성이 지켜지고 있다는 점[37]에서 같은 성질을 띤다. 이

---

36) '아니'가 일반적으로 '아니ᄒᆞ-'의 전치어항이 됨은 물론 '곧'과 같거니와 'ᄒᆞ-' 이외의 동사와의 통사 관계는 '곧'에 비해 저항이 없다. 그러나 이로 인해 이들의 어원적인 자질이 다르다고 할 수는 없다. 오히려 '아니'는 명사의 어군범주에 속하는 자질이 나타나는 것으로 미루어 이미 그러한 자질이 퇴화된 '곧'의 범주적인 자질을 파악하는 데 매우 유력한 암시가 되기도 한다.
그러나, '아니'가 단독으로 활용형식을 취하고 있는 측면은 '곧, 몯, ……'류와 다른 점이라 하겠다.
　　虛空이 굴히야 와 觸홇디 아니니라(不應虛空이 選擇ᄒᆞ야 未觸아니라)
　　<楞嚴. 二, 114>
　　護彌 닐오디 그리 아닝다 <釋詳. 六, 16>
이 '아니'는 「鷄林類事」에도 특이한 統辭例가 나타나거니와(李承旭 : 1973), 향가의 어례에서도 난해한 미지항으로 남겨진 것의 하나다. 후일의 정밀한 검토가 있어야 할 것이기에 이에 대한 詳論은 다음으로 미루련다.
37) '몯'과 '아니'의 경우도 특히 'ᄒᆞ-'에 전치될 경우 '곧'과 같이 단일의미체가 되기도 한다. 그러나 그것은 부분적인 사실이지 '곧'과 대등하게 볼 일은 아니다.
　　양지 夫人만 몯ᄒᆞ실ᄊᆡ <釋詳. 六, 1>
　　文勢ㅣ 그러티 아니타 <法華. 五, 213>
또한 이들 세 어항 간의 공통되는 점은 동작이나 상태에 두루 쓰인다는 점이며 단일의미체로 의식하게 되는 경우는 흔히 상태동사의 경우다.

와 같이 三者 間에는 각기 부분적인 共通域을 가지고 있으니, 필시 여기에는 간과치 못할 文法史上의 관계가 있었을 것이 확실시된다.

비록 위의 문례에서와 같은 "곧"을 부사적인 통사에 종사하는 어군으로 기술한다 하더라도 "ᄒ-"에 전치되었을 때의 "곧"은 역시 명사 상당의 어항이라 할 수 있는 근거가 막히는 것은 아니다. 그것은 후술할 15세기어에 나타나는 부사와 명사의 관계로써 충분한 근거가 될 것이기 때문이다.

위와 같이 하여 「전치어항+ᄒ-」의 구성에 종사하는 "전치어항"의 어군적인 소성이 명사—보다 어원적인 의미에서는 統辭 零의 자율적인 의미체—라 하여 모순될 바가 없다. 이것을 이미 15세기 단계에서는 양항 간의 融化가 굳혀진 어례 가운데 "곧ᄒ-"를 대표로 하여 검토하여 보았거니와 그 결과 위의 논지를 재확인하는 일이 되었다.

물론 "곧"을 자립어항으로 분석하고 더구나 명사 상당의 어군으로 의식하는 데는 상당한 저항이 있는 일이지만 15세기의 단층에 나타나는 사실로 미루어 전단계의 내용을 시사해 주는 것이기도 했다. 蛇足을 붙여 하나의 이례적인 어례를 하나만 추가하여 두기로 한다. 비록 근대 자료에 나타나는 것이기는 하나 "슬ᄏ장/슬ᄏ지" 따위의 어례가 있다.38) 필시 이들은 「슳+ᄀ장」의 구성으로부터 발달했을 것이 확실하며, 그렇다고 할 때 양항('슳'과 'ᄀ장')의 문법적 자질로 미루어 일단 용인하기 어려운 구성임을 안다. 이것을 납득하기 위해서는 우선 "슳-"의 자질을 가지고 'ᄀ장'을 추리할 수 있는 논리를 찾기는 어려우며, 'ᄀ장'의 문법적인 특질에 따라 전항의 '슳'에 대한 해석을 내리는 것이 순리일 것 같다. 'ᄀ장'류의 문법적인 자질만 하더라도 그리 단순한 것은 아니다.39) 그러나 'ᄀ장'이

---

38) 중세 자료에서는 아직 찾아지지 않는 것이나, 이와 같은 구성이 근대에 비롯된 것이라 할 수는 없다.
　　　　滄海桑田이 슬ᄏ장 뒤눕ᄃ록 <松江. 二, 7>
　　　　萬頃蒼波의 슬ᄏ지 容與ᄒ쟈
　　　　바횟긋 믉ᄀ의 슬ᄏ지 노니노라 <孤山. 六, 1>
39) 15세기 자료에 실현된 이 어항의 통사상의 자질은 대략 세 가지로 구분된다.
　　　　a) 그 나랏 ᄀ자ᄋ 낫 ᄀ티 붉ᄂ니라 <月釋. 一, 26>
　　　　b) 六千世界ᄀ장 불ᄀ니 <月印. 上, 8>
　　　　c) 旋嵐風ᄋ ᄀ장 미론 ᄇ르미라 <釋詳. 六, 30>

관계하는 선행어항이 명사에 한하게 되는 논리는 확실하다. 그렇기 때문에 "슳"
의 경우도 명사 상당의 語項으로 받아 들여졌을 때 "ㄱ장"과의 연결이 허용되었
을 것은 자명하다. 비단 15세기 문헌자료에서 잘 볼 수 없었던 것은 이미 당시의
규범적인 의식으로는 "슳"에 대한 저항이 컸기 때문이었을 뿐 일반적인 언어현
실에서는 그 殘留形이 사용되고 있었을 가능성이 충분하다. 그리하여 문장의 성
격이 庶民性을 가지는 일부 근대자료 가운데까지 連脈이 된 것이다. 이렇게 하
여 이 경우에도 우리에게는 매우 生硬한 어항 '슳'이 문법사의 어느 단계에 있어
서는 명사적인 어군의식 혹은 순수한 자율적인 의미체로 수용되고 있던 단위형
식임을 알게 된 셈이다. 이와 같은 것은 두껍게 掩蔽된 조어구성 속에서 의외로
중요한 사실이 잡히는 예의 하나라 하겠다.

III. 동사·명사·부사 형태의 同質性

III-1. 전항에서는 동사 어간형태소의 발달에 대하여 15세기 자료에 비친 조어
관계의 특수한 어례들을 검토하는 가운데 이미 잊혀진 선행단계에 있어서의 이
들의 자질이 어떻게 문법적으로 수용되었는가를 추적하여 왔다. 특히 일부의 동
사어간형태소들이 명사어기에 직접으로 轉用되는 사실은 필경 이들 간에 있었
을 문법사상의 의미가 예상되는 것이었으며, 그것은 어군범주의 형성 이전의 단
계에서 모든 어항들이 어떠한 자질을 가진 것이었는지를 대변하는 것이었다. 통
사관계가 완전히 배제된 상태의 어휘항목을 統辭 零의 자율적인 의미체라 하였
으며, 어군범주가 형성되기 이전의 단계에서의 어휘항목의 자질은 바로 이러한
것이었다. 결국 그것은 명사적인 의미표상의 성격을 가진다. 따라서 문법사에서
통사관계의 형성이나 그 발달에 대한 문제는 어군범주의 형성과 더불어 자율적
의미체의 단계로부터 비롯됨도 알 만하다. 그러나 아직은 그 단계를 어떠한 年
代에 둘 것인지 막연한 형편이다. 다만 고대 단계로 소급할수록 위의 현상은 확

이들은 각각 a)=명사, b)=후치사, c)=부사로 분포되는 것이다. 이 때 c)의 경우를 제외하
고는 선행어항이 명사라는 제약을 받는다. c)의 경우에 대하여는 명사와 부사와의 문법사
적인 추궁에 따라 이해할 일이라고 생각한다.

대될 것이 예견된다.

Ⅲ-2. 위와 같은 사실은 비단 동사 어간형태소와 명사어기와의 관계에만 있는 것이 아니라 부사 상당의 어휘항목에서도 인지된다.

우선 이러한 어항들의 일부를 列記하는 것으로 그 이해를 돕고자 한다.

「그르-」 <釋詳. 九, 93> / 「그르」 <月釋. 一, 9>

「니르-」 <月釋. 一, 9> / 「니르」 <月釋. 一, 19>

「바르-」 <月釋. 序, 18> / 「바르」 <月釋. 序, 18>

「닫-」40) <釋詳. 十一, 21> / 「닫」 <月釋. 二, 63>41)

「가르-」 <法華. 序, 21> / 「가르」 <法華. 一, 189>

「거의-」 <法華. 一, 203> / 「거의」 <法華. 序, 21>42)

「엇뎌-」 <法華. 二, 77> / 「엇뎌」 <月釋. 七, 17>

「ᄉ뭇-」 <訓諺> / 「ᄉ뭇」 <釋詳. 六, 18>

이밖에도 이에 준하는 어항들은 있지만43) 이 정도만으로도 논지를 펴기에 충

---

40) 당시의 일반적인 어형이 '다르-'임에는 贅言을 요치 않는다. 그럼에도 불구하고 '닫-'으로 어간형을 세우게 된 데는 약간의 설명이 필요할 듯하다. 그 이유는, 첫째로 당시 자료에 좀 생경한 '닫'이 부사 상당의 어항으로 쓰이고 있는 사실을 중시하게 된 결과이며, 둘째로는 비록 단독으로 쓰인 예는 없다 하더라도 복합형식의 어항으로 나타나고 있기 때문이다. 즉 「닫나다, 닫내다, 닫살다」 따위가 그것이다.

　　모딘 서르 어울면 알오 <u>닫나면</u> 모ᄅᆞᄂᆞ니 <釋詳. 十九, 10>

　　別은 <u>닫내야</u> ᄒᆞᇨ호 ᄠᅳ디라 <釋詳. 序, 4>

　　常例ㅅ 사ᄅᆞᆷ과 <u>닫사ᄂᆞ니</u> <釋詳. 十一, 21>

이와 같이 '닫-'은 복합의 전치어항으로 종사하고 있으며, 이것은 '닫다'의 개연성을 암시하는 것이 된다.

41) 내 몸 닫 혜오 ᄂᆞ미 몸 닫 혜요믈 人相我相이라 ᄒᆞᄂᆞ니라 <月釋. 二, 63>

42) '거의'는 대체로 부사의 자질을 가진 어항이었지만 다음과 같은 용례로 미루어 동사어간으로도 쓰임을 알 수 있다.

　　이는 혼 傷예 어루 成佛호매 <u>거의디</u> 아니 ᄒᆞ녀(而此ᄂᆞᆫ 則不幾乎一傷예 可以成佛也아) <法華. 一, 203>

　　오히려 어루 <u>거의려니와</u>(猶可庶幾어니와) <法華. 三, 165>

43) 가령 'ᄀᆞ초', 'ᄂᆞ리', '거두' 따위와 같이 그 말음이 파생부사의 어미와 일치하는 관계의 것

분할 것으로 생각한다.

특정시기에 있어 동사와 부사가 동일 형태로 실현되고 있는 사실에 대해서는 일찍부터 지적되어 왔지만 어떠한 이유를 바탕으로 이것들이 받아들여졌는지 그 史的 背景이 추구된 일은 거의 없었다. 대체로 이런 류의 문제에 있어 通時性을 배제한 상황만으로는 그들이 실현된 적정한 자질을 파악하기란 어려운 일이다. 그것은 이들이 문법의 발달과정에 있어 돌연변이와 같은 생태로 이루어진 것이라 할 수 없기 때문이다. 확실히 이들은 통시적인 繼起關係에서 빚어진 歷史物임에 틀림없다.

Ⅲ-3. 15세기는 그 質量 어느 쪽으로 본다 하더라도 末期의 현상이 나타난 상황이라 하겠다. 당시는 이미 부사를 생산하는 주역이 특정한 형태론적 조작에 의해 이끌어지고 있던 때였으며, 위의 어례들은 일부 전단계의 遺留物에 불과한 것이었다. 그것은 이들이 조만간 형태상의 정비를 거치거나 혹은 소멸하게 되어 근대 이후의 목록에서 없어지게 된 사실로도 입증된다. 이러한 사적 논리에 입각해 보면, 자연히 선행단계로 소급할수록 위의 상황은 확대될 것이며 따라서 형태론적 조작에 의한 어군형성의 영역은 축소될 것이 당연하다. 결국 이것은 前項의 논증을 확인하는 일이 되기에 족하다.

앞에서도 제기된 일이지만, 특히 동사어간형태소가 부사로 직접 轉用됨은 소위 복합동사의 구성과 매우 밀접한 관계가 있는 것으로 해석된다.

복합되는 각항의 상호관계를 內的 意味構造上으로 볼 때는 단순할 것 같지 않으나 형태상의 특징은 매우 획일적이다. 이것은 아무런 형태론적인 조작을 거치치 않은 두 어근형태소의 연결에 불과하다. 그러나 이들은 단순한 의미체의 竝置段階를 거쳐 점차 이들 간의 통사성이 요구됨에 따라 형태론상의 辨別造作이 일어난 것으로 안다. 그렇기 때문에 병치단계에 있어서의 두 어항간의 관계를 복합형성으로 볼 수 있을지는 의문이다. 추측컨대 내부의 의미구조면에서는 복합개념(統合)으로 수용될 것도 있겠지만 경우에 따라서는 두 어항의 자율성이 지켜지면서 통사적 관계로 연결된 것일 때도 있다고 생각한다. 파생부사의 형태론적 조

은 제외하였다. 혹시 동사어간형태와 대립하는 관계로 볼 가능성도 있겠기 때문이다.

작이 형성되는 단초가 되는 것은 바로 이러한 필요에 酬應하는 수단이었을 것이 확실하다. 그렇기 때문에 다음 단계에 와서 본시 竝置의 관계였던 것이 각각 다른 갈래로 분화 발달하게 된 것이었다. 이러한 현상은 벌써 鄕歌資料의 단계에서 구체화된 것으로 나타난다.44) 따라서 두 어항의 의미체가 다만 연쇄적으로 병치된 관계로 일반화되어 있던 단계는 古代 이전으로 소급하는 일이 된다.

Ⅲ-4. 소위 부사의 어군범주가 형성되는 한 측면을 보면 병치된 두 어항 간에 통사성을 부여함과 동시에 그 관계의 정밀화 과정으로 볼 때, 위에 예시했듯이 동사어간과 부사어형이 완전히 동일하다 하더라도 容或無怪한 일이다. 다만 병치어항 간의 연결관계가 직접적이냐 간접적이냐 하는 語列上의 위치, 즉 列素 (taxeme)에 의한 示差에 불과히었다. 이것은 마치 동사어산과 명사어기의 관계에 相符하는 것이 된다.

따라서, 명사어기와 부사어형 간에도 필시 문법사상의 문제가 있었을 것이 확실하다. 이들은 다 같이 동사어간형태에 포함되는 관계에 있기 때문이다.45) 이제 이러한 사실을 확인하기 위하여 다시 15세기 자료 가운데 명사, 부사의 관계를 검토하기로 한다.

「오늘, 네, 몬져, 처섬……」 등과 같은 一般例는 차치하고, 여기서는 특수하다고 생각되는 몇몇 어항을 살핀다.

---

44) 향가자료의 해독은 속단을 불허하는 것이지만, 대체로 '遊行-'形<處容歌>과 '修良待-' 形<祭亡妹歌>으로 구분된다. 필자의 추정으로 한다면 '修良待-'形도 본시는 '修待-'와 같은 '遊行-'형이었을 것이다. 따라서 '修良待-'形은 '遊行-'形으로부터의 발달인 것이다. 이 발달에 역할하고 있는 형태소 '-良'은 매우 중요한 암시를 주는 것으로 흥미를 모으게 한다. 혹시 이 '-良'이 격접미사 '-良'과 동일 자질의 것이 아닐까 하는 의문을 갖게 하는 것이다. 만약 이러한 것이 적정의 것이라면 동사활용과 명사곡용의 문법사상의 관련을 구명하는 데 크게 작용할 것으로 믿는다.

45) 이것은 마치 집합관계에서 A⊂B, C⊂B ⇒ A∩C⊂B와 같은 공통과 포함 관계로 논리화될 수 있다고 믿는다. 단 여기서 동사어간형태에 포함되는 관계란 사적인 分化源을 동사어간에서 구한다는 뜻은 아니다. 그것은 통사 영의 단순한 의미체라야 하기 때문이다.

「새」 :

    a) 다시 <u>새룰</u> 비허(更雨新者) <法華. 三, 94>

    b) <u>새</u> 비호눈 뜨들 어즈리디 말씨오 <月釋. 十, 20>

  a)항의 「새」는 명사, b)는 부사에 상당함은 의문의 여지가 없다. 그러나, a), b)가 모두 특이한 어항으로서 15세기만 하더라도 常用形은 아니었다. 이와 같은 분포는 「새」 하나만의 고립된 실현이 아니라는 관점에서 중시할 가치가 있다 하겠다.

「어느」 :

    a) <u>어느</u> 구더 兵不碎ᄒ리잇고(何敵之堅 而兵不碎) <龍歌. 47>

    b) 國人 뜨들 <u>어느</u> 다 술븡리(何論國人意) <龍歌. 118>

「아니」 :

    a) 숤가락과 숤가락 <u>아니</u>예 나ᄆ 이와 <u>아니</u>왜 둘히 업수물 니르시니라

      (出指非指ᄂ 言是非雙泯也ᄒ시니라) <楞嚴. 二, 61>

    b) 불휘 기픈 남ᄀ ᄇᄅ매 <u>아니</u> 뮐씨(根深之木 風亦不扤) <龍歌. 2>

  확실히 이들은 어군범주의 모호성을 드러내고 있다 하겠다.

  한편 이들과는 좀 다른 형식의 語類이지만, 역시 부사와 명사 상당에 동질적으로 시현되는 것이 있다.

「브터」 :

    a) ᄯ오 이 ᄆᄉ물 <u>브테니</u>(亦因此心이니) <楞嚴. 一, 86>

    b) 同志룰 <u>브터</u> 오니(因友以攀) <龍歌. 97>

「어더」 :

    a) ᄒ 갓 이 ᄆᄉ물 <u>어데니</u>(徒獲此心이니) <楞嚴. 二, 21>

    b) 녯 날애 바리룰 <u>어더</u> 毗盧遮那ㅅ 말로 오ᄂ 일올 기드리숩더니

      <月印. 上, 32>

「ᄒᆞ야」 :

    a) 고지 안해 드니 새셔 가만 <u>ᄒᆞ야</u>라 <動動>

    b) 勞度差ㅣ ᄒᆞ다가 몯<u>ᄒᆞ야</u> 제 모미 夜叉ㅣ ᄃᆞ외야 <釋詳. 六, 32>

「엇뎨」 :

    a) 이ᄂᆞᆫ ᄌᆞᆺ 혼 偈 듣줍고 일후믄 <u>엇뎨</u>오(此ᄂᆞᆫ 則纔聞一偈ᄒᆞ숩고 而成은 何耶오) <法華. 一, 202>

    b) <u>엇뎨</u> 니ᄅᆞ디 아니 ᄒᆞ리오(豈得不說이리오) <法華. 一, 170>

　이러한 일련의 어항들에 대한 이해는 다만 피상적인 현상만으로 충족될 성질의 것이 아니며, 명사와 부사 간의 문법사상의 同系性에 由來한 논리가 드러난 것이라 믿는다. 부사 상당의 형식이 명사의 자질로 수용되고 있는 사실은 이에 한하는 것이 아니며, 다음과 같은 경우도 같은 유형의 것이 되거나, 혹은 위의 사실을 방증하는 것이 될 것이다.

「-엣」 :

    법<u>엣</u> 오시ᅀᅡ 眞實ㅅ오시니 <月印. 上, 44>

「-왓」 :

    楞嚴은 곧 般若와 法華<u>왓</u> ᄉᆞᅱ니 <楞嚴. 一, 187>[46]

「-롯」 :

    四禪天<u>으롯</u> 우흔 세 災 없수디 <月釋. 一, 50>

　이들은 비록 단일어항의 부사는 아니지만, 그 앞의 명사를 부사적 통사로 이끄는 '-에, -와, -로' 따위의 이른바 부사격에 속격의 '-ㅅ'이 연결된 구성이다. 그러면서 終局的인 통사의 관계는 屬格의 것이 된다. 통사의 일반성을 감안할 때 이

---

46) 공동격 '과/와'의 경우는 특수한 면이 있기는 하다. 그것은 대체로 또 하나의 격을 후행시켜 복합형식을 이룰 수 있기 때문에 혹시 이 경우도 그러한 이유는 설명될 가능성도 있으니 공동격어가 부사 상당의 통사자질을 가진다는 점에서 여기에 속격의 '-ㅅ'이 연결됨은 此項의 요구에 부응하는 것이라 본다.

　色과 空과앳 이와 이 아니<u>왓</u> ᄠᅳᄃᆞᆯ 아디 몯ᄒᆞᄂᆞ이다(不悟…色空과앳是와非是왓義ᄒᆞᄂᆞ이다) <楞嚴. 二, 55>

러한 구성은 쉽사리 용납되는 것이 아니다. 부사 또는 부사 상당의 어구가 명사적인 자질로 의식되지 않는 상황에서는 기대할 수 없는 일이다. 이와 같은 연결형식은 현대어에서도 일부 속격 지배의 後置詞(가령 '-에서의, -부터의, -까지의 …' 따위)에서는 가능한 것으로 되어 있다.

　Ⅲ-5. 대략 이상의 사실들을 집약하여 보면 此項의 머리에서도 전제했듯이 국어 문법사에서 동사어간과 명사어기, 그리고 부사형성의 관계가 浮揚되어 왔다고 하겠으며, 그것은 이들 三者間의 긴밀한 연관성을 찾는 일을 통하여 상승적으로 이들의 공통단계를 추리할 수 있는 성과가 거두어지는 것이었다. 추리되는 공통단계란 대체로 이들 三者間의 연관이 다음과 같이 모아지는 것이다.

　동사어간이 統辭 零의 概念表象만을 능력으로 하는 상황이며, 이 때 그 의미체가 나타내는 의미의 특질은 다만 동작이나 성질, 상태 또는 존재를 物的인 지향대상만으로 표상하는 관계다. 그것은 마치 명사류의 의미가 명칭(명사어기형태소)과 사물의 대응인 것처럼 동사어간형태소(記號)가 동작류(對象)에 대한 일종의 作名으로 인식되어 이들의 의미구조는 전혀 동질의 관계였던 것이다. 따라서 이러한 상황의 단계에서는 關與的인 語群意識 같은 것이 형성되지 않는다. 따라서 위에서 지적되어 온 사항들, 즉 15세기의 일부 어례 가운데 노출된 동사어간과 부사, 그리고 부사와 명사가 同一記號素로 시현되는 이유가 확실해지는 것이다.

　다시 말해서, 동사어간의 원초적인 자질에 따라 그들의 竝置는 저항 없이 容認되었으며, 병치된 어항의 내적인 의미구조에 따라, 때로는 전치어항이 부사적인 통사 관계로 분화되어 갔다. 그 원초적인 자질의 동사어간형태소는 그 의미와 더불어 자율적인 것이었으며, 전혀 의존적이어야 할 이유를 찾을 수 없다. 그렇기 때문에 그것은 動作類를 문법적으로 파악한 기호가 아니었다. 거기에는 다만 동작류를 어휘적으로 표상화한 의미가 있을 뿐이다. 결국 동사어간은 원초적으로 형태론 또는 의미론의 층위에 있어 충분히 자체만으로 완결될 수 있는 자립형식의 자질을 가진 것이었다.

IV. 動詞語幹의 依存化

IV-1. 중세의 문법자료에서 극히 제한된 일부의 어항에서 특이하게 나타난 사실이기는 하나, 동사어간과 명사어기, 그리고 부사어형이 형태론적인 조작없이 원초적인 단일 형태소에 의해 실현되고 있는 일에 대해 이를 용인할 수 있는 기반을 문법사의 발달과정에 있어 그 저층에 흐르고 있는 史的 論理性으로 이해하고자 하였다. 그 결과 동사어간의 형태론적 자질이 매우 심각한 變遷을 겪은 것으로 추리되었다. 그것은 본시 자율적인 의미체로서 형태론적으로도 자립하는 記號素였던 것이 이미 고대 이전의 어느 단계로부터 점차 의존적인 자질로 변천하였다고 보여지기 때문이다. 가능한 문법사의 全段階를 통해 동사어간형태소의 일반적인 기술은 의미론과 형태론의 층위에 걸쳐 주로 다음과 같은 구분을 가진 것으로 된다. 1) 意味論的으로는 조금도 주저할 바 없는 語彙的 完結性을 가진다. 그것은 다른 어휘항목, 특히 명사류에 비해 전혀 다를 바가 없다. 따라서, 이러한 의미의 자질로 인해서는 동사형태가 불완전해야 할 이유가 없다. 2) 形態論的으로는 결코 자립할 수 있는 것이 못 된다. 그것은 특정의 어미를 接尾한 활용형식의 어간형태소가 될 따름이다. 비단 語尾類의 의존성과는 구분되는 것이지만, 이러한 형태론적인 자질도 역시 의존관계임에는 틀림 없다.

이와 같이 국어의 동사어간형태소는 의미와 형태의 자질이 서로 엇갈리고 있는 특징을 드러낸다. 그렇기 때문에 위에서 추출한 원초적인 자질과의 사이에는 상당한 逕庭이 드러나며 이것을 발달적인 측면에서 논리적으로 합리화해 보고자 하는 것이 此項의 임무가 될 것이다.

IV-2. 지금 우리에게 주어진 자료의 여건은 이러한 임무를 책임있게 수행할 수 있는 것이 못 된다. 그것은 매우 불리한 상황 아래에서의 시도이기 때문에 자칫 객관성에서 벗어날 우려가 많다고 아니할 수 없다. 그럼에도 불구하고 이것을 시도하게 됨은 동사형태소의 원초적인 자질, 그 자체에 접근하는 일이기도 하지만 다른 한편으로는 여기서 演繹될 동사활용체계의 형성과 발달에 대한 문제가 보다 큰 비중을 가지는 일이기 때문이다.

동사형태소의 원초적인 자질로 보아 그 활용체계는 경험적으로 발달시켜 온 것이 확실할 것 같다. 그것은 본시 동사어간의 형태론적인 특질이 統辭 零의 어휘항목만에 관계된 것일 때 명사류의 그것과 범주를 달리할 이유가 없었거니와 따라서 어형변화의 義務化도 있을 리가 없었다. 다만 어휘로서의 所記와 能記가 연합하는 기호의 바탕으로서 이른바 자립형식의 것이었다. 이러했던 동사어간이 통사관계가 義務化되어가는 과정에서 그 자립성은 侵害되어 갔으며 마침내는 의무적인 자질로 고정되고 만 것이 아닌가 한다. 여기에는 외부의 여러 조건이 작용했을 요인도 있으나, 그것보다도 일차적으로는 동사류의 어휘적인 의미구조에서 그 원인적인 것을 구해야 할 것이다. 동사류의 의미특질은 추상적인 개념의 평면성만으로는 만족할 수 없는 것이다. 우선 그것은 時空의 관계 위에 있는 動態的인 것이거나, 혹은 같은 동작이라 하더라도 화자가 수용하는 태도에 따라서 그의 영역이 判異하기도 하다. 아무튼 경험적인 과정에서 情態的인 동사의미47)는 그 구조의 특질에 따라 현실적이고 구체적인 관계의 참여를 요구하게 되었을 것은 당연하며, 그것은 또 다른 어휘항목의 添加形式에 따라 발달했을 것으로 추정된다. 그러나 이러한 첨가형식으로 참여한 어휘항목은 점차 그의 본래의 의미를 弱化시키거나 혹은 退化시켜 가게 되었으며, 마침내는 機能化된 어미가 되고 만다. 이와 같은 기능관계의 어미화가 이루어짐에 따라 결국 동사어간형태소는 형태론적으로 매우 심각한 전환을 겪지 않을 수 없게 된 것이다. 그것은 바로 어군범주가 형성되어가는 과정의 전환이거니와, 동사류의 어휘항목들이 문법화되는 단계에서 빚어진 어간형태의 依存化이었다.

한편, 명사류도 이러한 발달의 단계는 있었다. 따라서 곡용체계의 형성과 그 변천도 궁극적으로는 이와 같은 과정의 경험을 거쳐 이루어진 것으로 파악된다. 다만, 그 의미적인 특질이 명사어류의 語基形態를 자립형식에 머무를 수 있게 한 것에 불과하다. 그러므로 그 의미특질이 모호해졌을 경우 그 어기형태소가 의존화를 면할 수 없게 된 일들을 통해서도 형태론적인 자질과 의미특질의 관계는

---

47) 엄격히 말해서 이것은 동사의미라 할 수 없으며 어군범주가 형성되기 이전의 汎稱的인 어휘개념으로 앞에서도 지적했듯이 동사, 명사, 부사 따위를 동질의 것으로 나타나게 했던 상황의 것이었다.

알 수 있다.48)

Ⅳ-3. 동사활용과 명사곡용의 발달은 형태론적인 본질로 보아 무관한 것이 아니었다고 할 수 있게 된 것 같다. 그러나 이러한 논증을 확인할 수 있는 자료의 근거는 희박하며, 아직은 가설적인 추리의 성격을 크게 벗어날 수 없다. 따라서 현재로서는 여러 가지 측면에서 실험적 시도를 하게 될 뿐이다.

鄕歌資料는 이러한 문제에 접근하는 면에서도 매우 중요한 역할을 하게 될 것임에는 틀림 없다. 그러나 필자는 아직 향가자료를 완벽한 것으로 이용할 수 있는 능력이 없다. 그렇기 때문에 향가자료를 통하여 위의 문제를 해결해 보고자 하는 것이 아니라, 한두 가지의 의문을 제기하여 두는 데 그치련다. 향가의 표기에 이용된 글자 가운데 "良"은 비교적 빈번한 것 숭의 하나다. 그것은 모두 41語項에 나타나 있다. 이 "良"으로 記寫된 모든 경우가 音讀으로 일관될 분포에 나타난 것임에는 이의가 없다. 그러나 그 讀音에 있어서는 아직도 일관성이 있는 해답이 내려졌다고 할 수는 없으나, 'r(l)ᴧ'일 것이 確實視된다.49) 이 "良"에 관계되는 문제를 다루는 데는 다른 일에 우선하여 이의 讀音이 앞서야 함은 물론이지만 일단 'r(l)ᴧ'형으로 수용하면서 "良"을 형태론적인 층위로 이끌어 보려 한다.

향가의 記寫者가 借字함에 있어 同類의 형태범주를 하나의 고정된 글자만을 배당한 것인지 혹은 任意的인 것이었는지 단언하기는 역시 어렵지만, 오히려

---

48) 본시 명사의 부류에 속했던 어항들이 그 어휘의 고유한 자질이 퇴화되어 접미사로 변하는 예는 문법사에서 드물지 않은 일이다. 추정컨댄 대부분의 격접미사와 일부 후치사의 발달은 이러한 과정의 소산일 것이 확실하다. 다만 여기서는 한 예로 소위 불완전명사류 가운데 "ㄷ/ㅅ"의 경우를 참고하기로 한다. 이들은 일일이 열거할 필요조차도 없이 이미 15세기의 자료에 나타날 때는 그들의 독자성이 없어진 것이 되었으며 마침내는 어미화되고 말았다.

　　數업슨 둘 아롫 디니라 <釋詳. 十九, 10> 이런 드로 거므며 히오몰 논호니라(所以分黑白) <杜初. 七, 27>

49) 향가를 읽은 기왕의 것들에서 "良" 만큼 일관성 없게 읽혀 온 것도 드물다. 그러나 여러 경우를 집약해 보면 두 가지의 유형이 된다. 즉, 'r(l)ᴧ'와 'ᴧ'형이 그것이다. 이 가운데 전자의 유형으로 일관하여야 한다는 논지는 일찍이 李崇寧(1955)에 의해 결정적인 해답이 내려진 일이다.

"良"의 형태론적인 분포를 분석하여 보면 전혀 임의적인 用字가 아니라, 同一 素性의 형태범주를 記寫함에 있어 固定字를 배치한 의도가 찾아지는 듯하다. 그렇다고 할 때 "良"은 특정한 형태소에 배정된 表意적인 借字였다고 할 수 있다. 대체로 "良"은 곡용과 활용의 形態素列 가운데 두루 나타났던 것이니, 그 분포상황을 분류하여 보면 다음과 같다.

곡용형식에 나타난 "良"

a) ① 東京明期月良 <處容歌> (ᄃ래)50)

② 一等隱枝良出古 <祭亡妹歌> (가재)

③ 彌陀刹良逢乎音 <祭亡妹歌> (彌陀刹애)

④ 手良每如法叱供乙留 <廣修供養歌> (손애)

⑤ 吾良遺知支賜等焉 <禱千手觀音歌> (나애)

⑥ 此良夫作沙毛叱等耶 <禮敬諸佛歌> (이에)

⑦ 法性叱宅阿叱寶良 <普皆廻向歌> (보비라)

b) ⑧ 道尸迷反群良哀呂舌 <請佛住世歌> (길이본믈)

⑨ 巴寶白乎隱花良 <兜率歌> (고자)

⑩ 哀反多矣徒良 <風謠> (의내여)

⑪ 遊爲隱城叱肹良望良古 <彗星歌> (잣홀란)

c) ⑫ 千手觀音叱前良中 <禱千手觀音歌> (前아히)

⑬ 南无佛也白孫舌良衣 <稱讚如來歌> (혀아익)

d) ⑭ 伊留叱餘音良他事捨齊 <總結无盡歌> (이룻나마)

⑮ 緣起叱理良尋只見根 <隨喜功德歌> (緣起ㅅ理己)

이상은 기왕의 향가 해독에 있어 "良"을 곡용형태소로 읽은 어항들이다. 그런데 이들 모든 어항에 걸쳐, "良"을 借字하게 된 이면에는 단순한 表音만을 위해

---

50) 이 해독례는 단순한 참고를 위한 것에 지나지 않는다. 그런 고로 아무런 비판도 없이 梁 株東(1940)의 것을 그대로 옮기어 적는 데 그치는 것이다.

굳이 "良"을 택하게 된 것은 아닌 듯하다. 이들은 분명히 동일 범주의 문법적인 素性이 의식되었으며, 그것을 고정된 차자로써 表意하고자 한 것으로 해석된다.51)

이러한 입장에서 위의 語例들을 받아들일 때, 이들은 다음과 같은 자료의 표기라고 할 수 있을 것 같다.

첫째로 表音面에서는 'r(l)ʌ'形을 記寫하기 위한 借字였으며,

둘째 表意性으로는 處格 상당의 指示였다. 여기에는 물론 기왕의 해독이나 文意上으로 보아 저항이 있을 것이다. 가령 어례 a)류(①-⑦)의 것들은 위의 두 가지 자질을 무난히 記寫한 것이며, 다만 기왕에 '애, 에…' 따위로 읽은 것은 모두 'r(l)ʌ'형으로 읽어야 할 것으로 믿는다. 한편 b)류(⑧-⑪)의 것들은 독음도 그러러니와 표의에 있이서도 약간의 저항이 있는 듯하지만, 역시 a)류의 경우에 일관된 것으로 읽어야 할 어항들이다.52) 그리고 c)류는 처격 접미사의 발달과정의 의미가 함축된 문법사상 매우 중요한 자료로 이해되는 것이다.53) 따라서 b類보다도 오히려 a類의 자질에 일관되는 것이다. 그러나 d)류는 이를 종래의 해독에 의하면 상당한 逕庭이 있는 듯도 하나, 기실 앞의 것들과 구분될 이유가 없는 것들이다.

이와 같이 일견 "良"의 분포가 번잡한 것 같지만, 이것을 차자한 것이 일관성 있는 의식의 표기태도라는 전제 아래서 "良"의 자질을 기술할 때 그것은 의외로 整然했다는 사실에 접하게 된다.

---

51) 그 표의된 뜻을 구체적으로 기술하기는 쉽지 않으나, 어원적으로 그것은 '장소지시'의 것이었다고 하겠다. 이를 뒷받침하는 여러 가지 논증이 있어야 하겠지만, 여기서는 한둘의 자료적인 어례를 드는 것으로 그쳐 두겠다.
　王이 어드러 가시니잇고 <月釋. 十, 14>, 아모ᄃᆞ라셔 온동 모ᄅᆞ더시니 <月釋. 二, 25> 어듸라 더디던 돌코 <靑山別曲>
52) 시험적으로 ⑧의 어례를 "良"의 자질에 맞도록 해독한다면 '群(물)-r(l)ʌ'가 될 것이며, 그 'r(l)ʌ'는 처격에 상당하는 것이 된다. 그것은 ⑨의 것도 마찬가지며, 여기에서는 오히려 '花'의 해석을 '곶'으로 해야 할지가 의문이다. 여타의 것들도 이에 준할 때 큰 무리는 없을 것으로 믿는다.
53) 이에 관계된 고찰은 다른 기회에 상론하겠거니와 이 c)류는 a)류의 처격이 15세기의 처격 접미사로 발달하는 과정의 것이라고 해석되는 것이다.

활용형식에 나타난 "良"

가) ① 入良沙寢矣見昆 <處容歌> (드러사)

② 他密只嫁良置古 <薯童謠> (얼어)

③ 功德修叱加良來如[54] <風謠> (닷ᄀ라)

④ 此矣彼矣浮良落尸葉如 <祭亡妹歌> (ᄠᅥ)

⑤ 道修良待是古如 <祭亡妹歌> (닷가)

⑥ 來際永良造物捨齊 <懺悔業障歌> (기러)

⑦ 今日此矣散花唱良 <兜率歌> (블어)

⑧ 二尸掌音毛乎攴內良 <禱千手觀音歌> (모호누아)

⑨ 九世盡良禮爲白齊 <禮敬諸佛歌> (다아)

⑩ 毛等盡良白乎隱乃兮 <稱讚如來歌> (다아)

⑪ 他道不冬斜良只行齊 <常隨佛學歌> (빗겨)

⑫ 大悲叱水留潤良只 <恒順衆生歌> (저지역)

⑬ 一切善陵頓部叱廻良只 <普皆廻向歌> (도ᄅ혁)

⑭ 吾焉頓叱進良只 <請轉法輪歌> (나ᅀᅡᆨ)

⑮ 毛乙寶非鳴良尒 <請佛住世歌> (부븨올이)

⑯ 奪叱良乙何如爲理古 <處容歌> (아ᅀᅡ눌)

나) ⑰ 彌勒座主陪立羅良 <兜率歌> (뫼셔롸)

⑱ 法界毛叱所只至去良 <禮敬諸佛歌> (니르거라)

⑲ 一念惡中涌出去良 <稱讚如來歌> (솟나가라)

⑳ 脚烏伊四是良羅[55] <處容歌> (네히어라)

㉑ 此肹喰惡攴治良羅 <安民歌> (다ᅀᆞ라)

---

54) '修叱加良'의 '良'은 '入良'의 '良'과 그 소성이 다른 것으로 볼 수 있는 여지가 있다. 15
세기의 부동사어미의 목록에서는 {-아/어} 對 {-라}로 나타나는 것으로 '修叱加良'는 後
項의 {-라}에 대응한다. 이러한 {-라}를 李基文(1961)은 동명사어미 {-ㄹ}과 여격접미사
*{-아}의 결합형이라 하여 국어의 화석화된 어형 속에서 알타이 어의 여격접미사를 확인
하는 한편 동사활용이 형성되는 중요한 일면을 窺視하였던 것이다. 그러나 필자는 이에
대한 반증을 위해서가 아니라 ⑤의 '修良'과 더불어 가)류 모두를 동일류로 보는 입장에
서는 것이다.

55) 이 '良羅'는 나)류의 어떠한 항과도 같지 않은 분포인 것 같으나, '羅良'(⑰)와의 공존형으
로 보아 나)류의 다른 것과 同値로 하였다.

㉒ 迷火隱乙根中沙音賜焉逸良 <恒順衆生歌> (사ㅁ샤니라)

다) ㉓ 道尸掃尸星利望良古 <彗星歌> (ㅂ라고)
㉔ 游烏隱城叱肹良望良古 <彗星歌> (ㅂ라고)
㉕ 佛前灯乙直體良焉多衣 <廣修供養歌> (고티란대)
㉖ 向屋賜尸朋知良閪尸也 <請佛住世歌> (아라셰라)

위의 분류가 완벽한 것이 못됨은 구차한 변명을 요치 않거니와, 이것은 "良"
에 선행된 요소가 동사류로 추정되는 것으로서 그 활용형식 내에서의 "良"의 분
포를 정리한 것이다.

가)類 (①-⑯)의 것들은 副動詞語尾 {-라/러}로 보이는 "良"의 것이며, 나)
類 (⑰-㉒)는 定動詞어미 {-라}라 하여 무난한 것들이다. 그리고 다)類 (㉓-
㉖)는 가)나 나)類와는 달리 어간의 일부 혹은 어미의 일부에 해당하는 표음이
아닐까 하는 어례들이지만, 이에 대한 해독은 모호한 점이 많다.[56]

IV-4. 이러한 분석을 통하여 集約되는 사실은 일견 곡용형식에서 나타난
"良"의 記寫 意識과는 다른 것 같다. 그러나 그것은 다만 표면상의 차이일 뿐,
그 심층의 의식은 그렇지 않은 것으로 여겨진다. 위의 全語項을 통하여 그 표음
형은 'r(l)ʌ'일 것으로 보이며, 이것은 전항의 것과 완전히 동질성을 가진다. 이에
비해 전항처럼 "良"이 표의형으로 차자된 것인지는 약간 주저스럽다. 그러나 그
것은 전어항에 걸친 것이 아니라, 특히 나), 다)류의 경우 "良"이 표의형으로 쓰
였다고 강변하기는 어려울 뿐이다. 따라서 가)류의 어항들에 나타난 "良"에서는
충분한 문법적인 표의성이 찾아질 수 있다고 믿는다.[57] 가령 "月良"과 "入良"의
두 어항을 분석 검토하여 보면 "良"에 전치된 "月"과 "入"은 각각 명사와 동사
라는 어군범주가 다를 뿐 "良"과의 관계는 일치되고 있다. 필자는 이러한 일치

---

56) 가령 '知良閪尸也'(㉖)이 경우 오히려 가)류의 "良"의 자질로 읽을 수도 있을 것 같다.
㉓과 ㉔를 동질로 보는 데도 문제는 있으며, ㉔는 역시 가)류에 포함될 것으로 여겨진다.
57) 이 표의 관계는 다만 공시적인 기술만으로 볼 것은 아니다. 선입견을 배제한 상태에서 어
원적인 의미체로 추정하는 것이 바람직할 것이다. 그렇게 할 때 곡용의 "良"과 동질의 표
의 관계가 모색될 가능성이 보여지는 것이다.

관계를 매우 중요한 문법사적인 의미로 관찰하여야 할 것으로 믿으며, 이것을 전술한 어군범주가 분화형성되기 이전의 단계에 상승적으로 이끌어 올린다면 "月"과 "入"의 語群的인 대립도 무의미해지는 것이니, 결국 "月良"과 "入良"은 전혀 동질의 어형을 표기한 것에 불과하다. 그렇기 때문에, 적어도 가)류의 "良"은 곡용형식에 나타난 것과 같이 표의적인 記寫에 借字된 것이라 할 수 있다.

이와 같은 결과는 다만 "良"의 해독이나 기술에 그치는 것이 아니라 위에서 언급하였듯이, 동사활용의 형성에 대한 하나의 情報源이 되기에 충분한 가치가 있다. 물론 이 정도의 정보만으로 활용전반의 史的인 전개가 가능해질 것으로 보지 않지만, 여기서 귀결되는 성과는 暗中摸索하는 고대 문법사의 한 국면에 어떠한 가능성을 제시하는 일이 될 것으로 믿는다. 즉 이것으로써, 동사어간형태소의 원초적인 특질이 다시 확인되는 한편, 그것이 점차 통사화되어 활용체계를 가지게 되는 형태론적인 밑바탕은 명사류가 곡용형식을 가지고 문법화되는 것과 同源關係에서 발달하였다는 논거를 굳히게 되는 것이다.58)

V. 結 語

V-1. 이상 장황한 논술이었으나, 어느 만큼 임무에 충실해 왔는지는 의문이다. 그러나 이 방면의 연구목록이 거의 없는 형편이기 때문에 다만 언젠가는 구명하여야 할 문법사의 중요한 한 과제를 제기하고 극히 제한된 일각의 일이기는 하나 동사어간형태소의 발달과 더불어 활용체계의 형성 문제에 접근할 수 있는 가능성을 실험했다는 점에서 작으나마 의미가 있다고 自慰한다. 이런 류의 논술에 있어 불가피하게 감수하여야 할 소극성이기도 하지만 시종 假說的인 추론이 거듭된 것은 현재의 여건으로는 극복하기 어려운 벽이다. 다만 이러한 추론이 황당한 것이 아니므로 앞으로 확증의 단계로 이끌어야 할 책임이 있다고 느낀다.

---

58) 알타이 제어의 활용체계의 발달에 대한 논술에서 이미 이러한 제의는 있어 왔다. 국어의 경우도 원칙적으로 그 활용체계는 동명사형에 특정의 격접미사를 첨가시키는 형식으로 이루어졌다고 논술되어 있다(李基文, 1961). 그러나 여기서는 동사어간형태소에 특정의 문법적 조작을 가하는 절차는 보다 후대에 있었을 발달이라고 생각되며, 전혀 이러한 조작의 절차를 배제한 단계에서 곡용체계와 대응하는 것으로 보는 점이 다르다.

그러므로 본고의 全作業을 통해 집약될 성과도 크게 기대되었던 것은 아니며, 특히 결정적인 완결성이 결여된 것은 매우 불만스럽다. 이제 위의 각항의 논지를 간추려 結語에 代하기로 한다.

V-2. (1) 비단 그 年代를 추정할 수조차도 없는 일이지만, 문법사의 어느 단계까지의 동사어간형태소는 統辭 零의 단순한 자율적 의미체였을 것이다. 그것은 전혀 문법적인 관계가 배제된 어휘항목만의 자질을 가진 것이었으며, 그것이 자립형식으로서 의미·형태가 대응하는 단위형식이었을 것은 당연하다. 이와 같은 추리는 15세기 자료를 기반으로 하여 그 이전의 자료를 분석 검토하는 가운데 이끌어지는 것이었다. 즉,

a) 15세기의 문법 사실 가운데는 동사어간형태소와 명사이기가 같은 자질의 것으로 나타나는 것이 있다.

b) 이러한 사실은 부사어형과의 관계에서도 확인되는 일이다.

c) 한편, 명사어기와 부사어형 간에도 이러한 등식 관계가 있었다.

d) 매우 생산적이었던 동사의 복합어간의 결합논리에서도 語群範疇가 이루어지기 이전 단계의 동사어간형태소의 원초적인 자질을 찾을 수 있었다.

e) 명사의 합성구조에서 前置語項으로 나타나는 동사어간형태소의 자질은 명사의 그것과 다를 바 없었다.

이와 같은 일련의 사실들은 결국 위의 추리를 굳히는 유리한 논거를 마련해 주거니와, 동사를 포함한 모든 어항들이 어군범주의 분화 형성이 있기 전의 단계에서는 원초적 의미체로서 동일한 자질의 형태범주이었을 것이다.

(2) 다음 단계에 이르러 각 어항은 文의 구성원이 될 때 統辭性이 부여된다. 이에 따라 어군범주가 형성되며, 이로써 동사어간은 統辭 零의 단계를 벗어나 동사의 의미특질의 지향성이 첨가되면서 動的인 구조를 의무적인 것으로 발달시켜 간다. 동사는 그의 어휘적인 의미만으로는 완결할 수 없는 의미구조상의 특질 때문에 그 형태도 의존화될 수밖에 없는 내적 요인을 가지고 있었다. 결국 이러한 의존화는 활용체계의 형성과 그 발달에 의해 수행하여 온 변화다. 그 활용체계는 본질적으로 어떠한 어휘항목을 첨가시키는 형식에 따라 이루어졌을 것이

며, 그와 같은 일은 명사류와 同系의 절차를 밟았을 것으로 추정된다. 다시 말해서 활용체계와 곡용체계는 어원적으로 同一系의 형태론적 절차에 의한 체계였을 것으로 믿어진다. 이러한 논거를 향가에 나타나는 "良"을 통해 찾아 보았다. 그런데 "良"의 분포는 곡용과 활용의 어미에만 나타나고 있었으며, 이들을 분석한 결과는 대체로 다음과 같은 것이었다.

a) 곡용어미에 나타나는 "良"은 表音과 表意—"良"의 釋이라는 의미의 表意가 아니라 동일기능의 형태소에 固定字로 借字되었다는 뜻으로의 表意다 — 兩面의 자질을 가진 것이었다. 그것은 'r(l)ʌ'형으로서 '處所指示'를 하는 것이었다.

b) 활용어미의 경우는 곡용과 상당한 逕庭을 느끼게 하는 면도 있으나, 특히 부동사어미의 "良"은 궁극적으로 a)의 것과 같은 가치를 지니는 것이었다.

이와 같은 사실들은 동사어간형태소의 의존화와 활용체계의 형성에 있어 곡용체계와 무관할 수 없었던 문법사의 문제를 뒷받침하는 것이 되기에 충분하다고 믿는다.

참고 문헌

金完鎭(1973), 「중세 국어성조의 연구」, 國語學紀要 1輯.

安秉禧(1959), "15세기 국어의 活用語幹에 대한 형태론적 연구", 「국어연구」 제 7호.

梁柱東(1940), 「古歌硏究」.

李基文(1961), 「국어사개설(初版)」, 민중서관

―――(1972), 「改訂 국어사개설」, 민중서관

李崇寧(1955), "신라시대의 표기법체계에 대한 試論", 「論文集」(서울대학교) 제 2집.

李承旭(1973), 「국어문법체계의 史的硏究」, 일조각

G. J. Ramstedt(1912), *zur Verbstammbildungslehre der mongolisch-tűrkischen Sprachen*, Helsingfors, 1912.

――――――(1952), *Einführung in die altaische Sprachwissenschaft,* II. Formenlehre. Helsinki, 1952

J. Benzing(1955), *Die tungusischen Sprachen,* Wiesbaden, 1955.

村山·大林(1973), 「日本語の起源」(村山七郎, 大林太郎), 東京, 1973.

<震檀學報 제38호, 1974>

敍法과 時相法의 交叉 現象
- 15世紀語의 {-더-}, {-다-}에 대한 再檢討 -

I

{더}, {다}에 대한 종래의 研究目錄은 주로 形態論의 영역에서 이들의 分布나, 素性의 대립을 記述한 것이 主流를 이루고 있으며, 이제까지의 연구의 성과를 集約할 때 그 大宗을 이루는 兩大說이 있음은 周知의 사실이다.[1]

본고는 기왕의 어떠한 說을 의식하거나, 贊否의 連續으로 示圖하는 것은 아니다. 가능한 限 旣成觀念의 제약으로부터 벗어난 원점에서 그 대상을 文法史의 사실로 直視하는 입장에서 時代的인 특징을 찾으려는 작업이 될 것이다.

15世紀語는 {더}와 {다}를 각각 다른 範疇의 對立項으로 가지고 있었다. 이와는 달리 근대 이후의 국어는 {더}만을 單一項으로 가질 뿐이다. 다시 말해서 繼起된 두 時代 사이에서 {다}가 변화를 겪은 것이다.

한편 {앗/엇}의 形成은 이에 관련된 매우 중요한 뜻을 가졌다고 믿어진다. 그것은 {다}와 완전히 相反하는 繼起關係에 있기 때문이다. 즉, {다}는 {앗/엇}형성의 先段階에서만 그 存在理由가 있었다는 示唆를 하기에 足하다.

이와 같이 變遷의 문제에 있어서 우선, 變化項 자체의 獨自性을 바탕으로 하여 史的인 因果性을 記述함이 第一原理라면, 變化項과 그를 포괄하는 外的인 諸狀況이 결과적으로 작용하여 이루는 관계도 빼 놓을 수 없는 第二原理라 하겠다. 그렇기 때문에 앞으로 第一原理에 따라 {더}와 {다}의 靜態的인 實相을 파악하기 위하여 차례로 면밀한 검토를 하겠거니와 여기에다가 第二原理에 의

---

1) 이 설은 선어말어미 {오/우}의 문제로부터 발단한 心岳선생님의 「意圖說」과 이에 맞선 許雄博士의 「人稱語尾說」이다. 李崇寧, 'Volitativ form으로서의 prefinal ending 「-(오/우)-」의 介在에 대하여」(1963), 『國語學研究』, 형설 출판사, 1972 ; 許雄, 『中世國語研究』, 정음사, 1963.

한 史的인 斷層을 投影하여 나가기로 한다.

II

先語末語尾 {더}의 문법적 자질에 대한 기술은 아직도 方法上의 適正性에 있어 완벽하다고 할 수만은 없다. 그것은 그 間의 연구의 量과 質이 未及하다기보다도 {더} 스스로가 지니고 있는 특성 때문이라고 생각된다. {더}가 示顯하는 문법적인 素性은 간결한 규칙으로 一貫할 만큼 단순한 一義性만을 가진 것이 아니다. 적어도 여기에는 두 가지 이상의 다른 문법범주에 竝用되고 있는 현실의 重義性이 있음을 是認해야 할 줄로 믿는다. 그러므로 어느 한 쪽의 규칙만으로 획일적인 해석이 되기를 바란다는 것은 스스로를 誤導하는 일이 되기에 알맞다.

이와 같은 前提는 이제까지의 {더}에 대해 내려진 異論들을 首肯할 때 容納되는 것이겠지만 그렇다면, 과연 {더}의 實態가 어떠한지 그 一端을 알아 본다.

(1.a) 모도아 니르건댄 쁘데 몯 마존 이리 다 願ㄱ티 두외더라. <月釋. 十, 30>
(1.b) 須達이 보니 여슷 하ᄂ래 宮殿이 싁싁ᄒ더라. <釋詳. 六, 35>
(1.c) 그 도ᄌ기 菩薩ㅅ前世生ㅅ怨讎ㅣ러라. <月釋. 一, 6>

이들은 {더}가 敍述用言의 語彙項目과 定動詞語尾 사이에 단독으로 나타나는 語例다. 즉, {더}를 介在시킨 敍述語句 가운데서 가장 단순한 構造의 것이다.

일반적으로 형태소의 고유한 소성은 서로 다른 것들과 겹쳐 쓰이는 경우보다도 단독으로 쓰일 때 분명하게 나타난다. 그러므로 {더}가 示顯하는 특질도 이러한 구조에서 가장 용이하고 적절하게 기술되어질 것 같지만, 실은 그런 것만도 아닌 성싶다. 그 이유는 역시 {더}의 意義 자체가 적어도 두 가지의 다른 범주의 것으로 해석될 수 있는 重義性 때문이다. 그 하나는 時相範疇의 요소로 보는 層位이고(以下 時相論이라 함), 다른 하나는 樣態的인 敍法要素로 보는 層

位(以下 敍法論이라 함)이다. 전자의 경우 과거, 회상, 경험 등, 어느 것으로 그 특질을 잡아 설명한다 하더라도 서술용언에 의해 지배당하는 관계로부터 벗어날 수 없다는 점에서 후자와는 매우 다르다.

(1a)의 예만 보더라도 {더}는 문이 「A이 B이 드외다」의 서술동사 '드외다'에다 가 오직 時相關係를 작용케 하는 통사구조를 넘어 설 수 없다고 보는 것이 時相論이라면, 敍法論은 화자가 이 서술에 개입하며, 그 樣態的인 資質이 {더}로써 특징지워지는 回想文이라는 것이다. 즉, [화자가 -「文=經驗內容」을 (對象化)-回想하다]와 같은 隨行文(performative sentence)의 구성이 되는 셈이다.[2] 결국, 이들은 「A이 B이 드외-{+過去}-다」에 대하여 [{話者이-「A이 B이 드외다」 -(를) 回想ᄒ다}]가 되는 것이니 {더}의 이해는 迷宮에 빠진다.

이러한 상황은 (1.b), (1.c)에서도 마찬가지다. 즉,

　　「宮殿이 싁싁ᄒ{+過去}다」에 대한 [須達이 「須達이 싁싁ᄒ 宮殿을 보다(를) 回想 ᄒ다」] ;
　　「A이 B이 {+過去}다」에 대한 [{話者이 「A이 B이다」(를) 回想ᄒ다}]

그런데 (1.b)의 경우는 좀 특수한 관계로 분석해야 할 것같다. 일반적인 상황 하에서는 화자(回想主體)가 他의 경험내용을 대상화하여 회상하는 것이지만, (1.b)는 그것과는 다르기 때문이다. 만약 이것을 豫想되는 文 "내 보니 宮殿이 싁싁ᄒ더라"로 바꿔 놓게 되면 분명히 화자의 회상이라는 관계를 이룬다. 그러

---

2) 現代語에서 {더}가 나타내는 文法的 素性이 무엇인가에 대한 論述은 비교적 활발히 전개 되어 왔다. 그 主流는 대략 다음과 같은 세 갈래를 이루고 있다. 1) 時相法(tense) ['過去 回想', '回想時制'(최현배, 1955)], 2) 敍法(mood) ['回想法'(南基心, 1972)], 3) 回想的 樣 態(performative element)(張奭鎭, 1973)
　　{더}가 이와 같이 다른 입장에서 볼 수 있게 되는 데는 方法論上의 문제이기도 하겠지 만 그 자체의 錯綜性에 의해 빚어진 일이라고 이해되며, 일부 의견을 달리하고는 있으나, 筆者는 이들 가운데서 가장 適正하게 {더}의 實態를 드러낼 수 있는 기술은 역시 隨行文 의 한 특질을 나타내는 요소로 보는 것이라고 생각한다. 本稿에서는 2)와 3)을 엄격히 구 분하지 않는 입장에서 이를 포괄적으로 '敍法' 혹은 '樣態的 敍法' 등의 用語를 쓰기로 한 다.

므로 '須達이 보니'와 같은 표현으로 마치 화자없이 第3者가 회상주체가 된 듯이 보이나, 사실은 그 기저에 "須達이 닐오디 내 보니"와 같은 引用文의 구조를 가진 것이어서 위와 같이 확대하더라도 아무 저항이 생기지 않는다. 따라서, 이 文은

[話者 {「須達이 닐오디 "내 보니 宮殿이 싁싁ᄒ다" ᄒ다」(를)} 回想ᄒ다]로 展開시킬 수 있다. 한편 이것을 다시 정리하면

[話者 {「須達이 "文"니ᄅ다」(를)} 回想ᄒ다]와 같이 되어 "須達이 宮殿이 싁싁ᄒ다 니ᄅ더라"로도 이해되며 이러한 구조는 다음과 같은 표현이 一般型이다.

(2) 龍王이…… 술ᄫᅩ디
   "世尊하 나를 敎ᄒ샤 力士ㅣ 내 몸 ᄒ야ᄇ리디 아니케 ᄒ쇼셔."
   ᄒ더라. <月釋. 七, 37>

여기서 {더}는 '龍王'(인용문중의 화자)이 '世尊'(인용문중의 청자)에게 한 대화를 그대로 인용하여 화자가 龍王의 動作 內容을 자신의 것처럼 하여 회상하는 서술의 구조에 작용하는 관계로 기술된다. 즉, 'ᄒ더라'의 實質意味는 '숣더라'이며, '숣-'의 주체는 '龍王'이 될 것이지만 {더}는 이 문을 수행하는 주체, 다시 말해서 '화자'와 관계한다.

그러나, 時相論에 따른다면 이 경우도 역시 「龍王이 "文"ᄒ{+過去}다」로 분석되는 관계는 앞의 文例들과 같다.

우선 이상의 사실만으로도 다음 몇가지 사항은 지적된다. 이것은 다만 {더}가 다른 것들과 겹치지 않고 단독으로 나타나는 敍述文(declarative)일 때만을 대상으로 한 것이나, 그 자질은,

(1) 時相關係의 지시 (과거, 회상, 경험, 지속 따위)
(2) 敍法關係의 표상 (화자가 表層文의 서술내용을 객관적으로 對象化하여 受容하는 관계)

이라는 서로 다른 軌道 위에 서는 관계로 集約되어 자못 模糊하다. 따라서 이

러한 바탕에서는 어느 하나의 것으로 {더}의 적정한 자질을 삼기란 어차피 어느
한 쪽을 부정하는 입장이 될 수밖에 없다.

　한편, 이러한 二元的인 矛盾은 현대어에 있어서도 마찬가지로 빚어지는 사실
이다. 그것은 表層文이 非1人稱文이라는 제약에 조건지워지는 것이었지만, 15
세기어에서는 매우 異例的인 1人稱文의 구조가 보인다. 이것은 {더}와 {다}의
同質性을 긍정할 때의 문제로, 비록 {더}가 아닌 {다}일망정 이것이 1인칭문의
敍述句에 관여하는 일이다. 이러한 분포는 매우 중요한 암시를 내포하는 것이라
짐작되며, 과연 {다}의 존재가 {더}와 더불어 제기된 문제를 해결하는 데 어느
만큼의 역할을 할 것인지는 미지수지만, 결정적인 의미를 가진 것만은 틀림없다.

Ⅲ

　다음의 問答文例는 위의 제안에 대한 해답을 구하는 데 효과적일 것 같다.

　(3) 부톄 (難陀를) 더브러 精舍애 도라오샤 (難陀ᄃ려) 무르샤ᄃ
　　　네 겨집 그려 가던다
　　　(難陀ㅣ) 대답ᄒᆞᅀᆞᇦ오ᄃ
　　　(내) 實엔 그리ᄒᆞ야 가다이다 <月釋. 七, 10>[3]

　위의 問答 가운데서 本項의 자료로 採擇하고자 하는 대상은 問과 答을 이루
고 있는 서술동사 '가던다'에 맞서는 '가다이다'의 관계다. 이들이 가진 문제성이
무엇인지 15세기어의 일반적인 규칙으로 유도되는 몇 가지의 구조적인 操作을
주어 그것이 적응되는 관계를 시험하기로 한다.

　질문한 '가던다'의 조건에 따라 그 응답도 語彙項目이나 定動詞語句의 구성
에 있어 제약된 句意味를 가진 것이라야 한다. 그러나 이 조건을 충족시킨 최소
의 語形이 과연 '가다이다'인지에 대하여는 약간의 점검이 필요할 것같다. 그것

---

3) ( )안의 것은 前後의 文脈을 살펴 그 관계를 분명하게 하기 위하여 필자가 끼워 넣은 것
　이다.

은 결국 이 두 語句 간에 {더}와 {다}의 관계가 의무적으로 규제되고 있는 相互
要素인지, 아니면 임의적인 별도의 범주에 의해 운용되는 것인지에 대한 분석과
판단의 문제이다. '가던다'의 의미구성은 [語彙項目-{더}-과거·의문법]으로 展
開할수 있으며, 이것은 최소의 의문어형 '간다'[語彙項目-과거·의문법]와 대립
한다.4) 따라서 {더}가 쓰인 이유가 단순히 時相의 지시를 위한 것만은 아님을
알게 된다.

 敍述語句의 파생원리가 일반적으로 최소의 의무요소만으로 基體部를 이루며,
문법적 상황의 변화에 따라 요구되는 범주요소가 여기에 추가, 확대되어 가는 경
향이다. 그렇기 때문에 {더}가 基體部의 파생과정에서 추가된 요소라 할 때,
{더}가 어떠한 범주의 요구에 따른 것인지가 문제다. 그것은 역시 위에서 기술한
화자(質問者)의 회상적 서법을 드러내는 자질을 가진 것으로 일관된다. 즉, 동작
주체(네=難陀(被質疑者))의 과거에 속하는 행동을 화자(부텨(質疑者))가 돌이
켜 묻고 있는 태도임이 확실하다. 그렇지만 응답형 '가다이다'의 경우는 난해하
다. 즉, '가다이다'에서 {다}를 제거한 부분의 의미구조는 [語彙項目-{다}-敬語
法·敍述法]이며, {다}의 자질을 {더}에 대응하는 것으로 볼 때 이것이 과거사
실의 행동에 대한 질문의 응답형으로 적절한지가 의문스럽다. 다시 말해서 이 어
구 가운데 {다}을 뺀 어느 부위의 요소에서도 시상관계의 지시를 하고 있다 할
만한 것이 없다. 결국 {더}와 {다}를 동일 범주의 상응관계에 있는 形態質이라
할 때,

    1) 가던다 → 가다이다/더=다
    2) 가느다 → 가이다

의 논리가 성립한다겠지만, 2)의 수행은 적정한 것이 못되어 실현될 수 없다.5)

---

4) 의문법의 定動詞語尾는 시상의 徵表에 따라 {는다}:{ㄴ다}:{ㅭ다}의 對立項으로 나타남은
   周知의 일이려니와 따라서 {ㄴ다}가 {더}의 介在없이도 능히 시상법이 示顯된 서법이 되
   는 것이다.
       네 어듸 이셔 趙州 본다 <蒙法. 53>
5) 이것은 마치 '갔느냐' 혹은 '갔더냐'에 대한 '갑니다'의 관계와 같다. 이 때 最小의 相應 조

　그것은 '가던다'에서 {더}를 削除한 '간다'와 '가다이다'에서 {다}를 삭제한 '가이다'의 관계가 서로 상응할 수 없는 이유 때문이며, 결국 여기에서 誘導되는 논리는 {더}≠{다}인 것이다.

IV

　{더}와 {다}의 관계가 단순한 異形態가 아니라는 것은 일찍부터 지적되어 온 바다. 그러나 이들을 대립하는 관계로 그 徵表를 기술하게 된 관점에는 몇 가지가 있어 왔다. 그들을 대표하는 것으로는 이른바 人稱說과 意圖說이 있다.[6] 물론 이 두 설의 논지가 각각 특유의 卓見에 의해 이끌어진 것이지만, 한편으로는 서로 공동의 바당 위에 서 있는 사실도 看過할 수 없다.

　그것은 첫째로 모두가 {더}와 {다}의 形態素 意味를 [+過去]로 기술하고 있는 점이다. 이와 같은 形態素 意味만을 徵表로 하는 것이라면 兩說은 굳이 다른 논지로 대립할 이유가 없다. 그러므로 {더}와 {다}의 대립은 [+過去}만의 것이 아니라, 그 안에서의 하위적인 징표에 따른 對立項임을 알 만하다.

　다음으로 인칭설과 의도설에 공통되는 기반은 이 단계에서도 여전하다. 즉, {더}, {다}의 素性을 단순한 형태소 의미만이 아니라 서술주체와 내용 사이의 관계지시에 종사하는 통사적 의미로 기술하고 있는 점이다. 그 주장하는 바를 정리하여 도식으로 나타내면 다음과 같이 될 듯하다.

　이것은 마치 양설 X, Y가

　건을 갖춘 것이라면 '갔읍니다' 혹은 '갔더랍니다'와 같이 되어야 할 것이다.
　한편 '가이다'와 같은 구성 自體에 대한 회의를 가지게도 하지만 비록 語幹聲調의 변화는 있지만 '오이다'와 같은 用例로 미루어 예상할 수 없는 어형은 아니다.
　　比丘ㅣ 술보터 나는 齊米를 어드라 온디 아니라 大王을 보수붕라 오이다
　　　<月釋. 八, 90>
　　　(본시 '·오'인데 이 때에는 ':오'가 된다)
6) 李崇寧(1963), 許雄(1963) 參照.

$$X \rightarrow A + \phi$$

$Y \rightarrow A + P$의 관계일 때

$A \begin{Bmatrix} \phi \\ P \end{Bmatrix}$ 와 같이 통합되는 것처럼

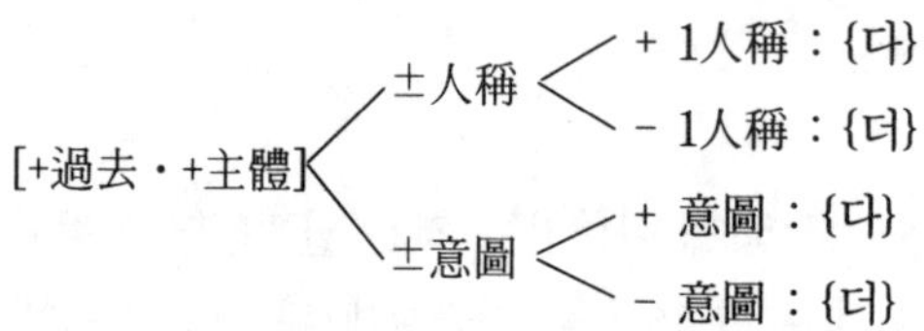

　이와 같이 두 설이 모두 {더}, {다}의 소성을 형태소 의미와 통사 의미를 가진 것으로 기술하게 된 것은 매우 적절한 것같기도 하다. 그러나, 주지하듯이 意圖說이나 人稱說이 전적으로 이러한 重義的 素性을 가진 {더}, {다}를 기술하기 위하여 발상된 것은 아니었다. 그것은 소위 人稱語尾, 또는 意圖法語尾 {오/우}를 해명하기 위하여 장치된 규칙이었던 것이다. 그러므로 {더}, {다}의 대립을 이러한 장치의 한 특수형으로 보게 되었다는 것은, 결국 {오/우}가 쓰이는 또 하나의 다른 면을 추가하는 데 불과하였다.

　{오/우}의 대립관계는 兩說의 공통되는 부분을 欄外로 하면 다음과 같다.

　　{오/우} 對 {φ}
　　{오/우} → [+意圖; +1人稱]
　　{φ} → [-意圖; -1人稱]

　따라서 {오/우}는 다시 「{φ}+{오/우}」로 전개할 수 있으며, 이에 따라 {더}, {다}의 관계는

　　{더} → {더} + {φ}
　　{다} → {더} + {오/우}

와 같이 되었던 셈이다. 이것은 {더}, {다}의 대립이 {φ} 對 {오/우}의 관계임을 알리는 일이 되며, {더} 자체는 아무런 징표로서의 辨別性을 갖지 못함을 말해

준다. 그렇기 때문에 의도설이든 인칭설이든, 그것은 {더} 대 {다}의 先段階에 있어 도입될 규칙이지 결코 {더}의 고유한 소성을 기술하는 단계에서는 관여할 바가 못 된다. 자칫 이러한 무관성에 호도되어 왔기 때문에 {더}의 실상을 파악하는 일에도 소극적이었던 것 같다.

　이렇게 볼 때 의도설이나 인칭설은 {더}, {다}의 문제를 근본적으로 해명하는 데 결정적인 작용을 할 수 없음이 확인되는 셈이다. 이리하여 의도나 인칭설에서는 의도나 인칭을 유도하기 위하여 「{다} → {더} + {오/우}」로 분석하게 된 것이지만, 만약 이와 같은 전제되는 제약성을 벗어난 입장에서 직관한다면, {더}와 {다}는 각각 그 자체가 독특한 범주에 종사하는 單純形態素가 될 자질이 충분한 것이다. 이것은 오히려 하나의 가능성이라기보다도 당위적인 사실이 아닐까 한다.

V

　{더}의 자질에 대하여는 앞에서 詳考하였거니와, 그렇기 때문에 {다}를 [{더}+{오/우}]의 관계로 기술하는 한 {다}에 대하여 별도의 고찰이 원칙적으로 필요치 않을 것이다.

　그러나, 위의 논거에 따라 기본형으로 {다}를 {더}와는 무관할 뿐만 아니라 어떤 요소와의 結合形도 아닌 單純形態素의 자질로 받아들일 때 마땅히 {다}에 대한 재검토가 있어야 된다. 물론 單純形으로 보지 않고 結合形이라 하게 되는 데도 상당한 이유가 있다.

　첫째로 {다}, {더}는 통사적으로 일정한 제약조건에 따라서 배타적 분포관계로 나타나는 사실이다. 즉, 그것은 {∅} 대 {오/우}의 대립에 적용되는 제한규칙이 {더} 對 {다}의 대립에 있어서도 상응하기 때문이다. 그리하여 이와 같은 상응관계의 논증에 편중된 나머지 결합형 {다}의 일부에서 부분적으로나마 작용하고 있을 {더}와 단독의 {더} 사이의 관계는 전혀 소외당해 온 것같다. 아니면 당연히 이들은 동일의 소성일 것이라는 일방적인 속단이었다. 그러면서 이들의 소성을 시상의 범주의 것으로 기술하는 한, 별로 무리한 저항감이 없는 듯하였다.

　그렇지만, 위에서 설명하고 확인한 것처럼 {더}가 화자의 태도에 직접으로 관련하는 요소라고 할 때는 그 사정은 매우 다른 것이 된다. 1人稱文의 구조에서 화자와 서술주체는 동일인이 된다. 그러므로 1人稱文에서의 {더}는 화자가 화자 자신, 즉 회상주체의 일을 대상화하여 회상적으로 서술하는 관계에 작용하는 요소라 하게 된다. 논리적으로는 아무런 瑕疵도 없는 듯하나, 현실적으로 이와 같은 서술이 문법성을 가지는지는 쉽게 납득되는 일이 아니다.

　前項의 예문 (3)의 경우,

　　네 겨집 그려 가던다.

는 화자(부텨)가 너(難陀)에 대한 질문으로 '너'가 한 사실을 회상하는 입장에서 있음이 조금도 이상한 느낌이 없다. 그렇기 때문에 敍述用言의 주체가 [-화자]일 때 {더}는 화자가 [-화자]의 동작·상태, 지시 따위에 대한 일을 회상적인 서법으로 나타내기 위한 요소라는 기술이 보편성을 가질 수 있는 것이다. 그러나

　　(내=難陀) 實엔 그리 ᄒ야 가다이다.

에서는 만약 위의 {더}를 내포한 서술이라고 한다면 화자가 자신의 일을 회상적인 사실로 하여 응답하는 文이라 할 수밖에 없으니, 여기에서 문제가 제기된다. 그렇다면 이것은 마치 '내 實엔 그래서 가더라'와 같이 해석될 것이니, 여기에는 상당한 저항이 일어난다. 현대어의 일반적인 직관에서 이런 류의 것을 文, 혹은 非文의 어느 쪽으로도 단정하기 어려운 모호성이 있다. 그러나, 이에 전제되는 상황적 조건이 없는 한, 非文이라 하는 것이 타당할 것이다. 이같은 사실은 다음의 예에서도 확인된다.

　　(4) 師ㅣ 니ᄅ샤ᄃᆡ
　　　　네 일즉 므스일 ᄒ다가 온다.
　　　　닐오ᄃᆡ
　　　　聖諦도 ᄯᅩ ᄒ디 아니 ᄒ다이다.
　　　　(師曰ᄒ샤ᄃᆡ汝ㅣ曾作什麼來오曰호ᄃᆡ聖諦도亦不爲ᄒ다이다) <六祖. 中, 94>

이것은 비록 전달내용은 다르지만, 敍法上의 양태나 형태소 구조의 면에서
앞의 예문과 다를 바가 없다. 그러나, (3)과 (4)에서 疑問의 影響圈은 다르다.
(3)은 가부판정의 요청에 대한 긍정판정의 관계로서 '가던다' 대 '가다이다'의 대
응이 엿보이나, (4)는 그렇지 않다. (4)의 경우는 情報 焦點(infomational focus)
의 의문사 '므스'에 있으며, '므스 일 ᄒ다가'가 의문의 영향권을 이루고 있어 '온
다'는 응답의 요건에서 소외된다. 그렇기 때문에 응답의 서술이 'ᄒ다이다'처럼
된 것이 분명하다.

만약에 이와 같이 'ᄒ다가'와 'ᄒ다이다'가 상응하는 관계에 의해 구속되고 있
는 구성이라 한다면, {다}는 이제까지 검토하였던 바와는 다른 또하나의 국면이
떠오른다. 그것은 우선 'ᄒ다가'와 'ᄒ다이다'가 가지고 있는 {다}의 실체를 동일
범주의 형태소로 기술할 수 있겠다는 가능성이다. 일견, 副動詞語尾 {다가}[7] 또
는 {다}가 선어말어미 {다}와 전혀 동렬에 있다고 하기는 적잖이 주저스럽지만,
다음에 설명하고자 하는 한두 가지 사실들은 이의 가능성을 시사하기에 족하다.

{다가}를 알기 위해서는 우선 이것이 {다니}와 대립하는 관계의 語項이라는
전제에서 이해해야 된다. 그것은 결코 고립항으로 있는 것이 아니다. 그렇다고
할 때 {다}는 이 두 대립항의 공통부분이 되기 때문에 辨別의 기능을 가질 수
없다. 다시 말해서 이것은 역으로 두 대립항에 분포된 {다}는 동질의 요소라는
의미가 된다. 그렇지만 여기에서도 장애는 있게 마련이어서 약간의 설명을 요할
듯하다. {다니}가 {다}+{니}의 結合形이라 하는 데는 贅言을 요치 않을 일이지
만, 이에 준하여, {다가}를 「{다}+{가}」로 분석한다 할 때는 적지 않은 문제에 부
닥치는 것으로 생각된다. 그 하나는 바로 {다가}와 동격으로 쓰이는 異形 {다}의
존재 때문이다. 즉, {다가}의 {다}를 先語末語尾로 보게 되면, 이에 따라 {다가}
와 같은 위치에 실현되는 {다}에 대해서는 어떻게 이해해야 하는지가 문제다. 이
문제를 위해서도 그렇거니와 {다가}를 通時的으로 접근하기 위해서도 {다가}의

---

(7) {-다가}는 前接語辭와 일정한 조건의 제약관계가 있으며, 그것은 대체로 다음과 같은 세
　　가지로 類別된다. (1) 동사어간에 연결 (2) {-아/어}계의 副動詞에 연결 (3) {-에/-(으)로
　　/-올}의 曲用形에 연결.
　　이들 가운데 여기서는 (1)의 분포 관계에 있는 {다가}에 대해 그 일면을 살피는 일이 될
　　것이다.

形態素 境界에 대한 종래의 관례를 다시 살피지 않을 수 없게 한다.

{다가}에 대한 종래의 견해는 비록 그 관심의 초점은 달랐을지라도 한결같이 그 形態素 境界의 분석은 일치되고 있었다. 그것은 새삼 확인할 필요도 없이 {다}와 함께 副動詞語尾로 기술되는 語末語尾라는 것이었다. 필자는 근본적으로 이와 다른 견해를 가지게 되었다. 그것은 전제조건, 즉 {다가}가 단독적인 가치를 갖는 孤立項이 아니라, {다니}와 對立項의 관계에 있는 사실에 따라 그 形態素境界를 「#-다-아/어 #가#」 또는 「#-다-아/어#」[8]으로 구분함이 마땅하겠다.

따라서 {다니}와의 對立項은 궁극적으로 {다가}가 아니라, {다}가 되는 셈이고 그 대립의 징표는 각각 {니}와 {아/어}의 관계에 있는 것이다. 결국 {다니}와 {다가}에 두루 나타나 있는 先語末語尾 {다}는 완전히 同一形態素로 분석되는 한편, {가}는 별개의 범주에 속하는 요소가 된다. 여기서는 {가}의 문제에까지 미처 설명할 겨를이 없지만, 拙見을 덧붙인다면 이것은 語彙項目 '가-'(行)가 역시 副動詞語尾 {아/어}를 接尾하여 이룬 語項으로 여겨진다.[9]

앞에서도 지적했듯이 이와 같은 분석기술은 {다가}의 前接語項이 동사어간일 때에 한하며, {아/어} 副動詞에 후치되거나, 일부 부사격어에 후치되는 경우는 그 상황이 다르다. 그것은 비록 표면상의 형태는 같다 할는지 모르나, 각각의 통시성이나 의미구조의 면에서는 다른 층위의 語項으로 기술되기 때문이다.[10]

---

8) 이와 같은 분석을 함에 있어서도 심각한 장애에 부닥친다. 그것은 副動詞語尾 {-아/어}의 선행요소가 敬語法의 先語末語尾와 語幹形態素에 한하고 있는 분포상의 제약이다. 그러나 반드시 {-다}와 배타적인 분포였다는 단정도 어렵다. 물론 聲調上의 징표로도 가릴 수 없지만 敬語法의 경우로 미루어 논리적 타당성을 인정하려 한다.

9) {가}의 해석에도 문제가 없는 것은 아니다. 적어도 通時的인 의미로 볼 때 단순한 첨가적인 剩餘要素라 하기는 어려우며, 본시 동사 「가다」(行)의 副動詞形이 관계적 의미를 가지게 되는 문법화 과정으로 이해해야 할 것이다. cf. 그는 벌써 훌륭한 음악가가 돼가 있더라.

10) 필자는 {다가}가 前接語項으로 일부 副動詞(-아/어)나 副詞格語를 가질 때는 단독의 동사어항 「닥/다ㄱ-아/어」로 기술하는 입장에 선다. 그러므로 동사어간에 관여하는 {다가}와는 같은 층위에 놓을 수 없다.

　그 겨지비 밥 가져다가 머기고 자바니르혀니 <月釋. 一, 44>

　그뒷 나라흘 드러 八萬里 밧긔다가 더뎌 사기 봇아디게 호리라 <釋詳. 卄三, 57>

VI

이상의 취지에 따른다면, 앞의 예문 (4)에서 'ㅎ다가'와 'ㅎ다이다'의 상응관계가 인지된다. 물론 'ㅎ다'와 'ㅎ다이다'의 관계도 같으며, 오히려 두 항에서 이끌어지는 {다}의 동질성을 확인하는 데는 후자가 보다 명시적이다. 이들의 동질성은 同源性에 비례하는 것이지만 15세기만 하더라도 아마 {다가}의 化石化와 文法化가 심화되어 어원적인 의미를 벗어난 것이었다. 그럼에도 불구하고 굳이 그 가운데서 {다}를 격리시키고자 함은 {다가}의 基底意味를 밝히는 일에 유효할 뿐더러 이와 병렬적으로 쓰이는 {더}와의 관계를 방증하기 위해서였다. 그 결과 {다}, {더}의 관계를 의도나 인칭의 대립만으로 나누어질 수 없는 별도의 특질에 의한 범주간의 대립이라는 사실에 이른다. 즉, {다}와 {더}는 통사구조가 다른 文에서 각각 고유한 소성으로 나타나는 單獨項의 요소다. {더}는 수행문의 구조에서 화자가 지배하는 회상적인 양태를 드러내는 요소인데 반하여, {다}는 그렇지가 못하다. 더구나 {다}가 1인칭문에서 {더}의 자질에 상응한다고 할 때[11]는 일반적인 논리에 거역하는 일이 되어 용납할 수 없다. 그것은 화자가 자신의 일을 객관적으로 대상화하여 현실적으로 재현시키는 일은 예사로운 것이 아니기 때문이다. 이러한 사실은 앞의 예, (3) (4)만으로도 어느 정도 분명해진 것이었다. 여기에 다음의 예를 추가하여 이를 확고히 다져 둔다.

(5) 須達이 닐오디
　　　니르샨 양으로 호리이다.
　太子ㅣ 닐오디
　　　내 롱담ㅎ다라.
　須達이 닐오디
　　　太子ㅅ法은 거즛마롤 아니 ㅎ시는 거시니 구쳐 프르시리이다
　　　<釋詳. 六, 24>

---

11) 비록 {다}가 대체로 그 서술의 주체가 1人稱일 때에 나타난다고 해서 이를 1人稱語尾로 규정할 수 없다는 것은 전술했거니와, 만약 그렇다고 한다면, 가령 感性動詞(덥다, 쓰다, 싱겁다 ……)같은 것도 人稱과 관련을 지워야 할 일이다.

이 글은 '須達이'와 '太子'의 문답이며 '須達이'가 太子祇陀의 東山을 사고자 '太子'에게 청하니 '太子'가 팔 마음이 없어 값을 많이 부르면 사지 않을 것으로 여겨, 이 땅에 빈 틈 없이 금을 깔면 팔겠노라고 제의한 다음에 이어진 대화다. 이에 의외로 '須達이'가 '太子'의 제안을 받아들이겠다고 하니 '太子'가 당황하여 응답한 말이 '내 롱담ᄒ다라'였다.

이 문은 {다}에 대한 기술 여하에 따라서는 매우 납득하기 어려운 점을 가지고 있다. 종래의 주장대로 {다}는 1人稱主體와 상응하는 한편 또 하나의 다른 기능이 {더}에 대응하는 것이라면 원만한 듯 하지만, 필자는 {더}를 수행문의 통사부에 작용하는 관계로 보았거니와, {더}를 내포한 문구조와 {다}를 내포한 문구조는 동일규칙으로 일관되지 않는 점을 주목해 왔다. 그렇기 때문에 {더}를 화자의 회상적인 양태를 지시하는 敍法要素로 보는 한 {더}와 {다}의 관계는 부분적으로나마 대응한다 할 수 없을 뿐더러 '내 롱담ᄒ다라'가 과연 문으로서 적정성을 가지고 있는지조차 의문스럽다.

그러나, 이것은 엄연한 문이며, 여기에는 어떠한 오류나 결함도 없다. 그렇기 때문에 이와 같은 상충은 마침내 {다}에 대한 재검토를 불가피하게 하는 것이다.

그것은 먼저 {더}와의 평면적인 관련성을 배제하는 일이다. 이것만이 원인적으로 오도된 {다}를 바로 잡는 길이 되는 동시에 {더}, {다}의 관계를 다른 차원의 문제로 이끌 수 있기 때문이다. 이렇게 볼 때 {다}는 굳이 서법과 관련시키지 않아도 되거니와, 오직 시상법의 체계 안에 있는 하나의 대립항일 따름이다.

시상법의 체계는 별도의 詳考가 있어야겠지만, {다}의 분포는 현재 ({ᄂ})나 미래 ({리})와는 엄연히 대립하는 時點을 지시하는 데 쓰인다. 그것은 앞의 문례에서 두루 확인됐던 사실이며, 우선 이를 과거시[12]의 소성으로 잠정적인 규정을 내려 둔다.

이로써 '내 롱담ᄒ다라'가 마치 '내 농담하였다'와 같은 적정한 문이었을 것으로 풀이된다.

---

12) 15세기의 시상체계는 아직도 그 전모가 확실하게 밝혀졌다고 할 수는 없다. 그 가운데서도 특히 과거형으로 보이는 몇몇 形態素, 즉 {-다-;-가/거-;-아/어-} 등의 변별적 자질은 아직도 모호한 점이 많다.

　결국, {다}와 {더}를 共時性에 있어 무관한 單獨項으로 떼어 놓음으로써 이들은 각각 다른 범주의 영역에서 기술되고 또한 통사구조의 층위도 상이하게 나타났다. 그렇지만, 비록 중세어에서 {다}, {더}의 실태가 이와 같이 무관한 양면에 걸친 것이라 하여 반드시 이들 사이의 通時性도 그러하다는 것은 아니다. 오히려 그들의 通時性에 대한 선입관념 때문에 그 무관성이 소외당할 만큼 서로의 관계는 밀접했을 것이 예상되며, 그것은 아마도 同源의 것이 분화발달하는 과정에서 보이는 현상일 것으로 믿어진다.

　그러므로 이것이 한낱 一角에서 빚어진 상황이라 하더라도 문법사의 문제로서는 매우 중요한 제보자가 될 수도 있기 때문에 그 정보의 史的 가치성을 면밀히 분석해 볼 만하다. 이렇게 볼 때 {다}, {더}는 본시 단일의 형태범주였을 것은 물론 이들의 의미기능도 같았을 것으로 짐작되는 한편 15세기어에서 기술되는 대립관계는 時相法과 敍法의 交叉(intersection)現象13)으로 풀이된다.

　이와 같은 交叉現象은 비단 이 경우에만 있는 일이 아니며, {리}가 쓰이는 상황에서도 같은 類의 관계가 엿보이는 것이다. {리}가 [-현재·-과거]의 時點에 일어날 일을 가리키는 미래표시의 시상법의 요소라 함은 주지의 일이지마는, 그 실은 이것이 [추리·가능·의무·당위] 등 양태적인 관계에 화자가 개입하는 서법14)의 요소이기도 하다.

---

13) John Lyons, *Introduction to Theoretical Linguistics*, 1968. pp.309-311.
14) {리}에 대한 구체적인 검토는 본고의 주된 임무가 아니기에 다음의 특징적인 문례를 들어 개략해 보는 데 그친다.
　　　ⅰ) 내 時節 아라 가리라 <月釋. 七, 46>
　　　ⅱ) (a) 그듸는 當時로 사른미어니 도라가 사른미 목숨 브리고 다시 이에 와 나아 살리라 <月釋. 七, 12>
　　　　　(b) 難陀ㅣ 出家ᄒᆞᆫ 因緣으로 쟝ᄎ 이에 와 우리 天子ㅣ ᄃᆞ외리라
　　　　　　　<月釋. 七, 12>
　　　　　(c) ᄒᆞ다가 善男子 善女人이 …… 아들ᄯᅩ롤 求ᄒᆞ면 아들 ᄯᅩ롤 得호리라
　　　　　　　<釋詳. 九, 23>
　　ⅰ)은 1인칭문이며 화자 자신의 동작이 미래에 있어 일어날 것임을 서술한 것으로, 이럴 때 비교적 시상의 소성이 단순하게 명시된다. 그러나, 여기에도 화자의 주관적인 의도의 의미가 전혀 없지는 않다. 이에 반해 ⅱ)의 것들은 2인칭 또는 3인칭문으로 화자가 주체의 동작을 추리(b), 가능(a, c) 등으로 판단하여 서술에 관여한다. 따라서 ⅰ)의 경우와는 다르게 기술되어 마땅하겠다.

일련의 이러한 현상은 보다 근본적인 문제까지도 생각하게 하여 국어에 시상법이 과연 있는가 하는 회의를 가지게 한다. 아직은 이와 같은 문제에 단정을 내리기는 어렵다고 하더라도 서법상의 양태범주와 교차하여 실현하고 있는 사실에 대하여는 확신이 가는 것이다.

한편, 위의 논거를 굳히기 위해서도 종래 인칭설에서 예외적인 것이라 하여 (許雄, 1975. pp.795-6) 규칙의 한계를 드러냈던 다음의 문례를 살펴 보는 것은 유익하겠다.

> (6) ⅰ) 내 지븨 이셔 環刀ㅣ며 막다히롤 두르고 이셔도 두립더니 <月釋. 七, 5>
> ⅱ) 내 …… 몸과 ᄆᆞᅀᆞᆷ괘 便安코 즐겁더니 <釋詳. 卄三, 27>

이들은 1인칭문으로 화자 자신의 서술이며, 그렇기 때문에 예의 규칙에 따른다면 '두립다니(ⅰ)', '즐겁다니(ⅱ)'와 같이 {다}로 표시돼야 할 관계에 있다. 그럼에도 불구하고 {더}를 乃用하게 된 것이니 소위 인칭설에서 볼 때는 규칙을 이탈하였다 하겠지만, 사실은 앞에서 논증했듯이 {더}를 서법상의 특질로 기술하는 입장에서 보면 이것은 어느 경우에 못지 않게 {더}의 소성이 선명하게 나타난 적정예인 것이다.

우리는 이른바 예외라고 한 어항들의 語彙範疇가 모두 형용사라는 사실을 결코 우연한 일로 간과할 일이 아님을 지적하게 된다. 특히 예문 (6)과 같이 {더}에 前接된 어항이 감성(sensibility)의 형용사일 경우 느낌을 일으킨 주체나, 그 느낌을 회상할 수 있는 주체가 모두 1인칭, 즉 화자 자신이 될 뿐 여타의 누구도 감성의 주체가 될 수 없는 의미론적인 제약 때문에 '두립더-;즐겁더-'로 된 것이며, 이것은 오히려 '내'의 회상적 구조라야 정상인 것이다.

따라서 다음과 같이 예상되는 文은 非文임이 틀림없다.

(d) 舍利佛아 너희둘히 내 말와 諸佛ㅅ마롤 信ㅎ야ᅀᅡ ᄒᆞ리라 <月釋. 七, 76>
이것은 한층 화자가 주체의 동작에다 당위성을 주어 나타내고 있는 뜻이 분명하며, 이것을 역시 시상법상의 기술만으로 충족될 수 없음은 물론, 오히려 서법상의 소성이 앞의 예(a, b, c)보다도 한결 짙다.

(7) ⅰ) *네 …… 두립더니

　　 ⅱ) *네 …… 즐겁더니

다시 文例 (5)의 '내 롱담ᄒ다라'와 '내 두립더니'를 대비하여 보면, {다}와 {더}의 관계가 현저하게 부각된다. 그것은 번거롭게 재언할 필요도 없이 {다} 대 {더}의 징표가 인칭에 따른 것이 아니라 「時相法 對 回想的 敍法」이라는 구조적 특질에 따른 것임을 말하여 준다.

다음은 이러한 대립이 효과적으로 간결하게 나타난 예가 될 것이다.

(8) 五百釋女ㅣ 華色比丘尼게 出家ᄒ야 술보더

　　ⅰ) 우리ᄃᆞᆯ히 지븨 이싫저기 受苦ㅣ 히더이다.

　華色比丘尼 닐오더

　　ⅱ) 너희ᄂᆞᆫ커니와 내 지븨 이싫 저긔 受苦ㅣ 만타라 <月釋. 十, 23>

ⅰ)의 'ᄒ더이다'는 (6)에 비겨 무난할 것이니, 그것은 역시 화자를 포괄한 '우리ᄃᆞᆯ히'의 회상적 서법이며, ⅱ)는 문구조나 서술의 語彙項目이 같으면서도 굳이 '만타라'로 나타내게 된 이유는 (5)의 규칙에 따른 것으로 이해되며, '많-'은 비록 형용사라 할지라도 상태표시의 의미 특질이지 감성적인 것이 아니기 때문에 일반적인 동사어항에 準用될 수 있었다.

한편 (6)의 구조와는 엇갈리는 관계이기는 하나, 역시 이례적인 것으로 지적되어 온 {다}의 용례가 있다. (許雄, 1975. pp. 792-3)

(9)ⅰ) 부톄 實로 大乘으로 敎化ᄒ시다ᄉᆞ이다 <月釋. 十三, 36>

　　ⅱ) 내 ᄒᆞ던 이리 甚히 외다ᄉᆞ이다 <釋詳. 廿四, 18>

이 경우도 일반론에 따른다면 ⅰ), ⅱ)의 {다}는 모두 {더}가 되어야 할 여건이다. 따라서 이런 유의 용례는 정상에서 벗어났다 하여 예외자로 처리되었던 것이다. 이것은 {다}를 인칭설로 보는 데 있어 불가피했던 궁여지책이었다.

그러나 오히려 이러한 사실은 {다}가 양태적인 자질을 가진 서법상의 요소인

{더}와는 전혀 다른 문법적 층위에서 과거적인 시상에 종사하고 있음을 설명하고 있어 앞의 논지를 한층 굳히는 결과가 된다.

따라서 (9)의 {다}의 분포는 예외현상이 아닐 뿐만 아니라 본시 인칭대립의 규칙에 의해 지배되던 요소가 아니었다는 정보를 추가하여 주기에 손색이 없다.

결국 {다}가 示顯하는 문법적 素性은 적어도 인칭과는 무관하게 기술하여야 하겠다는 입장에서 집약되는 셈이다. 그리하여 {더}와의 관계는 통사하는 범주나 영역의 층위가 다른 것이므로 기본적으로 같은 평면 위에 놓고 대비할 수 있는 관계가 아니다.

VII

이상에서 {더}와 {다}가 다른 층위의 문법범주에 속하는 자질을 가지고 공존하고 있던 15세기의 한 단면을 살펴 왔다. 그 결과로 {더}와 {다}의 분포는 문법사의 한 과정에서 특수하게 나타난 서법과 시상법의 交叉現象에 지나지 않으며, 서술주체의 인칭이나 여타의 조건이 이들의 대립에 직접적으로 작용하는 것이 아님을 알 수 있었다.

그러므로 이러한 交叉現象이 통시적으로 어떠한 상황적인 의미나, 관계가 없이 일어나는 것이라고 보기는 어렵다. 필시 이들의 관계는 문법사의 한 단계에서 빚어진 일로 이해하는 것이 옳을 것이다. 이에 대한 검토는 달리 있어야 할 것이지만, 이 글을 맺는 蛇足으로 다만 짐작되는 拙見을 덧붙이기로 한다.

비단 {다}와 {더}의 문제가 아니라 보다 근원적인 단층에 있어 이러한 문법범주의 형성과 분화발달의 계열적인 관계를 입증하는 일은 문법사의 중요한 임무의 하나라고 믿는다. 그러나 아직은 이 임무를 다 할 수 있는 능력이 없음을 자인하는 터이지만 15세기어에 나타나는 {다}와 {더}의 交叉現象이 시사하는 사적 의미는 매우 고무적인 단서가 되어 준다.

이 交叉現象은 결코 발생적인 것으로 여겨질 수는 없으며 본시는 동일범주의 의식 가운데 포괄되었던 개념이 분화파생되는 과정에서 빚어진 현상이었을 것이 확실하다. 이 포괄개념이 언제 분화하여 범주화되었는지 지금으로서는 알 길이

묘연하나 15세기의 상황은 분화된 개념이 정착한 단계여서 형태에 있어서도 대립이 규칙적이었다.15) 포괄개념이라 하였지만 주도적인 바탕은 화자가 구심력을 가진 서술의 범주였으며, 이로부터 시상적인 개념이 가지를 쳐 나간 것이 아닐까 한다. 따라서 형태면에서도 원래는 單一形態 내지는 異形態의 성격이던 것이 소성의 分枝現象에 따라 대립하는 형태를 이루어 갔을 것으로 믿는다. 이리하여 그 소성·형태의 양면에 걸쳐 {다}로 특징지워진 시상은 전통적으로 {더}로 실현된 서법의 영향권에 부분적으로 겹치는 관계에 있었고 이러한 현상의 말기인 상황이기는 하지만, 역시 15세기도 그런 성격의 시대로 해석된다16)(註 15의 系圖 참조). 그렇기 때문에 {다}의 소성 가운데는 전통적으로 敍法的인 유전자가 작용하였고 이로 말미암아 分枝하여 나왔으나 제 자리를 확보할 수 없게 된다. 그리하여 마침내는 {다}의 소성을 삼키어 수용함은 물론 다른 갈래에 끼어 있던 과거 혹은 완료의 소성을 규합하여 과거시제의 선어말어미 {앗/엇}이 형성되어 간 것이다.

---

15) 어원적으로 同一系의 문법범주가 분화하여 대립하는 두 범주를 이룰 때 그 分化枝에 대한 추정도 단순하지는 않다. {다}, {더}의 경우 가상되는 몇 가지의 系圖는 이렇다.

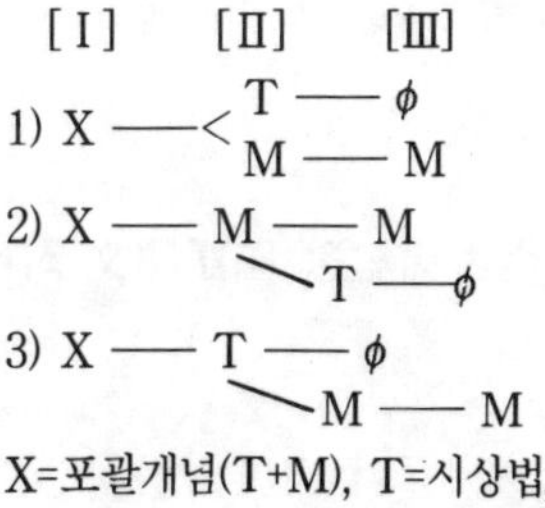

$$
\begin{array}{ccc}
[\text{I}] & [\text{II}] & [\text{III}] \\
\end{array}
$$

1) $\text{X} \longrightarrow < \genfrac{}{}{0pt}{}{\text{T} \longrightarrow \phi}{\text{M} \longrightarrow \text{M}}$

2) $\text{X} \longrightarrow \text{M} \longrightarrow \text{M} \searrow \text{T} \longrightarrow \phi$

3) $\text{X} \longrightarrow \text{T} \longrightarrow \phi \searrow \text{M} \longrightarrow \text{M}$

X=포괄개념(T+M), T=시상법, M=서법, ϕ=소실

이 系圖에서 [I], [III]의 단계는 세 경우가 모두 같으며, 오직 [II]단계의 상황이 다르다. 1)은 병렬적으로 분화하는 관계이며, 2), 3)은 주종의 관계로 파생하는 관계다. 2)는 'M'이 주가 되고 'T'가 종으로 갈리는 경우며 3)은 이와 반대다. 이 가운데 2)의 系圖가 {다}, {더}의 기술에 의해 이끌어지는 가장 타당한 것으로 여겨진다.

16) {다}, {더}의 語項뿐만 아니라 이와 나란히 비례적 관계에 있는 語項으로 {가}, {거};{아}, {어} 따위가 예측된다. 그렇다고 할 때 이들의 기술은 어느 單一項만으로 완벽을 기할 수는 없을 것이다. 그러므로 앞으로 이들과의 체계적 관계를 타진하여 종합적인 고찰이 있어야겠기 때문에 後稿로 미루어 둔다.

다음으로 앞에서 검토해온 {다}, {더}의 소성을 정리하여 끝을 맺기로 한다.

1) {다}는 과거시상의 선어말어미 {앗/엇} 의 先段階에 있어 과거의 속성을 가진 시상체계 안의 한 대립항을 이루었던 소성의 형태다.
2) {더}는 {다}와는 그 관계의 층위가 다르며, 화자의 회상적인 서술태도에 관계하는 양태적 서법의 소성을 가진 형태다.

참고 문헌

南基心, "現代國語時制에 關한 問題", 「국어국문학」 55-57, 1972.

李崇寧, 「國語學研究」, 螢雪出版社, 1972.

張奭鎭, "Generative Study of Discourse", 「語學研究」 9.2, 1973.

崔鉉培, 「우리말본」, 정음사, 1955.

許 雄, 「中世國語研究」, 正音社, 1963.

———, 「우리 옛말본」, 샘문화사, 1975.

Lyons, John, *Introduction to Theoretical Linguistics*, Cambridge Univ. Press, 1968.

<李崇寧先生古稀紀念 國語國文學論叢, 1977>

終結形語尾의 統合的 關係
- {-다}·{-라}의 素性記述을 위하여 -

I

I-0. 中世國語의 이른바 敍述終結形 語尾 {-다}·{-라}의 형태론적 자질
에 대한 문제는 새삼 논난할 여지가 없다고 생각하는 것이 보통이다. 일부의 사
소한 異見이 없던 것도 아니나, 通說이 되어온 主旨는 이 두 형태소의 분별이
분포상의 제약조건에 따리 相補的 관계로 이루어신다는 측면에서 단순한 이형
태로 해석되었으며, 그렇기 때문에 형태론적으로는 전혀 同義的인 單一項의 것
으로 기술된다는 것이었다.

그러나, 이러한 論據에는 쉽사리 수긍하기 어려운 일면이 있다. 그것은 이와
같은 기술이 歸納되기까지에는 상당한 이유가 있어야 할 것이고, 그 중에서도
이들의 분포가 적정한 규칙성에 의해 선택 또는 배제하는 관계로 規制되는 것이
라야 함에도 불구하고, 과연 {-다}와 {-라}의 자리를 규정하는 一貫된 규칙성이
무엇인지는 아직도 석연치가 않다. 그렇다고 해서 이들을 대립하는 別個項의 형
태소로 가름할 수 있는 指標가 뚜렷이 드러나는 것도 아니다. 아무튼 이 단계에
서는 이들을 形態音素論的인 이형태로 기술하는 것이 최선책처럼 되어 있지만,
왜 음운론적으로 불규칙하고, 非自動的인 交替[1]를 하는지 그 이유가 무엇이며,
그것이 偶有的인 속성이 아니라 형태음소론상의 필연적인 體系性에 기인하는
것이라면 그 규칙에 대하여 명시적인 論證이 이루어졌다고 보기는 어렵다.

그러므로, 이러한 상황에서는 {-다}와 {-라}를 개별 형태소로 기술하든, 또는
同義的인 이형태로 기술하든, 그 어느 쪽도 주저할 수밖에 없는 입장이며, 여기
서 우선 전제되는 몇 가지 의문점을 해소시키는 일이 오히려 적정한 해답에 접
근하는 길이 될 것으로 믿는다. 결국 本稿의 귀결은 이들의 素性規定이 될 것

---

1) Hockett, Charles F., *A course in modern linguistics*, New York, 1960. p.281.

이고, 그것은 다음 兩項 중의 어느 하나를 확인하는 일이 될 것이다. 즉,

(1) 이 두 형태소는 職能上 동의적 관계에 있지만, 下位條件의 지배를 받아 變異하는 交替形이라는 것.

(2) 이 둘은 각각 고유한 소성을 가진 個別項의 형태소라는 것.

그러나, 이런 사실 못지않게 이 둘이 취하고 있는 分布體系가 문법적으로 어떤 有意性을 가지는 것인지의 여부가 중요한 의미를 가질 것으로 믿기 때문에 그것의 검토에 力點을 둘 것이다.

旣往에 행해진 검토의 대부분은 형태소 목록의 작성에 있어 이들의 처우문제에 시종했던 느낌이 짙으며, 다른 범주의 측면에서 관심을 끌 만한 대상이 되지 못했던 것이 사실이다. 그리하여 여기서 거둔 성과는 주로 다음과 같이 集約되는 것이다.

(1) '형태론적 이형태',2) 혹은 '형태적 변이형태'3)로 규정하여, 이 둘의 交替關係는 다만 先行形態素의 환경조건에 따를 뿐, 문법적으로는 同義性을 가진 단일항목의 형태소라는 주장.

(2) {-다}는 用言活用語尾, {-라}는 體言活用語尾라는 주장.4)

(3) 이 둘은 반드시 특정의 前接形態素를 요구하여 서로 배타적으로 분포하며, 그들과 不可分離의 관계를 취한다는 점을 중시하여 前接要素와 함께 통합적 직능으로 기술하여 대립항의 형태소로 하는 주장.5)

이상의 경향은 대체로 分布主義에 의한 형태분석에 따라 형태소 규정에 접근한 경우 [(1)과 (2)]를 비롯하여 이 방법만으로는 {-다}·{-라}의 실상을 다 드러낼 수 없는 점에 착안하여 이것들과 통합하는 관계에서 분리할 수 없는 요소까지를 {-다}와 {-라}의 선택영역으로 보아 종합적으로 관찰하려고 한 경우[(3)]로 나뉘는 셈이다.

그러나, 이것으로 만족할 수는 없다 하더라도 매우 단순하게 생각된 異形態

---

2) 李男德. '十五世紀 國語의 直說法 終結語尾變化에 對하여'(「梨大韓國文化院論叢」 11
   輯, 1968), p.16.
3) 許雄, 「우리옛말본」(1975), p.489.
4) 崔世和. '<아니>論攷'(「梁柱東博士華誕記念論文集」 1963.)
5) 安商俊, '十五世紀國語의 終結語尾 <-다/라>에 對한 硏究', 西江大 大學院 碩士論文
   1974.

說에 대하여 의문을 품게 된 것은 {-다}·{-라}의 문제가 그 자체는 물론이고, 이것들과 共起關係에 있는 환경적인 要因과 分離시켜 생각할 수 없다는 면에서 이 둘의 '異義性이 浮刻'될 기미가 엿보이기 때문이다.

Ⅰ-1. 형태소는 그것이 어떠한 連環의 조건에서 일정한 分布를 취할 수 있다는 가능성에 따라 다음과 같은 두 종류의 다른 관계를 갖는다.[6]

(1) 그 하나는 選擇的(paradigmatic) 관계다. 이것은 同一連環에 올 수 있는 모든 형태소 사이에서 빚는 관계를 이르며, 그들이 서로 대립항을 이루는 것이거나, 혹은 自由變異를 하는 이형태의 관계이거나를 막론하고, 그들 사이의 관계는 선택적인 것이 된다. 가령, 'X—$\left\{\begin{array}{c} a \\ b \\ c \end{array}\right\}$—Y'의 連環 속에 나타나는 'a, b, c'가 있다 할 때, 이들 상호간에는 선택적 관계가 성립할 것이며, 'X—a—Y'의 'a'는 'b', 'c'와의 이러한 관계에 의해서 명시될 수 있다.

(2) 다른 하나는 統合的(syntagmatic) 關係다. 어떤 형태소가 그것과 共起하여 連環的인 形態素列을 구성하는 다른 형태소와 맺는 관계가 곧 그것이다. 다시 말해서 이것은 형태소가 그것과 공기하여 하나의 有義的인 連鎖를 구성하게 될 때, 대등한 층위에 속하는 다른 형태소들과의 사이에 서로 容認할 수 있는 가능성의 관계다. 가령, 앞의 예처럼 'X—a—Y'의 구성을 想定할 때, 이 속의 'a'가 'X'나 'Y'를 용인하게 되는 데 관여하는 관계가 이것이다. 따라서 'X—$\left\{\begin{array}{c} a \\ b \\ c \end{array}\right\}$—Y'에서 'a'의 記述은 (ⅰ) 'b', 'c' 등과의 선택적 관계, (ⅱ) 'X', 'Y' 등과의 통합적 관계에 따라 객관적으로 명시할 수 있게 된다. 그리고 어떤 형태소든 그것을 포함하는 구성의 연환은 통합적 관계에 의해 밝혀지며, 그 연환의 범위는 그 형태소와 선택적 관계에 있는 形態素類의 범위와 같이 용인 가능성으로 해석되어질 것이다. 이제 이와 같은 기본원리에 따라서 {-다}, {-라}의 자질을 실험적으로 검토해 보고자 한다.

---

6) Lyons, John, *Introductions to theoretical linguistics*, Cambridge University press. 1968. p.73.

Ⅱ

Ⅱ-0. {-다}, {-라}는 定動詞語尾로서 문의 종결기능은 물론이고, 화자가 자신의 말에 대해 어떠한 태도를 표명하는, 즉 서법상의 지표가 된다는 것은 다 아는 바다. 그러므로, 이러한 직능을 가지는 어미는 이들만에 한하는 것은 아니며, 특히 그 가운데는 同形異義 관계에 있는 두 가지의 {-라}가 있다. 하나는 이른바 서술형의 종결어미 {-라₁},[7] 그리고 또 하나는 명령형의 종결어미 {-라₂}가 그것이다. 여기서 문제의 제기를 위해 우선 이 둘 사이의 대립조건을 살피기로 한다.

이 두 어미는 각기 다른 素性을 가지는 이상, 엄연한 선택관계에 있는 것이 원칙이지만, 그들의 實現形이 음성적으로 동일하게 표현되기 때문에 같은 連環에서는 서로 대립의 徵表가 될 수 있는 有標性이 나타나지 않는다. 따라서 {-라₁}과 {-라₂}는 같은 連環에서 선택적 관계로 나타날 수는 없으며, 각기 다른 連環構成에서 이것들에 선행하는 요소와의 통합적 관계가 이들 대립의 유효한 示差性이 될 것이고, 결국 그것을 徵表로 하는 선택적인 관계에 따라 고유한 소성이 부여된다고 하겠다.

Ⅱ-1. [一] {-라₁}의 統合的 關係
(1) [—오/우—라]
　　a) 右手左手로 天地 ᄀᄅ치샤 ᄒ오ᅀᅡ 내 尊호라 ᄒ시니 <月釋. 二, 34>
　　　　太子ㅣ 듣고 닐오디……내 난 後로 嗔心ᄒ 적 업소라 <月釋. 卄一, 216>
　　b) 菩提彼岸애 ᄲᆞ리 가고져 願ᄒ노라[8] <月釋. 序, 26>
　　c) 太子ㅣ 닐오디 내 롱담ᄒ다라[9] <釋詳. 六, 24>

---

7) 아직은 {-라}의 素性이 확실하게 밝혀져 그로 인한 용어가 붙여질 단계가 아니므로, 종래의 일반적인 것을 쓴다. 그리고, 편의상 敍述形語尾를 {-라₁}로, 命令形語尾를 {-라₂}로 구별하여 쓴다.

8) 이 어절의 형태소 분석을 '願ᄒ-ᄂ-오/우-라'로 하는 전제에서, 이 유형은 (1). a){-라₁}과 連環條件이 같다. 당시의 「-노라」形은 전적으로 이에 準하는 것이 된다.

9) 이 '-다라'도 '-더-오/우-라'를 內的 構造로 하는 變異形인 이상, {-라₁}의 實現은 {-오/우-}를 직접 先行시키는 조건에 緣由한다. 한결음 더 나아가, {-오/우-}와 {라₁}의 관계와 더불어 (-오/우 -}에 先行하는 형태소와 {-라₁}의 관계도 제기되는 문제다. 이에 대하여는 뒤에서 詳考할 것이지만 (1), b)의 경우의 {-ᄂ-}는 {-라₁}을 拒否하는 관계에 있으며, 이

(2) [-리-라]

　　ᄒ다가 보미 이 物인댄 네 ᄯ 어루 내 보물 <u>보리라</u>10) <楞嚴. 二, 35>

　　네 부텨를 가 보ᄉᆞᄫᅥ면 됴ᄒᆫ 이리 그지 <u>업스리라</u> <釋詳. 六, 20>

(3) [-니-라]

　　了義ᄂᆞᆫ 決斷ᄒ야 ᄉᄆᆞ촌 ᄠᅳ디니 大乘敎를 <u>니르니라</u> <月釋. 序, 15>

　　그러나 眚보ᄂᆞ닌 ᄆᆞ촘매 보미 허므리 <u>업스니라</u>(然이나 見眚者ᄂᆞᆫ 終無見咎ᄒ니

　　　라) <楞嚴. 二, 88>

(4) [-더/러-라]

　　八部大衆이 목노하 <u>우더라</u> <釋詳. 廿三, 31>

　　夫人이 머리를 ᄆᆞᆫ지시면 病이 다 <u>됴터라</u> <月釋. 二, 30>

　　그 數ㅣ 몯내 <u>헤리러라</u> <月釋. 八, 90>

(5) [-과/와-라]

　　다 ᄀᆞ장 歡喜ᄒ야 녜 업던 이를 <u>得과라</u> ᄒ야 <月釋. 十八, 7>

　　내 그제긔도 즌 ᄒᆞᆰ 中에 難陁를 ᄲᅢ혀내오 이제 와 ᄯ 生死受苦애 <u>ᄲᅢ혀내와라</u>

　　　<月釋. 七, 19>

(6) [-소-라]

　　우리도 이 偈를 좃ᄌᆞᄫᅡ <u>외오노소라</u> <杜初. 八, 43>

(7) [-애/에-라]

　　먼 ᄀᆞᅀᅢ 窮ᄒᆫ 시르미 <u>훤ᄒ애라</u> <杜初. 廿三, 16>

　　셴 머리예 비치 <u>업세라</u> <杜初. 八, 70>

(8) [-로-라]

　　나ᄂᆞᆫ 술醉ᄒ야 ᄠᅥᆺᄂᆞᆫ 말와ᄆᆞᆯ 조차 <u>ᄃᆞ니로라</u>11) <杜初. 八, 13>

　　와는 달리 (1), c)의 경우의 {-더}는 {-라}와 통합적 관계를 가진다.

10) {-리-}가 종결할 때의 통합적 관계는 '-리-라'의 單一形으로 실현되며, {-리-}의 선행형
　　태소가 {-라}을 선택하는 데 직접으로 관여하지는 않는 듯하다. 그러므로 '-리라'形은 {-
　　리-}가 그 앞에 容認할 수 있는 영역의 범주들과 통합적 관계를 가지게 되지만 여기서는
　　「어간+리라」形의 것만을 例示하는데 그쳤다.

11) '-로라'形은 매우 드물에 보이는 용례이며, 일반적으로는 {-도/로-}를 선행요소로 취할 때
　　의 종결은 {-다}로 받는 '-도/로다'형이 보통이다.

　　　　初와 中과 後ᄂᆞᆫ 善으로 펴시도다(初中後ᄂᆞᆫ 善場이로다) <六壇. 中, 71>

　　　　부텨옷 보ᄉᆞᄫᅥ면 당다이 得道를 ᅘᆞᆯ리 ᄒ리니 사름 브려 닐어ᅀᅡ ᄒ리로다.

　　　　<釋詳. 六, 40>

너비 욕안의 어린 무룔 제도코라 쳔만 <u>보리로라</u> <野雲. 81>

(9) [-이-라]

   a) 良醫는 어딘 <u>醫員이라</u>12) <月釋. 十七, 15>

     初發聲은 처엄 펴아 나는 <u>소리라</u> <訓諺>

   b) 업슨 돗호디 업디 아니 호미 스촘 아뇨미 <u>아니라</u>13) <月釋. 一, 36>

     글위리 經이 아니며 經이 부톄 <u>아니라</u> <月釋. 序, 21>

Ⅱ-2. [二] {-라₂}의 統合的 關係

(10) a) [-라]

     첫소리롤 어울워 뿛디면 굴바 <u>쓰라</u> <訓諺>

     그듸 이 굼긧 개야미 <u>보라</u> <釋詳. 六, 36>

     王이 藍毗尼園을 <u>꾸미라</u> 호시니 <月釋. 二, 2>

이로써 '-도다'와 '-로다'는 變異形態의 관계에 있는 交替形이 확실하지만 '-로다'와 '-로라'의 관계는 그렇지 못하다. 이 둘 사이의 관계는 음운 또는 형태론의 어느 쪽으로도 그들이 교체되는 이유를 만족시킬 수 있는 조건이 없기 때문이다. 그러므로 이 두 連結形 속에 있는 {-로-}는 각각 다른 素性으로 기술해야 마땅하며, '-로라'의 통합은 일단 위에 예시한 (1), a)에 準하는 것으로 想定한다. 그러나, 다음 (9)의 下位類型으로 해석되는 '이로라'는 비교적 빈도가 크며, 그것들의 경우도 역시 '-로라'에 準하여 기술된다.

     五百弟子ㅣ 各各 第一<u>이로라</u> 일쿨ᄂ니 <月釋. 卄一, 199>

     善宿ᄃ려 니르샤디 네 ᄠ디 어린 사ᄅ미 엇뎨 네 釋子ㅣ<u>로라</u> ᄒᄂ다
     <月釋. 九, 36>

12) 이것은 체언이 활용할 수 있도록 統辭能力을 부여하는 어간형성의 접미사 {-이-}와 통합할 때의 {-라}이다. 그렇기 때문에 '-이-{ }-라'의 連環도 想定되며, 그때에는 위의 통합적 관계 [(1)~(7)]에 따름은 물론이다.

     그 도즈기 菩薩ㅅ前世生ㅅ 怨讎ㅣ<u>러라</u> <月釋. 一, 6>

     목수미 몬 훓 劫<u>이리라</u> <月釋. 卄一, 59>

뒤에서 詳考할 일이지만, 이 {-이-}는 後行하는 /ㄷ/音을 /ㄹ/音化 시키는 현상을 일으키는 점에 留意하지 않을 수 없다. 그렇게 볼 때 [-이라]는 [-이다]와 음운론적인 異形態의 관계에 있다고 하는 것이 옳을 것이고, 따라서 本項의 [-이라]과는 異義의 것이 되므로 제외될 성질의 것이다.

13) 「아니라」의 내적 구조는 '아니-이-라'로 기술된다. 즉 '아니'는 명사의 자질을 가지며, 그러므로 이것의 활용은 앞의 a)에 준한다.

     다 王ᄋᆡ 나몬 功 <u>아니가</u>(俱王之餘勳가) <法華. 序, 17>

     生이며 生<u>아니롤</u> 굴히ᄂ니<法華. 五, 30>

     숟가락과 숟가락 <u>아니와애</u> 나게 ᄒ리라 <楞嚴. 二, 61>

　　b) [-습-라]

　　　네 念佛을 몯ᄒ거든 無量壽佛을 <u>일코즈ᄫ라</u>14) <月釋. 八, 75>

　　　諸佛이 心想으로셔 나ᄂ니 그럴씨 ᄒ 모ᅀᆞ모로 뎌 부텨를 ᄉ외 <u>보ᅀᆞᄫ라</u>

　　　<月釋. 八, 22>

(11)15) a) [-아/어-라]

　　　네 바리롤 어듸 가 어든다 도로 다가 <u>두어라</u> <月釋. 七, 8>

　　　彌勒아 <u>아라라</u> 妙光菩薩온 다룬 사ᄅ미리여 내 모미 긔오 <釋詳. 十三, 36>

　　b) [-가/거-라]

　　　곧 절ᄒ니 이ᄂ 恩을 <u>알아라</u> ᄒ니야 恩을 <u>갑가라</u> ᄒ니야 <蒙法. 31>

　　　네 어마니미 …… 이제 ᄯᅩ 너를 여희오 더욱 우니ᄂ니 어셔 도라 <u>니거라</u>

　　　<月釋. 八, 101>

　c) [-니-라]

　　　내 니마해 불른 香이 몯 몰랫거든 도로 <u>오나라</u> <月釋. 七, 7>

(12) [-ᄉ-라]

　　내…즉자히 道果롤 得ᄒ야 三明과 六通과 八解脫이 ᄀ조니 너희둘히 <u>아라ᄉ라</u>16)

<月釋. 十, 26>

　　나 涅槃ᄒ 後에 너희둘히 三界예 이셔 날 이롤 修行ᄒ야 ᄂ외야 무슴 게을이 먹

---

14) 이 유형은 명령형의 종결과 경어법과 어떻게 통합하는가를 단적으로 나타낸다. 명령은 命
　令者와 受令者의 관계가 기저에 마련되어 수행적인 특징으로 이루어진다. 그러므로 화
　자는 命令者이지만 문중의 주어나 행위자가 되는 것은 命令者가 아니라 受令者다. 그리
　고 그것은 원칙적으로 上位者가 下位者에게 하는 요구이기 때문에 그 待遇關係는 자연
　히 '謙讓法'만이 있을 뿐이다. 이러한 경어법상의 논리로 보아 이 통합적 관계는 합리성
　을 가지며, 그 效能은 a)[-라]의 것과 같다.

15) (11) a), b), c)에서 {-라₂}에서 先行한 {-아/어·가/거·나}는 形態音素論에 따르는 이
　형태로 기술되며, 따라서 이들은 同義的으로 (10)의 것과 대립한다. 국어는 話法에 엄격
　하게 문법화되어 있는 말은 아니지만 命令文은 그 수행의 특질상 話法의 구분이 어느
　정도는 불가피했다고 여겨진다. 따라서 (10)과 (11)의 對立은 話法의 대립이며, 결국 '間
　接話法 對 直接話法'이 '無徵表 對 有徵表[-아/어·가/거·나-]'로 나타난 것이다.

16) 이것은 (11) a) [-아/어-라]로부터 [-아/어-{ᄉ}-라]를 파생시킨 連結形이며, 그러므로
　前者와의 대립은 {-ᄉ-}를 징표로 하여 이루어진다. 그런데 아직도 이 {ᄉ}의 素性에 대
　하여는 명확한 규정이 내려져 있지 않다. 이 {ᄉ}는 비단 명령형에만 관여하는 것이 아니
　라 쓰이는 빈도는 적다 하더라도 敍法上의 제약을 받는 요소는 아니므로, 이것이 개재된
　모든 용례를 보다 정밀하게 검토해야 할 일이나, 우선 여기서 想定되는 소성의 일면에는
　受令者가 「二人稱 複數(너희둘)」일 때 이것과 共起관계에 있는 통사성이 탐지된다.

디 <u>마라스라</u> <釋詳. 卄三, 12>

(13) [-고/오-라]

　佛子ㅣ 이제 對答호야 疑心을 決호야 기쓰기 <u>호고라</u>[17) <釋詳. 十三, 25>

　付囑온 말씀 브텨 아무례 <u>호고라</u> 請홀 씨라 <釋詳. 六, 46>

　世尊이 니르샤더 됴타 文殊師利여 네 大悲로 <u>니르고라</u> 請호느니 子細히 드러 이
대 스랑호라 <月釋. 九, 8-9>

Ⅱ-3. 이상 {-라₁}와 {-라₂}가 비록 음성적인 표현은 같지마는 서로가 同義的
관계에 있지 않고, 각각 지시하는 문법적 素性이 달라 선택적 관계로 나타나는
個別項의 형태소라는 사실을 알리는 요인이 무엇인지를 알아보기 위하여 {-라₁},
{-라₂}와 통합하는 共起的 連環의 제약성을 유도하려는 의도에서 우선 자료를
예시했다.

그 결과 {-라₁}과 {-라₂}는 결코 같은 통합적 관계에서는 실현하지 않는 엄격
한 규제를 받고 있다는 사실을 알게 되었다. 위에 예시한 各項을 간추리면 다음
과 같다.

$$
[-]\left|\begin{array}{c}語\ 幹\ 部\end{array}\right|\ \begin{array}{c|c}語\ \ 尾\ \ 部\\\hline 先\ 語\ 末 & 語\ \ 末\end{array}\left|\right.
$$

$$
\left.\begin{array}{l}1)\ 用\ \ \ 言\\[1em]2)\ 體言語基+이\end{array}\right\}-\left\{\begin{array}{c}\phi\\x\end{array}\right\}-{}^{18)}\left\{\begin{array}{c}오/우\\리\\니\\더/러\\애/에\\로\end{array}\right\}-라_1
$$

$$
\overline{\qquad\qquad\qquad}-\phi
$$

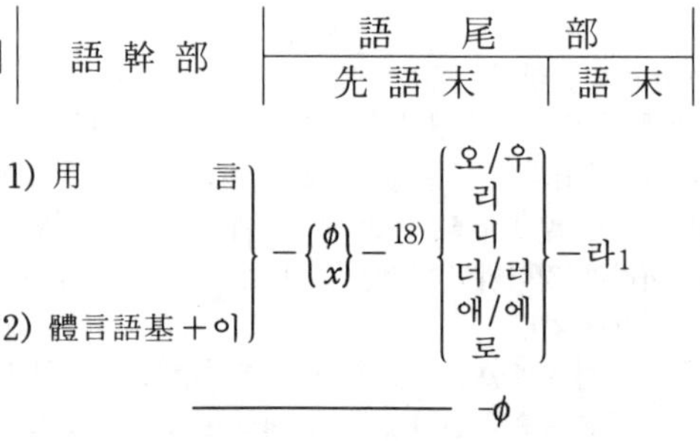

17) 이 용례도 매우 드물게 나타나며, (10) a) [-라]와 [-고/오-]를 징표로 하여 대립하는 관
　　계를 이루고 前項이 嚴命, 즉 일방적으로 강제되는 요구라면, 後項은 강요성이 없어진
　　請願으로서 命令性의 약화를 드러낸다.

18) 共起的인 義務條件으로 어떠한 범주의 형태소를 반드시 수반하지 않아도 될 경우 [ϕ]와
　　필요에 따라 특정의 형태소와 共起하거나 임의로 개재시킬 경우 [χ]를 포괄하여 나타내
　　고자 한 것이다. 이때 χ는 하나의 형태소일 수도 있으나 그 이상의 異義的인 형태소군
　　으로 이루어진 것일 수도 있다.

[二] | 語 幹 部 | 語 尾 部 |

$$動\ 詞- \begin{Bmatrix} \phi\ [\text{습}] \\ 아/어(가/거·나) \\ 아/어[스] \end{Bmatrix} -라_2$$

{-라₁}이 실현되는 連環과 {-라₂}가 실현되는 連環이 이처럼 다르다는 것은, 이들의 소성을 기술하는 데 매우 중요한 의미가 있다. 그것은 {-라₁}과 {-라₂}가 일반적인 원리대로 '一形一意'의 對應關係에 있는 것이라면 굳이 문제삼을 이유도 없는 것이나, 이들은 '一形二意'[19]로써 對立關係를 이루고 있기 때문에, 그 대립의 징표가 '一形'속에 標識되어야 할 것이로되 그럴 수 없는 데 문제가 있다. 따라서 {-라}가 示顯하는 '二意'性은 {-라} 사제만을 뗀 상태로는 어떠한 논리로도 완전한 설명을 하기 어렵다. 결국 이들은 각각 엄격한 통제를 받고 있는 連環속에서 통합적 관계를 구성하고 있는 특성에 의해 소성의 변별이 이루어질 수밖에 없는 것이다. 그러므로 위의 對比分析表 [一]{-라₁}과 [二]{-라₂}의 判讀은 懸案의 문제를 해결하는 데 매우 유익하리라 믿는다.

Ⅱ-4. (1) {-라}와 통합할 수 있는 語幹部의 單語範疇에는 다음과 같은 제약이 있다.

1) {-라₁}의 어간부를 이루는 단어범주는 활용의 蓋然性이 있는 單語群, 즉 동사·형용사·「체언어간+이」의 것들이라야 한다.

2) 이와는 對照的으로 {-라₂}의 어간부를 이루는 단어범주는 오직 동사에 한하는 제약을 받는다. 그러나 이 조건만으로는 {-라₁}과 {-라₂}가 다르다는 동기를 설명하기에 충분치 않다. 왜냐하면, 이 조건은 1)의 경우도 역시 部分共通으로 가능하기 때문이다. 하지만 이러한 제약이 {-라}와 통합하는 마당에서 아무 반응도 일으키지 않는 것은 아니다. 이것이 {-라₁}과 {-라₂}의 기능적인 특질과 語彙論的인 범주간에 有意性을 생성시키는 통합상의 제약임에는 틀림없다.

---

19) {-라}은 음성적인 表現形일 뿐 그 基底形은 {-다}라고 해석하는 견해에 따르면, 물론 이들도 '一形一意'의 관계에 있는 것이 된다. 아직은 이러한 견해를 전적으로 수긍할 단계까지 논리가 진전되어 있지 못하므로 速斷을 삼간다.

(2) {-라}를 {-라₁}과 {-라₂}로 갈라 놓는 직접적인 지표는 역시 어미부, 그 가운데서도 선어말어미와의 통합적 관계다.

1) 기본적으로 보아 {-라₁}은 특정의 선어말어미류와 통합적 관계에서만 일어나며, 이에 반하여 {-라₂}는 어떠한 선어말어미류와도 共起하지 않는 특성을 가진다. 다만 그것은 어간부에 이밖의 어떤 樣態要素도 개입을 불허하며, 그 의미 범주에 직접 접미하는 것만으로 본연의 素性을 顯現시킨다.

2) {-라₁}이 義務的으로 특정의 선어말어미와 共起하여 통합적 관계를 이루는 문제는 다음 項에서 살필 {-다}의 문제에 관련하는 일이기 때문에 細部의 判讀은 뒤로 미루려니와, 이러한 통합적 관계의 有無만으로도 {-라₂}와 대립하여 有義的인 示差性을 가지기에는 충분한 조건이 될 수 있다. 단 체언이 활용할 경우는 일부 예외적으로 어간부 [體言語基+이]와 직접 관계하기도 하나, 이것은 앞에서 [(1)의 2)] 이미 지적한 것처럼 {-라₂}가 동사어간에만 통합하는 上位原則이 여기에 적용됨에 따라 둘 사이의 異義性은 확실해지고 결코 모호하거나 혼미할 이유가 없게 된다.

3) {-라₂}는 동작의 意味特質 말고는 어떠한 樣態的인 제약도 받지 않는 것이 그것 특유의 통합적인 관계다. 이것이 「語幹+라₂」의 서술어구가 다른 서법, 즉 명령이나 지시 이외의 敍述態度와 구분되는 지표의 하나임에는 틀림없다. 한편 命令은 일반적으로 듣는 이를 향해서 내려지는 특수한 陳述方法이기 때문에 '語幹+-라₂' 자체의 내부적 통합의 특징뿐만이 아니라, '話者-聽者'의 설정과 그 行動主인 二人稱語와의 통합이 중심적인 장치가 되는 사실도 留意할 일이다.

명령의 서술어구의 구성이 이와같이 유독 '語幹+라₂'로 여타의 여러 가지 문법범주에 대하여 어떠한 屈折도 하지 않는 것은 비단 국어에만 있는 사실이 아님은 물론이며,20) 일반적으로 發話行爲의 발생적인 측면에서 진술하는 것보다 명령이나 지시를 하는 편이 언어의 보다 기본적인 기능이었을 것이라는 증거로 지적되기도 하는 특징이다.

---

20) 人稱, 數, 時制, 敍法 등으로 동사의 屈折變化를 행하는 印歐諸語를 비롯한 많은 언어에 있어 二人稱 單數 命令文에서의 동사의 形이 이들의 모든 범주에 대하여 屈折變化를 하지 않는다. 즉 語幹과 같은 形을 취하는 것으로 오래 전서부터 주목해 온 사실이다.

4) 위의 分析表에는 {-라₂}가 일부 先行形態素를 취하여 屈折하고 있는 듯이 보여 3)의 내용과 상충하는 것 같기도 하다. 그러나, 다음과 같은 해석이 適格한 것이라면, 그것은 3)의 성립을 저해하는 조건이 되지도 않거니와 오히려 보완관계에서 파생된 발달형으로 이해되기까지 한다.

Ⅱ-5. 1) 이 문은 隨行的 構造로 이루어지며, 거기에는 對人關係가 필수적으로 따른다. 그 관계는「上位者→下位者」로 隨行되고 그 행동주는 '下位者'가 된다. 국어가 어떤 對人關係를 문법화할 때 경어법의 규칙이 따르는 일은 결코 이례적인 것이 아니다. 그러므로 그 규칙에 따라 '下位者'의 동작을 표현하게 되는 서술어구에 존대의 대우표시는 할 수 없으나, 그러나 동작이 대상을 수반하고 그 짓이 주제와 내비하여 상대적으로 上位에 있을 때는 敍述語句 내에 '謙讓'의 대우표시(-습-)를 하게 되는 것이 원칙이다. 그렇기 때문에 '-습-라₂'는 {-라₂}의 통합하는 원칙에 저촉하지 않음은 물론, {-라₁}이 '-습-라₁'로 통합하는 일은 없으므로 {-라₂}와는 峻別된다. 결국, {-라₂}의 소성에 관련하는 측면으로 볼 때 '-라₂'와 '-습-라₂'는 같아진다.

2) 다음 '-아/어(가/거·나)-라₂'의 {-아/어(가/거·나)-}를 形態音素論의 조건에 따라 교체하는 이형태로 보는 데는 별로 異見이 없는 듯하나, 이것을 다른 先語末語尾類와 함께 일반적인 유형의 것으로 분석해도 좋을 것인지는 의문이다. {-라₂}가 分立하여 단위를 이루는 자질이 충분히 있으니, {-아/어(가/거·나)-}를 따로 떼어서 별개의 단위로 보는 것도 당연할 것 같으나, 현실적으로 이것과 통합하는 관계에 있는 어미는 {-라₂}뿐으로, 이들은 유일하게 통합하는 관계니만치, 굳이 이 둘을 따로 갈라 單位項을 삼는다는 것은 지나치게 原子論的으로 분석하여 오히려 그 本性을 해치게 할 우려가 없지 않다. 이런 입장에서 '-아/어(가/거·나)라₂'는 '-라₂'와 직접으로 대립하는 單一項으로 보는 편이 직능적으로는 합당한 듯싶다.

국어는 話法意識이 별로 발달한 말이 아니다. 그러나 명령이나 지시의 構造的인 특질이 話法에 대한 對立意識을 문법화하게 하였고, 그것이 바로 '아/어(가/거·나)라₂' 對 '-라₂'로서 '直接話法의 命令' 對 '間接話法의 命令'으로 나타난 것이다. 그러나 아무리 그럴지라도 이 대립항의 기본 구성은 역시 '語幹+라₂'의 통합적 관계 위에 있는 것이며, 다만 그것의 下位範疇의 분화를 나타내는 방편에 불과하다.

3) '-아/어 스-라₂'의 해석도 2)에 대비될 만하다. 즉, 이것도 '-아/어 스라₂' 對 '-아/어 라₂', 다시 '아/어 라₂'는 '-라₂'와 대립하는 관계에 있다. 그렇기 때문에 이것도 역시 '語幹+라₂'의 基盤에는 아무 영향을 줄 수 없다.

Ⅱ-6. 이상 {-라₁}과 {-라₂}가 통합적인 관계에서 매우 특이한 성질을 가지는 사실을 확인하였으며, 이로써 {-라₂}의 자질과 소성이 뚜렷하게 부각하였다고 생각한다.

그 요점을 집약하면, {-라₂}는 명령의 수행적인 文構造上의 특징과 함께 「動詞語幹+라₂」의 통합적 관계를 취함으로써 명령이나 지시의 素性을 示顯하는 서술어구의 종결어미라 기술된다.

이에 반하여, {-라₁}은 {-라₂}와 완전히 다른 통합적 관계를 취하고 있는 점에서 辨別의 指標가 되었으며, 그 가운데서도 가장 기본적이면서 결정적으로 異義性에 작용하는 것은 절대로 '語幹+라₁' 形을 용인하지 않는 제약이다. 그러나, 아직도 {-라₁}의 소성은 분명하게 이끌어 내진 상태가 아니며, 위에서도 언급했듯이 다시 {-다}와의 對比를 거치지 않고서는 {-라₁}을 기술할 수는 없는 상황이다.

Ⅱ-7. [三] {-다}의 統合的 關係

(14) [-다]

이 뼈 아돌돌히 아비 <u>죽다</u> 듣고 ᄆᅀᆞ매 ᄀᆞ장 셜버 너교ᄃᆡ <月釋. 十七, 21>

阿那律이 닐오ᄃᆡ 닐굽히 너무 <u>오라다</u> 사ᄅᆞ미 목수미 無常ᄒᆞᆫ 거시라 <月釋. 七, 2>

(15) [-시-다]

王이 돌해 刻ᄒᆡ샤 南郊애 무더 두라 <u>ᄒᆞ시다</u> <月釋. 二, 49>

나조히 鬼神爲ᄒᆞ야 說法ᄒᆞ시고 바ᄆᆡ도 세 쁠 <u>說法ᄒᆞ더시다</u> <月釋. 二, 27>

부톗 道理로 衆生濟渡ᄒᆞ시ᄂᆞᆫ 사ᄅᆞ몰 菩薩<u>이시다</u> ᄒᆞᄂᆞ리라 <月釋. 一, 5>

(16) [-이-다]

나는 齋米롤 어드라 온디 아니라 大王올 보ᅀᆞᄫᅡ라 <u>오이다</u> <月釋. 八, 92>

나라히 ᄂᆞ미그에 <u>가리이다</u> <月釋. 二, 6>

올ᄒᆞ시이다 世尊하 <釋詳. 十三, 47>

이 ᄯᅡ히 竹林國이라 혼 나라<u>히이다</u> <月釋. 八, 94>

(17) [-ᄂᆞ-다]

그 ᄢᅴ 釋迦牟尼佛이 文殊師利ᄃᆞ려 니ᄅᆞ샤ᄃᆡ 妙音菩薩摩訶薩이……法華經듣고

져 ᄒᆞ<u>ᄂᆞ다</u> <月釋. 十八, 74-75>

止ᄂᆞᆫ <u>마ᄂᆞ다</u> ᄒᆞᄂᆞᆫ ᄠᅳ디라 <釋詳. 序, 3>

(18) [-아/어[21])-다]

諸釋ᄃᆞᆯ히… 닐오ᄃᆡ 王ㅅ中엣 尊ᄒᆞ신 王이 업스시니 나라히 威神을 <u>일허다</u> ᄒᆞ고

<月釋. 十, 9>

고티기 <u>ᄆᆞ차다</u>(醫了) <朴初. 上, 43>

바미 ᄒᆞ마 <u>坐이어다</u> <釋詳. 卄三, 13>

(19) [-거-다]

ᄒᆞ다가 ᄒᆞᆫ 터럭 귿매나 이시면 門外예 <u>잇거다</u> <蒙法. 12>

安樂國이ᄂᆞᆫ 아비롤 보라 가니 어미 몯 보아 시름 <u>깊거다</u> <月釋. 八, 87>

(20) [-도/로-다]

그듸 가 들 ᄶᅵ비 볼쎠 <u>이도다</u> <釋詳. 六, 35>

末世옛 첫 機 能히 다 알리 <u>드므도다</u> <楞嚴. 一, 3>

믈읫 ᄒᆞ마 주그니도 오히려 누니 이실쎄 반ᄃᆞ기 다 物을 <u>보리로다</u>[22) <楞嚴. 一, 66>

(21) [-닷/랏-다]

---

21) 이 {-아/어-}는 형태론적으로 약간의 문제가 있는 어미다. 素性이나 語源形이 다르다고 보이는 別系의 {-가/거-}가 있어서, 이것이 일정한 음성적인 환경 아래서 이른바 'ㄱ'默音化에 의해 {-아/어-}로 變異되는 일이 있으니 이 때문에 {-아/어-}는 同音異義的인 模糊性을 가지게 된 것이다. 이에 대한 詳考는 별도의 검토가 있어야 할 것이며, 그런 이유에서 분류를 (18), (19)의 別項으로 하였다.

셜볼쎠 世界 뷔<u>어다</u> <釋詳. 卄三, 18> : 셜볼쎠 世間애 慧日이 업스샤 올워ᅀᆞᄫᅳ리 업<u>거</u>시다 <釋詳. 卄三, 19>

22) {-도/로-}의 異形態說은 무난한 것으로 생각되나, {-로-}를 반드시 一義的인 것으로만 보기는 어려울 듯하다. '-로-라'의 統合形이 있는 것도 이런 배경을 말한다고 생각되며 이에 대하여는 앞의 註 11)을 참조. 五百弟子ㅣ 各各 第一이로라 일ᄏᆞᄂᆞ니 <月釋. 卄一, 199>

허므리 實로 내게 잇닷다(咎實在我ㅣ닷다) <法華. 二, 6>

이상의 여러 용례를 통하여 {-다}가 실현되는 형태론적인 連環을 가리어 정리하면 다음과 같다.

〔三〕 語幹部 | 語尾部 (先語末 | 語末)

用言語幹 / 體言語基＋이 — {φ / x} — {φ, 시, 이, ᄂ, 아/어, 거, 도/로, 닷/랏} — 다

Ⅱ-8. 이것은 몇 가지 점에서 앞의 分析表 〔一〕, 〔二〕가 지시했던 {-라₁}과 {-라₂}의 통합적 관계와는 다르며, 특히 {-라₁}과 대비되며, 그러므로 {-다}와 {-라₁}의 특성을 誘導하기 위해서 이 둘 사이의 차이점을 검토하는 것은 충분히 그 이유가 있다고 하겠다.

(1) {-다}의 통합적 관계를 이룰 수 있는 語幹部의 단어범주는 〔一〕 {-라₁}의 경우와 완전히 일치한다. 그러므로 이 部位의 통합하는 관계가 {-다}와 {-라₁}을 대립시키지는 못하며, 이런 점에서는 다만 同義的 관계를 이룰 뿐, 이들의 선택적 조건이 어간부의 특질에 起因하지는 않는다. 그러나, 다음과 같은 이 語尾部 안에서 이들의 連環構成에 작용하는 제약 등은 이 둘의 관계를 대립하는 것이 되게 하여, 그 異義性을 드러내는 유효한 지표가 되기에 족하리라 생각한다.

(2) {-다}는 用言語幹에 직접 통합한다. 단, ‘體言語基＋이’와는 직접 통합할 수 없고, 이것이 先語末語尾를 취할 경우, 제한된 특정의 것을 先行시키는 조건하에서만 통합한다. 이런 관계는 앞에서 지적된 {-라₁}의 경우와 서로 交替되는 통합적 관계가 된다. 그러나 ‘用言語幹＋다’를 敍述語句로 하는 것이 發話속에 실현될 때의 용례는 일반적으로 引用補文構成에 나타나는 것이 특색이다.

이 점은 역시 {-다}의 素性記述의 면에서 주목할 일이 될 것이다.

(3) 語尾部에서 {-다}와 통합하는 형태요소는 결국{-시·이·ᄂ·아/어·거·도/로·닷/랏-}들이다. 물론, 語節構成에서 이것들과 같은 分布關係에 올 수 있는 {-오/우·리·니 더/러·과/와·애/에·로-}들과는 통합되지 않는다. 그렇기 때문에 {-다}와 {-라}은 형태론적으로 통합하는 層位에서 서로 排他的인 관계가 나타난다.

그러나, 여기서 유념해야 할 중심적인 문제는 이들의 통합적 관계가 단지 표면의 형태에서 연유된 容認性이 아닐 것이라는 점이다. 어떠한 형태소든 그 소성의 有義性이 있고, 그렇기 때문에 형태의 통합이 곧 그 意味의 통합이 될 것이므로, 그것은 필연적으로 같은 사실이 된다 하여 소홀히 여길지 모른다. 그러나 내부적인 의미구성에 있어 같은 층위에 속하는 두 요소의 관세가 특성의 의미범주에 따라 선택되는 관계라면, 이럴 때 이 두 요소를 同義的인 것으로 기술하는 것이 적정할지는 再考해 볼 일이다.

4) [一] {-라}의 경우도 그랬듯이 {-다}를 결정하는 힘은 그것의 바로 앞에 오는 {-시·이·ᄂ·아/어·거·도/로·닷/랏-}에게 있다. 이 部位에서 표시되는 기능범주는 이밖의 것도 있고, 이들이 둘 이상 겹쳐질 수도 있어서 그 자리가 꼭 하나만은 아니지만(위 分析表에서 $\left\{ \begin{matrix} \phi \\ x \end{matrix} \right\}$로 표시한 部位), 그러나 {-다}는 위의 원칙에 따라 선택된다.

Ⅲ

Ⅲ-0. {-다}, {-라}의 문법적인 의미를 定義하기에 앞서 우선 이들을 「二形一意」의 同意的인 것으로 해석했던 종래의 견해에 회의를 가지고, 그 내면에 작용하고 있는 '二形'의 동기적인 이유를 찾는 데 관심을 보여 왔다. 그리하여 {-다}, {-라}의 통합적 관계에 초점을 두고 그들의 환경을 조사하게 된 것은, 바로 이 '二形'의 實相을 파악하는 데 그것이 가장 객관적인 지표가 될 수 있다고 믿기 때문이었다. 이와 같은 조사과정에서 이 둘 사이에 서로 저촉되는 部位의 문

제는 단편적으로나마 앞에서 그때마다 언급이 되었으나, 그 사실들이 집약되는 歸結點은 정리되지 않았기 때문에 이제 그것을 총괄하여 이들이 통합하는 관계에서 주로 對照的인 관계로 나타난 측면을 간추려 보고자 한다. 그것은 곧 分析表 [一]과 [三]을 대비하면서 서로 같거나 다른 점을 要覽하는 것이 될 것이다.

Ⅲ-1. (1) 用言語幹의 종결기능을 가진 어미는 {-다}이며, 用言化한 體言('體言語基+이')의 경우는 {-라₁}이 이를 맡는다. 그리고, 用言語幹이 {-라}로 종결하면, 그것은 {-라₁}이 아니라, 반드시 {-라₂}라야 하고, {-라₂}가 {-라₁}과 敍法上 대립함은 물론이다.

이와같은 통합적 관계만도 三者間의 대립지표는 될 수 있으며, 특히 {-라₂}의 素性記述은 효과적으로 할 수 있으나, {-다}, {-라}의 기술에는 미흡하다.

(2) 용언, 체언을 막론하고 그것에 先語末語尾類가 개재할 경우, 그것을 종결하는 기능은 {-다}와 {-라}이 분담하며, 그 결정은 선택적 관계에 따라 이루어진다. 그리고 이 선택조건은 종결하는 어미의 바로 앞에 연결하는 어미류와의 통합적 관계가 된다. 결국 이런 통합성에 기준하여 선어말어미를 분류하면, ① {-다}와 통합하는 語尾群: ② {-라}과 통합하는 語尾群으로 양분되고, 같은 어미군에 속하는 어미들은 적어도 양자중 택일할 때 기준이 되는 공통의 특질을 內在시킨 것으로 想定된다.

(3) 先語末語尾는 語末語尾와 무관하게 다른 차원에서 여러가지 범주의 素性으로 기술되는 것이 상식이다. 물론, 이러한 방법에 전적으로 否定的인 회의를 표명하는 것은 아니지만, 기왕에 밝혀졌거나, 또는 아직도 불분명한 素性까지도 포함하여 소성간의 異義性만 강조될 일이 아니라, 그 異義性의 기반보다 한층 기본적인 바탕에 潛在的으로 共有하고 있는 그들 사이의 共同集合의 부분, 즉 同義性에 대하여도 음미해 봄직하다는 뜻이다.

가령, {-리-}와 {-더/러-}는 형태나 의미, 어느 쪽으로나 그 異義性이 확실하다. 그러나, 이들이 {-라}을 함께 취하는 기반에는 어떤 次元, 어떤 범주의 것이 되든 모종의 同義性이 있어야 한다는 논리다.

이런 전제를 용인한다면 그 同義性에서 추출되어 그들 모두에게 共有하는

原素性23)이 예상되고, 결국 그 素性이 종결의 태도를 결정하는 동질적 통합의 관계로 수긍될 문제다. 한편 이것의 역의 논리도 타당할 것이다.

Ⅲ-2. 本題로 돌아가 현실적으로 {-다}, {-라}이 未知項이고, 이와 통합적 관계를 이루는 선어말어미군의 原素性이 旣知項인 상황에서 未知項의 해답을 구하기 위하여 이러한 논리를 援用하는 것은 적절한 방편의 하나가 될 것이다.

{-다}와 통합하는 선행어미군은 {시·이·ㄴ·아/어·거·도/로·닷/랏}이며 이것을 하나로 묶어 T로 하고, 이에 대하여 {-라}에 통합하는 {오/우·리·니·더/러·과/와·애/에·로}를 R로 하여 볼 때, 요는 T, R의 素性, 즉 T, R에 속해 있는 모든 구성원의 原素性과 {-다}, {-라}과는 函數關係에 있어서, 그 原素性으로 {-다}, {-라}을 밝힐 수 있게 된다. 그러나, 아지도 T, R의 素性値 같은 것은 提論조차 된 일이 없고 보면, 앞으로 많은 論議가 있어야 할 문제다. 먼저 T, R 內의 各項의 個別素性이 뚜렷해져야 그 素性値, 즉 原素性이 유도될 것임에도 불구하고, 부분적으로는 아직도 불확실한 면이 없지 않아 당장에 그 原素性을 완벽하게 抽出하기는 어렵다.

그렇기 때문에 이 불리한 여건의 제약을 제거하는 것이 우선 급한 일이겠지만, 그것은 앞으로 해결해야 할 숙제로 유보한 채, 여기서는 지금까지의 성과를 근거로 하여 미완성의 가설적인 拙見을 제기하는 데 그치련다.

Ⅲ-3. 1) T의 각항의 個別素性을 범주상으로 보면 ⅰ) 敬語法 ⅱ) 時相法이 주를 이루고 있으며,

2) R의 경우는 ⅰ) 時相法 ⅱ) 意圖法이 주를 이룬다. 그리하여 T, R의 交叉는 대체로 다음과 같다.

---

23) 몇 개의 形態素가 어떤 기준에 의해 하나의 形態素群으로 모인다면, 거기에는 필연적으로 個別素性보다 추상화된 공통요소를 가질 것이고, 그것을 素性質 또는 原素性이라 규정한다.

	敬　語　法	時　相　法	意　圖　法
T	+	+	−
R	−	+	+

즉, T는 意圖法과 그리고 R은 敬語法과는 통합하지 않으며, 時相法에 있어서는 그 안에서 부분적으로 交叉해서,

	時　　相　　法					
	T			R		
	ㄴ	아/어	거	리	더/러	니
-다	+	+	+	−	−	−
-라	−	−	−	+	+	+

와 같이 나타난다.

이와 같은 통합의 의미를 判讀하는 일 자체도 一義的으로만 되는 것은 아닌 만큼 여러 가지 異見이 예상되지만, 이것들 내부에 일관하여 潛在하고 있는 素性値의 同意質은 T와 R이 각각 ‘確實性’[客觀性]과 ‘可能性’[主觀性]의 敍法性을 지표로 한 것이고, 이것이 서술의 下位機能으로 대립하여 나타나는 것이다. 다시 말해서 T는 ‘確實性’ 또는 ‘客觀性’, 그리고 R은 ‘可能性’ 또는 ‘主觀性’을 原素性으로 하여 그 밑에 다시 敍法性의 派生枝를 이룬다고 想定되는 것이다. 물론, 이 ‘確實性’·‘可能性’의 의미론적인 內包나 外延의 문제만 하더라도 간단히 규정될 성질이 아니므로, 그 구체적인 세부의 논증은 앞으로의 課題로 미루기로 하고 잠정적인 가설의 성격을 면할 수 없지만 다음 몇 가지 사실을 集約하여 둔다.

(1) 중세국어의 敍述形 終結法은 두 계열의 대립관계로 이루어졌다.

(2) 하나는 ‘確實性’을 기저에 두고 서술하는 終結法이고, 그것은 ‘-T+다’의 통합적 관계를 이루며, 또 하나는 ‘可能性’을 기저에 두고 서술하는 終結法이다. 그 지표는 ‘-R+라’의 통합적 관계였다.

(3) {-다}와 {-라}가 각각 고립적으로는 시차적 지표성이 없기 때문에 이들의 분포가 相補的으로 되는 가능성도 자연 그 자체의 能力限界를 벗어난 다른 영역에서 주어진다. 결국, 그것은 敍述語句의 連環構成에 관여하는 여러 敍法性의

요소와의 관계에 의해 調整된다. 이러한 관계 중 동일한 連環範圍에서 맺어지는 선택적 관계는 이 기능이 없으며, 連環이 다른 句構造에 일관적으로 의존하여 맺는 통합적 관계가 이러한 기능을 부담한다. 따라서 {-다}, {-라}의 기술은 이 통합적 관계의 諸條件을 定式化하는 것으로 가능해진다.

<蘭汀南廣祐博士 華甲紀念論叢, 일조각, 1980>

中世國語 時相法의 形態範疇
- {-ㄴ-}의 분포 및 자질기술 -

I

I-0. 시제표현의 대상이 되는 세계의 현상은 특수하다. 그것은 자연과학의 대상이 되는 물리적 세계의 현상 그 자체가 아니라 화자의 지각이라는 여과장치에 의해 일단 걸러져 언어화가 이루어진다는 전제에서 인식된 현상이다. 이것을 時相文法에서 흔히 상황(situation)[1]이라 한다. 즉, 상황은 실제 현상이 지각될 때의 심리적 움직임이나 논리적 판단이 모형화되어 언어로 표현되는 것이다. 그러므로 상황은 그 나름대로의 특성을 가진 것이 되고, 그 구성은 충분히 검토되어야 할 이유가 있을 것이지만, 우선 그에 앞서 모든 상황은 적어도 세 가지 시간의 상대적 관계에 의해 나타내지고 있다는 전제를 가진 것이 된다.

(가) 상황이 일어나는 時間帶 Ⅰ와, (나) 상황의 生起가 화자(=관찰자)에 의해 관찰되는 觀察時間帶(視野) J,[2] (다) 자연계의 絶對時間軸 T가 그것이다.

가령 '어제 책을 샀다'라는 상황의 시간 구조는 다음과 같다.

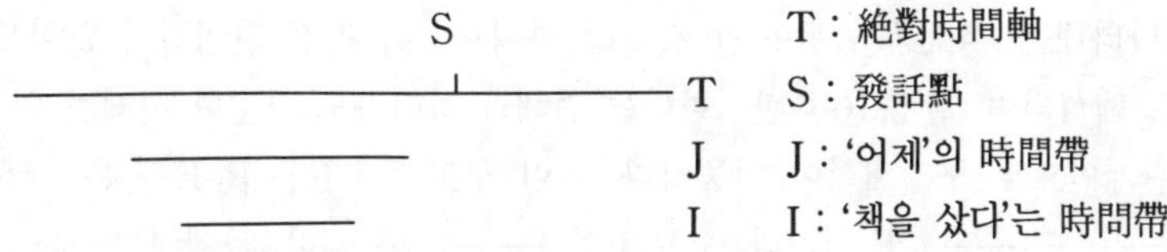

---

1) Lyons, Comrie, Mourelastos 등에 의해 최근 쓰이고 있는 용어. '事象'으로 번역되기도 함. <state, process, event>, <state, activity, performance> 또는 <state, activity, accomplishment>, <fact, event, result, action>의 총칭으로 쓰임.

2) J는 다른 용어로는 상황의 배경(background, Hintergrund) 혹은 상황의 生起하는 세계(world), 혹은 狀況生起의 기회(occasion)라고도 불린다. Mourelastos, A.P.D. 1981; Events, Processes, and State; Syntax and Semantics 14, pp.191-212.

그런데 상황의 시간 구성과 그것의 인식에 있어 가장 기본적인 문제는 그 상황과 화자(관찰자)의 관계이다. 그것은 대체로 (1) 상황이 일어난 시간과 발화점의 전후관계, (2) 상황의 生起에 대한 전후관계 이외의 관계로 구분된다. (1)은 직선상의 관계로서 화자의 발화점(나, 지금)을 기준으로 하는 場面內指示的(deictic)인 특성을 가지는 관계이고, (2)는 관찰점의 이동이라든가, 상황과 관찰점의 병행관계와 같이 화자의 판단이 개입하는 관계의 것이다. 이와 같은 관계를 이루는 시간구조를 해석하는 데는 그 근저에 역시 세 개의 다른 시간대를 인지해야 하는 전제가 요구되고, 그것은 각각 발화시(S), 관찰시(R), 상황시(E)로 나타나는 것들이다. S는 화자가 文을 발화하는 시간대이고, R은 화자가 文內容의 상황을 관찰(인식)한 시간대, 그리고 E는 발화내용인 상황이 이루어진 시간대를 가리킨다.

이 가운데 S와 E는 제 3자에 의해서도 확인되는 객관성이 있어서 시간축 위에 자리를 표시할 수 있으나, R은 그렇지 않아 화자가 임의로 설정하는 심리적 시간이라는 것에 주목하게 된다. 이 R은 E에 대하여 그것을 화자가 관찰·인식하는 시간대이며, 그 때 E와의 관계구성에 있어 R은 S와 함께 기준시가 될 수도 있다. 결국 R의 설정은 발화점이 아닌 또 하나의 기준시점, 즉 화자의 제 2의 관점을 시제구조 안에 도입하게 되는 결과가 되고, 따라서 시제의 다원성을 예고하는 것이기 때문에 중요한 의미를 갖는다.

I.1. 시제는 보통 (1)의 관계, 즉 E를 S에 관계지워 하나의 직선 위에 각각의 위치를 나타내는 場面內指示的인 것이라 하여[3] R이 직접 관여하지 않아도 되는 구조로 해석되며, 설령 R이 관여한다는 견해라 하더라도 단순한 시제는 역시 E와 S의 관계만으로 구조해석이 가능하다. 이런 구조에서 R은 R=E 혹은 R=S 관계의

$$
\begin{array}{ccc}
\underset{\text{E S}}{\rule{1cm}{0.4pt}\!\!\to} , & \underset{\text{E S}}{\rule{1cm}{0.4pt}\!\!\to} & \text{가 되거나 S=R=E의} \quad \underset{\text{S}}{\rule{1cm}{0.4pt}\!\!\to} \quad \text{와 같은 관계에 있게 되어 이}\\
\text{R} & \text{R} & \text{R}\\
& & \text{E}
\end{array}
$$

---

3) Comrie(1976), p.2, 5. Lyons(1968), pp.275-281. 시제가 시간과 관련되는 것은 물론이나 그것은 매우 특수한 방법에 의존된다. 즉, 그것은 deictic category를 이룬다.

들 세 시점은 반드시 다른 자리에 있어야 하는 것은 아니다. 다시 말해서 R의 위치는 E 혹은 S의 어느 하나, 또는 모두와 同時性을 가지는 관계의 것으로 상정할 수 있다는 것이다. 그리하여 S=R=E의 것일 때 우리는 '현재'라는 시제를 부여하게 되고, R=E, R=S일 경우 각각 S를 기준한 E의 전후관계에 따라 시제를 부여한다. 그러므로, 이럴 경우 R의 도입은 실질적으로 큰 의미가 없다.

그러나, E, R, S가 비록 일직선상에 놓이는 관계라 하더라도 이들에게 동시성이 없을 경우, E, R, S의 관계는 각기 다른 자리를 잡는 $\underset{E\ R\ S}{\longrightarrow}$ 의 3 點構造가 될 것이고, 이와 같은 구조는 영어의 과거완료(I had seen John)와 같은 시제를 정의하는 데는 유효해서 R의 도입은 單元的인 직선구조에 있어서도 그 이유가 분명하다. 그렇기 때문에 이런 시각에서 볼 때 이론적으로는 이 三點의 진후관계와 이들간의 동시성으로 판세시워시는 구소는 13종[4]에 이르며, 그러나 그 중 어느 것들이 언어표현으로 가능하여 구별되는지, 또는 어느 언어가 몇가지의 어떤 구조의 것을 채택하는지는 순전히 각 언어들의 고유특성의 문제가 된다.

기본시제의 구조는 S, E의 2點關係로 해석할 수 있는 비교적 객관적인 단순성의 것이었으나(R을 도입했을 경우도 결과는 같다), 어떤 세부적 국면의 시간파악은 화자가 상황을 판단하는 주관적 관점의 도입이 있어야 했고, 그리하여 R이 관여하는 3점구조가 되어야 했다. 그러나, 어느 것이 되었든, 하나의 시간축(T) 위에서 하나의 기준시(S)에 의해 정의되고 전후 또는 동시의 관계로 해석되는 구조라는 점에서 그것은 모두 一元的(單軸)인 구조다.

그런데 각 언어의 시제체계(일원적이라고 하는 언어의 구조해석에 있어서도 視點에 따라서는)가 반드시 이런 視點이나 視角만으로 기술되어야할 당위성이 있는 것이 아니라면 국어의 체계기술에서 여기에 매일 이유는 없으나, 전적으로 배제할 문제도 아니다. 이에 대해서는 그간의 논의[5]도 있었거니와 대체로 그 귀결은 국어의 구조해석이 이런 관계의 모형만으로는 만족스럽게 이루어지지 않는

---

4) Reichenbach(1947)는 時間軸上의 SRE의 구조로서 시제체계를 고안했으며, 이 三點의 전후관계와 동시성의 관계에서 다음과 같은 13종의 구조를 들고 있다. E>R>S, E=R>S, R>E>S, R>S>E, R>S=E, E>S=R, S=R=E, S=R>E, S>E>R, S=E>R, E>S>R, S>R=E, S>R>E. >는 전후관계(왼쪽이 先時性), =는 同時性을 나타냄.
5) 한동완(1984).

다는 것이고, 그렇기 때문에 다른 시각이 있을 것으로 예측되는 (2)의 관계모형을 살피게 되는 것이다.

I-2. I-0.에서 제기한 (2)의 관계모형이란 관찰점의 이동 또는 상황과 관찰점의 병행관계를 가지는 구조로서 單軸上에 자리하는 발화점과 상황의 전후관계에 의해 정의되고 해석되지 않는 것을 이른다. 이것은 T축 위에서 S를 기준한 전후관계의 구조와 그 T축에 병행하는 또 하나의 T'축에서 S 이외의 별도의 기준시를 가지는 구조의 체계를 뜻한다. 다시 말해서 같은 시간축상의 전후관계가 아니라 평행관계를 이루는 다축체계라는 것이고, 이 경우 T'축의 기준시는 곧 R이 된다. 이 R은 이미 앞에서 언급한 單軸體系의 3점구조에서 E, S와 대립하는 別項의 시점으로 도입했던 것이지만 T'축의 기준시로 될 때 R의 개념 자체는 달라지는 것이 아니더라도 그들의 관계구조는 전혀 다른 것이 된다. 결국 T軸上의 관계는 S가 기준점이 되어 여기에 E가 전후의 관계를 가지는 것이고, T'축상의 관계는 R을 기준으로 하는 E의 전후관계인 것이다. 이 때 중요한 것은 T와 T'를 잇는 S와 R의 관계다. 위에서 T, T'의 두 축에 자리한 R을 다만 單軸上의 것을 多軸으로 옮기는 데 따라 이동시킨 것으로 보았지만, 그것은 두 체계의 기본 모형을 대비하는 문제일 뿐 S, E와 대립하는 화자(관찰자) 개입의 자질을 공유하고 있는 것은 사실이나, 그것의 時的 내용의 성질은 다르다.

T축의 R은 E나 S가 時點(time point)으로 표시되는 데 대해 상대적인 길이를 가지는 時幅(time period)의 개념이다. 그렇기 때문에 앞에서 R=E 혹은 R=S를 동시성으로 규정했던 것까지도 엄밀한 뜻에서 R의 시폭 속에 E나 S의 시점이 내포되는 관계지, 合同하는 동시성을 말한 것은 아니다. 그것은 전항에서 상황의 배경을 이루는 관찰시간대를 설정하여 그것을 J로 표시했던 것과 맞먹는 개념이며, 일반적으로 時間限定語類가 지시하는 내용과 밀접하게 관계한다.

그러나, T'축상의 R은 관찰된 상황의 배경이나 어떤 시폭을 가지는 개념이 아니다. S와 같은 기준시점의 위치를 잡는 동시에 S와의 관계는 비록 병행관계에 있는 시간구조지만 양축을 통합하는 기능은 역시 T축의 S가 주도하는 것이어야 하고, 그 R은 반드시 R>S의 관계가 전제된 것이다. 그러므로 單軸의 3점구조에 있는 R과는 변별되어야 할 조건이 있으며, 굳이 관련을 고집할 이유도 없기 때문에 혼동을 피하여 C(인식시, Cognition time)로 표시한다. 그리하여 제 2의 관계로 이루어지는 구조의 체계는 다음과 같이 圖示된다.

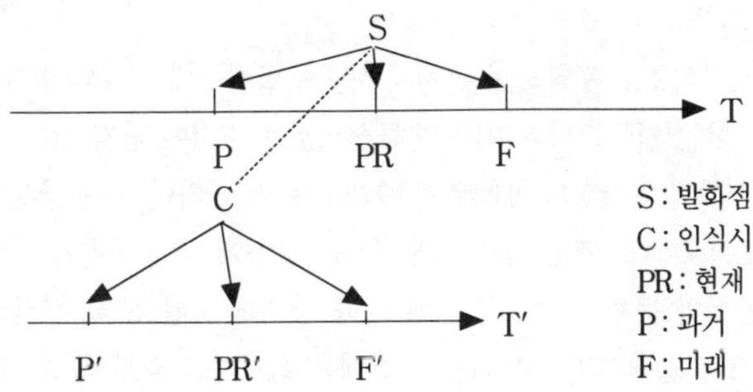

어떤 언어가 이 체계를 가지는 것이라면 그것은 (1) T軸上에서 S를 기준으로 한 S=E(PR), S<E(P), S>E(F)의 관계, 즉 單軸의 구조만으로 충족될 경우, (2) 어떤 상황이 기준시 C에서 인식되는 T'축을 T와 병행시키고, 그 위에서 C=E (PR'), C<E(P'), C>E(F')를 도출한다. 다시 그것을 T축의 S에 끌어 올려 C>S 의 관계로 통합시키는 2축구조를 요구할 경우까지도 충족시킬 수 있다.

I-3. 이로써, 우리는 상황과 관찰, 그리고 발화가 時間軸上에 어떻게 관계의 맥락을 이루어 문법화되는지, 또한 상황관찰의 시점과 시각에 대한 기본적인 문제를 살폈거니와, 그러나 국어의 구체적인 실제의 문제는 유보되어 왔다.

우리의 목적은 국어의 시상법, 그 가운데서 특히 중세의 문헌어에 투영된 형태소를 가리어 범주로 묶고 각 범주를 체계적으로 기술하자는 것이기 때문에 얼핏 보기에는 앞의 규범적 모형과 무관한 일인듯 하나, 사실은 체계와 형태소의 관계는 마치 전체와 부분처럼 순환적 상관성으로 이루어지는 것이니만큼 이들의 문제는 어느 한쪽을 빼고는 존립하지 않는다.

국어의 시상법체계가 앞에 든 모형 중 어느 것에 해당될지는 단순히 판단할 일이 결코 아니지만, 그간의 성과에 힘입어 우리의 논의를 위해 가설을 내세운다 면, 그것은 두번째로 제안된 2축구조의 체계로 상정하는 데 주저치 않는다. 그래

서 본고는 비록 형태소기술의 임무에 충실해야 하는 작업임에는 틀림없으나, 그
것의 궁극적인 목표가 역시 체계기술에 있다는 것도 사실이다. 각 형태소의 소성
과 구조해석까지도 포괄하는 통사·의미의 문제가 확대 검토되어야 할 것이고,
그것은 필연적으로 가설을 검토하는 일에 이어질 것이 확실하다.

I-4. 상황을 시간적으로 포착하여 관계지우는 문법범주에 시제와 함께 相(aspect)
이 있다 함은 다 아는 일이거니와 相은 흔히 S요소는 고려에 넣지 않는 것으로 정의
된다.6) 그리하여 시제가 상황의 外側時에 관계하는 데 반하여 相은 상황의 內側時와
관계하는 것으로서 결국 그것은 상황이 진행하는 방향에 대해 화자가 시점을 어디에
두느냐는 설치방법의 문제가 되고,7) 그에 따라 상은 구분된다. 즉 시간선은 한쪽만
이 아니라 양쪽으로 움직이며(⇆), 그것의 선택은 화자가 임의로 하게 되고, 그 시간
선에는 상황이 펼쳐지기 마련인데, 화자의 시선이 시간선을 과거→미래로 향하든가
(ipf :→), 혹은 시점은 고정해 있고 시간선이 미래→과거 쪽으로 흐르든가(pf :←)의
어느 하나가 된다는 것이다.

이와 좀 달리 시간선의 움직임보다는 시선이 향하는 방향을 문제로 하고 화자
의 관찰점도 시간선 밖에 상정하여 화자의 視點을 취하는 법을 상으로 보는 견
해도 있다.8) 시점을 시간선 밖에 두면 시점을 어디에 두느냐에 따라 視野도 정
해진다. 그리하여 상황 대 시야의 관계에는 상황 전체가 시야에 들어 올 경우와
일부밖에 들어오지 않는 경우가 있으며, 그것과 시점을 관계지우면 다음과 같이
된다.

　① 시점을 상황의 開始點 위에 두고 상황전체를 시야에 넣는 경우,
　② 시점을 상황의 終結點 위에 두고 상황전체를 시야에 넣는 경우,
　③ 시점을 시간선 내측에 두고 상황의 일부만을 시야에 넣는 경우,

---

6) Comrie(1976), p.5. 相은 상황의 시간을 어떤 다른 시점에 연관시키는 것이 아니라, 한 상
　황의 내재적 시간적 성분(internal temporal constituency)에 관련한다고 한다.
7) Koschmieder, E.(1927) 1974: 'Stuien zum Slavischen Verbalaspekt', *der Englishe
　Aspekt*, ed. Schopf, A.
8) Deutschbein(1939), p.141.

이것은 곧,

> 前望(prospektiver Aspekt) 未完了 ipf.
> 回顧(retrospektiver Aspekt) 完了 pf.
> 內觀(introspektiver Aspekt) 未完了 ipf.

와 같이 바꿔 놓을 수 있어서 시점·시야를 설정하는 세 가지 방법이 상과 대립함을 알 수 있다.

이와 같이 시제와 상의 機制는 다르다. 그러나 어떤 언어가 이 시차성을 문법으로 갖느냐는 역시 자의적인 선택이지 보편성의 원칙문제는 아니다. 상황의 객관적 시간구조에 대한 인식방법이 제각기 다를 뿐, 다소간에 현상을 시별하여 포착하는 성향은 대부분의 언어에서 인지되는 사실이다. 시제의 경우도 그랬듯이 국어가 어떻게 이것을 받아들이고, 또 어떠한 표지법을 가지고 있는지 깊이 검토해 볼 일임에 틀림이 없으나, 그 논의는 미루기로 하고 크게 본 外廓的인 구조 특성만으로도 국어를 상의 문법, 혹은 순수한 시제의 문법이라고 잘라 말하기는 어렵다. 소위 시제로 다루어지고 있는 것 가운데도 상에 상당하는 국면이 있다는 것이 예사로우며 일부 어휘나 통사의미가 상에 관계된다고 해서 쉽게 상을 범주로 내세울 일도 아니다. 그렇다고 비록 상을 시제와 대등하게 다루지 않았다고 해서 그것이 곧 상이 없다는 것을 뜻하지도 않겠지만, 상을 병립시키지 않는 이유는 다만 그것을 지표하는 형태소가 시제의 것과 같은 자질의 형태범주로 範列關係에 있다고 할 수 없어서다. 상의 문법적 지위부여는 의미와 더불어 형태의 범주적 특질이 조건이 됨은 당연하다.

전술한 시제구조 중에도 시제뿐 아니라 상이 포함되어 있으나, 시제에 중점이 있으므로 해서 발화점(S)이 체계의 중심이 된다. 다시말해서, 마땅히 그것은 화자의 발화시점에 관계하는 시간적 deixis이지만 발화점이 아니라 화자(=관찰자)의 視點을 체계의 중심에 두고 상황의 경과에 관계하는 deixis를 생각하면 상황에 중점을 두는 기술도 가능하게 된다.

이러한 가정에서 우리는 굳이 시상 또는 시상법이라는 용어법을 쓰게 된다.

II

II-0. 전통적으로 시상법 논의는 형태범주의 확인에 근거하여 주로 굴절의 範列(paradigm)에 나타나는 특정의 선어말어미들을 분석기술하는 데 치중되어 왔다. 따라서 선어말어미 가운데서 그들의 素性이 시상법의 범주로 묶이는 형태소의 析出과 그들간의 상관성, 그리고 그들의 生起와 交替에 따르는 대립체계의 기술이 주된 과제였다. 그리하여 어떤 선어말어미의 개입여부가 文의 시간적 맥락을 따지기에 앞서 전적으로 時的인 상황조건을 결정짓는 요인으로 인식하여 지나치게 형태범주 위주의 경직된 논의가 이루어졌다는 반성도 있게 되었다. 그것은 물론 기호의 본질에 대한 문제로서 형태가 구속하는 엄격성이 과소평가되어서도 안 되겠지만, 그것이 의미범주와의 대립관계로 문제될 경우, 형태 대 의미의 관계가 단순히 어느 쪽의 일방적 지배에 따르는 성질이 아니며, 또한 이들의 대응이 반드시 1 대 1의 관계를 강요하는 것도 아니기 때문이다.

이것은 결국 어떤 문법이 시상법을 의미범주로 가졌을 경우, 그것을 지표하는 형식으로 꼭 하나의 고정된 형태범주만을 요구할 이유가 있는 것은 아니며, 비록 형태범주상 다른 구조의 형식일지라도 그것이 시상체계를 이루는 것이라면, 모두 시상법의 형태범주로 보아야 한다는 것이다. 따라서 종래 굴절의 형태범주만을 문제로 한 협의의 해석을 지양하여 굴절은 물론, 어휘·통사적인 통합형성이나 시간표상의 어휘항목에 대한 문제까지도 광의의 시상법 형식으로 보아야 마땅할 것이다. 이런 인식에서 우리는 국어 시상법의 형태범주를 재고하게 되는 것이고, 특히 범주의 구성과 발달의 측면에서 중세어 자료를 다시 음미할 필요를 갖는다.

II-1. 시상법과 직접·간접으로 관련하는 형태범주는 대체로 세 가지로 類別된다. (1) 선어말어미의 분포특징을 가진 굴절형태소, (2) 부동사구성, (3) 時間辭.

이중 (1)에 대한 범주규정이나, 그것이 수행되는 문법성의 질과 양이 역시 시상법의 주축을 이루는 것임에는 틀림없다. 그러나 아직도 그들 형태소의 존재(목록)나 분포, 그리고 그 素性이 완벽하게 기술된 단계에 이른 것은 아니다. 그래서 우리의 작업은 주로 이 미진한 점을 보완해서 개별 형태소의 확인과 그들의 체계적 기제를 밝히는 것이 될 것이다.

그리고 (2)와 (3)에 대해서도 어휘·통사의 측면에서 그들이 시상법에 관여하는 객관적 조건이 무엇이며 통시적 추이관계가 어떠한 논리에 의해 유도되고 있는지를 알아 보게 될 것이다.

Ⅱ-2. 先語末語尾 {-ᄂᆞ-}

어떤 의미가 문법적으로 관여적이라는 것을 검증하는 한 기준을 '다른 意義가 있는 두 형태소는 그 분포에 있어서도 어딘가 다르다'[9]로 환원가능하다는 것으로 하여 {-ᄂᆞ-}의 일차적 자질을 ①형태소목록과 ②분포의 문제에 둔다. 다시말해서 대립을 나타내는 수단은 주로 형태와 그것의 배치분포이며, 그것들에서 외적으로 파악되는 차이가 구조적으로 문법적 의미를 표시하게 된다는 것이다. 이런 관점에서 {-ᄂᆞ-}는 물론, 여타의 형태소에 대해서도 일차적인 자질을 이끌어내는 분석을 하게 된다.

「-ᄂᆞ-다」:

<1> 그ᄢᅴ 多寶佛이 더 菩薩ᄭᅴ 니ᄅᆞ샤ᄃᆡ 善男子아 오라 文殊師利法王子ㅣ 네 모ᄆᆞᆯ 보고져 ᄒᆞᄂᆞ다 <月釋. 十八, 76>

이런ᄃᆞ로 니ᄅᆞ샤ᄃᆡ(世尊→阿難) 身中에 밧고아 옮겨 世와 界왜 서르 드ᄂᆞ다 ᄒᆞ시니라(故로 曰 身中에 貿遷ᄒᆞ야 世界相涉이라 ᄒᆞ시니라) <楞嚴. 四, 94>

臣下ᄃᆞᆯ히 보고 ᄒᆞᆫ 이ᄇᆞ로 기료ᄃᆡ 薄拘羅尊者ㅣ 淸白ᄒᆞ샤 ᄒᆞᆫ 돈도 아니 바ᄃᆞ시다 ᄒᆞ더라 <釋詳. 卄四, 40>

<1>에서 보이고자 한 것은 {-ᄂᆞ-}가 서술법에 나타나는 가장 단순한 통합형이다. 이것은 통합관계에서 不定形(기본형)인 「-ø-다」와 직접으로 대립한다. 이 {-ᄂᆞ-}는 몇 가지 점에서 특수하다.

(1) {-ᄂᆞ-}는 모음조화의 어떠한 제약도 받지 않으며, 따라서 이형태 {-느-}를

---

9) Z. Harris(1963).

갖지 않는다.10)

(2) {-ᄂᆞ-}는 활동성([-상태성])의 의미자질을 가진 동사어간(동작동사)만을 지배한다. 이것은 이른바 동작동사만을 前接어간으로 취하고, 역으로 상태동사는 前接될 수 없다는 것이 된다. 이와 같은 성질은 {-ᄂᆞ-}의 素性기술에 관여할 것이 확실하기 때문에 그것을 좀 구체화하기 위해 상황을 변화라는 측면에서 생각해 보면 (a) 불변화(동일상태의 지속), (b) 순간적 변화(한 상태에서 다른 상태로의 순간적 이동) (c) 점진적(단계적) 변화(처음 상태와 마지막 상태 사이에 몇 개의 단계가 있는 것) 등 셋으로 구분할 수 있다. 그리하여 시간 구성을 가지는 상황을 상태성, 활동성, 수행성으로 다시 나누고 이들과 이 변화성을 관계지우면, 상태성은 a, 활동성은 a와 c, 그리고 수행성은 b에 의해 설명된다. 이렇게 볼 경우, {-ᄂᆞ-}는 활동성과 수행성을 지배하고 a, b, c의 변화성 모두를 수렴하는 것이 된다. 여기서 a는 상태성과 활동성11)에 겹치는 관계를 보이며, 그것은 a의 하위분류를 불가피하게 하여 국어의 상태동사(형용사)와 같은 語類는 a 가운데서 활동성의 것을 제외시킨 상태성의 a만을 의미특질로 가진 것이 된다. 결국 불변화성은 상태동사의 특질이 되며, 일부 동작동사에도 이 특질을 가진 것이 있지만, 그것은 보다 구체적인 하위개념에 있어 전자와는 다른 점이 있다. 그것은 불변화성의 하위개념으로 상황의 [±均質]이라든가, 지속의 질적 차이와 같은 성질이 문제된다.

한편, 부정적인 측면에서 {-ᄂᆞ-}는 상태성의 불변화를 자질로 가지는 어간류(상태동사)와의 통합에 있어 배타적이라는 것도 眞이다.12)

---

10) 접미사의 모음조화는 어간의 그것과 달리 특수한 제약을 가졌다 하거니와 (李基文:國語音韻史硏究 p.136), {-ᄂᆞ-}는 {-오/우-}, {-아/어-}, {-ᄇᆞ/브} 등과는 달리 모음조화에 무관하다. 그러므로 이들의 모음은 기저형에 있어서도 명시되어야 할 것이다. 한편, '護彌 닐오디 소리쁜 듣노라<釋詳. 六, 15>'의 '듣노라'에서 {-노-}를 「-ᄂ-오-」로 분석하고 {-ᄂ-}이 {-ᄂᆞ-}의 축약이라는 근거에서 {-ᄂ-}을 {-ᄂᆞ-}의 이형태로 기술하는 경향이 있다. 그러나 이 표층형은 {-노-}만이 있을 뿐이고, 결국 {-ᄂ-}은 {-ᄂᆞ-오/우-}의 통합에 한해 나타난다는 것이된다. 만약 {-ᄂ-}이 이 {-ᄂᆞ-}와 무관하다면 마땅히 {-노/누-}가 있어야 할 것이다.

11) Static: understand, know, love, mean, fear, exist, discover, learn.

12) 그런데 매우 한정된 일이기는 하나 몇몇 상태동사가 {-ᄂᆞ-}와 통합한 용례가 보인다. 그러나, 그것은 피상적인 관찰형일 뿐 역시 {-ᄂᆞ-}가 지배하는 의미자질은 그들 속에 내재

이와 같은 {-ᄂ-}의 어간제약은 그 자체로도 의미를 갖지만 우리의 관심은 그 제약성이 {-ᄂ-}의 素性을 객관화하는 데 중요하게 작용할 것이기 때문에 더욱 크다.

Ⅱ-3. (3) {-ᄂ-}가 다른 어미들과 취하는 통합관계는 다음과 같다.
① 선어말어미 {-ᅀᆸ-}, {-시-}만을 前接하는 통합을 이룬다.

<2>　ⅰ) 世尊이 큰 法을 니르시며……큰 法鼓롤 티시며 큰 法義롤 펴러 ᄒ시ᄂ다 <釋詳. 十三, 27>
　　　ⅱ) 오ᄂᆞᆯ 나래 至德을 우ᅀᆸᄂ니(于今之日 至德感涕) <龍歌. 56>
　　　ⅲ) 予는 내 ᄒᆞᅀᆸ시논13) 뜨디시니라 <訓諺>

그런데 이들의 배열관계에서 단순히 推考한다면, {-ᄂ-}에 前接될 수 있는 어미는 이밖에 {-더-}, {-거-}가 더 있을 개연성을 다음 용례는 암시한다.

<3>　ⅰ) 善慧 듣줍고 　거 ᄒ더시다 <月釋. 一, 18>
　　　ⅱ) 이 一切衆生喜　蓬온 …… 이제 불훌 ᄉᆞᄅᆞ샤 모미 ᄀᆞ디 몯거시다 <月釋. 十八, 42>

이 {-더-}, {-거-}에 대해서는 　로 살필 것이나, 우선 이들이 'ᅀᆸ', '시' 사이에 개재하는 「-ᅀᆸ-{더/거}-시-」의 배열　미루어 '시'에 후접하는 {-ᄂ-}는, 당연히 필요하다면 그 앞에 '더, 거'를 전접하　통합할 수 있을 것이다. 그러나 만약 그것을 용인치 않는 　포의 제약을 가진 　이라면, 그것은 이들 'ᄂ, 더, 거'가 서

____

된 [활동성]의 국면을 　것이라는 생각을 　질 수 없다. 그것은 각 어항의 면밀한 검토가 있어야 할 문제이고 나아　　　특질기술을 위해서는 해명돼야 할 문제이므로 별항의 본문에서 다루어 질 것이다.

13) {-ᄂ-}의 문제에 직접 관계될 것 같지는 않으나, 이 '-ᅀᆸ시-'는 'ᄉᆞᄫᆡ시-'로 나타나는 용례도 있는데 이들이 변이형인지, 아니면 대립형인지는 속단할 수 없다. '請ᄒᆞ야 묻ᄌᆞ오시논 마리(請問之辭)<法華. 七, 16>'.

로 배타하는 선택적(paradigmatic)관계의 어미라는 것을 방증하는 근거가 될 것이다. 그런데 역시 {-ᄂᆞ-}의 통합형 가운데서 「-$\begin{Bmatrix} 더 \\ 거 \end{Bmatrix}$-ᄂᆞ-」는 실재치 않으며, 따라서 이런 추리는 이들 어미에 상관성을 부여할 수 있는 하나의 기반이 될 것이기 때문에 주목할 만한 이유가 되기는 충분하다.

한편, 「-앳/엣-ᄂᆞ-」에 대해서도 미리 주의를 환기해 둘 필요가 있겠다.

<4> 長者ㅣ 菩提樹 미틔 ᄃᆞ려다가 삼동내 버혀 더몟ᄂᆞ니라 <月釋. 八, 102>

'-앳/엣-'에 대한 형태소분석과 형태론적인 해석의 문제가 선결되고서야 비로서 {-ᄂᆞ-}의 前接요소의 자질이 드러날 것이지만, 예측되는 바, ⅰ) 「V₁+아/어~V₂+ᄂᆞ+…」의 구성관계에서 V₂에 해당하는 어간 「잇-」과의 통합, ⅱ) '-엣/앳-'을 화석화된 선어말어미로 하는 적어도 두 가지 분석법이 있을 수 있다. ⅰ)일 경우는 Ⅱ-2의 (2)에서, ⅱ)일 경우는 Ⅱ-3의 (3)의 ①에서 다루어져야 할 것이고, 만약 (3)-①의 문제라면, {-ᄉᆞᆸ-}, {-시-}와 함께 {-엣/앳-}을 추가해야 할 것이다.

그렇기 때문에 이 문제는 '-엣/앳-'의 공시적 기술을 거친 뒤라야 그 향방이 정해질 것이므로 유보시킬 수밖에 없다.

이상의 분포를 추려 도시하면 대략 다음과 같다.

「活動, 遂行性」 [-均質]의 동사어간 + ᄉᆞᆸ +시(+앳/엣 ?) + {ᄂᆞ}……

② {-ᄂᆞ-}와 통합하는 후접의 선어말어미의 목록은 주로 '-오/우- · 니 · 이-' 등이다.

<5> ⅰ) 나ᄂᆞᆫ 如來 ᄉᆞᄉᆞ볼 ᄣᅥ글 ᄎᆞ마 보ᅀᆞᆸ디 몯ᄒᆞ야 가노라[14] ᄒᆞ시고

─────────────

14) 서술법의 정동사 어미 {-다}는 '-오/우-, -니-, -이-(계사)'와 직접 통합하는 조건에서는 이형태 {-라}가 됨은 다 아는 일이다. 「-ᄂᆞ-오/우-」는 중간에 어떤 어미도 개재시키는 일이 없을 뿐만 아니라 언제나 축약된 어형 「-노-」로 나타난다(이와 상보적인 「-누-」는 없음).

<釋詳. 卄三, 36>

ⅱ) 이 고즈로 香油 및ᄀᄂ니라 <月釋. 十八, 53>

ⅲ) 밧긔 혼 쇼겨이 琴을 잘 노ᄂ이다 <釋詳. 卄四, 52>

ⅳ) 沙門온 ᄂ미 지순 녀르믈 먹ᄂ니이다[15] <釋詳. 卄四, 22>

ⅰ), ⅱ), ⅲ)은 각각 {-ᄂ-}와 '-오/우-', '-니-', '-이-'가 직접으로 단독통합한 용례이고, ⅳ)는 이들이 복합통합한 것을 보인 것이다.

이로써 {-ᄂ-}의 통합적 분포에 있어 前接關係에 이어 後接의 목록과 그 배열이 확인되었으니, 즉 그것은

'…{ᄂ} + 오/우 +니 + 이-'의 것이다. 이밖에 불완전하지만 {-ᄂ-}와 후접통합하는 '-ᄉ-'가 있다.

ⅴ) 爲頭 도즈기 무로디 너희둘히 므스글 보ᄂ손다[16] <月釋. 十, 28>

'-ᄉ-'의 쓰임은 不具的이며 그것은 '-ᄉ-'에 말미암은 것이 확실하고 따라서 '-ᄉ-'의 素性과 형태론적인 자질이 밝혀진 뒤라야 그 분포의 조건이 드러날 것이며, 그것이 {-ᄂ-}의 소성기술에 기여할지도 모를 일이나 관심 밖의 일로 소외된 것의 하나다. '-ᄉ-'와 통합관계를 이루는 어미의 폐쇄성도 그러하지만, 이를 포함하는 어떠한 범주가 있어 선택관계를 이루는 어미를 거느리는지 확실치 않

---

15) 이는 '-ᄂ니이다'로 겹쳐 통합된 분포를 나타낸 예다. 그런데 '-노니이다'로 통합된 예는 없다(있다 하더라도 후대의 것). 물론 이것은 {-ᄂ-}에 관계하는 일은 아니며 {-오/우-}와 {-니-} 또는 {-이-}와의 문제일 것이나, 이들의 素性기술에 제약조건이 될 것으로 추정되어 눈길을 끈다.

16) {-ᄂ-}를 전접조건으로 하는 {-ᄉ-}의 서술법정동사형 「-ᄂᄉ다」의 용례는 없다. 그러면서 '-ᄂᄉ-'형은 서법이 다른 어미와 통합한 용례만이 보일 뿐이며 그나마 매우 드물다. 그것은 {-ᄉ-}의 분포 자체가 '-오/우, 니, 이-' 등과는 달라서 폐쇄적이라는 데 연유된 것으로 짐작된다. {-ᄉ-}의 분포는 ⓐ 후접어미로 「-ㄴ다, -이다, -라」, ⓑ 전접어미로 「-ᄂ-, -아/어-, -다/라-, -샤-」만을 가진다.

므슴 方便을브터 三摩地예 드손다(從何方便ᄒ야 入三摩地ᄒ손다) <楞嚴. 五, 31> 너희둘히 아라스라 <月釋. 十, 26> 부톄 實로 大乘으로 敎化ᄒ시다스이다 <月釋. 十三, 36> 니르시리라스이다 <月釋. 十三, 36> ᄒ시리샤스이다 <圓覺. 上, 一之一, 10>

다.17) 한편 이 「-ᄂᆞ스-」와 쌍을 이루는 것으로 보이는 「-노소-」의 관계도 음미할
만한 이유가 있을 것 같다.

> vi) 王이 비호샤 손지 그치디 아니ᄒᆞ야 외오시ᄂᆞ니 우리도 이 偈를 좃ᄌᆞᆸ바 <u>외오
> 노소라</u> <月釋. 八, 100>

「-노소-」의 '-노-'를 구태어 <5>-ⅰ)과 다른 별개의 어미로 분석하는 근거는
그것이 나타난 용례가 모두 고정적으로 「-노소-」형이고, 그것의 문법성이 불투명
한 데 있지만 역시 그 기저형은 「-ᄂᆞ-오/우-」일 가능성이 크다. 아마 <5>-ⅰ)의
'-노-'와 다른 분포특성을 가지게 된 것은 '-소-'18)에 牽引된 나머지 '-노-'의
소성이 퇴색하여 일종의 중화현상을 치룬 탓으로 보인다.
　이렇게 확대하더라도 서술법에서 {-ᄂᆞ-}에 후접하는 어미 목록은 「-오/우·니
·이·(스·소)-」가 되며, 따라서 {-ᄂᆞ-}의 전체 통합분포는 이러하다.

---

17) 이것을 선어말 어미의 屈折範疇 중 '강조-영탄법'으로 묶어 상당히 복잡한 질량의 어미
　　들을 一括해 버린 견해가 있으나(허웅, 1975), 그대로 따를 수 없다. 비록 그들의 지표성
　　이 모호하고 불구적인 분포를 가졌다 해도 특히 그들이 가졌을 통사적 의미는 매우 함의
　　적이라고 믿어지기 때문에 앞으로 정밀한 재분석이 있어야 할 문제다.
18) '-노소-'의 '-노-'가 <5>-i)의 것과는 구별되는 것임을 강력히 示唆하는 단독형의 용례는
　　오직 "뜬 龍이 긴 ᄂᆞᆯ이 <u>지엿노다</u>(浮龍倚長津)<杜初. 卄二, 28>"가 있을 뿐이며 이것은
　　중간본에서 '지엿도다'로 바뀌고 있다. 만약 <5>-i)와 같은 것이라면 이것은 '지엿노라'였
　　을 것으로 예상되고 중간본에서도 바뀔 이유가 없다. 그러나 "一物이 스스로 皇天人恩惠
　　를 <u>니벳노라</u>(一物自荷皇天慈)<杜初. 十五, 2>"와의 대비에서 '지엿노다'와 '니벳노라'가
　　어떠한 문법적 변별성을 가지는지 의문이다.
　　한편 「-ᄂᆞ-오/우-」와는 무관한 '-노-'라는 것을 '-도-'와의 관계에서 이끌어낼 여지도 배제
　　할 수는 없다. "曲江ㅅ 프른 帳幕앤 銀膀이 버렛도다(曲江翠幕排銀膀)<杜初. 十五, 1>"
　　'-노다'의 용례가 전무하다시피한 것과는 달리 '-도다'는 흔히 나타난다. 그런데 이 '-노-'
　　와 '-도-'는 「-노소-」, 「-도(로)소-」(이밖에 「-과소-, -다소-」가 있지만), 「-놋-」, 「-돗-」과
　　같은 對를 이룰 경우는 일반적인 용법을 갖는다. 무슨 이유에서 '-노다'가 잘 쓰이지 않
　　으며 그에 반해 '-노라'가 상용되는지, 그리고 '-노-'와 '-도-'의 素性資質이 무엇인지 분
　　명한 답을 끌어내기가 어렵다. 의외로 복잡한 양상을 띠고 있는 이른바 '강조-영탄법'의
　　어미류에 대한 엄밀한 詳察이 있어야 할 것이지만, 우리는 선어말어미의 {-노-}는 하나
　　이어야 하고, 그것은 「-ᄂᆞ-오/우-」에서 緣由한다는 입장에 선다.

「活動·遂行性」[-均質]동사어간·ᄉᆞᆸ·시·(엣/앳)+{ᄂᆞ}+오/우·니·이·(ᄉᆞ·소)-다.

　여기서 우리는 하나의 통합구조 안에서 동일범주에 속하며 대립관계를 이루는 형태소가 중복됨을 허용치 않는 원칙, 다시말해서 한 범주 내의 동족형태소는 중복되지 않는다는 원칙 때문에 이들 각항의 어미는 {-ᄂᆞ-}와는 다른 범주의 것임을 확인하게 된다.

　Ⅱ-4. (4) {-ᄂᆞ-}와 선택적 관계를 이루는 선어말어미
　{-ᄂᆞ-}는 필시 어떤 문법범주에서 어떤 대립소성을 나타내는 단위라는 가정(가령 시상법 등)에 따라 {-ᄂᆞ-}의 범주기술은 우선 그와 선택적 계열관계를 이루는 어미들의 검출과 그들 간의 변별자질을 끌어내는 일이 될 것이다. 그러므로 본항에서 살피고자 하는 바는 {-ᄂᆞ-}를 비롯하여 그들과 같은 계열어미들을 類合하는 일과 아울러 그들이 이룰 범주의 내부구성을 밝히는 데 요긴한 기초적 정보를 얻어내는 일이 될 것이다.
　이미 위에서 지적했듯이 {-ᄂᆞ-}와 통합할 수 없는 선어말어미 가운데에는 '-더-' '-거-'가 있었다.

<6>- ⅰ) 如來 이 나라ᄲᅮᆫ 아니라 녀느 나라해도 다 겨사 若空無常無我와 六波羅密을 <u>니르더시이다</u> <月釋. 七, 53> [*니르더시ᄂᆞ이다]19)
　　ⅱ)-a) 뎌 쥬ᅟᅡ 닐웨 ᄒᆞ마 <u>다ᄃᆞᆮ거다</u> <釋詳. 廿四, 15> [*다ᄃᆞᆮ거ᄂᆞ다]20)

---

19) '니르시ᄂᆞ다<釋詳. 十三, 18>', 'ᄑᆞᄂᆞ이다<月釋. 八, 94>'의 분포모형에 의해 추리되는 것으로 '니르더시ᄂᆞ이다'의 통합어구가 있을 법도 하나 그런 실현형은 없다. 이것을 예측 가능한 단순모형으로 나타낸다면, 「니르더라(다)」에 대하여 「니르더ᄂᆞ다」가 된다는 것이 되고, 따라서 {-더-}와 {-ᄂᆞ-}는 하나의 통합어구 안에 공존할 수 없다는 논리가 되며, 그것은 {-ᄂᆞ-}와 {-더-}가 동족범주에 속한다는 것을 강하게 시사하는 것으로 해석된다.
20) {-거-}와 통합가능한 어간자질은 {-ᄂᆞ-}와 다르다. 그것은 대체로 '상태성'의 동사를 지배하며, 이 성향은 {-거-}의 소성기술에 중요한 조건을 제공하게 될 것이다. 그런 이유로 {-ᄂᆞ-}를 배타한다고 할 수도 있을 것이나, 그뿐만 아니라 범주중복의 모순성 때문에 제약된다고도 할 수 있다. 그러나 {-거-}가 {-리-}와 통합하는 것으로 보아서는 그렇게 단순한 것만은 아니며 별도의 고찰을 요한다.

b) 갓갓소리롤 내야 닐오디 셜볼쎠 世界 뷔어다 ᄒᆞ며 <釋詳. 廿三,
18> [*뷔어ᄂᆞ다]

아직은 {-ᄂᆞ-}, {-더-}, {-거-}가 범주적으로 관련되는지, 또는 대립의 자질이
무엇인지 따질 단계에 있지 못하지만, 이들이 표출되는 분포의 連環만 보아서도
전혀 이질적인 관계에 있는 어미로 보이지는 않는다. 그러나 이미 확인된 기정의
사실처럼 이들에게 범주적 동족성을 부여한다거나 이들의 교체가 시상법의 구조
에 근거한다고 하는 따위의 단정은 성급한 오판이 될 우려도 없지 않다. 그 이유
의 하나로 이들은 각각 그들과 통합하는 어간의 범주부터가 다르다는 점을 지적
할 수 있다.

{-ᄂᆞ-}와 통합하는 어간의 범주적 의미자질에 대해서는 다시 거론할 여지가 없
지만, {-더-}와 {-거-}에 대해서는 자세히 살펴야 할 상당한 이유가 있다. <6>의
예시는 의도적으로 동작동사를 취한 것만을 골랐을 뿐이지, 어간과 {-더-} 또는
{-거-}의 지배관계가 {-ᄂᆞ-}의 그것과 같은 바탕에 있다는 것을 보이려 한 것은
아니다.

II-5.
<7>-ⅰ) ᄯᅩ 色界諸天도 ᄂᆞ려 仙人이 ᄃᆞ외더라 <月釋. 二, 24>
　　　　虛空애 ᄀᆞᄃᆞ기 八部도 조ᄶᅡ바 가더라 <月釋. 二, 28>
　　ⅱ) 그르메 밧긔 ᄉᆞᄆᆞᆺ 뵈요미 瑠璃ᄀᆞ더라 <月釋. 二, 22>
　　　　病ᄒᆞᆫ 사ᄅᆞ미 잇거든 夫人이 머리롤 ᄆᆞᆫ지시면 病이 다 됴터라
　　　　<月釋. 二, 30>
　　　　길헤 사롬 濟渡ᄒᆞ샤미 그지 업더시다 <釋詳. 六, 38-9>
　　ⅲ) ᄆᆞᆺ 後에 成佛ᄒᆞ신 일후미 燃燈이러시다 <釋詳. 十三, 35>
　　　　내 나히 열힌 저긔 부톄 오샤 우리 大闕에 드르시니 大闕 안히 고론 金
　　　　ㅅ비치러이다 <釋詳. 廿四, 19>
　　ⅳ) 恒沙菩薩이 道場에 와 모ᄃᆞ시니 文殊師利上首ㅣ ᄃᆞ외얫더시다
　　　　<楞嚴. 一, 30>
　　　　大王이 어디르샤 …여쉰 小國에 위두ᄒᆞ얫더시다 <釋詳. 十一, 17>

<7>의 예항은 {-더-}와 통합하는 어간의 범주가 {-ᄂ-}의 그것과는 같지 않음을 보여준다. {-더-}는 {-ᄂ-}가 그러했듯이 동작동사(<7>-ⅰ)의 것)의 활동·수행성을 지배하면서 그들의 불변화, 순간적 변화, 점진적 변화 모두를 포용할 뿐만 아니라 상태동사(<7>-ⅱ)의 것)의 상태성(불변화), 그리고 「체언+계사」구성 (<7>-ⅲ)의 것)의 서술법까지도 전접어간으로 하는 무제한성을 가진다. 이러한 {-더-}의 개방성은 {-더-}가 어간에 나타내는 상황의 시간 자질에 관여하지 않는 중립성에 기인된 것이라 할는지, 또는 적어도 {-ᄂ-}와는 같은 층위에서 관계하는 대립항의 형태소가 아니라는 근거에 말미암은 것인지 속단키 어려우나, 전통적인 시상법의 체계로는 그 자리와 기능을 완벽하게 규정지을 수 없다는 문제가 제기되는 것만은 확실하다.

어간의 통합조건에서 {-더-}가 <7>-ⅰ), ⅱ), ⅲ)을 선반적으로 용인하는 의미역과 {-ᄂ-}가 <7>-ⅰ)만을 용인하는 의미역에는 분명히 차이가 있으며, 이럴 경우 {-ᄂ-}와 {-더-}가 배타적인 분포관계를 이루는 이유가 {-ᄂ-}와 {-더-}의 단순한 수평적 문제에서 연유될 수 없다는 강한 의문이 떠오르는 것이다. 이러한 특성은 어느 한쪽만이 아니라 양자의 소성은 물론, 시상구조를 밝히는 데 깊이 관여할 것이기 때문에 특기할 사항이며, 그 구체적인 검토는 앞으로 別稿에 기대를 건다.

한편 <7>-ⅳ)는 <4>의 對比例로써 '-엣/앳-'과의 통합이 {-ᄂ-}의 경우와 다르지 않음을 보인다.

Ⅱ-6.
<8>-ⅰ) 그 쁴 모딘 노미 比丘를 주규리라 ᄒᆞ야 比丘ᄃᆞ려 닐오ᄃᆡ 뎌 즁아 닐웨 ᄒᆞ마 <u>다ᄃᆞ거다</u> <釋詳. 卄四, 15>
王ㅅ 中엣 尊ᄒᆞ신 王이 업스시니 나라히 威神을 <u>일허다</u> ᄒᆞ고 <月釋. 十, 9>

ⅱ) 安樂國이ᄂᆞᆫ 아비를 보라 가니 어미도 몯 보아 시르미 더욱 <u>깁거다</u> <月釋. 八, 101>
내 北方毗沙門天王ㅅ아들 威大將軍이로니 天帝ㅅ 命을 받ᄌᆞ와 雍護컨디 <u>오라거다</u> ᄒᆞ니라 <楞嚴. 七, 62>

iii) 아비 每常 아두룰 念호디 아둘와 여희연디 쉬나몬 <u>희어다 호더</u>
　　　　<月釋. 十三, 9>
　　　 너희둘히 힘뻐 스라 바미 호마 <u>坐이어다</u> <釋詳. 廿三, 13>
iv) 갈기예 구스리 <u>뻬옛거든</u>21) 솔로 빗기면 놀곤 구스른 뻐러디고
　　　　<月釋. 一, 27>
　　　 靑蓮花ㅣ 一千이 <u>냇거늘</u> 四禪天이 아랫 劫 이를 보고 自中에 닐오더
　　　　<月釋. 一, 40>
　　　 남지니 뉘으처 <u>짜해 업더옛거늘</u> 그 겨지비 밥 가져다가 머기고
　　　　<月釋. 一, 44>
　　　 世尊ㅅ神奇ᄒ신 이리ᅀᅡ 經에 다 <u>닐옛거니와</u> 내 나히 열힌 저긔 부텨오
　　　 샤 <釋詳. 廿四, 19>

　　<8>은 {-거/어-}22)의 전접어간을 <7>에 준하여 들은 것으로 이 둘의 경우 그들이 지배하는 어간범주는 대체로 일치하고 있음을 확인할 수 있다. 따라서 {-거/어-}와 {-ᄂ-}의 어간 지배능력의 차이는 {-더-}와 {-ᄂ-}의 그것과 같은 이유에 기인한다고 보이기 때문에 역시 {-더-}와 같은 면에서 詳察이 요한다 하겠다.

---

21) 여기서 기대하는 용례는 '뻬옛거다'와 같은 '-앳/옛거-'를 내포하는 서술의 정동사형이다. 그러나 그 실재를 확인할 수 없어 그 추리를 가능케 하는 방증례로 '-옛거든, -앳거늘, -옛거니와'를 들게 되었다. 아무튼 '-앳/옛거-'의 굴절이 불완전한 것만은 확실하며 그 이유에 대한 관심은 앞으로 '-앳/옛-'의 문제와 함께 크게 나타날 것이다.
　　　迦葉이 袈裟룰 바다 드ᅀᆞᄫᅡ 고ᄌᆞ기 <u>안자 잇거늘</u> 王이 울며 禮數ᄒ고 나니 <釋詳. 廿四, 6-7> 그저기 치워 어르미 <u>어렛거늘</u> 王祥이 옷 바사 버리고 어름 ᄢᅵ고 <翻小. 九, 25>
22) 이 {-거/어-}의 형태기술은 완벽을 기했다 할 수 없다. 우선 {-가/아-}와의 관계가 불투명하다. 얼핏보기에는 음운론의 조건에 따라 교체되는 변이형일 듯 싶으나, 반드시 그렇다고 할 수 없는 상황으로 나타난다. 가장 특이한 것은 서술의 정동사형에는 {-가/아-}가 쓰이지 않은 사실이다. 만약 음운론적 제약을 받는 것이라면 <8>의 예 중 '다돋거다, 오라거다, 희어다' 등은 '다돋가다, 오라가다, 희아다'와 같이 쓰였을 것이 확실하다. 그런가 하면 일부의 굴절형, 특히 명령형의 경우, '갑가라<蒙法. 31>/알아라<蒙法. 31>/니거라 <月釋. 八, 101>/드러라<月釋. 十, 21>'의 용법('오다'는 '오나다'<月釋. 十三, 32>에 대하여 '오나라<月釋. 七, 7>형이 쓰임)이 특이하여 과연 이들의 문법성의 판별을 어떤 조건에 근거해야 할지 당혹케 한다. 이들에 대한 자세한 검토는 뒤에 다시 논의될 것이다.

Ⅱ-7. 이상 서술의 정동사형에 관여하는 선어말어미들 가운데 {-ᄂᆞ-}와 선택적 관계를 이루는 {-더-}와 {-거/어-}를 살폈다. 이들은 그 배열의 자리가 {-ᄂᆞ-}에 선행하는 점에서 다음에 들 어미들과 우선 구분된다. 그런데 이미 본 것이나, 다음의 것 모두가 하나의 정동사형 내에서 {-ᄂᆞ-}와 배타적이라는 점은 공통되지만, 그 배열순위에 있어 어느 것 하나도 {-ᄂᆞ-}와 동위치의 垂直的인 계열관계에 있지 않은 것도 예사로운 일은 아니다. 그것은 {-ᄂᆞ-}를 비롯하여 이들을 범주로 묶는 데 하나의 조건이 될 것이기 때문이다. 선어말어미들이 취하는 배열위치가 有義的이며 그것이 동일 범주에 속하는 같은 계열에서 대립하는 것일 때 역시 같은 위치에서 수직적 관계를 이룰 것이 기대되는 것이다.

그렇다고 할 경우, {-ᄂᆞ-}를 비롯하여 이것과 선택적 관계에 있는 어미들은 이러한 분포조건을 만족시키시 못하는 것들로 이무어져 있나는 것이 되어 범주 기술의 부정적인 면을 보이는 것이 된다.

그러나, 이와같은 배열의 성향은 {-ᄂᆞ-}와 선택적 관계에 있는 어미들에만 있지 않으며, 다른 유의 어미(가령, {-시-}와 {-ᄉᆞᆸ-}) 모두에 나타나고 있다. 그리고 이와 같은 배열의 위치모형은 모든 선어말어미들을 내포하는 구성일 경우를 가정한 것이다. 그것은 각 어미를 상대적으로 대비해서 얻어지는 전후관계에 따라 이끌어내지는 것일 뿐이지 실재형으로 확인되는 것은 아니다. 그렇기 때문에 단순구성, 즉 하나의 선어말어미만을 내포하는 구성23)에 있어 이들의 교체가 배타성을 가지는 관계에서 배열모형의 순위가 따로이 어떤 의미를 가진다 할 수 없다. 만약 그렇다면 이런 구성형을 가장 단순한 기본모형으로 볼 수 있는 것이고, 적어도 이 모형 내에서 배타적으로 교체되는 어미들은 수직적인 선택관계에 있다 해도 모순은 아니다. 그런 관점으로 보면 앞에서 우려했던 범주기술의 否定性이 해소, 또는 감축된다 하겠지만, 그러나 선어말어미류의 위치적 특징이 지표하는 有義性을 전적으로 부인할 수 없는 문제는 여전히 남는다. 그래서 일단 그 해석의 유연성을 인정해 두면서 {-ᄂᆞ-}는 그와 동위치에서 선택적 관계를 이루는 어미를 가지고 있지 않음을 지적하는 데 그치기로 한다.

---

23) 가령, '가다'를 예로 할 때, '가ᄂᆞ다<楞嚴. 十, 37>/가더라<月釋. 二, 28>/가거다<老. 下, 59 >/가리라<杜初. 十, 39>/…'와 같은 정동사형.

II-8. 다음은 {-ㄴ-}에 후접하면서 선택관계를 이루는 어미를 차례로 例擧하려니와 그들 중 {-ㄴ-}에 가장 근접된 자리를 취하는 것이 {-리-}다.

<9>- i) 天人을 다 請ᄒ리니 너희도 이 法食을 <u>머그리라</u> <月釋. 二, 16>
迦葉尊者ㅣ 雞足山애 <u>가리라</u> ᄒ야 <釋詳. 卄四, 6>

ii) 네 後에 부톄 ᄃ외야 五楞惡世예 天人濟渡호ᄆᆯ 썰비 아니호미 당다이 나 <u>곧ᄒ리라</u> <月釋. 一, 17>
法身이 둘히 <u>아니리라</u>(法身이 不二矣리라) <楞嚴. 二, 14>
볼ㄱ면 보미 <u>업스리며</u>(明ᄒ면 則見이 亡ᄒ리며) <楞嚴. 三, 94>

iii) 네 어미 … 無憂國土에 나 목수미 몯 횟 <u>劫이리라</u> <月釋. 卄一, 59>
勝妙境이 거름마다 다 <u>긔리라</u> <月釋. 十七, 35>

{-리-}의 어간제약의 조건은 <7>, <8>의 것과 다르다. 우선 <7>, <8>에 있는 iv)의 용례, 즉 「-앳/엣-리-」의 통합형이 없는 점이[24] 특이하다. 「-앳/엣-ㄴ-」(<4>의 것)로 비추어, 만약 {-ㄴ-}와 {-리-}가 동범주의 대립하는 형태소라면 「-앳/엣-리-」의 개연성이 충족되는데도 불구하고 실재하지 않는 점에 착안하여 다음과 같은 예측이 가능하다. ① 비록 {-ㄴ-}와 {-리-}는 선택관계를 이루지만, 그것은 동범주의 대립관계에 근거하는 것이 아니다. ② 만약 ①이 僞라면 '-앳/엣-'에게 책임이 돌아가 {-리-}의 소성기술과 함께 '-앳/엣-'의 자질을 규정하는 데 있어 중요한 정보원이 될 것이다. 그리고, i), ii), iii)은 <7>, <8>에 준하는 것으로 {-리-}의 어간지배능력이 동작·상태, 그리고 계사구성에까지 미침을 보이는 것이나, 그 중 ii), 즉 상태동사를 어간으로 취하는 용례는 거의 없다 할만큼 적다. 이런 사실도 보아넘길 범상한 일이 아니다. 가령, {-리-}가 단순히 미래시제를 지표하는 것이라면, 상태동사와의 통합이 폐쇄적일 이유가 없기 때문이다. 이것은 필시 {-리-}

---

24) 이것은 '-엣/앳-'의 자질과 관련되는 문제로 눈길을 끌며, 만약 그것이 「-아/어-잇-」 구성의 단순한 축약형이라면 '-이시-'와 {-리-}의 자유로운 통합을 보이는 다음 예로 미루어 「-앳/엣-리-」의 개연성은 논증된다. 往生快樂이 달옴 <u>이시리잇가</u><月釋. 九, 5>, 반드시 中間애 <u>이시리로소이다</u><楞嚴. 一, 69>.
그런데도 이 통합이 비문법성을 갖는 이유는 결국 이것이 복합성의 자질을 갖는 것이 아니라는 것이고, 그런 면에서는 <7>, <8> 또는 {-ㄴ-}의 경우와 상충한다.

의 소성과 어간의 의미자질 간의 제약일 것이 분명하며, 역시 {-리-}를 기술하는 데서 정밀한 검토가 있어야 할 문제다.

그런데 선어말어미열의 문제에서 {-리-}가 {-더-}와 통합하는 까닭도 의아스럽거니와 그것의 順列이 '-리러-'[25]인 것은 앞에서 지적된 <6>과 상반하는 것이어서 그 정위치가 다른 어미들에 비해 철저하지 못한 것으로 나타난다. 이러한 몇가지 배열상의 특성을 가지면서 {-리-}는 {-ᄂ-}와 엄격한 계열관계를 이룬다.

Ⅱ-9. {-리-}와 함께 {-ᄂ-}와 선택관계에 있으면서 배타성을 가지는 것으로 {-아/어-}가 있다.

<10>- ⅰ) 導ᄒ신 王이 업스니 나라히 威神을 일허다 ᄒ고 <月釋. 十, 9>
　　　　모다 닐오더 舍利弗이 이긔여다 <月釋. 六, 31>
　　　　넉시 어느 趣예 간동 몰라이다 <月釋. 卄一, 27>
　　ⅱ) 나도 머릴 울워러 셜버이다 求ᄒ쇼셔 비ᅀᆞᆸ니 <月釋. 二, 52>
　　　　오늘 尊者 보ᅀᆞᆸ니 깃부미 그지 업서이다[26] <釋詳. 卄四, 34>
　　ⅲ) 佛祖도 尙被渠吞却이어니[27] <金剛三. 二, 60>

----

25) 功德이 이러 당다이 부톄 ᄃᆞ외리러라 <釋詳. 十九, 34> 내 하 더러버 사ᄅᆞ미 몯 나ᅀᅡ 가리러라 <釋詳. 卄四, 50>
　　가령 '-더시-'와 '-시더-'가 병존했던 것에 미루어 '-더리-'와 '-리러-'도 있을 법하나 {-더-}와 {-리-}의 통합형은 '-리러-'가 있을 뿐이다. 선어말어미의 상대적 위치관계에서 유도되는 순위로 본다면 그것은 오히려 '-더리-'가 예측되는 것이다. 句構造 안에서 선어말어미열이 단순한 관용성을 따른 것이 아니라는 견지에서 이러한 문제는 엄밀한 검토가 있어야 하겠다.
26) 때로는 <8>에서 거론한 {-거/어-}와 {-아/어-}가 혼동될 우려가 있다. 그것은 이들이 담당하는 소성이 불투명한 데도 이유가 있으나, 이른바 'ㄱ'묵음화에 따른 변이형에 기인한다. 그러나 이들이 엄연히 대립하는 별개의 어미라는 것은 다음의 예만으로도 확인된다.
　　내 이제 世尊을 ᄆᆞᆺ막 보ᅀᆞᆸ니 측ᄒᆞᆫ ᄆᆞᅀᆞ미 업거이다 <月釋. 十, 8>
　　世間애 慧日이 업스샤 울워ᅀᆞᇦ리 업거시다 <釋詳. 卄三, 19>
27) 이미 주 26에서 지적했듯이 ⅲ)의 {-어-}가 {-거-}인지 혹은 {-아/어-}인지 모호하다. 그것은 계사에 이어지는 'ㄱ'의 묵음화 때문이다. 그러나, 이것의 譯文이 '佛祖도 오히려 뎌의 모구무믈 니버니'인 것으로 미루어 이것이 {-거-}의 변이형이 아님을 알 수 있다. 만약 그것이 {-거-}의 변이형이라면, '니버니'는 '닙거니'가 됐을 것이기 때문이다.

{-아/어-}가 지배하는 어간도 역시 {-리-}와 같다하겠으나, 다만 iii)의 것, 즉 「체언+계사-」에 후접하는 '-어-'는 그것이 {-거-}의 변이형일 수도 있겠다는 점28)에서 주저스럽다. 그렇기도 하지만 {-아/어-}와 {-거/어-}의 대립소성의 불확실성29)이 보다 근본적인 문제로 提論되어 밝혀진 뒤라야 이들의 변별기능을 확인할 수 있게 될 것이다. 이들이 두 개의 형태범주라는 엄연한 사실과는 달리 각기 어떠한 소성을 가진 대립항인지는 아직도 명쾌한 답을 얻었다 할 수 없다. 그리하여 형태상의 유사와 함께 기능의 혼돈을 면키 어려운 상황이다.

그런데, 이 {-아/어-}가 역시 {-거/어-}와 더불어 {-리-}와 통합하는 관계를 이룬다는 것도 특이하지만, 그 語尾列이나 양자의 분별이 형태상으로 달리 나타나 눈길을 끈다.

<11>- ⅰ) 「-리-아/어-~-아/어-리-」

　　　　a. ᄒᆞ마 비 <u>오려다</u> 홋저긔 羅睺阿脩羅王이 두 소ᄂᆞ로 비와 구룸과 자바 <月釋. 十, 85>

　　　　죽사릿 因緣은 듣디 <u>몯ᄒᆞ려다</u> <月釋. 一, 11>

　　　　世間앳 누니 <u>업스려다</u> <釋詳. 十一, 11>

　　　　b. 鞭轡롤 날호야 돌아와 노폰 이바디롤 <u>일워리아</u>(嬾廻鞭轡成高宴) <杜初. 十五, 45>

　　　　眞知로 그스기 化ᄒᆞ시다 <u>널어리로다</u> <月釋. 十三, 44>

　　　　天龍이 조쫑ᄫᆞ며 花香이 ᄂᆞ리니 그낤 莊嚴을 다 <u>술ᄫᅡ리잇가</u> <月印. 上, 127>

a, b는 {-리-}와 {-아/어-}의 위치가 서로 倒置된 것으로 보이는 예다. 물론 이것은 {-리-}를 기준하여 그것에 선후행하는 {-아/어-}나, {-아/어-}를 기준하여 그것에 선후행하는 {-리-}가 각각 별개 소성의 어미가 아니라는 전제가 조

---

28) 濟渡衆生이 幾千萬<u>이어뇨</u><月印. 上, 166> / 엇뎨 ᄎᆞ마 眷屬이 다시 業을 <u>더으거뇨</u><月釋. 卄一, 106>의 대조관계로 보면 '幾千萬이거뇨'일 가능성을 배제할 수 없는가 하면, 현맛 莊嚴과 현맛 供養이 祥瑞롤 <u>펴아뇨</u><月釋. 十七, 23>와의 관계로 보면 그대로 {-어-}라야 옳다. 보다 정밀한 검증이 있어야 하겠지만 변별의 징표가 뚜렷하지 않다.

29) 허웅(1975), p.923. {-더(러)-}의 문제를 추가할 수 있다.

건이 된다. 이와 같은 일은 결코 정상이 아니며 왜 이런 일이 일어나고, 또 그것
이 허용되는지 그 조건을 객관화하기는 어렵다.30)

　한편 {-리-}와 {-거/어-}의 통합열은 {-리-거/어-}31)이고, 그것은 a 의 경우
처럼 '-려-'로 축약되지도 않거니와 b 처럼 순위가 바뀌는 일이 없는 것이 특징
이다.

　ii)「-리-거/어-」
　大慈悲駕鴛鳥와 功德 닷는 내 몸이 正覺나래 마조 <u>보리어다</u> <月釋. 八, 87>
　이 施主ㅣ 오직 衆生의게 一切 즐거본 것만 주어도 功德이 그지 <u>업스리어늘</u> ᄒᆞᄆᆞᆯ
며 阿羅漢果롤 得게 호미ᄯᅡ니잇가 <月釋. 十七, 48-9>

{-리-}와 통합할 경우 {-아/어-}, {-거/어-}, 그리고 {-더/러-}가 자리를 이동
하는 현상은 주목해야 할 충분한 이유가 있다고 보인다. 그와 같은 일은 단순히
우연하게 일어나는 자리바꿈이거나, 임의로 아무 자리나 끼어들어 臨機應變의
列을 이루는 성질의 것이 아니기 때문이다. 그 동기가 {-리-}에 있든, 아니면 저
마다에 있든 간에 필시 어떤 문법성의 추이가 표출된 것으로 짐작된다. 그런데
이러한 문제는 본항의 직접대상이 아니므로 다만 의문을 환기하는 데 그치려니
와 다시 {-ᄂᆞ-}와 선택관계에 있는 어미 문제로 돌아가기로 한다.

　Ⅱ-10. {-리-}, {-아/어-}에 이어 다음은 {-애/에-}가 있다.

---

30) 이와 같은 변칙적인 현상은 {-거/어-}, {-아/어-}의 모호성과도 무관치 않으며 이런 면에
　서도 이들의 모호성을 벗기는 일이 선결문제라 하겠다. 따라서 구체적인 논의는 뒤로 미
　루게 되겠지만, 미리 예상되는 것은 이들이 본래부터 이러했을 리는 없을 것이고, 변화의
　어떤 단계에서 나타난 이탈현상이 아닐까 하는 것이다. 이것과 同軌의 현상으로 볼 수
　있는 것에 {-더-}와 {-시-}, 그리고 {-리-}와 {-더(러)-}의 문제를 추가할 수 있다.
31) 전술한 순위를 상대적으로 대조할 때 예측되는 統合列은 「-거/어-리-」가 된다. 가령, {-시-}
　를 기준할 때 이들의 統合列의 모형은 「-거/어-시-리-」가 되기 때문이다. 그러나 이 모형은
　실재치 않으며, 그 실재형은 「-시-리-어-」다.
　　모ᄃᆞᆫ 山林에 겨시나 ᄆᆞ슨미 魏闕에 <u>돌이시리어니</u> 能히 잠간이나 安樂ᄒᆞ시려 <法華.
　五, 11>

<12> ⅰ) 獄主ㅣ 目連이ᄃ려 무로ᄃ 어마니ᄆᆯ 아라보리로소니잇가 目連이 닐오
　　　　　ᄃ 몰라 <u>보애라</u> <月釋. 卄三, 86>
　　　　　내 긴 劫에 가히 모미 ᄃ외아 사ᄅᆞ미 ᄯᅩᆯ 머구믄 ᄒ려니와 地獄소리
　　　　　드로ᄆᆯ <u>두례라</u> <月釋. 卄三, 91>
　　　ⅱ) 먼 ᄀᅀᅢ 窮ᄒᆫ 시르미 <u>훤ᄒ애라</u>(絶塞豁窮愁) <杜初. 卄三, 16>
　　　　　곧 사ᇙ ᄀᅀᅵ 미욜 도니 <u>업세라</u>(無錢卽繫籬傍) <杜初. 十, 4>

　{-애/에-}와 통합하는 어간은 앞의 {-아/어-}와 대체로 같으나 다른 어미들과
의 통합관계는 매우 다르다. 우선 서술정동사어미가 {-라}가 되는 점을 비롯하여
극히 제한된 선어말어미만이 이와 통합형을 이루어[32] 이들의 소성기술을 기다리
지 않고도 {-아/어-}와는 구별되는 별개의 형태소임을 알게 한다. 비록 이것이
동작·상태의 서술어간과 그 정동사어미 {-다/라} 사이에 단독으로 개재하는 분
포자질을 가지기는 하지만, 서법상의 폐쇄성이나, 여타의 선어말어미들과 배타적
으로 관계하는 성향으로 미루어 볼 때 그것이 부담하는 기능의 영역이 제한적이
며, 취약한 것으로 파악된다.

　그런데 이 {-애/에-}가 {-아/어-}와 이형태 관계에 있는 것이 아니라 할지라
도 그들의 형태나 소성의 有緣性을 상정할 수 있는 가능성마저 배제하는 것이
아니듯이, 이와 대조적으로 나타나는 또 하나의 것으로 {-거/어-}에 대한 {-게-}
가 있어 홍미롭다.

<13> ᄯᅩ 黑暗애 디여 無間獄애 드러 種種苦ᄅᆞᆯ 受호미 ᄯᅩ 아디 <u>몯게라</u> 언마오
　　　<牧牛. 43>
　　　봆 興에 아디 <u>몯게라</u> 믈윗 몃 마릿 그를 지스니오(春興不知凡幾首)
　　　<杜初. 卄二, 16>
　　　惠能은 和尙끠 엳줍노니 弟子이 제 ᄆᆞᅀᆞ미 샹녜 智慧ᄅᆞᆯ 내야 제 性을 여희

---

32) {-애/에-}에 선행하는 것은 {-리-}가, 그리고 후행하는 것은 {-이-}가 있을 뿐이다. 이들
　의 사용빈도는 {-애/에-} 자체도 그러하지만 전자는 후자에 비해 훨씬 희소하다.
　① 내 어미 아ᄆᆞᄃ 냇ᄂᆞᆫ 디 <u>몰래이다</u> <月釋. 卄一, 53>
　　　ᄲᆞᆯ 니고미 오라ᄃ 오히려 ᄀᆞᆯ히리 <u>업세이다</u> <六祖. 上, 27>
　② 내 말옷 아니 드르시면 ᄂᆞ외 즐거본 ᄆᆞᅀᆞ미 <u>업스레이다</u> <月釋. 二, 5>

디 아니호미 곧 이 福田이어시니 아디 <u>몯게이다</u>(卽是福田이어시니 <u>未審케</u>
<u>이다</u>) <六祖. 上, 8>
만히 <u>깃게이다</u> 누의님하(多謝姐姐) <杜初. 上, 48>33)

이들 {-애/에-}와 {-게-}가 정동사어미 {-라}를 취하는 데 반하여 {-아/어-},
{-거/어-}가 {-다}를 취하고, 다른 어미들과의 통합하는 제약조건도 상이하여 별
개의 어미목록으로 보았지만, 역시 이들은 통시적으로 繼起하는 有緣關係에 있
다는 추측을 버리기 어렵다. 그 하나로 {-아/어-}, {-거/어-}가 우세하게 나타나
던 시기에는 {-애/에-}, {-게-}가 거의 보이지 않다가 {-아/어-}, {-거/어-}의 변
화에 따라 불완전한 제약 아래서 {-애/에-}, {-게-}가 擡頭하지만, 이 모두는 조
만간 退嬰의 혼란에 이끌리는 상황을 빚고마는 자료의 분석을 들 수 있다. 그리
하여 이들은 일부의 응축형, 즉 '-거/어나, -거/어늘, -거/어든, 거/어니와…' 등에
잔류할 뿐 매몰되어 간 것이다. 그러므로 이미 잊어버린 이들을 기억할 능력이
없는 우리가 이들의 문법성을 직관할 수는 없지만, 이들의 엄연한 실재와 분포특
성으로 보아 그것이 필요했던 문법의 시대가 있었을 것이고 그 문법을 추적하는
문제는 문법사의 중요한 과제이기 때문에 이들의 문제를 소홀히 할 수는 없다.

이 밖에도 {-ㄴ-}와 배타적 관계를 이루는 어미에 이른바 强調-咏嘆法34)이라
고 한 {-앳/엣-}, {-것-}, {-도/로-}, {-돗-}, {-노-}, {-놋-}, {-닷/랏-}, {-샷-},
{-소-}, {-ㅅ-} 등35) 여럿이 있으나, 이들의 분포적 제약이나, 통사·의미의 폐쇄

---

33) 「朴通事諺解」는 이것을 '多謝ᄒ노라 姐姐ㅣ아<朴通. 上, 44>'로 바꾸었는가 하면, '아ᄆ
란 헌 된동 몰래라(不知甚麽瘡)<杜初. 上, 13> → 아디 못쎄라 므슴 瘡인디 <朴通. 上,
13>'로도 나타나 {-애/에-}~{-게-}~{-φ-}의 혼란을 드러낸다.
34) 허웅(1975), pp.923-956.
35) 선어말어미에 대한 논의에서 이들은 거의 관심 밖으로 밀려 사각지대처럼 되어 있는 목
록들이다. 그렇게 된 데는 그에 상응하는 이유가 있을 터이다. 대체로 그들의 문법성이
불투명하며 어말어미 쪽으로 편재되어 제한된 동사구에만 나타나는 특이성이 있고 통사
·의미상의 有義性이 모호한 것도 사실이다. 앞으로 정밀한 검토가 있어야 할 것임에 틀
림없다. 우선 이들을 피상적으로 보아 다음과 같은 몇 묶음으로 분류해 본다. ① 「아/어~
애/에~앳/엣」, ② 「거~게~것」, ③ 「도/로~돗」, ④ 「노~놋」, ⑤ 「다/라~닷/랏」, ⑥ 「샷~
소~ㅅ」.
막연한 가정일 뿐이지만 이들은 역시 기왕에 확인된 문법의 계층적 질서와는 다른 계층
적 질서에서 그 존재이유가 검증되는 것이 아닐까 한다.

성과 같은 성향으로 보아 별도의 계층적(hierarchical) 질서에 관여했던 것이 아닐까 하는 가정에서 이들에 대한 문제는 논외로 한다.

Ⅱ-11. 이상 서술의 동사구를 구성하는 형태소들의 목록과 분포특성을 살핀 셈이며, 특히 그것은 {-ㄴ-}을 기준점으로 하여 그것과 통합하는 관계의 것과 선택하는 관계의 것, 즉 縱橫의 두 축을 이루는 좌표를 조감하는 것이었다. 이제 이것을 한데 모아 도시해보면 다음과 같다

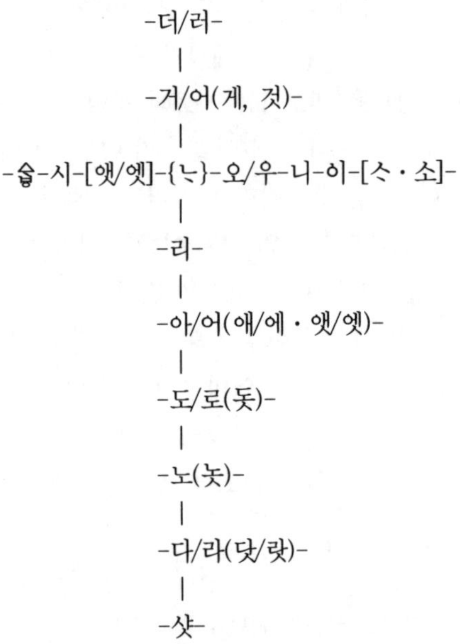

이 좌표의 일차적 의미는 두 축의 교차점이 {-ㄴ-}라는 데 있다. 따라서 그 기준점을 바꿀 경우 이들의 분포위치도 변할 것은 충분히 예상되는 일이며, 그러한 이동관계를 모두 합쳐야만 총괄된 체계적 해석이 가능해지리라는 것도 사실이다.

그러나, 이와같은 작업이 물론 그 자체만으로도 가치를 가질 뿐만 아니라, 궁극적으로는 특정형태소의 체계적 기술과 그 소성의 객관화에도 기여하기 때문에

우리의 시도는 {-ᄂ-}의 문제에 초점을 맞춘 것이었다. 이것은 {-ᄂ-}의 해명과 함께 그와 상관관계에 있는 것들의 범주설정이나 체계기술에 유익한 기초를 이룰 것이다. 다시 말해서 가령, {-ᄂ-}가 시상범주의 한 항목이고 그것이 어떤 시제소성을 가졌다 할 경우 그를 기준으로 하여 그와 상관성을 이루는 모든 항목은 추론될 수 있다는 것이다. 그것은 결국 {-ᄂ-}의 기술이 {-ᄂ-}를 포함하는 전체에 직결된다는 뜻이기도 하다.

Ⅲ

Ⅲ-0. {-ᄂ-}를 내포하여 통합하는 동사구의 어간은 엄격히 제약되었다. 이미 앞에서 지적했듯이 {-ᄂ-}는 동작동사만을 어간으로 취하는 특징이 있다. 동사의 語義가 되어 있는 狀況(situation)은 상태성의 것과 활동성의 것, 그리고 수행성의 것으로 분류할 수 있고, 그중 상태성만을 제외한 활동·수행성의 것을 동작동사라 하는 것이 보통이다. 따라서 동작동사는 그 語義로서 활동·수행성을 특질로 가지는 어류를 가리킨다.

그런데, 동작은 그것에다가 [±변화성]의 자질을 부여할 때, [+변화성]의 운동적 동작과 [-변화성]의 정지적 동작이 하위분류되고, 이 가운데 [-변화성]은 상태동사에 있어서도 발견된다. 그래서 정지적 동작동사와 상태동사는 적어도 [-변화성]에서 동질관계를 이루나, 이 [-변화성] 즉 불변성의 내부를 자세히 살피게 되면 그들의 변별자질이 될 만한 요인을 찾을 수 있다. 즉, [-변화성]은 어떤 상황의 持續을 함의하며 지속은 그것이 이루어지는 질적인 단면으로 보아 均質的 지속과 非均質的 지속 ([±均質])으로 나뉘고 상태동사는 [+균질]의 것이며, 정지적 동작동사는 [-균질]을 자질로 가지는 것이 특징이다. 이런 관계를 정리하면 다음과 같다.

동사 \ 자질		동 작 성		상태성	변 화 성		
		활동성	수행성		+ 변화	+ 균질	- 균질
동작동사	운동적 동작동사	+	+	-	+	-	-
	정지적 동작동사	+	+	-	-	-	+
상 태 동 사		-	-	+	-	+	-

Ⅲ-1. {-ㄴ-}가 과연 시상법상 어떤 시간의 관계를 지시하는지에 대해서는 별도의 詳察과 검증이 있을 문제지만, 그에 앞서 우선 {-ㄴ-}와 그것과 통합하는 어간의 의미특성과의 관계에 유의할 필요가 있다.

가령, 모든 서술동사는 시제를 가지며 {-ㄴ-}가 그 시제법상의 P라는 소성을 지표한다고 상정할 경우, {-ㄴ-}의 개재여부가 [±P]를 변별하는 原因子가 됨은 물론이다. 그런데 동사 가운데 어느 어류(상태동사)는 {-ㄴ-}와 통합하지 않는다. 그렇다면 그 어류는 P의 소성을 가지지 않는 것이라야 마땅하다. 그럼에도 불구하고 그들 역시 {-ㄴ-}가 없이도 {-ㄴ-}의 고유소성인 P를 시제범주로 갖는다면, 그것은 매우 이례적인 일이라 아니 할 수 없다. 다시 말해서 종래, 동사는 {-ㄴ-}, 형용사는 {-φ-}로 현재 시제를 나타낸다는 기술이 바로 이러한 모순을 안고 있다.

이와같은 의미·형태적인 차등이 일반원리에 정면으로 위배되는 것은 아니라 하더라도 오직 시제 자체에다가 준거의 초점을 두고 본다면, 어떤 시제가 둘, 또는 그 이상의 형태소와 상보적이라고 할 수 있어 문제가 된다. 시제가 동사와 형용사에 있어 각각 다른 이원적 체계를 가진 문법이 아니라면 가령, 동사의 현재시제와 형용사의 현재시제가 다를 리도 없겠지만, 달라서도 안 될 것이다. 하물며 과거, 미래 따위는 같은데 현재만이 다르다고 할 경우 여기 어떤 합리성이 부여될지 의문이다. 단순히 동사의 현재는 {-ㄴ-}, 형용사의 현재는 {-φ-}가 각각 그들의 형태론적 표지가 된다는 기술은 얼핏 보기에 별 하자가 없는 듯하나, 이런 관점에서 보면 동일 소성을 나타내는 데 各異한 형태론적 징표를 취해야만 하는 이유가 무엇인지 석연한 설명을 할 수 없다. 오히려 그것이 동사와 형용사의 굴절에서 보이는 범주적 특성이라 하여 당연시하는 경향이기도 하지만 동사와 형용사의 시제체계는 이원적이라 하든가, 아니면 {-ᄂ-}와 {-φ-}는 동일소성의 것이 아니라고 하지 않는 한, 이들의 관계를 합리적으로 기술하기는 어렵다.

이것은 매우 단순하고 소박한 의문에 기초하는 가정이지만, 그러나 소홀히 묵과해 버릴 수 없는 본질적인 문제를 시사하는 것이기도 하다. 즉, 동사는 {-ᄂ-}를 가진 체계고, 형용사는 {-ᄂ-}가 없는 체계라 하고 {-ᄂ-}가 '현재'의 지표일진대 그것은 결국 '현재'를 가진 체계와 '현재'가 없는 체계로 기술되어야 한다는 당위성에 근거하는 것이다.36)

그러나 이것은 형용사의 어떠한 특성으로도 정당화할 수 없다. 그것은 시제범주나 체계의 유무의 문제까지도 위협할 수 있는 핵심적인 문제이기 때문이다.

'현재'는 그 자체의 시점개념을 가질 뿐만 아니라 모든 시간적인 분할의 기준이 되어 그것을 중심으로 하는 대립의 관계에서 범주적인 체계를 엮을 수 있게 되므로 그것의 유무가 단순히 특정의 시점개념의 유무에 그치지 않음은 물론, 기준점이 없는 분할체가 체계의 개념을 가질 수 없다는 것은 평범한 논리다. 따라서 이 가정은 성립할 기반이 없다.

두번째의 가정은 동사의 {-ᄂ-}와 형용사의 {-φ-}는 서로 상보적 관계의 것이 아니라는 것이다. 그것은, 즉 {-ᄂ-}가 [+현재]라면 {-φ-}는 [-현재]이거나, {-φ-}가 [+현재]이라면 {-ᄂ-}는 [-현재]가 된다는 것이다. 이럴 경우 형태론적으로 無徵項이 有徵項에 우선하는 기준항이 되는 원칙에 따르면, 동사든, 형용사든 현재시제는 {-φ-}로 지표된다고 할 수 있다. 만약 이것이 적격하다면, {-ᄂ-}가 지표하는 것은 [±현재]의 시제에 관계된 자질이 아니라는 결론이 된다. 이러한 배경에서 {-ᄂ-}는 재검될 충분한 이유를 가진다.

Ⅲ-2. 이제 다시 동작동사와 상태동사의 변별자질과 이 {-ᄂ-}의 소성 문제를 연관시켜 그 대립 자질로써 {-ᄂ-}의 소성을 이끌어내는 시도가 기대되는 계기

---

36) 이것은 적어도 일원적이든 이원적이든 같은 범주의 시점개념을 지표하는데 두 개의 형태소를 배당하는 일은 이례적이며, 국어의 현재지표는 {-ᄂ-}만의 고유소성이라는 전제로 한 것이다.

에 이른 듯하다. 위의 분석표에서 우리는 {-ᄂ-}가 동작성[활동성, 수행성]에만 관여적이라는 사실을 확인할 수 있었거니와, 그것을 변화성의 문제에 투사했을 경우 동작동사와 상태동사가 [-변화]를 공통기반으로 하면서 [-균질] 대 [+균질]의 대립을 이루고 있다는 것을 알게 되었다. 그 때 [+변화]는 당연히 [-균질]을 包有하기 때문에 결국 동작동사는 [-균질]의 자질을 가진 것이라 할 수 있고, 따라서 모든 [-균질]에 {-ᄂ-}는 관여한다고 할 수 있다. 이것이 상황의 질적인 단면이 끊임없이 변이함을 뜻하며, 그러한 변이성과 {-ᄂ-}는 상관하는 반면, 동질상황의 지속, 즉 [+균질], 다시말해서 상태성과는 철저하게 배타적이라는 사실을 시사한다.

동작성은 변화성과 겹치는 관계를 이루며 그렇기 때문에 「동작성(활동성·수행성) 대 상태성」의 대립으로 범주화되는 「동작동사 대 상태동사」와 「변화성[37] 대 불변성」은 등가관계에 있는 표리의 문제지, 서로 무관한 별개의 성질이 아니다.

여기서 우리는 {-ᄂ-}의 시제성에 대한 문제는 차지하고, {-ᄂ-}가 어간을 제약하는 의미에만 초점을 두고 거기에다가 [변화성]의 자질을 부여할 경우, {-ᄂ-}는 [+변화]([-균질]의 [-변화]까지를 포함하는)의 어간만을 통합조건으로 한다는 규칙을 얻게 된다.

그러나, {-ᄂ-}가 단순히 어간과의 호응에 그칠 뿐, 적극적으로 어간에 관여하여 그 의미질의 변화를 유발한다든가 하는 기능은 없다고 할는지 그 판단이 어렵다. 가령 다음과 같은 예문을 대비해 보기로 한다.

<14>- 가) 經에 닐오디 菩薩ㅅ고해 無色界옛 香올 <u>마트시다</u> 혼 말도 이시며
　　　　<月釋. 一, 36>
　　　나) 乾闥婆ᄂ 香내 <u>맏ᄂ다</u> 혼 쁘디니 <月釋. 一, 14>

가), 나)에서 각각 '맏다'와 '맏ᄂ다'가 가려지며, 이 양항의 시차성이 가)는 동

---

37) [-변화] 중 [-균질]의 정지적 동작도 엄격한 의미에서 [+변화]의 자질을 가진 운동적 동작에 준한다는 판단을 근거로 한 것이며, 비록 [+변화]와 전적으로 동질관계에 있지는 않다 하더라도 그것은 분명히 변화의 내재성을 가지기 때문이다.

작성만을, 그리고 나)는 그것에다가 변화성의 자질이 추가되어 어휘의미의 변질을 유도하는 데 {-ᄂ-}가 관여적일 가능성을 배제할 수 없다. 통상의 文에 가)의 '맡다'형이 흔히 쓰이지 않는 이유도 실현되는 동작은 동작성의 개념만이 아니라 그것의 [-균질]변화성이 주어짐으로써 구체적인 현실성을 갖는다는 측면에서 해명된다. 만약 종래의 기술대로 한다면, 나)의 '맡ᄂ다'는 현재시제일 것이나, 가)의 '맡다'는 어떻게 설명될 것이며, 과연 가)와 나)에서 현재시제의 유무가 문법성으로 표출되어 각기 다른 文意를 이루었다고 할 수 있을지 기묘성이 남는다.

특히 다음과 같은 특이한 용법은 으례 이례적인 변칙으로 처리되던 것인데 오히려 적정한 규칙의 적용을 받게 된다. 즉 이른바 형용사어간과 {-ᄂ-}의 통합형이 그러하다.

<15>- ⅰ) 가. 無盡意 술오샤ᄃᆡ 甚히 <u>하이다</u>(無盡意言ᄒ샤ᄃᆡ 甚多ᄒ이다)
　　　　　　　　<法華. 七, 68>
　　　나. 곶 됴코 여름 <u>하ᄂ니</u>(有灼其蕡其實) <龍歌. 2>
　ⅱ) 가. 西水ㅅᄀᆞᅀᅵ 져재 <u>곤ᄒ니</u>(西水之滸如市之歸) <龍歌. 6>
　　　나. ᄒ다가 變ᄒ야 업슬 쩨 이 ᄆᆞᅀᆞ미 거부븨 터리와 톳긔 ᄲᅨ왜 <u>곤ᄂ니</u>(若變滅時예 此心이 則同龜毛兎角ᄒᄂ니) <楞嚴. 一, 90>
　ⅲ) 가. 巫峽엔 千山이 <u>어드우니</u>(巫峽千山暗) <杜初. 八, 39>
　　　나. ᄒᆡ 불ᄀᆞ며 구루미 <u>어듭ᄂ니</u>(日明ᄒ며 雲暗ᄒᄂ니) <楞嚴. 四, 44>
　ⅳ) 가. 나ᄃᆞ리 <u>길어다</u>(日月長) <杜初. 十五, 23>
　　　나. 菩提ㅣ 나날 <u>기ᄂ다</u> ᄒ야ᄂᆞᆯ(菩提日日長이로다ᄒ야ᄂᆞᆯ) <六祖. 中, 111>
　ⅴ) 가. 어미 몯 보아 시름 <u>깊거다</u> <月釋. 八, 87>
　　　나. 슬허 ᄒ요ᄆᆞᆫ ᄒᆡ로 다뭇 <u>깁ᄂ다</u>(爲恨與年深) <杜初. 十一, 10>
　ⅵ) 가. 天性은 <u>불ᄀᆞ시니</u>(天性則明) <龍歌. 71>
　　　나. 如意珠寶ᄂᆞᆫ 돐 업슨 바ᄆᆡ 虛空애 돌면 그 나랏ᄀᆞ자ᄋᆞᆫ 낫 ᄀᆞ티 <u>붉ᄂ니라</u> <月釋. 一, 26>
　ⅶ) 가. 이 無ᄒ字애셔 너므니 잇ᄂ니야 <u>업스니야</u>(過此無者아否아)
　　　　　　　<蒙法. 62>
　　　나. 二禪天에셔 ᄆᆞ리 나아 아래 ᄀᆞ독ᄒ얫다가 믈도 <u>업ᄂ니라</u>
　　　　　　　<月釋. 一, 49>

가)와 나)의 對는 동일어간의 활용형이 「{-φ-} 대 {-ㄴ-}」로 이루어져 상례를 크게 벗어난 용법을 보인 것이다. 그것은 물론 상태동사(형용사)의 굴절법에 위배하고 있기 때문이다. 특히 유의할 것은 이들의 대립의 시차성이 형태론적으로는 이와 동계의 것으로 보이는 <14>의 것, 즉 동작동사(동사)의 것과는 대비관계에 있지 않다는 것이다. <14>의 것(동작동사)들에서는 가)와 나), 「{-φ-} 대 {-ㄴ-}」가 시제성을 지표로 하는 대립이라고 할 여지가 전적으로 배제되지 않는 데 반해 <15>의 것(상태동사)들은 그럴 여지조차 없다. 이들의 관계를 종래의 기술을 기초로 하여 가정한다면, <14>의 것은 「中立時(φ) 對 現在時(ㄴ)」로, <15>는 상태동사의 현재시는 {-φ-}로 지표를 삼는 원칙에 따라 「現在時(φ) 대?(ㄴ)」가 된다.

動 詞 \ 語 尾	가): {-φ-}	나): {-ㄴ-}
<14>:動作動詞	中立時(?)	現在時
<15>:狀態動詞	現在時	?

그리고, <14>의 {-ㄴ-}와 어간의 통합은 개방적이나, <15>는 매우 폐쇄적이다. 다시 <15>의 문제로 돌아와 보면, 이들이 극히 폐쇄된 어휘항목에 제한되어 있을 뿐만 아니라 그 용례가 零星한 것도 사실이지만 {-ㄴ-}의 소성기술을 위해서는 결정적인 단서가 되기에 충분하다. 가령, '하이다'와 '하ㄴ니'의 대비에서 {-ㄴ-}를 현재시로 왜곡할 가능성은 없다. 혹시 이런 용법을 동작동사화라는 전용이나 파생으로 설명하려 한다면 그것 또한 조어법의 조리에 닿지 않기도 하지만, 그것은 더더욱 {-ㄴ-}로 하여금 시제범주를 이탈하지 않을 수 없게 하는 결과가 된다.

Ⅲ-3. 이상의 사실들은 이미 앞에서 밝혔듯이, {-ㄴ-}의 소성은 일차적으로 동작의미의 자질에다가 [-균질]의 [변화성]을 지표하는 것이라는 근거를 한층 다지는데 귀결하며, 이것과 시상법의 연계여부는 함의의 문제로 2차적인 것이라 할

수 있다. 그리하여 '하φ-'와 '하ᄂ-'에서 본시 '하-'는 [상태성]의 것으로 [+균질]의 불변성과 대응하여, 균질연속적인 지속의 뜻을 가진 것인데, {-ᄂ-}의 관여에 따라 [-균질]의 변화성이 주어져 균질불연속적인 계속[38]의 자질을 취득하게 된 것이 '하ᄂ-'다. 그러므로 {-ᄂ-}를 현재시니 또는 진행이니 하더라도 일부 容或 無怪한 측면을 보이는 이유도 이러한 의미특질에 근거한 것이지, {-ᄂ-}의 고유 소성 자체가 그러하다고 할 수 없다. {-ᄂ-}의 고유한 소성의 자질은 [-균질]일 따름이다. 그러나, 이 [-균질]이 시상과 긴밀히 상관하는 관계에 있다는 것도 부 인할 수 없다. 여기서 이들의 대립관계를 정리해 보면 다음과 같다.

{-ᄂ-}	對	{-φ-}
動　性		非 動 性
非狀態性		狀 態 性
變化性		不 變 性
非持續性		持 續 性
進行性		非進行性
非均質性	對	均質性

III-4. 다음에 덧붙여 이 논거를 한층 다지기에 충분한 통합형으로 <4>에서 제기됐던 「-앳/엣-ᄂ-」가 있다.

<16>- i) 우리 道理의 닐며 믈어듀미 오ᄂ날래래 <u>잇ᄂ니이다</u> <月釋. 二, 74>

ii) 당다이 이런 希有ᄒ 相올 보ᅀᄫ잇ᄂ니 <釋詳. 十三, 15>

iii) 長者ㅣ 菩提樹 미틔 ᄃ려다가 삼동내 버혀 <u>더뎻ᄂ니라</u> <月釋. 八, 102>

一切 므렛 ᄃ롤 ᄒ ᄃ리 모도 <u>자뱃ᄂ니라</u> <金剛三. 二, 24>

---

38) '持續'과 구별하기 위한 뜻으로 쓴 용어다. '持續'은 상황을 어떤 시점으로 잘라도 잘라낸 부분과 他의 부분의 질이 균일할 경우이며, 그것은 직선으로 圖示할 수 있다. 이에 반해 '繼續'은 어떤 상황이 모두 균질의 순간으로 이루어진 것이 아니라 몇 개의 등가성이 인 정되는 점으로 되어 있어 규칙 혹은 불규칙한 불연속으로 도시된다. 가령, '희다(白)'와 '자다'의 질적 차이와 같은 것이다.

iv) 麒麟은 됴ᄒᆞᆫ 삿기를 <u>帶ᄒᆞ얏ᄂᆞ니라</u> <杜初. 十六, 9>

닷량 금으로 메윗ᄂᆞ니라(五兩金子廂的) <杜初. 上, 19>

엇던 다ᄉᆞ로 우리둘히 이제ᄃᆞ록 成佛 <u>몯ᄒᆞ얏ᄂᆞ뇨</u>(何故로 我等이 今不
成佛고) <禪龜. 下, 43>

위의 예시는 이른바 과거시제 {-앗/엇-}이 겪은 사적 단계를 추적하는 데 도움이
되게 열거되었을 뿐만 아니라, 본디 「잇-」과의 통합원리로 통합된 {-ᄂᆞ-}가 「-아/어
~잇-」, 「-앳/엣-」, 「-앗/엇-」의 모든 변이단계39)에서도 변함없이 관여하고 있는 사
실을 확인해 보기 위한 것이다.

이와같은 예증은 서술동사구 이외의 구성에서도 찾아질 개연성이 있으며, 그
하나로 「-아/어~잇는」, 「-엣/앳-는」, 「-앗/엇-는」40)이 있음을 환기해 둔다.

여기서 우리의 관심의 초점은 「{-앗/엇-} 대 {-ᄂᆞ-}」를 「과거 대 현재」라고 하
는 기술을 기정사실로 할 경우 어떠한 시제의 질서가 「-앗/엇-ᄂᆞ-」에서 「과거-현
재」를 수용할 수 있느냐는 데 있다. 만약 이것이 모순이라면 당연히 그 선행단계
의 통합논리에도 이 모순성은 유효했을 것이기 때문에, 역시 {-ᄂᆞ-}를 단순하게
'현재'를 기술하는 데는 많은 비리를 자초할 수밖에 없다.

이와같은 모순을 극복하기 위한 길은 {-앗/엇-}의 문제가 아니라, 오직 「{-ᄂᆞ-}
=현재시제」의 고정관념에서 벗어나는 데 있으며, 그것이 귀결되는 바도 {-ᄂᆞ-}는
[-균질], 즉 '균질불연속적인 계속'을 자질이라고 함으로써 합리성을 획득하게 된
다.

---

39) 이것은 상당한 질량의 논의가 있어야 할 비중 높은 과제다. 여기서는 그간의 성과를 집약
하는 데 그친다. 다만 이를 시사하는 단적인 예로 「朴通事 上」과 「朴通事諺解」를 대비한
다음 예를 들어 둔다. 오늘 다 <u>청ᄒᆞ야 잇ᄂᆞ니라</u>(今日都請下了) <朴初. 上, 65>=오늘 다
<u>請ᄒᆞ엿ᄂᆞ니라</u> <朴通. 上, 59>

40) i) 現在ᄂᆞᆫ 現ᄒᆞ<u>야 잇ᄂᆞᆫ</u> 劫이라 <釋詳. 十三, 50>

ii) 됴ᄒᆞᆫ 힝뎌글 <u>가졧ᄂᆞᆫ</u> 警戒니 <釋詳. 九, 6>

손 <u>안잿ᄂᆞᆫ</u> ᄢᅴ 비를 횟도ᄅᆞ놋다(廻舟客坐時) <杜初. 十五, 35>

iii) <u>퍼뎟ᄂᆞᆫ</u> 너추리 몰ᄀᆞᆫ 모ᄉᆞᆯ 횟돌앳도다(滋蔓遍淸池) <杜初. 十五, 8>

좌애 <u>안잣ᄂᆞᆫ</u> 사ᄅᆞᆷ의 손디 다 나ᅀᅡ든 <呂鄕. 41>

IV

IV-0. 국어의 시상법의 질서체계에 대한 논의는 그간에 상당히 진전이 있었고, 또 상응하는 성과도 거두었으나, 아직도 그 모습이 확연하게 논증되지 못하고 있는 것도 사실이니, 거기에는 그만한 여러가지 복합된 錯綜性의 난제들이 있는 것이다. 그것은 시제와 상의 문제를 비롯하여 양태나 서법과의 交叉關係 등 고유한 범주설정이나 그들이 대립하는 기제를 끌어내서 기술하기 어려운 本能的인 난해성을 미리부터 가진 것이기 때문이라고 여겨진다.

그러나 시상문법은 동사구의 여러가지 수행능력 중에서도 매우 큰 몫을 차지하기도 하거니와 그것은 어떠한 모습, 어떠한 성질의 것으로든 필시 고유한 체계를 이루고 있을 개연적인 가설을 제기해 오고 있다. 본고도 이 제기된 가설의 논증을 위한 시도의 하나에 지나지 않으며, 특히 현대어가 빚고 있는 錯綜性의 매듭을 풀기 위해서도 그것에 선행하는 사적 단계의 것, 즉 근대나 중세의 시상문법의 모두를 걸러내는 일이 급하다고 인식되어 계획된 작업이지만, 그 가운데 기초적인 일부의 문제를 다루는 데 그친 것이 되었다.

그렇다고 할 때 시상문법의 체계가 도출되지 않은 상황에서 한 부분만을 論斷한다는 것은 本末이 顚倒되는 愚를 범할 가능성을 자인하면서 위의 논지를 집약하는 것으로 결론에 대신한다.

IV-1. 시상법의 체계구성은 시간축에 설정되어 기준시점의 문제로부터 시작된다. 시간축이 하나냐 둘이냐 하는 것도 체계의 基幹을 좌우하는 문제지만, 그것이 단원적이든 다원적이든 역시 그 축 위에서 분할된 대립시의 관계를 구성하는 원리는 같기 때문에 다원적인 체계라 하더라도 기준시점의 문제는 움직일 수 없다. 시제체계의 기준시점은 화자의 발화시 [S]가 되며, 그 체계는 이 시점을 기준으로 하여 이루어지는 deictic 관계의 집합이 된다. 좀더 엄밀하게 말해서 文에 관여하는 시간에는 이 발화시 이외에도 상황시[E]와 관찰시[R]가 있어 이들의 관여에 따라 각 언어의 시상체계가 구성되고 그 특징이 지워지는 것이지만 이들의 관계에서 도출되는 기준시는 발화시=상황시=관찰시가 되고 그것이 바로 현재시제가 되는 것이다.

그러므로 이 현재시제의 문제는 체계기술에 있어 모든 것에 우선하여 규정되어야 하는 기본문제다. 그래서 우리는 이른바 현재의 선어말어미 {-ᄂ-}를 다시 음미하게 되었고, 그것이 굴절체계 내에서 어떠한 분포특질을 示顯하는지 통합과 선택의 관계를 詳察하여 궁극적으로는 {-ᄂ-}의 형태론적 자질과 그 문법적인 범주의 소성을 析出하려고 시도하였다.

Ⅳ-2. 그와 같은 과정의 개요는 다음과 같이 집약된다.

(1) {-ᄂ-}는 이형태를 허용치 않는 단일형의 선어말 어미다.

(2) {-ᄂ-}는 전접어간으로 동작동사만을 취한다. 그것은 동작성으로 보아 활동성·수행성의 것이며, 변화성으로 보아 [-균질]의 균질불연속적인 계속의 자질을 가지는 어휘범주의 것이다.

(3) {-ᄂ-}는 다음과 같은 선어말어미들과 통합관계를 이룬다.

「-ᄉᆞᆸ·시-(앳/엣) + {ᄂ} + 오/우·니·이·(ᄉᆞ·소)-」

통합관계의 제약조건 중 동일범주에 속하는 동족형태소의 중복에 대한 不容認性은 매우 엄격하다. 따라서 자료로부터 귀납된 이 선어말어미들은 최소한 {-ᄂ-}와는 동범주의 동족관계에 있지 않다는 것을 걸러낼 수 있다. 그리하여 만약 {-ᄂ-}가 시상법의 어떤 항을 지표하는 형태소라면 이와 통합하는 이들은 시상법과 무관한 것이 된다.

(4) {-ᄂ-}는 다음의 선어말어미들과는 선택적 관계의 분포특성을 갖는다.

「-더/러·거/어(게·것)×{ᄂ}×리·아/어·(애/에·앳/엣)·도/로(돗)·노(놋)·다/라(닷/랏)·샷-」

선택적 관계에 있는 이들이 모두 배타적이어서 한 동사구 속에 공존할 수 없는 것은 사실이나, 이들이 필연적으로 동범주의 형태소라야 하는 구속을 받는 것은 아니다. 그러나, 만약 {-ᄂ-}를 포함하는 체계가 있고, 따라서 그것과 동범주 관계에 있는 동족형태소가 있다면, 적어도 이들 가운데 있어야 할 것은 확실하다. 그리고 그것은 {-ᄂ-}와 꼭 같은 좌표점에서 선택되는 것일 때 그 계열성이 한층 提高된다고 하겠으나, 이들 중 어느 것도 {-ᄂ-}와 동위치에서 선택되는 관계를 이루지 않는다.

이와 같은 분포의 특성이 {-ᄂ-} 자체의 문제와 함께 {-ᄂ-}를 내재항으로 하는 체계의 구명에 可否를 가늠하는 조건까지는 되지 않는다 하더라도 그 기본 성격을 이루는 체계의 구조원리에 깊숙히 관여할 것은 틀림없다.

그러나, 선어말어미열상의 순위와 그들의 범주적 離合의 유관성 문제나, {-ᄂ-}와 선택적 관계에 있는 각 어미들의 좌표가 모두 검출되어 밝혀져야 그 歸趣가 드러날 것이기 때문에 잠정적인 유보로 돌린다.

(5) 통합과 선택의 두 축이 교차하는 기준점을 {-ᄂ-}로 하는 선어말어미들의 분포좌표는 다음과 같이 총괄된다.

<pre>
                    Y축(選擇的)
                    │더/러
                    │거/어(게·것)
        숩 시 〔앳/엣〕 │ᄂ 오/우 니 이 〔ᄉ·소〕
────────────────────┼──────────────────────X축 (統合的)
                    │리
                    │아/어(애/에·앳/엣)
                    │도/로(돗)
                    │노(놋)
                    │다/라(닷/랏)
                    │샷
</pre>

(6) {-ᄂ-}의 소성을 일반적으로 동사의 현재시제로 기술한다. 그러나, 이것은 단순하고 소박한 다음과 같은 의문에 직면한다. 국어의 시제는 동작동사(동사)와 상태동사(형용사)가 각각 달라야 하며, 과연 다른 것인가? 같으나, 다만 그것을 지표하고 있는 형태만 다른 것인가? …

이러한 의문만으로도 {-ᄂ-}의 문제는 특이하다. 이와 같은 특이성은 결국 {-ᄂ-}가 통합을 용인하는 어간과의 相도 제약성의 문제가 된다. 즉, 그 어간의 의미자질과 {-ᄂ-}의 소성간에 불가분의 긴밀성이 내재했을 개연성을 주시할 수 있는 것이다.

동작동사와 상태동사는 '동작성'(활동성·수행성)과 '상태성'에 있어 변별된다. 이러한 변별에다가 다시 '변화성'을 투사하여 [-균질]의 [-변화성]까지를 함의 하는 [+변화], 즉 이것을 '변화성'이라 하고 [+균질]의 [-변화]만을 '불변성'이라 한다면, {-ᄂᆞ-}는 이 '변화성'에만 관여한다는 규칙의 기술이 가능하다. 즉 이 '변화성'은 균질불연속적인 계속이라고 해석되고 {-ᄂᆞ-}와 시제의 관계는 아직 유보된 궁극의 문제지만, 그 여부에 앞서 {-ᄂᆞ-}의 소성을 이루는 원자론적인 자질인자는 대체로 다음과 같은 것으로 추출된다.

{-ᄂᆞ-}	對	{-φ-}
非均質性		均質性
非持續性(繼續性)		持續性
進行性		非進行性
變化性		不變性
動性		狀態性

참고 문헌

高永根(1981), 「중세국어의 시상과 서법」, 탑출판사.

李智凉(1982), "현대국어의 시제형태에 대한 연구", 「국어연구」, 51.

韓東完(1984), "현대국어시제의 체계적 연구", 서강대 석사논문.

許 雄(1975), 「우리 옛말본」, 샘문화사.

Comrie, B(1976), *Aspect,* Cambridge Univ. Press.

Harris, Z. S(1951), *Methods in Structural Linquistics,* Univ. of Chicago Press.

Koschmieder, E.(1974), 'Studien zum Slavischen Verbalaspekt', *der Englische Aspekt.* ed. Schopf, A.

Lyons, J.(1977), *Semantics 2,* Cambridge Univ. Press.

Mourelastos, A.P.D.(1981), Events, Processes, and States; *Syntax and Semantics* 14, 191-212.

Reichenbach, H.(1947), *Elements of Symbolic Logic,* The Free Press, N.Y.

<동아연구 10집, 서강대 동아연구소, 1986>

存在動詞 「∅시-」의 辨疑

I

I-0. 중세어에서 存在의 동사 「이시-」는 몇 가지 면에서 주목의 대상이 되어
왔다. 그 가운데서도 관심의 초점이 된 문제는 굴절형태론상에 나타나는 특이성
이었고, 특히 「이시-」의 변칙적인 어간교체현상은 매우 이례적인 것이이서 난해
한 것이었다.

대체로 논의는 이 「이시-」가 어간형태소에 일반된 규칙성을 크게 벗어나, 이른
바 특수어간의 비자동적인 교체방식을 취함으로써 「이시-, 잇-, ∅시-」 등으로
나타나는 사실기술의 문제에 대한 것이었다. 이들 어간교체의 분포제약을 결정
하는 相補性에 대하여는 아직도 명쾌히 천명된 상황이라고 할 수는 없으나, 우
선 그 분포의 환경으로 보아 음운론적인 제약성으로 규제되는 것일 수밖에 없으
며, 형태나 통사론상의 어떤 특성이 관여했을 가능성은 희박하다.

I-1. 「이시-」와 「잇-」의 교체를 결정하는 음운자질은 後接音의 [±聲]을 有
徵으로 한 것이었다. 즉, 「이시-」는 모음과 유성자음 앞에서, 그리고 「잇-」은 그
밖의 자음 앞이라는 조건으로 이들의 교체가 기술된다.

그러나 특이하게도 선어말어미 '-ᄂ-'와 통합하는 어간형태는 「잇-」으로 나타
나 규칙을 벗어나거니와, 특히 「∅시-」가 교체하는 조건에 대하여는 아직도 불투
명한 채로 다만 「∅시-」를 「이시-」의 교체형으로 計定할 수 있는 타당성을 확인
하는 데 그치고 있을 정도다.

I-2. 이제 우리는 그간의 성과를 확인하면서 몇 가지 미진한 구석을 再論하
여 이들의 분포를 형태론적으로 정리해 보는 한편, 15세기의 형태소 목록 중 몇

가지 성질이 錯綜하여 기묘성까지 드러내는 '-시-'의 문제를 제기해 본다. 그것
의 共時的 形態統辭의 특질을 究明하기 위한 일이 주가 되겠지만 그러한 중요
한 정보는 발달의 史的 인식으로부터 찾아질 것이라는 생각에서 존재동사와의
有緣關係를 探知하게 될 것이다. 그리고, 나아가 소위 주체존대 '-시-'의 형성
문제에도 접근하게 되기를 기대하는 것이다.

Ⅱ

Ⅱ-0. 15세기의 존재동사 「이시-」는 그 분포의 일반규칙이 이미 지적한 後接音
의 [±聲]을 有徵性으로 한다고 할 때 선어말어미 '-ᄂ-'와의 관계도 [+聲]의 有
徵이 나타나야 하는데 의외로 [-聲]의 지배를 받는 「잇-」이 되어 당혹케 한다.

 (1) 우리 道理의 닐며 믈어듀미 오늜나래 <u>잇ᄂᄂ니이다</u> <月釋. 二, 74>
   이제 祇陀林ᄋ 實로 堂밧긔 <u>잇ᄂ이다</u> <楞嚴. 一, 48>
   바ᄅ래 누본 이론 네 죽사릿 바ᄅ래 <u>잇논</u> 야이오 <月釋. 一, 17>
   阿難이 술ᄫᅩ디 몯 <u>왯ᄂ이다</u> <釋詳. 卄三, 39>

「이시-」, 「잇-」의 교체를 결정하는 것이 단순히 후접음의 자질에 지배되는 것
이고, [±聲]이 유효하다면, 이들은 당연히 「이시-」로 실현할 連環이다. 그 까닭
은 다음의 예들이 시사하듯이 'ㄴ'을 비롯하여 [+聲]자음 앞의 교체형은 「이시-」
이기 때문이다.

 (2)-ⅰ) 가리라 ᄒ리 <u>이시나</u> <龍歌. 45>
   比丘ㅣ 그 우희 <u>이시니</u> <月釋. 七, 33>
   어버ᅀᅵ ᄀᆞ자 <u>이신</u> 저긔 <月釋. 八, 96>
  ⅱ) 일로브터 天上애 나리도 <u>이시리니</u> <月釋. 九, 37>
   어듸 스러 믈어듀미 <u>이시료</u> <楞嚴. 九, 46>
  ⅲ) 須陀洹ᄋᆞᆯ 得ᄒ리도 <u>이시며</u> <釋詳. 六, 34>
   이런ᄃᆞ로 ᄀᆞ민니 <u>이시면</u> <楞嚴. 四, 17>

따라서 무슨 이유로 '-ᄂ-'는 예외없이 「잇-」을 지배하는가 하는 의문이 일지 않을 수 없고, 그 의문은 위의 교체조건을 정면으로 위협한다. 그에 대응하는 별도의 付則으로 '단 선어말어미 '-ᄂ-'는 「잇-」을 지배한다'는 규정을 두게 되겠지만, 그로 인해 또 다른 문제는 상위의 원칙규정과 같은 층위에서 변별되는 자질이 결정요인이 되는 관계가 아니라는 사실이다. 그것은 적어도 이 부칙의 성립조건이 단순한 음운론의 원리에서 이끌어지는 것이 아니라야 하고, 그러므로 결국 형태음소나 형태론상의 어떤 제약이 조건으로 관여했을 것을 예측케 한다. 그리하여 우리는 단순한 음결합의 조건이 아닌 형태소, 즉 선어말어미 '-ᄂ-' 쪽으로 눈을 돌려 결정적으로 「잇-」을 택하는 까닭이 과연 그것에 말미암은 것인지를 살피게 된다.

II-1. 그런데, 形態의 連環이 「-시-ᄂ-」로 됐다 해서 그 모두가 「잇-」과 같은 변이형을 생성하게 되는 것은 아니라는 다음의 예들은 문제를 더욱 혼미하게 한다.

> (3)- i) 評事를 待接ᄒ야셔 술 <u>마시ᄂ니</u> <杜諺. 七, 13>
> ii) 須達이라 ᄒ리 잇ᄂ니 <u>아ᄅ시ᄂ니잇가</u> <釋詳. 六, 15-6>
> 비론 바볼 엇뎨 <u>좌시ᄂ가</u> <月印. 122>

i)은 어간말음이 '시'로 된 語項, ii)는 선어말어미 '-시-'가 介在된 語項으로, 이들은 비록 각기 다른 바탕의 '시'이기는 하나, 음운적으로는 동질성을 부여할 수 있을 것이며, 또한 「이시-」의 '시'도 이와 다를 바 없을 것이다. 그런데도 같은 「-시-ᄂ-」의 연환이면서 유독히 「이시-」의 경우만 「잇-」이 된다는 것은 '-ᄂ-'의 어떤 자질이나 어간형태소의 말음조건을 가지고 예측되는 일이 아님을 알게 한다. 결국, '-ᄂ-'의 형태음소론적인 자질이 관여하여 「잇-」을 지배하는 것도 아니라는 추정이 짙어지고, 따라서 「잇ᄂ-」의 문제는 원점에 묶인 채 그 의혹을 풀 실마리를 찾기 어렵다. 일단 적극적인 해명은 유보하기로 하며, 다만 이 문제는 「副動詞語尾 '-아/어' ~ 존재의 동사 '잇-' 구성으로 이루어지는 일련의 '-앳/엣-, -얫/옛-'들에 있어 분포의 일반성과는 초연하게 그 통합의 어간이 「잇-」만으로 나타나는 현

상과 전혀 무관하지 않다는 생각과 함께 별도의 검토가 있어야 할 것이므로 후고로 미룬다.

Ⅲ

Ⅲ-0. 「이시-」가 交替하는 어간목록 중 위의 것들과는 전혀 다른 방식으로 된 「∅시-」가 있다. 이것의 형태기술에 대하여는 비교적 근자에 이르러 눈길을 끌었고,[1] 대체로 긍정적인 면에서 수용되어 왔다. 그러나 의문의 여지가 말끔히 가셨다고 하기는 어렵다. 이 「∅시-」의 實在를 확인하고 그것을 또 하나의 어간형태로 분석기술하기 위해서는 상당한 무리가 뒤따르며, 그 자체가 매우 불확실해서 異形態의 일반론으로는 이해하기 어려운 국면이 있다.

(4)-a) 擧논 무슴매 연저 가져 실 씨라 <蒙法. 2-3>

覺了能知ᄒ논 무슴미 根쏘배 ᄀ마니 수머 쇼미 <楞嚴. 一, 58>

阿羅漢이 드외야 쇼티 무슴미 고르디 아니타 ᄒ신돌 ᄒ마 아ᄉᆞᆸ고

<楞嚴. 一, 34>

生理예 다시 흐르며 ᄀ마니 시며 뮈여 올모미 업스니라 ᄒ야 <楞嚴. 十, 14>

b) 澄온 므리 ᄀ마니 셔 몰굴 씨라 <楞嚴. 二, 119>

殘癈ᄒ ᄀ올핸 여슈 슬기 셔 말ᄒ고 뷘 무술ᄒᆫ 버미 셔 드토놋다

<杜初. 卄三, 4>

c) 籠竹이 니롤 섯거 시니 <杜初. 七, 1>

龐公이 주구메 니르드록 수머 시니라 <杜初. 卄, 37>

엇디 내 벼슬 ᄒ여 신 저기나 <飜小. 十, 31>

d) 雙花사라 가고 신딘 <雙花店>

녯 나롤 닛고 신뎌 <動動>

a)는 「∅시-」의 後接連環을 주목한 예시로서, 그것은 앞서 살핀 「이시-」의 것과 일치한다. 그러므로 그 조건을 동기로 하는 「이시-」와 「∅시-」의 교체는 일어

---

1) 金完鎭(1975), 李崇寧(1976).

날 이유가 전혀 없다. 그런데도 극히 제한된 語例지만 「ø시-」가 공존형으로 實在한다는 것은 , 적어도 「ø시-」의 후접연환이 아닌 어떤 조건 때문이라는 예측을 불러 일으키게 한다.

예측의 조건이 무엇인지, b)~d)는 「ø시-」의 先行連環에 따라 구분한 例項이다. 그것의 어휘・형태상의 특징따위를 떠나 음운관계만을 따진다면, b)는 「-i ~ ø시-」, c)는 「-a/ə~ ø시-」,[2] 그리고 d)는 「-ko~ ø시-」로 정리된다. 만약 「ø시-」, 즉 어두의 '이'가 삭제되는 이유가 전적으로 이런 연결조건 속에 있다면, 그것은 'i, a/ə, ko' 뒤에서 「이시-」의 '이'는 삭제된다는 규정을 성립시키기에 족할 것이다. 그러나 이것이 음운론적으로 어떻게 합리화되는지도 문제겠지만, 이와 똑같은 連環에서도 엄연히 「이시-」의 실현이 확인될[3] 뿐만 아니라, 오히려 「이시-」로 니다남이 일반형이고 보면, 결코 음운조건으로는 규칙화되지 않는다는 것을 알게 한다. 그리하여 「ø시-」에서 '이' 상실의 문제는 점점 난감해지고 모호하여 객관성을 부여하기 어려워진다. 또한 d)의 유형은 이른바 麗謠에서 특이하게 확인[4]되어 폐쇄적인 자료로밖에 접할 수 없는 점도 문제지만 대체로 이들도 「ø시-」로 분석되는 것이 통례다.[5]

Ⅲ-1. 이밖에 특기할 현상은 일부 체언의 곡용형 뒤에 통합되는 후치사[6] 「셔」의 발달이다. 「셔」의 語源記述은 "「ø시-'의 -아/어 부동사형」으로 明示되고, 그것은 전혀 이형태 관계를 이루지도 않는다. 그러나, 우리는 이 속에서 또다시 「ø시-」의 實在를 확인하게 되는 동시에, ø化의 요인이 음운론적인 것이 아니라는 추정을 한층 다지게 된다.

어형변화에 있어, 특히 絕對語頭의 ø化란 보통은 잘 일어나는 일도 아니지

---

2) 15세기어에는 부동사어미 '-아/어'와 구별되는 선어말어미 '-아/어'가 있으며 그것과 경어법의 '-시-'의 통합형 '-아/어시-'가 있어 주의를 요한다.
　　　하늘히 일워시니 <龍歌. 21>/金刃을 브려시니 <龍歌. 54>
3) ᄀ마니 이시면 虛空이 ᄃ외ᄂ니라 <楞嚴. 四, 17>/ ᄒ 머리 자거늘 ᄒ 머리 ᄀ바 이샤 <月印. 135> 머리 이션 보ᅀ고 <月釋. 七, 55>
4) 玄平孝(1975).
5) 李崇寧(1976), 金完鎭(1975).
6) 洪允杓(1969), 朴良圭(1972).

만, 그러나 「ø시-」의 경우 분명히 일어났고, 그것이 단순한 音韻連環에 기인한 것도 아니라면 형태음소나 어휘통사 쪽으로 눈을 돌려 각기 다른 층위의 어떤 자질이 관여된 것이 아닌지 살펴 볼만한 이유를 갖는다.

그러나, 그것 또한 「이시-」와 「ø시-」의 교체를 결정하는 데 관여하는 유효성을 갖지 못한다는 것을 곧 알게 된다. 그것은 동일맥락 속에서도 이들은 임의로 교체되는 관계에 있기 때문에, 결국 「X-'이시-'-Y⇒X-'ø시-'-Y」7)의 관계가 입증되므로 그러하다.

이러한 일련의 불투명성은 ø化현상이 특정분포의 결합적인 연환관계와 무관하다는 것을 강력히 시사하며, 따라서 그 자체의 자생적인 변화원리에 따라 사실이 밝혀지기를 기대하게 된다. 그런 이유에서 통시적인 발달의 문제로 보는 방법은 정당한 것이 되고, 그 결과 ø化는 '첫음절의 고유한 음운사적 이유'8)로 말미암은 매우 특이한 史的 산물로 규정하는 데 동의하게 된다.

그러므로 「ø시-」는 「이시-」·「잇-」과 함께 수평적인 별항의 이형태 관계를 이루는 형태론적인 변이형이 아니라, 다만 「이시-」와 동일맥락 속에서 같은 값을 갖는 共存形의 특성을 갖는다. 그렇기 때문에 이것이 실현하는 諸相, 즉 나타나는 자리나 그 조건의 적정성, 그리고 사용빈도 등 모든 사실들이 꼭 공시적 상황이 이루는 여러 조건의 필연성만으로는 풀 수 없는 모순으로 파악되는 것이었다.

Ⅲ-2. 이 공존형은 그 동기는 어느 때, 어떤 이유에 연원하는 것이었든, 史的 의미를 깔고 있어 「이시-」와 「잇-」의 문제와는 바탕이 다르다.

그리하여 15세기에 「ø시-」가 「이시-」와 공존하고 있는 실태는 「ø시-」의 발달과정 중 임의로 구획한 특정시기의 斷面에 투사된 현상에 불과하다. 15세기의 사적 성격이 어떠했나는 속단할 일이 아니나 당시의 분포나 다음 代에 나타난 상황으로 보아 이미 實勢가 꺾인지 오래 된 末期의 상황임에는 틀림없다. 그리하여 일부 관용적인 語例나 방언, 내지는 사회적 위상의 옹호를 받는 일부 잔류

---

7) 여러 比丘둘히 흔 고대 모다 <u>의셔</u> 迦葉이드려 닐오디 <釋詳. 卄三, 41> : 조치여 드라 머리 가 셔아 <u>셔</u> 손지 高聲으로 닐오디 <釋詳. 十九. 31> : 斯陁含올 得ᄒ리도 <u>의시며</u> 阿那含올 得ᄒ리도 이시며 <釋詳. 六, 34> : 둗니며 ᄀ마니 <u>시며</u> 안ᄌ며 <金剛. 一, 3>
8) 金完鎭(1975).

어형이 불규칙하게 나타나지만, 조만간 사라지고 한편으로는 형태의 응축, 분포의 특성이나 통사의미의 제약 등의 요인 때문에 후치사화되어 가는 同源異枝의 변화를 볼 수 있다.

Ⅲ-3. 이러한 관점은 다음에 예시하는 '-시-'와 같은 파행성의 문제도 提論할 여지를 부여할 것 같다.

(5)　부텻體　眞實ᄒ시거시니 엇뎨 ᄯᅩ 地獄餓鬼畜生修羅人天等道ㅣ 잇ᄂ니잇고(佛體ㅣ 眞實ᄒ시거시니云何…) <楞嚴. 八, 64>
　　　釋迦彌勒이 이 부톄시거시니 엇던돌 因ᄒ야 오히려 ᄂ미 죵이어뇨(釋迦彌勒이 是佛이시거시니 因甚ᄒ야 猶是他奴ㅣ어뇨 <蒙法. 22>

이 '-시거시니'형은 당시로도 흔한 일반형은 아니며, 아직도 어떤 분석이 적정할지 석연치 않다. 우선 이 결합형은 다음 예에서 추출되는 '-거시니'와 대비된다.

(6)　구믈구믈ᄒ는 衆生이 다 佛性이 잇거시니 趙州는 어듸롤 因ᄒ야 업다 니르뇨(蠢動含靈이 皆有佛性ᄒ거시니 趙州는 因甚ᄒ야 道無ᄒ뇨) <蒙法. 13>
　　　衆生이 阿鞞跋致ᄒ며 一生補處ㅣ 하거시니 <月釋. 七, 58>
　　　아래 가신 八媒女도 니거시니 므스기 셜ᄫ리잇고 <月釋. 八, 93>

다시 이 '-거시니'는 '-거니'와, 그리고 '-니'9)와 대비하여 '-시-거-시-'가 분석되고, 그 대립의 변별자질에 대한 검증을 여러 모로 시도하게 되지만, 우선 하나의 통합형 속에 '시'로 나타난 두 개의 형태소가 있는 것이 기묘하게 느껴진다.

형태통사적 특성은 하나의 형태통사적 범주 이상으로 할당될 수 없는 원칙을 굳이 빌지 않더라도 하나의 통합형 내의 각기 다른 위치에 배당된 '시'는 비록 같은 형태의 모습이지만 그것이 나타내는 형태통사적 특성은 달라야 함은 물론

---

9) 功德을 國人도 ᄉᆞᆯ거니 <龍歌. 72>/ 七寶床座ㅣ 드외니 <月釋. 七, 32>/ 精舍 업거니 <釋詳. 六, 22>/ 이 일후미 下品下生이니 <月釋. 八, 76>

이다. 따라서 '-시거시니'형의 '거'에 先後하는 '시'는 각각 다른 형태통사적 범주에 속하는 별개의 형태소라야 한다.

그런데, 국어의 範列(paradigme)체계에 나타나는 형태소목록 중에는 하나의 '-시-', 즉 경어법상의 한 특성을 가지는 선어말어미 '-시-'가 있을 뿐, 다른 범주의 어떤 특성을 가지는 또 하나의 '-시-'는 없다. 그러므로 그러한 자리에 나타나는 '-시-'는 예외 없이 이른바 주체존대의 형태통사적 특성을 가진 것일 수밖에 없다.

그런데 '-시거시니'形에서 두개의 '-시-'10)가 나타난 것은 분명히 기묘하다. 아무튼 그 가운데 어느 하나는 반드시 주체존대의 것일 터이나, 나머지 하나는 절대로 그럴 수 없다. 그리하여 문제는 어느 것이 주체존대의 것이며, 나머지는 무엇인가로 집약된다.

III-4. 선어말어미들은 시대에 따라 일정한 배열순서가 있다. 문제되는 것만 볼 때, 대체로 15세기의 경우 '-거-', '-아/어-', '-더-'11)는 '-시-' 앞에 자리하던 것이었으나, 그 가운데 '-거-', '-더-'는 조만간 '-시-'에 후행하여 서로의 자리바꿈이 일어나며, '-아/어-'는 곧 잠적해 버리는 큰 변화를 겪는다. 이런 현상은 매우 중요한 의미를 함축한 문제로 인식되며, 그러므로 다각적인 성찰이 따라야겠으나, 여기 '-시-'의 문제에 직접으로 관여되는 것은 아니므로 논외로 한다.

이 배열원칙에 따라 '-시거시니'형을 분석한다면, '-거-'에 후행한 '시(2)'가 바로 전통적인 正位置의 주체존대이고, '시(1)'은 정체불명의 未知項12)임이 확인된

---

10) 편의상 '-거-'를 分界로 하여 그 앞자리의 '-시-'를 '-시-(1)', 그 뒷자리의 것을 '-시-(2)'로 구분 표시키로 한다.

11) 이들의 범주적 記述이나 각 형태소의 대립자질 등 많은 문제가 완전히 밝혀졌다고는 할 수 없으나, 대체로 時相範疇에서 '-ᄂ-' '-리-'와 대립하는 형태소군으로 파악되어 廣義의 過去性을 특질로 공유하면서 다시 하위적으로 示差性이 부여된 것으로 보인다.

12) '-시-(1)'을 다만 未知項으로 제쳐 놓는다는 것은 무책임한 일임에 틀림없다. 극히 폐쇄적인 한 두 용례만이 문헌자료에 있을 뿐이라든가, '-시거시니'形에만 나타나는 특이성 등으로 이 '-시-(1)', '-시-(2)'를 우연적인 예외로 간과해서는 안 될 일이다. 상당한 정밀검증이 있어야 할 史的 의미가 있는 문제로 인식되나, 피상적으로 추정컨댄 '-거-시-'의 '-시-거-'化와의 관련성, 존재의 동사 「∅시-」의 시대적 특성이 나타나는 異例性과 같은 史的인 면에서 논리를 구할 수 있지 않을까 한다.

다. 그런데. 이 '시(1)'은 그 분포부터가 비정상이지만 표면적으로는 일단 정당하게 보이는 '시(2)'가 하나의 특성만을 가져야 함에도 불구하고 각각 다른 두 특성을 가지는 것으로 나타나 다시 문제가 된다. 즉, '시(2)'는 주체존대의 특성을 가지는 것을 원칙으로 하지만, 또 한편 존재의 동사어간 「ø시-」[13)가 '시(2)'로 誤認되는 분포 속에 나타나는 통합형이 있어 혼란스럽게 하는 것이다. 이런 일은 바로 '-거시-', '-아/어시-'形에서만 유독 발견되는 특징이 있다. 이 특징에서 유도되는 사실은 '시'가 '아/어'와 '니' 사이에 끼는 조건이고, 따라서 이 조건이 통합에 어떤 관여성을 갖는지 의문이다.

Ⅲ-5. 15세기 굴절어미 '아/어'는 형태소 경계가 서로 다른 두 개의 범주를 나타내는 것이었다. 즉, 선어말어미 ' 아/이-'[14)('아/어(P)'로 표시)와 어말어미 '-아/어'('아/어(F)'로 표시)로서, 그 분포나 형태통사적 특성으로 보아 이들이 혼동될 리는 없다. 그러나, 이들이 '-시-'와 통합됐을 경우 그것이 '아/어(P)' 혹은 '아/어(F)'일 수도 있는 가능성을 가진다. 그 이유는 역시 '시(H)'와 '시(E)'의 변별이 모호한 데 있다고 할 수도 있다. 이들의 통합은 서로 호응하는 관계에 있으며, 즉, '아/어(P)'와 '시(H)', '아/어(F)'와 '시(E)'만이 통합 가능하다.[15) 前者를 H形, 後者를 E形이라 하면 다음 예의 (7)-가)는 H형, 나)는 E형으로 규정되는 것들이다.

---

13) 주체존대의 '-시-'를 '-시-(H)'로, 존재의 'ø시-'를 '시-(E)'로 나타낸다.

14) 길우희 **糧食** 너저니 <龍歌. 53>/**島夷** 놀라슥봇니 <龍歌. 47>
  15세기의 선어말어미의 목록 중 이 '-아/어-'는 '-가/거-'와 더불어 形態統辭의 범주나, 범주 내에서의 특질이 분명하게 기술되었다고 하기 어려운 아직도 애매한 면을 떨치지 못한 것이다. 특히 '-아/어니'형은 이 시기에도 드물게 나타나며, 그것은 곧 範列體系에서 자취를 감춘다.

15) 그렇지만 이들을 구별하는 객관적 조건은 역시 明示되지 않았다. 결국 이들의 분별은 통합형의 형태자질만으로 될 수 없으며, 문맥이나 상황적 특성에 의존하게 한다. 일부의 어형에 적용될 수 있는 방법이지만, 이들과 결합한 어말어미의 통합적인 제약성이 이들의 구별에 유효하기도 하다. 가령, ①'-아/어(P)-'를 반드시 취하는 語末語尾類, 즉 '-마론, -놀, -돈, -니'와, ②'-아/어-(P)'를 취하는 일이 없는 語末語尾類, 즉 '-나, -며, -면'과 같은 특성기술로 '-시-(H)'와 「시-(E)」를 변별하는 것이다. 허웅(1975), pp.688~690.

(7)-가) 才勇을 앗기샤 金刃을 브려시니 <龍歌. 54>

　　　 道上애 僵尸롤 보샤 寢食을 그쳐시니 <龍歌. 116>

　나) 籠竹이 니롤 섯거시니(籠竹和烟) <杜初. 七, 1>

우리는 이미 존재의 「ø시-」를 확인했고, 존대의 '-시-' 역시 재론할 이유가 없으니, 접어 두기로 한다. 그런데 이와 관련하여 당시의 일반원리로는 풀리지 않는 매우 특이한 국면에 관심이 모아진다. 그것은 가)와 같은 유형, 즉 H형구성의 일부 특수한 어례는 「'아/어(P)'+'시(H)'+니」의 통합관계에 있는 '시(H)'가 그 고유한 특성을 행사하지 않는 사실이다. 다시 말해서 '시(H)'가 주체존대의 素性을 갖지 않는 경우다.

(8)-a) 네 입 안해 이셔 오직 혼 혜 잇거시니(在汝口中ᄒ야 祗有一舌커시니)

　　　 <楞嚴. 三, 27>

　　　 구믈구믈ᄒ는 衆生이 다 佛性이 잇거시니 趙州는 어듸를 因ᄒ야 업다 니

　　　 르뇨(蠢動含靈이 皆有佛性ᄒ거시니 趙州는 因甚ᄒ야 道無ᄒ뇨)

　　　 <蒙法. 13>

　b) 보몰 여희오 各別히 잇는 거시면 반ᄃ기 누네 뵈디 아니ᄒ리어시니 엇뎨

　　　 告혼 사ᄅ미사 누네 두려운 그리메롤 보ᄂ뇨 <楞嚴. 二, 82>

　　　 그쁴 六師ㅣ 너교디 ᄯ 엇던 因緣으로 이 寶塔이 잇거뇨 ᄒ다가 무르리

　　　 이시면 내 모ᄅ려시니 몰롫뎬 엇뎨 ᄯ 일호몰 一切智見이로라 ᄒ려뇨

　　　 <月釋. 卄一, 209-10>

形態素統合의 제약조건으로 볼 때, 이 '-시-'는 주체존대를 예측케 하나, 문맥이나 상황적 조건이 그것을 거부하고 있다. 그리하여 이 '-시-'는 형태소기술 자체를 의심케 한다. 즉, 이것에게는 '시(H)', '시(E)'의 어느 것으로도 볼 수 없는 궁지에 다시 밀린다. 이론상으로는 부득불 제3의 형태소로 기술할 것이로되 그럴 蓋然性은 없다. 형태소의 고유한 형태통사적 특성이나 그런 특성이 부여되는 범주의 문제로 볼 때 이 제3의 형태소 규정은 어렵거니와 단일통합형으로만 나타난다든가, 불원간 이 통합형은 없어진다는 등 보편성을 크게 벗어나고 있는 것도 이것의 처리를 어렵게 하는 일이다.

　제3의 형태소 자질을 찾는다는 것은 당시의 範列體系로 봐도 무모한 일이며, 그래서 이 특이형을 발달의 면에서 일종의 史的 廢棄物과 같은 것으로 보려는 것이다. 발달이 빚은 어떤 이유 때문에 본래의 가치를 잃고 형식화됐다는 뜻이며,16) 결국 그것은 死文化된 것이므로 당시로는 어떤 자질로도 문법성을 부여할 수 없다는 견해다. 그렇다면, '-거시니', '-아/어시니'의 형태소 분석은 '-거시-니 ; -어시-니' 또는 '-거-시니 ; -어-시니'와 같이 되고, '-시-'를 목록에서 배제해도 좋게 된다.

　Ⅲ-6. 그리하여 우리는 다시 '-시거시-'형을 반성할 이유를 갖는다. 이미 '시(1)'에 대해 정체불명의 미지항이라 했지만, '-시거시-'형이 존대특성을 가지는 것이고, 그중 '시(2)'기 「中立性」의 것이라면 결국 '시(1)'이 그 指標性을 가질 수밖에 없다. 그러나, 이것은 단순한 도식적 해석의 성격을 넘어서서 그런 변화의 推移가 이루어지는 배경의 여러 요인을 생각하게 한다. 그리하여, 이것을 通時의 축에다 놓을 때 '시(1)'과 '시(2)'는 그 발생적인 단계가 같은 시대일 수 없다는 것을 쉽게 알 수 있다.

　본시 '시(1)'은 예측된 형태소가 아니며, 따라서 그의 개재를 '시(2)'의 先段階로 상정할 수 없다. 그에 반하여 '시(2)'는 범주가 다른 '시(H)' 혹은 '시(E)'의 어느 것이 되었든 정위치의 적격한 통합관계를 이루는 전통성의 것이다. 그러므로, 그 특성이 유효한 한 '시(1)'을 허용할 수 없다. 따라서, '시(2)'가 그 소성을 충실히 가지고 있던 시기에는 '시(1)'은 나타나지 않았으며, '시(2)'가 고유한 특성을 상실하는 데 따라 부득이한 자구책으로 '시(1)'을 무원칙하게 再生시켰다고 보는 것이 옳다. 그리고 이 재생에 따른 後續措置로 '시(2)'의 消去가 일어 날 것은 예측가능한 일이다. 그렇기 때문에 이 통합형은 일반적일 수 없을 뿐만 아니라 예외시해 버릴 우려도 있으나, 史的인 의미로 보면 중요한 증언을 함축하고 있어 소중하다.

　하나의 잔류형에 불과할지라도 그것은 다음 시기에 일어나는 선어말어미의 배열체계 改編의 因子를 잉태한 것으로 보이기 때문이다. 즉 '-거시-', '-더시-' 등

---

16) 근대국어의 '-ᄂ-'도 같은 현상.

('-아/어시-'는 '-아/어-'의 소실로 제외)이 각각 '-시거-', '-시더-'로 바뀌는 데 있어 그들이 거쳤을 과도 단계의 '-시거시-'형을 상정하지 않을 경우 그것은 단지 수평적인 倒置에 불과할 것이나, '-시거시-'형을 도입함으로써 그것은 도치와 전혀 다른 수직적인 관계로 파악되고 그 결과 '시(1)'의 再生과 '시(2)'의 消去라는 推移關係를 기술하게 되는 것이다.

　이런 상정과 근거는 도치, 그것만이 아니라 15세기의 언어현실에서 透視되는 존재동사 「이시-」의 錯綜性을 비롯하여 주체존대에 직접으로 이어진다. 그리하여 '-아/어시-' 구성의 특성에 기인된 '-시-'의 動搖와 退化로부터 그것의 재생, 그리고 마침내는 소거로써 변화가 繼起되는 맥락을 뚜렷이 할 수 있다. 즉,

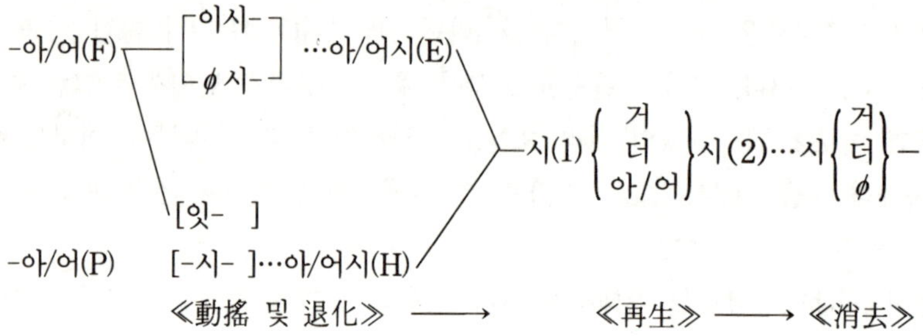

$$
\begin{array}{l}
\text{-아/어(F)} \longrightarrow \begin{bmatrix} \text{이시-} \\ \phi\text{시-} \end{bmatrix} \cdots \text{아/어시(E)} \\
\qquad\qquad\quad [\text{잇-}\ ] \\
\text{-아/어(P)} \qquad [\text{-시-}\ ]\cdots\text{아/어시(H)}
\end{array}
\longrightarrow \text{시(1)} \begin{Bmatrix} \text{거} \\ \text{더} \\ \text{아/어} \end{Bmatrix} \text{시(2)} \cdots \text{시} \begin{Bmatrix} \text{거} \\ \text{더} \\ \phi \end{Bmatrix} -
$$

《動搖 및 退化》　⟶　　《再生》　⟶　《消去》

IV

　IV-0. 여기에 덧붙여, '시(H)'의 형성을 추정하면서 「ϕ시-」(E)와의 同源性에 대한 관심이 표출되기는 했으나,[17] 아직 그 이상의 진전이 없는 이들의 문제에

---

17) 梁柱東(1940)은 '-시-'에 '尊稱', '非尊稱'으로 구별되는 두 가지의 異種을 인정하면서 그 淵源은 동일하다 했고, 이른바 존칭조동사 「시, 샤」의 어원은 「잇, 이시」에 不外하다고 했을 뿐 그 이상의 논증은 없었다. 그리고 梁柱東(1940)은 "시」에 대한 古語의 관념은 근대와 같이 그렇게 까다롭지 안했던 것'이라면서 '이는 「시」의 어원이 원래 「이시」에 있는 까닭'이라고 했다. 이와 달리 小倉進平(1929)는 「敎」=「이시-」에서 '敬語의 生命'은 �(s)에 있으며 '이'는 경어의 일부를 이루는 것이 아니라 「이다」(to be)의 의미를 가지는 語에 속한다고 하였다<p.159, 316>. 그렇다면 결국 '시'의 어원문제는 그대로 유보된 것이 된다.

대해 본고는 어느 정도나마 論及할 의무가 있다고 생각하여 添言한다.

이들의 同源性을 상정하게 된 데는 다음과 같은 이유가 있다 하겠다. (1) 이 두나 향찰표기에서 '시(H)'를 記寫한 것의 借字가 무슨 까닭인지 알 수는 없으나 「賜」와 「敎」의 둘로 나뉘어 쓰였고, 이들은 각각 「賜」='샤'(혹은 '스'), 「敎」='이시'로 읽히는 관용에 근거를 두면서, 특히 「敎」로 記寫된 「이시」를 주체존대의 어원형으로 잡는 전제에서 그의 연원을 그와 同形인 존재동사「이시-」와 有關한 것으로 보는 것, (2) '시(H)'와 「ø시-」가 오해되기 쉬운 연환에서 똑같이 '시'로 나타나는 표면상 이유, (3) 동일맥락의 분포조건인데도 그들 '시'는 각각 존대와 비존대의 重義性을 가지는 일, (4) 소위 비존대의 '시'는 「ø시-」(E)의 類推形으로 추정 가능하다는 것.

이 모두는 外觀的으로 나타나는 형태의 유사를 근거로 하여 형태론적으로 추리하는 점에서 공통된다. 일반적으로 어원을 밝히는 일에 있어 이런 면의 문제가 제일 먼저 따져지는 것도 사실이다. 그러나 어원의 同定은 이밖에도 의미의 대응 또는 형태통사적 특성의 동질성 등 어느 하나도 배제될 수 없다. '시(H)'와 존재동사 「이시-」의 同定은 그런 면에서 훨씬 먼 관계로 느껴져 '尊待'와 '存在'의 대응을 이끌어 낼 개연성은 선뜻 드러날 것 같지 않으나 그런 것이 때로는 언어외적인 기반에서 이루어지기도 하니만큼[18] 단념할 일도 아니다.

아직도 기왕의 논리를 극복할 의견을 펴기 어려우나 우회적인 접근으로 경어에 내재하는 '-시-'를 살피기로 한다.

Ⅳ-1. 「이시-」의 敬語形은 「겨시-」와 「이시-시-」의 兩形이 있어 특이하다.

   (9)-가) 부톄 門인 와 <u>겨시</u>다 듣고 〈月釋. 七, 7〉

      나) 그 저긔 夫人이 나모 아래 <u>잇거시놀</u> 〈月釋. 二, 42〉

         엇던 因緣으로 이런 祥瑞 <u>잇거시뇨</u> 〈釋詳. 十三, 14-5〉

         遮陽ㄱ세쥐 녜도 <u>잇더신가</u> 〈龍歌. 88〉

---

18) 印歐系言語에 있어 複數形이 존경을 나타내는 현상 같은 것이 그런 예일 것이고, 金田一京助(1959)가 일본어의 敬語動詞의 근본을 「居る」의 敬稱 「座す」(ma-su)로 추정하고 존경의 'su'가 'ma-su'로부터 파생했다는 견해를 내 놓은 것도 脈을 같이 하고 있다.

「겨시-」는 다 아는 바나, 그런데도 비록 他範疇의 어미를 선행조건으로 하였지만, 「이시(잇)-{거, 더}-시-」에서 '시'가 '거, 더'에 의해 결정되는 것이 아니라면, 의당 「이시(잇)시-」의 추정형[19]이 예측되기 때문에 「겨시-」와의 관계를 생각게 한다. 물론 나)의 文項들을 경어법상의 특성이 관여된 것, 혹은 관여되어야 할 맥락으로 보는 전제에서다. 그것은 이 구성형이 경어법상의 특성과 무관한 용법을 가질 경우도 있음을 뜻하며, 그에 대하여는 이미 지적됐거니와,[20] 따라서 이 同音異義의 관계에 있는 「잇거시-」는 상충을 면할 수 없다. 즉 「잇거시-」는 [±존대]를 동시에 가진 어형이었으며, 그렇기 때문에 그것은 구조적으로 다른 것이었음은 물론이다. 아무튼 우리는 「이시-」의 존대어형 「이시-시-」를 상정하게 되고, 이 「이시-시-」와 「겨시-」가 同意인지, 아니면 어떤 의미로 구별되는지 확실한 근거를 제시하기는 어렵다. 그런데 또다시 다음 예의 구성형에 이르면 '-거시-'에 대한 의혹은 본래의 원점을 벗어날 수 없다.

(10) 그쩨 堅牢地神이 부텨끠 솔보디…世尊하 이 地藏菩薩이 閻浮提예 큰 因緣
　　이 겨시니 文殊普賢觀音彌勒도 百千身形을 化ᄒ샤 六道로 濟渡ᄒ샤디 그
　　願이 오히려 ᄆᆞ초미 <u>겨시거시니와</u> <月釋. 卄一, 148-9>

이 「겨시거시니와」도 「-시거시-」 구성의 해석과 다를 것은 없으나, 그 기묘성은 더하다. 「겨시-」가 이미 경어인 만큼 어떤 경어법의 특성을 부여할 필요가 없고, '-시-'를 경어법으로 본다면 「겨시-시-」 구성은 정상이 아니다. 한편, 피상적인 어형은 다같이 '-거시-'지만, 그 '-시-'가 「-아/어~øø시-」의 것, 즉 「이시-」와 대응하는 것으로 확인됐다. 만약 「겨시거시니와」의 '-시-'가 바로 그것이라면, 그것은 「存在하시어 存在하-」와 같은 것이 될 것이니 역시 정상이 아니다. 따라서 이 '-시-'

---

19) 이론적으로는 가능한 구성으로 보이나 그 실재형은 발견되지 않는 어형이다. 그러므로 이 것을 객관적인 자료로 채택하기는 어렵지만 만약 이것을 배제한다면, 나)의 語例에 나타 나는 경어법상의 특성을 무엇을 근거로 하여 기술해야 할지 더욱 난감해진다.

20) 네 입 안해 이셔 오직 혼 혜 <u>잇거시니</u> <楞嚴. 三, 27>/구믈구믈ᄒᆞᄂᆞᆫ 衆生이 다 佛性이 <u>잇거시니</u> <蒙法. 13>
　　이들 文項에다가 주체존대의 특성을 부여할 수는 없는 맥락이기 때문에 비록 나)와 동형 인 「잇거시-」라 하더라도 그 문법적 의미는 전혀 다른 것으로 기술되었다.

는 尊待, 存在 그 어느 쪽으로도 통합의 정당성이 부여되지 않는다. 그러므로 당시로는 이 '-시-'에 어떤 특성을 부여할 수 없고, 다만 그의 개재는 「中立性」의 잉여적 관용21)에 불과한 것이지만, 그것이 시사하는 사적인 의미는 큰 것으로 생각되었다. 이런 사실과 함께 「겨시-」의 '시', 확대하여 경어형에 개재된 '시'까지도 그 연원은 역시 '-시-(H)'라는 것을 提議케 한다.

Ⅳ-2. 敬語 「뫼시-」는 특이한 성질이 있다. 경어법의 일반원칙이 적용되지 않는 것이다. 「뫼시-」는 그와 나란히 「뫼슣-」도 쓰이며, 이들은 마땅히 대립하는 관계인데도 전혀 같은 맥락의 對人關係에서 동의적으로 쓰이는 모순이 있다.

(11)-a) 比丘와 王괘 大人을 뫼샤 長者ㅣ 지븨 가샤 <月釋. 八, 94>
　　　 婇女ㅣ 하놄 기브로 太子를 ᄣ려 안ᅀᄫᅡ 夫人끠 뫼셔 오니
　　　 <月釋. 二, 43>

「ᄣ려안-」과 「뫼시-」의 동작의미가 요구하는 최소의 論項은 行爲者(婇女)와 對象者(被動體 : 太子)이며, 이들의 尊卑對比는 행위자가 대상자보다 낮은 관계다. 즉, 이 두 동작은 같은 논항으로 아루어지고, 따라서 그 待遇도 같아야 한다. 그런데 그들은 「ᄣ려안슣-」과 「뫼시-」로 나타나 같은 대인관계에 있는 두 동작이 각각 謙讓과 尊待로 엇갈려 있다. 「뫼시-」의 의미자체가 겸양을 含意한 것으로도 보이나, 「뫼슣-」이 따로이 있는 한, 그것도 불투명하다.

---

21) 이에 대하여는 前述했지만, 그 근거가 충분히 객관화된 것이라고 단언키는 어렵다. '-시-'가 내재하고 있는 錯綜性의 맥락을 짚어가는 데 있어 이같은 無徵性의 형태자질을 상정하지 않을 수 없었던 상황이었음은 확실하다. 다음의 對比例는 그것을 다지는 한 근거가 되어 준다.

　　　누의 닐오디 겨집죵둘히 하거시니 엇디 스싁로 슈고롤 이리ᄒᆞ느뇨 <飜小. 九, 80> : 누의 굴오디 겨집죵이 하니 엇디 스스로 슈고롤 이러ᄐᆞ시 ᄒᆞ느뇨 <小諺. 六, 73>

　이것은 같은 지문의 언해에 있어 前代의 「하거시니」가 후대에 「하니」로 달라졌음을 보이는 예다. 이런 현상은 결코 우연한 일로 보아 넘길 수 없으며 전대의 어형 내에서 '-거시-', 특히 '-시-'가 어떠한 자질로서 관여했길래 잠적할 수 있었던가 하는 의문을 제기하게 한다.

(12) 그㴯 仙人이 그 ᄯᆞ니ᄆᆞᆯ 어엿비 너겨 草衣로 슷봇고 **뫼슨바다가** 果實 **ᄯᅡ** 머겨 기르ᅀᆞᄫᅵ니 <釋詳. 十一, 25-6>

「뫼시-」와 「뫼슨-」의 실재는 그 어간이 「뫼-」임을 뒷받침하며, 따라서 '-시-'와 '-슨-'은 선어말어미일 것이 분명하다. 이들의 대립논리로 볼 때 「뫼시-」와 「뫼슨-」은 당연히 존대와 겸양이 되어야 한다. 그러나 이런 예상과는 달리 「뫼시-」는 본래 존대의 맥락에서는 나타날 수 없을 뿐만 아니라 오히려 상반하는 맥락에서 겸양으로 轉倒됨으로써, 결국 「뫼슨-」과의 대립성을 잃고 만다. 그리하여 「뫼시-」는 형태 자질과 대우특성과의 연합이 기묘해졌고, 그 때문에 「뫼슨-」와 동의성을 이루는 것이 되었지만, 적격한 논리의 어형은 「뫼시-」가 아니라, 오히려 「뫼슨-」이라는 것도 알 수 있다. 따라서 이들은 존대가 아닌 겸양어로서 일부 「겨시-, 좌시-, …」와는 구분된다.

그렇다면 당초부터 「뫼시-」는 생성치 않았어야 할 것인데 오히려 일반형으로 실재하는 것은 다시 이 문제를 생각게 한다.

IV-3. 어형을 시대적 기반이 다른 논리로 그 잘, 잘못을 따진다는 것은 사실을 왜곡할 우려가 크다. 그것은 「뫼시-」의 誤用을 是非하기에 앞서, 어디까지나 「뫼시-」는 적격한 실체로 긍정하는 바탕에서 詳察되어야 함을 뜻한다. 그렇다고 「뫼슨-」과의 동의성을 부인하는 것은 아니다. 이 두 사실은 서로 排他하고, 그러므로 이 모순되는 공존은 기묘할 수밖에 없지만 그것이 이들의 實相이다. 따라서 우리는 이 문제도 사적인 발달로 보아야 할 것임을 안다.

이 모순되는 사실을 긍정하되, 결코 같은 시대의 평면현상으로는 容認되지 않으며, 각각 시대차를 가지고 나타난 垂直的 繼起性에서 근거를 확보하자는 것이다.

「뫼시-」와 「뫼슨-」의 「대립」과 「同義」의 실재를 긍정한다는 것은 단지 형태의 관용을 뜻할 뿐 실질적인 이들의 상충이 실현된 상황을 뜻하는 것은 아니다. 비록 이들이 상이한 어형을 가졌지만, 15세기는 그 자질의 고유성을 잃었기 때문에 대립이 중화, 동의화된 현실로 인식된다. 그러나 이들의 본래 모습이 이런 것은 아니며, 따라서 이들의 대립의 문제는 그보다 선행된 어느 시대가 될 것이 확실하다.

이것은 「뫼시-」, 「뫼슿-」의 어간이 「뫼-」였을 개연성이 확실함에도 불구하고, 그것의 平價切下로 의미나 통사특성이 모호해진 결과이며 그런 현상은 「겨시-」, 「좌시-」 등의 경우도 마찬가지다(그러나 이들에게는 「겨슿-」, 「좌슿-」형은 없다). 그렇지만, 역시 「뫼-」가 「-시-」와 통합하는 敬語論理는 이해하기 어렵다. 「뫼-」 자체가 하위자가 상위자에 대한 상향적인 행위이기 때문이다. 「뫼시-」를 아무 하자도 없는 적정형이라면 '-시-'는 이른바 주체존대의 대우특성을 가진 것이라 할 수 없다. 그러나 우리의 '-시-'에 대한 관념이 이를 용인하려 들지 않거니와, 차라리 「뫼시-」를 어간으로 算定하려든다. 일부 그럴 만한 이유도 있어서, '-시-'가 어간요소냐 선어말어미냐에 따라 그것의 '아/어' 부동사형이 각각 「뫼셔」와 「뫼샤」가 되는데 대부분 「뫼셔」로 나다나는 것22)이 그것이다. 그러나, 이에 못지 않게 이것을 완강히 거부하는 것은 역시 「뫼슿-」形이다. 만약 「뫼시-」가 어간이라면 「뫼슿-」은 실현할 수 없고, 가능한 推理形은 「뫼시슿-」23)이 되겠기 때문이다. 그런데 이주 드물기는 하나, '뫼시슿-'形이 또한 쓰이는 사실은 이들의 의미특질이 같다는 조건 아래서 그 어간을 「뫼시-」로 잡아야 한다는 데 되돌아간다.

이처럼 *「뫼-」, 「뫼시-」, 「뫼슿-」, 「뫼시슿-」이 서로 물고 물리는 관계는 결국 '-시-'의 불확실성에 기인한 혼미로밖에는 볼 수 없다. 그리하여 우리는 15세기와

---

22) 구차히 열거할 필요도 없이, 「뫼셔」가 지배적이다.

　　媤女ㅣ 하놀기부로 太子를 쁘려안슿바 夫人의 <u>뫼셔</u> 오니 <月釋. 二, 43>

그러나 아주 드문 것이나 간혹 「뫼샤」로도 나타난다.

　　比丘와 王괘 夫人올 <u>뫼샤</u> 長者ㅣ 지븨 가샤 <月釋. 八, 94>

한편 「겨시-」의 경우는 「겨샤」만 쓰일 뿐 「겨셔」는 없으니 이것을 근거로 삼는다면 「뫼시-」의 '-시-'와 「겨시-」의 '-시-'는 각각 다른 성질의 요소로 기술돼야 한다. 여기서도 이들 '-시-'의 기묘성이 드러난다.

23) '뫼시슿-'의 語例는 물론 실재한다.

　　媤女ㅣ 기베 안슿바 어마넚긔 오숩더니 大神돌히 <u>뫼시슿봉니</u> <月釋. 二, 43>

이 구성을 單純敬語形이 아닌 '-시-'와 '-슿-'의 겹치는 관계로 분석할 수는 없다. 이들의 겹친 형식이 쓰임은 다 아는 일이지만 그때 이들의 배열은 「-시슿-」이 아니라 「-슿시-」이기 때문이다.

　　予는 내 <u>호숩시논</u> 쁘디시니라 <訓諺>

이런 사실은 또다시 이것의 기본형을 「뫼시-」로 計定하게 하는 뒷받침이 된다.

그 선행단계에서의 선어말어미 '-시-'의 형태통사적 특성에 대해 깊은 의혹과 더불어 그 語源的 遡及의 당위성을 얻어내게 된다. 그것은 다름 아닌 존재동사 「이시-」의 特異語形 「ø시-」에 源流되었음을 강력히 시사하는 것이었다.

V

V-0. 이상 우리는 存在動詞 「이시-」가 15세기에 나타났던 錯綜한 現場性을 반성하면서, (1) 「이시-」, 「잇-」 그리고 「ø시-」의 분포 특성을 살폈으며, (2) 다음으로 「이시-」의 특이형 「ø시-」를 다시 확인하는 한편, 그 발달과 주체존대의 선어말어미 '-시-'와의 관계에서 史的으로 直觀되는 일련의 기묘성을 釋明코자 했다. (3) 그리고, 敬語形에 내재된 '-시-'의 分離性을 검토하면서 그 원형으로 「ø시-」를 同定하게 되는 배경을 논의했다. 이제 그 개요를 간추려 맺는 말을 삼으련다.

V-1. (1) 「이시-」와 「잇-」은 상보적인 분포관계로 교체하는 특수어간이다. 그 결정은 後接音의 「聲」의 유무자질이 징표가 되어 지배하지만, 단 선어말어미 '-ᄂ-'는 그 원칙을 어기고 「잇-」을 지배한다.

(2) 「ø시-」는 「이시-」와 「잇-」과 공시적인 이형태를 이루는 관계의 것이 아니다. 이들이 모두 동의성을 가지는 것은 사실이나, 「ø시-」는 「이시-」 (혹은 그것의 語源再構形 *「bisi」)[24]의 史的 발달형으로 그들과의 관계는 繼起하는 垂直軸의 문제다.

(3) 15세기는 「ø시-」의 변화의 말기단계로서 역사적 잔류형의 특성을 가지며, 그 분포조건은 「이시-」와 일치한다.

(4) 특수한 맥락에서 [-尊待]·[-存在]의 '시'를 확인하고, 그것을 「중립성」의 자질로 규정, 그 淵源形으로 「ø시-」를 상정케 했으며, 그 근거를 「-시거시-」 구성의 발달원리로 입증코자 했다.

(5) 그리하여, 15世紀語의 「-시-」는 '存在'의 「ø시-」, '中立性'의 '-시-', 그리

---

24) G.J. Ramstedt(1939), p.66, N.Poppe(1960), p.112.

고 '尊待'의 '-시-'로 各異한 형태소기술이 이루어진다.

　(6) 이 세 형태소는 발생적으로 동질성을 함의했다는 인식에서 존대의 '-시-'의 연원을 존재의 「∅시-」에까지 소급시킬 수 있는 가능성을 제기했다. 이른바 겸양의 '-숩-'의 어원을 「솗-」(白)으로 추정하는 논리가 용인된다면 위의 추리도 정당할 것이다.

참고 문헌

金完鎭(1975), "音韻論的 誘因에 依한 形態素 重加에 대하여", 「國語學」 3.

朴良圭(1972), "國語處格에 대한 硏究", 「國語硏究」 27.

梁柱東(1940), 「朝鮮古歌研究」, 博文書館.

───── (1947), 「麗謠箋注」, 을유문화사.

李崇寧(1976), "15世紀國語의 雙形語 '잇다·시다'의 發達에 대하여", 「國語學」 4.

許　雄(1975), 「우리 옛말본」, 샘문화사.

玄平孝(1975), "高麗歌謠에 나타난 /-고시-/ 形態에 대하여", 「國語學」 3.

洪允杓(1969), "15世紀國語의 格研究", 「國語研究」 21.

小倉進平(1929), 「鄕歌及ぴ吏讀の研究」, 京城帝國大學法文學部紀要 第一.

金田一京助(1959), 「日本の敬語」, 角川新書.

G.J. Ramstedt(1939), *A Korean grammar*, Helsinki.

N. Poppe(1960), *Vergleichende grammatik der altaischen Sprachen*, Wiesbaden.

<國語學新研究, 탑출판사, 1986>

中世語의 '이'副詞化와 一部의 廢語現象

I

傳統文法에서 부사는 이른바 附加的 三次語(tertiary)로 규정될 뿐만 아니라, 그 형태나 의미기능이 다른 어류에 비해 단조로운 固定性을 특성으로 하기 때문에, 그것이 구조적으로 관여하는 영역이나 대상성에 있어 주목을 끌어 비중있는 논의를 펼칠 만한 평가를 받지 못했다. 그러나, 近者에 이르러 이들의 서술구성에 관여하는 의미·통사적 측면이 강조되면서, 그것의 문법적 지위나 능력이 인정을 받게 되었으며, 이에 따라 활발한 논의가 일었고, 그 결과로 상당한 지식의 축적도 이루어졌다.

부사범주에 속하는 어휘들의 主軸은 原形性의 부사보다는 그 질이나 양에 있어 非原形性의 것, 즉 語造成의 방식에 의해 부사화된 것으로 이루어진다. 이러한 語群形成의 특성도 그렇지만, 이들이 示顯하는 문법성에 있어서도 후자의 함축도가 높다. 그러므로 부사의 형태·의미·통사의 모든 분야에 걸쳐 주로 하는 문제의 대상이 「부사화」가 되는 것은 오히려 당연하다. 그간의 연구목록에 나타나는 경향이나, 성과들은 이러한 사실을 잘 말해주는 證左다.

김영희(1976)는 부사화 현상을 變形論的으로 관찰하여 해명한 제안이었으나, 접미사간의 변별성을 호도할 우려를 안은 것이었으며, 임홍빈(1976)의 說明機制는 부사화 접미사 {-이}의 의미특성을 [-대상성]으로 인식하여, [+대상성]의 {-게}와의 관계가 論斷된 것으로, 부사화 접미사들에 적극적인 관여성을 부여함으로써, 그들의 의미특성을 진지하게 논의하는 새로운 국면을 보였다. 그리고, 최근 이재인 (1983)은 어근 자질과 {-이} 사이의 문법적 관련성에 착안하여 {-이}의 의미특성을 [-本有性]으로 인식하는 수정안을 제기하고 있다.

우리는 동작·상태의 추상의미를 단순한 평면으로 인식하는 입장을 지양하며,

그것의 내면을 透視해 내시적으로 그 의미를 구성하고 있는 여러 요소들의 內部的 構造體로 관조하는 입장에서 문제에 대처할 것이다. 이런 관점에서는 부사의 문법성이 修飾的 副次性만으로 규정되어질 수 없고, 동작의미의 내부에 깊이 관계하는 구성적 요소의 특성으로 추출되는 것이 될 것이다.

특히 부사화하는 語基와 主要語(head word)가 지닌 두 서술성 간의 통합적 양상을 연결하는 부사화 접미사는 그들에게 내재하는 의미·통사의 견제조건으로 객관화가 가능하다. 이것은 부사화를 비롯하여 다양한 副動詞構文까지도 포괄된다. 그리하여 우리가 기대하는 목표는 {-이}를 비롯한 부사화 접미사들의 특성기술과 그들의 문법범주를 확립하는 데 귀결될 것이다.

표제가 지시하고 있듯이, 본고는 지난 특정시대, 즉 15세기 중엽의 문헌자료에 투영된 문법의 문제가 주대상이다. 여기에서 기인하는 제약은 다 아는 바지만, 특히 의미·통사를 다루는 데는 더욱 심각하다. 자료의 제약도 그러하나, 당시 언어의 직관능력이 없기 때문에 긍정적 자료의 채택과 더불어 자료에 전혀 없는 否定的 자료의 판별 등에서 현대의 문법이 간섭할 소지가 많다. 각각 다른 시대의 사실을 다루는 데 있어 이러한 간섭은 가장 경계해야 할 금기다.

이것의 극복책은 관찰의 정밀화와 체계적 원리 등에 의해 모색되고, 고안해 갈 시급한 문제로 남겨지지만, 우리는 先業으로 축적된 중세어의 지식을 바탕으로 오직 허용하는 여건에 따라, {-이}의 의미특성을 析出하는 작업을 수행하게 된다. 이울러, {-이}의 해명은 이와 밀접히 관계하는 부동사조성의 활용어미 {-게}의 해명으로 傍證되는 효과가 예상되기 때문에 {-게}의 특성도 탐색할 것이며, 이러한 시도는 앞에서 말한 제약을 극복하는 하나의 방책이기도 하다. 그리고 비범하게도 중세어의 '이'부사의 어휘 목록에 들어 있는 일부 어항이 석연치 않은 이유로 廢語化되는 현상을 역시 {-이}와 {-게}의 連帶性에서 오히려 긍정적인 발달의 의미로 해석하는 타당성을 打診할 것이다.

그러나, 이러한 일들이 현대어와도 달라 문제 이전의 선결되어야 할 일이 많고, 초보단계의 작업에 지나지 않으므로 해결되는 부분보다도 이어지는 문제의 제기로 번거로워질는지도 모르겠다.

II

II-0. 부사는 의외로 混質的인 문법적 속성을 지닌 語類로 지적된다.[1] 그것 자체는 非屈折性의 것이며, 따라서 형태·기능의 면에서 비교적 단조로운 성질이 예상된다고 하겠으나, 실제로는 그렇지가 않다. 일반적인 통사이론만으로는 모든 형태를 통할할 수 없는 의미·통사론상의 여러 문제를 지녔을 뿐만 아니라, 語造成에서 보이고 있는 다변성의 문제들도 단순치가 않기 때문이다.

그러나, 우리의 궁극적인 목표는 복잡하게 보이는 이러한 속성을 지배하고 있는 어떠한 합법칙적인 규제의 개연성을 상정하면서 구체적인 검증을 통해 규칙의 발견을 기대하는 일이 될 것이며, 결국 그것은 표면적인 혼질성의 극소화에 이바지할 것이다. 이러한 작업은 결코 간단한 일이 아니며, 여기서는 제한된 한 부분의 문제로 부사의 어조성에서 제기되는 몇 가지를 고찰하기로 한다.

II-1. '이'부사는 어조성적 특성에 의거하여 구분한 한 유형의 어군을 지칭함은 물론이나 그 조성된 어류가 오직 이것에 한한 것이 아니라, 이밖에도 몇 갈래의 변별되는 다른 유의 어군들로 이루어졌다고 할 때, 그들은 각항 간의 관계에서 이탈할 수 없다는 견지에서 '이'부사의 파악은 부사의 어조성법의 체계적 인식을 불가피하게 요구한다. 이런 요구에 대해 선별적으로나마 부응하는 뜻으로도 부사의 어조성 능력을 부여하는 문법적인 장치는 검토되어야 하겠으므로 기왕에 행해진 연구의 성과를 재확인하려는 바, 특히 중세어의 후기자료를 통해 이들 어조성의 형태론적인 특성을 析出하기로 한다.

II-2. 부사를 이루는 어조성의 형태론적 특성에서 가장 상위자질의 지표는 [±原形性][2]이다. [+원형성]의 부사는 發生的인 語源 상태에서부터 오직 單純

---

1) J. Lyons(1968), p.326 參照.
2) 이 資質標識은 다만 부사범주에 속하는 여러 어항들을 구성하고 있는 語形態의 특성에 관여할 뿐, 의미·기능 및 통사에 관여적인 특성을 구성한다는 뜻을 가지지 않는다. 부사내의 하위범주에 이 징표가 關與特徵을 구성하지 않는다고 단정할 수도 없으나, 이 문제는 앞으로 상고할 일이다.

形質로만 이루어진 본원의 부사다. 그러므로, 이것은 형태·기능이 모두 불변성을 가진 것으로 확정적인 순수 부사가 된다.

그런데, 이런 자질의 부사는 무엇보다도 그 語項數에 있어 매우 적은 편이다.3)

又·다못·똔로·모더·어루·잘…4)

이 [+원형성]부사의 數的 劣勢가 그의 범주성립에 관여된 어떤 국면에서도 전혀 아무 의무가 없다고 할 수는 없으나, 그렇다고 적어도 이 시기의 문법체계 안에서 부사의 존재가치에 작용하여 그의 범주성을 위협하는 것은 결코 아니다. 그것은 품사정립이 귀속되는 어항의 다과에 따라 이루어지는 것이 아니기 때문이다.

그러나, 일반적으로 어휘를 생산하는 수단의 발달을 보아서도 [+원형성]부사는 [-원형성]의 것보다 이미 앞선 어떤 시대에 이루어진 산물이라는 뜻을 동시에 가지며, 따라서 미처 [-원형성]부사를 갖고 있지 않은(가질 필요가 없던) 상황에서는 [+원형성]의 것만으로 充用된 문을 구성했을 것은 쉽게 推想된다. 그것이 어떠한 이유에서든 [+원형성]의 확장이 필요해졌고 상황적 요구를 배경으로 상정할 때, [-원형성]부사의 발달을 원인적으로 성찰하여 그 성향을 밝히고자 한다면 역시 [+원형성]부사의 수 문제는 상당한 의미를 가진다. 결국, 부사는 이처럼 매우 폐쇄된 일부 [+원형성]의 것을 제외하면, 나머지는 [-원형성]의 어류

---

3) 이것이 시사하는 뜻은 단순히 어항수의 문제에 그치지 않으며, 그 이전에 부사의 범주성립이라는 통시적 발달과 관련된 결과라는 암시를 짙게 풍긴다. 통상 [+原形性]의 어항들 가운데 상당수의 것은 그 소급형이 [-原形性]으로 판명될 것도 있어 그 수는 더 줄어들 가능성이 많다. 그리고 [+原形性]에는 他品詞의 자질을 함께 가지고 있는 竝用語項들(特定의 名詞)까지도 포함하는 것으로 볼 수 있으나, 여기서는 좁은 의미의 순수어류만을 대상으로 한다.

4) 이밖에도 상당한 어항을 열기할 수 있을 것이나, [+원형성]의 통시적 순수성을 단정하는 데는 어려움이 있다. 가령 '그릇·닫·ㄱ장·일·아니…'등과 같이 造成語形은 단순하여 같은 어류로 처리됨직하지만, 그것이 타품사, 즉 형용사나 명사와 병용관계를 이루는 성질을 감안해 본다면 간단한 문제는 아니다.

로 채워지는 셈이며, 그것이 부사 내에서 차지하는 어휘 비중도 상대적으로 클 것은 당연하다. 그간에 논의된 부사의 여러가지 문제들이 대부분 [-원형성]의 것에서 제기되었던 사실도 우연한 일이 아니며, 특히 형태론적인 접근에 있어서는 어군적 특성으로 보아 그것이 주대상일 수밖에 없다는 당위성을 확인하게 한다.

II-3. 여기서 우리가 표시하는 관심도 [-원형성]부사의 어조성적 특성의 한 문제가 되며, 그러기 위해서 [-원형성]의 내포형들을 재분석하는 일을 계속할 필요를 느낀다.

[-원형성]은 어조성적 특성이 이른바, 파생규칙을 적용하여 생성시키는 파생부사를 이른다. 그 파생규칙은 일반적으로 接尾法上에 나타나는 형태론적인 諸 條件을 집약하여 얻어진다. 따라서 [-원형성]부사의 하위구분은 접미법에 적용된 제조건을 검출하여 그것을 기준으로 하여 類別하는 것이 마땅할 것이고, 우선 그것을 [±接尾辭][5]로 양분할 수 있다.

II-4. [-접미사]어군

이 부사는 중세어의 파생법에서 이례적인 것으로 지적되어 왔다. 이른바 零變化(zero-modification), 零派生(zero derivation)이라는 것이다.[6]

그리고 특정의 체언어항도 형태론상 [-접미사]로 부사전환이 이루어져, 넓게는 같은 범주로 규정할 성질을 가졌다 하겠으나 여기서는 논외로 한다.

걷·바르·비브르·닫·그르…[7]

---

5) 이것도 [±원형성]에서와 마찬가지로 단순한 형태론적인 類別에 관여하는 특징의 뜻으로 썼을 뿐, 의미나 통사에 관여특징을 구성하는 문제는 전혀 고려치 않는다.

6) Quirk, R. et al.(1972). 기능적인 면에서 보면 이것은 機能轉換(functional conversion), 혹은 機能交替(functional shift)하는 것으로 파생이 아닌 轉換(conversion)으로 규정하기도 한다. 영어와 같은 언어는 이 전환이 매우 많은 것이 특징의 하나가 되어 있으나, 국어의 형식은 그것들과 同質의 것이라 할 수는 없다. 국어의 語幹形態素의 형태론적인 자질은 영어와 같지 않기 때문이다.

7) 분류자에 따라 어항의 가감이 있다. 그것은 비록 표출된 어형은 [-접미사]처럼 보이나 어근형태소와 파생접미사의 음운론적 환경의 조건으로 보아 [+접미사]의 어군에 귀속시킬 수

이들이 폐쇄된 목록임에는 틀림없으나, 그렇다고 偶有的 속성을 가진 특수형으로 예외시할 대상도 아니다. 음운이나, 형태의 문제도 전혀 배제할 수는 없으나, 보다 적극적인 면은 어휘의 범주구성에서 거쳤던 통시적인 발달의 의미가 함축되어 있지 않을까 하는 것이다.

위의 예시를 통해서 우리는 [-접미사]의 절차로 부사 전환이 가능했던 語類는 엄격히 어떤 범주적 제약을 조건으로 하여 구성됐음을 알 수 있게 된다. 그것은 [-접미사]에 의한 부사화가 어사의 개별적 성질에 말미암은 것이 아니라, 어떠한 語類範疇에 적용되었다는 사실과 아울러 그것은 바로 형용사(상태동사)의 일부 특정어항만으로 한정된다는 사실이다.8) 그러나, 그 轉用을 유발하는 동기적인 타당성이 무엇인지 국어의 음운이나 형태론의 원리로는 만족스럽게 설명하기 어렵다.9) 이들이 안고 있는 이러한 문제와 연관하여 계기된 현상은 이들이 조만간 당시의 조어규칙에 재조명되어 형태론적으로 적격한 것이 되도록 보완되어 간 일이다.10) 이것은 이때 언중의 문법의식에는 이미 형용사 어간의 부사전환을 파

도 있는 것들이 있기 때문이다. 가령, '오라 · 하/거싀 · 더듸 · 마치/모도 · ᄀ초 · 고초/…'와 같은 어례들의 분석은 파생접미사 목록에 {-아/어/-이/-오/우/…}가 들어가 있는 조건하에서는 '오라- · 하-((아))/거싀- · 더듸- · 마치-((이))/모도- · ᄀ초- · 고초-((오))'가 정당성을 가진다.

8) 약간의 否定的인 어례도 예상된다. 가령 "일로브터 <u>비릇</u> 가리라(從此始)<杜初. 十六, 31>"의 '비릇'은 文中의 분포적 특징으로 보아 부사로 규정되고, 그것은 동사 '비릇다'의 [-접미사]라고 기술될 수 있을 법하다. 그러나 여기에는 어려운 문제가 따른다. 즉 동사도 형용사와 같이 [-접미사]부사로 轉用된다는 규정을 부여해야 하기 때문이다. 물론 이 규정을 거부할 이유가 따로 있는 것은 아니지만, 기실 '비릇'은 부사전용 이전에 명사전용이 先行된다. "그 오미 <u>비릇</u> 업슨 젼ᄎ료(其來無始故)"<金剛三. 三, 59>
따라서, '비릇'은, 비록 전용된 명사지만 '처섬 · 오늘 · 네 · 아래 · 어듸…'등과 같은 부사전용의 절차를 거친 것으로 봐야 한다. 결국, 이 규정은 그 정당성이 유지된다.
9) 위의 例示語項만을 대상으로 한다면, 우연시하기 어렵다 할 만큼 이들 형용사의 어간말음의 조건이 '-ᄅ/르'와 '-ᄃ'으로 제약되어 있다고 할 수 있고, 이러한 제약조건이 이들을 [-접미사]로 하는 요인이 되어 있지 않을까 하는 의문을 가지게 한다. 그러나, 다음과 같은 예는 그 의문을 지워 버리는 데 충분하다.
   고ᄅ(調)>골오[*고ᄅ]/ᄲᄅ-(速)>ᄲᆞ리[*ᄲᄅ]/곧-(直)>고디[*곧]/굳-(剛)>구디 [*굳]
그리고, '-ᄅ/르(혹은 '-ᄋ/으')'나 '-ᄃ'이 어떠한 파생접미사의 含有形이라고 할 수도 없다.
10) 各個項은 각기 다른 발달의 양상을 이룰 것이고, 그러므로 모두를 획일적으로 취급할 성

격적 이탈로 받아 들여 그에 대한 저항이 한계에 와 있었다는 방증도 된다.

한편, 형태론적으로 이들 [-접미사]부사는 어간형태소의 의존적 자질의 자립화11)가 실현되는 이른바 형태자질의 전이를 의미한다. 이런 측면에서 이들의 어간재구성 과정은 본래의 의존성으로 회귀하는 동시에 [+접미사]의 일반적인 형태범주로 귀속하는 일련의 변화를 겪는 것이 된다. 이와같이 중세어의 부사조성의 특성으로 기술되는 [-접미사]의 것은 단순한 어간 보완의 의미를 넘어서, 여기에 적용되었던 형태규칙의 무효화에 따라, 결국 [+접미사]의 관여적 기능을 잃게 되었다.

II-5. [+접미사] 어군

이상에서 본 [+워형성]의 어군과 [-원형성] 중 [-접미사]를 빼면 부사는 모두가 [+접미사]어군에 속하는 것만이 남는다. 부사를 이루는 成員項의 비중으로 볼 때 그 질량 어느 쪽에서나, 이 [+접미사]는 부사의 主要部에 해당한다.

[+접미사]는 부사조성의 최소한의 형태론적 절차이며, 여기에 접미되는 형태

질의 것이 아니지만, 그러한 검증은 문제의 성격상 여기서는 유보하기로 한다. 다만, 결과된 어형을 확인하는 데 그치려고 한다.

　곧>ᄀ티: 하ᄂᆞᆯ 벼리 눈 곧 디니이다 <龍歌. 50)
　　　　나도 ᄀ티 術을 호려 ᄒᆞ니 <月印. 上, 126>
　닫>달이: 왼 녁 피 닫 담고 올ᄒᆞᆫ 녁 피 닫 다마 <月釋. 九, 7>
　　　　太子ᄅᆞᆯ 나흔 게셔 달이 아니더라 <釋詳. 十一, 35>
　바ᄅᆞ>바로: 바ᄅᆞ 自性을 ᄉᄆᆞᆺ 아ᄅᆞ샤(直了自性) <月釋. 序, 18>
　　　　바로 반이라(中半) <老諺. 上, 6>
　비브르>비블이: 저희들 밥 주어 비브르 머기고(饋他飽飯喫) <朴初. 上, 10>
　　　　ᄒᆞᄅᆞ 세끼식 더롤 주어 밥을 비브리 먹이고(一日三頓家饋他飽飯喫)
　　　　<朴重. 上, 10>
　그르>그릇: 그르 알면 外道ㅣ오 <月釋. 一, 51>
　　　　늘근 사ᄅᆞᄆᆞᆯ 그릇 너기ᄂᆞ니 <三譯. 一, 1>

11) 용언어간의 형태론적 자질이 의존적이라 함은 贅言을 요치 않으며, 따라서 그 자체만으로는 어떠한 문맥에서도 實現語形이 될 수 없다. 그럼에도 불구하고 매우 이례적으로 특정맥락에서 독자로 자립형태소의 자질을 부여받은 일부 형용사 어간이 바로 이 [-접미사]다. 그러므로 이것은 固有資質인 의존성에서 이탈하여 自立性을 확보하는 轉移의 의미를 가진다.

소가 만약 그 작용이 단순히 품사범주상의 기능에만 관여하는 것이라면, 그 목록
은 하나만으로 충분할 것이고, 그것이 형태소 분포의 원칙에도 부합되는 일이다.
　그러나, 이러한 원칙과는 달리 [+접미사]의 분포특성을 가지는 접미사의 목록
은 몇 개의 다른 것으로 이루어져 있다. 가령, v가 접미형태소 $s_1 \cdot s_2 \cdot s_3 \cdots$를 겹
치는 일 없이 하나만을 취하여 기능 f를 파생시킨다고 상정했을 때, $s_1 \cdot s_2 \cdot s_3 \cdots$
서로의 관계가 상보적이냐, 아니면 관여적 특성을 구성하는 것이냐 하는 문제와
더불어, 만약 그것이 후자의 관계에 있는 것이라면, 그 대립의 특질은 어떤 층위,
어떤 범주의 무엇으로 기술되는 것인가 하는 문제가 차례로 이어지겠지만, 그 보
다 우선하여 상정한 $s_1 \cdot s_2 \cdot s_3 \cdots$을 기왕의 先業에 따라 확인하는 일이 순서이
겠다.

　(i) {-이}
　부사 생성의 능력을 특성으로 가진 접미사의 하나이며, 이런 특성은 {-이}뿐
아니라, 앞으로 열거되는 여타의 것들도 같다. 우리의 관심을 집중적으로 이끌어
갈 대상이 바로 이 '이'부사[12]문제이며, 그 細目에 대한 상찰은 별항에서 이루어
질 것이기 때문에 여기서는 다만 문제 제기를 위한 자료 확인에 그쳐 둔다.

　(Ⅱ-5. i -a) 머리[멀-]: 無色이 머리 좃다 혼 말도 이시며 <月釋. 一, 37>
　　　　　　업시[없-]: 名利 브라는 뗘 업시 ㅎ야 <月釋. 序, 77>
　　　　　　외르이[<외르비<외릅-]: 외르이 닌 頌이시고(孤起頌) <法華. 一, 199>
　　　　　　슬피[슳브-<슳-]: 孝道홀 아둘 우루믈 슬피 너겨 드르샤 <龍歌. 96>
　　　　　　ㅈ비[ㅈㅸ-]: 너희 머리셔 ㅈ비 오니 이에 안자 밥 머그라 <釋詳. 卄
　　　　　　　三, 41>
　　　　　　아룸다비[아룸둡-]: 아룸다비 讚歎ㅎ샤 <月釋. 十七, 93>
　　　　　　반ㄷ기[반둑-]: 이 四生애 반ㄷ기 三菩提를 得ㅎ며 <月釋. 十七, 26>
　　　　　　만히[많-]: 부텻 像올 만히 그리ᅀᄫᅡ <釋詳. 卄四, 10>

---

12) 파생부사는 조어규칙에 의해 생성된 부사지만, 다시 그것의 하위유별이 요구되는 경우,
　　분류기준의 조건에 따라서는 각각 다르게 나뉜다. 여기서는 단순히 '$s_1 \cdot s_2 \cdot s_3 \cdots$'의 차이
　　에 따라 's_1'부사, 's_2'부사…등으로 구분하여 호칭한다.

　　　당다이[당당ᄒ-]: 世界롤 붉긔 호니 이 ᄯ믈 당다이 如來ㅅ 涅槃相
　　　이샷다 ᄒ더시니 <釋詳. 卄三, 27>
　　　ᄀ마니[ᄀ만ᄒ-]: 모든 사ᄅ미 다 몯 보거늘 ᄀ마니 드러 부텻 엄니
　　　ᄒ 雙올 도죽ᄒᅀᄫᅡ 가니라 <釋詳. 卄三, 48>
　　　훤히[훤ᄒ-]: 根源이 훤히 徵妙히 ᄆᆰ거늘 <月釋. 二, 22c>
(Ⅱ-5. i -b) 키[크-]: 우리나랏 말로 옮겨 써 펴면 드릂 사ᄅ미 다 시러 키 울월리
　　　니 <月釋. 序, 23>
　　　져기[젹-]: 果報中間ᄒ니ᄂ 비치 져기 븕고 <月釋. 七, 42>
　　　올히[옳-]: 尊者 옳 길헤 舟桁올 올히 准備ᄒ고 <釋詳. 卄四, 34>
　　　볼기[ᄇᆰ-]: 明徹은 볼기 ᄉᄆᆾ 씨라 <月釋. 十, 50>
　　　됴히[둏-]: 부텻 功夫에 됴히 올아 가샤 <釋詳. 九, 3>
　　　느지[늦-]: 됴ᄒ 짜해 느지 나게 호리니 <月釋. 卄 , 106>
　　　어디리[어딜-]: 跋陀婆羅ᄂ 닐오매 어디리 護持홀 씨라 <楞嚴. 五, 40>
(Ⅱ-5. i -c) 니르리[니를-]: 欲界六天 니르리 다 뷔여 <月釋. 一, 48>
　　　드리{들-]: 두드리거나 드리 츠거나 ᄒ면 <釋詳. 十一, 21>
　　　그우리[그울-]: 그 象올 티츠며 그우리 혀고 <月印. 39>
　　　니기[닉-]: 智勇올 니기 아ᅀᄫᅡ <龍歌. 59>

　‘이’부사의 多産性으로 보아, 그 확인에 이처럼 많은 예시가 필요한 것은 아니
나, 논의할 문제의 성질상 몇 가지 특징의 전제가 있어야 하겠기에 i -a, b, c로
나누었다. {-이}에 前接되는 어기의 어휘범주로 볼 때, i -a~b는 형용사, 그리
고 i -c는 동사에 해당한다.13) 그리고, 다시 i -a와 b의 구분은 당시로는 별로
의미가 없는 일일지 모르나, 전자에 대해 후자의 발달은 특수해서 이들이 ‘이’부
사를 이탈해 가거나, 어휘 목록에서 잠적하는 변화를 필요에 따라 미리 나누어
제시한 데 불과하다.

────────────

13) 중세어의 현실에서도 i -c의 例項은 매우 제한된 폐쇄적 목록의 것이지만, 實在하기 때
　　문에 형식상으로는 前接語基를 선택하는 {-이}의 능력이 형용사 뿐만 아니라 동사에까
　　지도 유효하다고 할 수 있다. 이러한 사실은 결코 간과할 수 없는 의미를 가진 것으로 주
　　목되며, 앞으로 전개될 논의의 한 문제점이 될 것이다.

(ⅱ) {-오/우}

(Ⅱ-5.ⅱ-a) 갓ᄀ로[갓굴-]: 갓ᄀ로 아는 種애 나리라(生倒知種) <楞嚴. 十, 55>

마조[맞-]: 부텨 마조 나아 마ᄌ샤 <釋詳. 六, 12>

너무[넘-]: 너무 게을이 便安ᄒ고 <釋詳. 六, 36>

기우루[기울-]: 기우루 證호ᄆ(偏證) <法華. 二, 23>

(Ⅱ-5.ⅱ-b) 오ᄋ로[오올-]: 비치 오ᄋ로 히오 <月釋. 二, 46>

골오[고ᄅ-]: 다 골오 ᄀ장 뮈윤 ᄡ디 <月釋. 二, 14>

세우[세-]: 세우 제 닷ᄀ면 <月釋. 卄一, 109>

{-오/우}의 전접조건도 {-이}의 경우와 같이 일부의 동사(ⅱ-a), 형용사(ⅱ-b) 어간을 취하는 것으로 나타나나, 그 추세는 {-이}가 형용사쪽인데 반하여 {-오/우}는 동사 쪽이 우세한 성향14)이다.

어떠한 자질이 {-오/우}의 전접조건으로 관여적인 특성을 구성하느냐를 비롯하여 얼핏 일관된 하나의 규칙으로 설명하기 어려운 錯綜性같은 것이 엿보이는 여러가지 문제가 아직도 미결로 남아 있으며, 특히 (ⅰ)의 '이'부사와는 어떤 관계에 있는가 하는 난제들에 대해 우리는 주의를 기울여 갈 것이다. 문제의 제기를 위해 상식적인 의문을 미리 제기해 둔다면, 가령, 그 추세로 보아 (ⅱ-b)의 '오올-'은 '이'부사의 '오ᄋ리'의 생성을 상정할 수 있으나, 그것을 거부하고, 왜 '오/우'부사만을 고집하는가? 이러한 의문은 '이'부사의 것이 '오/우'부사를 거부

---

14) 중세어의 直觀能力이 없는 우리로서 당시의 문법규칙의 適否性을 규정한다는 것은 그리 쉬운 일이 아니다. 그것은 유일한 論據가 자료에 의존될 수밖에 없을 뿐만 아니라, 그 자료가 質量, 모두 제한되어 있어서 필요를 충족시킬 수 없기 때문이다. 따라서 이런 경우 소극성을 극복하기 어렵다. {-오/우}의 前接條件으로 품사범주는 關與性이 없다고 하는 것이 오히려 적정할 것도 같다. 그러나, {-이}와는 비교도 안될만큼 非生産的이기도 하려니와 {-이}와의 관계를 감안해 보거나 生成語項의 분포상황으로 보아 그 추세는 어떤 의미를 가진 것으로 파악되는 것이다.

이것을 발달의 과정적 錯綜이라 할런지 速斷할 일은 아니다. 특히 이들 '오/우'부사 가운데 '이'부사로도 실현된 것이 있어 우리를 더욱 주저케 한다. 우리는 이런 語項을 주의깊게 관찰해 나가야 할 것이다.

갓ᄀ리[갓굴-]: 갓ᄀ리 어즈럽디 아니ᄒ고 <法華. 一, 32>

세이[세-]: 힘 세이 ᄃ토면 내 분에 올가마ᄂ <蘆溪. 莎堤>

하는 逆의 경우도 성립한다.

(iii) {-아/어}

    (II-5.iii-a) 다[다ᄋ-]: 威化振旅ᄒ시ᄂ로 興望이 다 몯ᄌᄫ나(威化振旅 興望咸
           聚) <龍歌. 11>

        모다[몯-]: 衆會ᄂ 모다 모돌 씨라 <月釋. 十, 61>

        마초아[마초-]: 마초아 홍졍바지 舍衛國으로 가리 잇더니 <釋詳.
          六, 15>

        ᄂ외야[ᄂ외-]: 네 이제도 ᄂ외야 ᄂᆷ 믜본 ᄠᅳ들 둘따 <月釋. 二, 64>

        시러[실-]: 제 ᄠᅳ들 시러 펴디 몯 ᄒᆞᇙ 노미 하니라 <訓諺>

이 {-아/어}는 부동사어미 {-아/어}와 同系의 것으로 극히 한정된 일부 어항
에서 본래의 의미·통사적 특성을 잃어 버리는 변화와 더불어 어조성적 특성으
로 전환이 이루어진 어형의 화석화로 풀이되는 현상이다.[15] 그러므로 엄격한 뜻
에서는 {-아/어}를 파생 접미사로 기술할 수 없다. 그리고, {-아/어}의 前接條件
은 ‘이’부사와는 대조적인 제약성이 있는 듯하여 주로 동사 어간과의 결합에서
일어나며, 그나마 매우 폐쇄적인 것이 특색이다.

---

15) 형태상으로는 비록 同一形이나, 副動詞語尾 {-아/어}와는 다른 副詞化接尾辭 {-아/어}
를 기술할 수는 있다. 그러기 위하여는 이들의 異質性이 객관화된 資質의 표지가 있어야
하는 것이나, 적어도 형태론적으로는 이 {-아/어}를 변별할 지표가 될 만한 조건이 없다.
그것은 형태론의 층위를 넘어 선 의미·통사론의 문제로, 본시 副動詞도 定動詞와 같이
하나의 명제를 이룬다고 볼 때, 그 명제는 일정한 論項이 있어야 함은 물론이고 그들의
고유한 관계로 이루어지는 것이나, 부사는 조성의 동기가 어디에 있건 명제가 되지 못하
며, 따라서 論項이 구성될 리도 없다. 그렇기 때문에 의미·통사를 이탈하여 의미가 특수
화되기도 한다. 일련의 이러한 작용이 {-아/어}의 적극적인 관여에 의해 이루어지는 것은
아니며, 달리 뚜렷한 이유가 없는 한 관용에 따른 화석화로 규정하였다.
그러나, 때로는 이들의 변별이 형태상으로도 명시되는 특수한 예가 보이기도 한다. 가령,
‘다ᄋ-(盡)’의 경우 ‘아/어’ 부사는 ‘다’(聲調上의 변화가 수반하여 上聲으로 나타남), 副
動詞形은 ‘다아’로 實現된다.
    나라히 오라건마론 天命이 <u>다아</u> 갈씨(維邦雖舊 將失天命) <龍歌. 84>
그리고, ‘몯-(集)’의 경우는 ‘모다’와 함께 ‘모도’의 竝用形을 가진다.
    <u>모도</u> 보ᄂ 想이라 <月釋. 八, 15>

(ⅳ) 唯一構成素 形態: {-욱/-사리/-애…}

  (Ⅱ-5.ⅳ-a) 더욱[더으-]: 더욱 구드시리이다(逎益永世) <龍歌. 125>

  (Ⅱ-5.ⅳ-b) 쉽사리[쉽-]16): 쉽사리 잠꼰ᄒ야(鹵莽) <飜小. 八, 38>

  (Ⅱ-5.ⅳ-c) 이대[읻-]: 모물 즈개 이대 가져 듣니샤 놈 기드리디 아니ᄒ시며

<月釋. 二, 56>

이 접미사는 단일 혹은 특정 어항에만 적용될 뿐, 일반원칙을 따르는 것이 아
니다.

Ⅲ

  Ⅲ-1. [+접미사]부사의 접미사 목록을 列記해 본 결과, 대략 네 가지 형태류
를 확인할 수 있었다. 즉, 그것은 (ⅰ) {-이}, (ⅱ) {-오/우}, (ⅲ) {-아/어}, (ⅳ)
{-욱/-사리/-애/…}였다. 이 확인은 단지 형태소 기술의 의미만이 아니라, 비록
이들은 개별적인 독자성이 있는 것이지만 부사조성이라는 상위의 기구에 속하는
구성원이라는 관점에서 구조적 이해를 하기 위한 전제였다. 그것은, 가령 {-이}
의 문제에서 {-오/우}, {-아/어} 등과의 관계를 배제한 그 자체만으로는 바른 이
해에 접근할 수 없다는 이유 때문이다.

  그와 아울러 부사화의 형태론적 조성특성을 槪述하게 되었다. 이제 우리는 이
접미사들의 상호관계 속에서 관여적인 특성을 구성한다고 상정되는 이 형태 지
표들 중에서 특히 {-이}의 존재에다가 관심의 초점을 맞추어 나갈 것이다.

---

16) '쉽-'은 한편으로 '이' 부사 '수비'를 일반형으로 가진다. '쉽사리'와 '수비'의 쓰임이 모든
   면에서 同値의 竝用形인지, 관여적인 대립형인지 면밀한 검토가 요하나 이러한 현상은
   부사의 의미·통사적 정밀화라는 측면에서 주목되는 일로 생각된다. 그런데 이것을 前接
   語基가 '쉽-'이 아니라 '쉽살ᄒ-'로 분석함이 보다 적절하며, 따라서 이것은 '이' 부사의
   하나에 지나지 않는다. 그럼에도 불구하고 따로 내세운 것은 어간의식의 消滅을 고려한
   이유에서이다. 그리고 이와 동류의 것으로는 '어렵사리'가 하나 더 있다.
     이대도록 <u>어렵사리</u> 니르웁시는고 <新語. 五, 21>
     교만ᄒ고 <u>쉽살홈</u>을 내디 말라 <小諺. 五, 20>
     <u>어렵살ᄒ</u> 미룰 ᄀ초 디내여(備經險阻) <小諺. 六, 18>

Ⅲ-2. 이미 지적됐듯이 {-이}에 대해 특기할 사항은, 첫째는 그의 파생능력이 다른 것들에 비해 가장 생산적이라는 것이고, 그렇기 때문에 부사의 수요 요구는 대부분 이 방식에 의해 충족되고 있다는 점이며, 둘째로는 접미사 {-이}의 전접 어류에 대한 제한성이다. 즉, '이'부사의 어기가 되는 어류는 그 주축이 형용사라는 사실은 확고하지만, 현대어의 일반규정과는 달리 우리로서는 異例의 일로 이해되는, 일부 동사에도 적용된다(Ⅱ-5. ⅰ-c의 예시문). 그리고 셋째로는 일부 동사가 특수하게 '이'부사 조성이 가능하다 했지만, 중세어의 '이'부사 가운데는 당시의 조성규칙에 부합할 뿐더러, 그 규칙이 다음 시대에 그대로 이어져 유효한데도 불구하고 일부의 어항이 어휘목록에서 자취를 감춘 사실이다.

이 가운데서도 우리는 셋째번으로 지적한 사실에 대한 의문의 제기가 앞으로 검토할 내용의 핵심이 된다. 다시 말해서 중세어 부사의 어휘 체계[語造成 체계 내에 있는 어휘] 속에 들어 있던 일부의 어휘 항목이 왜 潛跡했으며 무엇이 그들로 하여금 그러하지 않을 수 없게 하였는가 하는 것이다. 그것은 이들의 잠적이 단순히 어휘 변화의 일반 현상으로 설명하기 어려운 의혹 속에 이루어졌다고 판단되기 때문이다. 그리고 이러한 일은 개별어항의 문제를 넘어서 '이'부사 전체의 특성에 기인한다고 믿어지며, 다시 그것은 접미사 {-이}의 어조성적 특성에 귀결된 것이므로, 결국 {-이}의 특성 기술과 이 문제의 해명은 같은 하나의 일이지 별개가 아니다.

Ⅲ-3. '이'부사의 특성 기술은 기본적으로 관점을 달리할 수 있는 소지를 내포하고 있다. 그 하나는 전접하는 어항의 의미나 통사의 특성이 '이'부사의 생성력에 작용한다고 보는 측면이겠고, 또 하나는 {-이}가 직접 발의하여 전접어휘를 비롯하여 구성 관계를 이루는 어휘의 실현을 선택한다고 보는 측면이다. {-이}를 주체로 하고 볼 때, 전자는 {-이}에게 소극적인 기능을 부여하는 것이라면, 이에 반해 후자는 적극성을 부여하는 것이라 하겠다. 다시 말해서 {-이}와 구성 관계에 있는 어휘들의 어떤 범주자질에 의존하여 {-이}의 실현이 결정되느냐, 아니면 {-이}가 지닌 어떤 특성이 어휘 실현의 환경을 직접 제약하느냐 하는 문제다. 여기에 또 하나의 가능한 상정은 이 양자를 모두 부정했을 경우, 혹시 다른 층위의

어떤 특질이 관여하는 것이 아니냐 하는 의문도 제기될 수 있겠다.

이들 중 어느 면이 {-이} 특성기술의 적정을 기하는 데 가장 유효할 것인가에 대하여는 {-이}의 검토가 진행된 상황이 아니기 때문에 뒤로 미루기로 하거니와 우선 다음과 같은 의문 제기와 그에 대한 해답을 구해 보기로 한다.

Ⅲ-4.

(Ⅲ-4. ⅰ-a) 入聲은 샐리 긋듣는 소리라 <訓諺>

(Ⅲ-4. ⅰ-b) *入聲을 샐로 긋듣는 소리라[17]

(Ⅲ-4. ⅱ-a) *비치 오ᅌᆞ리 히오

(Ⅲ-4. ⅱ-b) 비치 오ᅌᆞ로 히오 <月釋. 二, 46>

위 예시문의 해석은, 결국 (Ⅲ-4. ⅰ-a, b)에서 '샐ᄅ-'를 前接語로 하는 부사는 '샐리'일 뿐만 아니라 '샐로'의 不在를, 그리고 (Ⅲ-4. ⅱ-a, b)에서 '오올-'은 앞의 것과는 대조적으로 '오ᅌᆞ로'만 생성할 뿐이지 결코 '오ᅌᆞ리'는 생성하지 않는 문법을 제시한 것이다.

그런데, 이럴 경우 혹시 문맥적 환경의 조건이 '샐리'와 '샐로', '오ᅌᆞ리'와 '오ᅌᆞ로'를 결정짓는 제약관계에 있지 않을까 하는 생각도 해 봄직하나, 그 이전에 '샐로'와 '오ᅌᆞ리'는 당대의 어휘목록에는 없는 假構形이다. 그런 면에서 '샐리'와 '샐ᄅ게'를 생각하는 것과는 다르다.

그러면 무슨 이유로 '샐리'와 '오ᅌᆞ로'만 조성되는가? 다시 말해서 '샐ᄅ-'에는 {-이}, '오올-'에는 {-오/우}만이 용인되는 이유가 무엇인가 하는 물음이다.

파생어 조성에 있어 일반적으로 동일한 기능과 의미를 갖는 두 개의 倂用形

---

17) 중세어의 生成能力을 가지지 못한 우리로서 당시의 文과 非文을 直觀的으로 판별한다는 것은 능력 밖의 일이다. 이런 불리한 여건이 다른 시대의 언어연구가 직면하는 극복해야 할 어려움의 하나이며, 그것은 文獻資料에 의해 충당되는 것이 최선책일 수밖에 없는 것도 사실이다. 그러나 문헌자료가 質量兩面으로 불가피한 제약을 받는 것이므로, 불완전성은 면키 어렵다. (Ⅲ-4. ⅰ-b), (Ⅲ-4. ⅱ-a)의 文例가 문헌에 나타날 리도 없지만, 이들이 非文이라는 확증도 없다. 그러나, (Ⅲ-4. ⅰ-b)의 '샐로'나 (Ⅲ-4. ⅱ-a)의 '오ᅌᆞ리'가 당시의 어휘목록에 없다는 이유가 이를 포함하는 문은 非文일 수밖에 없다는 예상을 합리화시킨다. 따라서 이러한 想定은 적격하고 때로는 중요한 정보를 제공하기도 한다.

이 공존하지 않는다는 원칙으로도 '샐리'와 '샐로'가 공존하지 않는 이유가 될지 모르나, 그보다도 이 사실을 역으로 분석해 보면 '샐로'의 부재는 그 스스로 결정되었다기보다 '샐리'와의 상대성으로 이루어졌다는 해석이 가능하고, 그렇다면, 결국 {-이}와 {-오/우}는 동일한 기능과 의미를 갖는 부사 조성의 접미사라는 논리에 부합한다.

그러면서, 한편으로는 파생어 조성 원칙이 그럴진댄 {-이}와 {-오/우}는 {-이}가 되든 {-오/우}가 되든 하나면 족할 일인데도 犯則者가 되면서까지 따로 존재할 이유가 없지 않느냐는 반성과 동시에 여기에는 필시 상당한 이유가 있다는 것을 강력하게 암시하는 뜻도 된다.

이와 같은 {-이}와 {-오/우}의 관계는 이들이 단순히 相補性에 기인한 형태수가 아님은 물론, 이들에게 각각 前接語項의 실현을 결성짓는 데 積極的으로 관여하는 특성이 있음을 예상케 한다.

前項 자료 확인에서도 약간의 언급이 있었지만, 자료분포의 상황비율로 보아 {-이}는 형용사, 그리고 {-오/우}는 동사를 전접어의 어휘범주로 규제하는 경향이 뚜렷하나, 이것을 합법칙성으로 기술하기에는 상당한 어려움이 예상됐다. 즉, {-이}와 {-오/우}가 서로 엇갈리는 현상의 사례를 일부 공유하는 상황이기 때문이다. {-이}의 경우는 극히 제한된 폐쇄적 목록이기는 하나, 동사가 어근이 되는 어례(II-5. i -c)가 있었고, {-오/우}도 그 폐쇄성은 전자와 비길 만하지만 역시 형용사를 어근(II-5. i -b)으로 용인하고 있음이 확인되었다. 이러한 偏在性의 양이나 질의 문제를 배제하고 그 사실만을 강조한다면 전접어의 품사적 특성에다가 관여성을 부여할 수 없음은 물론이지만, 그 편재성을 有義的으로 해석하는 동시에 현대어의 기준이 아닌 당대의 어휘범주나 품사적 특성을 기준으로 한 규제18)라는 점을 감안할 때 가볍게 포기할 일은 아니다. 이러한 의미를 강하게 암

---

18) 가령 本文 例示 (II-5. i -c) 중 '니르리'에서 '니를-(至)'을 동사로 단정한 배경은 지금 우리들의 품사의식인 것이고, 그것이 시대를 달리 한다 해서 근본적으로 다를 리가 없겠으나, '니를-'의 의미영역이 고정되어 불변하는 것이라고는 할 수 없기 때문에, 時代層이 다른 두 領域을 겹쳐 一致하는 것으로 인식하는 것도 잘못이다. 대부분의 경우 일치관계를 이루는 것이 常例라고 해서 당연시되어서는 안된다는 경계와 더불어, '니를-'의 의미영역을 다각적으로 검증해야 하겠고, 만약 서로의 영역경계가 현대어와 달리 형용사범주

시하는 사실의 하나로 (Ⅱ-5. i -c)의 어항들이 (Ⅱ-5. i -b)의 어항과 더불어 다음 시대에서 구조적으로 廢語化하는 현상은 주목할 가치가 있다.

{-이}와 {-오/우}의 특성기술이 어떤 층위의 어떤 자질에 기인한 관여성으로 귀결되든, 이들의 대립이 정당화되는 한, 본고와는 직접적 관계가 없다고 여겨진다. 우리는 이들의 구체적인 변별특성의 문제에 앞서 이들이 다만 相補的 관계 구성의 요소가 아니라는 것만으로도 {-이}의 적극적인 기능이 부각된다는 전제에서 '-이'의 본격적인 검토의 기반이 마련된다고 보기 때문이다. 그러므로 이들 간의 편재성의 내용이나 특성기술의 문제는 별도의 성찰을 기대하면서 유보하기로 한다.

Ⅳ

Ⅳ-0. 부사화의 전반적인 고찰은 아니라 하더라도 구조적 골조격인 사항들을 槪觀했다. 이로써, {-이}의 존재를 확인했을 뿐만 아니라 문제 제기의 배경을 제시할 수 있었다. 그리하여, 우리는 {-이}의 적극적인 素性이 무엇이냐는 문제로 이어지는 단계에 이르게 되었다.

중세어 '이'부사의 資料分布에서 제일 먼저 주의를 환기시키는 것은 역시 근대 이후의 자료 목록에는 나타나지 않는 일부 특정어류를 포함하는 일이다. 특히 동사 어기의 '이'부사는 난해하며, 앞에서 약간의 설명을 하였으나, 여전히 석연치 않은 국면이 남아 있다. 동사 모두가 '이'부사의 造成力이 있는 것은 물론 아

의 어느 영역까지 含意하는 것이라면, '니르리'는 (Ⅱ-5. i -c)의 것이 아니라 (Ⅱ-5. i -a, b)에 속할 것이며, 이에 준하는 각어항의 검증결과에 따라, 「形容詞-{이}」의 造成規則의 적정성이 확인될 충분한 이유가 있다. 이에 대하여는 本文에서 다시 논의될 것이다.

비록 상반하는 상황이기는 하나, 이와 같은 검증과 확인의 필요성은 {-오/우}의 (Ⅱ-5. ii -b) 語例의 경우도 절실하다.

그러나, 그 결과 「形容詞-{이}」; 「動詞-{오/우}」 規則이 완벽하게 확인될지, 아니면 역시 형용사, 동사의 不關與性이 재확인될지는 그 다음의 문제일 뿐이다. 덧붙여 지적해 둘 사실은 (Ⅱ-5. i -c)의 語項들이 (Ⅱ-5. i -b)의 語項들과 함께 다음 시대에 들어서 일제히 廢語化되는 변화로, 이것은 이들을 둘러싼 문제의 기본에 적잖은 의미를 암시한다고 믿어지기 때문에 주목할 일이다.

니다. ‘먹-·가·살-·뛰-·씨-…’ 등 대부분의 동사는 절대로 ‘이’ 부사 조성이 불가능하다. 그럼에도 불구하고 ‘니를-(至)·들-(入)·그울-(轉)·닉-(熟)…’ 등 약간의 것들은 가능했다. 한 地文의 諺解인데 시대가 다른 다음의 文例를 보면 언제 이 문법이 이루어졌는지는 확실치 않으나, 偶有的인 것이 아니라는 것은 알 수 있다.

(IV-0.ⅰ-a) 아춤브터 나죄 니르히[19] 그 별실의 뼈나디 아니 ㅎ더니(自旦至莫히 不離小齊ㅎ더니) <飜小. 九, 103>

(IV-0.ⅰ-b) 아춤브터 나죄 <u>니르히</u> 쟉은 집의 뼈나디 아니ㅎ고 <小諺. 六, 95>

(IV-0.ⅱ-a) 아랫 사룸돌 <u>니르리</u> 다 모미 편안ㅎ시더라(以至下人們 都身己安樂) <朴初. 上, 51>

(IV-0.ⅱ-b) 뼈 下人돌에 <u>니르히</u> 다 몸이 安樂ㅎ더라 <朴重. 上, 46>

그러면 이것은 무엇에 기인된 특권이었을까?

(IV-0.ⅲ-a) 欲界六天 <u>니르리</u> 다 뷔여 <月釋. 一, 48>

(IV-0.ⅲ-b) 欲界六天 <u>니를드록</u> 다 뷔여

예시문 (IV-0.ⅲ-a)는 實在가 확인된 것이고, (IV-0.ⅲ-b)는 실재를 확인할 수 없으나, 당시 문법에 의거하여 그 실현이 확신되는 예상문이다. 즉 후자는 전자와 문맥구성의 어휘 환경에 변화가 없음은 물론, 다만 ‘니르리’를 ‘니를드록’으로 대치한 데 불과하다. 그러나 필요조건은 전자와 후자가 同義文이라야 하는 것이기 때문에, 그것은 결국 ‘니르리’와 ‘니를드록’의 同義性을 뜻한다. 이 대치형의 구성은 「니를- 드록」으로 분석되고 {-드록}은 일반적인 부동사어미다.

이러한 代置와 對比의 관계를 통해 우리는 매우 유익한 정보를 끌어낼 수 있

---

19) 「니를-{이}>니르리」가 적정어형이며, 그것이 世宗·世祖代의 자료에서 확인되는 것도 사실이다. 그러나 뒤로 오면서 ‘니르히/니르히…’가 보인다. 그것은 어원의식의 마멸이나 類推, 혹은 再構造化와 같은 현상에 기인하는 것이 아닌가 한다. 이러한 변화는 역시 이런 類의 어사가 廢語化하는 한 과정으로 해석될 수 있다.

을 듯하다. 그것은 다름아닌 {-이}와 {-드록}에 지녀진 특성문제다. 이만한 검증으로 성급히 규정할 일은 아니나, 大小간에 어떤 관계를 함의한 현상이라는 것은 부인할 수 없다. 이것을 확대시킨 다음의 예시를 통해서도 우리의 생각은 변하지 않는다.

(IV-0.iii-a1) 두드리거나 <u>드리</u> 츠거나 ㅎ면 <釋詳. 十一, 21>
(IV-0.iii-b1) 두드리거나 <u>들드록</u> 츠거나 ㅎ면
(IV-0.iii-a2) 그 象올 티츠며 <u>그우리</u> 혀고 <月印. 39>
(IV-0.iii-b2) 그 象올 티츠며 <u>그울드록</u> 혀고
(IV-0.iii-a3) 智勇올 <u>니기</u> 아ᅀᄫᅡ <龍歌. 59>
(IV-0.iii-b3) 智勇올 <u>닉드록</u> 아ᅀᅡᄫᅡ

이것으로 우리는 {-이}와 {-드록} 사이에 상당한 부분의 공통 특성을 가진 사실에 대해 확신할 수 있으며, 따라서 어느 한 항의 究明만으로도 어느 정도 나머지 항의 문제가 밝혀질 것이 확실하다. 그런 뜻에서 문제의 초점은 {-이}에 두고, {-드록}을 鳥瞰해 볼 필요가 있다.

IV-1. 부동사어미 {-드록}은 전접어간의 容認性이 {-이}와는 다르다. 그것은 다음과 같다.

(1) 동사를 前接語幹으로 한다[開放的 選擇].

(IV-1. i -a) 혼 劫이 <u>남드록</u> 닐어도 몯 다 니르리어니와 <釋詳. 九, 10>
(IV-1. i -b) 그 ᄯᆞ니미 몯 <u>보드록</u> 가뎌 <釋詳. 十一, 29>

(2) 형용사를 전접어간으로 한다[개방적 선택].

(IV-1. ii-a) 웃 집 브른 바미 <u>깁드록</u> 볼갯도다(鄰火夜深明) <杜諺. 七, 6>

(3) 「명사+{-이}(繫辭)-」를 전접한다.

　(Ⅳ-1.ⅲ-a) 히롤 브터 劫을 ㄷ차 數ㅣ <u>那由他ㅣ</u> 드록 苦楚ㅣ 서르 니어 ＜月釋. ㅐㅡ, 45＞

(4) 부사를 전접어간으로 한다[閉鎖的 選擇].

　(Ⅳ-.1.ⅳ-a) 늘그늬 허튈 안고 <u>의리드록</u> 우는다 ＜月釋. 八, 101＞
　(Ⅳ-1.ⅳ-b) 어마넚 양지 엇디 <u>그리드록</u> 여위시니잇고 ＜月釋. ㅐ三, 87＞
　(Ⅳ-1.ⅳ-c) 부텻 德이 至極ᄒᆞ샤ᅀᅡ 이 사ᄅᆞ미 보비롤 <u>더리드록</u> 아니 앗기놋타
　　　　　　 ＜釋詳. 六, 25-b＞

한편 {-드록}은 의미 특성에 있어서도 특이한 면이 있어서, 하나의 의미만을 지녔다 할 수 없다. 가령 예시문 (Ⅳ-1. ⅰ-a, b)의 '남드록·(몯)보드록'만 봐도, 두 가지 해석이 가능하다. 하나는 「(-a) '넘을(越) 상황에 이르기까지', (-b) '못 볼 상황에 이르기까지'」로 이해되는가 하면, 다른 하나는 「(-a) '넘게 하기 위하여', (-b) '(못) 보게 하기 위하여'」로 전개된다. 이러한 重義性이 어디에 기인하느냐는 뒤로 미룬다면, {-드록}의 의미 자질은 다음과 같이 기술하게 된다.[20] 즉,

　① 이른바 '미침꼴'(到及形)을 이루는 의미[21]로서 '어떤 상황(경지)에 미침'을 나타낸다고 규정되는 것이 보통이다. 즉, 부동사항의 동작이나 상태가 일어나기까지 다음 정동사항(주요어)의 작용을 한다는 의미기능의 접속관계에서 부동사항을 구성하는 어미가 바로 그것이다. 위 예시문은 모두 이 의미특질이 실현된 것이나, 이미 앞에서 지적했듯이 (Ⅳ-1. ⅰ-a, b)는 이밖에 또 하나의 의미특질을 가지는 重義文이라는 것이 特色이다.

　그런데 이들 모두 (1)~(4)의 밑바닥에는 '程度性'의 지표가 일관되게 관여된

---

20) 이러한 의미기술을 위해서도 {-드록}의 형태구성을 어원적으로 전개시켜 보는 것도 하나의 要諦라고 생각된다. 그런 면에서 Ramstedt(1939)의 試案은 示唆하는 바가 크다. 물론 그것은 현대어를 대상으로 한 것이며, 전적으로 수긍할 것도 못되나, 「-*ta* (declarative)-*ro*(instrumental case) -*ok*, *uk*(particle)」와 같이 분석기술하였다.＜p.100＞
21) 崔鉉培(1955), p.100, 許雄(1975), p.601 參照.

다는 사실을 지적하지 않을 수 없다. 다시 말할 필요도 없이 이들에게는, 가령, 「남ᄃ록→남을 정도로(까지)/ 깁ᄃ록→깊을 정도로(까지)/那由他ㅣ ᄃ록/→那由他일 정도로(까지)/이리ᄃ록→이런 정도로(까지)…」와 같이 전개 해석되는 의미를 함의하고 있기 때문이다.

② 다른 하나는 이미 ①에서 (Ⅳ-1. i -a, b)가 중의문이라는 지적이 있었지만, 「…하기 위하여」로 기술되는 국면이 있다. 다시 말해서 '흔 劫이 남ᄃ록 닐어도 …'는 문맥적 환경의 조건이나 화용론상의 조건에 아무 변동없이도 「한 劫이 넘을 정도로(까지) 말하여도…」[①의 의미특성]와 「한 劫이 넘게 하기 위하여 말하여도…」[②의 의미특성]로도 해석되는 모호성이 있으며, 그것은 {-ᄃ록}의 중의성에 기인한다.[22)]

이 두 가지 의미 특성이 적용되어 중의문을 이루는 것은 (Ⅳ-1. i ~ iii)의 모든 경우, 즉 전접어기가 동사나 형용사, 그리고 「명사+{이}-」에 관계없이 두루 해당한다.

그러나, 오직 (Ⅳ-1.iv)의 것, 전접어기가 부사인 경우만은 그런 중의성을 갖지 않는다. 즉, 「늘그니 허튈 안고 이리ᄃ록[① 이런 정도로(까지)/*② 이러기 위하여(이렇게 하기 위하여)] 우논다」; 「어머닚 양지 엇디 그리ᄃ록[① 그런 정도로(까지)/*② 그러기 위하여] 여위시니잇고」…

이 현상은 분명히 우리의 관심을 집중시키기에 충분한 이유가 있다.

첫째로, 특수하게 부사와 결합한다는 점, 둘째는 그것이 엄격히 제한된 명사성의 부사 「이리·그리·뎌리」와의 결합이라는 점, 셋째 이들의 어조성적 특성이

---

22) 이런 현상은 현대어에서도 같다.
　　옷을 입<u>도록</u> 만들어 주었다.
　　　　① 옷을 '입을 정도로' 만들어 주었다.
　　　　② 옷을 '입게 하기 위하여' 만들어 주었다.
　　그 일이 잘 되<u>도록</u> 힘써라.
　　　　① 그 일이 잘 '될 정도로(까지)' 힘써라.
　　　　② 그 일이 잘 '되게 하기 위하여' 힘써라.
　　취하<u>도록</u> 마셨다.
　　　　① '취할 정도로(까지)' 마셨다.
　　　　② '취하게 하기 위하여' 마셨다.

「지시대명사[이·그·뎌]+{-리}23),로 된 唯一性의 구성형이지만 그것의 의미·
기능적 범주는 '이'부사와 系를 같이 한다는 점.

　그러면 이와 같은 특성을 지닌 '이리'와 {-드록}의 결합을 가능케 하는 용인성
은 무엇일까? 굳이 이것이 문제되는 것은 이 결합이 문법의 일반적인 규칙에 따
른 것이 아니라는 데 있다. {-드록}이 어조성의 접미사가 아닐 뿐만 아니라, 그
것은 屈折表에 적용되는 일반 규칙의 지배를 받아야 하고, 또 받고 있음에도 불
구하고 유독 이 경우는 일반성에서 벗어 났다고 분석되기 때문이다.

　{-드록}의 가장 상위의 기능범주는 「부사성」이라 할 수 있고, 그러므로 전접어
기가 부사일 때 그 기능은 사실상 剩餘的인 것이 되거나, 강조성을 띤 증가효과
등의 작용에 지나지 않을 뿐, 적극성이 부여되지는 못한다. 그렇기 때문에 위의
예시문들에서 {-드록}을 뺀 '이리·그리·뎌리'민으로도 물론 정상문이 되며, 뿐
만 아니라 전적으로 同値關係를 이룬다.

　　늘그늬 허튈 안고 이리[-드록] 우는다
　　어마넚 양지 엇디 그리[-드록] 여위시니잇고
　　부텻 德이 至極ᄒ샤ᅀᅡ 이 사ᄅ미 보비룰 뎌리[-드록] 아니 앗기놋다

　두 요소의 결합 조건은 여러 가지 제약규칙으로 이루어지는 것이다. '이리'와
{-드록}의 결합은 어떤 문법특성의 굴절을 기대한 것이 아니라는 것은 확인되었
다고 보며, 그러므로 이것은 동질성을 가지는 두 요소가 겹쳐 나타난 특수 현상
으로 해석된다.

　Ⅳ-2. 이상 우리는 '이' 부사 조성의 접미사 {-이}의 특성을 유도하여 기술하

---

23) 여기에 추가될 어항이 있다면 「아ᄆ리/아모리」 정도일 것이다.
　　　則은 아ᄆ리 ᄒ면 ᄒ는 겨체 쓰는 字ㅣ라 ⟨訓蒙⟩
　　　아모리 ᄒ여도 ⟨新語. 八, 21⟩
　　이들은 그 造成의 史的 背景이 본시 體言의 曲用形이었다고 推定된다. 즉, 이 {-리}는
　　Altai 共通語의 沿格(prosecutive) 接尾辭 *-li에 遡及對應하는 것으로 보여지기 때문이
　　다. 李基文(1982), p.20.

는 일련의 논의를 하였다. 그리하여 {-이}의 적극적인 기능의 실재를 부각시켰으며, 잠정적이기는 하나, {-이}의 의미·통사적 특성을 「정도성」으로 기술하는 기반을 확보하는 데 그 논의가 집약되었다.

부사는 원칙적으로 서로 다른 두 가지의 의미기능의 국면을 가진다. 內心的 구조의 主要語(head word)의 運用에 從屬하여, (1) 그 意義를 修飾하는 관계를 가지는 것, (2) 그 意義를 보충하는 관계를 가지는 것이 그것이다.

그런데 '-이' 부사를 포함한 이른바 파생부사는 단순부사(본원적인 부사)에 비해 의미통사적인 특성이 본질적으로 달라서 '敍述性'24)을 함의하고 실현하는 특성이 있으며, 이들도 역시 (1) 수식관계의 것, (2) 보충관계의 것으로 구분될 것은 당연하다. 다시 말해서 {-이}의 특성지표를 「정도성」으로 규정하게 하는 底邊은 이런 원리적 근거로 이루어져 있고, 특히 {-이}는 두 가지 의미 기능 중 (1)의 수식 관계에 종속하는 것이다. 그렇기 때문에 「정도성」이란 결국 수식관계의 한 하위개념을 규정한 것이 된다.

(Ⅳ-2. ⅰ) 모든 무슨물 샐리 몬 고티리로다 <月釋. 一, 51>
(Ⅳ-2. ⅱ) 他化自在天이 次弟로 노피 이쇼더 <月釋. 一, 32>
(Ⅳ-2. ⅲ) 他人ᄋᆞᆫ 제 몸 구텨 오래 사는 사른미라 <月釋. 一, 8>

'샐리, 노피, 오래'는 각각의 주요어 '고티-, 이시-, 살-'이 나타내는 작용개념의 운용상태를 수식함에 따라 작용 그 자체의 상태를 나타내며, 상태개념을 한층 정밀화할 때, 이들의 지표는 「정도성」으로 기술되었으니, 말하자면 「정도성의 상태개념」이라 할 수 있다.

Ⅳ-3. 그런데 문제는 다음 예문에서·다시 제기된다.
(Ⅳ-3. ⅰ-a) 딥 사호로몰 ᄀᆞᄂᆞ리 ᄒᆞ라(切的草細着) <朴初. 上, 21-2>

---

24) 비록 완결된 형식을 갖추지는 못했지만, 파생부사의 의미는 파생전의 의미특성에 기인하는 內部的 構造型을 潛在的으로 가진다. 다시 말해서 命題를 구성하고 그 명제를 성립시키는 論項을 가진다. 그런 점에서 단순부사와는 크게 다르며, 이런 특성을 '敍述性'이라 했다.

(Ⅳ-3. ⅰ-b) 여믈 써흘기롤 <u>フ눌게</u> ㅎ야 <朴重. 上, 21>
(Ⅳ-3.ⅱ-a) <u>겨기</u> 드리면 <u>겨기</u> 가프리라(少僧時少贖) <朴初. 上, 20>
(Ⅳ-3.ⅱ-b) <u>격게</u> 典僧ㅎ면 <u>격게</u> 갑ㄴ니라 <朴重. 上, 20>

이것은 하나의 본문을 번역한 것인데, 각각 그 시대가 다른 것이 특징이다. 이들의 대비에서 우리는 '이'부사 조성의 접미사 {-이}가 {-게}로 바뀐 變移를 확인할 수 있다. 이러한 변이에서 고수되는 대원칙은 문장의 原義를 손상하거나 불확실하게 하는 일은 매우 경계된다는 것이며, 다만 두 시대 사이에 어떤 문법성의 변화가 있었다면 그것이 표출되어 공식화되는 것이겠으나, 그렇다하더라도 문헌어의 속성을 감안할 때 어떠한 국면의 변화이든 그것의 최소화 경향의 牽制를 강하게 받는 것이 원칙이다.

특히 문법성의 변화는 여러 변화 현상 가운데서도 가장 보수적 전통성의 구속력을 많이 받는 국면이고 보면, 이 변이는 결코 현상적인 변화층의 문제가 아니라 관념의 문제로 받아들여야 할 것이다.

그런데, 이 변이에서 만에 하나라도 「{-이}>{-게}」를 예상하는 일이 있지도 않겠지만, 그것의 부당성을 지적하지 않을 수 없다. 그것은 장황한 설명의 필요도 없이 전후의 두 시대는 이미 {-이}와 {-게}가 관여적 특성을 구성하는 형태로서 양립해 있는 상황이기 때문이다.

그딕 가아 아라 <u>듣게</u> 니르라 <釋詳. 六, 6>
三乘올 <u>크게</u> 여르시며(大啓三乘) <月釋. 序, 7>

그러므로 '아라 듣{-이} 니르라/ 三乘올 크{-이}[키] 여르시며'는 非文으로 실재하지 않는다.

다시 말해서 이 변이는 {-이}의 消滅이나 轉移와 함께 {-게}의 출현을 의미하는 것이 아니다. 결국 기존 체계의 변천이 아니라, 그 체계의 가치 속에서 {-이}가 {-게}로 바뀌는 현상이다. 특히 그것이 무제한하게 개방된 것이 아니라, 무엇에 준거하여 엄격히 규제되고 있다는 사실에 주목하지 않을 수 없다.

Ⅳ-4. 이 규제의 요인이 무엇이냐가 역시 {-이} 문제 해명의 한 측면으로 浮
上하게 되었으며, 그러기 위하여 먼저 {-게}에 대한 고찰이 있어야 할 것이다.

우선 {-이}와 {-게}는 굴절체계에서 점하는 자리가 각각 다르다. 구체적인 분
석과 기술이 따라야 할 것이나, {-이}는 어조성적 특성을 지닌 파생접미사이고,
{-게}는 접속의 활용어미로 부동사기능을 부여하는 指標性이 있다. 그러므로 이
들에 의해 생성되는 語辭들의 他語와의 관계도 다르다. {-이}가 어휘 범주에까
지 관여하는 자립성을 확보하는 데 반해, {-게}는 의존적이다. 그러나 이들을 한
층 추상화했을 때, 부사성을 공유하여 同質을 이루고 따라서 주요어와의 의미통
사적 관계구성을 의무적으로 갖는 점에서도 일치한다.

(Ⅳ-4. i -a) 그듸 가아 아라 <u>듣게</u> 니르라 <釋詳. 六, 6>

(Ⅳ-4. i -b) 왕이 그제사 太子ㅣ 고돌 아르시고 깄ㄱ쇄 아나 안즈샤 오시 <u>즈모
　　　　　기</u>[25) 우르시고 나르샤디 <月釋. 八, 101>

(Ⅳ-.4. ii -a) 외롭고 <u>입게</u> 드외야 <釋詳. 六, 5>

(Ⅳ-4. ii -b) 經典을 <u>크게</u> 펴샤 <楞嚴. 一, 3>

(Ⅳ-4. iii -a) 慈悲는 衆生을 <u>便安케</u> 흐시는 거시어늘 <釋詳. 六, 5>

(Ⅳ-4. iii -b) 王이 大闕 안해 出슈흐더 이 새 <u>울의</u> 흐니사 夫人을 사모리라 흐야
　　　　　놀 <釋詳. 卄四, 20>

전접어를 편의상 나누어 (Ⅳ-4. i)은 동사, (Ⅳ-4. ii)는 형용사 별로 예시했으
나, 이로 미루어 {-게}는 모든 용언 어간에 두루 쓰이는 일반성을 가지나, 그 주
요어는 동사가 주도하는 것이 특징이다. (Ⅳ-4.iii)은 「-게 흐-」의 예시문으로 소
위 長形使動構成의 것이다.[26)

---

25) 中世語의 {-게}系 형태소는 音韻論的 환경조건에 따라 變異하는 비교적 많은 異形態를
　가지고 있다. 즉, [-게(에)/ 긔(의)/ 기(이)/ 거].
　그러나, 한편으로는 적잖은 의문의 여지도 있다. 음운론적인 이유만으로는 이들의 분포가
　釋明되지 않기 때문이다. 이들 중 빈번히 쓰이는 형태는 {-게/긔}다. 우리는 이들 가운데
　{-게}를 대표시켜 기본형으로 삼기로 한 것이다. 許雄(1975), p.602.
26) 使用頻度의 정확한 계산에 입각한 것은 아니나, 「-게 흐-」가 쓰인 비율은 매우 큰 몫을
　차지한다. 따라서 {-게}의 문제에서 이 「-게 흐-」의 검토는 반드시 따라야 할 일이지만,
　별도의 기회로 미루려니와, 이와함께 「-게 몯흐-/-게 아니흐-/-게 말-」과 같은 구성도 지

「敍述性」을 함의하는 국면에서 {-게}는 {-이}와 같다. 그러나 {-게}와 {-이}를 同層, 同系의 문법성을 실현하는 요소로 볼 수는 결코 없다. 그들이 모두 부사성을 가진 것으로 그 특성에 기인하는 의미통사상의 공통점만을 강조하여 같은 지평에서 대비한다는 것은 무리다. 이러한 바탕에서 {-게}와 {-이}의 관계가 밝혀져야 할 것이다.

다시 (Ⅳ-4.ⅰ)의 예시문, ‘그듸 가아 아라 듣게 니르라’는 淨飯王이 大愛道(그듸)에게 耶輸에 관한 일을 下命한 내용문으로 ‘그듸’[大愛道]로 지시된 주체가 ‘니르-’의 동작을 거쳐 (耶輸가) ‘아라듣-’의 상태에 이르게 하라는 내용문이다. 다시 말해서 ‘니르-’의 동작과 ‘아라듣-’의 동작의 일치를 기대하는 것이며, 그것이 {-게}로 지표되고 있는 것이다. 이러한 관계는 ‘王이 그제사 太子ㄴ 고둘 아르시고 싫ㄱ새 아나 안즈샤 오시 즈므긔 우르시고’에서도 재확인된다. ‘王이’ ‘우르시-’는 동작을 거쳐[말미암아], ‘오시’(王의) ‘즈므-’는 상태에 이르게 된다는 것으로 결국 ‘우르시’와 ‘즈므-’의 두 동작의 일치를 뜻하는 문법성이 {-게}에 의해 示顯되었다. 이것은 곧 두 명제간의 일치상태를 지향하는 관계를 뜻하며, 우리는 {-게}의 이러한 문법성을 「一致性」27)이라고 규정하는 것이다. 그리하여 ‘-게’ 부동사는 ‘이’부사를 포함한 일반 부사와는 다른 특성을 부여하게 된다.

적해 둔다. 그리고 문제의 성격은 다르나 曲用接尾辭 {-게}와의 有關性 與否도 詳考해 볼 충분한 이유가 있는 것으로 판단된다. 참고로 「-게 ᄒᆞ-」와 使動詞의 관계를 단적으로 드러낸 다음 例文을 첨기해 둔다.

그 달애며 추들며 닐라드며 <u>힘쓰우며</u> 지지둣ᄒᆞ며 ᄀᆞ둧ᄒᆞ야(其所以誘掖激勵漸摩) <飜小. 六, 14>

그 뼈 달애며 뻬들며 즈아내며 <u>힘쓰게 ᄒᆞ며</u> 져지며 ᄀᆞ다듬아 <小諺. 六, 12>

27) 「一致性」은 형태소 {-게}의 의미·통사적 指標資質을 號稱한 것이며, 이러한 용어는 자질의 특성을 가장 총괄적으로 드러내야 하는 것이지만, 문제의 焦點設定에 따라서는 강조되는 바가 다르고, 그래서 용어도 달라질 수 있다. 가령, P를 예문에서 각각 ‘니르-’, ‘우르시-’로 하고, ‘아라듣-’, ‘즈므-’를 Q라 하여 P, Q의 관계를 보면, P의 사실이 Q를 지향하는 목표점으로 하여 이루어진다는 것이 되고, 그것을 목표점으로의 指向性 또는 歸着性, 한걸음 나아가 到及性 등으로 規定할 수도 있을 것이다.

V

V-0. 이상 우리는 '이'부사의 修飾附加語로서의 특성을 「程度性」으로, 그리고 서로 다른 두 사실의 접속 관계에서 부동사를 이루는 {-게}의 특성을 「一致性」으로 기술하였다.

이제 앞에서 제기한 문제로 돌아와, 중세어의 '이'부사 목록에 있는 일부의 어항이 廢語化하여 潛跡하는 현상에 대해 우리의 논의는 이어질 것이며, 우선 자료확인을 위해 주요어항을 열거해 본다.

(V-0. i) 느지[늦-]: 됴흔 짜해 느지 나게 흐리니 <月釋. 廿一, 106>

느믈기[묽-]: 性 하느리 물기 개며 <楞嚴. 一, 107>

ㄱ느리[ㄱ놀-]: ㄱ느리 벗온 旃檀沈水香돌흘 비흐며 <月釋. 十七, 29>

키[크-]: 우리 나랏말로 옮겨 써 펴면 드릏 사르미 다 시러 키 울월리니 <月釋. 序, 23>

니르리[니를-]: 欲界六天 니르리 다 뷔여 <月釋. 一, 48>

볼기[붉-]: 自性을 볼기 알면(明了自性) <金剛. 序, 6>

조비[좁-]: 境體예 조비 브터 <法華. 二, 41>

어디리[어딜-]: 跋陀婆羅는 닐오매 어디리 護持홀 씨라 <楞嚴. 五, 40>

올히[옳-]: 말올 올히 너기샤 <月印. 上, 90>

어두이[어듑-]: 無明 어두이 ㄱ료매(無明暗蔽) <法華. 二, 81>

깃비[깃브-]: 時節ㅅ비를 깃비 느리와 <釋詳. 十三, 7>

(V-0. ii) 업시[없-]: 名利 브라는 뼈 업시 흐야 <圓覺. 序, 77>

머리[멀-]: 恩愛롤 머리 여희여 어즐코 아둑흐야 <釋詳. 六, 3>

쉬비[쉽-]: 옷밥 쉬비 어드니만 몯다 <月釋. 十三, 12-3>

기리[길-]: 點 업슨 이는 편히 눗가이 흐고 두 點은 기리 혀들고(無點은 平而低흐고 二點은 廣而擧흐고) <小諺. 凡例, 2>

두려비[두렵-]: 覺이 두려비 볼가 <月釋. 七, 41>

만히[많-]: 차바눌 만히 准備흐야 <釋詳. 廿四, 22>

달이[다른-]: 正흐며 갓ㄱ로몰 브터 달이 두외느리라 <楞嚴. 二, 14>

샐리[샌라-]: 모든 ㅁ슨몬 샐리 몯 고티리로다 <月釋. 一, 51>

ᄀ비[ᄀᄇ-]: 너희 머리셔 ᄀ비 오니 이에 안자 밥 머그라 <釋詳. 卄三, 41>

슬피[슬프-]: 孝道홀 아ᄃᆞᆯ 우루믈 슬피 너겨 <龍歌. 96>

져기[젹-]: 부텻목소리 져기 쎠즛ᄒᆞᄫᅵ니이다 <釋詳. 卄四, 20>

됴이[둏-]: 부텻 工夫에 됴히 올아가샤 <釋詳. 九, 3>

(V-0.iii) 효기[횩-]: 兜羅錦을 효기 ᄲᅳ저 <釋詳. 卄三, 48>

잇비[잇브-]: 碑磶盌애 비취요미 잇비 마롤디로소니 <杜初. 七, 38>

해[하-]: 方國이 해 모ᄃᆞ나(方國多臻) <龍歌. 11>

조히[좋-]: 七寶로 조히 ᄭᅮ미거나 <釋詳. 十三, 51>

믿비[믿브-]: 샤롬ᄃᆞ려 그리호마 ᄒᆞ고 믿비 아니ᄒᆞ면 <飜小. 九, 49>

(V-0.i)은 근대를 거쳐 현대에 이르는 과정에서 잠적하여 폐어가 된 주요어항들의 예시이며, (V-0.ii)은 원형 대로 혹은 음운의 변화 규칙에 따라 일부 변형된 어형으로 근대어는 물론 현대어의 부사목록에 올라 있는 한편, '-게' 부동사와 병용 관계에 있는 것들이다. 그리고 (V-0.iii)은 이들이 폐어가 된 사실, 그 자체는 (V-0.i)와 다를 바가 없으며, 따라서 이들의 구분은 그런 면에서는 별 뜻이 없지만, 그 동기가 전혀 다르기 때문에 (V-0.i)과 (V-0.iii)은 각기 다른 관계로 받아들여져야 한다. (V-0.i)의 폐어 동기는 아직은 확실하게 제시할 만큼 論斷되지 못한 상황이나, (V-0.iii)의 경우는 극명한 사실로 여겨진다. (V-0.iii)의 소멸은 음운이나 의미, 그리고 체계 등에 기인한 것이 아니라 파생어기 자체의 폐어화 때문에 일어난 것이다. 그러므로 이들 어기가 속하는 어휘체계나 그 밖의 어떠한 요인이 그들 語基를 몰아낸 것으로 보이지만, 그러한 요인들이 (V-0.iii)의 소멸의 직접 동기가 되지는 못한다.[28] 그리하여 (V-0.i)과 (V-0.iii)은 다 함께 폐어가 되기는 했으나, 같은 변화의 유형에 따른 것이 아니기 때문에, 우리가 살피고자 하는 것은 이들 중 (V-0.i)에 대한 문제가 된다.

V-1. 그러면 과연 (V-0.i)의 폐어는 무엇에 기인하는가? 이런 류의 문제에 접근하는 데에는 몇 가지 다른 방향이 있을 수 있다고 본다. 각각의 被派生體를

---

28) 語基는 消滅됐지만 그로부터 合成·派生된 말은 그대로 남는 例. '슬프-, 깃브-, 한숨…'.

독립적인 단위 형식의 한 덩어리로 하여 그것을 內向的으로 관찰하는 방향이 있겠고, 문맥 조건에 따라 관찰하는 外向的 방향이 있겠다. 이들은 어느 것도 소홀히 할 수 없는 측면이지만 이들의 폐어화에 관한 한 전자의 입장에 서게 한다. 이것은 '이'부사 전체의 구조적 소멸이 아닐 뿐만 아니라, (V-0.i)의 폐어화가 있기 전이나 후의 상황이 전혀 달라지지 않은 것만으로도 그 이유가 충분하다. 그런데 이들은 被派生體인 고로 그들 내부는 두 가지 이상의 다른 성질의 부분으로 분해되며, 우리는 흔히 그것들을 語基[語根]와 파생 접미사로 규정한다. 그리하여 결국 문제는 (V-0.i)의 폐어 동기가 그 피파생체의 어근 부위, 혹은 접미사 부위 중 어느 한 쪽에 말미암은 것인지, 아니면 이들이 공동으로 관여하는 어떤 요인에 연유하는 것인지의 문제로 축소된다.

그런데, 우리는 대단히 중요하고 기본적인 원칙 문제에 직면하게 된다. 그것은 이제까지의 논의에서 특정 '이'부사의 폐어화라 해왔지만 그것이 名實이 相符하는 폐어화냐 하는 문제이다. 그들이 비록 부사의 어휘 목록에서는 잠적했지만, '이'부사 파생 규칙이나, 어기 그리고 접미사 부위의 문법성에 어떠한 영향이 파급되었다고 볼 수 없거니와, 특히 이들 부사의 잠적과 함께 당시의 문법 현상이 이들을 부담하고 있던 모든 가치를 缺漏시킨 상황이라고 하기도 어렵기 때문이다.

그러므로 엄격한 의미에서 이 문법 현상은 이들의 부정적인 측면인 폐어화로 논단할 성질의 것이 아니다. 통시적인 발달의 긍정적인 측면을 이들에게서 찾는 것이 이들의 진상에 접근하는 要諦라는 생각에 기울어지게 된다.

그놈 위ᄒᆞ야 지블 <u>크긔</u> 짓고 다ᄆᆞᆫ ᄒᆞᆫ 門ᄋᆞᆯ 내오 <釋詳. 卄四, 14>
燈 혀아 닛위여 <u>봄게</u> ᄒᆞ며 <釋詳. 九, 35>
天下ᄂᆞᆯ <u>어딜에</u> ᄆᆞᄃᆞ로매 인ᄂᆞ니(至於化成天下) <飜小. 九, 14>
어즈러온 글월을 <u>젹게</u> ᄒᆞ야 소임 맛듀믈 전일히 ᄒᆞ며(省繁文ᄒᆞ야 以專委任ᄒᆞ며) <飜小. 九, 17>

위의 예시는 (V-0.i)의 어항을 망라할 필요를 느끼지 않을 만큼 일반화된 것이지만, 새삼 例擧하게 된 까닭은 (V-0.i)의 각 어항이 당시에 '게' 부동사를

병용하고 있는 사실을 확인하기 위해서다. 그것은 또 이들 '이'부사가 동요 내지
는 사라진 뒤에도 不動의 것으로 남는다. 그러나 이들 특정 어항의 '게' 부동사
가 부담하는 의미 기능의 영역에 어떤 변화가 있었는지의 여부는 속단할 수 없
다. 이러한 일련의 사실들은 발달의 의미에서 '이'부사와 '게'부동사 간에 상당한
관련성이 있다는 것을 암시하는 데 충분하다.

단순한 암시만이 아니라 발달의 산물인 오늘의 문법으로 이어 볼 때, 이것은
확정적인 사실이다.

이제 이 논의가 귀착할 막바지 국면에 이르렀다고 하겠다. 그것은 일부 특정
어항29)의 '이'부사의 폐어화가 현상적인 소멸이 아니라는 점을 강조하게 한다.
이들 폐어화는 그 어기, 접미사 그리고 어휘·의미·통사 등 어느 조건으로도
만족할 만한 해답을 도출할 수 없는데도 현실적으로는 어휘목록에서 잠적했고,
그 다음에 결과된 상황 또한 별로 波紋이 없다. 이것은 분명히 소멸이 아니라
史的 繼起性으로 이어지는 轉移로 해석되는 것이 마땅하다. 다시 말해서 이들
'이'부사가 '게'부동사의 영역 속에 합류하여 마치 「츠다(寒)/덥다(署)/잇다(在)/
검다(黑)/붉다(赤)/입다(昏)/…」30) 등 많은 형용사 어항이 그렇듯이 '이'부사로의
조성력을 잃게 된 것이다. 여기에는 {-이}와 {-게}의 지표적 특성이 다르다는 부
정적인 일면이 있기는 하나, 한층 추상화한 기능의 동질성으로는 합류의 기반이
이루어질 수 있다.

그렇기 때문에 이 합류성 전이는 이들 어기 '늦-/붉-/ᄀ놀-/크-/…'가 '이'부사
조성력을 잃는 동시에 「정도성」의 지표도 상실되어야 하는 일반론과는 달리 합류
하는 쪽에서 그 「정도성」을 포용하는 조건 아래 이루어진다고 이해된다. 즉, 그것
은 {-게} 쪽에서 {-이}의 문법성까지 포용할 수 있는 여지가 전제된 전이이다.31)

---

29) 이 '특정'을 결정하는 제약조건은 아직도 留保된 문제로 남아있다. 가령 '물기'가 어째서
「붉-」·{-이} 모두 본래의 자질을 유지함에도 불구하고 '업시/머리/기릐/…' 따위와는 다
르게 변하는지, 그 규제의 객관적인 지표가 불투명하다. 그리하여 이들은 語造成 자체가
'體系의 압력에 의하여 여분으로 생성된' 형태라고 규정되기도 했다. 金完鎭(1973), p.42.

30) 이들 語類, 정확히 말해서 형용사 중 '이'부사의 造成力이 있는 語項을 제외한 나머지
어항은 '이'부사 조성이 불가능하다. 앞에서도 지적했지만, '이'부사 조성의 可否를 규제하
는 능력이 무엇인지 究明되어야 할 과제다.

31) ① '적게 먹으면 약주요, 많이 먹으면 망주다' ② '눈썹을 적게 그린 그림과 많게 그린 그림'

그러나, 문제는 여기서 그치지 않는 連鎖的 反應을 예상할 수 있어서, 그렇다면 {-게}의 지표적 특성에도 중세어의 그것과 다른 어떤 규제성을 부여해야 할 것이라는 제의가 마땅히 있을 법하다. 이러한 이유에서 {-이}와 {-게}를 둘러싼 錯綜性은 문제의 핵심을 흐리게 하는 주범이 되기도 하지만, 그러나 겉에서 일어나는 이러한 현상으로 해서 {-이}와 {-게}의 「정도성」과 「일치성」의 특성을 위협할 만큼 본질적인 문제로까지 확대할 일은 아니다.

VI

VI-0. 이상 중세어의 부사 문법에서 제안된 문제 중, '이'부사화의 語造成的 特性과 造成力의 主體가 되는 접미사 {-이}의 문법적 기술, 그리고 그 발달의 斷層을 알아보는 논의를 했다. 그것은 언어 현실의 표면에서 일어나는 개별적 현상의 문제보다는 관념을 바탕으로 하는 체계의 보편성을 객관화하려는 의도를 내재시킨 가운데 이루어졌으며, 몇가지 소박한 의문의 제기에 따라 문제의 전개와 사실의 검증으로 중세의 언어 현장을 확인하는 한편, 그 속에서 의문 해소의 要諦를 구해 보려 했다.

그러나 결과적으로는 완벽한 해명으로 그 답을 얻어 낸 부분에 못지 않게, 미처 몰랐던 새로운 의문과 문제가 제기되었고, 그로 인해 논의의 초점이 흔들려 산만해질 우려도 없지 않았다.

특히 문헌자료의 제약성이나 직관능력이 없는 우리가 엄격히 말해서 先代 體系의 문법에 속하는 중세어의 의미·통사 문제를 考究하는 데는 문제 그 자체와 더불어 그에 앞서 극복해야 할 어려운 일들이 많다. 그렇기 때문에, 때로는 본의 아닌 主觀的 想定이 개입되기도 하고, 부정적 자료 도입, 혹은 형태소의 의미 기능의 전개와 해석 등에 있어 확대 적용될 국면도 예상할 수 있어서 사실이 歪曲될 우려를 배제할 수는 없는 고로, 우리는 세심한 소극성에 견제되기도 한다. 이 제약은 비단 이 문제에 한하는 것이 아니다. 국어의 사적 연구의 전반

오늘의 용법을 단적으로 지적할 수 있는 예시다. 중세어의 규칙으로 풀이한다면 ①의 '적게'는 '겨기'로 표출됐을 것이 확실하다.

적인 영역에 걸쳐 당하는 것으로 벗어나야 할 難題가 되어 있다.

VI-1. 제일 먼저 제기된 우리의 의문은 중세어의 부사화에 관여한 접미사의 형태 기술을 통하여 작성되는 목록이 파생어 조성의 일반 원칙에 위배되지 않느냐는 것이었다. 즉 하나의 의미기능을 수행하는 부사화로 규정되고, 그것이 전제로서 적정하다면 그 形態的 指標도 하나만으로 충족된다는 원칙에도 불구하고, 그 형태목록이 「{-이·오/우·아/어…}」 등 分派된 양상을 띠기 때문에 일어나게 된 의문이다. 이 물음은 결국 각 항의 접미사는 相補的 關係에 있지 않다는 것을 논증케 했고, 아울러 이들이 관여적 특성을 구성하는 관계의 검증을 거쳐 그 답을 추구케 했다. 그리하여, 우리는 {-이}에다가 적극성을 부여하는 동시에 그것의 문법성을 유도해 내는 일차적인 목표를 기대한 것이다.

그러나, {-이}의 문제는 역시 그것만의 일이 될 수 없으며, 그와 변별되는 나머지 접미사의 문제로 확대되어야 했고, 따라서 예기치 않은 제2, 제3의 의문이 連鎖的으로 일어 났으며, 마침내 그것은 부사화 전반의 문제로 이어지는 連帶的인 구성 관계의 해명을 요구했다.

우리는 본고의 목표와 그 제약으로 부득이 {-이}의 영역을 벗어나는 문제는 유보하면서 가능한 한, 그 문제의 당위성과 전망을 제시하는 데도 留意했다. 그리하여 중세어의 부사 문법에서 ‘이’부사가 자리하는 위치를 확인하는 것으로 만족했고, 그 결과는 다음의 도표로 집약된다.

<pre>
          ⎧ + 원형성
     부사 ⎨   ⎧ - 접미사
          ⎩ - 원형성 ⎨   ⎧ + 정도성   -{-이}
                       ⎩ + 접미사 ⎨   ⎧ -{-오/우}
                                  ⎩ - 정도성 ⎨ -{-어/}
                                               ⎩ -{-욱·사리·애…}
</pre>

VI-2. {-이}의 의미 특성 기술은 직접으로 대상에 접근하는 방법도 있지만, 우리는 이와 문법성의 상당한 국면을 공유하는 부동사어미 {-드록}을 통해 迂廻的으로 접근해 가는 간접적인 길을 택했다. 그것은 {-이}의 추상성에 비해 {-드록}의 의미 특성이 보다 구체적이고 선명하다는 점과 아울러 동일 문맥관계에서

의 {-이}와 {-드록}의 交替容認性 때문이기도 하다.

i) 의미 특성의 유도 방법에 따라 {-드록}의 주된 關與的 특질은 「程度性」으로 규정되었고, 이와의 대응 관계가 입증됨으로써 {-이}의 특성을 이끌어내는 기반을 마련했으며, 그리하여 '狀態槪念을 수식하는 「정도성」을 {-이}의 특성으로 부여하는 데 귀결됐다. 그러나, 접속에 관여하는 부동사어미 {-드록}은 주요어와 단순한 수식 관계가 아니라 의미의 보충에 작용한다는 면에서 {-이}와는 判異한 통사제약을 가진 것이다.

ii) {-드록}과 함께 {-이}의 문제에서 깊이 관계하는 또 하나의 부동사어미에 {-게}가 있다. 역시 {-게}와의 대비를 통해 {-이}의 특성을 재확인하는 한편, 그 논거를 확대 증진하는 성과도 거두어지는 것이 사실이지만, 더욱 절실한 것은 중세어의 '이'부사 가운데 일부의 특정 어항의 것들이 '이'부사로부터 離脫하여 그 목록에서 잠적하는 현상과 직접으로 관련하는 문제다. 그런 필요에서 {-게}에 대한 고찰과 그의 의미특성의 기술은 불가피하다.

{-게}는 {-드록}과 같이 두 용언항의 접속 통합에 종사하는 부동사어미다. 그렇기 때문에 {-이}와는 의미·통사의 층이 다르며, 그 의미특성은 「一致性」으로 기술되었다.

iii) 끝으로, 일부 '이'부사의 폐어화는 부정적인 소멸이나 잠적이 아니라 긍정적인 발달 현상으로서 그것은 {-이}와 병용 관계에 있던 '게'부동사구문에 合流·轉移하는 通時的 의미로 論斷되었다.

그러므로, 이러한 변화의 여파가 {-이}와 {-게}의 의미특성을 자극하지는 못하지만, 합류·전이가 일어난 이후의 일부 어항에 적용되는 {-게}의 의미 특성은 확실히 그 전의 영역과는 다른 것으로 나타난다.

참고 문헌

김영희(1976), "형용사의 부사화구문", 「語學硏究」 12-2.

金完鎭(1973), "國語語彙磨滅의 硏究", 「眞檀學報」 35, 眞檀學會.

李基文(1982), 「國語史槪說(改訂版)」, 塔出版社.

李栽仁(1983), "'이'副詞의 形成과 그 特性", 「西江語文」 3, 西江語文學會.

任洪彬(1976), "副詞化와 對象性", 「國語學」 4, 國語學會.

崔鉉培(1955), 「우리말본」, 정음사.

許　雄(1975), 「우리 옛 말본」, 샘문화사.

Lyons, J.(1968), *Introduction to Theoretical Linguistics*, Cambridge univ. Press.

Quirk, R. et al.(1972), *A Grammar of Contemporary English*, London: Longman.

Ramstedt, G.J.(1939), *A Korean Grammar*, Helsinki.

<東洋學 14, 동양학연구소, 1984>

「蒙語老乞大」 解題

I

高麗 때의 通文館과 李朝의 司譯院은 다같이 인접국간의 외교적 事大와 交隣에 관한 제업무를 掌理하던 기관이다. 그러므로 이 기관은 이에 따른 여러 가지 일들을 치루어야 했겠지만, 그 중에서도 가장 주된 기능은 역시 관게당사국의 언어교습이었다. 이를 위하여 漢・蒙・倭・淸 등, 이른바 四學이 설치되었고, 각 학과마다 專門學官이 있어 譯官들의 언어교습을 전담해 왔던 것이다.

「蒙語老乞大」는 이 사역원의 蒙學部에서 時用蒙古語의 교과서로 編纂・印刊한 「捷解蒙語・蒙語類解」등과 함께, 소위 蒙學三書라 했던 것의 하나이며, 여기에 영인된 「蒙語老乞大」는 지금까지 알려진 세 가지 現存板本 중 서울대학교 중앙도서관 소장의 奎章閣本이다.

II

「蒙語老乞大」라는 책명은(「淸語老乞大」의 경우도 포함하여) 이 책의 성격에 걸맞지 않은 異例性이 엿보여 우리를 당혹케 한다. 이 책은 기실 몽고어와 우리 국어의 對譯의 형식으로 始終된 회화체의 교본임을 감안해 볼 때, 몽고어와 老乞大의 관계에 있어 老乞大라는 말이 우리 국어 혹은 우리나라에 관계된 무엇을 지칭한 것이라면 몰라도, 만약 그러한 것들과는 무관한 것이라면, 「蒙語老乞大」는 그 표제와 내용이 相合치 않는다는 문제가 바로 그것이다. 그린 이유에서 우리는 老乞大의 어원에 대한 그간의 논의를 다시 돌이켜 볼 필요를 느낀다.

아직도 그 어원의 정설을 얻었다고 할 수는 없으며, 저마다 특징있는 추적과 검증을 거치고는 있으나, 대체로 다음과 같은 공통된 부분을 확인할 수가 있다.

(1) '老乞大'는 물론 국어 어휘가 아니려니와 순수한 漢語도 아니라는 것. (2) 이 말의 의미는 차치하고라도 그 자체는 몽고어 어휘라는 것(혹은 몽고어와 한어의 혼합형). (3) 그리고 '乞大'는 몽고어 Kidai(i) 의 音寫에 차용된 한자표기일 뿐, 이것은 중세몽고어 Kida(i)로서 '中國' 또는 '中國人'으로 해석된다는 것.

이런 사실만으로도 「蒙語老乞大」의 이름이 대상언어의 지칭이라는 측면에서는 합리성을 잃고 있는 이유를 설명하기에 충분하겠지만 다음에 심한 異見을 보이고 있는 '老'의 해석문제를 들어 이해를 돕기로 한다.

'老乞大'의 해독은 일찌기 渡邊薰太郞(1935)[1]에서 비롯된 듯하며, '乞大'를 Kitat 또는 Kitai로 읽고 이것은 '中國'을 가리키는 몽고어 단어라 했다. 그리고 '老乞大' 즉 '大中國'의 대응으로 해독하였는데 문제의 '老'가 어떻게 중국어 '大'에 해당하는지는 확실한 해명이 없다. 閔泳珪(1964)[2]도 역시 '乞大'를 몽고어 Kita(i)로, 그리고 이것을 '漢兒'로 해석한 점은 전자와 크게 다를 바 없다. 그러나 '老'는 '乞大'와는 아주 다른 문자 그대로의 중국어로서 '老乞大' 즉 '老漢兒'라 하였다. 그리고 李基文(1967)[3]은 '乞大'를 Kida, '中國' 또는 '中國人'을 가르킨 중세몽고어 단어의 한 어형[4]이라 하였으니, 앞의 것들과 크게 다르지 않으나, '老'의 독법은 아주 다르다. 즉, '老'에 대한 기왕의 독법을 비판하면서 '乞大'가 몽고어인 한, '老'도 마땅히 몽고어였을 당위성을 강조하여 '老'는 다름아닌 중세몽고어의 lab이라고 추정하였다. 그리하여 '老乞大', 즉 lab Kida로 보고, 이것은 '참된 중국' 또는 '참된 중국인'을 뜻한다고 하였다.

이러한 제설의 옳고 그름은 뒤로 미루더라도 「蒙語老乞大」의 조어구성은 「蒙語-[大, 老, 참된]中國(人)」정도로 분석되는 셈이고, 결국 이와 같은 사실은 앞에서 지적한 대로 몽어와 국어의 대역본인 책명으로는 적지 않은 의문을 불러일으키는 이유가 되기에 충분하다. 그러나 이것은 어디까지나 逐字直解했을 경우

---

1) 渡邊薰太郞, "女眞語の新硏究", 「亞細亞硏究」 제 12호, 大阪. 1935(油印本)
2) 閔泳珪, "老乞大辨疑", 「人文科學」(延世大) 12輯, 1964. p.201 참조.
3) 李基文, "蒙學書硏究의 기본문제", 「震檀學報」제 31호. p.109 참조.
4) '乞大=Kida(Kita(i))=中國, 中國人'의 해독을 유도하여 입증할 수 있는 한두 가지 자료를 예시하면 다음과 같다.
  阿波國文庫本 「華夷譯語」 가운데 「韃靼館譯語」 七에 나타난 '漢人 乞塔苦溫', 「蒙語類解」 下, 28張의 '漢人 키탈쿠문 一云 냥걈' 그리고 同書 上 10張의 '人쿠문 一云 쿤'.

의 문제다. 단순한 표면상의 문자에 얽매일 일이 아니라는 전제 아래 추정해 보면 이 '老乞大'는 보통명사로 쓰인 것이 아니라 이미 국어로 옮겨진 「(飜譯) 老乞大」 또는 「老乞大(諺解)」를 지칭한 것이라고 보아야 옳을 것 같으며, 그러므로 「蒙語老乞大」는 「몽어와 번역(諺解)된 老乞大」[5] 정도로 확대전개하여 이해하는 것이 옳을 것이다. 南廣祐(1972)[6]가 소위 「飜譯老乞大」를 명명하면서 "老乞大」라 하는 것이 옳을 듯하나 따로 「老乞大(한문원본)」가 있어 적당치 않다'고 하였듯이 그 책의 표제명은 오직 「老乞大」였다. 이 사실은 위의 추정을 강력히 뒷받침하는 예가 될 것이다.

「老乞大」는 「朴通事」와 함께 본시 한어학습의 중요 교과서였을 뿐만 아니라 司譯院의 諸學部에서 사용하던 교습서도 이것을 底本으로 한 것이었다. 즉 漢語本의 「老乞大」를 본으로 삼아 그것을 우리 국어 또는 몽어·청어·왜어 등으로 대역하였던 것이니 이들 중 최고본은 당연히 한어본 「老乞大」일 것이 분명하다. 그러나 이 「老乞大」가 언제 누구에 의해 이루어지는지, 그 원저자나 저작연대를 확인할 수 없으며, 이미 洪啓禧도 그의 「老乞大新釋」序 [英祖 三十七年]에서 '老乞大 不知何時所創而原其所錄亦草草且久而變焉'이라 하였거니와 단지 서명을 알리는 데 불과하지만 이 책에 대한 기록으로는 世宗實錄[7]의 記事가 최초의 것이다. 이러한 의문에 대해 몇 가지 주목할 만한 추정들이 제안되었지만[8] 아직도 확실한 해답을 얻었다고는 할 수 없다.

「蒙語老乞大」는 오래 전부터 「朴通事」와 함께 漢語學習의 중요한 교과서로

---

5) 이것과 다른 또 하나의 독법으로 '몽어로 된 노걸대'가 됨직도 하나, 그렇다 하더라도 '언해' 또는 '번역'의 뜻이 내재한다는 점에서는 같다.

6) 南廣祐, '飜譯老乞大 解題' 「老乞大 上」(影印) 중앙대학교. 1972.

7) 世宗實錄 卷二十, 五年癸亥六月條.
   禮曹據司譯院牒呈啓 老乞大朴通事前後漢直解孝經等書 錄無板本 讀者傳寫誦習 請令鑄字所印出 從之

8) 閔泳珪(1964)는 「老乞大」의 저작년대를 고려조로 보는 진작부터의 추정 [楊聯陞(1957), 太田辰夫(1953)]을 비판하면서 본문 내용중 문제가 되는 부분의 분석과 고증을 통해 洪武十年(1377) 전후로 추정하는 한편 그 원저자도 고려의 국내인이 아니라 遼東地域에 집단으로 이주하고 있던 고려인일 가능성을 제시했다.
   이에 대해 李基文(1967)은 역시 의문을 제기하면서 崔世珍이 「老朴集覽」에서 '元時語'로 설명한 것을 중시하여 元代의 어느 시기에 성립했을 것이라는 견해를 폈다.

사용되어 오던 「老乞大」를 몽고어와 국어의 역어체로 옮겨 꾸며진 책이다. 고려와 元의 관계, 특히 「老乞大」라는 서명과 그의 저작년대 등으로 미루어 본다 하더라도 이런 類의 書目은 이미 고려의 기록에 나타나 있을 듯하나, 전혀 그렇지 않으며, 다만 譯語에 대한 단편적인 기사가 전할 뿐이다.9) 오히려 이조에 와 司譯院의 蒙學設置, 그리고 蒙學廳과 같은 특수기구의 출현이라던가 몽학 역관 채용의 科試制 실시등 일련의 蒙學獎勵策10)이 베풀어져 활발히 전개되었으니, 「蒙語老乞大」가 성립하는 배경도 바로 이러한 측면에서 이해 됨직하다.

「蒙語老乞大」의 이름을 처음 대하게 되는 것은 「通文館志」 八卷 什物[續]條에서다. 그것은 「蒙語老乞大板」의 간본을 확인하고 그 연혁에 대해 다음과 같이 註記하고 있다.

乾隆 辛酉 蒙學官 李最大等 捐財刊板

이로써 「蒙語老乞大」는 乾隆 辛酉 [英祖 十七年, 서기 1741년], 李最大 등의 몽학관에 의해 편찬 간행되었음을11) 알 수 있거니와, 이에 대한 자세한 사실은 東洋文庫本 「蒙語老乞大」에 있는 安命說의 「蒙語老乞大序」에12) 잘 나타나 있다. 그러나 이 「蒙語老乞大」는 奎章閣本 「捷解新語」에 실려 있는 李漢의 「蒙學三書重刊序」13)나 李億成의 蒙文跋에 따르면 그 뒤 李億成, 方孝彦 등에 의해 두 차례나 改修되었으며, 이 奎章閣本 「蒙語老乞大」는 최후로 方孝彦 등에 의해 改修된 판본으로 추정14)되고 있다.

---

9) 「高麗史節要」 卷十五 高宗己卯六年條.

　「高麗史」 卷三十一 忠烈王乙未二十一年 春正月壬申條 참조.

10) 우리 나라에 있어서의 몽고어학은 고려로부터 조선조 말기까지 이어지고 있다. 원의 멸망으로 자연히 몽고어와의 관계도 멀어져 갔을 것이라는 예상과는 달리 상당한 후세까지도 연구가 이어질 뿐만 아니라 활기를 띠고 있었던 데는 그럴 만한 필요의 이유가 있었을 것이다. 小倉進平, 增訂補註 「朝鮮語學史」 刀江書院. 1964. p.635 참조.

11) 「讐板考」에 따르면 초판본의 撰者는 李最大가 아닌 玄文恒으로 되어 있다. 그러나 이 기록에 대하여는 믿기 어려운 점이 있다.

　蒙語老乞大 八卷 李朝司譯院 官玄文恒撰 以蒙古方言音 譯老乞大 院官李億成重訂

　司譯院藏印紙四諜十一張

12) 本影印 부록 1 「蒙語老乞大序」 참조.

13) 本影印 부록 3 「蒙學三書重刊序」 참조.

14) 李基文, "「蒙語老乞大」연구", 「진단학보」 25, 6, 7 합병호, 1964. p.374.

Ⅲ

　지금까지 알려진 「蒙語老乞大」의 현존본은 세 가지 뿐이다. 여기에 影印한 서울대학교 중앙도서관 소장의 奎章閣本을 비롯하여, 일본 동양문고 소장의 이른바 東洋文庫本이 있으며, 이밖에 李基文(1964)에서 소개되고 있는 L. Ligeti 교수 소장의 한 古本이 있다고 하나, 어떠한 것인지 아직 확인되지 않고 있다.

　奎章閣本과 東洋文庫本은 다함께 全八卷의 木版本일 뿐만 아니라 一字一劃의 차이도 없는 완전한 동일판본임이 입증되었다.15) 이처럼 이들이 하나의 판본임은 확실하나 이 兩書가 본문 이외의 부분에 있어 의외로 상당한 차이가 있어 눈길을 끈다. 즉,

　(1) 몽고이로 된 같은 내용의 跋文이 놓인 자리가 서로 다른 점. 奎章閣本에는 卷八의 末尾에 놓였는데 대하여, 東洋文庫本은 이것과 완전히 반대가 되는 卷一 初頭에 자리잡고 있다.

　(2) 東洋文庫本에는 「蒙語老乞大序」와 「語錄解」가 卷一 末尾에 附載되어 있어 奎章閣本과는 크게 다르다. 이 「蒙語老乞大序」가 이미 앞에서 말한 바로 安命說이 쓴 것으로 乾隆 辛酉, 즉 1741년 刊板의 序임이 분명하며, 「語錄解」16)는 역시 서울대학교 중앙도서관 소장의 「蒙語類解」17) 補編 末尾에 실려 있는 「語錄解」와 완전히 일치한다.

　이상 奎章閣本과 東洋文庫本을 비교해 본 몇 가지 사실이 두 판본의 성격을 밝히는 데 어떠한 의미를 가지는 징표가 되는 것이냐, 그렇지 않느냐 하는 문제

---

15) 李基文(1964), 前揭論文, p.372.
　金芳漢 교수의 ‘韓國의 蒙古語資料에 관하여’ 「아세아학보」 3집에서 東洋文庫本은 寫本이라고 하여 奎章閣本과는 전혀 다르다고 한 오류를 李基文(1967)은 p.111에서 지적・비판하여 바로 잡고 있다.
16) 영인본 부록 2 「어록해」 참조.
17) 「通文館志」 卷八 什物條 8.
　蒙語類解板 乾陵 戊子 蒙語訓長李億成修整本院刊板
　「몽어유해」의 현존본은 이 판본뿐이며, 이것은 「蒙語老乞大・첩해몽어」와 더불어 乾隆 庚戌, 즉 1790년에 方孝彦이 개정간행한 것이다. 이것은 1971년 서울대학교 고전총서로 동대학 출판부에서 영인출판 되었다.

는 여러 각도에서 검토되어야 할 일이나, 설사 그것들이 징표성을 가진 것이라 하더라도 이 두 판본의 본문 부분에서 확인되는 동일성이 위협받는 차원의 문제는 결코 될 수 없다. 그러므로 결국 아직 확인되어 있지 않은 L. Ligeti 교수 소장본을 논외로 한다면 단일판본의 「蒙語老乞大」가 전할 뿐, 달리 異本은 없는 셈이다.

기록에 따르면 「蒙語老乞大」의 간행은 적어도 三次에 걸쳐 이루어진다. 그 최초의 것은 通文館志의 기록에 근거를 둔 乾隆 辛酉, 즉 1741년 李最大 등에 의해 간행된 판본[東洋文庫本에 轉載되어 있는 安命說의 「蒙語老乞大序」가 본시 들어 있던 것]이고, 나머지 두 판본은 二次에 걸쳐 이를 改修 重刊한 것들이다. 그 첫 개정본은 乾隆 丙戌, 즉 1766년에 李億成이 중심이 되어 이루어지며, 李億成의 蒙文跋이 붙어 있는 것으로 자세한 경위에 대하여는 奎章閣本 「捷解蒙語」에 附載되어 있는 李洙의 「蒙學三書重刊序」18)에 잘 나타나 있다. 마지막 수정본은 乾隆 庚戌, 즉 1790년 方孝彦 등에 의해 補刊된다. 이처럼 舊板을 수정 보간하게 되는 이유는 물론이려니와 당시 우리 나라의 몽고어학이 안고 있던 여러 가지 문제들이 역시 「蒙學三書重刊序」에 분명하게 나타나 있다.

그러면, 奎章閣本 「蒙語老乞大」는 이들 세 가지 刊本중 어느 것에 해당하는가 하는 문제가 제기된다. 이것은 곧 이 판본의 간행연대를 검증하는 일도 된다. 이에 대하여는 벌써부터 주목할 논의가 있어 왔다.

金芳漢(1962)은 李億成의 蒙文跋을 해독함으로써 그 글이 실려 있는 奎章閣本의 간본을 밝히는 결정적 단서를 찾으려 했으며, 蒙文跋이 乾隆 三十一年 즉 1766년에 李億成에 의해 쓰여진 사실을 중시하여, 결국 奎章閣本 「蒙語老乞大」는 李億成이 1766년에 개수한 것이라 했다.

---

18) 「蒙語老乞大」에는 본문 이외에 安命說의 序에 이어, 李億成의 蒙文跋이 붙여지며, 이밖에 方孝彦 등이 「蒙語老乞大・捷解新語・蒙語類解」를 改修・重刊함에 있어 따로이 序나 跋을 쓰지 않고 이들 三書를 일괄하여 李洙의 '蒙學三書重刊序'를 썼던 것이다. 그러나 이 重刊序는 오직 「捷解新語」에만 실려 있을 뿐, (그러나 東洋文庫本 「첩해몽어」에는 없다) 「蒙語老乞大」나 「蒙語類解」에는 들어 있지 않다. 다시 말해서 이것은 奎章閣本 「첩해몽어」 卷四 末尾에만 실려 있으며, 당시 우리나라 몽고어학의 여러 가지 문제를 소상하게 알리고 있는 중요한 자료다. 本影印 부록 3 참조.

이에 대하여, 李億成의 蒙文跋이 들어 있다는 사실만으로 그 판본을 단정할 수는 없다는 반론을 제기하면서, 李基文(1964)은 몇 가지 검증을 통해 奎章閣本(東洋文庫本도 포함)은 乾隆 庚戌, 1790년에 方孝彦 등이 修整重刊한「蒙語老乞大」의 최후판본이라 하였다. 그 이유로

(1) 方孝彦 등은「蒙語老乞大·捷解新語·蒙語類解」등, 이른바 몽학삼서를 개수 중간하면서 따로이 序나 跋文을 쓴 바 없으며, 다만 李潩의「蒙學三書重刊序」가 있을 뿐이니, 비록 이전의 판본에 실려 있는 安命說의 序나 李億成의 蒙文跋이라 하더라도 그것을 轉載했을 가능성은 충분하며,

(2)「蒙學三書重刊序」에 명기되어 있듯이 東洋文庫本에 들어있는「語錄解」는 원래「蒙語類解」補編에 붙여진 것이다. 그런데 바로 이「蒙語類解」보편은 方孝彦의 중간본과 같은 년대, 같은 사람들에 의해 이루어졌다는 사실로 미루어 볼 때 東洋文庫本은 건릉 경술, 1790년 方孝彦의 중간본임이 확실해지며, 따라서 奎章閣本의 판본도 이와 같다는 것은 자명해지고, 만약 이것이 1766년의 개수본이라면 어떻게 1790년에 이루어지는「語錄解」가 들어 갈 수 있었겠느냐는 것이다.

결국, 奎章閣本의 판본에 대한 논의는 그것이 1766년 李億成의 補刊한 것이냐, 1790년 方孝彦이 重刊한 것이냐 하는 문제로 집약된다. 이에 대하여 우리는 李基文(1964·1967)에서 검증한 논지를 넘어서 제 3의 새로운 제안을 이끌어 낼 만한 근거를 발견할 수 없거니와, 따라서 奎章閣本「蒙語老乞大」는 1790년 方孝彦 등이 수정 重刊한 판본임을 확인하게 된다.

Ⅳ

奎章閣本「蒙語老乞大」는 八卷 八冊의 木板本이다. 책의 크기는 세로 36cm, 가로 24.5cm, 半葉匡郭은 세로 25.2cm, 가로 20.5cm이다. 奎章閣本「捷解蒙語」와는 그 크기에 있어서도 같다.[19] 그리고 四周雙邊, 板心은 上下花紋魚尾, 書

---

19)「捷解蒙語」의 크기도 역시 세로 36cm, 가로 24.6cm이며, 半郭은 좀 작아 세로 24.1cm, 가로 19cm다. 그리고, 이 두 책의 版式體裁는 완전히 같다.

名 '蒙語老乞大'와 卷·張次가 魚尾 사이에 있으며, 每葉은 七行이고 有界, 每行의 자수는 일정치 않으며, 몽고자 본문과 오른쪽에 한글로 된 發言表記가 병행되어 있고 그 뒤에 대역된 국문이 따르고 있는데 그것은 쌍행으로 排字되어 있다.

이같은 體裁는 몽고어나 만주어, 그리고 일본어 등 주로 언어학습의 교과서에 전형적으로 썼던 것이니 특이할 것이 없다. 이와 함께 본문의 각권 장수는 다음과 같다. 一, 二卷은 똑 같이 25장, 三, 五, 七卷은 23장씩이고, 卷四는 20장, 卷六은 16장, 卷八은 21장이다.

「蒙語老乞大」의 자료적 특징은 첫째로는 18세기 전후, 즉 근대국어 연구에 필요한 전반적인 정보를 가지고 있다는 것이겠고, 둘째로는 몽고어학을 위한 한국 자료 중 가장 중요한 것으로 평가된다는 점이다.

그럼에도 불구하고 그 동안 이것의 자료적 가치가 국내외에 널리 인식되어 다각적이고 정밀한 연구 검토가 이루어져 온 상황은 아니었다. 그 가운데서도 특히 국어자료의 이용율은 낮았으며, 고작 서지학적 해제에 그쳤을 정도다. 이에 대하여 오히려 몽고어학 쪽에서는 김방한(1962)에 의한 몽고어 跋文의 해독에 이어 李基文(1964)에서 「蒙語老乞大」 몽고어의 제특징에 대한 본격적 기술연구가 최초로 이루어져 「蒙語老乞大」 몽고어의 기본성격이 비로소 밝혀졌음은 물론이려니와, 국내외 학자들의 이 책에 대한 관심이 높아지게 된 것도 사실이다.

그러나, 이 책이 歐美 蒙古語學界에 소개됨으로 해서 학자들의 관심을 끌었다고는 하나, 국어를 포함하고 있다는 이유 때문에 일단 주저스럽게 생각되기도 했다.

이와같이 「蒙語老乞大」는 그것이 고유하게 지니고 있는 자료적 가치와는 별도로 근대언어 연구나 몽고어학에서 중용되지 못하고 외면되어 왔고, 그리하여 지금까지 影印出版마저도 지체되어 온 것이 아닌가 한다. 아무튼 유감스럽게도 「蒙語老乞大」에 반영된 당시의 국어에 대해 종합·총체적인 검토는 거의 되지 않았다[20] 해도 과언이 아니다.

---

[20] 「老乞大諺解」를 대상으로 하여 당시 국어의 실상을 총체적으로 기술, 비교 연구한 金完鎭, 「老乞大의 諺解에 대한 比較研究」 한국연구총서 제31집. 한국연구원. 1976은 있지만,

비록 늦은 감이 있으나, 본서를 영인하게 된 것은 자료적 특수성이나 그 가치로 보아서도 그렇거니와 근대국어의 실상을 총체적으로 파악할 만큼 연구가 나아가지 못한 현실을 극복하는 일, 또는 몽고어학의 새로운 국면을 여는 의미에서도 매우 유익하리라 믿는다.

그러므로, 본서의 국어자료를 이용한 심도 있는 고찰은 뒷날을 기다려야 하겠지만, 우선 피상적이고 개략적일 망정 몇 가지 특징을 지적해 보기로 한다.

「蒙語老乞大」의 국어자료에는 「老乞大諺解」보다도 훨씬 개방적인 국어의 성격이 짙게 나타나 있다. 擬古的인 문투에서 벗어난 다양성이 곡용이나 활용의 형태범주에 도전적으로 나타날 뿐만 아니라 잉여적인 감정가치의 표현형식 같은 것이 비교적 풍부하게 구사되어 있다.

1) 곡용체계에 있어 중세국어가 보였던 규범과 그 안정성이 크게 흔들렸음은 물론이고, 그런 가운데 새로운 균형을 잡으려는 여러 가지 실험적인 형식들의 운용이 두드러진다.

2) 선어말어미류의 배열순위에 異常이 보이며, 그것의 추이과정이 엿보인다. 가령, {-앗/엇-ㄴ-}와 같은 결합형을 용인하게 되는 것 등은 이 시기의 한 특징이다.

3) 의문구성의 어미체계가 {가/냐} 對 {고/뇨}의 대립관계로 굳어지면서 점차 {-ㄴ다}계 유형은 자취를 감추어 가고 있다.

「蒙語老乞大」가 初刊되고, 두 차례나 改修 補刊된 사실은 앞에서 밝힌 바대로거니와, 이런 일의 당면목표는 어디까지나 몽고어 문제에 기인된 것이지 국어 문제 때문은 결코 아니다. 즉 당시 몽고어학습의 실제적 필요는 주로 北京이나 심양에 거주하는 몽고인과의 접촉을 위해 필요한 것이었고, 그러므로 「蒙語老乞大」는 이 지역의 몽고어를 대상으로 하여 편찬되는 특수한 제약하에 있었다. 그

이와 저본이 같은 몽고어·만주어의 老乞大, 즉 「蒙語老乞大·淸語老乞大」의 한국자료에 대하여는 그런 연구가 본격적으로 이루어진 일이 없다. 다만, 李承旭, '18세기국어의 형태론적 특성-「老乞大」류의 국어관계자료를 중심으로 하여-' 「東洋學」 第一輯. 동양학연구소(단국대) 1971에서 이들에게서만 특수하게 발견되는 자료적 조건을 포착하여 「老乞大諺解」와 「蒙語老乞大」, 그리고 「淸語老乞大」에 각각 쓰인 국어자료를 대조·비교하여 당시 국어의 형태론적 특징을 추출, 기술한 것이 있다.

리하여 이것의 편찬·개수에 있어 北京과 瀋陽 등지에 現住하는 몽고인의 직접적인 조력을 받거나 당시의 간행물에 준거하여 이루어졌다는 것21)은 당연한 귀결이었다. 이런 이유에서 '古今之差殊'(蒙學三書重刊序)에 민감하게 대응하는 조치가 취해졌던 연유도 확실해진다.

李基文(1964)는 이 당시 北京·瀋陽 지역의 몽고어의 성격을 '내몽고 또는 동남몽고의 방언의 영향을 받은 문어의 한 형태가 행해지고 있었을 것'이라 하고, '이것은 傳來의 文語的 요소와 많은 口語的 요소의 혼합으로 이루어진 것'이라 하였다.

「蒙語老乞大」가 가진 또 하나의 중요한 자료적 특징은 몽고문자의 본문에 병행하여 한글로 된 발음표기가 있는 점이다. 이것은 물론 당시 몽고인들의 실제 독법을 아는 데 크게 역할할 것은 확실하다. 그밖에 몽고어 발문의 기사 중에는 北京의 몽고인이 저술해 준 '十二字頭文'을 1765년 5월에 간행했다는 기록이 있어 우리의 관심을 끌며, 이것은 다행히도 黃胤錫의 「理藪新編」에 抄錄되어 그 失傳을 면할 수 있었다.22)

「蒙語老乞大」 몽고어의 기본성격을 밝히는 일은 필자의 능력 밖의 일이며, 「蒙語老乞大」는 오르도스 語에 의해서 대표되는 내몽고 제방언의 영향을 강력히 받은 몽고어로 이루어졌다고 결론한 李基文(1964)의 細目을 다시 인용해 두는 것으로 변명을 삼으련다.

　(1) 본서(「蒙語老乞大」)가 Č, ǰ(ǰ)를 Chintantes로 寫音하고 있는 사실.
　(2) Čaǰilad(文語 Čavaǰalavad)에 있어서 모음 -i-를 보여주는 사실.
　(3) 속격 접미사 -gin이 특히 -ŋ 뒤에서 사용되고 있는 사실.
　(4) Dubitative의 접미사로서 -vuǰin이 존재한다는 사실.
　(5) 본서가 오르도스 語 특유의 Converbum rei prius agendae의 접미사 -maǰini
　　　를 가지고 있는 사실.
　(6) 일인칭 대명사의 공동격형 nadala를 보여주는 사실.
　(7) 동사어간 eči-가 시종일관 사용되고 있는 사실.

---

21) 이런 사실은 安命說의 序와 李億成의 蒙文跋에 명시되어 있다.
22) 이에 대한 자세한 논술은 李崇寧, "황윤석의 「理藪新編」의 고찰", 「陶南趙潤濟博士回甲記念論文集」을 참고할 것이며, 그 전문은 本影印 부록 4에 轉載되었다.

V

이상 「蒙語老乞大」와 그리고 이것을 둘러싼 여러 사항에 대해 기왕에 밝혀진 사실들을 점검해 왔거니와, 결국 「蒙語老乞大」는 北京과 瀋陽 지역의 몽고인들과의 접촉—주로 교역관계—에 필요한 몽고어 학습의 요구에 따라 편찬·간행, 그리고 개수된 것이고, 그 몽고어의 기반은 그 지역 몽고인의 언어, 즉 오르도스語로 대표되는 내몽고 제방언의 강력한 영향을 받은 몽고어였음을 알 수 있다. 이로써 「몽어노걸대」의 간행·수정의 동기나 목표, 그리고 그 內譯의 기본성격까지도 명백해질 것으로 믿는다.

끝으로 본해제 중 관계되는 부분에서 언급되어 왔지만, 본영인본의 자료적 가치를 높이고 보완하기 위해 「蒙語老乞大」 관계자료를 한 곳에 收錄함이 좋을 듯하여 규장각본 「몽어노걸대」에는 없는 관계자료를 부록으로 전재하였음을 밝힌다.

그것은 다음과 같은 것들이다.
1. 東洋文庫本 「蒙語老乞大」 卷一 末尾에 轉載收錄된 「蒙語老乞大序」
2. 奎章閣本 「蒙語類解」 補編 末尾에 수록된 「語錄解」
3. 奎章閣本 「捷解蒙語」 卷四 末尾에 수록된 「蒙學三書重刊序」
4. 黃胤錫, 「理藪新編」 卷二十에 抄錄된 「蒙語老乞大 十二字頭文」

참고 문헌

金芳漢(1962), "규장각소장「蒙語老乞大」의 간행연대에 관하여",「문리대학보」通卷 十七號. 1962

──(1967), "한국의 몽고어자료에 관하여",「아세아학보」三輯.

金完鎭(1976),「老乞大의 諺解에 관한 비교연구」, 韓國硏究叢書 第三十一輯.

南廣祐(1972), "飜譯老乞大 解題",「老乞大 潮」(영인본) 중앙대.

閔泳珪(1964), "老乞大辨疑",「인문과학」(연세대) 12집.

李基文(1964), "「蒙語老乞大」硏究",「震檀學報」第二十五, 六, 七合倂號.

──(1967), "蒙學書硏究의 基本問題",「震檀學報」第三十一號.

李崇寧(1964), "黃胤錫의「理藪新編」의 考察-특히 어학연구를 중심으로 하여-",「陶南趙潤濟博士回甲紀念論文集」.

李承旭(1971), "18세기국어의 형태론적 특성-「老乞大」類의 국어관계자료를 중심으로 하여-",「東洋學」第一輯. 동양학연구소.

「通文館志 全」(影印本) 한국학기본총서 第十一輯. 경인문화사.

小倉進平(1964),「增訂補註 朝鮮語學史」, 동경.

渡邊薰太郎(1935), "女眞語の 新硏究",「아세아연구」제 12호, 대판.

太田辰夫(1953), "老乞大の 言語につらて",「中國語言硏究會論集」第一號.

楊聯陞(1957), "老乞大・朴通事裏的語法語錄",「歷史言語硏究所集刊」二十九本.

<국학자료 제3집, 서강대 인문과학연구소, 1983>

近代語의 특성과 語文生活

I. 語文 生活史에서 본 이 時期의 特性

1-1. 時代的 槪觀

朝鮮朝 중반과 후반에 걸쳐 전국적으로 겪은 임진왜란이나 병자호란과 같은 국가적 變亂은 어느 일부의 지역이나 民衆, 그리고 특정의 분야에 한해 局部的으로 당한 충격이 아니며, 그것은 조선 사회의 전면적인 변화로 이어지는 특성의 것이었다. 그와 같은 變亂은 그 한 단면으로 신분 계층의 동요를 일어나게 하여 노비 체제의 붕괴를 경험하게 했으며, 양반 계층의 확대가 점진적으로 이루어지게 하였다. 그리고 봉건 제도의 붕괴가 시작되어 廣作 농민층이나 상인 계급의 浮上이 현저해지는 한편, 전제, 세제의 개편도 이루어졌다. 또한 서세동점의 세계적 추세가 조선에도 미치어 천주교로 대표되는 서학 등의 西歐 文物의 도입이 시작되며, 사상적으로는 實事求是의 學派인 實學이 대두된다. 이러한 변화는 정치, 경제, 사회, 문화, 종교, 사상 등의 제반 국면에서 일어난 것인데, 이런 제반의 변화는 民族 意識의 각성을 불러 일으켰고, 이에 따라 국어에 대한 관심과 국문 使用의 擴大를 부추겼으며, 나아가 言語面에서도 17세기 전반기는 국어사의 시대 구분에 있어서 中世와 近代의 분수령을 그을 만큼의 시대적 특성이 드러난 시기였다.

물론 우리는 이러한 언어외적 변화가 곧 언어 변화의 결정적 요인이라는 입장에 서 있는 것은 아니다. 이러한 입장은 우리가 경계해야 할 것으로서, 가령 근대 국어의 기점 설정에 있어서 임진왜란과 같은 언어외적인 요인을 잡는 것은 언어 변화의 내재적 동력을 파악하지 못하는 愚를 범할 수 있다는 것은 주지의 사실이다. 이는 近代 국어의 특징이라 할 수 있는 언어 변화의 제현상의 움직임이 이미 임진왜란 이전인 16세기초에 거슬러 나타난다는 데서 쉽게 인정된다. 가령, 유성 마찰음 계열의 소멸, 성조의 소멸, 모음조화의 붕괴, 삽입모음의 소멸, 명사화 '-기'의 세력 확대 및 '-(으)ㅁ'의 세력 축소 등의 근대 국어적 현상은 이미 16세기말 이전부터 그 변화의 싹을 보여 주고 있는 것이다.

　이러한 사실은 임진왜란과 같은 언어 외적인 상황이 언어 변화의 결정적 요인이 될 수 없음을 말해 주고 있는 것이다. 그렇다고 해서 임진왜란과 같은 격동의 외적 요인이 언어 변화의 요인으로 전혀 작용하지 않았다는 것은 아니다. 언어 변화의 내재적 동력은 임진왜란과 같은 사회 변동에 따른 외재적 요인에 의해 그 가중치를 얻을 수도 있기 때문이다.

　이런 시각에서 임진왜란을 통하여 많은 백성들이 그 거주지에서 벗어나 移住를 강요 당하게 된다든지, 나아가 지역간의 생활 양식이나 문물의 접촉과 교류가 빈번하게 된다든지 하는 것은 곧 방언들의 交叉와 어휘의 변화를 불러일으킨 것으로 이해되기에 충분하다. 특히 임진왜란의 피해를 많이 입었던 남부 지역민의 전국으로의 확산은 곧 南部 방언에서 비롯된 구개음화 등의 음운 현상의 전국적인 확대의 한 요인이 되었다는 함수 관계 또한 성립 가능할 것이다. 한편으로, 임진왜란, 병자호란을 거쳐 신분 계급의 동요 및 혼란이 일어남으로써 경어법의 혼란을 가속화시키는 일면도 추정될 수 있을 것이고, 나아가 '-ㅂ니다'류나 '-늬, -게, -새', '-오, -소' 등에서 보듯이 선어말 어미와 어말 어미가 응축되거나 어말 어미가 생략되는 현상도 비격식과 실용성을 요구하는 이 시기의 시대적 분위기와 무관하지 않을 것이다.

　국어의 언어적 변화에 끼친 영향 이외에도 이 시기의 시대적 정황은 전통적인 어문 생활의 불합리성에 대한 심각한 반성과 아울러 일상적인 생활 언어의 文語化로 말과 글을 접근시키려는 저변적인 욕구가 현실화되고 확산되는 추세에도 결정적인 영향을 미치게 된다. 양대 전란을 통한 민족 의식의 각성과 단합된 공동체 의식의 발전은 조선의 언어를 비롯한 歷史, 地理, 文化, 經濟, 政治, 社會 등의 우리를 구성하는 전반적인 대상에 대해 적극적이고 실질적인 생각을 가지게 하였고, 이러한 새 변화의 한 측면이 實學者들이 쓴 백과사전식의 연구서에서 국어 및 國字에 대한 연구로 반영되어 나타난다. 이들의 연구는 音韻, 語彙, 方言, 語源 등등의 여러 분야를 폭넓게 다룸으로써, 언어 이론의 발전은 물론이거니와 우리말을 실용적으로 발전시키는 데 크게 寄與하였다.

특히 이 시기를 통하여 특기할 사실은 말과 글을 따로 가진 이원적 어문 생활에서 벗어나려는 일련의 움직임이 사회의 일부 계층을 중심으로 하여 일었다는 사실이며, 비록 비극적인 전란이기는 했으나, 그것은 어문 생활의 합리화와 국문 사용의 확대를 독려하는 계기를 제공했던 것이다. 그리하여 17-18세기에는 한글로 된 小說과 歌辭, 內簡體 隨筆 등이 수많이 刊行되었으며, 판소리와 같은 새로운 쟝르의 文學이 대두하기도 하였다.

1.2. 語文生活史에서 본 特性

이상과 같은 시대적 배경에 따른 언어 및 문자 생활의 변화는 궁극적으로 언문 일치에로의 일원적 언어 생활을 지향하여 나아가는 과정에서 빚어지는 여러 특징을 갖는다고 볼 수 있다. 곧 前시기에서 보였던 바, 말과 글이 서로 달라 인위적으로 문맹을 만들고 그로 인해 사회적 계층 간에 위화의 골을 깊게 했던 괴리의 폭을 점진적으로 좁힘으로써 마침내는 言文 一致의 언어 생활이 되게 하는 그 과정적 단계에서 어쩔 수 없이 나타나는 여러 가지 특징이 드러난다는 것이다.

文化의 속성이 그러하듯이 선사 시대는 文字를 가질 능력이 없었던 관계로 단지 聽覺的 記號로서의 음성 언어에만 의존하는 시간과 공간에 制約된 언어 생활을 할 수밖에 없었다. 곧 문어의 존재가 아예 불가능한 관계로 口語에만 의존하는 언어 생활이었고, 따라서 거기에는 말과 글의 대응 관계와 같은 문제는 애당초 제기될 성질의 것이 아니었다.

이런 상황에서 漢字 및 漢文과의 接觸과 傳來는 말과 글이라는 언어 생활의 가능성을 가져다 주면서 새로운 시대를 여는 변혁을 가져왔다. 아직도 그것이 언제 어떻게 이루어졌는지 역사적으로 검증되지는 못했으나, 대체로 우리 민족은 기원전 2세기 경에 漢字라는 視覺的 記號와 접촉하게 되면서 文

字 生活을 하게 되었던 것이다. 그런데 漢字는 表音 文字가 아닌 표의 문자이므로 국어의 표음을 위해 이를 수용하는 데에는 본질적인 어려움이 따르지 않을 수 없었으며, 이를 창의적으로 극복하기 위하여 마침내는 吏讀나 口訣과 같은 표기 수단을 創出하기에 이르렀다. 漢字를 우리 말에 맞게 이용하려는 이러한 創意的 노력은 우리 말을 우리의 文法 秩序로 표기하려는 鄕札 表記에까지 발전되어 갔으나, 高麗 時代로 넘어오면서 漢字, 漢文을 직접 受容하려는 풍조가 支配層에 만연되고 일반화됨으로써 그러한 창의적 노력은 점차 퇴색되어 사라지게 되었으며, 그리하여 또 하나의 언어인 한문을 문어로 삼아야 하는 모순된 언어 생활의 場을 맞이하게 되었던 것이다.

우리 말과는 그 系統이나 구조가 다른 중국어의 文語라 할 한문을 그대로 우리의 文語로 삼는 언어 생활은 바로 二重的인 언어 생활을 의미하는 것이고, 이로써 惹起되는 폐단은 심각한 우려와 문화적 퇴영성을 면할 수 없게 하였다. 이는 언어 생활의 불편성이나 부담을 강요하게 되었다는 부정적 측면을 훨씬 넘어서서 우리의 사고 방식, 의식 구조의 기저에까지 한문의 그것이 침투하게 되었다. 한편, 일반 민중은 漢字, 漢文에 접근하기가 어려웠으므로 文字에 의한 언어 생활은 거의 불가능하였으며, 이는 가장 일반성을 띠어야 할 언어 생활에서 문어를 가진 층과 문맹층이라는 사회적 이질 집단을 만들어내는 결과를 낳고 만 셈이었다.

훈민정음의 창제의 의미는 우리의 학술과 문화 전반에 걸친 분야에서 평가되지만, 특히 언어 생활의 이중적인 구조 체계로부터 벗어나 一元的인 言文 一致의 文化 樣式을 보장받게 되었다는 점에서 가히 혁명적인 것이라 할 수 있다. 이로써, 우리는 말과 글을 하나로 대응시킨 언어 문화의 체계를 누릴 수 있는 길이 활짝 열리게 되었던 것이다. 이것은 분명히 우리의 역사적 '文藝復興'을 잉태하고 나타난 일대 사건이었음에도 불구하고, 당시의 시대적 상황은 이것을 受容할 만큼 自己 覺醒의 기반이 이루어져 있지 않았다. 漢字, 漢文의 언어 생활 문화에 젖어 있던 지배층의 정체적 보수 체질은 일거에 구습을 깨고 새로운 질서를 받아 들이기에 역부족이었던 것이다. 그리하여, 그들은 여전히 언어 생활에서 漢字, 漢文을 고집하는 과오를 크게 벗어나지 못하였다.

그러나, 언어 문화의 대세는 그러했지만, 宮中의 기관에서 불경을 비롯하여 왕가의 권위를 다지고 펼치는 글을 번역하거나, 창작하게 되었다는 사실은 크게 주목할 일이다. 이와 같은 언어 행위는 訓民正音이 있음으로써만 가능하다는 점에서 그러하며, 이로써 우리 말, 즉 固有語와 漢文이 섞여 조화를 이룰 수 있는, 또 하나의 특이한 文體를 이룬 文語를 조성한다는 점에서 그러하다.

한편, 한자어에 대한 인식 문제를 드러낸 한 예로서, <月印千江之曲>의 경우와 같이 한글을 앞에 표기하고 다음에 한자를 적는 방식도 예외적으로 있기는 하였으나, 거의 대부분은 漢字를 앞에 표기하고 다음에 한글로 독음을 다는 형식으로 정립되어 갔다. 가령 <월인천강지곡>에서는 "셰世존尊ㅅ 일 술 녹리니 먼萬리里외外ㅅ 일이시나 눈에 보논가 너기ᅀᆞᇦ쇼셔(上 1)"인 것이 <月印釋譜>에서는 "世솅尊존ㅅ 일 술녹리니 萬먼里링外욍ㅅ 일이시나 눈에 보논가 너기ᅀᆞᇦ쇼셔(券一 1)"로 바뀐 것이 그러하다.

한문투와 고유어가 混用된 文體는 훈민정음 창제 이전의 시기와는 비교할 수 없는, 言文 불일치의 이질적 문자 생활에서 벗어났다는 측면에서는 크게 발전된 것이지만, 그러나 완전하게 말과 글이 하나로 이루어지는 언어 생활과는 아직도 현격한 차이를 보여 주는 것이었다. 다시 말해서, 일상적인 생활 언어 그대로를 文語의 대상으로 하는 言文 一致의 문어 체계를 수용하기까지에는 克服해야 할 난제들이 쌓여 있었던 것이다. 이 이후 15~16세기는 점차로 이 한문 번역 문체가 자리잡아 가면서 한문 어구의 삽입이 남용되어 우리의 文語는 실제의 살아 있는 말을 대상으로 하기보다는 관념화, 전형화, 형식화, 추상화의 경향으로 치닫는 비현실적 특성을 갖게 되었다.

그러나 그것도 발전적인 한 단계의 현상으로 볼 수 있어서 17世紀 이후 새로이 振作된 시대적 분위기는 구체화, 비격식화, 간소화의 방향을 지향하면서 言文 不一致의 幅을 점차 좁혀가게 하였다. 전시기의 전형적인 문어체는 문장의 기본적인 틀은 국어의 어법을 따랐지만, 구어 그대로를 그 대상으로 삼은 것은 아니었다. 그러나, 이 시기에서는 구어, 즉 생활 언어를 직접 대상으로하여 文語化하기 시작하는 발전의 단계로 접어든다. 곧 전시기에 주로 번역되었던 불경이나 경서류가 이 시기에도 중간되어 활기를 띠게 되나, 그 밖에도 민중의 생활과 직결되는 지식, 가령 의술, 축산, 농업, 양잠 등의 실용적인 지식을 보급하는 문헌들의 刊行이 이 시기에 확대되었다는 사실은 곧 생활 언어의 문어화 양상을 확인케하는 것이다. 이 밖에도 時調, 歌辭, 小說, 隋筆 등의 文學 作品의 刊行 및 普及도 活性化되는데, 그것도 같은 脈絡에서 빚어진 현상이었다.

물론 이러한 흐름이 一擧에 명실상부한 언문 일치의 언어 생활로 이어진 것은 아니었다. 그러나 발화되는 말과 표기되는 말이 하나로 같아지려는 시대적 욕구가 內外의 긍정적인 상황 변화와 함께 꾸준히 浸透, 擴散되어감으로써, 이전의 구어와 문어 간의 격차가 컸던 이중적 언어 생활에서 19세기 말 이후 현대적인 언문 일치의 언어 생활로 발전해 가는 단계에서 거쳐야 하는 과도적 실험기의 역할을 하기에는 충분한 것이었다.

우리의 언어 생활사의 중요한 한 단락으로 그 의미를 부여 받을 수 있는 이 시기의 어문 생활에 나타난 이러한 특징은 언어 내외적인 변화나 말과 글에 대한 대중적 인식의 變化와 軌를 같이 하는 것으로서, 다음 절들에서 그 변화의 양상을 짚어 볼 의의를 이에서 찾을 수 있을 것이다.

Ⅱ. 國語의 變化와 近代 國語의 成立

2-0. 언어는 끊임 없는 변화의 연속 위에 있으며, 이러한 변화는 음운, 형태, 통사, 의미, 어휘 등의 各 층위에서 유기적으로 일어난다. 특히 17세기 이후는 이러한 변화가 각 층위에서 전면적으로 일어나므로, 이 시기를 특별히 근대 국어의 기점을 이루는 시기로 기술하고 있다. 이 절에서는 이러한 변화를 각 층위 별로 간단히 살펴보기로 한다.

2-1. 音韻 層位의 變化 樣相

우선 음운의 변화로서 마찰음 계열의 비음운화, 경음 계열의 음운화, 경음화 및 유기음화의 확산 및 교정, 구개음화의 진행, 어두 'ㄴ'의 탈락 현상, 'ㆍ'

음의 비음운화, 일부 이중모음의 단모음화 현상, 원순모음화 현상, 전설모음화 현상 등등을 확인할 수 있다.

이 시기에 이루어진 자음 체계의 재편은 마찰음 계열의 비음운화와 경음 체계의 확립으로 크게 특징지어진다. 물론 이러한 자음 체계상의 재편은 17세기 이전부터 진행된 사항이었다. 가령, 마찰음 계열의 'ㅸ'은 이미 1460년을 전후하여 사라지게 되며, 'ㅿ'도 16세기 말에는 음운적 기능을 상실하게 된다. 또한 15-16세기에 어두자음군들이 하나의 硬音으로 되기 시작하여 음운적 기능을 획득하기에 이른다. 그러나 이러한 일련의 재편은 17세기 이후의 이 시기에 확고하게 완성된 것으로 보인다.

마찰음 계열의 非音韻化는 'ㅸ, ㅿ, ㆅ' 등이 음운적 기능을 상실하게 되었다는 것인데, 이리하여 국어의 자음 體系에는 유무성음의 대립 체계가 없어지게 되었다. 반면에 硬音이 子音 體系에 등록됨으로써 평음-경음-유기음의 상관적 대립이 자음 체계에 이루어지게 되었다.

경음 체계의 확립과 더불어 평음이 경음으로 변하는 경음화와 유기음으로 변하는 유기음화가 이 시기에 일반화되었다. '슷-(拭)'이 '쓷-'으로, '곳-(揷)'이 '꽂'으로 된 것 등이 경음화의 예이며, '닷(故)'이 '탓', '고키리(象)'가 '코키리'가 된 것 등이 유기음화의 예이다.

15-16 세기에 부분적으로 진행되던 구개음화는 17-18세기에는 전면적으로 진행되어 근대 국어의 한 중요한 특징을 이루게 된다. 특히 이 구개음화는 한반도 전지역에서 전체적으로 일어난 것이 아니라 지역적인 방언에 따라 차별적으로 일어난 까닭에 方言의 분화와 對立에 기여했다는 지적이 가능하다. 이 변화의 진원은 남부 방언으로서 점차 북상하여 세력을 확대해 간 것으로 추정되는데, 그러나 서북 방언에까지 파급되기에는 그 힘이 미치지 못한 것으로 기술되고 있다.

申景濬의 <訓民正音韻解>(1750)에서는 '知, 徹, 澄'의 음은 오직 關西 地方에서만 내고 있고, 서울 班村에 일부 잔존하여 있음을 지적하고 있다. 이는 18세기 전반기에 西北 方言과 서울의 一部에서는 'ㄷ, ㅌ'의 구개음화가 아직 일어나지 않고 있음을 말해주고 있는 것이다. 한편 柳僖의 <諺文志>(1824)에서는 구개음화 현상에 대한 매우 흥미로운 증언을 하고 있다. 곧 柳僖의 스승인 鄭東愈(1744~1808)가 말하기를 자기 고조부의 형제가 '知和, 至和'로서 高祖父 生存時(17세기 중엽 전후)는 잘 구별하여 발음하였으나 鄭東愈 때에 와서 그것이 구별되지 못하게 되었음을 밝히고 있는 것이다. 이러한 증언을 통해 볼 때 17세기 중엽 무렵에는 아직 구개음화가 일어나지 않았다고 말할 수 있을 것이다.

구개음화는 'ㅣ'모음이나 반모음 j 앞의 'ㄷ, ㅌ'이나 'ㄱ, ㅋ'이 'ㅈ, ㅊ'으로, 'ㅎ'이 'ㅅ'으로 변화하는 일종의 역행 동화 현상이다. 이 중에서 '디 > 지'의 변화는 문헌상에서 흔히 확인된다. 특히 1481년에 출판된 <杜詩諺解> 初刊本에서는 'ㄷ'음을 보존하고 있으나, 1632년 영남 지방에서 복각된 <두시언해> 重刊本에서는 'ㅈ'음으로 변화한 것을 볼 수 있다. 반면에 1670년의 <老乞大諺解>나 1677년의 <朴通事諺解> 重刊本에서는 구개음화의 예가 보이지 않는다. 이는 구개음화가 제일 먼저 일어난 방언은 동남 방언이라는 것을 말해 주는데, 다음이 <杜詩諺解>의 初刊本에서는 'ㄷ'을 유지하고 있으나 중간본에 이르러 구개음화되었음을 보여주는 예들이다.

디위(回) > 지위<杜詩諺解 重刊本. 卷一六, 52>
며ᄅᆞ다(短) > 져ᄅᆞ고<杜詩諺解 重刊本. 卷二十二, 40>
디ᄒᆡ다(春) > 지ᄒᆡ니<杜詩諺解 重刊本. 卷七, 18>

'디 > 지'의 구개음화가 문헌에서 광범위하게 확인되는 반면에 '히 > 시'의 구개음화나 '기 > 지'의 구개음화는 문헌상에서 뚜렷이 나타나지 않는다. 그러나 이 시기에 '히 > 시'나 '기 > 지'의 구개음화가 일어났음을 부인할 수 없다. '히 > 시'의 경우 '힘(力)'이 '심'으로('심줄'<蒙語類解 下 32>)된 예를 들 수 있으며, '기 > 지'의 예로는 '키(舵)'가 '치'로 된 예를 들 수 있다.

어두 'ㄴ'의 脫落 現象도 이 시기에 일어난 중요한 음운 현상으로 지적된다. 그런데, 이 현상은 구개음화 현상과 관련된 것으로 보이는데, 그 변화 환경이 구개음화 현상과 마찬가지로 어두 'ㄴ'이 i, j에 선행할 때 탈락된다는 점에서 그러하다. 또한 이 변화는 '디 > 지'의 구개음화와 마찬가지로 18세기에

는 서북 방언을 제외한 모든 방언에서 일어난다는 점에서도 구개음화 현상과
의 관련성을 엿볼 수 있다. 丁若鏞의 <雅言覺非>에서는 '龍骨大'라는 人名
의 '龍'은 '룡, 농'이 될 수 없고 '용'임을 증언하고 있는데, 이는 17세기 전반기
사실에 대한 기록으로서 어두 'ㄴ'의 탈락이 이미 17세기 전반기에 이르러 일
어났음을 말해 주고 있다.

이 시기에 일어난 자음과 관련된 음운 변화의 마지막 예로 'ㄴ' 添加 現象
을 들 수 있다. 이 변화는 'ㅈ, ㅊ' 등의 구개음 앞에 'ㄴ'의 첨가가 이루어지는
것이다. 가령 '더디다(投)'는 구개음화로 '더지다'가 된 이후 'ㄴ' 첨가로 '던지
다'가 되었고, 'ㄱ초다(藏)'는 'ㄴ' 첨가로 'ㄱ초다'가 되었다가 이후 '곰초다'로
변하였다.

근대 국어에 이르러 모음 체계 역시 상당한 변화를 입게 된다. 모음 'ㆍ'는
16세기에 제일단계의 소실을 경험하면서 동요를 보여 왔는데, 18세기 후반에
와서는 제 2단계의 소실을 통해 완전히 음운적 기능을 상실하게 되었다. 다른
한편으로 二重母音이었던 'ㅐ, ㅔ, ㅚ, ㅟ' 등이 單母音化되면서 새로이 모음
체계에 등록되었다.

'ㆍ'의 단계별 소실을 보여 주는 대표적인 어휘로서 'ㄱ술(秋)'을 들 수 있다.
'ㄱ술'이 半齒音 'ㅿ'의 소멸로 'ㄱ올'이 된 이후 'ㄱ을'이 된 것이 1단계의 'ㆍ'
변화로서 제2 음절 이하에서 'ㆍ'가 'ㅡ'로 되었음을 볼 수 있다. 2단계는 제1
음절에서 이루어지는 것인데, 앞서의 'ㄱ을'이 '가을'로 변한 것에서 'ㆍ'가 'ㅏ'
로 되었음을 볼 수 있다. 이리하여 'ㆍ'의 1단계 소멸로 인해 어근내에서의 모
음 조화가 붕괴되기 시작하였을 뿐만 아니라, 어미에 있어서도 양성의 'ㆍ' 계
열이 사라짐으로써 어간과 어미와의 결합에 있어서도 모음 조화가 붕괴되어
갔던 것이다.

한편, 17세기 이후 진전된 것으로 보이는 'ㆍ'의 2단계 소멸은 모음 체계 내
에서의 'ㆍ'의 존재 의의를 완전히 상실하게 하여 모음 체계의 재편을 강요하
게 되는데, 이에 대한 흥미로운 증언은 柳僖의 <諺文志>에서 확인할 수 있
다. 이 책에서 柳僖는 'ㆍ'가 'ㅏ' 또는 'ㅡ'와 混同되고 있다(東俗不明於 ㆍ
多混於ㅏ 如兒事等從 ㆍ 今俗誤呼如阿些 亦或混一 如홁土 今讀爲흙土)라

고 하여 柳僖의 生存 當時(1770년대~1830년대)에 '·'의 음가가 이미 변했음을 증언하고 있다.

모음 체계에서 '·'가 음운적 기능을 상실하여 빠져나가게 된 반면에, [aj], [əj], [oj], [uj] 등과 같은 이중모음이었던 'ㅐ, ㅔ, ㅚ, ㅟ' 등이 [ɛ], [e], [ø], [y] 등의 단모음으로 되어 새로이 체계 내에 들어오게 된다. 이들은 표기상으로는 이중모음인지, 단모음인지 구별되지 않으므로, 어느 시기에 이중모음에서 단모음으로 되었는지 정확히 알기 어렵다. 그러나, 단모음화의 시기는 움라우트(umlaut), 곧 'ㅣ'모음 역행 동화 현상의 발생 시기를 바탕으로 계산될 수 있다.

움라우트는 후행 음절의 모음 'ㅣ'가 동화주가 되어 선행 음절의 모음이 비전설 모음일 경우 이를 전설모음화시키는 일종의 역행 동화 현상이다. 움라우트 현상의 이러한 정의상 먼저 전설 모음 계열에 '에', '애' 등의 단모음이 확립되어 있어야 한다. 따라서 움라우트 현상이 발견되는 시점에 이미 단모음화가 진행되어 있었다는 계산이 가능한데, 18세기 말의 자료인 <正祖御筆>에는 "색기도 됴히 잇느냐"에서 보듯이 '삿기 > 색기'의 움라우트 현상이 나타나 있다. 1855년의 <關聖帝君明聖經諺解>에는 '드리다(煎) > 디리다', '앗기다 > 읶기다', '먹이다 > 메기다', '지팡이(杖) > 지펭이' 등에서 보듯이 움라우트의 예를 수다히 발견할 수 있다. 이러한 예들에서 단모음화가 18세기 후반보다 앞선 시기에 이루어졌음을 알 수 있는데, 이 이중모음의 단모음화는 '애, 에'가 먼저 진행되고 다음에 '외', 그 다음 '위'의 순서로 진행된 것으로 기술되고 있다.

이 시기에 일어난 母音 變化로 주목할 만한 것은 원순모음화 현상이다. 이 현상은 脣音 'ㅁ, ㅂ, ㅍ, ㅃ' 아래의 비원순모음 'ㅡ'가 원순모음 'ㅜ'로 변화하는 일종의 順行 동화 현상을 말한다. 이 변화는 17세기 말의 문헌인 <譯語類解>에서 확인되는데, '블 > 불', '븟다 > 붓다', '브티다 > 부티다' 등이 그 예이다.

끝으로 지적해 둘 모음 변화는 전설모음화 현상이다. 이 현상은 'ㅅ, ㅈ, ㅊ' 아래서 'ㅡ'가 'ㅣ'로 변하는 일종의 순행 동화 현상이다. 가령 '아춤'은 '·'의 1

단계 소실로 '아츰'이 되었다가 전설모음화 현상에 의해 '아침'이 되었다. 이 현상은 19세기 초반에 이루어진 것으로 짐작된다.

이상에서 보인 일련의 음운 변화 현상의 대부분은 전국토에서 균일적으로 전개된 것이 아니라, 한 지역 방언을 진원지로 하여 이로부터 물결처럼 각 지역으로 전파되어 갔다는 점에서 특징적이라 할 수 있다. 대체로 유성 마찰음 계열의 'ㅸ'과 'ㅿ'이 소실되는 것은 중앙 방언이 진원지인 반면, 구개음화, 경음화, 움라우트 등은 東南 方言이 震源地라고 할 수 있다. 이러한 음운 변화의 지역적 차이와 그 확대 전파는 곧 各 방언의 대입과 분화, 다른 한편으로 통합의 過程에 寄與하게 되었다.

특히 중앙 방언을 진원지로 갖는 마찰음 계열의 비음운화가 동남 및 서남 등의 남부 방언에서 거부되는 반면에, 동남 방언을 신원지로 하는 '디 > 지'의 구개음화가 북상하여 중앙 방언에까지 파급되었다는 것은 이 시대의 초기에 임진왜란, 병자호란 등의 피해를 많이 입었던 남부 지역민이 전국적으로 이동. 접촉하였다는 사실과 함수 관계를 가질 것으로 짐작되어 국어 변화에 있어서의 한 외적 요인을 확인할 수 있다.

2-2. 文法 層位의 變化 樣相

문법 층위에서의 변화 역시 한 시대의 劃을 그을 만큼 광범위하게 일어난다. 이에는 명사형 어미간의 세력 재편, 격조사의 형태적 재편, 활용 어미의 형태적 재편 현상 등이 包含된다. 그런데, 이 變化의 주된 특징은 간소화, 현실화, 단순화, 실용화라 할 수 있는데. 이는 곧 이 시기의 시대적 분위기를 잘 반영하고 있는 것으로 볼 수 있다.

우선 명사형 어미 중에 '-(으)ㅁ'의 세력이 축소된 반면에 '-기'가 세력을 확대하게 된다. 이 현상은 이른바 삽입 모음 '-오/우-'의 소멸로 인해 명사형 어미와 명사 파생 접사의 구별이 불가능해졌다는 사실과 유관한 듯하다. 중세 국어에서는 명사형 어미 '-(으)ㅁ' 앞에는 삽입 모음이 들어와, 삽입 모음을 갖지 않는 명사 파생 접사와 구별되었던 것이다. 가령 '어름', '여름' 등은 명사형이고, '어름', '여름' 등은 파생 명사이었던 것이다. 그러다가 삽입 모음의 소멸로 두 형식의 구별이 불가능해졌는데, 이런 현상과 '-기'의 세력 확대가 전혀 무관할 수 없을 것이다.

근대 국어에 이르러 격조사의 형태적 재편이 이루어지는데, 이는 '·'의 변화로 인하여 모음의 대립체계가 무너진 데서 비롯되는데, 전반적으로 간소화의 방향으로 재편을 이룬다. 가령, 속격 조사 '익/의'는 '의'로, 처격 조사 '에/애/예/익/의' 등은 '에'로, 呼格 助詞 '하/아'는 '아'로 되어 단일 형태를 구성하게 된다. 목적격 조사 중에서도 '롤/올'이 없어지는데, 이는 '·'의 변화와 같은 軌를 이루는 것이다.

이 시기의 格 조사의 형태적 재편과 관련하여 무엇보다도 특기할 만한 것은 주격 조사에 '가'를 새로이 등록시키고 있다는 것이다. 이는 간소화의 방향과 상반된 것인데, 이에는 그만한 언어 내적인 이유가 있었다고 본다. 특히 이중모음 '익/에/애' 등의 단모음화로 인해 주격 조사의 형태에 복원 불가능할 정도의 변개가 이루어진 것이 주목된다. 가령 주격형 '빅(舟)'에서의 '익'나 '소재(小子ㅣ)'의 '애'가 이중모음 [ʌj]나 [aj]로 발음될 경우는 주격의 형태적 모습이 그런대로 유지된다고 할 수 있지만, '익/애'가 단모음 [ɛ]로 발음 될 경우 주격 조사의 형태를 유지할 수 없는 변개가 일어났다고 할 수밖에 없고, 이 변개는 새로운 격 형태의 생성을 촉발시킨 원인이 된다고 볼 수 있다. 그리하여 체언의 어간말이 자음일 경우는 중세 국어의 질서대로 '이'가 그대로 사용된 반면에 母音일 경우는 새로운 격 형태 '가'가 사용되기에 이른다.

이 '가'가 어떻게 생성되었는가에 대해서는 일본어의 주격 조사 'か'[ka]를 차용하였다는 說을 비롯하여 여러 說이 존재하고 있으나, 이보다는 동사 '가다(去)'의 부동사형 '가'(가+아)에서 기인했을 可能性도 엿보인다.

명사 곡용과 관련하여서도 간소화와 현실화의 방향이 확인되는데, 중세 국어에 특수 곡용을 하였던 것이 이 시기에는 일반적인 곡용에 준하는 방향으로 나아갔다. 가령 '안ㅎ(內)'과 같은 말음 명사의 경우는 말음 'ㅎ'이 탈락되어 '안'으로 되는 변화를 겪었으며, '남기, 남근, 남기라, 나모와'와 같이 '나모'와 '낡'이 특수하게 교체하던 것도 점차 單獨形 '나모'로 단일화되어 규칙적인 어형을 굳혔던 것이다.

활용의 경우는 선어말 어미 '-었-, -겠-' 등이 새로이 생성된 반면에, 대체로 中世 국어에 형태·의미론적으로 다양하게 실현되던 어미들이 기능을 상실하는가 하면, 어미들의 복합체가 응축형으로 고정되는 등, 점차 간소화 내지는 현실화의 방향으로 통일을 이루게 된다. 이는 어형이 그렇게 변화해간 측면도 있지만, 중세 국어의 번역 文體와는 달리 생활 언어를 직접 글에 투영하려는 이 시기의 노력과 무관하지 않다.

활용 어미 중 선어말 어미는 크게 意圖法, 敬語法, 時相法, 詠嘆法의 機能을 담당하던 것인데, 이 시기에 意圖法 語尾는 'ᄒ노라'의 '-노-'와 같은 凝縮形을 제외하고는 완전히 소실되었다. 敬語法은 主體 尊待의 '-(으)시-', 主體謙讓의 '-ᄉᆞᆸ-', 聽者 尊待의 '-(으)이-'로 三分되었던 것이나, 이 시기에 '-ᄉᆞᆸ-'이 갖던 主體 謙讓의 기능이 점차 사라지면서 話者 謙讓의 기능으로 변하기 시작했다.

근대 국어의 선어말 어미와 관련하여 무엇보다도 주목할 만한 사항은 시상법 체계의 재편이 이루어졌다는 것인데, 우선 중세 국어 때부터 진행되던 '-엇-'의 문법화가 이 시기에 완성되었다. 이 '-엇-'은 副動詞 語尾 '-어'와 動詞 '잇-(有)'의 결합형인 '-어 잇-'이 '-엣-'으로 축약되는 과정을 거쳐 이루어진 것인데, 이 시기의 '-엇-'은 형태면에서는 국어의 선어말 어미 목록에 등록되는 한편, 의미 기능면에서는 과거 시제의 기능을 수행하면서 시제 체계의 한 항목으로 확고하게 자리잡게 된다. 나아가, '-엇-'의 기능 확립은 기존의 시제 체계의 개편을 요구하게 되는데, 그 결과 '-거-', '-어-' 등 중세 국어에서 과거계의 시제기능을 담당하였던 선어말 어미들은 그 생산적 기능을 상실하게 된다. 한편, 이 시기에 미래 시제의 선어말 어미 '-겠-'이 생성된다는 것도 시제 체계의 재편과 관련하여 지적될 사항이다. 이 '-겠-'의 생성은 기원형의 존재가 쉽게 확인되지 않기 때문에 그 형태론적 연원을 추적하는 일을 어렵게 하지만, '-었-'의 생성과 전혀 무관하다 할 수 없고, 따라서 부동사 어미 '-게'와 동사 '잇-'의 결합과 관련된 것으로 짐작된다.

선어말 어미의 변화와 관련하여 마지막으로 지적될 것은 중세 국어에 존재

하던 각종의 영탄법의 선어말 어미들이 이 시기에 '-도-'만 남기고 모두 사라
진다는 것이다. 즉 '-돗-', '-것-', '-놋-', '-닷-', '-샷-' 등의 선어말 어미들이
이 시기에 사라진다. 이러한 변화 역시 近代 국어 문법의 현저한 특징인 간소
화, 단일화의 방향을 보여 주고 있다.

이 시기의 어말 어미도 간소화의 방향을 보여 주는데, 무엇보다도 이 시기
에는 일련의 하게體 어미들이 형성되었다. 이 형성은 선어말 어미와 어말 어
미의 통합형이 응축되는 데 따른 것이다. 이 시기에 형성된 '-니, -데, -새' 등
이 그 例인데, 이들은 중세 국어의 '-ᄂ이다, -더이다, -사이다'에서 어말 어미
'-다'가 탈락되고 남은 선어말 어미들이 응축됨에 따라 형성된 것이다. 또한
하오體의 '-오, -소' 등이 이 시기에 등장하는데, 이들 역시 '-다'의 탈락에 의
하며, 다만 이 경우에는 겸양법의 '-습-'에 형태적 연원을 둔다.

2-3. 語彙 層位의 變化 樣相

이 시기의 어휘 체계도 다른 층위의 변화와 마찬가지로 큰 변화가 일어난
다.

우선 음운의 변화에 의해 어휘의 외형이 변하게 되었고, 나아가 이러한 음
운의 변화는 많은 동음이의어를 낳는 한편, 그 변화가 지역적 균일성을 보이
지 않았다는 점에서 방언 간의 교차 현상을 낳기도 하였다.

'ᄀᆞ술(秋) > ᄀᆞ올 > ᄀᆞ을 > 가을'의 語形 變化는 'ㅿ'의 소멸, 'ᆞ'의 一段階
및 二段階 消失에 의해 차례로 변한 예이다. 이와 같은 예로는 'ᄆᆞ술 > ᄆᆞ올
> ᄆᆞ을 >마을'도 있다. 특히 이 시기에 일어난 'ᆞ'의 단계적 비음운화는 중세
국어에서 'ㅏ'와 'ᆞ'로 구별되던 많은 語彙들의 구별 기능을 상실하게 함으로써
많은 동음이의어들을 산출하게 하였다. 예를 들면 중세 국어에서 語形 差異와
함께 意味 差異를 보여주던 '몰(馬) : 말(斗), 눌(刃) : 날(日), 훈(一) : 한(大),
ᄃᆞ리(橋) : 다리(脚), 몰다(卷) : 말다(勿), ᄒᆞ다(爲) : 하다(多)' 등등과 같은 짝
들이 후자의 형태로 歸一됨으로써 형태는 같은데 의미는 다른, 곧 동음이의어
가 되고 말았다. 또한 'ᆞ'의 변화로 'ᅵ'와 'ㅐ'의 구별이 없어져서, 이에 따른

동음이의어가 생겨났는데, '히(太陽) : 해(多, 副詞), 시다(漏) : 새다(曙), 닉
(煙) : 내(臭), 미(野) : 매(鷹)' 등이 그러한 예들이다.

근대 국어에 일어난 음운의 변화는 또한 전지역에 균일하게 진행되지 않았
다는 점에서 各 지역 방언의 어휘 간의 분화, 대립 현상을 낳게 되었다. 물론
이러한 분화는 주민들의 이주와 교류에 따라 둔화되기도 하였을 것이지만, 전
반적인 추세는 분화와 대립이라고 볼 수 있다. 현대 국어의 제방언의 특성으
로 지적되는 것이 근대 국어의 그것으로 이어진다는 것은 바로 이러한 추세를
말해 주는 것이다. 우선 구개음화 현상에 의한 방언의 분화가 지적되는데, '디
> 지'의 구개음화인 경우는 동남 방언에서 시작되어 점차 그 세력을 전국적으
로 확대시켜 나가지만, 서북 방언은 이 변화의 영향권 밖에 있었으며, '기 >
지', '히 > 시'의 변화는 중부 방언에까지 미치지 못했다고 볼 수 있다.

'·'의 변화는 전국적으로 확인되는 것이지만, 제주 방언이 여기에 예외이고
또한 지역마다 '·'를 교체하는 모음이 다르다는 점에서 여러 방언형을 낳게
되었는데, 가령 '풀(臂)'과 같은 '·' 유지 형(제주 방언), '폴'과 같은 '· > ㅗ'
변화형(남부 방언), '팔'과 같은 '· > ㅏ' 변화형(그 이외의 지역 대부분)을 예
로 들 수 있다. 이 밖에 'ᄀ새, 가시개, 가위' 등과 같은 'ㅿ'의 소실에 의한 방
언의 분화, '니르다(謂), 이르다'와 같은 어두 'ㄴ'의 탈락에 의한 방언의 분화
등등, 이 시기의 음운 변화와 관련하여 방언의 분화, 대립이 상당수 생겨 났으
며, 이는 현대 國語에까지 존속되고 있는 것이다.

이상의 외형적 변화 이외에도 어휘의 내면적인 의미 변화를 확인할 수 있
다. '어엿브다'는 중세 국어에서 '憐憫'을 의미했었는데, 이 시기에서는 '美麗'
의 의미로 전성되었고, '愚'의 의미를 가졌던 '어리다'는 '幼'의 의미로 바뀌었
다. '얼굴'은 '身體'나 '형체'를 의미했었으나, 이 시기에 '낯(面)'의 의미로 縮小
되었고, '값'과 '빛'의 두 의미를 가졌던 '빋'은 후자의 의미만 남게 되었으며,
'山'을 의미했던 '뫼'는 이 시기에 '墳'의 의미를 추가하게 되었다.

중세 국어에서 함께 사용되던 유의어 중 어느 일방이 이 시기에 소멸되는
변화를 보여 주는데, 특히 순수 고유어와 한자어의 대립에서 한자어가 우세해
지면서 순수 고유어가 사라지는 추세를 확인할 수 있다. '서흐레(階級), 죽사

리(生死), 가ᅀᆞ멸다(富裕하다), ᄀᆞ룸(江), 길(利子), 오래(門), 아ᅀᆞᆷ(親戚)' 등의 固有語가 漢字語에 의해 소멸되었으며, 심지어는 數詞인 '즈믄(千), 온(百)'마저도 漢字語의 세력에 밀려 소멸되고 말았다.

이러한 한자어에 의한 고유어의 교체는 문화적으로 우위에 있는 나라의 어휘가 그렇지 않은 나라의 어휘를 밀어내는 언어 일반적인 조류에 의한 것이기도 하지만, 조선 개국 이래 지배층의 이데올로기로 채택되어 세력을 확대해 나갔던 유학이 이 시기에 頂點을 이루게 된 사실과 大學, 中庸, 論語, 孟子 등의 儒經들이 16세기 이후 諺解되는 과정에서 儒學이 일반인에게 더 한층 보급된 사실과도 무관하지 않을 것이다.

특히 임진왜란과 병자호란 등에 의해 17세기 이전의 언해본들이 다량 소실되어 17세기 이후 이 책들의 重刊 事業이 활발히 이루어졌는데, 두 시기의 刊本의 對比를 통해 우리는 한자어에 의한 고유어의 대체 현상이 이 시기에 얼마나 심각하게 진행되었는지를 확인할 수 있다.

다음은 16세기 초에 나온 <飜譯朴通事>와 이의 重刊本으로서 17세기 후반에 나온 <朴通事諺解>의 첫장이다.

이제 셩쥐 너브신 복이 하ᄂᆞᆯ의 ᄀᆞᄐᆞ샤 ᄇᆞ롬도 고르며 비도 슌ᄒᆞ야 나라히 태평ᄒᆞ고 빅셩이 편안ᄒᆞᆫ 저긔 ᄯᅩ 이 봄 二三月 됴ᄒᆞᆫ 시져를 맛나니 됴ᄒᆞᆫ 시졀을 건네텨 ᄇᆞ리디 말 거시라. 사ᄅᆞᆷ 일셰만 사라 잇고 프른 ᄒᆞᆫ ᄀᆞ술ᄭᅵ장 사라 잇ᄂᆞ니 <飜譯朴通事. 上, 1>

當今에 聖主ㅣ 큰 福이 하ᄂᆞᆯ과 ᄀᆞ즉ᄒᆞ야 風調雨順ᄒᆞ고 國泰民安ᄒᆞᆫ디 ᄯᅩ 이 봄 二三月 됴ᄒᆞᆫ 時節을 만나시니 됴ᄒᆞᆫ 時節을 그릇 디내디 마쟈. 人生一世ㅣ요 草生一秋ㅣ라 <朴通事諺解. 上, 1>

두 刊本의 대비에서 初刊本에서 固有語로 번역된 것이 重刊本에서 漢字語로 번역된 정도가 얼마나 심한가를 뚜렷이 확인할 수 있다. 물론 이러한 交替는 전자는 <朴通事>의 意譯이고, 후자는 직역이라는 번역 방식의 차이에 의한 것이라 하지 않을 수 없는 측면도 있지만, 이를 고려한다 해도 그 정도의 심각성은 이 시기의 漢字語의 우세를 입증해 주기 충분하다.

　이러한 사정은 16세기 초에 나온 <飜譯老乞大>와 17세기 후반에 나온 <老乞大 諺解>의 대비에서도 그대로 드러난다. 전자에서 확인되는 많은 고유어계 어휘들이 후자의 刊本에서는 한자어로 교체되어 나타나는데, 예컨대 '니건힌, 호근깁, 나드리, 거리치믈, 도틱고기, 돌ᄃ리, 셔울, 아ᅀᅮᆷ' 등의 고유어계 어휘들이 각기 '往年, 小絹, 出入, 구제(救濟)홈을, 猪肉, 石橋, 京城, 親戚' 등과 같은 한자어로 번역되어 있다.

　그런데, 이상과 같은 한자어에 의한 고유어의 대체는 전시기에 형성되었던 국한 혼용의 번역 문체에서 보이던 문어와 구어의 괴리를 좁혀 단일화해 가려는 과정에서 일종의 어휘 정리의 성격으로 선별되었을 것이라고 추정된다. 곧 한자, 한문을 모르는 언중의 언어 모형과 한자, 한문에 익숙해 있는 언중의 언어 모형의 대립에서 어느 한 쪽도 否定치 않는 혼합 모형으로의 절충이 요구되었고, 그 때문에 일부 고유어의 한자어에 의한 대체가 자연스럽게 일어났을 것으로 보인다.

　한자어는 기왕에 수용된 것뿐만 아니라, 중국과의 교류가 지속되는 한 새로운 한자어가 추가되었으며, 이 시기의 한자어 수용도 예외일 수 없다. 이 차용된 어휘 중에는 서양으로부터 중국을 거쳐 들어온 것들도 있었는데, '自鳴鍾, 火輪船, 天堂, 神父, 千里鏡' 등이 그 예들이다. 이들 어휘의 차용은 서구 문물이 유입됨에 따라 그 명칭이 함께 들어온 것으로서, 이 시기의 국제적 교류의 흐름과 無關하지 않다.

　병자호란을 거친 후 우리 나라는 淸나라와 政治 外交的으로 밀접한 관계를 유지할 수밖에 없게 되었다. 이러한 정치 외교적 관계는 문화, 경제, 사회 등의 제반 분야에 영향을 끼쳤지만, 언어면에서도 이른바 淸學이 개설되기에 이르며, 특히 어휘면에서의 접촉과 干涉이 深化되어 일부의 語彙는 차용어로 자리를 잡아갔다. 淸의 言語는 여진족의 언어로서, 淸의 건국 이전부터 여진어의 유입이 있었지만, 국어 어휘 체계에까지 파고드는 것은 아니었다. 그러나, 淸이 중국 전역을 지배하면서 사신의 왕래와 대외 무역 등이 활발하게 진행됨으로써 우리 말은 여진어, 곧 퉁구스系 언어의 일방적인 침투를 받게 되었으며, 특히 語彙 部分에 민감한 반응을 보였다. '마흐레(冠)'<同文類解. 上, 55>는 만주어 mahala(冠)에서, '널쿠(斗蓬)'<同文類解. 上, 55>는 같은 의미의 만주어 단어 nereku에서 각기 借用된 語彙이다.

17세기에 이르러 대두된 실학은 공리공담의 학풍에서 벗어나 실용지학, 즉 민생을 향상시키기 위해 실천적이고 응용적인 학문 연구의 절박성을 주장하고, 정치, 경제, 문화, 군사, 사회 등 제반 제도에 대한 개혁안을 내놓았으며, 역사, 지리, 풍속, 공업, 농업, 상업, 수학, 의학 등, 민중들이 살아가는 데 직접적으로 관련된 여러 分野에 대한 연구를 다각적으로 시도하였다. 이들은 언어 분야에 대해서도 관념적 이론이나 허황되고 추상적으로 꾸며지는 말보다 현실적이며 실천적인 전달 기능의 대중적인 효율을 높이기 위한 측면에 대하여 지금까지 볼 수 없었던 지대한 관심을 드러냈는데, 특히 이들은 어휘에 대해 수집, 연구, 정리하는 업적을 남겨 놓았다. 이러한 어휘 연구의 개척은 국어 의식의 발달로서 높이 평가될 만하다.

李晬光이 <芝峯類說>(1614)에서 어원 연구를 시도한 이래 대부분의 실학자들이 언어에 대한 관심을 드러냈다. 李晬光의 <지봉유설>은 전래의 사회 사실을 찬집한 것으로서 전권을 天門, 時令, 災異 등의 항목으로 나누어 3,435項에 대하여 설명하고 있는데, 특히 이 중에서 문자와 언어에 관한 항목이 주목된다. 茶山 丁若鏞의 <雅言覺非>(1819)는 自然, 動物, 植物, 人名, 制度, 飮食 등과 관계되는 單語를 198 항목으로 나누어 매 항목마다 단어의 어원과 의미를 밝히고 그와 관련되는 고사를 설명하였으며, 19세기 초에 유희가 편찬한 <物名考>는 7,000餘 물명을 수집하여 해박하게 주석한 어휘집으로서 어휘를 유정류(짐승, 새, 물고기, 곤충), 무정류(풀, 나무), 불동류(흙, 돌, 쇠), 불정류(불, 물)로 나누고 각각 어휘들을 정음자로 적어 놓았다.

특히 <物名考>의 주석에는 "犬生一子외동이, 犬二子셤귀, 犬三子솔발이" 등과 같이 매우 희귀한 어휘를 포함하여 무려 1,600여개나 되는 우리말이 곳곳에 등장하였다. 그 중 주목할 만한 것이 많은데, 가령 말(馬)에 관한 어휘만 해도 '총이, 철청총이, 년천총이, 그은총이, 먹총이, 돗총이, 가라, 청가라, 담가라, 돗가라, 표가라, 류거헐, 항고라, 공고라, 졀다, 부졀다, 구렁졀다, 표졀다,

가라온, 빅셜총이, 셜이마, 찬간쟈, 실간쟈, 쇼티셩, 거흘몰, 쟘불몰, 함오, 월아, 쌍챵월아, 삿횐말, 한박월아, 구불쟈헐(황부루), 도화쟘불, 류부루(월아), 젹부루, 황부루(시고라), 쳥부루, 골희눈, 쌍골희, 외골희, 시오등, 룡두마, 양귀, 양털, 쳔지말, 진말, 덜녕이눈몰, 가릐눈몰, 용혼몰, 좃눈몰, 사람도도눈몰' 등과 같은 희귀한 어휘를 상당수 모아놓았다.

一連의 이러한 새로운 연구가 뜻하는 시대적 의미는 국어 어휘의 수집이나 분류, 그리고 보존의 기능에 그치지 않으며, 발굴하여 실용화하여 국어 생활의 기반을 넓히려는 데 있었으니, 이와 같은 氣風이 이 시기를 이끈 대세였다.

Ⅲ. 國語에 대한 關心 擴大

3-0. 주지하다시피 조선조 후기의 思想 내지는 이념을 주도한 史的인 특징은 이미 지적한 것처럼 서학 및 천주교 등의 외래 사조가 도입되어 전개되는 한편으로, 당시 사대부 계층의 정신 문화를 이끌던 사변적인 성리학에 기반을 둔 유학의 학풍이 實事求是와 利用厚生 등을 표방하면서 民衆의 生業에 직접적으로 이어지는 실용의 학문으로 참신하게 발전해나갈 것을 주장하는 실학의 출현을 맞아 갈등과 수용의 양면성이 드러났던 시기였다.

실학 운동은 서학이나 천주교 등의 도입·전개에 힘입어서 펼쳐진 것이기는 하지만, 이 운동의 근저에는 민본 사상에 근거한 근대 시민사회에로의 지향과 더불어 민족적 주체성의 자각이라는 역사성이 자리잡고 있었다. 그리하여 우리 역사에 대한 관심의 증대와 함께 朝鮮의 地理, 算數, 地圖, 醫術 등이 중요한 대상으로 떠올라 그에 대한 關心과 硏究가 활발히 진전되었다.

실학파에 속한 여러 학자의 연구분야는 실로 광범하여 조선의 百科全書派로도 불려지는데, 경전주석을 통한 性理學(朱子學)의 비판적 연구, 조선의 역사·지리·문화·군사·풍속의 考證學的 硏究, 朝鮮의 政治·經濟·軍事·民生 問題에 관한 改革案, 淸國 및 유럽의 과학·기술 및 천주교의 소개와 연구 등을 포괄하고 있다. 또한 종전까지는 雜學이라 하여 천대와 멸시를 받던 분야에 대한 연구도 이루어지는데, 天文·氣象·數學·農學·醫學 등에 대한 연구가 이들에 의해 활발하게 진행되어 나갔던 것이다.

이러한 우리 것에 대한 관심의 고조에 우리의 말과 글에 대한 연구도 예외일 수 없었던 바, 이 시기의 실학자들이 펴낸 백과사전식의 방대한 저술 속의 한 부분에는 필연적으로 우리의 말과 글에 대한 연구가 한 몫을 차지하는 것으로 나타난다. 이 시기의 국어·국자 연구는 운학 연구의 진전 및 상형설의 발전 등 종전의 연구 분야를 계승하는 것도 있지만 새로운 시대사조에 부응하여 종전에는 다루어지지 않았던 새로운 분야를 개척해 나가기도 하였다.

우리말의 어의·어원 연구 및 방언 연구에 관심이 쏠리게 되었으며, 국어의 어휘를 비롯하여 中國語, 滿洲語, 蒙古語, 日本語 등 인근 外國語의 必須 語彙를 蒐集·整理한 사전류들이 편찬되기도 하였다. 또 기존의 우리 문자만으로는 발음 표기가 곤란하다고 하여 새로운 文字의 창제를 시도한 경우도 있었다.

3-1. 崔錫鼎의 <經世正韻>

우선 이 시기에 전개된 국자, 곧 훈민정음에 대한 새로운 해석은 崔錫鼎 (1646~1715)의 <經世正韻>(1678)에서 비롯된다. 이 저술의 출현은 崔世珍 이후 약 100년간이나 침체 상태에 있던 우리의 어학 연구가 다시 부흥됨을 의미하는 것이었다. 이는 물론 당시의 시대 조류였던 실학적 학풍에 힘입은 것이라 하지 않을 수 없다.

그는 훈민정음 28字를 列宿의 모양을 본땄다고 하여 처음으로 '列宿象形說'을 주창하였다. 그리하여 初聲 17字를 牙, 舌, 脣, 齒, 喉의 5音으로 나누고 樂音으로는 角, 徵, 宮, 商, 羽의 5音으로 나누었으며, 이를 五行相生에 따라 木, 火, 土, 金, 水와 같이 차례로 배열하였다.

中聲 11字는 太極과 兩儀, 八卦를 본딴 것이라 하였는데, 'ㅏ'는 太陽, 'ㅑ'는 太陰, 'ㅓ'는 少陽, 'ㅕ'는 少陰, 'ㅗ'는 少剛, 'ㅛ'는 少柔는, 'ㅜ'는 太剛, 'ㅠ'는 太柔라 하여 八卦를 형상한 것이라 하였고, 'ㅡ'는 動에 'ㅣ'는 靜에 넣어 兩儀라 하고 'ㆍ'는 動과 靜의 중간음이라 하였다.

그리고 終聲으로는 'ㅇ, ㄱ, ㄴ, ㄹ, ㄷ, ㅁ, ㅂ, ㅿ, ㅅ, ㅈ, ㆁ, ㆆ'과 'ㄲ, ㄿ, ㄽ, ㅀ' 등 16字를 사용할 수 있다고 하였으며, 初聲이 24字이고 中聲이 32字이니 이것을 곱하면 768이 되는데 여기에 終聲 16을 곱하면 12,288이 된다고 하였다. 이 밖에도 <經世正韻>은 歷代 韻書의 硏究와 韻圖의 作成 등을 포함하고 있다.

3-2. 朴性源의 <華東正音通釋韻考>

<經世正韻>이 있은지 약 70년 이후에 朴性源(1697~1767)은 <華東正音通釋韻考>(1747)의 저술을 통해 당시의 조선 한자음과 중국 한자음을 음운론적으로 밝혔다. 이 冊은 정조대에 어제서를 붙여서 내각에서 직접 출판할 정도로 脚光을 받은 韻書이었다.

이 책 역시 국자에 대해 언급하고 있는데, 특징적인 것은 5음의 배열 순서를 훈민정음과는 달리 商(齒音)과 羽(脣音)를 바꾸어 놓았으며, 'ㆆ'자를 없애고 새로이 '◇'자를 만들었고, 訓民正音의 半齒音 'ㅿ'자를 變商(半齒音)이라 하지 않고 變宮(半喉音)이라고 한 점들이다.

이 책은 또한 한자음의 혼란상을 지적하였는데, 구개음화와 관련하여서 '我音不知五音淸濁之別'이라고 하여 舌音 'ㄷ, ㅌ'과 齒音 'ㅈ, ㅊ'의 區別을 제대로 할 줄 모름을 지적하고 있다. 특히 그가 우리 한자음의 혼란이 말과 글이 같지 않음('此實我東言文爲二')에 연유한다고 본 것은 言文 不一致에 대한 언급이란 점에서 주목할 만하다.

3-3. 申景濬의 <訓民正音韻解>

崔錫鼎과 朴性源에 의해 復興된 어학 연구는 신경준과 黃胤錫에 이르러 最絶頂에 이른 것으로 이해되고 있다. 申景濬(1712~1781)이 저술한 <韻解>(1750)는 世稱 <訓民正音韻解>라 불리는 것인데, 여기서 그는 訓民正音을 음운론적으로 고찰·분석하면서 그것의 과학성과 창조성에 대한 견해를 밝혀 놓았다.

 <韻解>는 邵雍의 <皇極經世聲音圖>를 본보기로 한 '經世聲音數圖'와 訓民正音에 관한 문자론으로서 역학의 상형설을 이론적 기반으로 하여 우리 문자를 初·中·終聲으로 나누고 이에 대한 상세한 논의를 펼치고 있는 '訓民正音圖解', 그리고 漢字 音韻 關係에 대해 설명을 하고 있는 '韻圖' 등의 세 부분으로 구성되어 있다. 이 중에서 우리가 주목할 만한 사항은 다음과 같다.

 '訓民正音圖解'의 敍에서 그는 "東方舊有俗用文字"라고 하여 訓民正音이 創製되기에 앞서 우리 나라에 古代 文字가 있었다고 言及하고 있으나 이에 대한 별다른 論證은 하지 않고 있다. 또 "正統丙寅 我世宗大王製訓民正音"이라 하여, 世宗 28年에 訓民正音이 創製한 것으로 말하고 있으나, 이는 創製의 年度와 頒布의 年度를 混同한 데서 말미암은 것일 것이다. 그리고 訓民正音의 優秀性을 높이 평가하고 있는데, "書之甚便 而學之甚易 千言萬語 織悉形容"이라고 하여 正音이 쓰기에 매우 편하고 배우기도 매우 쉬우며, 천 마디 만 마디 말로 자세히 표현할 수가 있다고 하였으며, 나아가 "正音不止惠我一方 而可以爲天下聲音大典也"라고 하여 訓民正音이 우리 나라에게만 혜택을 주는 것이 아니라 天下의 聲音을 적을 수 있는 일종의 萬國音聲記號로도 사용될 수 있음을 주장하고 있다.

 '訓民正音圖解'의 初聲解에서는 舌上音을 舌頭音(ㄷ, ㅌ, ㄸ, ㄴ)에서 따로 구별하여 이에 대한 文字(ㅌ, ㅌ, ㅌㅌ, ㄴ)를 새로이 創案하였고, 우리 나라 西北人이 舌上音인 知(ㅌ), 徹(ㅌ), 澄(ㅌㅌ), 孃(ㄴ) 音을 많이 사용한다고 지적하였다. 또한 "正音之理 有能推例善用 則不止三十六母 而變通無窮"이라 하여 표음문자로서의 훈민정음의 우수성을 갈파하였으며, 초성 문자의 자형을 오행 상형과 순설작용상형의 두 가지 상형설로 설명하였다.

 그리고 "東方則於舌齒音之得齊齒撮口中聲者 多不能分 而關西嶺南多用舌音 湖南湖西多用齒音"이라고 하여 齊齒(ㅣ, ㅑ, ㅕ, ㅒ 등)와 撮口(ㅛ, ㅠ) 앞에서의 舌音(ㄷ, ㅌ, ㄸ)을 齒音(ㅈ, ㅊ, ㅉ)으로 발음하는 口蓋音化 現象이 당시에 일어났는데, 특히 이 口蓋音化가 湖南, 湖西 지방에서 더 두드러졌음을 지적하고 있다.

‘訓民正音圖解’의 中聲解에서는 모음자 ‘ㆍ’를 새로 설정하였고(用例:爲八曰ㅇ돍), 모든 모음자를 開口(ㅏ, ㅓ, ㅐ, ㆍ, ㅡ 등), 齊齒, 合口(ㅗ, ㅜ, ㅘ, ㅝ, 등), 撮口의 넷으로 나누었다. 그리고 中聲 文字도 역시 脣舌作用象形에 의해 그 字形이 만들어졌음을 주장하였다. 또한 “我東字音以ㆍ作中聲字頻多”라고 하여 당시에도 아직 ‘ㆍ’音이 존재하였음을 지적하였다.

‘訓民正音圖解’의 終聲解에서는 종성이란 받침으로 끝나는 것만이 아니라 중성으로 끝나는 경우도 終聲으로 인정한다는 견해를 밝혔다.

또한 위 終聲解 內에 있는 語辭終聲이란 項目에서는 文法的 層位의 記述이 있어 주목된다. 곧 “東方之語甚繁 中國之一字 非但以二三字呼之 而其語截處 助辭甚多 多至五六字 以吏讀觀之 可知也”라 하여 국어는 중국어에 비하여 ‘語’가 길고 번거로워서 중국어의 1字기 우리말로는 5~6字에까시 이르는 경우가 있으며, 또한 助辭(虛辭)가 매우 많음을 지적하고 있다. 그리고 종결 어미를 ‘語助辭’라 하고 이들 助辭는 모두 母音으로 끝나는 경우가 많다고 하면서 ‘羅, 多, 阿, 加, 也, 古, 只, 置’와 같은 例를 들고 있다.

한편, 이두의 문법적 기능에 대한 言及도 보이는데, “一以爲句節分明之道 一以防推移弄奸之辭”라 하여 구절을 분명히 하게 하는 것과 이리저리 옮기고 농간하는 폐단을 방지하게 하는 것이라 하였다. 斷片的이기는 하지만, 이러한 지적은 문법적 층위에 대한 기술의 선구적인 업적이라는 점에서 주목될 만한 가치가 있다.

이상에서 당시의 대표적인 실학자인 申景濬이 訓民正音의 科學性과 優秀性을 주장하면서 우리말의 음운론적 연구를 심도 있게 하였음을 확인할 수 있는데, 이는 이 시기의 다방면에 걸친 실학 연구의 학문적 심도와 궤를 같이 하는 것으로 해석할 수 있다.

3-4. 洪啓禧의 <三韻聲彙>

申景濬과 거의 같은 시기에 활동한 洪啓禧(1703~1771)는 1751년에 <三韻聲彙> 상하 2권과 附玉篇 1권을 저술하였다. 이 저술은 <三韻通考>와 <洪

武正韻>, <四聲通解> 등 역대의 운서를 참고로 하여 이루어졌는데, 이전까지의 운서와는 달리 주로 당시의 조선 한자음을 토대로 하였을 뿐만 아니라, 자모의 배열도 정음자의 자모 순서대로 편찬하여 우리 나라 사람들이 읽기에 편리하도록 엮어 놓았다는 특징을 보이고 있다.

이 책의 凡例에는 '諺字初中終聲之圖'가 실려 있는데, 여기서는 훈민정음의 初聲 17자 중 당시에 실제로 발음되지 않던 'ㅇ, ㆆ, ㅿ'의 3자를 제외하여 14자만을 인정하고 있다. 곧 'ㅇ'과 'ㆆ'은 'ㅇ'과 합해졌고, 'ㅿ'은 'ㅅ'과 'ㅇ'의 間音으로서 우리 나라에서는 발음하기가 어렵다고 하여 제외시켰던 것이다.

또한 그 배열 순서는 훈민정음의 그것과는 달리 'ㄱ, ㄴ, ㄷ, ㄹ, ㅁ, ㅂ, ㅅ, ㅇ, ㅈ, ㅊ, ㅌ, ㅋ, ㅍ, ㅎ'과 같은 순서로 되어 있어서 거의 오늘날과 같고 다만 'ㅌ'과 'ㅋ'만이 뒤바뀌어 있을 뿐이다. 中聲 11字의 배열 순서는 <訓蒙字會>의 그것을 따랐는데, 'ㅏ, ㅑ, ㅓ, ㅕ, ㅗ, ㅛ, ㅜ, ㅠ, ㅡ, ㅣ, ㆍ'와 같이 되어 있어서 'ㆍ'를 제외하고는 오늘날의 순서와도 그대로 일치된다.

한편, 중성에 合中聲과 重中聲을 설정한 것이 있어 주목할 만하다. 곧 光, 月 등의 글자의 중성인 'ㅘ, ㅝ' 등과 橫, 色 등의 글자에서의 중성인 'ㅚ, ㅐ' 등은 訓民正音이 만들어진 때부터 사용되어 왔으나 이에 대한 아무런 해설이 없었고, <訓蒙字會>에서도 이에 대한 설명이 없었다. 이에 대해서 <三韻聲彙>에서는 'ㅘ, ㅝ' 등을 合中聲이라 하였고, 'ㅚ, ㅐ'에서의 'ㅣ'는 浸자의 中聲인 'ㅣ'와는 다른 'ㅣ' 모음('딴이')이 붙으므로 이를 重中聲이라 하였다. 이는 半母音 [w]와 韻尾 [j]를 구별한 것이라는 점에서 주목되는데, 合中聲, 重中聲 등의 용어는 國語學史上 처음으로 등장하는 용어이다.

3-5. 李思質의 <訓音宗編>

<訓音宗編>은 李思質(1706~1776)의 文集인 <韓山世稿>에 수록되어 있는데, 이 저술은 훈민정음에 관한 본격적인 연구로서, 훈민정음 그 자체를 연구의 대상으로 삼은 것은 이것이 처음이라고 말해진다. <訓音宗編>이 저술된 시기는 분명치 않은데, 글 속에 "近日 洪氏啓禧 作三韻聲彙 而又襲崔氏之

說 尤又可歎也"라는 기록이 있는 것으로 보아, <三韻聲彙>가 나온 1751년 직후에 저술된 듯하다.

우선 그는 훈민정음의 制字 원리에 대하여 圓方象形說을 주장하였다. 곧 宇宙의 모든 事象은 하늘의 모양인 圓과 땅의 모양인 方의 변화에서 말미암은 것인데, 이런 緣由로 이 圓과 方을 본따서 글자를 만들었다는 것이다.

이리하여 天圓之象인 'ㅇ', 地方之象인 'ㅁ', 그리고 각기 그것의 省略形인 'ㆍ'와 'ㅡ'가 이루어지는데, 訓民正音의 初聲字는 모두 이 'ㅇ'과 'ㅁ'이 바탕이 되어 만들어졌고, 中聲字는 'ㆍ'와 'ㅡ'를 바탕으로 하여 만들어졌다는 것이다. 또한 子音字를 字母, 母音字를 字父라 하고, 이를 易의 건곤설에 결부시켜서 乾은 父이며 坤은 母인데, 乾坤이 交接하여 6子를 낳듯이 圓方에서 나온 17字를 母로 하고 點劃에서 나온 11字를 父로 하여 이들의 배합으로 18/字가 생성된다고 하였다.

여기서 초성자를 자모라 하는 것은 운학에서 관용되어 온 것을 답습한 것이지만, 중성을 자부라 한 것은 최초의 언급이라 할 수 있다. 종성에 대해서는 훈민정음의 종성부용초성이라는 규정이 音에 대한 것이 아니라 초성자를 다시 종성자로 사용하라는 규정임을 밝혔다.

<訓音宗編>의 마지막 장인 제12장 '聲音總論問答'에서는 問答 形式으로 聲音과 文字를 論한 부분인데, 주로 表音 文字로서의 훈민정음의 우수성을 강조하고 있다. 곧 서계조자(漢字)는 音과 意의 두 가지 면이 있으나 우리 글자는 音만 있고 意는 없다. 그러나 漢字도 '천'이라는 音만 듣고도 '하늘'을 알 듯이 正音도 '하늘'이라는 音만 듣고 뜻을 알 수 있다고 하였다. 따라서 소리를 들으면 그 뜻을 알게 되므로 구태여 눈으로 글자의 뜻을 모아서 만든 형상을 볼 필요가 없다는 것이다. 또 正音은 漢字와 같은 六書法에 의거하지 않고 성음 위주로 제자하였는데, 성음은 사람의 말, 사람의 情은 물론이고 律呂와 歌謠의 高下節奏에 이르기까지 스스로 밝게 알 수 있도록 한다고 하여 表音 文字로서의 訓民正音이 表意 文字인 漢字보다 우수함을 강조하였다.

3-6. 洪良浩의 <經世正韻圖說序>와 <孔州風土記>

洪良浩(1724~1802)의 <經世正韻圖說序>는 앞서 살펴본 崔錫鼎의 <經世正韻>(世稱 <經世正韻圖說>)이 當代에 刊行되지 못하고 그 뒤에 나올 때 거기에 서문을 붙여 쓴 것이다. 그는 서두에서 천지지간에는 만 가지의 音響이 있으나 그 가운데서도 사람의 소리가 가장 바르고 기본을 이룬다고 하였다. 곧 하늘과 땅의 소리는 5音으로 조절하지 못하므로 律呂, 곧 音樂의 曲調에 맞출 수 없으나, 사람의 소리는 牙, 舌, 脣, 齒, 喉의 5音이 있어서 角, 徵, 宮, 商, 羽의 5音에 맞출 수 있다고 하였다. 그리고 우리의 訓民正音은 萬物의 音響의 變化를 다 적을 수 있으므로 그만큼 우수하며, 正音의 創製로 우리 文化가 크게 발전하게 되었다는 것을 강조하였다.

또한 崔錫鼎의 <經世正韻圖說>에 象形說이 빠진 것을 유감으로 생각한다고 하여 '初聲象形圖'를 보충해 놓았다. 즉 그는 훈민정음 初聲字가 발음 기관을 상형하여 만들어진 것이라 하였는데, 이 象形說은 훈민정음 解例本의 설명보다 더 구체적인 것도 있고 더 간단한 것도 있다.

그의 견해에서 주목할 만한 것은 초성의 차례를 바꾸어 놓은 것인데, 전체의 순서는 牙音, 舌音, 脣音, 齒音, 喉音의 基本字를 앞에 두고 그 다음으로 字劃이 간단한 것에서부터 복잡한 것의 순으로 配列해 놓았다. 그리하여 'ㄱ, ㅋ, ㆁ, ㄴ, ㄷ, ㅌ, ㅂ, ㅍ, ㅁ, ㅅ, ㅈ, ㅊ, ㅇ, ㆆ, ㅎ, ㄹ, △'의 順序로 配列되어 있다.

<孔州風土記>는 洪良浩의 저술인 <北塞記略>에 수록되어 있는 것인데, 여기서 그는 咸鏡道 方言에 대하여 언급하고 있다. 그 記述 방식은 한자음을 이용한 것인데, 물론 과학적 근거 하에 이론적 전개를 하는 수준에는 미치지 못하고 다만 함경도 방언의 소박한 자료를 나열한 것에 그치고 있다. 그러나 이 기술은 어원, 어의, 방언 등에 대한 관심의 진작이라는 이 시기의 시대적 분위기에 부응한 기술이라는 점에서 의의가 있다.

그 項目을 몇 개 살펴보면, '무당'(巫覡)을 '스승'(師)이라 한다는 것, '문'(門)을 '오라'(烏喇)라 한다는 것, '얕은 여울'(淺灘)을 '슬'(膝)이라 한다는 것,

‘고양이’(猫)를 ‘호양’(虎樣)이라 한다는 것, 그리고 ‘세를 주는 소’(貰牛)를 ‘윤도리’(輪道理)라 한다는 것 등등이 주목되는 항목들이다.

3-7. 黃胤錫의 <字母辨>과 <華音方言字義解>

黃胤錫(1719~1791)은 <頤齋遺稿> 26권 13책과 <理藪新編> 23권 13책이라는 巨帙의 著書 등에 다방면의 연구 업적을 남겨 놓았는데, 이들에는 훈민정음과 운학, 그리고 어원 등을 포함한 어문 연구도 들어 있다. <頤齋遺稿> 卷25에 실린 <華音方言字義解>에는 어원에 대한 연구가, 卷26의 <字母辨>에는 훈민정음에 관한 음운학적 연구가 실려 있다. 또한 <理藪新編> 卷12의 <皇極經世圖>에는 邵雍의 皇極經書를 중심으로 하여 韻圖의 學에 관한 여러 說과 자기의 견해를 밝혀 놓았으며, 卷20의 <韻學本源>에는 等韻學에 대해 설명해 놓았다.

<字母辨>은 字母에 관하여 初, 中, 終聲으로 나누어 고찰해 놓은 것인데, 正音의 기원에 대해 梵字起源說을 주창하고 있다. 그리고 중국에서의 表音法의 來歷을 설명하면서 字母數의 변천 사항에 대하여 언급하고, 訓民正音이 洪武正韻의 31母를 바탕으로 만들어졌으나 당시 국어음을 위주로 하여 14母로 줄어들었음을 밝히고 있다. 또 俗語에서는 ‘ㄷ’과 ‘ㅈ’, ‘ㅌ’과 ‘ㅊ’이 서로 혼용되고 있는 점으로 보아 14字母는 더 감소될 것이라고 하였는데, ‘ㄷ’과 ‘ㅈ’은 "今世惟關西人能作別音"이라 하여 구개음화가 아직 관서 방언에서는 일어나지 않았음도 지적하였다.

다음으로 그는 初聲, 中聲, 終聲의 表를 보이었는데, 곧 初聲의 俗用은 ‘ㄱ, ㅋ, ㅇ, ㄷ, ㅌ, ㄴ, ㅂ, ㅍ, ㅁ, ㅈ, ㅊ, ㅅ, ㅎ, ㄹ’의 14字母이고 中聲의 俗用은 ‘ㅏ, ㅑ, ㅓ, ㅕ, ㅗ, ㅛ, ㅜ, ㅠ, ㅡ, ㅣ, ㆍ, ㅘ, ㅝ, ㅐ, ㅔ, ㅖ, ㅚ, ㅟ, ㅢ’ 등의 19字이며, 終聲의 俗用은 ‘ㄱ, ㄷ, ㅂ, ㅇ, ㄴ, ㅁ, ㄹ, ㅅ’ 등의 8字임을 보이었다. 初聲表 다음에는 申景濬이 새로 설정한 ‘ㅵ’ 母音字가 불필요함도 밝히고 있다.

<華音方言字義解>는 約 150項目의 어원을 논증하고 있다. 그것은 주로

內外 史書에 記載되어 있는 人名, 地名과 方言(國語)의 語彙들의 語源을 漢字音의 變遷과 결부지어 해명하거나, 또는 漢語나 梵語, 女眞語, 蒙古語 等과의 對照, 比較의 방법으로 설명하였다. 그 예를 몇 보이면 다음과 같다.

<晉書> 呂光傳에 鳩摩羅什은 別名이 句摩羅耆婆인데, 이것은 같은 音을 적은 것이다. 句와 鳩는 음이 같고, 耆婆는 둘이 합한 소리가 什과 音이 같다. 곧 우리 나라 音으로는 耆는 其와 같지만, 耆의 音은 時로서 什의 初聲과 같고, 婆의 初聲은 什의 終聲과 같으므로, 耆(시)와 婆(ㅂ)가 합쳐서 什(십)이 될 수 있다는 것이다. 이러한 설명 방식은 한자음으로써 어원을 밝혀 나간 예라 할 것이다.

新羅 官名의 大舒發翰 또는 大舒弗邯을 다르게는 大角干이라고 하는데, 이는 角을 舒發또는 舒弗로 기록한 것이다. 근래 아직도 角을 '뿔'이라고 하는데, 舒의 字母는 한글의 'ㅅ'에 해당하며, 發을 '불'과 음이 비슷하고 弗은 음이 곧 '불'이니 'ㅅ'과 '불'이 합하면, 곧 角을 뜻하는 국어의 '뿔'이 된다. 이 例는 하나의 官名에 대한 음독 표기와 석독 표기를 대응시켜 어원을 밝혀 나간 것이다.

이상과 같은 설명에는 억지로 갖다 붙인 주장도 없지 않으나, 外國語와의 對照 硏究를 試圖하였다든지, 하나의 固有 名詞에 대한 音讀 表記와 釋讀 表記를 對應시켜 語源을 밝혀 나갔다든지 하는 것은 오늘날의 古代 國語 硏究나 語源 연구에도 그대로 適用되고 있는 方法論이라는 점에서 國語學史上의 意義를 확인할 수 있다.

3-8. 李德懋의 <映葉記>와 <寒竹堂涉筆>

실학의 다방면에 뛰어났을 뿐만 아니라 詩文에도 뛰어났던 李德懋(1741-1793)는 徐命膺와 함께 <奎章全韻>을 편찬하였는데, 그 책의 索引이라 할 別著 <全韻玉篇>은 最初의 玉篇으로 이해되고 있다. <奎章全韻>은 글자를 四聲四段으로 배열하고 中國 漢字音과 우리 漢字音을 倂記한 韻書로서 편찬자들이 다 작고한 뒤인 1796년에 간행되었고, 이후 판을 거듭하면서 널리 이용되었다.

李德懋가 남긴 文集 <靑莊館全書>는 71卷 25冊의 巨秩로서, 이 文集에 수록되어 있는 <映葉記>는 古篆起源說을 주장하고 있다. 곧 "訓民正音, 初終聲通用八字 皆古篆之形也"라 하여 훈민정음의 字形이 古篆에서 由來하였음을 주장하였던 것이다.

이 古篆起源說은 종래에 鄭麟趾나 崔萬理 등이 막연하게 언급하던 것인데, "ㄱ古文及字 象物相及也, ㄴ匿也 讀若隱, ㄷ受物器 讀若才, ㄹ篆己字, ㅁ古圍字, ㅂ篆口字, ㅅ篆人字, ㅇ古圓字, 又ㅣ上下通也 古本切"이라 하여 일부이나마 실증적으로 입증하려고 힘썼다.

<寒竹堂涉筆> 역시 <靑莊館全書>에 수록된 것인데, 이 글은 수필의 성격을 띤 것이지만, 방언의 중요성에 대한 언급과 몇 개의 경상도 방언 자료를 보이고 있다는 점에서 주목할 만하다. 곧 '新羅方言'이란 題目 下에 慶尙道 方言에 대한 언급을 하면서 地方 官吏는 그 地方의 方言을 알아야만 民間의 實情을 알 수 있음을 吐露하면서 '벼'(稻)를 慶尙道 方言으로 '羅洛'이라 하고, '키'(舵)를 '請以'라 하고, '倉庫'를 '丁支間'이라 한다는 등의 지적을 하고 있다.

3-9. 鄭東愈의 <晝永編>

鄭東愈(1744-1808)는 <晝永編>(1806) 上下 2卷을 저술하였는데, 그 上卷에는 우리 나라의 남해안에 표류해 온 서양 선원들에게서 蒐集한 葡萄牙와 中國 南部 方言 등의 外國語 語彙 100여 개를 수록해 놓았고, 下卷의 앞부분에는 훈민정음과 성음에 관한 언급을 수록해 놓았다.

下卷의 맨 첫머리에서 "訓民正音 卽 天下之大文獻"이라고 하여 訓民正音이 천하에서 가장 훌륭한 문자임을 찬양한 다음에 古來로 중국에서 音韻學이 발달하고 飜切法(反切法)에 의하여 "東 途紅飜, 江 古雙飜" 등과 같이 表音해 왔으나 이는 원만한 표기 방식이 아님을 지적하였다. 반면에 正音字는 "東 동, 江 강" 등과 같이 곧바로 表音할 수 있으니, 만일 漢字가 만들어지던 때부터 正音이 있었다면 그 당시의 字音이 千萬世가 지나도 아무 차오 없이 정확하게 전해 내려왔을 것이라 하였다. 그는 또한 訓民正音을 흔히 諺文이라고 하여 업신여기고 그것을 부인들이나 아랫사람들만이 사용하는 것으로 내버려 두어 와오가 생겼고, 박식한 사람이라 하더라도 正音의 理致를 아는 자가 드물다고 개탄하였다.

다음으로 그는 23字母說을 주장하고 있는데, 곧 廣韻에서는 舌音을 舌頭音과 舌上音으로, 脣音을 脣重音과 脣輕音으로, 齒音을 齒頭音과 正齒音으로 나누어 字母의 數를 36字母로 삼았으나 이 區分은 다만 그 字母가 連發하는 中聲의 차이로 말미암아 생긴 것이지 결코 그 字母 自體에 이러한 本質的 差異가 있는 것이 아니므로 이들 짝을 각기 하나로 統合하여 23字母로 설정함이 옳다는 것이다. 이 견해는 東國正韻의 體系와 일치한다는 점에서 가치가 있다.

이와는 역으로 '르' 音은 입성이 될 수 없으며 원칙대로 마땅히 'ㄷ' 종성으로 읽어야 한다고 하여 오히려 漢字音의 原形을 보존하자는 견해를 펼쳤다. 그 이유로 그는 평상거성은 牙舌脣齒喉를 막론하고 그 소리가 반드시 안으로부터 나와서 숨소리를 다한 뒤에도 그 음이 남는 것이고, 入聲은 들이쉬는 숨이 목으로 들어가 소리가 다 된 뒤에 곧 그치게 되는데(吸氣入喉 聲窮便止), '르'音은 그렇지 못하므로 입성이 될 수 없다고 하였다. 곧 우리 나라에서는 입성자 '質, 物, 日, 曷' 등의 音을 다 '르' 받침으로 읽지마는, '르'은 入聲이 될 수 없을 뿐만 아니라 원래 한자어에는 '르' 종성이 없으므로 마땅히 'ㄷ'으로 읽어 가령 '質'은 '딛'으로 읽어야 한다는 것이다. 이러한 주장은 언어 현실을 무시한 견해로서 오히려 東國正韻보다 후퇴한 것이다.

그는 또한 齒音字(ㅅ, ㅈ, ㅊ)를 왼쪽 다리가 긴 齒頭音字와 오른쪽 다리가 긴 正齒音字로 구별한 것은 원래 훈민정음에는 없던 것으로서 신숙주가 창제한 것인데, 이는 잘못이라고 하였다.

사이시옷에 대해 그는 이 소리가 일종의 종성으로 그릇 이해되기 쉬우나, 그것의 본질은 終聲이 아니라 두 단어 사이에서 일어나는 影音, 즉 절음하는 'ㆆ'이라고 說破하였다. 예를 들자면, '귓속'의 'ㅅ'은 종성이 아니라 일종의 영음 ‘ㅎ’으로서 ‘귀’가 ‘귓’이 되거나, ‘속’이 ‘쏙’이 되거나 다 같은 현상이라고 하였다. 이 사이시옷에 대한 그의 견해는 매우 탁견인 것으로 인정되고 있다.

이 밖에도 <晝永編>에는 훈민정음의 종성부용초성에 대한 긍정적인 견해를 피력하고 있으며, 또한 서양의 알파벳에 대한 언급도 보이고 있다.

이상과 같은 정동유의 정음 연구는 후대의 학자들에게 큰 영향을 주었는데, <晝永編>의 훈민정음 관계 기사가 鄭允容의 <字類註釋> 서두에서 ‘正音見聞記略’이라는 제목으로 그대로 전재되어 있으며, 盧正燮의 <廣見雜錄>에서도 ‘訓民正音記略’이라는 제목으로 거의 그대로 轉載되어 있음을 통해 그 영향의 정도를 짐작할 수 있다. 또한 柳僖의 <諺文志>에서도 序文의 첫머리에 鄭東愈가 그에게 한 말을 引用하고 있는데, 그 내용은 정음이 한자로는 불가능한 표음을 정확하게 할 수 있다는 것과 언문이라 하여 부녀자나 할 학문이라고 소홀히 여겨서는 안된다는 것으로서, 곧 鄭東愈의 정음 우수론과 존중론이 유희에게 그대로 계승되었음을 볼 수 있다.

3-10. 丁若鏞의 <雅言覺非>

實事求是와 利用厚生의 우리 나라 實學의 大集成家인 茶山 丁若鏞 (1762-1836)은 思想·政治·經濟·文化·文學·言語 等等의 多方面에 걸쳐 博學多識의 著述을 남겨 놓았는데, 이 중 <雅言覺非>(1819) 3卷은 어원을 연구한 것으로서 국어학사적인 의의가 있는 저술이다. <雅言覺非>는 그 書名이 명시하는 것처럼 바른 말로써 그릇된 점을 깨닫게 한 것이다. 이처럼 그릇된 점을 깨닫게 함에 목적이 있으므로, 역대 문헌을 들추어 그 어원, 자의, 음운 등을 분석·고증하고 그것이 어떻게 변천되었는가를 밝히고 있다.

이 저술은 자연·동물·식물·언어·문학·관명·인명·제도·종교·음식·친척 등과 관계되는 여러 분야의 단어들을 198항목으로 나누어 매 항목마다 단어의 어원과 의미를 밝히고 그와 관련되는 고사를 설명하였는데, 대부분 한자어에 대한 설명에 치중되어 있다. 예를 들어 醬의 중국어의 본래의 어의는 젓국 일반을 가리키었으나, 우리는 메주로 만든 것만을 가리키며,이와는 역으로 嫂는 형의 아내를 가리키는데, 우리 말에서는 아우의 아내도 가리킴을 지적하였다. 곧 漢字語의 중국에서의 원래의 의미와 이를 받아들인 조선에서의 의미의 축소 내지는 확대에 대한 언급을 하고 있다. 이뿐만 아니라 심지어 고유어인 경우도 그 어의와 어원을 한자에서 찾으려고 하였는데, 이는 한자 및 한문 중심적인 서술의 한계성을 명백히 보여 주는 것이다. 그러나 이 저술이 역사적인 고증과 분석을 통해 어원과 어의를 밝히고자 시도했다는 의의를 부정할 수는 없다. 특히 同音異義語에 대한 그의 지적은 언어 실제의 면에서 주목될 만한데, 가령 '다리'가 橋와 脚의 두 의미를갖는 同音異義語라는 지적은 中世 國語에서 'ᄃᆞ리'(橋)와 '다리'(脚)와 같이 'ㆍ'와 'ㅏ'의 대립으로 구별되던 두 단어가 'ㆍ'의 소멸로 同音異義語가 되었음을 보여 주는 것이다. 또한 '눈'이 眼과 雪의 두 의미를 갖는 同音異義語라는 지적은 音長에 의한 '눈'(眼)과 '눈'(雪)의 변별을 적어도 茶山의 個人 方言이나 혹은 母方言에서는 認識하지 못했음을 말해 주고 있다.

<雅言覺非> 이외에도 茶山의 언어학적 연구는 그의 저서 도처에서 발견되는데, <대동수경>에서 '薩買'와 '淸川'을 각기 같은 뜻의 音讀名과 釋讀名의 地名을 나타낸 것으로 본 것이라든지, <耳談續纂>에서 "一日之狗不知畏虎 言蒙駿者不敬大人○하로기아지 범 무서운 줄 몰른다, 由惜一瓦樑摧大厦 言惜小費而喪大器○기와짱 하나가 더들보 썩인다" 등과 같은 우리의 俗談 210개를 蒐集·記錄해 놓은 것이 그 예라 할 것이다.

3-11. 柳僖의 <諺文志>

柳僖(1773-1837)는 申景濬과 함께 이 시기의 가장 탁월한 聲音學者의 한 사람으로 일컬어지고 있다. 그의 <諺文志>(1824)는 <文通> 100권 중 권19에 해당하는 것으로서 앞선 학자들의 학설을 인용 비판하면서 자기의 견해를 밝혀 나갔다는 특징을 보이고 있다.

그의 저술 속에는 申叔舟, 崔世珍 등의 이 시기 이전의 학자들과 朴性源, 李匡師, 李令翊, 鄭東愈 등 여러 학자들의 학설이 인용되어 있는데, 이 중 특히 鄭東愈의 영향을 가장 많이 받았다. 이 影響의 一端은 <諺文志>의 序文의 첫머리에 鄭東愈의 訓民正音 優秀論과 尊重論을 인용하고 있음에서 확인할 수 있다. 그럼에도 불구하고 그의 著述 속에는 申景濬에 대한 언급이 일체 없으며, 申景濬이 새로 만든 ‘··’자에 대해서도 이를 李令翊의 견해로 잘못 인용하고 있는 것으로 미루어 그가 申景濬의 <訓民正音韻解>를 보지 못한 것이 분명한 듯하다.

　<諺文志>의 內容은 序와 初聲例, 中聲例, 終聲例, 그리고 全字例로 구성되어 있다.

　初聲例에서 그는 “柳氏校定二十五母”라 하여 25字母를 설정하였는데, 이는 鄭東愈가 주장한 訓民正音 23 初聲에 2母(ᄫ, ᄬ)를 추가한 것이다. 다음으로 訓民正音의 蒙古文字 起源說을 주장하였고, 18세기 국어의 구개음화 현상에 대해 지적하였다. 후자의 지적은 국어사에 중요한 증언으로 간주되고 있는데, 곧 “今唯關西之人 呼天不與千同 呼地不與至同”라 하여 오직 關西地方 사람들만이 天(텬)과 千(쳔)을 달리 발음하고 地(디)와 至(지)를 달리 발음하고 있음을 지적한 후, “又聞鄭丈言 其高祖昆弟 一名知和 一名至和 當時未嘗疑呼 可見디지之混久遠也”라 하여 柳僖의 스승인 鄭東愈(1744~1808)가 말하기를 자기 高祖父의 兄弟가 ‘知和, 至和’로서 高祖父 生存時(17세기 중엽 전후)는 아직 혼동되지 않았으므로 ‘디’와 ‘지’의 혼동이 얼마 오래되지 않았음을 밝히고 있는 것이다. 이러한 증언은 18세기에는 구개음화가 관서 지방을 전국에서 실현되었으나, 17세기 중엽 무렵에는 아직 口蓋音化가 일어나지 않았음을 언급하고 있는 귀중한 자료인 것이다.

　中聲例에서 그는 “柳氏校定 中聲正例 十五形 中聲變例 一形”라 하여 正例인 ‘ㅏ, ㅑ, ㅘ, ᅘ, ㅓ, ㅕ, ㅝ, ㆋ, ㅗ, ㅛ, ㅜ, ㅠ, ㅡ, ㅣ, ㆍ’ 15자와 變例 ‘ㅣ’를 합하여 16자를 설정하고 있다. 여기서 變例의 ‘ㅣ’는 ‘ㅐ, ㅔ, ㅒ’ 등에서 사용되는 것으로서, ‘기, 니, 디’ 등에 사용되는 正例의 ‘ㅣ’와 구별한 것이다. 그리고 ‘東俗不明於 ㆍ 多混於ㅏ 如兒事等從 ㆍ 今俗誤呼如阿些 亦或混一 如흙土 今讀爲흙土’라고 하여 당시 이미 ‘ㆍ’가 ‘ㅏ’ 또는 ‘ㅡ’로 변하였음을 지적하고, “由其聲本在ㅏ ㅡ之間”이라 하여 ‘ㅣ’는 ‘ㅏ’와 ‘ㅡ’의 中間音으로 보

았다. 이 언급은 ‘ㆍ’의 消失 및 그 음가에 대한 최초의 증언이라는 점에서 국어사적인 의의가 부여되고 있다. 이 밖에 終聲例에서는 ‘ㆍ’자의 制定 不必要性과 四聲의 불필요성에 대해서도 지적하고 있다.

終聲例에서는 正例 ‘ㆁ, ㄴ, ㅁ’(三平)과 ‘ㄱ, ㄷ, ㅂ’(三入), 變例 ‘ㄹ’의 7 終聲을 설정하고 있다. 또한 “有相近不必兩用者ㅈㅅ爲終 近於ㄷ”이라 하여 終聲에서의 中和 現象에 대해서도 지적하고 있다.

全字例에서는 正音의 初中終聲들이 서로 결합하여 온전한 글자를 이루는 總數를 10,250으로 계산하였다. 또한 漢字는 六書에 의거하여 만든 것이므로 그 형태가 일정하지 않아 한 가지로써 만 가지를 추찰하기가 어려우나 訓民正音은 若干數의 初聲과 中聲字를 結合하여 얼마든지 필요한 數의 字形을 이룰 수 있다는 점, 漢字는 字數가 많고 복잡하며 그 글자도 임의로 다르게 읽혀 많은 사람을 현혹케 하나 訓民正音은 한자 한 획도 발음과 다르게 쓰거나 읽을 수 없다는 점, 그리고 훈민정음은 누구나 쉽게 익힐 수 있다는 점 등의 이유를 들면서 훈민정음의 우수성을 주장하고 있다.

이상에서 이 시기의 실학자들은 경세치용과 실용지학의 그들의 이념에 걸맞게 崔世珍 以來 한 때 단절되다시피 했던 기왕의 운학을 중심으로 한 어문 연구를 부흥시켰으며, 나아가 새로운 시대적 분위기에 따라 어원, 어의, 방언 등과 같은 새로운 어문 연구의 영역을 개척해 나간 사실을 확인하였다. 이러한 연구 업적은 국어나 국자, 국사 등과 같은 우리 것에 대한 관심의 확대라는 이 시기의 시대적 문제 의식에 기인하는 것이었으나, 그들의 개척 정신은 다시 일반 언중들의 국어에 대한 새로운 인식을 증폭시켜 국문 사용의 확대로 나아가게 하는 역사적 의의를 읽을 수 있게 한다.

그러나 이들의 주장과 의욕이 컸던 것에 비해 이것을 현실적으로 구체화하는 데 있어서는 만족스러운 단계에까지 끌어 올리지 못했던 것도 사실이다. 물론 전시기에 비해 상대적으로 새로운 국면이 펼쳐진 것은 사실이지만, 여전히 전통적인 고정 관념에서 벗어날 수 없는 한계성 같은 것이 저변에 깔려 있었음도 간과할 수 없다. 言語를 과학의 대상으로 인식할 수 없었던 당시로서는 언어를 구조적으로 분석한다거나 언어 규칙을 유기적 체계로 파악한다는 것은 오히려 정상이 아닐 것이다.

물론 일부 학자들의 문제 의식과 접근 방법에서 눈길을 끌기에 충분한 것들이 없는 것도 아니다. 그러나 무엇보다도 특히, 실학자들의 어문 생활사상의 의의는 언문이라 하여 忽待와 천시를 받아왔던 훈민정음을 오히려 한자보다 우수한 문자라 강조하고 이를 존중할 것을 주장한 것에서 찾을 수 있다. 이러한 주장은 국문 사용의 확대, 나아가 구어의 문어화 추세와 계를 함께 하면서 이를 더욱 증폭시키는 큰 힘이 되었던 것이다.

Ⅳ. 國文 使用의 擴大

4-0. 第1節에서 살펴보았듯이 이 시기의 여러 가지 시대적 상황은 말과 글의 언어 생활에 있어서 점차 언문을 일원적으로 사용하려는 목적 지향적 성격이 뚜렷했다. 곧 固有 文字를 갖지 못했던 시기의 한자, 한문의 이용 과정이나 한문 전용으로 해서 빚어졌던 말과 글의 이중화는 언어 문화의 기층을 유린했던 것이지만, 훈민정음의 창제는 이와 같은 언어 생활 문화의 모순을 근본적으로 극복하여 새로운 질서를 세울 수 있는 역사적 전기를 긋게 하였다.

다시 말해서, 15세기 중반의 훈민정음 창제는 드디어 우리 말을 우리 문자로 기사할 수 있게 하였으니, 그 때까지의 언어 생활에서 한자, 한문의 전용에 따른 언문 불일치의 이질적 이중성을 극복할 수 있는 계기가 되었던 것이다. 그럼에도 불구하고, 당시 이른바 사대부라고 하는 지배층의 언어 의식은 언어 생활 문화의 본질을 크게 이탈하고 있었으며, 그 改革의 당위성을 바로 인식하지 못하고 있었다. 그리하여 오히려 훈민정음을 언문이라 비하하여 부녀자의 문자로 그 가치를 평가 절하함으로써 역사적 전기를 외면하고 말았으니, 어렵게 맞이한 언어 문화 개혁의 호기를 잃는 결과를 낳고 말았다.

그렇다 하더라도, 훈민정음을 분기점으로 하여 그 전과 후의 상황은 확연히 다르며, 비록 말과 글이 일치하는 것은 아니지만, 국어를 주축으로 한문투의 특수한 문어체의 글이 만들어지게 되며, 그것이 17世紀 이후에는 사회적으로 새로운 시대적 사조가 이는 흐름과 함께 말과 글 사이에 파인 골을 좁히고 메꾸어 가려는 일련의 변화가 여러 측면에서 나타났다.

전통적으로 文字 生活은 일부 특수층에 한정되어 있던 것인데, 말과 글이 근접하는 데 따라 점차 대중적인 저변이 확대되어가는 추세가 뚜렷했고 사대부들도 正音에 대한 평가와 인식을 새로이 하기에 이르렀다. 王家나 일반 대중들 간에는 언간이라 불리우는 국문 서간이 광범위하게 사용되었으며, 심지어는 왕이 내리는 詔書나 士大夫의 祭文에 이르기까지 국문이 사용되었는데, 이러한 변화도 이와 같은 맥락에서 이해된다.

그뿐만 아니라, 평민 가객이나 여류 문인의 등장과 같은 문학 담당층의 확대는 곧 簡體 隨筆을 포함한 국문 수필, 규방 가사, 사설 시조, 국문 소설 등과 같은 한글 文學의 새로운 장르를 創出해 갔다.

물론 문자로 이루어지는 언어 생활의 기득권을 가졌던 일부 특수 계층도 시조나 가사를 통해 말과 글의 접근을 진일보시키는 데 관여하였으며, 이로써 國文 使用의 확대와 보편화를 심화시킨 것도 사실이었다. 그러나 그들은 우리 민족 문화의 '文藝復興'과 같은 개혁까지는 자각하지 못하였으며, 역시 전통의 굴레를 벗지 못하고 한시와 같은 한문學을 文學 創作의 主流로 하는 한편, 한글 문학은 단지 그것의 亞流로 의식한 것이나, 생활 현장에서 생동하는 구어를 문어화하지 못한 것은 이 시대가 넘지 못한 한계성이었다.

이와는 달리 平民이나 女流 文人과 같은 특수한 사회 계층은 말과 글을 일치시킨 文語로 창작하는 문학 담당층을 구성하였다. 비록 그들의 작품 속에 빈번히 漢字語가 개입하지만, 漢字語라 하더라도 正音으로 표기함으로써 消極的이기는 하나, 국문 사용의 영역을 확대시키는 데 크게 이바지하였다. 게다가 기왕의 지식 계층은 정음으로 작품 활동을 했을 경우라 하더라도, 觀念性, 抽象性, 格式性의 文語的 특성에 바탕을 둔 言文 不一致의 한글 文學이라는 한계를 안고 있었던 데 반해, 이들은 일상의 생활 언어를 그들의 文學 作品에 담아 내어 그야말로 언문 일치의 한글 문학을 지향해 나갔던 것이다.

그렇다고 이러한 목표 지향적인 사조가 일거에 명실상부한 언문 일치의 언어 생활의 보편화를 달성하였다는 것은 결코 아니다. 그러나 언문 일치를 바라보고 나아가는 시대적 지향성이 내외의 긍정적인 상황 변화와 함께 꾸준히 전개되어감으로써, 19세기 말 이후 정착되어 가는 현대적인 언문 일치의 언어 생활을 준비하기에는 충분한 것이었다고 평가된다.

다음에서 조선 후기의 가사와 잡가, 소설 등의 언어를 검토하여 이들 속에 反映된 언문 일치로 가는 지향성의 징후들을 인지해 보기로 하자.

4-1. 歌辭의 言語

15세기 중엽에 창제된 훈민정음은 전시기의 한자, 한문의 전용에 따른 言文 不一致의 언어 생활을 克服할 수 있게 하였을 뿐만 아니라, 이때까지 입으로 만 口碑 傳承되어오던 민요나 민담, 그리고 설화 등의 문학 유산들이 문자로 기록하게 됨으로써, 작품으로 정착하게 되었고, 그 파문은 우리 문학의 창작 의욕을 자극하기에 충분하였으며, 마침내는 여러 가지 문학의 유형을 창출하 기에 이르렀다. 이미 15세기 말엽에 오랫 동안 구송되었을 뿐, 작품의 형식을 갖추지 못했던 고려 가요의 일부가 <樂學軌範>이나 <樂章歌詞> 등에 기사 되어 수록됨으로써 그 전기를 얻었거니와, 이러한 움직임은 이 시대가 요구하 는 새로운 문학의 유형을 만들어 내는 데에로 이어져 歌辭와 時調 文學을 이 끌어 내는 힘이 되었다.

歌辭와 時調에 쓰인 말은 당시의 典型的인 文語套와는 상당히 다른 日用 의 口語에 가까운 것이었다. 특히 그것을 지은 이가 일반 庶民이라기보다도 오히려 당대의 巨儒들이었다는 사실은 이 시대에 일고 있던 어문 생활의 의 식 전환이 서민 대중뿐만 아니라 지배층의 사대부들 사이에도 제 자리를 잡아 가고 있었다는 것을 시사해 준다.

歌辭 文學은 15世紀 後半에 創作된 丁克仁(1401~1481)의 <賞春曲>에서 비롯되었다는 것이 통설이다. 이 歌辭 文學은 3·4調의 韻文 文學으로서, <賞春曲>의 끝 구절 "아모타, 百年行樂이 이만훈둘 엇지후리"에서 볼 수 있 듯이, 그 끝구는 時調와 비슷한 3.5.4.3의 定型을 이루고 있다. 시조가 고려 중 기에 발생하여 한문으로 기록되어 전해지다가 訓民正音이 창제되면서 비로소

한글로 기록도 되고, 또 직접 한글로 창작되었던 것에 비해서, 歌辭 文學은 처음부터 한글로 창작되고, 그리하여 한문의 기록이라는 절차를 밟지 않았다는 것은 그것의 중요한 장르적 특성으로 지적될 만하다.

15世紀 後半의 <賞春曲>에서 비롯되어 宋純의 <俛仰亭歌>(中宗 19)나 白光弘의 <關西別曲>(明宗 11) 등을 거치면서 발전해 나간 歌辭 文學은 16세기 말과 17세기 초에 이르면서 그 진면목을 드러내게 된다.

이 시기에 창작된 대표적인 작품들로는 松江 鄭澈의 <星山別曲>, <關東別曲>, <思美人曲>, <續美人曲>, 그리고 蘆溪 朴仁老의 <太平詞>, <船上嘆>, <陋巷詞> 등이 있다.

이 작품들은 생동감 있는 口語를 대상으로 하여 文語化를 試圖하였다는 점에서 語文 生活史上의 意義를 찾을 수 있는데, 곧 "어둥정 된뎌이고"<續美別曲>, "설피설피 물너오니"<陋巷詞>, "허위허위 다라가셔"<陋巷詞> 등에서와 같은 擬聲語 및 擬態語를 비롯한 象徵語를 광범위하게 사용하였다든지, 그리고 "구비구비 서려 이셔"<關東別曲>, "이 ᄆᆞᆷ 이 ᄉᆞ랑 견졸 ᄃᆡ 노여 업다"<思美人曲> 등에서와 같은 고유어 부사를 광범위하게 사용하였다든지 하는 것에서 살아 있는 생활 언어인 口語를 널리 받아 들이려는 시도를 확인할 수 있다.

그러나 이 가사 작품들은 한자, 한문에 능통한 지식인층의 창작물이라는 점에서 여전히 문어에서나 가능한 한자 어휘나 한자 성구를 사용하고 있다는 한계도 또한 보이고 있다. 물론 이 작품들은 15세기 내지는 16세기 초반의 작품에 비해서는 한자 어휘나 성구의 사용에 제한을 받고 있기는 하다. 가령 15세기 후반의 <賞春曲>과 16세기 말의 <續美人曲>은 分量은 비슷하지만, 한자 어휘의 사용에 있어서는 전자가 50 여 어휘, 후자가 30 여 어휘라는 차이점을 보여 주고 있는데, 이에서 한자 어휘의 사용을 제한하려는 시대적 흐름을 읽기에 충분하다. 그러나 "斜陽 峴山의 척촉을 므니불와"<關東別曲>와 같은 구절에서 보듯이 아직은 歌辭의 언어가 구어에 접근했다고 보기 어려운 것도 또한 사실이다.

松江과 蘆溪 이후 歌辭 文學은 金仁謙의 <日東壯遊歌>(1764), 洪淳學의

<燕行歌>(1866) 등과 같은 紀行 歌辭나 金鎭衡의 <北遷歌>(1853) 등과 같은 流配 歌辭, 延岸李氏의 <雙璧歌>(1794), 지은이 未詳의 <戒女歌> 등과 같은 閨房 歌辭로 그 맥을 이어 나갔다.

　조선 후기에 들어오면서 창작된 이 가사 작품들은 실제에서 소재를 구하고 日常의 口語를 대상으로 하였기 때문에 전시기의 관념성, 추상성, 격식성을 벗어나 현실성, 구체성, 비격식성의 言文 一致의 指向性을 뚜렷이 드러내고 있다. 그 한 예로 일본에 통신사로 다녀 와서 쓴 <日東壯遊歌>에서 뽑은 한 대목을 살펴보자.

　　　　음식을 드리논디 무비기괴 궤휼ᄒ다
　　　　전복 문어 온갓 거술 혼 디 무쳐 아른삭여
　　　　과즐 괴듯 둥그러킈 자히나 괴여시니
　　　　오싁으로 어러히오 모양이 한과 ᄀᆞ다
　　　　쩌혀 먹어 보랴 ᄒ니 쩌러지지 아니 ᄒ니

　여기서 觀念的이 아닌 구체적인 일상 언어를 통한 치밀한 묘사가 잘 나타나 있음을 확인할 수 있다.

　다음은 <戒女歌>의 한 대목이다.

　　　　뭇 밧계서 절을 ᄒ고 갓가이 나와 안자
　　　　방이나 덥ᄉ온가 잠이나 편하신가
　　　　살들이 무를 적에 저근듯 안잣다가
　　　　그만히 도라나와 진지를 차릴 적에
　　　　식셩을 무러가며 반찬을 맛계 ᄒ고
　　　　쑤러안자 진지하고 식상을 물인 후에
　　　　할 일을 살와보아 다른 일 업다 ᄒ면
　　　　니 방에 도라나와 일손을 밧비 드러
　　　　홍돈홍돈 ᄒ지 말고 자쥬자쥬 ᄒ여서라

　이 대목은 거의 전적으로 생활 언어를 소재로 하여 이루어진 것이라 할 수 있다. 여기서 관념적 어휘를 찾기란 매우 어렵다. 이러한 사정은 비단 위 두 작품에 국한되는 것이 아니었다. 일상의 구어를 대상으로 한 언문 일치의 추구는 이 시기의 특징적인 흐름으로 자리잡아 나갔던 것이며 가사 문학도 이에서 예외일 수 없었던 것이다.

가사 문학의 언문 일치 지향은 그 작자층이 평민층에로 확대되어감으로써 더욱 굳건한 위치를 확보하게 된다.

평민층을 작자로 하는 가사는 그 형식에 있어서 歌辭의 基本 韻律을 토대로 하면서도 변형을 꾀하였고, 또 부분적으로는 민요적 형식에 기대기도 하였으므로 잡가라 불리기도 하였다. 이 평민층은 한자, 한문에 익숙한 계층도 아니며 形式이나 관념에 얽매일 처지도 아니었다. 이들은 前時期에 성립된 歌辭 文學의 形式的 完結性에 만족하지 않고 이를 變形시켜 나갔는데, 이와 함께 그 內容에 있어서도 公式的이거나 旣成的인 經驗보다는 실제의 생활에서 얻어지는 경험을 濾過 없이 나타내려고 하였다. 따라서 이들은 日常의 口語를 대폭 작품 속에 받아 들여 한층 言文 一致를 실현시켜 나갈 수 있게 되었다.

雜歌의 대표적 작품인 <遊山歌>의 한 대목은 "이 골 물이 주룩주룩 저 골 물이 쌀쌀……저 건너 병풍석으로 으르렁 콸콸 흐르는 물결은 은옥(銀玉)같이 흩어지니……"와 같이 擬聲語를 효과적으로 사용함으로써 물의 흐름을 생동감, 박진감 있게 묘사하고 있으며, <토끼타령>의 한 대목은 "두 귀는 쫑긋, 두 눈은 도리도리, 꽁지는 모쭉, 앞발은 잘룩, 뒷발은 깡충"과 같이 토끼의 외양을 단지 의태어만에 의해 실감나게, 그리고 재미 있게 묘사하고 있음을 볼 수 있다. 이만한 정도의 생동감 있는 의성어와 의태어는 전시기의 문헌 자료에서는 쉽게 찾을 수 없는 것이지만, 일상의 언어 생활에서 문어화의 대상을 취한 잡가에서는 흔히 찾을 수 있는 것이었다.

이상에서 보듯이 15세기 후반기에 발생하여 17세기 전후의 松江 歌辭와 蘆溪 歌辭에서 정점을 이룬 가사 문학은 점차로 구어적인 의성어나 의태어의 사용 확대, 부사를 포함한 고유어의 사용 확대, 반면에 한자어의 사용 축소 등의 경향을 통해 口語를 대상으로 한 문어화를 시도하였고, 이 이후 기행 가사나 流配 歌辭, 그리고 閨房 歌辭나 平民 歌辭, 나아가 雜歌 등으로 발전되어 가면서 점차로 실제의 生活 언어를 반영한 언문 일치의 언어 문화를 이룩하는 방향으로 나아갔음을 알 수 있다.

4-2. 國文 小說의 言語

국문 사용의 확대, 이에 따른 일상적인 생활 언어를 대상으로 한 문어화는 국문 소설의 등장으로 한층 가속적으로 현실화되었다. 辭說 時調나 歌辭, 雜歌 등과 같은 韻文 文學에 나타난 언문 일치 문제는 이미 살펴보았다. 그러나 국문 소설은 운문과는 비교될 수 없을 정도로 그 보급이 활발하게 이루어졌고, 이에 따라 국문 해독층이 일반 민중의 저변에까지 확대되는 획기적인 전기를 마련하게 되었다.

17세기나 그 이후의 여러 문헌에서 도시의 평민은 물론이고 시골의 평민, 심지어는 천민이라고 하는 백정의 부녀자들에 이르기까지 국문이 읽혀졌다고 언급되고 있을 정도로 국문의 보급은 확대되었고, 이 확대는 국문 소설의 등장과 보급에 크게 힘입어 이루어졌던 것이다. 가령 1678년의 <要路院夜話記>에는 시골에 한문은 몰라도 국문에 능해 국문 소설을 읽는 사람이 있다고 적혀 있다. 또한 趙秀三(1762~1849)의 <秋齋紀異>는 그가 어려서부터 보고 들은 도시 하층민들에 관한 일화집인데, 여기서 소개된 한 늙은이는 매일 서울 중심가 요지에서 자리를 옮겨가며 <淑香傳>, <蘇大成傳>, <沈淸傳>, <薛仁貴傳> 등의 국문 소설을 돈을 받고 읽었다는 기록이 있다. 이는 국문 소설을 직업적으로 읽어 주는 사람이 등장했을 정도로 국문 소설이 널리 보급되었음을 말해 주고 있다. 이 밖에도 소설을 빌려주는 貰冊이나 坊刻本의 出版 등도 활발히 이루어졌는데, 이는 소설의 상업적 유통 및 공급을 요구할 만큼 그 수요가 확장되었음을 말해 주고 있다.

이처럼 평민 대중에까지 널리 확장된 독자층의 문학적 수요나 기대를 수용하기 위해서 국문 소설은 필연적으로 이들의 의식을 담아 갈 수밖에 없었고, 또한 문체면에서도 生活 언어의 문어화를 꾀하지 않을 수 없게 되었다.

국문 소설의 등장은 대체로 17세기를 전후한 시기로 추정되는데, 이 시기는 임진왜란과 병자호란의 양대 전란을 통해 민족 의식이 크게 각성된 시기이며, 또한 기존 지배 체제에 대한 불신과 반감, 그리고 새로운 체제로의 개혁을 기대하는 민중의 욕구가 움틀거리기 시작한 시기였다. 따라서 이러한 시대적 분위기에 부응하여 이 시기의 국문 소설은 <洪吉童傳>을 비롯하여 <朴氏夫人傳>, <林慶業傳>, <趙雄傳>, <劉忠烈傳> 등과 같은 英雄 小說이나 軍談 小說이 주류를 이루었다. 다른 한편으로, 국문의 보급이 부녀자들에게까지 확대되고 이들이 국문 소설의 주요 독자층이었다는 점에서 <謝氏南征記>, <薔花紅蓮傳>, <콩쥐팥쥐전>등과 같은 가정 소설이나 <淑香傳>, <雲英傳> 등과 같은 愛情 小說 등이 창작되기도 하였다.

이상의 소설들은 창작층이나 유통층, 그리고 독자층의 상당 부분이 일반 민중들이었다는 점에서 국문 사용의 확대를 가속화시킨 의의가 인정되며, 이뿐만 아니라 그들의 일상 언어가 소설 속에 일정 부분 浸透·溶解됨으로써 구어의 문어화 시도를 보여 주었다는 의의도 인정된다. 가령 "샹이 또흔 물을 지쵹ᄒ야 ᄐ시고 니젼을 거ᄂ려 평안도롤 향ᄒ야 궐문을 나설 시 셩듕 빅셩이 늙으니롤 붓들고 어린이롤 닛그러 길ᄀ의 어젼에 니르러 우리 쥬샹이 이제 신민을 ᄇ리시고 어ᄃ로 가려 ᄒ옵시ᄂ니잇가 ᄒ며 일시에 곡셩이 쳔디진동ᄒ니"<壬辰錄>와 같은 표현이나 "쥬인이 무ᄅ디 술을 쟈시려 ᄒᄂ냐 싱왈 됴흔 술을 가져 오라"<九雲夢>와 같은 표현에서 보듯이 비교적 일상의 구어에 근접한 표현이 이들 소설에서 확인될 수 있는 것이다.

그러나, 앞에서 지적된 소설들은 주인공의 英雄的인 일대기나 전기적인 사건이 주류를 이루면서 非現實性, 觀念性, 抽象性의 내용적 한계를 안고 있었고, 따라서 문체에 있어서도 마치 번역한 글처럼 한문 틀에 맞추어져 쓰여진 역어체의 성격을 보이고 있어 언문 일치에는 크게 미치지 못하였다. 가령 "길동이 칼을 던지고 부복 디왈"이나 "복망 모친은 쇼ᄌ를 넘녀치 마르시고 귀체를 보즁ᄒ쇼셔"과 같은 <洪吉童傳>의 구절, "홀연 일위션녀 일기명쥬을 가지고 아퍼 나와 고ᄒ여 왈 이ᄂ 불가에 명쥬라"와 같은 <九雲夢>의 구절에서 보듯이 이들 소설에는 口語와는 전혀 거리가 먼 번역투의 표현이 남발되어 있다.

이와 같은 소설에서의 문어체는 입으로 불려지던 판소리가 敍事化되어 정착됨으로써 형성된, 이른바 판소리계 소설이 18~19세기에 등장하게 되면서 본격적인 극복이 시도된다. 판소리계 소설은 구비 전승의 판소리 사설이 서사화되었기 때문에 근본적으로 그 문체는 구어체의 성격을 띠었고, 그 내용에 있어서도 그동안의 소설들이 보였던 초경험적인 전기성이나 관념성에서 벗어나 일상의 경험이나 현실을 사실감 있게 표현하는 데로 나아갔다. 이런 까닭에 판소리계 소설은 口語를 대상으로 한 文語化나 말과 글의 근접 내지는 일치를 보다 용이하게 달성할 수 있었다.

우선 판소리계 소설에서는 입으로 말해지는 擬聲語 및 擬態語를 적절히 사용되고 있음이 확인된다. "양볼터기가 옴옥옴옥, 코궁기가 발심발심, 연기가 홀홀 나게"<春香傳>와 같은 표현은 의태어의 적절한 구사를 통해 담배 피우는 모습을 익살스러우면서도 사실적으로 묘사하고 있는데, 이와 같은 해학적이면서도 생동감 있는 표현은 "다리를 징검, 낄룩, 뚜루룩 울음 운다. 저의 아씨 야단 소리에 가슴이 두근두근, 정신이 월렁월렁"<春香傳>과 같이 도처에서 사용되고 있다.

또한 일반 민중이 일상에서 사용되는 生活 語彙도 광범위하게 사용되고 있는데, "초상난디 춤추기, 불 붓는디 부치질ᄒ기, 희산흔디 기닭잡기, 장의 가면 억민 홍정ᄒ기, 집의셔 못쓸 노릇ᄒ기, 우는 아히 볼기 치기"<興夫傳> 등에서 그 한 모습이 확인된다.

뿐만 아니라, 판소리계 소설에서는 일상에서 흔히 사용되는 俗談이 등장하여 더욱 口語에 근접됨을 보여주는데, "쏘아논 사리 되고 업찌러진 물이 되야"<春香傳>과 같은 표현이 그 예이다.

이상에서 국문 소설이 국문의 보급을 가속화시켜 나가는 한편, 口語를 대상으로 한 文語化나 말과 글이 일치되려는 욕구를 실현시켜 나가는 과정을 살펴보았다. 그러나 국문 소설의 등장과 보급을 통해 언문 일치가 달성된 것은 결코 아니다. 어디까지나 言文 一致를 향한 과도기적 단계에 서 있다고 보는 것이 정확한 지적일 것이다. 그럼에도 불구하고 이 시기에 언문 일치의 지향성을 뚜렷이 하면서 이의 달성을 꾀해 나간 것의 意義는 다음 시기의 언문 일치를 위한 귀중한 토대가 되었기에 충분히 강조될 필요가 있을 것이다. 요컨대, 開化期 이후의 언문 일치 운동은 단순히 외부적 압력에 의해서 자극되어 전개된 것이 아니라, 훈민정음 창제 이래, 특히 이시기에 꾸준히 모색되고 준비되어 온 우리 내부의 노력에 그 토대를 두고 있다는 것이고, 여기에 이 시기의 언어 생활사적인 의의가 있는 것이다.

參考 文獻

姜信沆(1987), 「國語學史(增補改訂版)」 普成文化社.

金敏洙(1980), 「新國語學史(全訂版)」 一潮閣.

金鍾塤·黃龍秀·朴銅圭(1986), 「國語學史 論攷」 集文堂.

兪昌均(1988), 「國語學史」 螢雪出版社.

李基文(1972), 「國語史槪說(改訂版)」 塔出版社.

李基白(1976), 「韓國史新論(改正版)」 一潮閣.

조동일(1989), 「한국문학통사(제2판)」 지식산업사.

<한국사상사대계 5, 한국정신문화연구원, 1992>

북한 철자법의 體系와 變遷[*]

I. 머리말

북한이 이른바 언어혁명을 추진한 일 가운데서 문자생활의 규범화는 어휘 정리의 문제와 함께 가장 힘을 기울였던 과업의 하나였다. 그것은 그들이 표방하는 언어관이나 언어정책의 득수성으로 볼 때 오히려 덩연한 귀결이기도 했다.

북한은 언어를 통신적 기능을 수행하는 사회적 현상이라는 것이고, 따라서 그것은 사회의 중요한 交際手段일 뿐만 아니라 그것을 혁명과업 수행에 효과적으로 이용함으로써 사회 발전의 강력한 무기가 되도록 해야 한다고 했다. 그러므로 언어는 사회 발전의 목적에 따라 그 기능을 극대화할 수 있는 것이 되게 하기 위하여 끊임없이 改變해 가야 한다고도 한다.

한편 언어는 음성과 書寫의 양면성을 가지며 이들의 대립은 서로를 제약하는 여러가지 관계로 이루어진다. 그렇기 때문에 음성언어를 書寫言語로 옮기는 데는 일정한 규칙을 적용하여 규정하는 표기법을 가지게 되고, 따라서 표기법은 언어의 사회적 실현을 改變하는 중요한 대상으로 떠오른다.

북한의 철자법은 이러한 인식을 기반으로 하여 출발하지만 초기의 상당한 기간은 역시 朝鮮語學會의 '한글 맞춤법 통일안(1933)'(이하 '통일안(1933)'이라 약칭함)을 準用하며, 1949년을 전후하여 한자 폐지와 함께 철저한 形態主義 원칙에 입각한 문자개혁안을 전제로 하여 꾸며진 철자법이 제안된다. 표기법의 제정이 단순한 표음의 문제가 아니라 문법 연구의 총체적 결집이라고 할 때 그들이 제안한 철자법이 '통일안(1933)'의 기본적인 이론과 체계를 벗어날

---

[*] 본 연구는 1990년도 文敎部 共産圈研究支授金을 받아 서강대학교 東亞研究所가 주관하여 이루어진 것임.

만한 상황에서 만들진 것은 아니나, 부분적으로는 종래에 金枓奉 文法에서 주장되었던, 체계의 원리가 반영된 것이었다. 그러나 그것은 案으로 그쳤을 뿐 실행되지 못하지만, 북한의 철자법의 胎動과 變遷을 논하는 데는 중요한 의미를 갖는다. 그리하여 본고는 이를 기점으로 하여 현행의 맞춤법에 이르기까지의 북한의 表記法史를 살피기로 하는 한편 그들의 문법관이나 정책이 이 분야에서 어떻게 효과적으로 실현되었는가의 문제도 간접적으로 평가하게 될 것이다.

　북한은 비록 '통일안(1933)'의 원리와 체계에다가 기초를 둔 것이기는 하나, 그들의 독자적인 표기법을 制定 公布하며, 몇 번의 개정을 거쳐왔다. 그리고 제정하기까지의 상당한 기간에도 많은 논란이 있었던 것으로 보인다. 이제 이러한 변화의 轉移關係를 자료에 근거하여 차례로 살피려니와 그 자료는 다음과 같은 것이 될 것이다.

> 조선어 신철자법(1949) 조선어문연구회 「조선어 연구」 1권 5～7호
> 조선어 철자법(1954) 조선민주주의인민공화국 과학원 조선어 및 조선문학연구소
> 조선말 규범집(1966) 조선민주주의인민공화국 내각직속 국어사정위원회
> 조선말 규범집(1988) 조선민주주의인민공화국 내각직속 국어사정위원회

Ⅱ. 조선어 신철자법(1949)

Ⅱ-1. 이론적 배경

　1947년 북조선인민위원회의 결정에 의해 발족한 조선어문연구회[1]는 그 시기의 당면한 과업의 하나로 한자폐지와 문자개혁을 전제로 하는 철자법의 새로운 제정을 내세웠으며, 그 試案을 발표하면서 그들은 '주시경 선생의 사상 속에 배태되고 조선어학회에 의하여 계승된 철자법상의 형태주의 원칙을 더한층 발전시킬 것이 요구'되었으며, 이 요구에 부합하는 '김두봉 선생의 문법

---

1) 이승욱, 「북한의 국어 연구와 어문 정책」, 동아연구 제 14집.

내지 철자법상의 새로운 견해'를 토대로 하여 '조선어 신철자법(1949)'(이하 '신철자법(1949)'로 약칭함)을 성안하게 되었다고 하였다.2)

그리하여 북한에서는 '통일안(1933)'의 이론적 배경이나 표기 원칙에 대해 부분적인 비판을 가하면서 기왕에 김두봉이 주장해 온 체계를 전폭적으로 반영한 조선어문연구회의 '신철자법(1949)' 案이 발표된다.

「조선어 철자법의 기초」의 제 1부 '조선어 철자법의 기본 원칙'에서 철자법의 원칙에는 表音主義, 形態主義 및 歷史主義의 세 원칙이 있다면서 그 장단점을 분석하는 한편 형태주의의 우월성을 강조하였으며, 그 가운데 철자법 규정의 필요성과 그 이론적 배경에 대해서 논의하고 있다. 역사주의 철자법은 '오랜 인습과 전통의 산아인 만큼, …… 이제로부터 진정한 의미에서 새로이 철자법이 제정되는 조선어에 있어서는 도저히 기본원칙으로 될 수 없다'고 그 단점을 지적하였다.

표음주의 철자법은 첫째, 언어가 인간의 사회적 실천의 면에서 발생한 사유교체(思惟交替), 世界觀 交替의 축적이어야 함에도 불구하고 사람들 사이의 의사, 사상전달과는 무관하게 무의미한 발음만 표시하려는 표음주의 철자법은 언어 내지 문자의 본질에 배치된다 하고 둘째로, 한 문자의 음가는 위치와 환경에 따라 다른 음가를 가질 수 있기 때문에 표음주의의 1字 1音, 1音 1字 주의는 도저히 성립할 수 없다고 비판하였다.

반면에 형태주의 철자법은 '인간의 사상전달, 의사표시라는 언어의 본질적 사명으로부터 출발하며, 문자가 가지는 표음성과 표의성의 통일적 성격에 대한 성찰로부터 출발하고 있다'고 한다. 따라서 언어에 있어 의미의 단위로 되는 최소의 요소, 즉 형태부를 그 표기의 기초로 삼으며 다음과 같은 장점을 가진다고 하였다.

1. 독서상의 이해를 용이하게 한다.
2. 구두어(口頭語)에서의 同音異義語를 표기상에서 피할 수 있게 한다.
3. 단어의 조성, 이해에 편리하다.
4. 민족어의 통일을 촉진시킨다.

---

2) 「조선어 철자법의 기초」, 『조선어 연구』, 조선어문연구회, 1권 5호, p.154.

　결국 그것은 주시경 선생의 '조선어의 형태론적 구조와 어음조직에 대한 깊은 성찰, 언어 내지 문자의 본질에 대한 투철한 리해, 그리고 과감한 개혁적 정신을 가진 것'의 산물이며, 나아가 그것을 계승, 발전시킨 김두봉의 새로운 견해를 토대로 한 것이 '신철자법(1949)'이라는 것이다.

　이처럼 '신철자법(1949)'은 주시경 선생의 언어이론을 이어 받았다고 하는 김두봉의 견해에 따라 형태주의 원칙을 도입하게 됨으로써, 조선어 학회의 '통일안(1933)'에 대한 비판적 시각을 가지게 되었고, 따라서 별도의 철자법을 제정해야 할 필요성을 제기했다.

　이제 그 이해를 돕기 위하여 '신철자법(1949)'에서 '통일안(1933)'을 어떻게 비판하고 있는지를 살피기로 한다.

　첫째로, 그것은 철자법의 기본원칙이 무엇인지 명확히 인식하지 못하고 있다는 것이다. 즉, 그것은 원칙적으로 형태주의에 입각하고 있음에도 불구하고 마치 우선적으로 표음주의에 기초를 두고 있는 것같이 생각하고 있으며, 또한 형태주의가 마치 語源主義인 것같이 생각하고 있다는 것이다.

　둘째로, 기본원칙이 형태주의임에도 불구하고 중요한 조항에서 표음주의에 빠져 버렸다고 지적한다. 즉, '한자어의 어두음 'ㄴ, ㄹ'의 처리를 표음주의에 빠지어 잘못 규정하였으며 (語頭, 語中, 語末에서 'ㄴ, ㄹ'의 표기가 'ㅇ, ㄴ, ㅇ' 등으로 차별됨) 용언의 표기에 있어서 언어 현실에는 존재하지도 않는 허다한 변격용언을 규정'하였다는 것이다. 이것은 '조선어의 형태적 구조에 대한 철저한 리해와 언어에 있어서의 형태론과 어음론의 호상관련성에 대한 파악이 부족하며, 조선어문운동이 처한 력사적 단계를 옳게 리해하지 못하여…… 결국 '통일안(1933)'은 주시경 선생의 학설을 계승하면서도 이를 더 앞으로 발전시키지 못하고 단지 부분적인 개량에 그치고 만 것'이라고 하였다.

　그리하여, 이런 결함을 보완한 '신철자법(1949)'은 형태론과 어음론과의 상호연관성, 성음의 면에 대하여 의미의 면이 가지는 우위성들을 옳게 인식하고 형태주의 원칙을 일관하여 채택한 철자법이라는 것이다.[3]

---

3) 이에 대한 내용을 총론에서 다음과 같이 명시하고 있다.
　(1) 조선어 철자법은 현재 조선인민의 언어의식 가운데에 공통적으로 파악할 수 있는

II-2. '조선어 신철자법(1949)'의 주요 규정

II-2-1. 맞춤법 규정

「조선어 철자법의 기초」의 제 2부 '조선어 철자법의 주요 규정'[4]에서는 구체적인 표기 규정에 대하여 예를 들어가며 설명하고 있다. 이제 그 규정을 살펴보기로 하자.

1. 한자어 표기에 있어서 어두에서 'ㄴ'의 구개음화에 의한 약화, 탈락을 인정하지 않았다. 비록 첫소리에서 '야, 여, 요, 유, 이'로 발음된다 할지라도 그 형태를 고정시키기 위하여 '냐, 녀, 뇨, 뉴, 니'로 적는다고 하였다(첫소리 표기 ㄱ): 녀자(女子), 니토(泥土), 뇨도(尿道), 녕변(寧邊).

이런 경우 '통일안(1933)'은 첫소리에서 발음나는 대로 '야, 여, 요, 유, 이, 예'로 적는다.

2. 한자어 표기에 있어서 어중 어말에서 첫소리에 있는 'ㄹ'은 발음이 '나, 야……' 등으로 나더라도 그 형태부를 고정시키기 위하여 'ㄹ'로 적는다고 하였다(첫소리 표기 ㄴ): 락원(樂園), 량심(良心), 력사(歷史), 로동(勞動).

'통일안(1933)'에서는 동일한 환경에서 발음에 따라 '나, 야……' 등으로 적는다고 하였다.

3. 한 형태부 내의 두 모음 사이에서 나는 설측음은 'ㄹ'로 적는다(가운데소리의 표기 2): 더렁이(덜렁이, 덜넝이), 시룩시룩(실룩실룩, 실눅실눅)…….

규정상으로는 설측음 표기를 인정하지 않았으나 발음 현실은 설측음이 실현된 것으로 보인다. 이는 다음 시기의 '조선어 철자법(1954)'(이하 '철자법(1954)'로 약칭함)이 설측음의 표기를 인정하고 있는 것으로 미루어 보아 짐작할 수 있는 일이다.

것을 일정한 형태로 표기함으로써 원칙을 삼는다.
(2) 조선어 철자법은 그 표기에 있어 일반어음학적 원리에 의거하되, 조선어에 고유의 발음상의 제규칙을 존중한다.
「조선어 철자법의 기초」, 『조선어 연구』 제 1권 5호, 1949.
4) 「조선어 철자법의 기초(2)」, 『조선어 연구』 제 1권 6호(1949년 9월호)

‘통일안(1933)’   ‘신철자법(1949)’

걸레   거레

얼른   어른

4. 끝소리(末音) 표기를 위하여 기왕의 문자체계에는 없는 몇 개의 새로운 문자를 만들어 쓰기로 규정한 이른바 新文字制定이 가장 특징적이라 할 수 있다(끝소리의 표기).

　가) 신문자 ㅸ

　　- ㅂ 내파음으로 발음되면서도 ㅸ로 표기해야 하는 예(끝소리의 표기 1).

　　- 믿엏다(可信) (믿엏어, 믿엏면)

　나) 신문자 △

　　- ㄷ으로 발음되면서도 △ 으로 적어야 할 예(끝소리의 표기 2).

　　- 겄다(步) (겄어, 겄으면)

　다) 신문자 ㄹ

　　- ㄹ로 발음되면서도 ㄹ로 적는 예.

　　- 갈(갈에, 갈을, 갈’가)

5. 여러 형태부가 결합하여 합성어를 구성할 경우, 형태부의 원형을 그대로 보전시키면서 두 형태부 사이에 일어나는 특수한 어음현상을 표시하기 의하여 분리부 (’)표를 두어 표기하였다.5)

　1) 두 형태부 사이에서 일어나는 동화방지 악센트 현상을 표기하기 위하여 두번째 형태부의 두음을 된소리로 내는 경우: 고’집[고찝], 기’발[기빨], 나무’군[나무꾼]…….

　2) 두번째 형태부의 두음이 ‘야, 여, 요, 유, 이’인 때, 악센트 현상과 함께 구개음화한 ‘ㄴ, ㄹ’소리가 나타나는 경우: 갓’양, 겹’이불, 꽃’잎, 공’일, 놋’요강, 논’일.

　위의 4, 5항의 표기 방법은 철저한 형태주의 표기원칙과 현실음과의 차이를 새로운 문자의 표기에 의하여 극복하려는 노력으로 보인다. 즉 어간과 어미부

---

5) 「조선어 철자법의 기초(2)」, 『조선어 연구』 제 1권 6호(1949년 9월호, pp.80-81)

를 분리하여 적는다는 형태주의 원칙과 현실적 발음을 완전히 무시하기 곤란하다는 데서 오는 표기의 차이와 갈등에 대해 고심한 결과인 것이다. 표음주의를 배격하고 철저한 형태주의 표기법만을 고집한 데 따른 새로운 표기 부호의 설정은 이러한 고심에서 비롯한 것으로 보인다.

6. 교체 [ㅂ]-[ㅇ]→ 표기 Y (11항)[6]

(11항)은 'ㅂ'변칙의 용언 어간을 고정적인 어형으로 표기하기 위해서 고안된 규정이며, '곱다(姸)'의 활용형 '고와', '고우니' 등에 있어 -[w]의 교체를 마찰음 'Y'로 표시한다는 것이다.

이러한 원리에서 어간을 'Y'로 표기하면 그것은 언제나 고정된 단일어형이 될 수 있다고 하였다. 이것은 국어에 있어 마찰음이 末音, 또는 발음되지 않는 다른 음 앞에서는 동일 조음 위치의 파열음으로 되는 규칙이 있기 때문에 '고Y아-'에서는 [w]로 발음되는 "Y"자가 "곱다"에서는 [p]로 발음된다는 것이다. 이러므로써

곱다(屈指)[곱다]-곱아[고바]
고Y다(姸)[곱다]-고Y아[고와]

와 같은 교체 관계를 명확히 구별할 수 있게 될 뿐만 아니라, 철저한 형태주의 원칙을 일관되게 고수할 수 있는 장점을 가진다. 이 견해는 김두봉이 일찍부터 제안해 온 지론이며, 그렇기 때문에 이 새로운 글자의 제자 원리와 발음 방법, 그리고 이것이 갖는 장점 등에 대하여 비교적 많은 지면을 할애하여 상세히 설명하고 있다.[7]

7. 교체 [ㄷ]-[ㄹ]→ 표기 ㅿ (14항): 걷다-거러, 거러서…….

이것을 '거ㅿ다(步), 거ㅿ어'로 적는다는 것으로 'ㄷ'받침 변칙 어간의 표기법을 이룬다. 훈민정음의 半齒音 ㅿ 자를 부활시켜 쓰는 타당성을 설명하였으며 이러므로써 이것을 변격이 아닌 규칙 용언으로 볼 수 있다는 것이다.

---

6) 「조선어 철자법의 기초(3)」, 『조선어 연구』 1권 7호.

7) '조선어 신철자법' 제 2부 '조선어 철자법의 주요 규정'(14항) 참고.

8. 교체 [ㅅ]-零→ 표기 ㆆ(25항): 짓다, 짓고, 짓지-지어, 지니, 지어서.

이 교체는 소위 'ㅅ'받침 변칙을 표기하기 위하여 고안한 것으로, 이것을 '짛다, 짛어, 짛고……'로 표기하여 형태부 [짛]를 고정시킨다는 것이다. △의 경우와 같이 훈민정음의 ㆆ자를 부활시켜 쓰는 근거는 이것이 제작 당시 성문폐쇄음이라는 것이고, 그렇기 때문에 유성음 사이에서는 默音이 되고, 무성음 앞에서는 硬音이 되게 한다는 것이다.

9. 교체 [ㄹ]-零→ 표기 ㅭ(26항): 불다, 불고-부니, 부시니.

이러한 교체는 'ㄹ'받침 변칙의 표기법을 고정시키기 위해 역시 새 글자를 도입한 규정이다. 이에 따라 '불다, 불니, 불고……'로 표기함으로써 형태부 "불"이 고정된다. '불다'의 'ㄹ'은 다른 'ㄹ'음과는 달리 舌端正面摩擦音이라 했고, 따라서 [ㄴ, ㅂ, ㅅ, 오] 앞에서는 반드시 默音이 된다는 것이다. 이러한 자질의 'ㄹ'을 'ㅭ'자로 표시하여 어간의 형태부를 고정시키면 'ㄹ-ㅇ'의 교체를 변격으로 보지 않고 다른 모든 교체와 마찬가지로 정상적인 정격으로 볼 수 있다고 했다.

III. '조선어 철자법(1954)'

III-1. 이론적 배경

비록 '신철자법(1949)'이 1949년 조선어문연구회에 의하여 만들어져 제안되었다고 하더라도 북한 사회에서 '신철자법(1949)'이 얼마나 널리 보급되었고 실제 생활에 사용되었는가 하는 것을 알 수는 없다. 다만 1949년 중반에 발표된 '신철자법(1949)'은 1950년 6·25 사변 이후의 戰時라는 특수한 內外의 상황 때문에 상당한 기간 동안 그 실시가 유보되었거나, 끝내 公布, 實行되지 못했을 가능성도 예측되지만 그후의 歸趨는 확인할 수 없었다.

그러나 곧이어 나오는 '철자법(1954)'을 미루어 볼 때, '신철자법(1949)'은 다만 試案에 그쳤을 뿐 실행에 옮겨지지 않은 듯한데, 그러한 추정은 '철자법

(1954)'의 머리말을 통해서도 어느 정도 사실로 확인된다. "…… 또한 최근 조선어의 어음조직, 문법구조 및 어휘구성에 나타난 변화를 고려하여 종래 철자법(1954)의 規準으로 인정되던 ≪한글 맞춤법 통일안(1933)≫에 적지 않은 수정을 가하게 되었다."8)

그렇다고 할 때 '철자법(1954)'은 분단 후 북한에서 최초로 '통일안(1933)'과 대응하는 그들의 맞춤법을 공식화한 것이 되고, 그것은 역시 '통일안(1933)'의 골격을 벗어나지 않는 수정안이었다는 것을 알 수 있다. 그러나 여기에 이르는 과정에는 많은 우여곡절이 예상되며, 그런 가운데서도 특히 '신철자법(1949)'과의 충돌은 불가피했을 것이고 그 영향권 하에서 주도되었을 것은 당시의 상황으로 보아 충분히 짐작된다.

'신철자법(1949)'은 형태주의 원칙을 일관되게 견지한다는 대전제를 명시하였으며 특히 문자 개혁에 대한 강한 의지를 담고 있다. 이러한 형태주의 원칙을 일관되게 적용시키기 위해서는 불가피하게 기존의 표기 문자만으로는 목적을 이룰 수 없어 새로운 문자를 제정해야 한다는 문자 개혁을 끈질기게 주장하였던 것이고, 그것을 반영, 적용한 것이 '신철자법(1949)'이었다. 그럼에도 불구하고 '철자법(1954)'에 나타난 결과는 그렇지가 않아 예상을 뛰어넘은 의외의 일로서, 이 배후에는 상당한 논쟁이 있었을 것이 분명하다. 그러나, 비록 문자 개혁안까지는 수용하지 않았지만, '철자법(1954)'이 '신철자법(1949)'의 노선을 이탈한 것은 아니었으니, 기본적인 이론이나 원칙, 그리고 그 사상은 같은 기반의 脈絡에서 이루어진 것이었다. 그래서 그 머리말에서 "…… 현행 조선어 철자법의 부분적인 동요가 존재하여……"라고 한 상황도 당시의 혼란했던 단면을 지적한 것으로 이해되며, 그것은 '신철자법(1949)'과 '통일안(1933)'의 충돌이었을 것이 분명하다.

북한의 모든 분야의 정책이 정치 이념의 노선을 구현하는 측면에서 이루어진다는 특성을 감안할 때 어문정책의 하나로 나타난 표기법 문제도 예외일 수 없음은 물론이고, 그렇기 때문에 언어 외적인 요인들의 간섭이 강하게 작용했으리라는 것은 상식적인 일이다. '통일안(1933)'에 대한 비판은 그런 면에서 당

---

8) 『조선어 철자법』, 조선 민주주의 인민 공화국, 과학원, 1954.

연한 것이었고, '신철자법(1949)'이 전폭적으로 수용될 여건이었으나, 현실로 나타난 결정안은 역시 '통일안(1933)'의 기본 체계를 유지하면서 부분적으로 수정하는 데 그친 것이었다. 이와 같은 '철자법(1954)'의 制約性을 그 머리말은 "…… 종래 철자법(1954)의 규준으로 인정되던 '통일안(1933)'에 적지 않은 수정을 가하게 되었다"고 밝혔다. 결국, '철자법(1954)'의 특성은 '통일안(1933)'의 부분적인 수정안에 불과하다는 것으로 집약된다.

III-2. '조선어 철자법(1954)'의 주요 규정

III-2-1. 맞춤법 규정

이제 '철자법(1954)'에 나타난 규정 가운데에서 특징적인 것을 가려 그 내용을 구체적으로 살펴 보기로 한다.

1. 우리말의 자모의 순서와 그 이름을 규정하였다(1항).

이것은 '신철자법(1949)'에도 들어있지 않은 규정으로서, 물론 '통일안(1933)'에 준거하고 있으며, 철자법 체계의 기본적인 단위가 되는 자모의 규정은 반드시 있어야 할 규정으로 평가되고, 이로써 체계 전개의 기반이 제시되었다 할 수 있다. 그 가운데 몇 개의 子母名이 '통일안(1933)'과 다른 것이 있어 눈길을 끈다.

	'통일안(1933)'	'철자법(1954)'
ㄱ	기역	기윽
ㄷ	디귿	디읃
ㅅ	시옷	시읏
ㄲ	쌍기역	된기윽

그리고 모음 기술에 있어 '철자법(1954)'은 기본 모음을 21개로 규정하고 그 순서를 다음과 같이 정한 것이 특이하다.

ㅏ. ㅑ. ㅓ. ㅕ. ㅗ. ㅛ. ㅜ. ㅠ. ㅡ. ㅣ. ㅐ. ㅒ. ㅔ. ㅖ. ㅚ. ㅟ. ㅢ. ㅘ. ㅝ. ㅙ. ㅞ.

이와 같이 기본 모음을 확대하고 그 순서를 일정하게 함으로써 사전에 올리는 말의 순서를 크게 달라지게 한 것과 같은 실제적인 변화를 가져오게 되었던 것이다.

2. '철자법(1954)'은 단어의 표기에 있어 형태주의 원칙을 그 기본으로 삼는다 했지만(2항), 일부의 단어들은 '오늘날의 언어의식'에 따라 적는다는 예외 규정을 두었다(3항): 나타나다, 드러가다 ……, 부터, 조차.

이 규정은 철저한 형태주의 원칙을 표방한다고 했지만 '통일안(1933)'에서 달라진 것이 없으며, 다만 '어원이 분명하지 아니한 것'을 '오늘날의 언어의식'으로 바꿈으로써 현실직인 표음주의를 반영하였다.

3. 어간말 자음 표기에 대하여(4항): 이 항의 규정은 북한 철자법에서 핵심적인 문제로 제기되었던 것으로서, '신철자법(1949)'의 문자 개혁안으로 이어지는 매우 심각한 의미를 갖는다. '철자법(1954)'은 당시로는 문자 개혁안을 유보하는 입장을 취하면서 '장래에 조선 문자 개혁이 이루어져야 할 것'(머리말)이라 했고, 이에 따라 변칙 용언의 표기 원칙을 '오늘날 쓰이는 조선어 자모로써는 그 어간의 형태를 고정시킬 수 없거나, 또는 재래의 표기법상의 관습이 굳어져 있는 경우에는 다음과 같이 적는다'고 규정하였다.

가) 어간의 끝소리를 [ㄹ]-[零]으로 적는 경우: 갈다, 갈고, 갈며, 가니, 갑니다, 가시니.

나) 어간의 끝소리를 [ㅅ]-[零]으로 적는 경우: 낫다, 낫고, 낫지, 나아, 나으니.

다) 어간의 끝소리를 [ㅎ]-[零]으로 적는 경우: 거멓다, 거멓고, 거멓지, 거머오, 거머니, 거머면.

라) 어간의 끝소리를 [ㄷ]-[ㄹ]로 적는 경우: 걷고, 걷다, 걷지, 걸어, 걸으니.

마) 어간의 끝소리를 [ㅂ]-[오/우]로 적는 경우: 돕고, 돕지, 도와, 도우니.

바) 어간의 끝소리를 [零]-[ㄹ]로 적는 경우: 어간의 끝소리 '르'가 [어], [었]과 어우를 적에는 [-르러], [-르렀]으로 들린다고 하여 그대로 표기함으로써

'러'변칙을 인정하였다: 푸르다, 푸르러, 푸르렀다.

사) 어간의 끝소리를 [르]-[르르]로 적는 경우: 흐르다, 흘러, 흘렀다.

이상의 규정들은 '통일안(1933)'과는 系를 같이하여 달라진 것이 없으나, '신철자법(1949)'와는 전적으로 系를 달리하고 있다. 한 단어의 異形態 표기를 허용치 않는 형태주의 표기법을 고수하기 위하여 기왕의 문자만으로는 해결되지 않아 새 문자의 제정을 주장한 '신철자법(1949)'이 제안되고 있던 상황으로 볼 때 이들 규정은 매우 異例的인 것으로 받아들여 진다. 이로써 '신철자법(1949)'의 문자 개혁안이 얼마나 언어현실과 乖離된 虛構의 것인가를 알 수 있다. 아무튼 이 문자 개혁안에 대하여 '철자법(1954)'은 '장래에 조선 문자 개혁이 이루어져야 할 것'이라고 하여 미루어진 과제로 다루었으나, 1958년 김두봉의 숙청이 있은 후 다시는 재론되지 않았다.

4. 한자어에서 본음이 [녀, 뇨, 뉴, 니], [리]로 시작되는 것은 어느 위치에서나 본음대로 적고 발음도 그와 같이 하는 것을 원칙으로 하고 있다(5항, 6항):

녀자, 녕변, 뇨도, 뉴대, 니탄······
락원, 량심, 력사, 로동, 료금, 리유······

이와 같은 한자어 표기의 원칙은 앞에 말한 변칙 용언의 어간 표기 원칙과는 상반되는 관계를 이루어 '통일안(1933)'과는 상충하며, '신철자법(1949)'과는 합치한다.

5. 한자어에서 모음 [ㅖ]의 표기는 <계><례><혜>만을 인정하였는데(7항), 이밖에 '몌, 폐'를 포함시킨 '통일안(1933)'을 축소 조정한 것이나 이에 대하여 '신철자법(1949)'은 별도의 규정이 없다.

세계(○)—셰계(×)
폐회(○)—폐회(×)

단 揭만은 본음대로 <게>로 적는다고 하였다: 게시판, 게재.

6. 한자어 중 모음 [ㅢ]가 있는 음절로는 <회/의>만을 인정하였다(8항): 회의, 의학, 희망, 유희.

이 조항 역시 '신철자법(1949)'에는 없는 규정이며, '통일안(1933)'의 제 39항과 일치한다.

7. 설측음의 표기는 'ㄹㄹ'로 한다(10항)고 하여 '통일안(1933)'을 그대로 따르고 있어 별 문제가 없다: 걸레, 벌레—(○)　거레, 걸네/버레, 벌네—(×)

그런데 '신철자법(1949)'는 '한 형태부 안의 두 모음 사이에서 나는 설측음은 'ㄹ'로 적는다'고 하여 '거레, 버레'로 적고 있어 큰 차이를 보인다. 이것은 동일 형태부를 고정적으로 표기한다는 원칙을 지키려 한 데서 연유한 무리였으며, 따라서 두 형태부 사이에서는 'ㄹㄹ'로 적고 있다: 홀로, 길로.

8. 단어의 말음 표기는 발음에 따르지 않고 원형을 밝혀 고정시킨 어형으로 적는다(11항)고 하였으니 이 조항은 '신철자법(1949)'에서 새 문자에 해당하는 예를 빼면 세개의 표기법이 동일하게 규정하고 있는 부분이다. 이 규정을 공동으로 한다는 것은 이들 세 표기법이 다함께 형태주의를 공통기반으로 하고 있다는 것을 입증한다.

9. 어간이 <아, 어, 여> 또는 <았, 었, 였>과 결합하는 조건 가운데 '통일안(1933)'과 다른 것으로 '[ㅏ, ㅐ, ㅔ, ㅚ, ㅟ, ㅢ]인 경우 및 어간의 끝소리가 [하]인 경우:…… 여, 였'의 규정이 있다(13항 3): 개다, 개여, 개였다/ 되다, 되여, 되였다/ 쥐다, 쥐여, 쥐였다.

한편, '오르다'의 경우 '올라, 올랐다'로 적어(13항 1) '통일안(1933)'에 부합하나 '신철자법(1949)'이 이것을 '오라, 오랐다'로 적어야 한다고 한 것과는 차이가 있다. 이처럼 경우에 따라서는 '신철자법(1949)'가 강하게 제기했던 형태주의 표기를 일관되게 엄격히 적용한다는 원칙을 지양하고 부분적으로 표음주의를 수용하는 유연성을 보이고 있다.

10. 준말 표기에 있어 '음이 줄어진 대로 적는다'고 한 규정(16항)도 '신철자법(1949)'과는 크게 달라서 '신철자법(1949)'은 줄어진 대로 적지 않고 原形態대로 적으려 했다.

뜨다: 뜨이다, 뜨이여, 뜨이였다……/ 띄다, 띄여, 띄였다……

오시다: 오시여, 오시였다……/ 오셔, 오셨다……

11. 합성어 표기에 있어 '사이 ㅅ'소리가 나는 것과 구개음화한 'ㄴ'나 'ㄹ'가 나는 것은 그 중간에 '사이표'(')를 둔다고 규정하였다(19항).

　가) '사이 ㅅ'소리가 나는 것:

　　그믐'달, 기'발, 길'짐승, 나루'배……

　나) 구개음화한 ㄴ이나 ㄹ이 나는 것:

　　겹'이불, 공'일, 낮'일, 논'일, 놋'요강, 물'약, 버들'잎……

　다) 한자어도 이에 준한다:

　　군'적(郡的), 도'적(道的), 대'가(代價), 리'과(理科)……

'신철자법(1949)'에서 '분리부'라 한 것을 명칭만 바꿨을 뿐 그대로 이어받고 있으며 '통일안(1933)'은 이 규정을 두지 않았다.

Ⅲ-2-2. 띄어쓰기 규정(51-55항)

띄어쓰기의 대원칙은 총론 3에서 명시하였는데, 그것은 '단어는 원칙적으로 띄어 쓴다'고 되어 있다. 그것은 '통일안(1933)' 총론 3이 '문장의 각 단어는 띄어 쓰되, 토는 그 윗말에 붙이어 쓴다'고 한 규정과 일치한다. 한편, '신철자법(1949)'은 띄어쓰기에 대한 조항을 두지 않은 데 반해 '철자법(1954)'이 '통일안(1933)'의 것을 수용하고는 있으나, 그다지 정밀한 것은 아니었다.

12. 여러 개의 단어로 이루어진 고유명사는 단어마다 띄어 쓴다(51항): 로동 신문, 삼국 유사, 조선 민주주의 인민 공화국.

13. 다음의 고유명사들은 띄어 쓰지 않는다(52항): 금강산, 우랄산, 금강, 지중해, 함경북도.

14. 사람의 성과 이름은 띄어 쓴다(53항): 김 일성, 리 순신, 을지 문덕.

15. 년, 월, 일은 해, 달, 날 단위로 띄어 쓴다(54항): 1950년 6월 25일.

16. 한자어 중 접두사, 접미사로 인정되는 것은 붙여 쓰고 관형사는 띄어 쓴다(55항).

각급, 경공업, 반과학적, 비인간적.
각 대학, 전 인민적, 제 문제.

Ⅲ-2-3. 문장부호에 대한 규정

문자부호에 대한 조항을 '통일안(1933)'은 부록으로 다루었으며, '신철자법 (1949)'은 설정치 않았던 것인데 여기서는 8장에서 단일항(56항)으로 간략히 다루어져 있다. 따라서 그것들의 운용 규정을 정밀하게 기술하였다고 할 수는 없고, 다만 부호의 나열에 지나지 못하는 것이었다. 문장 부호에 대한 충분한 규정은 맞춤법과 띄어쓰기 규정이 거의 정착단계에 접어 들었던 '조선말 규범 집(1966)'(이후 '규범집(1966)'으로 약칭함)에 이르러서야 제자리에 상세하게 규정된다.

17. 문장에 쓰이는 부호는 대략 다음과 같다면서 모두 11가지로 들었다(56 항).

점(.), 두점(:), 반점(,), 반두점(;), 의문표(?), 감탄표(!), 인용표(≪ ≫),
거듭인용표(< >), 찌레(-), 점선(…), 괄호(( ), (( )), [ ]. { }).

Ⅳ. '조선말 규범집(1966)' [9]

Ⅳ-1. 이론적 배경

'규범집(1966)'은 그간 북한에서 진행된 국어연구의 성과를 결집한 매우 획기적이고 중요한 의의를 갖는다. 分斷 후 그들의 政權樹立과 6·25 動亂, 그리고 내외적으로 激變하는 政治 思想의 혼란을 거치는 가운데서 1958년 김두봉의 숙청은 국어 분야의 정책노선에 큰 변화를 가져온 사건이었으며, 이로써

____

9) 『조선말 규범집』, 조선민주주의인민공화국 내각직속 국어사정위원회, 사회과학원출판사.
    1966. 6.

집요하게 주장되어온 문자개혁은 호된 비판과 함께 거세되고 말았다. 그후 그들은 이른바 주체사상에 입각한 독자노선을 표방하게 되며 이에따라 언어정책은 근본적인 변화가 일어나 2차에 걸친 金日成 敎示가 나왔고, 이어 '文化語'를 만들어내는 소위 언어혁명에 박차를 가했던 것이다. '규범집(1966)'은 바로 이러한 시기를 배경으로 하여 그들의 합목적적인 의도에 따라 집체적으로 이루어진 결과물이다.

북한의 언어관이나 정책의 특수성으로 보아 국어 연구 내지는 철자법 문제를 순수한 언어과학의 대상으로 다룰 수 없는 한계성이 있으나, 그래도 그 이전의 시기에는 비교적 언어의 내부적 요구를 중요시하여 왔다. 그러나 '규범집(1966)'에 이르러는 김일성의 64년의 1·3 교시와 66년의 5·14 교시를 '網領的으로 받들고' 소위 主體思想의 언어 이론으로 무장되고 그것을 다그쳐 나가려는 강력한 정책의 수단으로 제정, 공포된 것이었다. 이러한 변혁은 일련의 정치적 목적과 맥을 같이하는 것으로 당시의 언어정책은 민족주체사상에 입각한 民族語 確立이라는 것이었으며, 이에 따라 민족어의 전형은 종래 서울 중심의 '표준어'가 아니라 혁명의 수도인 평양에서 조성된 말 즉 '문화어'가 중심이 되어 국어를 통일적으로 개혁해야 한다는 것이다. 이러한 정치적 목적을 내재하고 있는 '문화어'는 당연히 비언어적 특성을 가질 수 밖에 없으며, 언어 법칙으로 지배되는 질서가 아니라 언어 외적인 요구에 따라 언어의 질서가 人爲的으로 개편된 결과물이었다. 그렇기 때문에 문화어 운동에서 거둔 성과 가운데 비록 긍정적인 부분이 있다 하더라도 그 저의에 대한 경계와 그 진의의 향방을 바르게 이해해야 겠다. 이러한 문화어에 대한 이해를 돕기 위해 남성우(정재영 공저 1990)에 제시된 그들의 문화어 규정을 참고하기로 한다.

1) 근로 인민 대중이 목적의식적으로 건설한 혁명적으로 세련되고 문화적으로 다듬어진 언어이다.

2) 당과 수령의 '주체적인 언어사상'을 구현한 언어이다.

3) 혁명의 붉은 수도 평양을 중심으로 발달한 가장 아름다운 언어이다.

4) 민족어의 전형이다.

이상과 같이 전통적인 '표준어'의 破棄와 '문화어'의 출현은 언어의 단절이라는 매우 중요한 의미를 갖는다. 이는 문화어가 출현하기 전에는 최소한 언어만이라도 남북이 하나의 공통어를 갖고 있다는 동질성이 확인되었으나 이제는 남북한이 각각 다른 기준어를 갖게 됨으로써 두 체계의 국어가 한반도에 존재한다는 단절감을 갖게 한다. 그리하여 문화어의 출현은 남북 언어의 分斷이라는 또 하나의 분단을 가져온 민족적 비극이라는 책임을 면할 수 없다.

Ⅳ-2. '규범집(1966)'의 주요 규정

이제 각 항의 규정 가운데에서 특징적인 것만을 '철자법(1954)'과 대비하면서 그 차이점을·살펴 보기로 한다.

Ⅳ-2-1. 맞춤법 규정

<총칙>은 '철자법(1954)'의 5개항 중 2개항만을 채택하고 있는데, 형태주의 표기 원칙과 橫書法을 재확인한 것이 그것이다. 그런데 일부 표음주의 원칙에 대한 규정이 배제되어 눈길을 끈다.

1. 자모의 수와 차례 그리고 이들은 '철자법(1954)'의 것을 그대로 이어 받았다. 자음 19, 모음 21 모두 40개 자모로 규정하고 있는데 이것은 '통일안(1933)'의 24자모와는 크게 다르다. 이와 같은 차이를 빚은 까닭은 '통일안(1933)'이 자모를 文字素로 본 데 반하여 '철자법(1954)'은 음소를 단위로 잡았기 때문이다(1장).

2. 변칙 용언의 표기를 '철자법(1954)'과 같이 표음 원칙을 따르고 있어 <총칙>의 규정얼 위반하는데도 불구하고 그에 해당하는 규정을 삭제한 것은 잘못이었다(10항).

3. 어간 모음 [ㅣ, ㅐ, ㅔ, ㅚ, ㅟ, ㅢ]인 경우 '여, 였'으로 적는 규정은 '통일안(1933)'과 다르나 '철자법(1954)'과는 같은 것으로 이것 역시 <총칙>에 위배된다(11항 3).

4. 준말의 표기에서 '가하다-가타, 多情하다-다정타'로 적음으로써 '철자법

(1954)'에서 '가ㅎ다, 다정ㅎ다'로 한 규정을 삭제하였다.

5. '철자법(1954)'에서 규정한 사이표(')를 없앤다는 규정을 두었다.

6. 부사의 접미사 '이', '히'가 분명치 않을 경우, 어간에 '하다'를 붙일 수 있는 것은 '히'로, 그렇지 않은 경우는 '이'로 적는다고 하여, '철자법(1954)'의 규정을 한층 명료하게 했다(24항).

7. 'ㄹ'로 시작되는 한자어는 어느 위치에서나 본음대로 적는다('철자법(1954)' 6항)는 규정을 바꾸었으며, 특히 아래와 같은 한자어는 변한 소리대로 적는다고 하여 어두의 'ㄹ', 'ㄴ' 또는 'ㅇ'으로 적는 예외를 인정하였다(26항): 나팔(라팔 喇叭), 나사(라사 螺絲), 남색(람색 藍色), 노(로 櫓) 등.

IV-2-2. 띄어쓰기 규정

종래의 철자법 편제에서 띄어쓰기는 한 장의 성격으로 삽입되어 있었는데, 이것을 따로 떼어 맞춤법과 대등한 위상의 체계로 다룬 것이 특징이다. 그리하여 총칙에서 '단어를 단위'로 하여 띄어 쓴다고 한 원칙은 겉으로 보기에 기왕의 원칙과 다를 것이 없는 듯하나, 단어의 개념을 분석적으로 보았던 종래의 입장을 바꾸어 종합적으로 봄으로써 큰 변화가 일어났으며 '자모를 음절 단위로 묶어 쓰는 특성을 고려하여 특수한 어휘부는 붙여 쓰기로' 한 예외 규정을 둔 것도 큰 변화였다.

8. 吐의 유무를 단어 경계의 기준으로 삼아 토 없이 결합하여 한 대상이 되는 단위는 한 단어로 본다고 하여 종합적인 입장을 취하고 있다(2항).

> 사회주의농촌건설을 힘껏 돕는다.
> 공작기계새끼치기운동을 일으켰다.
> 15세기중엽 사회경제형편을 보면

이 규정은 종전의 원칙과 대비하여 크게 달라진 특징으로 지적되며, 이로써 복합어를 내부적으로 분석하여 띄어쓰는 일이 없게 되었다.

9. 고유명사는 붙여 쓴다(2항). 8의 원칙은 일반적인 대상만이 아니라 고유

명사나, 고유명사에 붙는 호칭까지도 붙여 쓰기로 했다(2항. 2, 3).

> 로동신문, 리순신훈장
> 고고학및민속학연구소
> 이옥희아주머니의 솜씨

이에 대해 '철자법(1954)'은 여러 개의 단어로 이루어진 고유명사는 각 단어마다 띄어 쓴다고 규정하여 '로동 신문, 삼국 유사, 제일 인민 학교'와 같이 하였으며 사람 이름의 성과 이름을 띄어 썼다.

10. 불완전명사는 붙여 쓴다(3항).

> 지금 바로 종을 칠것
> 더 말할나위가 없다

'신철자법(1949)'과 '철자법(1954)'에서는 별도의 규정이 없던 것을 신설한 조항이다.

11. 대명사는 띄어 쓰는 것이 원칙이나 불완전 명사와 어울린 것만 붙여 쓴다(8항): 이것, 그이, 저분.

12. 보조 동사나 보조 형용사는 붙여 쓴다(10항): 돌아가다, 짊어지다, 벌어지다, 읽고있다, 가는가싶다, 오고말고.

'철자법(1954)'에서는 동사, 형용사에 관한 띄어쓰기 규정을 따로 두지 않았다. 그에 반해 여기서는 세부적인 현실적 문제들을 명시적으로 규정했다.

전체적으로 집약되는 특징은 종전의 띄어쓰기 원칙이 가능하면 띄어 쓰는 경향을 취했던 것인 데 반해 이것은 역으로 크게 모순되지 않는 한 띄어쓰는 것을 지양하고 붙여 쓰자는 태도를 취한 점이다. 결국 이러한 기본태도의 설정에 따라 총칙의 원칙을 해치지 않는 한 보조 용언이나 불완전 명사와 같은 형식 요소들은 붙여 쓰도록 규정하였다.

13. 두 개 이상의 용언이 어울렸다 하더라도 하나의 동작, 상태를 나타내는 것이 되어 하나로 녹아 붙은 것은 붙여 쓴다(10, 15, 18, 19항): 먹고떨어지다,

간밤에, 이다음, 어느새, 한결같다, 할것없이, 두말말고, 아닌게아니라.

용언들이 결합하는 관계나 몇 개 단어들이 어울려 관용구로 쓰이는 여러가지 미묘한 관계를 주로 의미의 단위성에 준거하여 붙여 쓰는 쪽으로 규정(3, 4, 5장)하고 있다. 이와 같은 일련의 규정은 종래의 것들을 크게 바꾼 것이며, 여기에 제기될 수 있는 문제점으로는 총칙에서 밝히고 있는 기본원칙과 상충하는 모순을 빚을 우려가 있다는 것이다. 보다 객관적인 기준을 설정하여 다듬게 되면, 서사언어생활의 상황 변화에 따른 긍정적인 변화로 평가된다.

14. 학술용어의 표기도 위의 취지에 따라 결국 하나의 대상으로 묶어지는 덩이를 단위로 띄어 쓴다고 하였다(22항): 작은물병아리, 나도국수나무, 꿩의다리아재비.

15. 그리고 한자 숙어의 경우도 붙여 쓰는 원칙을 취했다(23항): 련전련술, 오십보백보, 대대손손, 동서남북.

IV-2-3. 문장부호에 대한 규정

'규범집(1966)'은 맞춤법, 띄어쓰기에 이어 문장부호법을 두고 있다. "문장부호는 문장들, 문장 안의 각 단위들을 뜻과 기능에 따라 갈라주기 위하여 친다"고 총칙에서 밝혔으며, '철자법(1954)'과 비교해 볼 때, 명칭에서 '찌레'를 '이음표'로 바꾼 것과, ( ) 반달괄호, [ ] 꺾쇠괄호의 기능과 명칭을 구분하였으며 풀이표(—), 밑점(...), 숨김표(000), 같음표(〃), 물결표(~) 등의 5가지를 추가하여 모두 17개로 하였다. 뿐만 아니라 '규범집(1966)'의 규정문은 보다 구체화하고 정밀화되었다.

V. '조선말 규범집' (1988 개정안)[10]

V-1. '조선말 규범집' (1988 개정안)의 개요

---

10) 『조선말규범집』, 조선민주주의인민공화국 국어사정위원회, 사회과학원출판사, 1988.

  ‘조선말 규범집’(1988 개정안) (이하 ‘규범집(1988)’로 약칭함)은 ‘규범집
(1966)’을 개정한 것으로 가장 최근 즉, 현행의 맞춤법 규정이다. 이것의 체제
는 맞춤법(7장), 띄어쓰기(5장), 문장부호법(20장), 문화어발음법(10장), 내려쓰
기의 5부로 구성되어 있다. ‘규범집(1966)’의 체계와 세분화된 항목들을 모두
그대로 두면서 보다 큰 장으로 재구성하였다.

  이 개정된 ‘규범집(1988)’의 가장 큰 특징은, 기존의 ‘규범집(1966)’의 용어법
이 주로 한자어로 되어 있던 것을 모두 고유어로 바꾸어 놓았다는 것이다. 그
렇게 볼 때, 이 ‘규범집(1988)’은 ‘규범집(1966)’의 용어 수정본으로 이해된다.
그 개정된 용어들의 주요 예들을 대비해 보면 이러하다. 어간-말줄기, 설측음
-혀옆소리, 음절-소리마디, 합성어간-합친말줄기, 합성어-합친말, 어근-말뿌
리, 접두사-앞붙이, 접미사-뒤붙이, 폐쇄음-닫김소리, 의성·의태어-본딴말,
한자어-한자말, 접속토-이음토, 종결토-맺음토, 호칭어-부름말, 삽입어-끼움
말, 감동어-느낌말, 동화현상-닮기현상 등이다.

V-2. ‘규범집(1988)’의 주요 규정

V-2-1. 맞춤법 규정

  1. ‘규범집(1988)’은 그 맞춤법 총칙에 ‘규범집(1966)’에 들어 있는 가로쓰기
원칙을 따로 떼어 말미에 별도의 ‘가로쓰기’를 두었다.
  2. 맞춤법 2항에서 자음의 배열 순서를 ‘ㄱ, ㄴ, ㄷ, ㄹ, ……, ㄲ, ㄳ, ㄵ, ㄺ,
ㄻ, ……’으로 하던 것을 ‘규범집(1988)’에서는 ‘ㄱ, ㄲ, ㄴ, ㄵ, ㄶ, …’등으로 예
시하고 있다. 이로써 오래도록 관용되어 온 자모의 순서가 달라졌고, 이에 따
라 사전의 올림말의 순서도 크게 달라지게 되었다.
  그리고 ‘ㅇ’의 명칭이 ‘규범집(1966)’에서는 ‘으’이던 것이 ‘규범집(1988)’에서
는 ‘웅’으로 바뀌었다. 즉 ‘ㅇ’의 초성 자음으로서의 기능을 인정하지 않고 오
로지 을절말 자음의 기능만을 인정하고 있는 것이다(2항).
  3. 변칙용언 표기에서 다음의 예들을 첨가하였다(10항).

　　　　10항 8) 고프다— 고프고, 고프지, 고파, 고팠다……('으'변칙)
　　　　　　9) 푸다— 푸고, 푸지, 퍼, 펐다……('우'변칙)

　4. 사이표(')를 없앤다는 규정을 삭제했다('규범집(1966)' 18항).
　5. 어근과 접사의 파생어 형성에서 'ㄹ'탈락을 인정하는 표기 규정을 신설하였다(20항): 가으내, 무질, 겨우내, 바느질.

　　V-2-2. 띄어쓰기 규정

　띄어쓰기는 '규범집(1966)'에서 제시한 기본 원칙을 충실하게 이어 받고 있는 것으로 '규범집(1988)'은 그 기준의 모호성을 제거하기 위하여 원칙을 더욱 정밀하게 규정할 필요를 느꼈으며 이에 따라 예들을 보충한 것 외에는 특별한 사항이 없다. 이에 더 추가된 예들을 보면 다음과 같다.
　6. 명사들이 吐 없이 직접 어울린 경우의 띄어쓰기에 대한 제 2항의 내용을 보충하여 더욱 정밀화하였다. 이때의 원칙은 역시 '하나의 개념을 가지고 하나의 대상으로 묶어지는 덩이를 단위로 띄어쓴다'는 것이다.
　1) 일반적인 대상을 나타내는 경우,
　　　가) 정부조직과 직명 사이의 줄어들지 않는 여부에 따라서
　　　　조직계획처 처장.
　　　나) 일정한 단계를 이루면서 결합될 때 띄어 쓴다.
　　　　지난해 늦가을, 어느날 이른새벽에.
　　　다) 부문, 분야, 기관, 담당, 관계를 나타내는 때는 앞말에 붙여 쓴다.
　　　　관계부분 일군들, 사회과학과목관계 교원들.
　2) 고유한 대상을 나타내는 경우에는 '개념상 하나의 대상으로 묶어지는 덩이를 단위로 띄어 쓴다고 원칙을 명시하였다.
　3) 고유한 명칭의 앞뒤에 보통 명사적인 것이 어울린 경우에 고유명사와 보통 명사는 띄어 쓴다.

　　　　최고인민회의 대의원, 조선중앙방송위원회의 탁구선수,

로동행정부 지시, 조선민주주의인민공화국 정부 성명.

7. 특수한 말, 특수한 어울림에서의 띄어쓰기를 세밀하게 보충하였다(5장): '규범집(1966)'의 5장 "섞갈리기 쉬운 것들의 띄어쓰기"와 6장 "특수한 말의 띄어쓰기"를 통합하여 보충하고 개정하였다. 이 부분에서는 표기 예들을 보다 단순화하였다.

8. 동격명사는 띄어 쓴다는 조항을 신설하였다(17항).

신문≪민주조선≫창간, 박사 김준석동지 집필원고.

9. 고유어로 뇐 선문용어의 띄어쓰기에 내한 규정과 속담, 싱구에 대한 띄어쓰기 규정을 신설하였다(21, 22항).

V-2-3. 문장부호법에 대한 규정

'규범집(1988)'에서는 문장부호에 대하여 그 용법을 매우 구체적으로 상세하게 규정하고 있는 점이 특징적이다.

10. 문장부호의 이름을 바꾸었다(1항). 이렇게 문장부호의 이름을 바꾸는 것 또한 모든 문법 용어를 수정하는 작업에 맞추어 실행된 것이다. 다음의 바뀐 용어들을 보기로 하자.

의문표-물음표, 감탄표-느낌표, 반달괄호-쌍괄호.

11. 동격어 뒤에서도 반점을 칠 수 있다고 개정하였다(5항 6).

12. 물음표 사용에 있어서 표현을 꾸미기 위한(수사학적 물음) 문장에서도 물음표를 사용하지 않고 점을 치는 것으로 바꾸었다(6항).

13. 풀이표에 대한 조항에서 특수한 글에서 주어와 술어가 吐없이 맞물렸을 때 그 사이에 칠 수 있다고 하여 용례를 첨가하였다(9항 6).

철호-통신병, 나-≪갈매기≫호 선장

14. 거듭인용표(< >) 조항을 인용표 조항에서 분리하여 독립된 항목으로
설정하였다(12항).

15. 괄호에 대한 조항을 매우 간소화하였다(13항).

　　쌍괄호– 본문의 보충말과 인용의 출전을 표시할 때.

　　꺾쇠괄호– 괄호가 두 번 중복될 때 바깥 것은 꺾쇠괄호로 한다.

VI. 맺는말

이상 북한의 표기법 체계의 원리와 그 변항에 대해 살폈다. 한마디로 집약
할 수 있는 결론은 形態主義와 形態音素論的인 表音主義를 합리적으로 절
충하여 짜여진 '한글 맞춤법 통일안(1933)'의 체계원리가 그대로 유지 계승되
어져 있다는 사실의 확인이다.

표기법에서 가장 난해한 문제가 되고 있는 발음의 현실과 형태 관념의 대
응관계에서 제기되는 갈등을 그들의 특수한 언어의식의 기반 위에서 풀려고
한 부분적인 노력과 혼선이 있었다는 것도 알 수 있다. 그럼에도 불구하고 그
들이 의도하는 방향에서 소위 目的意識的인 표기법을 도출해 낼 수 없었던
것은 역시 언어의 본질을 歪曲, 誤導했던 것에 기인한다.

위의 논의에서 지적한 사항들을 요약하는 뜻에서 간략한 對比表를 제시하
기로 한다.

<표>

| | 표기법 | | | | | | 띄어쓰기 | 문장부호 |
	자모체계	분리부	어두 한자음 ㄹ, ㄴ	설측음	활용어미	준ㅎ 표기		
통일안 (1933)	24 자모체계	규정없음	구개음화인정 ㄴ, ㅇ으로 표기	'ㄹ, ㄹ' 걸레, 벌레	변칙활용 인정 오르다 올라 올랐다	준ㅎ표기 인 정 격음표기 불허	단어는 띄어쓰고 토는 붙여 씀	부록으로 다룸
신철자법 (1949)	·명시하지 않음 ·신문자 6개 설정	경음 및 구개음 표기에 사용	구개음화 부정 ㄹ, ㄴ으로 표기 '량심, 라팔'	ㄱ) 한 형태부 내 'ㄴ' 거레, 버레 ㄴ) 두 형태부 사 이 'ㄹ, ㄹ' 홀로, 길로	오르다 오라 오랐다	규정없음	규정없음	규정없음
철자법 (1954)	복합자 포함 40자모 신문자 폐기	사이표로 개칭	구개음화부정 '량심, 라팔'	'ㄹ, ㄹ' 걸레, 벌레	올라 올랐다	다정하다 다정타	단어는 원칙적으로 띄어 씀	규정있으나 미약함
규범집 (1966)	40자모	사이표 폐기 명문화	부분인정 나팔, 나사, 량심	걸레, 벌레	올라 올랐다	다정타	하나의 의미 덩어리는 붙여 씀	대폭 보강함
규범집 (1988)	40자모	사이표 폐기 규정 삭제	부분인정 요기(료기) 오뉴월(오류월)	걸레, 벌레	올라 올랐다	다정타	토가 없을 때 하나의 개념을 가지고 하나의 대상으로 묶어지는 단위로 띄어 씀	보강하고 용 어를 수정함

참고 문헌

김민수(1989), 「북한의 국어연구」, 일조각.

유목상(1989), "북한의 맞춤법", 「북한의 말과 글」, 고영근 편, 을유문화사.

남성우·정재영(1990), 「북한의 언어생활」, 고려원.

전수태·최호철(1989), 「남북한 언어 비교」, 녹진.

이승욱(1989), "북한의 문화어에 대한 연구", 「동아연구」 18.

_____(1990), "북한의 국어 형성과 그 연구의 顚末", 「동아연구」 20.

「조선어 철자법의 기초」(1), (2), 「조선어 연구」 1권 5호. 1949.

「조선어 철자법」, 과학원, 1954.

「조선말 규범집」, 내각직속국어사정위원회, 사회과학원출판사, 1966.

「조선말 규범집」, 국어사정위원회, 사화과학출판사, 1988.

<동아연구 22집, 서강대 동아연구소, 1991>

연변 조선족의 언어실태와 그 특성

많은 의문의 문제들 가운데 본장에서 우리가 가지는 관심의 초점은 조선족의 언어 문제이며, 그들의 언어생활에서 어떠한 일들이 벌어졌으며, 부단히 가중됐을 언어적 침해와 간섭은 어떠한 것이었고, 또 그것에 맞서서 어떻게 대응해 왔는지 그리고 지금의 실태는 어떠한 특성을 가진 것으로 나타나 있는지 하는 여러 국면의 문제에 모아진다. 그 까닭은 민족과 언어를 본질적으로 표리일체의 관계로서 이를 떠나서는 존재할 수 없기 때문이다. 아직도 이러한 문제를 극명하게 밝힐 수 있는 연구 환경이 성숙된 여건은 아니다. 그러므로 이 작업에도 여러가지 제약이 있게 마련이지만, 특히 문헌자료를 비롯하여 현지의 언어적 정황을 깊이 있게 파악할 수 없는 脆弱性을 가질 수밖에 없다는 것이 큰 장애라 하겠다. 이러한 문제는 앞으로 광범하게 보완해야 할 일로 남겨 두려니와, 우선 우리 눈앞에 갑자기 다가선 과제인 만큼 연구의 기초를 다진다는 성격의 작업에 만족할 수밖에 없을 듯하다.

그러한 뜻에서 다음에 조선족의 언어생활의 특수성을 살펴 볼 것이고, 특히 그들의 언어생활에서 제기된 여러 가지 특수한 언어현상들에 대하여 차례로 고찰해 가겠다.

1. 조선족의 언어생활

중국은 한족을 주체로 하는 다민족 국가다. 당중앙 제11기 제3차 회의 이후 민족정책이 새로운 국면으로 발전한 것이 사실이나, 그것은 전시대에 비해 상대적으로 나아졌다는 것이지 오랫동안 쌓여온 소수민족과 주체민족의 관계가 일시에 해소된 것으로 이해할 문제는 아니며, 정치, 경제, 문화 등 각 분야에서 여전히 직접적인 영향을 받는 상황이다. 이와 같은 관계는 언어생활에 있어서도 그대로 반영되며, 그것은 오히려 당연한 것으로 수용된다. 중국의 공용어는 漢語다. 따라서 이것은 모든 소수민족에게도 적용되는 공통어이다. 그러나 이 원칙과 함께 각개 민족의 자치주에는 그 민족의 언어를 별도의 공용어로 인정하는 복합공용어제도[1]를 채택하고 있으며, 이에 따라 조선족 자치주에는 한어와 함께 우리말이 공용어로 규정됨으로써 조선족의 언어생활에서 우리말이 차지하는 위상이 공식화되었다. 그리하여 조선족은 복합공용어를 가지는 민족공동체로 되어 있으며, 결국 이중언어자들의 사회를 구성하고 있는 현실이다.

다시 말해서, 현재 조선족의 언어는 중국이라는 국가의 공통어인 한어를 상위어로 하면서 특정지역의 특정민족에게 필요한 하위어를 인정하게되는 제도에 따라 우리말이 하위의 공용어가 됨으로써 우리말로 생활하며 계승, 발전할 길이 제도적으로 보장되어 있는 이중언어의 특성을 가진다. 이러한 제도는 소련과 중국을 비롯하여 많은 사회주의 국가에서 그들의 국가목표나 민족정책을 균형있게 이끌기 위해 절충적 장치로 수용된 언어정책이었다. 그러므로 특수한 조건들이 적극적으로 간섭하는 상황 아래서 매우 제한적으로 쓰이는 소수민족의 언어, 즉 우리말은 한어를 비롯한 여러 민족어로 둘러 쌓인 이른바 언어섬의 특성을 가질 수밖에 없다. 언어섬은 일반적으로 그것을 존속, 유지하는데 있어 끊임없는 外的 壓力의 위협을 받는 상황에 놓이며, 그러므로 대부분의 경우 지배언어에 동화되고 마는 한시성을 가지는 것이 통례다. 조선족의 우리말이라고 해서 이러한 속성의 영향을 완전히 벗어나 순수한 독자적 언어원리대로 발전할 수 있는 여건은 결코 아니며, 알게 모르게 우리말의 고유영역이 타의 끊임없는 침해를 받을 것이고 그것을 自衛防禦하지 않는 한 앞날이 보장될 수는 없다. 언어섬을 이루는 데까지 이르렀는지는 알 수 없으나, 지난 시대에 겪은 중국 이주민사가 말해주는 우리 민족과 언어의 실종은 오늘의 조선족과 우리말에 대하여 깊이 생각하게 하는 교훈이 아닐 수 없다. 중국의 국가적 시각에서 보면 원칙적으로 다민족, 다언어를 당연시하는 것이 아니라

---

1) 복수국어제나 복합국어제에 대한 자세한 내용은 김민수「언어와 민족의 문제」, 이중언어학회지 참조.

는 것은 확실하며 다만 현실의 임상적 처방에 지나지 않는다고 할 때 이러한 언어섬의 폐쇄적인 고립성을 더욱 강화하는 방향으로 유도해 가는 것이 바람직할 것이고, 마침내는 국가 공통어에 융합동화하는 원대한 목표를 지향할 것이기 때문에 이와 맞서 민족어를 보존하려는 민족간에는 목적하는 바가 상반하는 저항성의 대립의식이 있게 마련이다.

중국의 소수민족어의 하나로 인정받은 우리말이 길이 보존되고 발견하기 위해서는 최소한 다음과 같은 전제조건이 충족되어야 한다. 첫째로 민족정책의 기본원칙에서 각개 민족어를 보장하는 제도적 장치가 확보되어 있어야 하고, 둘째로는 우리의 민족공동체가 대단위로 확고히 서 있어서 응집된 민족의식으로 강한 구심력을 이루어 집단적 활동을 지속할 수 있어야 한다. 이 두가지 조건은 언제라도 변할 수 있는 가변성의 것이며, 거저 주어지는 것이 아니라 부단한 민족적 집념과 노력이 없이는 보장받을 수 없는 것이다. 이것을 역으로 풀어보면 조선족의 이중언어생활에서 우리말을 지키는 문제는 단순히 일상생활의 편의성의 차원이 아니라, 비록 언어섬의 환경조건에 묶인 고립된 상태일 망정 그것을 지킴으로써 이것을 구심체로하여 민족을 하나로 묶을 수 있고, 그 단합된 힘으로 민족적 활동을 펴 나갈 수 있는 힘의 원동이 된다는 점에서 민족의 생존조건이라 할 수 있다. 이런 뜻에서 그 동안 조선족이 가진 역경의 악조건을 극복하면서 우리말을 지키고 발전시켜 온 의지와 활동들은 바로 이러한 배경에서 민족 생존의 기반과 역량을 축적하기 위한 것이었다. 그렇기 때문에, 그것들은 본국에서의 활동이나 성과와는 견줄 수 없는 다른 차원의 문제로서 높이 평가할 일이다.

2. 조선족의 언어문제에서 제기되는 특수한 현상

조선족의 언어생활이 현재와 같이 우리말과 한어를 사용하는 제도로 정착되어 본격적인 이중언어생활의 발전단계에 접어든 것은 1945년 이후의 일이다. 그전의 정황은 우리 민족이 나라를 잃고 표류하고 있던 시기에 유독 언어만이 제중심을 지탱하면서 지켜갈 힘을 유지할 여건이 아니었다. 따라서 언어

생활도 뿔뿔이 흩어져 표류할 수밖에 없었으니, 그래도 안으로는 우리말을 보존하려는 의지를 잃지 않은 채 그들을 둘러 싸고 있는 異言語와의 접촉이 불가피한 상황에서 밖으로부터의 충돌과 간섭을 면할 길은 없었다. 그러한 침해는 당연히 세대를 거듭할수록 더 심화되고 현실적인 실리를 쫓는 일부 계층의 사람들은 모국어를 포기하는 사태에까지 이른 것도 사실이다.

　과거 조선족이 겪어온 언어생활의 실상을 낱낱이 알 수는 없으나, 표류하던 시기의 한 단면을 살필 수 있는 사례를 제공한 朱河龍 일가의 언어정황조사는[2] 우리에게 시사하는 바가 크다. 여기 조사의 대상이 된 주하룡은 본시 함북 회령에서 농사를 짓고 살던 사람으로 1920년대에 일제의 억압에 못이겨 솔가하여 越境, 길림성 용정현에 와 역시 농사를 짓게 된 평범한 이주민이다. 그 후 그 집안은 5대가 이어지면서 83人의 자손을 두게 되고(19人은 死亡) 주거지도 여러 곳으로 흩어지게 되는데 대다수는 역시 연변에 살며, 그 중 51人이 농촌에, 32인은 비농촌에 사는 것으로 나타난다. 이 조사에서 보이고 있는 이들의 언어 구사능력의 분포를 보면 이중 및 삼중언어자의 유형이 다음과 같이 6가지로 나타나는 것으로 되어 있다.

	유　형	人 數	在世人數	代 數
1	朝語·古漢文 雙語	2		2
2	朝語·俄語 雙語	1		2
3	朝語·古漢文·俄語 三語	1		1
4	朝語·古漢文·漢語(普通話) 三語	1		3
5	朝語·日語·漢語 三語	3	3	3, 4
6	朝語·漢語 雙語	17	17	2, 3, 4

　여기 '古漢文'으로 분류한 것은 한문을 우리 독음으로 읽고 그 문장을 이해하는 문어적 언어능력을 가진 경우로서 천자문이나 史書五經類에 능한 사람을 가리킨다. 따라서 '朝語·古漢文 雙語'의 유형은 전통적인 교육을 받은 지

---

2) 崔吉元, 「朝鮮族 朱河龍一家 五代人的 單, 雙三語情況調査」, 중국어문, 1984. 6. p.439.

식인에 해당하며, 俄語, 漢語와의 관계는 여기가 삼국의 交界地區라는 특징
이 반영된 결과이고, 일어는 일제의 침략에 연유한 관계다.

이 조사 통계는 여러 가지 측면에서 분석과 해석이 있을 수 있겠으나, 여기
서는 이들 일가가 현재와 같은 (6의 '朝語·漢語 雙語') 이중언어자로 정착되
기 이전 단계에서 얼마나 혼란스러운 언어환경을 걸어왔는가를 지적하는데 그
치기로 한다.

오늘의 조선족의 국어문제는 대외적으로 한어와의 병존관계를 유지, 발전시
켜야 할 부담을 안고 있는 한편 대내적으로는 국어를 보존할 뿐만아니라 갈고
닦아 그 효율성을 극대화해야 할 양대관계를 가진다.

이 두가지 과제는 각기 다른 차원에서 제기되는 문제로서 서로 긍정적으로
작용하는 면도 있지만, 본시 이질적인 두 언어의 공존관계란 전적으로 보완적
일 수만은 없으며, 오히려 서로를 侵害, 干涉하는 장애가 되기 때문에 여기서
는 이러한 對漢語 관계의 어려운 문제는 논외로 하거니와, 소극적일 수밖에
없는 내적인 대응의 문제라고 할 우리말의 현실적인 단면을 살핀다.

조선족의 우리말은 우선 표준어의 문제에서부터 기준어의 대상을 무엇으로
하느냐 하는 어려움에 직면한다. 원론적으로 하자면 조선족은 그들이 처해있
는 특수한 사회여건을 반영하는 '기초방언'을 사정하여 독자적인 표준어로 삼
는 것이 되겠지만 아직은 그러한 단계까지 발전된 상황이 아니다. 독자적 발
전으로 가는 기반구축의 단계에 있는 오늘의 상황은 역시 모국의 표준어에 기
초를 두지 않을 수 없는 것이 현실이다. 이 현실성에 대하여 중국의 기초방언
을 따로 정할 수도 없거니와 따로 정할 필요도 없다는 근거를 정경언(1989)은
다음과 같이 지적하고 있다.

(1) 조선족들 자체의 독립적인 정치, 경제, 문화의 중심이 없고,

(2) 그에 따르는 언어 중심이 있을 수 없으며,

(3) 지금까지 써온 표준어 체계가 있기 때문[3]이라는 것이다.

그러면서, 역사적으로 이미 형성된 모국의 표준어를 기준으로 잡을 것을 주

---

3) 정경언, 「중국 조선어의 어휘규범화에 대한 소견」, 조선학 연구 제1권, 연변대학 출판사,
   1989. p.322.

장한다. 그런데 여기에도 쉽게 극복할 수 없는 난제가 있으니, 곧 분단이후 남북의 각기 다른 기준어(남한은 '교양있는 사람들이 쓰는 서울말,' 북한은 '평양말을 기준으로 한 문화어')를 표준으로 하는 두 개의 표준어를 가지게 되었고, 점점 그 이질성이 증폭되어 대립하고 있는 이 두가지 중 어느 것을 그들의 표준어로 삼을 것인가 하는 문제가 바로 그것이다. 이것은 국어 자체의 문제도 있지만, 그 보다도 언어외적인 정치, 사회적 문제와 얽혀 미묘한 문제가 되어 있으며, 그 갈피를 잡기 어려운 것이 사실이다. 그렇기 때문에 각기 다른 견해와 주장이 있어 왔지만, 대체로 이제까지 견지해 온 '조선어 기존어휘은 그대로 쓰는 것을 원칙으로'[4] 한다는 기반 위에서 사정해야 마땅하다는 견해가 우세한 듯한데, 기존어휘라 함은 분단 이전, 즉 1945년 이전에 형성된 표준어를 이르는 것이며, 이러함으로써 현실적인 갈등을 우회하는 효과도 있다.

3. 漢語化 現象

중국의, 이른바 '주체민족어,' 즉 국가적 공통어는 漢語이며, 조선족의 우리말은 어디까지나 소수민족어의 하나일 뿐, 중국의 국어는 아니다. 그러므로 이들 언어 간의 평등성이나 자주성이 허용된다 하더라도 한어와는 상하위 관계에서 복합합용어의 특성을 가질 뿐이라는 것은 이미 앞에서 언급하였다. 결국 그러한 제약하에 놓이는 민족어는 '언어섬'의 특성을 띠게 되고, 그것은 상위 공통어로부터 부단한 간섭을 받는다는 의미도 된다. 이에 대한 불가피성을 모르는 것은 아니더라도 이 때문에 민족어의 원형이 파괴되고 기형화되어, 조선족이 이에 대하여 심각한 우려와 경계를 가질 것은 당연한 일이다. 이와 같은 현실에서 조선족이 할 일이란 한어와 우리 민족어와의 접촉은 불가피한 것으로 받아들이되 그로 인한 부정적 침해를 배제하거나 극소화시키는 방안을 세워 대응하는 것이 최선책이다. 조선족은 벌써부터 우리말을 생각하는 많은 사람들이 고난의 역경을 딛고 뜻과 지혜를 모아 당면한 문제들을 해결하고 지속적으로 발전시키기 위한 연구와 교육을 실시해 왔다. 거기에서 떠오른 많은

---

4) 정경언의 전게 논문, p.322.

일들 가운데서도 가장 긴박하고 핵심적인 일이 되었던 것은 한어화를 저지하고 그에 대한 대안을 모색하는 일이었다.

김현근(1979)[5]는 한어의 영향과 한어화는 근본적으로 다른 두가지 현상이라고 하면서, ‘한어화란 한마디로 말하면 각 소수민족어의 발달법칙과 언어습관을 무시하고 무원칙하게 한어를 받아들여서 쓰는 불량한 언어현상’이라고 그 개념을 정리하였다.

언어간의 접촉에서 가장 민감하게 반응하는 것은 음운과 어휘다. 그런데 각 언어는 저마다 고유한 음운과 어휘의 구성체계를 가지며, 그렇기 때문에 만약에 우리말의 체계에 맞추어 수용하고 차용되지 않은 침입자의 성질을 띤 한어의 요소가 뒤섞인다고 하면 그것은 우리말의 체계를 파괴할 뿐만 아니라 두 언어 중 어느 쪽의 것도 아닌 기형의 것이 된다. 따라서 濾過되지 않은 원형 그대로의 언어 요소는 철저히 배격하여 고유한 법칙체계를 보존해야 하겠지만, 그렇다고 합법적인 차용까지도 거부한다는 것은 이 또한 언어의 속성을 거역하는 일이 된다. 따라서 한어화를 극복해야 하는 당위성은 아무리 강조해도 지나치지 않거니와, 이보다 못지 않게 이 문제의 기본적인 해결을 위해 조선족에게 요구되는 요체는 한어의 민족어화에 대한 대책이라 할 수 있다.

결국 한어화의 극복은 한어의 민족어화로써 대처하는 길이 최선이 된다. 조선족은 이 부분에 있어서도 혼란을 경험했다. 사회 모든 분야가 그러했듯이 ‘文化革命’, ‘四人幇’ 시기에 겪은 혼란이 그것으로, ‘소수민족의 언어는 낙후하다’느니 ‘소수민족의 언어는 쓸모가 없다’는 식의 억설을 앞세워 소위 ‘공통성분’을 증가해야 한다면서 한어화를 극대화하는 바람에 민족어화는 숨을 죽여야한 시기도 있었으나, 지금은 오히려 이것이 반전된 상황으로 돌아와 있다. 그러나 아직도 그때에 입은 상흔이 말끔히 가신 것은 아니어서 깊숙히 침투한 그 파문이 적지 않은 장애요인으로 남아 있다.

그러면, 한어와 우리말의 어휘구성에서 나타나는 특성을 살펴 한어화와 민족어화의 한 단면을 보기로 한다. 우리말의 어휘구성은 한자어휘가 절반 이상을 차지한다. 그렇다면 한어와의 공통성분도 많을 것으로 예측되나, 그렇지 못

---

5) 김현근, 「한어화 현상에 대하여」, 연변대학학보, 1979. 3. pp.68~76.

한 까닭은 우리말의 한자음이 한어의 그것과 다르며, 문법적인 규칙도 전혀 다르기 때문이다. 가령, 같은 한자로 되고 유사한 음으로 읽힌다 하더라도 한어와 우리말은 통하지 않는데, 그것은 한어가 사성을 가지는 특성이 있기 때문이다. 한편 서로의 조어법이나 단어결합 그리고 조어에 있어서 대상을 표시하는 방법에 있어서도 같지 않은 점도 많다. 가령 한어와 우리말이 다르게 대응하는 다음과 같은 예에서도 그 이질성의 일단을 확인하게 된다.

漢 語　　　　우리말
<飛　機>　　<飛行機>
<汽　車>　　<自動車>
<火　車>　　<汽　車>
<自行車>　　<自轉車>

　한어화에 대한 우려와 그것을 극복해야겠다는 논거는 우리말을 일방적으로 밀어부치고 생경한 한어를 그대로 이식하므로써 우리말의 고유특성을 침투, 약화시키는 현상에 대한 문제이지, 한어의 사회문화적 영향이나, 정상적인 차용의 문제에 있는 것은 아니다. 그것은 오히려 사회현상과 언어와의 관계에서 어디까지나 자연스럽게 이루어지는 교류로서 양 언어간에 두루 유익히게 작용한다. 만약 이것마저 막는다면, 그것은 언어의 기능을 위축하고 발전을 저해하는 결과가 될 것이다. 그렇기 때문에 조선족의 언어접촉에서 철저하게 배제해야 할 것은 차용이 아니라 언어 外的인 압력이나 비민족어적인 한어화 현상인 것이다. 이러한 한어화 현상에서 첫째로 꼽히는 분야가 이미 앞에서 지적했듯이 우리말 안에 있는 기존 어휘를 마구 밀어 부치는 일인데 한어화 어휘의 대부분이 이러한 성격을 가진다. 가령 김현근(1979)에 제시된 예를 참고하면 이러하다.

漢語化 語彙　　　既存 語彙
상층건축　　　　상부구조
교학대강　　　　교수요강

비과   교수준비
성본   원가
족구   축구
경제기초   토대
교학계획   교수, 수업
과당토론   학과토론
초생   학생모집
유인   등사
사기   운전수, 운전사

한편, 이와 함께 몇 가지 부문에서 제기되는 중요한 문제들도 있으니, 그것
들을 추려본다.

1) 조어와 단어 결합의 수법이 한어와 우리말이 다르다.

가령, '說, 講, 談, 論'은 때로는 뜻을 서로 통하여 쓸 수 있느나, 다른 것과
결합할 때의 방식은 같지 않다. '話'와 '社'와의 결합관계에서 보면, 한어에서는
說話, 講話, 談話/社論 등이 가능하나, 論話/社說, 社講, 社談 등은 불가능하
다. 이에 반하여 우리말에서는 오히려 社說, 演說 등은 가능하나, 社論과 같
은 결합형은 이루지 않는다. 이러한 관계에서 표출되는 사례들을 보면 다음과
같다.

廢鐵 → 破鐵   吸取 → 吸收,攝取   里程碑 → 里程標
回憶 → 回想   噴氣式 → 噴射式   農忙期 → 農繁期
片面性 → 一面性   人造衛星 → 人工衛星   聯合聲明 → 共同聲明

2) 熟語나 成句 등의 결합과 조성법에 있어서도 다르다.

世世代代 → 代代孫孫   萬水千山 → 千山萬水   自私自利 → 私利私慾

3) 복합어구의 복합순위가 서로 다르다.

단어의 합성, 결합에 있어 그 순위가 바뀌는 일은 한어나 우리말에서 제
한적으로 허용되기도 한다.

한어: 互相-相互   愛憎-憎愛   喜歡-歡喜
우리말: 先祖-祖先   習慣-慣習   果實-實果

　　그러나 다음과 같은 것들은 한어를 그대로 받아들일 경우 우리말의 결합규칙을 어기는 일이 되므로 그럴 수 없다. 加倍, 證實, 畜牧, 婦産科……
　　4) 한어 그대로 우리말의 단어가 될 수 없고 첨삭이 가해지는 경우
　　　　첨가되는 경우: 産量 → 生産量　刊物 → 刊行物　導彈 → 誘導彈
　　　　　　　　　　　專家 → 專門家　新生 → 新入生　對方 → 相對方
　　　　　　　　　　　舞劇 → 舞踊劇
　　　　　　　　　　　文物 → 文化遺物　家長制 → 家父長制
　　소거되는 경우: 質量→質　白皮書→白書　食物中毒→食中毒
　　武裝力量→武裝力　不可分離→不可分　金質메달→金메달
　　5) 같은 어형의 단어인데도 의미의 연합이 한어와 우리말이 다르다.
　　　‘工作’과 ‘事業’ ; 공작계획 → 사업계획　교육공작 → 교육사업
　　　　　　　　　　　선전공작 → 선전사업……
　　　‘敎育’과 ‘敎養’ ; 계급교육 → 계급교양, 설복교육 → 설복교양
　　　　　　　　　　　사상교육 → 사상교양……
　　　‘水平’과 ‘水準’ ; 정치수평 → 정치수준　생활수평 → 생활수준
　　　　　　　　　　　문화수평 → 문화수준……
　　　‘業務’와 ‘實務’ ; 업무수평 → 실무수준　업무학습 → 실무학습
　　　　　　　　　　　업무능력 → 실무능력……

　　이밖의 한어화 현상으로 우리말이 변할 우려가 있는 경우의 유형이 적지 않을 것이나, 일반적으로 제기된 것만을 정리하는데 그치거니와, 더더욱 이같은 현상은 비단, 어휘분야에 한하지 않을 것이며, 음운, 문법의 분야에서도 정도의 차이는 있을지 모르나, 역시 한어화는 문제가 된다. 가령 우리말에서 단장(團長), 패장(排長), 쏸채(酸菜) 등으로 쓰고 있는 현상은 모두 음운 분야의 문제로서 한어음이 그대로 밀어 부친 경우라 하겠다.

4. 새 語彙의 增加 現象

　　역사적으로 한자문화권에 속해 온 우리말이 한어로부터 차용된 한자어를

가지게 된 것은 새삼 그 당부를 따질 계제가 아니다. 아무튼 한자어는 국어의 어휘구성체계에서 고유어와 맞먹는 별도의 계열을 이룰만큼 그 비중이 높아져 왔으며, 이로 말미암아 기존의 고유어휘가 한자어에 밀려 교체되는 부정적 측면의 변천과정도 거쳐 왔지만 한자의 장점 가운데 하나로 꼽히는 신조어의 생산 능력에 의해 어휘의 수급이 원활했던 것도 사실이다. 여러 가지 역사적 배경에서 생성되어 이미 우리 어휘체계에 오른 한자어는 그렇다치더라도, 새로운 생산관계에 밀려 마구 유입하는 한자어의 증가가 급격히 이루어지는 현상은 한어화와 함께 조선족의 언어문제에서 심각한 우려의 대상이 아닐 수 없다. 특히 조선족이 대하는 이같은 한자어 문제는 모국어에서의 그것과는 전혀 다른 정황에서 대처해야 할 현실이기 때문에 모국의 정책을 그대로 적용하여, 가령, 한자, 한자어를 일방적으로 축소하거나, 배제한다는 것은 비현실적이며 비언어적인 오류가 될 수도 있다. 그렇다고 방임이나 남용도 좋다는 뜻은 아니다. 어떤 적정수준을 정하여 그것을 조정하는 기능은 조선족에 의해 반드시 주체적으로 확보되어야 함은 물론이다.

<한어와의 관계>

　광복 후 조선족의 우리말은 중국의 정치, 경제, 문화 등 사회현상의 변화에 따라 많은 새 단어들이 기존의 어휘구성 안에 들어 왔다. 우리말이 다른 언어를 차용할 때는 반드시 일정한 제약을 관여시켜 수용하는데, 모든 어휘범주를 명사범주로 받아들이는 특성이 그 하나다. 한자어의 경우도 이 원칙은 지켜진다. 만약 다른 범주의 단어를 빌리겠다면 본래의 범주와 관계없이 일단은 명사적으로 수용하고 그것을 다시 용언화하거나 부사화하는 문법적 절차를 거치는 것이다. 그리고 또 하나는 원음 대로의 音借가 아니라 우리의 고유한자음으로 音譯하여 차용하는 특징이다. 그렇기 때문에 절대 다수의 한자어란 모두 이 제약규칙에 부합하며 만약 그렇지 않은 것이 있다면 그것은 한어화에 의한 일방적인 이식인 것이다. 그렇기 때문에 광복 후에 급격히 늘어난 한자어의 증가는 한어화 현상과는 엄격히 구분된다. 따라서 이 시기에 이루어지는 새 한자어의 증가 현상은 앞에서 우려했던 것처럼 무분별하게 밀어 부친 침식이

아니었으며 어디까지나 민족어화의 여과를 거쳐서 이루어진 것으로 긍정적 평가에 값한다 하겠고, 특히 이전 시대에 빈번했던 한자어와 고유어의 교체와 같은 폐단도 일어나지 않았다는 것은 이러한 인식을 한층 굳히는 하나의 방증이 된다. 간혹 교체된 예도 보이나, 그것은 '월사금->학비, 선비->지식인, 지식분자, 도회->성지, 곡마단->교예단' 등과 같이 신구어의 교체방식에 따른 것으로서 어휘 발전의 정상적인 궤도를 벗어난 현상은 아니었다.

이러한 증가 현상의 수용에 있어 제기되는 문제들을 지적하고 있는 延邊言語硏究所 言語硏究室(1984)[6]도 역시 이에 대하여 '조선어 어휘의 발전에 대한 한어의 적극적인 영향을 긍정하여야 한다'고 강조한 것은 정당하다 하겠다.

이상과 같은 한자어의 증가 현상이 조선족의 어휘구성에 현실적으로 기여하면 했지 그 때문에 민족어의 주체성이 침해되거나 약화되지는 않았다는 긍정적 평가는 합리적이며 설득력이 있다. 그러나 광복 후 지금까지 全時期를 통하여 일률적으로 변함없이 그러하지는 못했다는데 문제가 있다. 한어화 현상을 말하는 가운데서도 언급됐지만, 1958년 <大躍進> 후의 한 시기와 <文化大革命> 기간 동안에 벌어졌던 이른바 <左的偏向>은 한마디로 말하여 한어로부터 받아들이는 어휘는 모두 한어화 하여야 한다는 것으로 매우 위협적인 것이었다. 당시 이 <좌적편향>을 주도한 논조는 각 민족어가 새 어휘를 받아들이는데 있어서 다음과 같은 원칙규정을 따라야 한다는 것이었다. '각 민족언어의 공통성분을 점차 증가하는 데 유익하여야 하다', '각 민족언어에서의 공통성분의 점차적 증가는 이미 사회주의 건설시대의 우리나라 민족언어발전의 자연적 추세로 되었다', '음역의 방법은 조국의 각 민족언어로 하여금 음과 뜻을 서로 결합시킨 공통성분을 증가하는 것으로 된다. 그러므로 우리나라 각 민족이 호상 흡수하는 어휘는 마땅히 음역을 위주로 하여야 한다는 것을 긍정할 수 있다', '조국 언어의 공동성분이 증가하는 추세와 한족과 형제민족들의 언어 학습의 편리에 적용하기 위하여 한어 신차용어는 힘껏 한어병음방안의

---

6) 연변언어연구소 언어연구실, 「해방후 조선어어휘구성에 보충된 새명사, 술어」, 조선어학문집(1), 민족출판사, 1984, pp.158-177.

어음서사법을 따르거나 참조해야하는 바 이는 마땅히 공동히 준수해야 할 원칙이다[7] 이와 같은 <좌적편향>은 그들이 사상이론적인 맑스-레닌주의, 모택동 사상이나 당의 소수민족 정책에도 전적으로 배치되는 것[8]이라고 비판되었다. 그들이 말하는 사회주의 시기는 민족언어의 융합시기가 아니라, 각 민족언어가 자체의 內部發達法則에 따라 자주적으로 발전하는 시기라는 것이고, 만약 민족간의 특성을 부정하고 융합을 내세워 강요한다면 그것은 동화정책과 다를 바가 없다는 것이다. 비록 한 시기에 있었던 일이지만 그때의 우리말에 나타난 語例를 브이면 다음과 같은 많은 한어음차어가 무분별하게 섞여 들었던 것을 알 수 있다. 귀즈(果子), 멘뽀(面包), 좔쟈(專家), 촨단(傳單), 따밍따팡(大鳴大放), 따즈보(大字報), 쓰프(師傅)

한편, 이와같은 음차법의 강요와 함께 이와는 다른 성격의 것이기는 하나 우리말의 어휘구성법에선 받아 들일 수 없는 한어 어휘를 음차가 아닌 우리의 음독법으로 마구 밀어 붙인 경향도 범람하였다. 이것 또한 우리말의 어휘구성에 큰 혼란을 가져왔으니, 한어를 우리의 한자음독법으로 읽기만 하면 곧 우리말의 한자어체계에 등재되는 것이 아니기 때문에 이 역시 우리말을 침해하는 중요한 요인이 된다. 가령, 이 때문에 기존의 우리말이 음독된 한어에 밀렸던 예들이 많았던 것도 이런 현상에 의한 것으로 풀이된다.

경쟁 →경색, 계약 → 합동, 도시 → 성시, 로동자 → 공인, 연극 → 화극……

이상 두가지의 침해는 <좌적편향>의 시기가 낳은 부산물이며, 조선족의 언어생활 속에 아직도 그 여진이 남아 있을 것으로 상정되기 때문에 이에 대한 대책이 있어야 하겠고, 이러한 잔재는 반드시 淳化되어야 할 부분임에 틀림없다.

<母國言語와의 關係>

조선족의 언어문제에서 모어와의 관계를 이른바 <한칼로 벤듯이>라는 표

---

7) 연변언어연구소 언어연구실. 「해방후 조선어어휘 구성에 보충된 새 명사, 술어」, 조선어학논문집(1), 민족출판사, 1984, p.171.
8) 연변언어연구소 언어연구실의 전게 논문, p.172.

방 아래 단절하여 마땅히 두 언어 간의 차이를 확대해 가야 한다고 밀어부친 시기가 있었다. 그것은 역시 <文化大革命>때의 일이다. 이것이 옳지 않음은 더 말할 나위가 없지만, 그렇다고 상황이 다른 사회현실에서 만들어진 새 어휘를 단지 모어의 어휘구성이라는 이유 때문에 모어의 새 어휘들을 마구 옮겨 놓는다는 것도 조선족의 실정에는 맞지 않는다. 이처럼 우리민족과 우리 언어의 단일성이라는 원칙론의 단계에서부터 특수한 상황적 성격으로 규제를 받는 조선족의 언어는 이들 중 어느 쪽도 자신들의 현실을 만족시켜 주는 방법이 되지 못한다. 따라서 조선족의 우리말과 같은 것을 넓은 의미의 '언어섬'으로 보았거니와, 역시 조선족의 우리말은 그들이 처한 사회적 특수성을 배경으로 한 조선족 스스로가 언어주체가 되는 것을 요구한다. 그러할 때만이 어휘구성의 기준이 뚜렷해지고, 모어와의 관계에서 선별적으로 취사할 조정기능도 확보된다 하겠다. 그리하여 언제나 조선족의 실정과 조선족의 언어생활에서 제기되는 요구, 그리고 그 특성이 모두 반영되는 어휘구성을 이루어야 하겠다.

5. 朝鮮族의 言語 規範化

조선족의 민족어 즉 우리말이 가지는 특수성에 대하여는 앞에서 거듭하여 밝혔듯이 그들의 모국어와는 판이하게, 중국의 공용어이자 주체민족의 언어인 한어에 둘러 싸인 언어섬의 특성을 띠기 때문에 이것의 규범화에서 여러가지 문제가 제기되는 것은 당연하다. 몇 가지의 규범화 대상 가운데서도 특히 어휘 분야는 그것이 언어생활에서 차지하는 비중이 크거니와 가변성이 많아서 규범화의 주대상이 된다. 그런 만큼 이것의 규범화에는 여러가지 기본적인 문제가 있는데 기준어를 어떤 것으로 잡느야 하는 것이 가장 큰 문제다. 이에 대하여는 이미 앞에서 조선족의 언어주체는 조선족일 뿐, 모국민도 아니며 물론 한족도 아니라는 점을 밝혔거니와, 따라서 기준어도 모국어를 기반으로 하되 모국어 그 자체일 수는 없다. 분단상황에 있는 현실에서는 더더욱 그러하다. 그것이 옳든 그르든 간에 남북언어의 이질화가 심화되어온 현실이고, 또한 조선족의 입장에 서서 보면 그 어느 쪽의 기준어에도 그들의 언어실정은 반영되지 않았으니, 어느 쪽도 그들의 기준어로 적합치 않다. 그렇다면 결국 조선족의 기준어는 현재 중국에서 쓰고 있는 조선족의 우리말, 즉 제3의 기초방언을 기준어로 잡는 수밖에 없다는 말이 된다. 그러나, 이것도 그리 단순치가 ·않으며, 우선 그것은 기준어로서 갖추어야 할 기본적인 조건을 두루 갖출 수가 없었던 특수한 우리말이라는 데서 과연 그것으로 기준어를 삼을 수 있느냐 하는 문제가 제기되는 것이다. 사실 조선족은 중국 내의 소수민족의 하나로서 그 자체는 정치, 경제, 문화의 자주성이 없으며, 따라서 언어생활을 이끌고 결집시킬 언어중심이 있을 수 없다는 것이 큰 취약점이다. 한편 조선족의 우리말 속에 분포하고 있는 방언실태도 단순치 않아 마치 모국의 여러 지역어들이 모여 혼합 축소된 듯한 양상을 띠고 있어 갈피가 집히지 않는 것도 지적된다.9)

이러한 특수한 상황에서 그들은 어느 한편에 기울지 않고 합리적으로 이 문제를 풀려는 태도로써 초기단계부터 1945년 이전에 모국에서 査定, 通用하고 있던 표준어를 받아들여 '조선어 기존 어휘를 그대로 쓰는 것을 원칙'으로 한다는 기본 노선을 설정하게 된다. 많은 논란과 집회를 거쳐 채택되고 실시해온 이 원칙, 즉 분단이전 시기에 모국에서 통용되었던 표준어를 기준어로 한데 대하여는 별 이론이 없는 듯하며, 다음으로는 그 후에 각각 다르게 전개된 사회 현상에 따라 달라진 어휘구성의 문제가 당면 과제가 되었다.

조선족의 어휘규범화에 있어 우리말의 전통성과 순수성을 지키고 발전하여 나아가는 기반은 우선 위와 같이 기준어를 설정하므로써 확보됐다고 할지 모르나, 그후 사회현상의 변화나 언어의 사회기능적 측면에서 한어와의 공통성분을 증가해 가려는 실리적인 요구가 끊임없이 작용하여 이 두가지 성향는 때로는 서로를 부정하는 투쟁의 양상을 띠면서 심한 마찰을 빚어 왔다.

이 갈등은 그 정도는 다르나 지금도 상존한다고 보는 것이 옳을 것이고, 조선족의 언어문제에 있어 이것은 본질적으로 그들의 언어가 이와 같은 이중성

---

9) 각 방언 간의 상대적인 우열세관계는 있겠으나 제주도 방언을 뺀 모든 방언이 혼재하는 사실과 그 실태를 조사하여 보고한 것이 있으며, 그것은 조선족의 말을 규범화하는데 쓰일 재료을 수집할 목적으로 이루어 졌다고 한다. 宣德五, 趙習, 金淳培, 「조선어 방언 조사」, 연변 인민 출판사, 1990.

을 갖는다는 원론적인 차원에서 받아들여 져야 할 문제이다. 그렇기 때문에 이것은 어느 한쪽이 다른 한쪽을 부정하거나 배타적으로 대립하는 관계로 풀수는 없는 문제며, 어디까지나 공존할 수 있는 절충과 조화의 妙를 찾아서 균형을 잡아가는 길이 모색되어야 할 것이다. 그동안 많은 연구가들이 이러한 문제에 대하여 폭넓은 제안이 있어왔고, 그에 따라 올바른 방향에서 그들의 독자적인 규범화가 추진되어 왔다. 그러나 역시 올바른 원칙과 현실의 불협화가 심화되는 경향이 현저하며, 특히 사회생활의 여러 조건들이 한어와의 접촉을 확대해가는 趨勢임을 감안할때, 한어의 직접적인 영향은 더해 갈 것이다. 그렇기 때문에 언어 현장의 정황은 규범과 현실의 틈이 가속화할 것이고 또 그 범위도 확산될 것이 예측된다. 만약 이러한 틈을 좁히는 일을 게을리 하거나 방치한다고 할 때는 결과적으로 언문불일치의 바람직스럽지 못한 언어생활이 될 우려도 없지 않다. 가령, 그들의 문장어에서는 '로동자'라 하는데 일상으로 말할 때는 거의 모두가 '공인'이라고 하는 것과 같은 이중성은 시급히 극복해야 할 일이다. 이것은 굳이 기준어를 엄격히 적용한다는 원칙에만 집착할 것이 아니라 한어화한 어휘는 철저히 沮止하되 차용 규칙에 따라 조성한 어휘는 현실에 맞게 병용 내지는 교체해 나가야 할 것이다. 이것은 조선족이 중국의 소수민족의 한 단위민족으로서 그들의 언어사회적 기능을 원활히 하고 능률을 극대화하여 민족 발전을 促進한다는 의미에서도 전통성이나 순결성만을 강조하여 주춤거리는 것은 결코 민족의 이익에도 부합하는 일이 아니다. 이러한 총론적인 기초 위에서 조선족의 언어생활을 통일적으로 이끌면서 모든 사회현상에 적응하여 언어기능의 효율을 높일 수 있는 어휘규범을 세워야 할 것이 요망된다.

조선족의 어휘 규범화에 있어 구체적으로 제시된 여러 문제들에 대해서는 논외로 하거니와 현재의 활동과 그 성격을 살펴보는 뜻에서 정경언(1989)[10])의 規範化 原則 試案을 옮겨 보기로 한다. 그는 총 8개 항의 원칙규정을 다음과 같이 제안하였다.

---

10) 정경언, 「중국 조선어 어휘규범화에 대한 소견」, 조선어학연구 제1권, 1989 연변대출판사, pp.325-328.

　(1) 조선어의 어휘규범화는 조선어의 민족성, 과학성, 대중성의 요구에 맞게 하는 것을 원칙으로 한다.

　(2) 생명력 있는 기존어휘와 우리 민족 사이에 널리 쓰이는 어휘는 그대로 쓰는 것을 원칙으로 한다. 여기에는 다음과 같은 부류의 어휘들이 속한다면서,

　1) 이전부터 널리 써 왔고 이미 뿌리박은 기존 어휘 : 경쟁, 공업, 사회, 행복하다와 같은 말은 그대로 쓰되, 라선식을 타래식, 투통 거리를 골치거리, 등고선을 높이선, 둔각을 무딘각, 옷고름을 고름끈 등으로 교체하는 것과 같은 것은 옳지 않다고 반대한다.

　2) 해방 후에 이루어져 남북에서 함께 쓰이는 말들 : 등기우편, 유도탄, 특수강, 공중촬영, 인공위성, 비닐, 로케트 따위는 그대로 수용한다.

　3) 중국에서 산생되어 널리 쓰이고 있는 단어 : 국경일, 공안국, 사과배, 특급요원, 인민폐, 조학금, 양걸, 기공, 태극권 등은 차용 규칙에 부합하는 것으로 당연히 수용된다.

　(3) 우리말에서 쓰이는 단어들 중 동의적 관계에 있는 것에 대해서는 우리의 언어 실정에 따라 쓰기 쉽고도 널리 쓰이는 것으로 가려 쓴다.

　1) 어려운 한자어 어휘와 고유어휘가 대응되는 체계를 이루는 것들 : 밑면 ← 基面, 가루 ← 粉末, 손가락 ← 手指, 키잡이 ← 舵手, 벌떼 ← 蜂群, 장마철 ← 雨期 ……

　2) 남북에서 서로 다르게 쓰는 말들 : 싸인(O)-씨누스(X), 코싸인(O)-꼬씨누스(X)……

　병용해도 좋은 것들 : 서한체-편지체, 판서-칠판글씨, 암기-외우기, 계주-이어달리기, 헤딩-머리받기……

　(4) 어려운 한자어와 외래어는 되도록 알기 쉬운 말로 바꾸어 쓰는 것을 원칙으로 한다.

　刻板 → 새김판, 毛洗滌 → 털씻기, 石人 → 돌사람, 巨步 → 큰걸음, 氷期 → 얼음철, 貯水塔 → 물탑, 乾咳 → 마른기침……

　(5) 조선어 어휘체계를 풍부히 할 수 있고 생명력이 있는 방언 어휘와 비표준어휘는 표준어휘로 받아들여야 한다.

묶걱질, 싣걱질, 도끼나무, 밭두렁, 애동호박, 꼬까옷……

(6) 우리가 쓰고 있는 단어들 가운데서(주로 한어단어의 조선어음독어) 기존어휘 및 남북에서 쓰고 있는 단어와 대립되는 것은 후자를 따르는 것을 원칙으로 한다.

修改 → 修正, 수원 → 입원, 함수교육 → 통신교육, 수발신 → 접수신,

주교련 → 총지도, 관마교학 → 공개수업, 강화 → 연설, 특종강 → 특수강,

진수 → 연수……

(7) 새명사, 술어는 조선말 단어조성법에 맞게 만들어 쓰는 것을 원칙으로 한다.

1) 기존 언어재료로 만든 것 : 검은손, 종이범, 사상보따리, 눈보건체조, 선택과목, 투명롱구판……

2) 다른 언어에서 받아 들인 것 : 농업사, 로간부, 인민대회당, 정신문명상, 운동건강, 기서문, 자치구역, 로케트, 비닐 컴퓨터, 쾌이발, 양걸, 하다……

(8) 인명, 지명, 국가명칭, 등은 '원음에 따르고 습관을 존중'하는 원칙에 좇아 처리한다.

이상의 원칙규정을 보면 (2)에서 어휘구성의 기본조건을 기존어휘(고유어는 물론 한자어까지 포함)와 남북의 공통어휘 그리고 차용규칙에 따라 차용된 새 한자어휘로 잡은 것은 별 이론이 없겠으며, 또한 (2), (4), (5)의 규정에 대해서도 그 타당성이 인정된다. 그러나 (6)의 규정은 앞에서도 지적했듯이 다소간의 문제가 있다고 하겠다. 물론 우리말을 주체로 한 기준에 따라 따진다면 전적으로 합당한 것이 되나, 언어 현장의 실정이 이것을 혼란스럽게 하고 오히려 이것에 역행하는 경향이 우세하다면 신중한 검토가 따라야 하겠기 때문이다.

조선족의 형성은 역사적으로 우리 민족의 수난사와 맥을 같이 하며 불행했던 시대의 傷痕처럼 밑바닥에 깔린 울분과 아픔을 딛고 이루어졌다. 그렇기 때문에 그들의 민족적 응집력은 남달랐으며 또한 민족적 자존심을 지키는데 목숨을 걸고 끈질기게 살아와 지금은 중국의 소수민족 가운데서 가장 우수한 민족으로 공인받고 있다. 荒凉한 이국에서 민족이 살아남아 발전하기 위한 생

존권의 확보노력은 여러 방면에서 투쟁적으로 전개됐을 것인데 그 가운데서도 가장 보편성을 가지면서 민족정신의 공통특질을 숨蓄하고 있는 민족어를 끝까지 지켜 왔을 뿐만 아니라 그것을 구심점으로 하여 민족이 하나로 結集하는 共同體를 만들어내는데 성공적으로 대처해 왔다는 것은 조선족이 민족과 민족어의 관계를 바로 洞察한 역사의식의 발로였다. 그럴진대, 민족어는 언어, 그 자체의 능력을 뛰어 넘는 큰 힘을 가진 것이라 할 수 있다.

그렇기 때문에 조선족이 우리말을 대하는 애정와 집넘은 컸고 그것을 통하여 민족을 확인해 왔지만, 역시 중국 안의 조선족은 주체민족인 한족과의 관계에서 크고 작은 제약에 매일 수밖에 없으니, 언어문제에 있어서도 그러했다. 다시 말해서 조선족은 이중언어자일 수밖에 없으며, 한어에 대하여 우리말은 인어섬의 특성으로 존재하어 한어의 간섭에서 벗어날 수가 없다. 이에 따라 그들의 말은 정치, 경제, 문화적 주체성을 전제로 한 모국어와는 전혀 다른 언어사회의 구성조건을 가지는 동시에 여러 가지 특수한 현실적 갈등에 직면한다. 전시대를 통하여 가장 큰 문제가 되었던 것은 한어와의 대립의식에서 빚은 한어화와 민족어화의 葛藤이었다. 그리고 이밖에 한자어의 증가현상이나 어휘 규범화에 있어서도 원칙과 현실 사이에는 심한 乖離가 생겨 그것을 해결해 나가야 하는 큰 부담을 안아야 했다.

한어화와 미족어화의 대립은 중국의 소수민족정책과 직결된 문제로서 그 정책노선에 따라 변하는 가변적인 것이기 때문에 조선족은 그 기반을 고정적으로 확보하기 위해 민족공동체의 결속을 더욱 다지는 일과 함께 민족의 역량을 기르는 일에 힘을 기울여 왔다. 조선족의 특수성으로 보아 한어화를 철저히 배격하는 문제도 현실적으로 어려우며, 철저한 민족어화도 언어사회의 실정에 맞지 않는 면이 있어 非能率的인 虛構가 될 우려도 없지 않다. 따라서 조선족의 우리말은 역시 그 특수성을 기초로 하여 한어화와 민족어화의 절충과 조화를 창출해 나가되, 한어화를 극소화하는 기본입장을 지키면서 민족어화를 극대화해 나가는 제3의 언어규범화를 모색하는 지혜가 요구된다 하겠다.

<동아연구 24집, 서강대 동아연구소, 1992>

北韓의 文法規範化(形態論分野)의 變遷過程과 그 特性[*]

I. 머리말

이 연구는 北韓이 言語規範化 사업의 일환으로 추진해 온 文法, 특히 形態論 分野의 연구와 규범화가 어떻게 전개되어 왔는지에 대하여 그들이 제시한 기본적인 원리와 체계를 살펴 보는 한편, 변천과정을 추적하여 그 과정에서 드러난 문제들을 중심으로 특징적인 성격을 기술해 보는 것을 목적으로 한다.

北韓의 初期文法書는 1949년 '朝鮮語文硏究會'編의 「조선어문법」[1]이 있으며, 이것은 당시 北韓의 言語理論이나 言語政策을 실질적으로 이끌고 있던 金枓奉의 주장이 전적으로 반영된 「조선어 신철자법」(1948)[2]의 해설서와 같은 성격을 가진 것으로 그 지문에는 이른 바 신자모 6字가 쓰이기도 했다.

그러나 이것이 正論으로 널리 規範化되는 단계에까지는 이르지 못했던 것으로 미루어 당시 그들 내부에는 文法體系와 綴字法 등에 대한 異論들이 첨예하게 대립하고 있었음을 짐작하게 한다. 더군다나 그 뒤를 이어 벌어지는 일련의 사태 추이들이 이러한 추정을 뒷받침해 주기에 충분하다. 이러한 갈등의 혼돈이 마침내 절정에 이르러 정치적인 문제와 맞물린 권력투쟁의 양상을 띠고 표출된 것이 바로 1958년의 金枓奉肅淸[3]이었으며, 이로써 金枓奉의 지론에 이끌려 온 國語問題의 기반이 무너졌고, 그것은 뒤이어 1964년에 나온

---

[*] 본 연구는 1993년도 교육부 지역연구 지원금으로 이루어진 것임.

1) 朝鮮語文硏究會에 대하여는 李承旭 '北韓의 國語硏究와 語文政策', 「동아연구」 제 14호, 1988. pp.50-51에서 가능한 자료에 따라 기술했으며, 「조선어문법」은 조선어문연구회 편(평양) 조선어문연구회 간행 1949. 400p로서 高大亞細亞問題硏究所와 全北大 圖書館에 所藏되어 있다.

2) 李承旭, '北韓 綴字法의 體系와 變遷', 「동아연구」 제 22호, 1991. p.105.

3) 李承旭, '北韓의 國語硏究와 語文政策', 「동아연구」 제 14호, 1988. pp.62-63.

이른바 김일성의 1.3 교시를 통해 혹독한 비판과 함께 공식화 된다.

金科奉肅淸이라는 거센 파동이 지나고 1.3교시가 나오는 과정, 즉 1960년에 비로소 北韓文法의 기초를 이룬 「조선어문법 1 : 어음론·형태론」이 과학원 출판사를 통하여 과학원 언어연구소에서 간행되기에 이른다.

「조선어문법 1」은 그간에 거둔 文法硏究의 성과와 이론을 결집하여 집대성한 文法書로서 1963년의 「조선어문법 2. 문장론」과 함께 최초로 그들의 학문적인 성향과 이론적인 체계가 공식화된 것이었다. 그러한 점에서 다음에 이어 전개되는 文法硏究의 기초가 되었다고 보이며, 이에 대한 면밀한 검토가 있어야 할 이유도 여기에 있다고 하겠다.

이 「조선어문법 1」은 학문적이고 이론적인 경향을 기저에 깔고 있어서 기능적인 規範文法과는 상당한 거리가 있었으며, 그 가운데는 앞으로 해결해야 할 미완결의 문제까지도 제기함으로써 규범화를 위한 前段階에서 요구되는 이론체계를 정리하는데 초점이 맞추어졌던 것으로 보인다. 그렇다고 볼 때 이것은 앞으로 文法의 규범화를 하기 위하여 드러난 현안의 문제들을 해결해 갈 방향을 제시하는 동시에 그 體系의 기초를 닦아 놓은 것으로 평가된다.

그러므로 이것은 그 자체만으로도 北韓의 문법형성과 변화의 출발점을 긋는 의미를 가져 주목할 대상이 되지만, 그후 1976년 김일성종합대학 출판사편, 김일성종합대학 출판사 간행의 「조선문화어문법규범」으로 이어지는 일련의 변화과정의 맥락에서 볼 때 이것이 미쳤을 영향은 가히 史的인 의미를 가진다 하겠다.

「조선어문화어문법규범」에 이르면 前者와는 아주 다른 기술원칙이 적용되어 이론적인 해석이나 설명은 배제된 채 文法을 언어의 통신적 기능을 제고하는 수단으로 규정하여 명령적이고 교도적인 규범적 성격을 강조하게 된다. 여기까지 오는 데는 적지 않은 과정이 있었을 것이 상정되며, 특히 1970년 김일성종합대학 출판사 간행의 「조선어문법」과 1972년의 「문화어문법규범」(초고)를 거치는 과정에서 걸러지고 보완하여 '완성'한 것이 바로 「조선 문화어 문법규범」이었다. 따라서 이 文法規範은 그동안 北韓의 文法硏究가 거둔 성과를 모두 모아 기본적인 골격을 만들어 낸 그들의 문법을 대표하는 것이라 하겠다.

北韓의 文法規範化에 대한 문제에 접근하는 데 있어 주된 대상으로 「조선어문법 1」(1960)과 「조선문화어문법규범」(1976)4)을 선택하게 된 데는, 위에서 살폈듯이 이 두 文法書間에는 물론 일정한 시기를 분할적 단위로 볼 때의 일이 되겠지만 '출발'과 '귀착'의 관계에 비할 만한 자리매김이 가능하다는 판단에 근거한다.

한편 이 논문은, 이 두 문법서가 각기 나름대로의 독자성이 인정되는 완결본으로 각각에 대한 분석과 비판이 있어야 한다는 인식 아래서 일차적으로는 『문법』(1960)과 『규범』(1976)을 발달의 이어지는 관계로 보지 않고 따로따로 이들의 독자적인 체계성을 파악하는 작업이 될 것이고, 다음으로는 이들의 체계에다가 변화의 의미를 줌으로써 시간적인 수직선상의 전개로 파악하는 작업의 순으로 진행될 것이다. 그러나 특기해 둘 일은, 우리 국어의 南과 北의 문법에서 공통적으로 一致하게 기술되고 있는 부분은 논외로 하겠으며, 北韓의 文法에서 채택한 특징적인 부분을 중점적으로 다루겠다.

II. 「조선어문법 1 : 어음론·형태론」5)

(1) 形態論의 構成

形態論은 文法의 有意的 最少單位가 되는 形態素를 기본단위로 확정하고, 그들이 어떻게 單語를 이루는가하는 단어내부의 문제를 다루며, 따라서 형태론의 최대단위는 단어가 된다.

이에 대하여 『문법』(1960)은 '문법은 단어의 형태가 이루어짐에 있어서와 단어들의 결합에 작용하는 규칙의 총체'라는 규정 아래서 그 중 '형태론은 단어에 관한 문법적 리론'을 연구한다하고 다시 '단어의 형태가 이루어지는 수법들을 연구'하는 분야로 자리매김을 하였다. 이에 따라 形態論을 單語와 관련

---

4) 앞으로 이들을 略稱하여 『문법』(1960)과 『규범』(1976)으로 부르기로 한다.
5) 이 책은 1960년에 과학원 언어문학연구소 언어학연구실편으로 과학원출판사에서 간행했으며, 이것을 1961년에 동경학우서방에서 번인 출판한 바 있는데 여기서 다루는 대상은 후자의 것이다.

된 모든 文法의 문제를 망라하는 범위로 잡는 한편, 그 주대상으로는 '단어들의 형태들이 이루어지는 수법들에 관한 리론, 즉 형태조성의 리론'과 함께 '단어가 이루어지는 수법들에 관한 리논, 즉 단어조성의 리론'6)을 포함한다 하여 單語의 屈折과 造語의 두가지 分野를 형태론의 고유분야로 규정한다. 그리고 이 두 영역의 문제를 품사별로 서술하는 것으로 되어 있다. 가령 名詞를 서술하고 있는 주된 내용의 편성은 '명사의 문법적 형태들'과 '명사의 單語造成'을 주축으로 하여 이루어지며, 이러한 구성은 동사, 형용사, 부사 등에도 일관되게 적용되었다. 자세한 분석은 해당 항목에서 논의되겠지만, 우선 '名詞의 文法的 형태들'은 형태론의 고유영역이어서 다른 異論이 없겠지만 '名詞의 單語造成'에다가 앞의 것과 같은 비중을 준 데에는 주목해 볼 만하다

(2) 형태와 형태부

北韓文法의 용어법에서 '형태'와 '형태부'는 우리가 쓰는 용어의 통념과는 다르다. 이들 용어는 북한문법의 일반적인 용어로 되어 있으나 그 개념의 원론적인 규정은 직접 확인되지 않으며, 다만 여기서는 그것들이 쓰인 전후의 맥락을 살핌으로써 간접으로나마 그 형태론적 개념을 밝혀 둔다.

우선 앞의 인용에서 '단어들의 형태들이 이루어지는 수법'이라는 문맥에서 '형태'는 다시 '단어의 형태는 그 單語와 관련된 어떤 문법적 의미를 나타내는 바, 이때 그 단어의 어휘적 의미는 계속 그대로 남아 있다. 례를 들면 <집-이> <집-의> <집-을> <집-에>등등은 동일한 單語의 여러 형태들이며, <심-소> <심-자> <심-었다> <심-겠다> <심-고> <심-으면> <심-은> <심-던>등등도 동일한 단어의 여러 형태들이다.'7)의 설명으로 미루어 볼 때 체언이나 용언이 일정한 어형변화, 즉 굴절을 경험하여 결과된 각각의 변화어형을 지칭하는 것으로 파악된다. 다시 말해서 한 단어는 일정한 문법적 의미를 실

---

6) 「조선어문법 1 : 어음론・형태론」, 과학원 언어문화연구소편 동경학우서방간행, 1961, p.118.
7) 『문법』(1960), p.118.

현하기 위한 변화어형을 가지며, 그 변화어형들이 곧 한 단어의 형태라는 것이다. 문법적 의미를 실현하기 위한 구성은 '어휘적의미+첨가되는 요소'로 이루어지며 이러한 구성체 하나하나가 단어의 형태가 되는 셈이다. 그리하여 '집이, 집의, 집을… / 심소, 심자, 심었다…'들은 각각 '집'과 '심-'이라는 단어의 각기 다른 문법적 의미를 나타내고 있는 형태가 된다. 이것은 단어의 문법적인 굴절어형을 일정한 기준으로 분석하여 추출한 단위요소를 형태 또는 형태소로 기술하는 구조개념과는 상당히 다른 것이다.

그리하여 특기할 사실은 북한의 형태론에서는 단어를 형태론적으로 분석하여 얻어지는 기본단위에 대한 개념이 없는 것은 아니지만, 적어도 形態素라는 용어개념은 없다는 사실이다. 여기에는 그럴 만한 이유가 있다고 하겠는데, 그것은 북한문법의 특징이라고 할 수 있는 '토'를 형태범주로 도입하게 됨으로써 빚어진 결과이며, 따라서 '토'의 概念規定에는 많은 검토가 요구된다고 하겠고, 대체로 屈折形態素에 대응한다. 그렇기 때문에 단어의 형태는 분석이 가능하며, 분석에 의해 析出되는 각 부분을 형태부라 하고 단어의 구분은 '의미를 가지는 최소의 단위인 형태부'[8])로 나뉜다고 하였다. 그리하여 이 형태부의 종류로는 어근, 접두사, 접미사 그리고 토를 들고 있다. 어근은 모든 동족어에 공통적이며 가장 작은 有意味的 부분으로서 言語行爲에서 많은 경우 형태부와 함께 특히 토와 함께 쓰이는 형태부이며, 접두사는 어근 앞에 오는 형태부, 접미사는 어근 뒤, 토 앞에 오는 형태부 그리고 토는 단어의 문법적 형태를 조성하는 형태부라는 것이다. 이렇게 볼 때 단어는 단일한 형태부로 된 단일형태의 것도 있으나, 많은 경우 두개 이상의 형태부를 가지고 구성되는 많은 단어형태를 가진다고 하겠다.

형태와 형태부에 대한 세부적인 논의는 뒤의 해당항에서 있을 것이며 여기서는 이 논의를 위한 기본개념을 定立하는 데 그쳐 둔다.

---

8) 『문법』(1960), p.119.

(3) 단어의 구성

單語構成의 형태부를 어근, 접두사, 접미사 그리고 토로 구분한다. 어근에
대한 규정은 일반론에서 크게 벗어나지 않으나 그것이 言語行爲로 나타날 때
흔히는 형태부를 취하며 특히 토와 함께 쓰인다고 한다.

우리는 北韓文法을 이해하는 데 있어 이 토의 개념을 바로 인식할 필요가
있다. 접두사는 어근 앞에 붙어 단어조성의 역할만을 하며, 접미사는 어근 뒤,
토 앞에 오는 형태부로 규정하는데, 여기서 다시 접미사와 토를 다른 형태범
주로 구분하고 있는 점이 주목된다. 접미사를 다시 단어조성의 접미사와 형태
조성의 접미사로 나누고

  1) 단어조성의 접미사는

     i) 品詞轉成의 역할을 하는 접미사(-ㅁ, -기, -개, -지, -리, -히, -답,
        -롭…)

     ii) 어근에 보충적인 의미를 첨가하여 주는 접미사(-군, -쟁이, -뜨리,
        -치, -다랗…)로 나누었다. 그리고

  2) 형태조성의 접미사는 '어근에 이 접미사를 붙임으로써 단어의 문법적 의
미가 표현된다.'(p.122)고 하면서

     i) 상의 의미(사역 또는 피동<-이, -히, -리, -기>)

     ii) 존칭의 의미(-시)

     iii) 시칭의 의미(-았, -았었, -겠)

     iv) 체언형을 만드는 접미사(-ㅁ, -기, -지)

를 여기에 배당하였다. 이 가운데 형태조성의 접미사에 대해서는 『문법』(1960)
이 아직도 완전한 해결을 보지 못한 부분의 문제로 지적하고 있다.('조선어에
서 文法的 형태표현이 분석적 수법에 관한 문제를 어떻게 해결해야 할 것인
가?' p.130) 즉, 사동·피동을 굴절로 보느냐 파생의 범주로 보느냐하는 문제
와 先語末語尾類의 형태론적 분석기준, 그리고 動名詞形을 이루는 접미사를
어떻게 처리하느냐하는 문제 등에 대하여 비록 여기서는 잠정적으로 이들을
하나의 형태범주로 묶고 있으나 이들 사이에는 이론과 현실에 있어 두루 矛盾

되어 하나로 묶이기에는 무리가 따르는 異論이 있음을 드러내 보이고 있으며, 따라서 이 문제는 다음 시기의 문법에서 어떠한 변화가 일어날 지 주목해 봐야 할 점이다.

다음은 어근과 구별하여 어간을 두고 있는데 접두사에서부터 토의 직전에 이르기까지의 부분을 어간이라 하였으며, 따라서 그것을 최대로 확대해 보면 「접두사+어근+형태조성적접미사」의 형태부 구성이 된다. 이 가운데 형태조성적 접미사를 다시 전개하면 그것은 「접두사+어근+상의 접미사+존칭의 접미사+시칭의 접미사+체언형의 접미사」(짓밟히시었음)가 되어 우리의 어간개념과 분석법과는 상당한 차이가 드러난다.

토는 '형태조성의 접미사와 마찬가지로 단어의 문법적 형태를 조성하는 형태부'(p.124)라하여 접미법에 쓰이는 일반적인 접미사와 같다는 전제적인 정의를 내렸다. 단, 토를 제외한 여타의 형태조성의 접미사와 다른 점은, 토는 그것이 나타내는 문법적 의미가 단어의 문장론적 기능과 관련된 의미를 가진다는 점이다. 즉, 토는 문장 또는 單語結合에 있어 단어가 연계되는 관계를 나타내는 문법적 의미를 가진 형태부라는 것이다. 따라서 토는 단어의 형태구성에 있어 最終端의 語末部位에 놓이는 어말 또는 문말어미에 상당하며, 단어 또는 문장의 일정한 성분을 규정함으로써 토에 의하여 이루어지는 형태를

    1) 體言의 격형태
    2) 용언의 종결형
    3) 용언의 접속형
    4) 용언의 규정형

으로 나누었다. 그리고 토에는 '제로접미사'와 함께 '제로토'를 인정하여 아무런 토가 없는 경우에도 그처럼 표식이 없다는 사실 자체가 단어의 한 문법적 형태를 다른 문법적 형태와 구별하는 역할을 한다고 하였다.

이상에서 단어조성과 형태조성의 기본원리를 보았다. 특히 형태조성에 있어서 문법적 형태가 주로 형태조성어의 접미사와 토에 의하여 이루어지는 것으로 되어 있어 '접미사'와 '토'를 별도의 '형태부'로 설정하게 되었고 따라서 先語末語尾(접미사)와 語末語尾(토)를 다른 층위의 형태소로 규정했다는 점이

특이하다.

그 가운데서도 토, 즉 語末語尾는 형태론적으로 어간과 밀접하게 연결되어 있지만, 기능은 어간을 넘어서서 때로는 단어들의 결합 또는 문장 전체와도 연계되며, 이미 완결된 단어나 단어들의 결합 혹은 문장에 다시 토가 결합될 수 있는 점등이 屈折語의 어미와는 구별되는 특성이라고 지적하였다.

이상을 요약해 보면 단어의 형태조성은 다음과 같은 것이 된다.

O 단어의 형태조성

　「어간 + 토」

　　　語幹의 형태조성

　　　「어근 + 형태조성접미사」

　　　형태조성접미사

　　　　ㄱ) 상표시 접미사

　　　　ㄴ) 존칭표시 접미사

　　　　ㄷ) 시칭표시 접미사

　　　　ㄹ) 체언형을 만드는 접미사

　　예) 「어근 + 상 + 존칭 + 시칭 + 체언형 + 토」

　　　　밟 － 히 － 시 － 었 － 음 － 으로

(4) 품 사

品詞란 언어의 어휘구성에서 어휘적 의미의 성격, 문법적 범주의 구성, 문장론적 기능 그리고 단어조성의 유형 등에 나타나는 동일성을 기준으로 하여 가려낸 것을 하나로 묶은 단어의 부류라고 했다. 따라서 품사의 분류기준은

1) 단어의 어휘적 의미의 성격이 되며, 이에 따라 명사는 대상의 표시, 동사는 과정의 표시, 형용사는 성질의 표시 등으로 특징지워 묶을 수 있고,
2) 다음은 각 품사에 고유한 문법적 범주의 체계와 이와 관련된 형태조성(어형변화, 굴절)의 체계가 기준이 된다는 것이다. 여기에는 가령 격의 문법적 범주

를 가지고 곡용하는 단어의 부류가 있는가 하면, 계층, 식, 법 시칭, 존칭, 상
등의 문법적 범주를 가지고 활용하는 단어의 부류가 있어 서로 다른 품사로
분류하게 된다.
3) 문장론적 기능의 측면, 즉 각 단어의 부류는 제각기 문장을 구성하는데 있어
그 성분이 일정해 있어서 품사분류에 유효하며, 다음은
4) 單語造成法上의 체계로서 가령 '-ㅁ, -기, -개, -쟁이, -질'과 같은 접미사를
취하는 單語의 부류와 '-거리-, -대-, -치-'를 취하는 것, 그리고 '-롭-, -스럽-,
-답-' 등을 취하는 단어의 부류가 서로 달라 이 역시 품사를 분류하는 기준이
된다는 것이다.

이러한 기준에 근거하여 『문법』(1960)은 ①명사 ②수사 ③대명사 ④동사 ⑤
형용사 ⑥관형사 ⑦부사 ⑧감동사 등 8品詞로 分類하고 있다. 한편 이러한 분
류에 대하여 '朝鮮語文法體系에서 品詞를 몇 개로 갈라 놓을 것인가하는 문
제는 일찍부터 제기되고서도 아직까지 종결적 해결을 보지 못한 문제에 속한
다.'(p.129)는 留保的인 消極性을 보이고 있는데 이것은 앞으로의 연구에 따라
서는 이 체계가 달라질 수 있다는 것을 시사하는 것으로 주목해 둘 부분이다.
이와 관련하여 『문법』(1960)은 이례적으로 국어의 품사문제를 둘러싸고 제
기되는 여러 문제들을 열거하고 있어서 눈길을 끄는 바, 이것을 통하여 당시
의 문법연구가 미처 해결하지 못한 문제의 속 사정을 엿볼 수 있을 뿐만 아니
라 이러한 사실은 『문법』(1960)이 학문적인 이론과 합리성을 추구하고 있다는
평가도 할 수 있거니와, 다음 시기의 『규범』(1976)의 것과 對比됨으로써 '과연
그간의 논의가 어떻게 진행되었는지?'하는 의문을 풀 수 있는 근거가 되겠기
에 제기한 문제들을 인용해 둔다.

1. 조선어의 특성에 비추어 <토>를 하나의 보조적 품사로 설정할 것이 아닌가?
2. 또는 <토>가운데서 <도움토>만을 하나의 보조적 품사로 설정할 것이 아닌
가?
3. 동사와 형용사를 각각 다른 두개의 품사로 볼 것이 아니라 하나의 품사의 두
개 종류로 볼 것이 아닌가?
4. 접속사 및 후치사를 조선어에서도 품사로 설정하여야 할 것이 아닌가?

5. 관형사를 따로 품사로 갈라 놓을 것이 아니라, 접두사에 합치거나 또는 형용
   사의 한 종류로 볼 것이 아닌가?
6. 의성-의태어를 따로 하나의 품사로 설정하는 것이 좋지 않겠는가? <p.129>

이와같은 品詞設定의 문제와 아울러 보다 구체적인 세부의 문제로는 다음
과 같은 것을 제기하였다.

1. 술어로 되는 명사(예: 사람이다)에 나타나는 <이>의 성격을 어떻게 규정하여
   야 할 것인가?
2. <불후의> <불요불굴의>등의 單語를 관형사에 넣어야 할 것이 아닌가?
3. <국제문제> <원시사회> <조기작물> <가내공업> <여류작가>등에서 <국
   제> <원시> <조기> <가내> <여류> 등을 名詞에 소속시킬 것인가? 관형사
   에 소속시킬 것인가? 또는 어떤 다른 것으 로 보아야 할 것인가?
4. <영웅적> <선진적> <추상적> 등 <-적>이 붙은 單語를 名詞로 볼 것인가?
   형용사로 볼 것인가? 또는 어떤 다른 것으로 볼 것인가?
5. <있다> <없다>등의 단어를 동사에 넣을 것인가? 형용사에 넣을 것인가? 또
   는 어떤 새로운 품사를 설정할 것인가? <pp.129-130>

다음으로 각 품사의 문법적 범주와 관련하여 제기되는 첨예한 문제라고 하
면서 다음과 같이 열거하였다.

1. 名詞의 문법적 범주를 어떻게 설정할 것인가?
2. 動詞의 태, 양태성의 범주를 설정할 것인가?
3. 형용사에도 상의 범주를 설정할 수 있을 것이 아닌가?
4. 조선어에서 문법적 형태표현의 분석적 수법에 관한 문제를 어떻게 해결해야
   할 것인가?
5. 조선어에서 토와 합성토의 성격을 어떻게 규정하여야 할 것인가?
6. 조선어의 특성에 알맞는 조선어 單語造成의 수법들을 설정할 것이 아닌가?
7. 조선어에서 단어와 합성어 및 공고한 單語結合의 경계선을 어떻게 설정할 것
   인가?

그러면서 '이와같이 조선어 형태론을 둘러싸고 여러가지 이론적 및 실천적 문제들이 제기되고 이를 중심하여 활발한 연구와 토론들이 진행되고 있다. 이 문법에 있어서는 앞으로 더욱 정밀하고 과학적인 연구들에 의해서 더욱 완비될 것을 기대하면서 우선 잠정적으로 합의를 본 일정한 체계에 의하여 조선어의 문법구조를 서술하기로 한다.'<p.130>고 하였다.

여기서는 『문법』(1960)의 이와같은 정리된 입장을 토대로 하여 제기된 문제의 사안들을 선별적으로 가려 『문법』(1960)에 어떻게 반영되었는가를 확인하는 동시에 다음 『규범』(1976)에서는 이것들이 어떻게 변했는지를 살피는 순서로 진행하기로 한다.

(5) 미결사항으로 제기된 문제

1) '토'에 대하여

토에 대한 문제제기는 '토'를 보조적 품사로 설정할 것인가 하는 것과 토 가운데서 '도움토'만을 보조적 품사로 설정할 것인가 하는 것이었다. 그리고 품사의 문법적 범주와 관련하여 토와 합성토의 성격을 어떻게 규정해야 할 것인가의 문제였다. 물론 『문법』(1960)은 어떠한 토도 품사범주로 인정하지 않았다. 따라서 토는 단어의 문법적 형태라 함으로써 傳統文法에서 조사로 분류하고 있는 품사를 인정하지 않을 뿐만 아니라, 체언토와 용언토를 다른 체계로 구별은 하지만 그것이 놓이는 자리, 즉 어말과 문말에 나타나는 특성을 가진 모든 '형태부'(형태소)를 총칭하여 '토'라고 하였다. 그러므로 토는 그 分布의 범위가 광범위하며 그 종류도 다양하다. 우선 단어의 문법적 형태를 이루는 두 축이라 할 수 있는 체언의 어형변화, 곡용과 용언의 어형변화, 활용체계에 나타나는 토의 분포를 개괄하면 다음과 같다.

(가) 명사의 형태
　1. 격 토
　　a. ㄱ) 주격토 : <가(이)>

ㄴ) 속격토 : <의>

ㄷ) 대격토 : <를(을)>

ㄹ) 여-위격토 : <에> <에게> <에서>

ㅁ) 조격토 : <로(으로)>

ㅂ) 구격토 : <와(과)>

ㅅ) 호격토 : <야(아)> <여(이여)>

ㅇ) 절대격토 : 아무런 격토의 가짐이 없이 名詞의 어간과 동일
　　한 어음적 외피로서 이루어진 형태.

b. 합성토 : 에가, 에의, 에를, 에로, 에와 / 에게가, 에게의, 에게를,
　　　에게로, 에게와 / 에서가, 에서의, 에서를, 에서로, 에서
　　　와 / 로가, 로의, 로를, 로와 / 와가, 와의, 와를

2. 명사의 용언적 형태에 쓰이는 토

　'체언의 용언적인 범주를 가지기 위하여서는 먼저 체언에 용언적
성격을 주는 접미사 <이>에 의한 형태를 취한다.'하고

　이를 명사(체언)의 용언적 형태(또는 용언형)라 하며 이 용언적 형
태는 형용사와 상응하는 종결형 또는 비종결형의 토가 쓰인다고 했
다.<p.180>

　　ㄱ) 종결형토 : 라, 람, 로구나, 로군, 로다, 로소이다, 로세, 러다,
　　　　러니, 련가, ㄹ세, 올시다, 요

　　ㄴ) 비종결형토 : 랍시고, 로되, 라

3. 도움토

　a. 어떤 형태밑에 붙어서 그 형태의 의미를 더 정밀 보충하여 주는
　　것들

　　　- 다가, 다, 서, 써, 그려…

　b. 자체가 문장론적 기능을 표시할 수 있는 것들

　　　- 더러, 께, 한테, 께서, 랑, 하고, 처럼, 보다, 마는…

　c. 이야기 하는 사람이 어떤 대상(행동, 상태 또는 표식)을 그와 동
　　일한 계열에 있는 유사한 대상에 일정하게 관련시키는 토.

　　　－ 도, 나, 나마, 는(은), 라도, 마다, 마저, 만, 부터, 서껀, 조차, 까
　　　지, 야, 야말로…

(나) 동사의 형태

1. 종결형 : 文末에 오는 '동사의 형태'로서 반드시 술어가 되며 따라서 동
　　　사의 '종결술어형'이라고도 한다. 종결형은 계칭, 식, 법, 시칭,
　　　존칭 및 상의 문법적 범주들이 나타날 수 있는데 계칭, 식 및
　　　법은 '어간'뒤에 오는 토에 의하여, 시칭, 존칭 및 상은 '어근'뒤
　　　에 오는 접미사에 의하여 표현된다하여 선어말어미류를 어간형
　　　성의 접미사로, 그리고 어말어미를 토로 규정하고 있는 바, 이
　　　와같은 분석체계는 특이한 것으로 토를 그 분포특성으로 엄격
　　　하게 제한한 데 따른 결과라 하겠다.
　　　그런데 문말에서 계칭의 토와 식 및 법을 나타내는 토는 각각
　　　따로 있는 것이 아니라 동일한 토가 고찰하는 관점에 따라 계
　　　칭의 토로도, 식이나 법의 토로도 된다하여 하나의 토가 여러
　　　가지 문법범주를 담당하는 것으로 기술하는 矛盾을 안게 되었
　　　다.

　a. 계칭범주 : 話者와 聽者와의 사회적 관계를 나타내는 문법적 범주이며,
　　　여기에는 존대, 하오, 하게, 해라, 반말의 다섯 가지 계칭이 있다.
　　　ㄱ) 존대 : ㅂ니다(읍니다), 습니다.나이다.외다, ㅂ니까(읍니까), 습니
　　　　　　까, 소서, ㅂ시다(읍시다)
　　　ㄴ) 하오 : (으)오, 소, 구려, ㅂ시다
　　　ㄷ) 하게 : 네, ㅁ세, 군, 는가, ㄹ가, 게, 세
　　　ㄹ) 해라 : ㄴ(는)다, 마, 구나, 느냐, 나, 니, 랴, 라, 아(어, 여)라, 려
　　　　　　므나, 렴, 자
　　　ㅁ) 반말 : 아(어, 여), 지

　b. 식의 범주와 법의 범주 : 식이란 언어행위의 기능이란 관점에서 화자와
　　　청자사이에 설정되는 여러가지 관계를 나타내는 문법적 범주라
　　　는 것이며 이러한 식에는 서술식, 의문식, 명령식, 그리고 권유

식의 종결형이 있다고 한다. 식을 나타내는 종결토는 앞에서
말했듯이 계칭의 토와 같으나 이것을 식의 범주의 관점에서 볼
때 이처럼 네 가지 구분이 이루어진다는 것이다.

ㄱ) 서술식 : 일정한 사실에 대한 인정, 전달을 하는 것이며, 아울러
법의 범주에 따라 세분하고 있다. 법은 화자가 설정하는 행동
(또는 상태)과 현실과의 관계를 나타내는 문법적 범주라는 것
이고 이것은 문장에서 양태성을 표현하는 주요한 수단의 하나
다.

ⅰ) 직설법

① 단순한 확인을 나타내는 토: ㅂ니다(읍니다), 습니다, 나
이다, 노이다, 외다, 오, 소, 네,
다, 노라, 아(어, 여)

② 확인을 강조하면서 나타내는 토: ㅂ넌다, 느니, 것다, 렷
다(으렷다), 느니라, 니라(으니
라), 지

③ 확인과 함께 감탄을 나타내는 토: 군, 구려, 구나, 구면,
누나, 누만, 걸, 다니, 다구,
아라(어라, 여라), 도다

ⅱ) 가능법

① 주체의 의지를 나타내는 토: 리다(으리다), 리(으리), ㅁ
세, 리라, 마, ㄹ게(을게), ㄹ
걸, 지

② 추측을 나타내는 토: ㄹ지라, ㄹ지니라, ㄹ지어다, ㄹ진
저, 리다(으리다), 리(으리),
리라, 리로다, ㄹ러라, ㄹ레
라, ㄹ라, ㄹ세라, 지

ㄴ) 의문식

ⅰ) 직설법 : ㅂ니까, 습니까, 나이까, 는가, 나, 는고, 게, 노, 느

냐, 느뇨, 니, 감, 남, 담

ⅱ) 가능법 : 리까, 르가(을가), 르거나, 르런가, 르고(을고), 르손
가(을손가), 랴(으랴), 리(으리), 르소냐(을소냐),
는지, 르지(을지)

ㄷ) 명령식 : 소서(으소서), ㅂ시오, 세요, 게, 게나, 구려, 라구, 라
(으라), 아라(어라, 여라), 거라, 너라, 려므나, 렷다.

ㄹ) 권유식 : ㅂ시다(읍시다), 세, 세나, ㅂ세(읍세), 라구, 자, 자꾸나

c. 시칭의 범주 : 시칭이란 행동의 순간과 담화의 순간과의 관계를 나
타내는 문법범주.

ㄱ) 현재시칭

ⅰ) 현재형 : 동사의 어근과 종결토 사이에 아무런 시칭섭미사
도 끼이지 않는다. 다만 일부의 종결토(다, 구나,
군, 구려, 구면, 도다)에 한하여 'ㄴ'또는 '는'이 끼
인다

ㄴ) 과거시칭

ⅰ) 과거형 : -았-(-었-.-였-)

ⅱ) 선과거형 : -았었-(-었었-, -였었-)

ㄷ) 미래시칭

ⅰ) 미래형 : -겠-

d. 존칭의 범주 : 존칭이란, 동사로써 표현된 행동의 주체에 대한 화자
의 존칭의 뜻을 나타내는 문법적 범주.

ㄱ) 존칭의 접미사 : -시-(-으시-)

e. 상의 범주 : 동사의 형태로써 표현된 행동과 행동의 주체 및 객체
(객체가 있는 경우)와의 관계를 나타내는 문법적 범주.

ㄱ) 능동상

ㄴ) 사역상

ㄷ) 피동상

2. 접속형 : 문장의 접속술어 또는 상황어로 되거나 합성술어에서 앞부분에

오는 성원으로 되는 동사의 형태.

　　　a. 합동적 관계를 나타내는 접속토 : 고, 며, 는데, 는바, 되, 니, 노니, 더
　　　　　　　　　니, 다가, 거니와, 려니와(나니, 거니)

　　　b. 대립적 관계를 나타내는 접속토 : 나, 나마, 지만, 건만, 련만, 아도(는
　　　　　　　　　데, 되, 니, 다가, 거니와, 려니와,
　　　　　　　　　더니, 면서, 거늘, 아야)

　　　c. 분리적(선택적) 관계를 나타내는 접속토 : 거나, 건, 든지, 든가, 든, 나
　　　　　　　　　(거니)

　　　d. 시간적 관계(동시성, 선행성등)를 나타내는 접속토 : 자, 면서, 고서
　　　　　　　　　(며, 고, 아)

　　　e. 행동의 방식, 정도를 나타내는 접속토 : 아, 아서, 게, 도록, ㄹ수록, ㄹ
　　　　　　　　　뿐더러 (고, ㄹ세, 며, 면서)

　　　f. 원인, 근거등의 관계를 나타내는 접속토 : 므로, 니까, ㄴ즉, 는지라,
　　　　　　　　　길래, 거늘, 매, ㄹ새, 건대, 나니,
　　　　　　　　　느니, 거니(니, 더니, 자, 아, 아서,
　　　　　　　　　거든, 면)

　　　g. 목적, 의도를 나타내는 접속토 : 러, 려, 고저

　　　h. 조건을 나타내는 접속토 : 면, 거든, 아야, ㄹ진대, 던들

　　　i. 양보를 나타내는 접속토 : ㄹ지언정, ㄹ망정, ㄹ지라도, 더라도, 라도,
　　　　　　　　　ㄴ들, 았자(아도)

　　　j. 사상이나 담화의 내용을 나타내는 접속토 : 려니, 거니(느니, 고)

　3. 규정형 : 동사가 그 뒤에 오는 명사(수사, 대명사)에 대하여 규정하는 관
계에 있으며, 반드시 그에 대하여 규정어로 됨을 나타내는 동사의 형태

　　　a. 규정형의 토 : 는, ㄴ(은), 던, ㄹ(을)

　4. 체언형 : 행동에 대한 추상적이며 일반적인 개념을 주는 동사의 형태

　　　a. 제 1체언형 : ㅁ(음)

　　　b. 제 2체언형 : 기

　　　c. 제 3체언형 : 지

이상『문법』(1960)이 분류 기술한 토의 槪要를 살폈다. 이를 다시 정리하여
그 체계를 보면 다음과 같다.

명사의 형태	격토	주격, 속격, 대격, 여·위격, 조격, 구격, 호격, 절대격	
	용언형토	종결형	
		비종결형	
	도움토		
동사의 형태	종결형	계칭	존대, 하오, 하게, 해라, 반말
		식과 법	서술식	직설법
				가능법
			의문식	직설법
				가능법
			명령식	
			권유식	
		시칭	현 재	현재형
			과 거	과거형
				선과거형
			미 래	미래형
		존칭	존 칭	
		상	능동	
			사동	
			피동	
	접속형	합동	
		대립	
		분리	
		시간	
		행동방식	
		원인	
		목적·의도	
		조건	
		양보	
		사상내용	
	규정형		
	체언형	제 1체언형	
		제 2체언형	
		제 3체언형	

Ⅲ. 「조선문화어문법규범」

「조선문화어문법규범」[9]은 그간의 規範文法을 비판하여 '지난 날 낡은 <規範文法>들은 흔히 言語的 體系와 그 실현을 완전한 객관에 놓고 분석하여 구성요소들과 상호관계를 밝히고 정리·체계화 하였으며, 그러므로써 언어구조와 언어사용을 온전히 떼어 놓고 언어구조 그 자체의 순수 객관주의적인 해명에만 몰두하였다.'(p.6)고 하면서 『규범』(1976)이 취할 입장은 '언어구조를 분석 정리하되 언어구조를 언어사용과의 밀접한 련관속에서 취급하고 언어적 구성요소들의 실현규칙도 언어사용의 견지에 서서 밝히겠다'고 하였다. 이로써 『규범』(1976)의 基本性格이 무엇인지 알 수 있거니와 나아가 '언어규범은 언제나 언어현실을 전형화하여 모든 언어실천에 나타나는 일반 보편적인 것만을, 그것도 가장 기본적이고 중요한 의의를 가지는 것만을 올린다'(p.9)고 하여 그 내용범위를 제한하여 놓고 있다. 이러한 태도는 北韓의 言語觀이나 言語政策으로 보아 당연한 귀결로 받아 들여진다.

(1) 단어와 형태부

'단어'와 '형태부'에 대한 정의는 『문법』(1960)과 달라진 것이 없다. 즉 單語는 '어떠한 뜻을 가진 말소리의 덩어리로서 문장구조 속에서 어휘적으로나 문법적으로 일정하게 구획되는 언어의 기본단위'로, 그리고 형태부는 '단어에서 어휘적 또는 문법적 뜻의 덩이로 나누어지는 가장 작은 단위'로 규정하며 형태부는 다시

　　1) 말뿌리(어근)[10]와

　　2) 덧붙이(接辭)로 나누고 이 가운데 덧붙이를

---

9) 이것은 1976년에 김일성종합대학 출판사편으로 김일성종합대학 출판사에서 刊行했으며, 이것을 1977년에 東京 학우서방에서 번각 발행하였다. 여기서는 후자의 것을 대본으로 한다. 이후 『규범』(1976)으로 略稱한다.

10) 『규범』(1976)은 『문법』(1960)에서 사용한 漢字語 용어의 많은 것들을 새로운 단어만들기에 따라 고유어로 바꾸어 사용하고 있다. 이러한 측면도 변화의 하나라 하겠다.

　　ㄱ) 앞붙이(接頭辭)

　　ㄴ) 뒤붙이(接尾辭)

로 분류하는 것도 물론 일치한다. 그리고 말뿌리와 덧붙이를 합친 것을 줄기(語幹)로 잡는 것도 같으며 특히 토는 單語에서 文法的인 뜻을 나타내는 형태부가 되고 언제나 줄기 뒤에 붙는다는 分布體系에도 변함이 없다.

　　따라서 單語構成의 形態論的인 분석원리에는 아무런 변화가 없으며 다만 용어 가운데 많은 부분이 고유어로 바뀌었을 뿐이지만 구체적인 내용까지 일치하는 지에 대해서는 뒤에서 면밀한 고찰이 있어야 하겠다.

(2) 품 사

　　品詞의 정의 및 분류기준은 『문법』(1960)과 크게 달라진 것이 없다. 다만 분류기준에 있어 『문법』(1960)이 4개 기준을 설정한 데 반하여 『규범』(1976)은 3개를 내세웠는데, 그것은 前者가 '문장론적 기능의 측면'을 따로 설정하는 데 대하여 後者는 그것을 '단어의 문법적 특성' 속에 포함시킨 데 따른 것이었다. 그리하여 결국은 분류의 결과도 같게 나타났으니, 즉 ① 명사 ② 수사 ③ 대명사 ④ 동사 ⑤ 형용사 ⑥ 관형사 ⑦ 부사 ⑧ 감동사의 8품사가 그것이다.

　　그럴진대 『문법』(1960)이 품사문제를 둘러싸고 제기했던 문제들은 그간의 연구에 있어 별다른 해결책을 내놓지 못했다는 관측이 가능하다. 토를 보조적 품사로 인정하는 문제, 아니면 도움토만 독립품사로 설정하느냐 하는 문제를 비롯하여 접두사 및 후치사를 따로 설정하는 문제, 동사와 형용사를 합하여 하나의 품사로 묶는 문제 그리고 의성-의태어를 하나의 품사로 설정하는 문제 등에 대하여 결과적으로는 어느 것 하나도 달라진 것이 없다.

　　그러나 각 품사에 대한 내용기술의 방법과 내용구성의 체계에 있어 『문법』(1960)과 『규범』(1976)은 크게 다르다. 가령 동사의 경우를 예시해 보면 다음과 같다.

　　　　3. 동사 만들기
　　　　4. 동사의 쓰임

　세부적인 내용상의 문제를 차치하고라도 우선 내용구성에 있어 이 둘 사이에는 큰 차이를 보인다.『문법』(1960)에 비하여『규범』(1976)이 내용을 개괄적으로 간결화시키고 있다는 점도 눈에 띄이지만 그보다도「동사의 형태」즉 활용부분이 완전히 배제된 사실이다.

　형태론의 핵심부분이라고 할 품사의 '문법적 형태'를 빼버리고서는 문법자체가 성립할 수 없음은 물론이고, 따라서 다만 품사론내에 이것을 넣지 않고 따로 '토'에 관한 독립된 장을 두어 거기서 모든 단어의 형태와 토를 분석 기술하는 것으로 개편한 것이었다. 그리하여 각 품사별로 문법적 형태가 기술되었던 부분을 한데 모아 '3장 토'에서 집중적으로 분류 기술함으로써 오히려 상대적으로 토의 형태론적인 비중을 상향 조정하려 한 취지가 엿보인다. 배당된 내용의 분량만 보더라도 '2장 품사'가 76쪽인데 비하여 '3장 토'가 123쪽이나 되어 역시 형태론의 중심부를 토에 대한 문제에 두고 있다는 것을 단적으로 알게 한다.

　　(3) 토

　각 品詞別로 분산하여 기술한『문법』(1960)과는 달리 '3장 토'를 별도로 설치하여 토를 한데 모아 체계화시킨 것이 특징이다. 토에 대한 규정은 그렇다 치고 토의 갈래에 대상토와 풀이토를 두어 대체로 체언의 곡용어미와 용언의 활용어미에 대응하는 분류를 1차적으로 하였다. 이것은 대상성과 서술성을 기준으로 한 것이고, 토는 이러한 기준 외에도 그것이 놓이는 分布性을 기준으로 하여 자리토와 끼움토로 나눈다 하였으니, 그것은 대체로 語末語尾와 先語末語尾에 대응하는 분류다. 이 분류법은『문법』(1960)에서는 구분하지 않았던 것으로 크게 달라진 것중의 하나다.

　곡용과 활용의 토의 분류를 보면 이른 바 대상토는 격토와 복수토(들)로,

그리고 풀이토는 맺음토, 이음토, 얹음토, 꾸밈토 등으로 분류하였다.

격토는『문법』(1960)의 기술과 별로 달라진 것이 없으나,『문법』(1960)에는 별도로 설정하지 않았던 '복수토'를 따로 내세운 것이 특징이다. 이 복수토는 '들'로 표시되는 대상토이며 끼움토라하여 분포적으로 격토와는 다른 점을 지적하였다.

맺음토는 풀이토의 하나이며 자리토라 하였다. 자리토란 끼움토와의 상대적 관계로 쓰인 용어로 文末과 語末의 자리에 나타나는 토를 이르며 끼움토는 이른바 상, 존경, 시간 등을 나타내는 토로서 어간과 자리토 사이에 끼워지는 자리에 나타나는 先語末語尾를 이르는 용어다.

따라서『규범』(1976)의 맺음토는『문법』(1960)에서 [종결형]11)속에 포함시켰던 [시칭] [존칭] [상]의 토를 제외한, 다시 말해서 상, 존경, 시간을 나타내는 끼움토를 제외한 나머지의 문말, 語末語尾를 지칭한다. 그리하여 맺음토의 큰 갈래를

      1) 알림을 나타내는 맺음토 [서술식]
      2) 물음을 나타내는 맺음토 [의문식]
      3) 추김을 나타내는 맺음토 [권유식]
      4) 시킴을 나타내는 맺음토 [명령식]

로 나누었으니 이것은 대체로『문법』(1960)의 체계와 일치한다.

다음 이음토는 [접속형], 얹음토는 [규정형] 그리고 바꿈토는 [체언형]에 상당하는 것으로서 분류체계에 있어 역시 큰 변동이 없다.

     - 자리토와 끼움토 -

토를 자리토와 끼움토로 분류한 것은『규범』(1976)의 토 분류체계이며,『문법』(1960)에는 없던 일이다. 모든 單語形態에서 어간에 접미되는 모든 형태부를 토로 규정함으로써 토에 先行하는 [상, 존칭, 시칭, 체언형성접미사]를 [어간의 형태조성접미사]라 하여 어간형성의 접미사로 처리했던 것이『문법』

---

11)『문법』(1960)과『규범』(1976)의 용어법은 그 본질이 달라진 것이 아니라 前者가 전통적인 漢字語 용어를 답습한 데 반하여 後者는 이를 고유어 용어로 바꿔 쓰고 있다. [ ]로 표시된 용어는 前者, 즉『문법』(1960)의 용어를 들어 보인 것이다.

(1960)의 토체계였다면,『규범』(1976)은 이 형태론적인 모순을 다소나마 완화시키기 위하여 [상, 존칭, 시칭접미사]를 어간형태조성의 접미사와는 다른 범주의 형태부로 분석하여 여기서 제외, 토로 처리하게 되었고 이것을 어말과 문말의 토와 구분하는 분류의 기준에 따라 자리토와 끼움토로 나누게 되었다.

　결국 [상, 존칭, 시칭접미사]로 기술되었던 일련의 형태부는 어간형태조성의 기능을 담당하는 것이 아니라는 반성에서 문법적인 기능요소인 토의 범주로 파악하게 된 것이고, 이에 따라 토를 분포의 특성에 기준하여 나눌 필요가 생겼으며 그것이 자리토와 끼움토로 나타난 것이다. 그리하여 자리토는 기왕의 토 즉 어말과 문말의 [형태부]를, 그리고 끼움토는 대상토 중 복수토와, 풀이토 중 상토, 존경토, 시간토를 합친 것들, 즉 어간과 자리토 사이에 끼워지는 토를 지칭하게 되었다.

　이것은 토문법의 체계가 크게 달라진 부분으로『문법』(1960)에서 제기한 과제의 하나를 발전적으로 해결한 하나의 획기적인 변화로 평가할 수 있는 일이다.

<東亞研究 제28집, 서강대 동아연구소, 1994>

471

索　　引

이승욱(李承旭)

略歷

충남 연기군 출생.
서울대학교 국어국문학과 및 동대학교 대학원 졸업.
公州師範大學 專任講師, 檀國大學校 敎授,
　西江大學校 敎授 歷任.
현재 西江大學校 名譽敎授.

論著

저서로는 「國語文法體系의 史的硏究」(1972, 一潮閣)가 있으며,
"敍法과 時相法의 交叉現象", "文法史의 몇 問題" 등
다수의 논문이 있다.

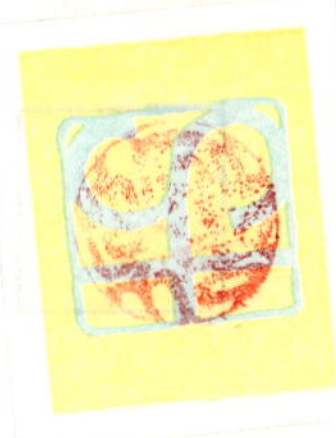

國語 形態史 硏究

초판 1쇄 인쇄 ------------- 1997년 1월 25일
초판 1쇄 발행 ------------- 1997년 1월 30일

지은이 --------------------------------- 이 승 욱
펴낸이 --------------------------------- 지 현 구
편 집 --------------------------------- 최 형 필
펴낸곳 --------------------------------- 태 학 사

　　　　서울시 서초구 서초동 1357~42
　　　　전화 (02) 584~1740 (代)
　　　　팩스 (02) 584~1730
　　　　등록 제2-284호(1980.1.25)

ISBN 89-7626-191-7 93710

정가 20,000원

*잘못된 책은 바꾸어 드립니다.

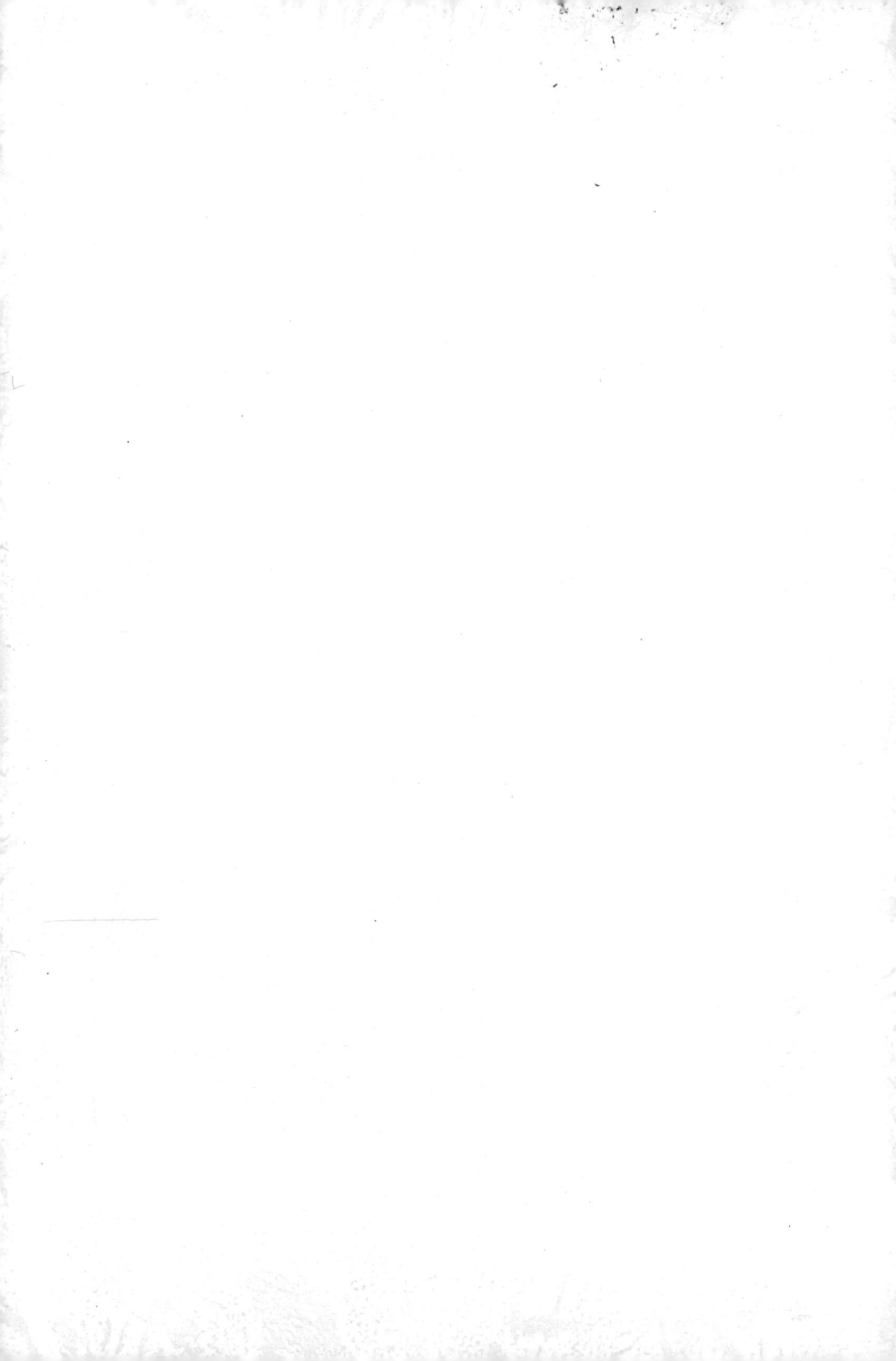